I0554616

Juan A. Jorge García–Reyes

Gracia
("Gratia enim estis salvati")

Murcia—España

2024

CATALOGING DATA

Author: Jorge García–Reyes, Juan Andrés 1957–
Title: Gracia
Library of Congress Control Number: 2023918812

ISBN: 978-1-953170-37-8

Published by
Shoreless Lake Press
P.O. Box 157
Stewartsville, New Jersey 08886

"Pues se ha manifestado la gracia de Dios, portadora de salvación para todos los hombres" (**Tit 2:11**). "Así pues, por gracia habéis sido salvados mediante la fe; y esto no procede de vosotros, puesto que es un don de Dios" (**Ef 2:8**). "Pero por la gracia de Dios soy lo que soy, y la gracia que se me dio no resultó inútil; al contrario, he trabajado más que todos ellos; pero no yo, sino la gracia de Dios que está conmigo" (**1 Cor 15:10**).

"Así, pues, cuando se dice que el hombre tiene la gracia divina se entiende que en él hay una realidad sobrenatural que proviene de Dios. A veces, sin embargo, se da también el nombre de gracia al mismo amor eterno que hay en Dios, que por eso es llamado gracia de predestinación, por el cual Dios predestina o elige a algunos gratuitamente y no en virtud de sus méritos, según aquello de Ef 1,5: Nos predestinó a ser hijos adoptivos suyos para la glorificación de su gracia".

Santo Tomás de Aquino: *Summ. Theol.*, Iª–IIæ, q. 110, a. 1, co.

"Por supuesto que nunca ha sido tan verdadera la afirmación de que todo es gracia como en lo que sucede en la oración contemplativa. Pero que en modo alguno es suficiente para eliminar la actividad humana, absolutamente necesaria como integrante de una respuesta que se supone esencial, y que es real en la relación de amor; eso, de un lado. Y de otro, que tal pretensión equivaldría a suprimir un punto fundamental inherente a la gracia: la cual es sin duda alguna un don gratuito de Dios, pero que otorga a su vez la condición de que el acto humano sea también verdaderamente humano, con mérito personal y propio, por lo tanto".

A. Gálvez: *El invierno eclesial,* **New Jersey, Shoreless Lake Press, 2011, pág. 356.**

Presentación

Como ya se hacía ver en la presentación de otros tratados dogmáticos de esta serie, también el presente curso está preparado pensando, sobre todo, en la formación de los candidatos al sacerdocio de la *Sociedad de Jesucristo Sacerdote*.

Se trata pues de una obra dirigida a aquéllos que se adentran en el estudio de la teología a nivel universitario, con la intención de proporcionarles una herramienta de conocimiento que brinde a la vez, no sólo el respeto más delicado por la ortodoxia y la fidelidad al auténtico Magisterio de la Iglesia, sino también la comprensión más aguda de la teología que se deriva de los escritos del fundador de la *Sociedad de Jesucristo Sacerdote*, el P. Alfonso Gálvez.

Teniendo en cuenta tales objetivos, parece útil señalar los principales parámetros que se han seguido en la confección de la presente obra:

1. Este tratado intenta ser sólo un breve resumen y guía de las principales cuestiones que se plantean sobre la gracia a nivel dogmático. Ciertamente los estudios sobre esta materia constituyen una auténtica pléyade, con opiniones para todos los gustos. Aunque se indican las más importantes controversias, la profundización en los detalles exigiría toda una biblioteca. No

obstante, para el lector interesado en un conocimiento más amplio de alguno de los aspectos se sugiere la bibliografía básica a utilizar.

2. Es un curso que se sustenta básicamente, y pretende dar a conocer, la teología tomista.[1]

La doctrina madura de Santo Tomás sobre la gracia en general como un don otorgado por Dios al hombre para ayudarle a conseguir su fin sobrenatural, está recogida principalmente en la Suma Teológica, I^a–II^{ae}, en las cuestiones 109 a 114. Primero trata de la necesidad de la gracia (q. 109), para pasar a estudiar su naturaleza con otras tres cuestiones: su esencia (q. 110), la división o tipos de gracia (q. 111) y su causa (q. 112). Por último, desarrolla los efectos de la gracia, en las dos últimas cuestiones: sobre la justificación (q. 113) y sobre el mérito (q. 114).

Es un estudio maduro, sistemático, completo y logrado, donde el Aquinate utiliza y refunde sus anteriores exposiciones sobre

---

[1]Sobre la gracia en Santo Tomás, se puede consultar: H. Bouillard: *Saint Thomas et grâce chez saint Thomas d'Aquin. Étude historique*, París, Aubier, 1944; A. Galli: *Il trattato teológico della gracia in San Tommaso e nella storia*, en "Sacra Doctrina" 32 (1987) 233–469. L.-B. Gillon: *Théologie de la grâce*, en "Revue Thomiste" 46 (1946) 603–612; C. V. Herís: *La grâce..., en S. Thomas d'Aquin*, en "Somme Théologique t. 12", París–Tournai–Roma 1961; G. Ladrille: *Grâce et motion divine chez s. Thomas d'Aquin*, en "Salesianum" 12 (1950) 37–84; J. M. Lecea: *Fe y justificación en Tomás de Aquino. Un estudio histórico–teológico sobre la Suma Teológica*, Madrid, Publicaciones ICCE, 1976); P. De Letter: *De ratione meriti secundum sanctum Thomam*, Roma, Universidad Gregoriana, 1939; F. Muñiz: *Tratado de la gracia*, en "Suma Teológica de Santo Tomás de Aquino. Trad. y anotaciones por una comisión de PP. Dominicos", vol. VI, Madrid, BAC, 1956, págs. 579–923; G. Philips: *L'union personnelle avec Dieu vivant. Essai sur l'origine et le sens de la grâce crée*, Gembloux, J. Duculot, 1974; S. M. Ramírez: *El mérito y la vida mística*, en "La Vida Sobrenatural" 2 (1921) 94–103 y 271–280; M. C. Wheeler: *Actual grace according to St. Thomas*, en "The Thomist" 16 (1953) 334–360.

la gracia. En efecto, antes de la *Suma de Teología*, trató de la gracia de un modo amplio en tres de sus tratados, aunque con distintos puntos de vista debido a la finalidad de tales obras. En el *Comentario a las Sentencias*: libro II sobre la esencia y división de la gracia (dist. 26), sobre el mérito (dist. 27), sobre la necesidad de la gracia (dist. 28) y sobre la gracia en el primer hombre (dist. 29); en el libro IV versa sobre la justificación (dist. 17).[2] La *Suma contra Gentiles* la gracia ocupa parte del libro III, capítulos 147–160, centrados en los efectos de la gracia (el amor de Dios, la fe, la esperanza y la perseverancia), de la liberación del pecado y de la justificación.[3] Finalmente, en la *Cuestión disputada sobre la verdad* el Santo se ocupa de varios aspectos, como la necesidad de la gracia (q. 24, aa. 12–15), esencia (q. 27, aa. 1–2), causa (q. 27, aa. 3–4) y la justificación (q. 28).[4]

Pero como recuerda Hernández Martín, "hay otras cuestiones especiales sobre la gracia que Santo Tomás expone en sus correspondientes tratados de la Suma de Teología. En la primera parte nos habla de la gracia en cuanto poseída por los ángeles (I^a, q. 52, aa. 2–6) y por el primer hombre (I^a, q. 95, a. 1). En la segunda parte nos habla de las virtudes infusas, de los dones del Espíritu Santo, de las bienaventuranzas y de los frutos, que tienen como base y raíz la gracia, y de los cuales trata a lo largo de esa extensa parte de la Suma. En la tercera parte nos habla de la gracia de Cristo, de la cual deriva la gracia comunicada a los hombres, pero la trata solamente en cuanto se halla en

---

[2]No se ocupa aquí de la causa de la gracia.

[3]Por la perspectiva apologética del tratado, no se centra en ciertas cuestiones teológicas estrictamente hablando, como la esencia, división y causa de la gracia.

[4]No trata en extenso ni de la división ni del mérito.

Jesucristo (III^a, qq. 7 y 8); versa también de la santificación o justificación de Santa María Virgen (III^a, q. 27), y trata, finalmente, de la gracia como efecto de los sacramentos, al hablarnos de éstos en general y de cada uno en particular".[5]

3. Se ha procurado también presentar las polémicas actuales de los diferentes aspectos de la teología dogmática sobre la gracia, con el fin de que el alumno pueda tener las herramientas necesarias para conocer, criticar y responder a las teorías más modernas (en muchos casos intentos no logrados y, con cierta frecuencia, heterodoxos), que sobre este tratado abundan hoy en día. Un estudio centrado sólo en la pura doctrina clásica no prepararía a los alumnos para el mundo y la Iglesia en los que van a vivir.

4. La bibliografía sobre la gracia es literalmente inabarcable, y no siempre ortodoxa. Se puede encontrar con profusión en los diferentes manuales.[6] Hay que insistir que aunque actualmente

---

[5]R. Fernández Martín: *Tratado de Gracia. Introducción a las cuestiones 109–114*, en "Santo Tomás de Aquino. Suma de Teología parte I–II", Madrid, BAC, 1989, pág. 901. Cfr. G. Lafont: *Estructuras y métodos en la Suma Teológica de Santo Tomás de Aquino*, Madrid, Rialp, 1961, pág. 267; cfr. J. L. Lorda: *La gracia de Dios*, Madrid, Palabra, 2004, pág. 199. En este sentido, cfr. Santo Tomás de Aquino: *Summ. Theol.*, I^a–II^{ae}, qq. 40–70; II^a–II^{ae}, qq. 1–27; *Quaestiones Disputatae. De Virt. in communi et de virt. card.*

[6]Cfr. J. L. Lorda: *La gracia de Dios*, cit., págs. 381–421; J. Alviar: *Boletín sobre la Gracia*, en "Scripta Theologica" 27 (1995) 971–993; A. Matabosch: *Butlleti Bibliografic (I y II)*, en "Revista catalana de Teología" 16 (1991) 405–419; G. Colzani: *Recenti manuali di Antropologia teologica in lingua italiana e tedesca*, en "Vivens homo" 3 (1992) 391–407; Id.: *Il trattato "de gratia": Presentazione storico–bibliografica*, en "Vivens homo" 4 (1993) 375–389; C. García–Fernández: *Orientaciones generales sobre la gracia y la salvación cristiana*, en "Burgense" 37 (1996) 93–124; 38 (1997) 543–580; M. Henry: *Les divers courents de la théologie de la grâce aujourd'hui*, en "Revue de l'Institut Catholique de Paris" 51 (1994) 57–92; F. Pérez Muñiz: *Tratado...*, cit., págs. 585–600; etc.

se ha escrito mucho sobre la gracia, sin embargo, con relativa frecuencia, se hace desde una perspectiva muy lejana a la fe verdadera.

En el presente manual se han preferido las obras clásicas sobre la gracia, con el fin de preservar la perspectiva elegida y dar una base sólida y segura de conocimiento a los que se adentran en los estudios teológicos. Ello no obsta, para explicar también las polémicas y errores actuales, con el fin de que el estudiante posea una preparación completa. Por eso, aunque se considerarán en su momento obras y estudios recientes, sin embargo se ha seguido preferentemente una bibliografía clásica y segura.

En este sentido conviene indicar —aparte de la bibliografía que se señala en cada capítulo y los elencos mencionados antes—, los estudios fundamentales que se recogen a lo largo de la presente obra, a saber: los artículos correspondientes del *Dictionnaire de Théologie Catholique*;[7] del *Dictionnaire de la Bible*;[8] de la *The Catholic Encyclopedia*[9]; de la *Gran Enciclopedia Rialp*;[10] S. González Rivas: *Sacrae Theologiae Summa III. De Verbo incarnato De B. Maria Virgine. De gratia. De Virtutibus*;[11] R. Garrigou–Lagrange: *De gratia*, London, Herder, 1952; F. Pérez Muñiz: *Tratado...*, cit.; R. Fernández Martín: *Tratado de Gracia. Introducción a las cuestiones 109–114* (edición de 1989),

---

[7]A. Vacant, E. Mangenot y E. Amann, Paris, 1889–1939.

[8]F. Vigoroux, Paris, Letouzey Et Ane Editeurs, 1912; con varios suplementos, hasta el año 2000, por diferentes autores.

[9]New York, Robert Appleton Company, 1907–1912.

[10]Madrid, Rialp, 1979.

[11]Madrid, BAC, 1955 (la trad. inglesa que hemos seguido preferentemente: *Summa of Sacred Theology IIIB. On grace. On the infused virtues*, U.S.A., Keep the Faith, 2016).

cit.; L. Ott: *Manual de teología dogmática*, Barcelona, Herder, 1966; Ch. Baumgartner, *La gracia de Cristo*, Barcelona, Herder, 1968; H. Rondet: *La gracia de Cristo*, Barcelona, Estela, 1966; J. Ibáñez y F. Mendoza: *Dios Santificador: La gracia*, Madrid, Palabra, 1983; J. A. Sayés: *La gracia de Cristo*, Madrid, BAC, 1993; J. L. Lorda: *La Gracia de Dios*, Madrid, Palabra, 2004. Además pueden ser útiles otros manuales clásicos.[12]

5. Hay que señalar que en la redacción de este tratado se utilizan con abundancia los listados multinivel y las enumeraciones, con la finalidad de intentar facilitar a los alumnos aprender los contenidos básicos que se exponen y ayudarles en la asimilación de los diferentes aspectos que una determinada cuestión puede presentar, intentando evitar que el alumno se quede en meras generalidades y no profundice en los temas.

6. Evidentemente es necesaria la consulta de los textos bíblicos y magisteriales que se aducen. Por la misma razón que se indicaba antes, en muchos casos aparecerán citados textualmente con extensión.

Se recomienda el uso conjunto de varias traducciones buenas de la Biblia,[13] y, si es posible, del Nuevo Testamento griego.

---

[12]Cfr. la bibliografía aportada en el cap. II de la presente obra dedicado a la Historia del tratado de gracia.

[13]A. Gálvez siempre ha recomendado el uso de la *Nova Vulgata Bibliorum Sacrorum Editio*, Roma, 1986; *The New Jerusalem Bible*, Doubleday, New York, 1985; *La Bible de Jérusalem*, Paris, 1983; *La Biblia de Navarra*, Pamplona, 2004; *La Sagrada Biblia* de Nacar–Colunga, Madrid (hasta la edición del año 1955); y *La Sagrada Biblia* de Cantera e Iglesias, Madrid, 1979. Otra buena traducción al español es la de J. Straubinger: *Sagrada Biblia. Versión directa de los textos primitivos*, Sevilla, Ed. Apostolado Mariano, nueva ed. 1995.

Con respecto a la consulta del Magisterio de la Iglesia, hay varias colecciones de textos magisteriales que se pueden utilizar para contrastarlos y estudiarlos en detalle.

Sin duda alguna, la más conocida y usada es el famoso *Enchiridion* de Denzinger.[14] Es necesario tener en cuenta, no obstante, las vicisitudes por las que pasó la edición del famoso Denzinger desde sus orígenes (primera ed., Würzburg, 1854) hasta el momento actual (La última edición, la 38ª, incorpora los documentos del Concilio Vaticano II y otros, incluidas las encíclicas papales, hasta 1995).[15] Hay que recordar que Karl Rahner estuvo a cargo de las ediciones del Denzinger desde la 26ª (1952) a la 31ª (1958); y que A. Shönmetzer hizo una profunda refundición, añadiendo 150 nuevos documentos, abreviando otros, y eliminando algunos más, intentando seguir las directrices de los especialistas del momento y de los nuevos planteamientos de los problemas teológicos. Refunde completamente los índices ampliando el índice sistemático y adaptándolo a la terminología bíblica. Realiza también una nueva numeración de los documentos. El resultado (desde la edición 32 en 1963), fue polémico. Se cita como D. S.

En efecto, G. Maron, en su recensión publicada en la revista "Materiales ofrecidos por el Instituto Bensheim para el Estudio de las Confesiones Cristianas",[16] critica el hecho de que Schönmetzer eliminara una serie de textos que, por su dureza, habrían sido contraproducentes para el movimiento ecuménico. La recensión de J. C. Fenton acusa a Schönmetzer de reducir al mínimo la infalibilidad del Magisterio eclesiástico y de convertirse en el propagandista de una deplorable corriente teológica de la época.[17]

En la edición 38, Hünermann defiende la labor de Schönmetzer:

---

[14]La última edición a la fecha es: H. Denzinger – P. Hünermann, *Enchiridion symbolorum Definitionum et Declarationum de Rebus Fidei et Morum*, Barcelona, 2000 (corresponde a la 38 edición alemana).

[15]Hay una información completa al respecto en la *Introducción* a la edición de Denzinger–Hünermann, con toda clase de detalles (págs. 35 a 38).

[16]G. Maron: *Materialdienst des Konfessionskundlichen Instituts Bensheim*, 16 (1965) 99s.

[17]J. C. Fenton: *The American Ecclesiastical Review*, 148 (1963) 337-345.

"En lo que respecta a la refundición del contenido, hay que destacar especialmente cómo Schönmetzer desmonta las exageraciones de Bannwart en cuanto a la autoridad pontificia y recoge en cambio documentos que son importantes para el debate ecuménico y otros documentos que hablan de la tolerancia y de la libertad del ser humano y que se dirigen contra la esclavitud, la tortura y la ordalía (o "juicio de Dios")... Frente a estas voces aisladas se alza un amplio asentimiento, el cual se demuestra entre otras cosas por la rapidez con que se van sucediendo las ediciones (la 33ª edición de 1965, la 34ª de 1967) con una tirada total de 25.000 ejemplares. A estas ediciones se incorporan por vez primera extractos de las encíclicas 'Mater et Magistra' y 'Pacem in terris' de Juan XXIII y dos documentos de Pablo VI".[18]

Por su parte Hünermann, como ya se ha dicho, incorporó gran parte de los textos del Concilio Vaticano II y de los documentos papales hasta 1995. Se cita como D. H.

La colección de textos de Denzinger es útil para citar textos magisteriales, de una manera que sea posible comprobar al lector medio y experto en teología la exactitud de la cita y estudiarla. En este sentido, es opinión común que está bien hecha la labor crítica de buscar los textos mejores de los documentos que se escogen, señalando las diferencias que puedan haber entre copias y fuentes diferentes, y mostrando en la mayoría de los casos, el mejor texto magisterial disponible. Siendo la colección más citada por la mayoría de los estudios teológicos, he considerado útil seguirla en los textos que recopilo y que cito en el presente tratado. Con todo, como en este tratado se sigue la teología tomista, es evidente que no utilizo ni concuerdo con el índice sistemático ni la perspectiva teológica que proponen los últimos recopiladores del Denzinger.

Las otras colecciones de textos magisteriales son mucho menos citadas y conocidas, y en bastantes casos sería imposible para el lector medio contrastar las citas que aquí se hacen. Con todo, es útil tener a la vista también la recopilación de J. Ibáñez y F. Mendoza: *La Fe Divina y Católica de la Iglesia*,[19]

---

[18] Pág. 37.

[19] J. Ibáñez y F. Mendoza: *La Fe Divina y Católica de la Iglesia*, Editorial Magisterio Español, Zaragoza, 1978.

sobre todo para el estudio de los cursos de dogmática que ambos autores tienen. Su perspectiva tomista coincide con la de este tratado.

Conviene recordar que una colección de textos magisteriales, como la del Denzinger o cualquier otra, no significa que coincida en *todo* con lo que el Magisterio *es en sí*; ni mucho menos. Se trata de un lugar donde se puede encontrar las citas del Magisterio que se siguen. Por lo mismo, de hecho hay documentos que pueden no aparecer en esas colecciones, y que sin embargo han de ser citados y tenidos en cuenta en más de una ocasión. Pero casi todos los textos importantes para explicar dogmática, están recogidos en el Denzinger.

Finalmente declaro que cualquier afirmación que se haga en la presente obra que pueda ir en contra del auténtico Magisterio de la Iglesia, es absolutamente involuntaria, por lo que se ruega se tenga por no escrita, pues es la intención fundamental del presente estudio precisamente basarse, seguir y defender la fe de la Iglesia.

Parte I

Introducción

De la gracia se ha tratado ya en obras anteriores de esta serie de estudios de teología dogmática, pues fue estudiada desde diferentes puntos de vista en relación con los contenidos de Dios Uno y Trino, Creación y elevación, Cristología así como en Escatología.

En efecto, al investigar sobre Dios Uno y Trino, se ha hablado de ella en relación a las obras "ad extra" de la divinidad, de la acción del Espíritu Santo y su relación con el orden de la gracia donada a los hombres, y de los efectos de la inhabitación trinitaria en el alma del justo.

Por otro lado, en el tratado de Creación se ha considerado la elevación de la naturaleza angélica y humana al orden sobrenatural así como su pérdida a consecuencia del pecado de los demonios y del original humano.

Al considerar la obra de Jesucristo, se profundizó en la sobreabundante recuperación de la gracia por obra de la Redención de Cristo, pues como dice la Carta a los Romanos, "pero una vez que se multiplicó el pecado, sobreabundó la gracia, para que, así como reinó el pecado por la muerte, así también reinase la gracia por medio de la justicia para vida eterna por nuestro Señor Jesucristo" (Ro 5: 20–21).

Finalmente en el tratado de escatología se estudia la vida de los bienaventurados como plenitud de la gracia.

La gracia ahora va a ser estudiada en sí misma, en su naturaleza propia, en sus divisiones, en su relación con el obrar libre del hombre, en sus efectos, etc. En todo el tratado habrá una constante referencia a las polémicas históricas que se suscitaron en torno a la misma, que favorecieron su mejor comprensión y ayudaron a desarrollar el contenido de lo que se va a estudiar aquí.

Capítulo 1

Nociones previas

La gracia, en una primera aproximación general, nos habla de los dones de Dios a sus creaturas que implican una especial gratuidad por ir más allá de lo que es proporcionado a sus naturalezas creadas y suponer una especial benevolencia y amor divinos.[1]

En el tratado de gracia se estudia sistemáticamente todas las cuestiones relacionadas con ese orden divino sobrenatural otorgado a las creaturas racionales.

Para el estudio de tal misterio es necesario precisar algunos conceptos previos.

1.1 Distinción entre natural y sobrenatural

La gracia es el don de la sobrenaturaleza otorgado a la creatura por Dios. Es necesario distinguir bien entre lo que es propio de la naturaleza (lo natural) y lo que es la sobrenaturaleza (lo sobrenatural). Aunque este tema se tratará con detalle en capítulos posteriores por

---

[1]Cfr. M. J. Rodríguez: *Gracia sobrenatural. Desarrollo histórico–doctrinal*, en GER, vol. XI, pág. 143.

su importancia y actualidad, sin embargo conviene tener claros los conceptos desde el principio.

1.1.1 Natural

En teología se llama tradicionalmente *lo natural* o *el natural*, a lo que es propio de *la naturaleza*, es decir al principio de operación de un ser, es decir, la esencia del ser en cuanto operativa.

Lo natural puede ser:

- O lo que es parte de la naturaleza (*constitive*) (ej. cuerpo y alma para el ser humano).

- O lo que procede de la naturaleza como su efecto (*consecutive*) (ej. las facultades vegetativas, sensitivas y racionales y sus funciones en el ser humano).

- O lo que es exigido por la naturaleza (*exigitive*) (ej. conservación en el ser por parte de Dios y el *concursus* divino en el obrar del hombre, de tal modo que la naturaleza humana puede conseguir su objetivo).

1.1.2 Sobrenatural

El concepto de *lo sobrenatural* o de la *sobrenaturaleza*, se puede entender negativa o positivamente. En efecto:

1. La definición de lo sobrenatural puede hacerse de un modo negativo, considerando lo que *no es* propio de él, en contraste con lo que pertenece a la naturaleza. Lo sobrenatural no es:

   - Una parte de la naturaleza.
   - Ni procede como efecto de la naturaleza.
   - Ni puede ser exigido por la naturaleza.

Como dice Sayés:

> "De una manera negativa, diremos que lo sobrenatural es todo lo que excede el ámbito de posibilidades y exigencias naturales que entraña una naturaleza, o toda naturaleza. Lo que no es constitutivo de una naturaleza, lo que no nace de ella, aquello que no es exigencia de la naturaleza, lo que no le es debido ni física ni moralmente, pero que, adviniendo a ella, la sublima y la levanta por encima de sí, eso es lo sobrenatural".[2]

2. Positivamente, por tanto, lo sobrenatural transciende el ser de la naturaleza en tres órdenes:

   - El ser de la naturaleza (*constitutive*).
   - Los poderes de la naturaleza (*consecutive*).
   - Las exigencias de la naturaleza (*exigitive*).

Como dice Sayés:

> "De una manera positiva, decimos que lo sobrenatural absoluto (o propiamente dicho) consiste en la autocomunicación divinizante que Dios hace de su propia vida a la criatura. Autocomunicación divina y divinizante que no puede ser exigida por naturaleza alguna creada o creable. Vivir la vida propia de Dios es algo que ningún ser creado puede exigir en virtud de su naturaleza. La gracia divinizante es la participación en la entraña misma de Dios por la que llegamos

---

[2]J. A. Sayés: *El problema de lo sobrenatural*, Seminario Mayor de Toledo. notas para los alumnos, pág. 2.

a ser hijos auténticos de Dios de una manera adoptiva".[3]

Lo "sobre–natural" es "sobre–añadido" por Dios a los dones de la creatura, que como tal no puede exigir lo sobrenatural ni es consecuencia de la misma naturaleza.

Desde otro punto de vista, el orden sobrenatural es la disposición de las creaturas racionales a un objetivo final sobrenatural.

1.1.3   Clasificaciones del sobrenatural. Lo preternatural

El sobrenatural puede ser clasificado en *sobrenatural por esencia* y *sobrenatural por participación*.

1. Sobrenatural por esencia:

   - Es Dios.

   - Tiene una infinita distancia con respecto a las creaturas.

   - Las operaciones divinas son sobrenaturales (hay que tener en cuenta, no obstante, que lo sobrenatural es *natural* para Dios). Pero se puede distinguir, en relación a las operaciones divinas dirigidas hacia las creaturas, entre:
     - Operaciones divinas *naturales*: las que son consecuencia de la voluntad divina de crear (ej. providencia y cooperación).
     - Operaciones divinas *sobrenaturales*: las que no son requeridas por la voluntad divina de crear (ej. revelación, gracia, milagros, etc.).

---

[3] J. A. Sayés: *El problema...*, cit., pág. 2.

2. Sobrenatural por participación: Son las creaturas en cuanto elevadas a un orden superior de tal modo que pueden recibir o actuar más allá de las posibilidades de sus propias naturalezas. Se puede dividir entre:

   - *Absolutamente sobrenatural* o lo sobrenatural pura y simplemente: bienes del orden divino que transcienden la naturaleza de cualquier creatura (ej. gracia santificante, visión inmediata de Dios, etc.).

   - *Relativamente sobrenatural* o lo sobrenatural solo en un sentido, o relativamente: bienes del orden creado, que pueden ser sobrenaturales con relación a una creatura en concreto, pero no son sobrenaturales para todas las creaturas (ej. la ciencia infusa es natural a los ángeles y sobrenatural al ser humano; o la inmortalidad es natural en los ángeles y preternatural para el ser humano). A lo relativamente sobrenatural pertenecen los llamados *dones preternaturales* de la condición primitiva original del hombre.

1.1.4 Potencia obediencial

Es la potencialidad pasiva propia de la creatura para ser elevada por el Creador a un estado sobrenatural de ser o de actividad. En otras palabras, no es sino la misma naturaleza creada en la medida en que puede recibir una perfección sobrenatural absoluta.

Para el estudio de este término es necesaria la comprensión de la necesaria relación existente entre lo natural y lo sobrenatural, sobre la que se profundizará más adelante.

1.2   Noción de la gracia

El sentido del término "gracia" tiene tres acepciones en el lenguaje ordinario: el amor que se siente hacia alguien, un don concedido
gratuitamente y el reconocimiento con el que se corresponde a un beneficio gratuito. Por eso, Santo Tomás en la Primera de la Segunda
parte de la *Suma Teológica*[4] dice que:

"Secundum communem mo-
dum loquendi, gratia tripliciter accipi consuevit. Uno modo, pro dilectione alicuius, sicut consuevimus dicere quod
iste miles habet gratiam regis,
idest, rex habet eum gratum.
Secundo sumitur pro aliquo
dono gratis dato, sicut consuevimus dicere, hanc gratiam fa-
cio tibi. Tertio modo sumitur
pro recompensatione beneficii
gratis dati, secundum quod
dicimur agere gratias benefi-
ciorum. Quorum trium secundum dependet ex primo, ex
amore enim quo aliquis alium
gratum habet, procedit quod
aliquid ei gratis impendat. Ex
secundo autem procedit ter-

"El lenguaje usual nos ofrece
tres acepciones de la gracia. En primer lugar significa el amor que se
siente hacia alguien. Y así se dice
que un soldado tiene la gracia del
rey, esto es, que el rey lo encuentra grato. En segundo lugar designa un don concedido gratuitamente. De aquí la expresión: 'Te conce-
do esta gracia'. Finalmente, se toma por el reconocimiento con que
se corresponde a un beneficio gratuito, y así se habla de dar gracias
por los beneficios recibidos. Mas la
segunda de estas acepciones depende de la primera; pues es el amor
que se siente hacia alguno lo que
impulsa a concederle algo gratuitamente. Y, a su vez, de la segunda
acepción se deriva la tercera, pues

---

[4]Santo Tomás de Aquino: *Summ. Theol.*, Iª–IIª, q. 110, a. 1, co. Cfr. *In Sent.*, II,
dist. 26, a. 1; *De verit.*, q. 27, a. 1; *Cont. Gentes* III, 150.

tium, quia ex beneficiis gratis exhibitis gratiarum actio consurgit".

cuando se recibe un beneficio gratuitamente es cuando se dan gracias por él".

En teología, el significado del término "gracia" ($\chi \acute{\alpha} \rho \iota \varsigma$) puede ser considerado desde la perspectiva bíblica o desde la ciencia teológica.

1.2.1 Noción bíblica

Aunque se dedicará un capítulo al estudio pormenorizado de la doctrina de la gracia en la Revelación bíblica,[5] conviene ahora adelantar una visión general de la misma, la cual presenta cuatro sentidos distintos, pero relacionados: subjetivo, objetivo, causativo o de encanto y efectivo o de agradecimiento.[6]

Gracia subjetiva

Es el sentimiento de condescendencia, de benevolencia, que tiene una persona más encumbrada con respecto a otra de condición inferior, que "cae en gracia" al superior y a la que mira con benevolencia o buena disposición. Se aplica en particular a la relación que tiene Dios con el hombre o con algunos seres humanos en particular. Gracia aquí significa benevolencia. Es el caso de Ge 30:27 ("Respondióle Labán: 'Si he hallado gracia a tus ojos, yo sé por un oráculo que por causa tuya me ha bendecido Yahvéh'".), Ge 30: 27 ("Halló, pues, José gracia a los ojos de su señor, y le servía a él"), o de Lc 1:30 ("Y el ángel le dijo: No temas, María, porque has hallado gracia delante de Dios").

---

[5]Cfr. infra cap. 4, centrado en las diferentes perspectivas sobre la misma en los principales libros de la Biblia, que han de ser interpretados con un sentido de unidad, siguiendo el criterio hermenéutico de la analogía bíblica.

[6]Cfr. L. Ott: *Manual de Teología dogmática*, cit., pág. 342; J. Ibáñez y F. Mendoza: *Dios Santificador...*, cit., págs. 11–12; F. Pérez Muñiz: *Tratado...*, cit., págs. 582–584.

Gracia objetiva

Es el don gratuito que procede del mencionado sentimiento de benevolencia. Se puede descomponer entre su elemento material (el don mismo), y el formal (su carácter gratuito). Un ejemplo aparece en Ro 11: 5–6, "En el tiempo presente ha quedado un resto según elección gratuita. Ahora bien, si es por gracia, no es por las obras, porque entonces la gracia ya no sería gracia"; o Ro 1:5, "Por quien hemos recibido la gracia y el apostolado para la obediencia de la fe entre todas las gentes para gloria de su nombre".

Es la acepción que se estudia en el tratado teológico de Gracia.

Gracia causativa

El término gracia también es usado como la cualidad que causa encanto, atracción. Es el caso, por ejemplo, del Sal 45:3, "Eres el más hermoso de los hijos de Adán, en tus labios se ha derramado la gracia, pues Dios te ha bendecido para siempre"; o de Prov 31:30, "Falaz es la gracia y vana la hermosura, la mujer que teme al Señor será alabada".

Gracia efectiva

Es el resultado de recibir los dones gratuitos: acto de agradecimiento o gratitud. Es usado frecuentemente en las Escrituras, como "dar gracias". Es el caso de Lc 17:9, "¿Es que tiene que agradecerle al siervo el que haya hecho lo que se le había mandado?"; o de 1 Cor 10:30, "Si yo participo en una comida dando gracias a Dios, ¿por qué voy a ser reprendido por aquello por lo que doy gracias?".

1.2.2 Noción teológica

Como se ha señalado, la teología centra su estudio sobre el sentido bíblico objetivo, y aporta dos definiciones de la gracia objetiva:

- En sentido amplio: como don divino *ex benevolentia datum* (*donum gratis*), con dos elementos: por un lado el material o don otorgado; y por otro, el formal o la benevolencia gratuita. En general, abarca a cualquier beneficio otorgado por Dios, tanto de naturaleza natural (creación, libertad, racionalidad, salud del cuerpo o del espíritu, etc.) como de naturaleza sobrenatural (elevación a ese orden, virtudes infusas, inhabitación trinitaria, etc.).

- En sentido estricto: teológicamente, el sentido de gracia objetiva se circunscribe a los dones sobrenaturales de Dios que superan el orden de la naturaleza creada. Se define como un don sobrenatural concedido gratuitamente por Dios a una creatura racional para conseguir la vida eterna, lo que significa:

  1. *Don*: es un beneficio. Este carácter coincide con el sentido amplio de la gracia, que abarca a los dones naturales también.

  2. *Sobrenatural*: es un don divino que no es debido a la naturaleza humana creada, a la que no corresponde ni constitutiva, ni consecutiva, ni exigitivamente.

  3. *Gratuito*: es un don que Dios no está obligado a conceder, y que cuando lo hace, es por su decisión libre y amorosa. El ser racional creado no puede exigirlo ni física, como debido a su naturaleza espiritual, ni moralmente, como debido a sus propias obras naturales.

  4. *Otorgado a la creatura racional*: es un don que no se concede a los seres irracionales, sino sólo a los ángeles y a los hombres, únicos seres creados que participan de la vida espiritual de Dios.

5. *Para la vida eterna*: es un don que tiene como finalidad última la vida beatífica del Cielo. La gracia es un anticipo en la Tierra, unas arras, de la gloria celestial del más allá.

Entre los dones sobrenaturales concedidos por Dios, hay que distinguir los siguientes:

1. Dones sobrenaturales *en cuanto a la sustancia*, esto es, que por su propia naturaleza se elevan por encima del ser, las fuerzas y todas las exigencias de la naturaleza creada, a saber: la gracia santificante, las virtudes infusas, los dones del Espíritu Santo, la gracia actual y la visión beatífica.

2. Dones sobrenaturales *en cuanto a su modo*, esto es que se realizan superando la capacidad natural de la creatura afectada por ellos, como son la curación milagrosa, el don de lenguas, del don de profecía, etc.

3. Dones *preternaturales*, que perfeccionan la naturaleza humana dentro de propio orden. Son propios de otros seres creados superiores (ángeles), que les corresponden por naturaleza, pero concedidos gratuitamente a creaturas inferiores (seres humanos) por benevolencia de Dios. Es el caso de los dones de la inmunidad de todo apetito desordenado, del dolor o de la muerte, de la ciencia infusa, etc., concedidos por Dios a nuestros primeros padres.

1.2.3   Noción católica, ortodoxa y protestante

Aunque en sentido amplio, en las fuentes de la Revelación y en los inicios de la Iglesia, gracia significa la misericordia de Dios y sus dones —y en este sentido todo es gracia porque todo procede libre y gratuitamente del amor de Dios—, sin embargo, pronto el término fue utilizado en concreto para calificar a los dones de la salvación que nos consiguió Jesucristo (la inhabitación del Espíritu Santo, el perdon de los pecados y los dones interiores que nos convierten en hijos adoptivos de Dios en el Hijo, y nos permiten vivir como tales).

Con todo, la explicación de esos dones y el desarrollo de la doctrina teológica sobre la gracia fue diferente en la Iglesia católica y en la teología de las Iglesias ortodoxas y en el protestantismo. Conviene señalar de un modo general las principales diferencias que existen entre ellas.

- La recta doctrina católica utilizará el termino "gracia" en varios sentidos, refiriéndose al mismo Espíritu Santo que inhabita en el alma del justo (gracia increada); al perdón de Dios (gracia de la justificación); a la nueva condición adquirida como hábito del alma (gracia santificante o habitual); y a las ayudas concretas interiores por las que Dios nos saca del pecado y nos impulsa a obrar bien con la cooperación de nuestra libertad (gracias actuales).

- La teología ortodoxa centra su explicación como la energía o fuerza de Dios que nos santifica o diviniza.

- La teología luterana considera que la gracia es exclusivamente el perdón de Dios, distinguiendo entre justificación y santificación, aspectos que la Iglesia católica considera que van necesariamente unidos.[7]

1.3 División de la gracia

La ciencia teológica ha dividido la gracia en muchas clases, para profundizar mejor en su naturaleza y efectos. Las siguientes son las clasificaciones más habituales.

---

[7]Cfr. J. L. Lorda: *La gracia...*, cit., pág. 362.

1.3.1 Gracia increada y creada

La *gracia increada* es Dios mismo en cuanto se comunica a través de sus dones gratuitos en los siguientes modos:

1. En cuanto Él predeterminó en su amor desde toda la eternidad los dones de la gracia.

2. En cuanto se ha comunicado a Sí mismo (gracia de unión) en la Encarnación a la humanidad de Cristo.

3. En cuanto mora en las almas de los justos.

4. En cuanto se entrega a los bienaventurados para que le posean y disfruten en el Cielo.

La *gracia creada* es todo don sobrenatural y gratuito distinto de Dios o un efecto causado por Dios. De este modo, son gracias creadas los actos de la unión hipostática, la inhabitación y la posesión y gozo celestial, porque tuvieron o tendrán su comienzo en el tiempo. Pero es increado el don que se confiere a la creatura por medio de esos actos.

Hay algunos teólogos que afirman que la gracia increada y la creada no son dos gracias ontológicamente distintas que concurren, cada una por su lado, a la divinización del hombre. Solo habría una gracia que configura al hombre como amigo de Dios, y ésta no sería sino la permanente inhabitación de Dios en él (gracia increada) con la consiguiente divinización del mismo (gracia creada). Según esta posición la gracia creada no ha de ser entendida como un "algo", un ente producido por causalidad eficiente, sino como la consecuencia, la transformación que el hombre experimenta por el hecho de que Dios habita en él. La gracia no debería considerarse como algo que Dios da, sino Dios mismo que se da en la intimidad intratrinitaria, transformando radicalmente al hombre en cuanto lo diviniza y lo libera del pecado.[8] Aunque es

---

[8] J. A. Sayés: *La gracia...*, cit., págs. 24–25.

una posición aceptada con frecuencia por la moderna teología, supone un distanciamiento de la teología clásica, sobre todo de la tomista. En efecto, el Aquinate, por lo general, cuando utiliza la palabra "gracia" se refiere el don creado y no el increado, sosteniendo que la gracia es una realidad o algo real infundido al alma, distinto de Dios y de ella.[9] Su postura se explica porque el Santo se centra en la transformación ontológica del alma, interpretando la "participación en la naturaleza divina" (2 Pe 1:4) con el esquema de la causalidad ejemplar y eficiente.[10] Ciertamente, afirma la deificación radical operada por Dios en el converso para que libremente le ame, transformando sus facultades espirituales y también su misma esencia;[11] pero Dios no obra en el alma como causa formal sino como causa eficiente, transformando al hombre mediante una forma intermedia, la gracia creada.[12] Además, cuando el Concilio de Trento expone las causas de la gracia, enseña que la única causa formal de la justicia de Dios no es aquélla con que Él es justo sino aquella con que nos hace a nosotros justos:

> "La única causa formal es la justicia de Dios, no aquella con que Él es justo, sino aquella con que nos hace a nosotros justos (Can. 10 y 11), es decir, aquella por la que, dotados por Él, somos renovados en el espíritu de nuestra mente y no sólo somos reputados, sino que verdaderamente nos llamamos y somos justos, al recibir en nosotros cada uno su propia justicia, según la medida en que el Espíritu

---

[9]Cfr. Santo Tomás de Aquino: *Summ. Theol.*, I^a–II^{ae}, q. 110, a. 1.

[10]Santo Tomás de Aquino: *Summ. Theol.*, I^a–II^{ae}, q. 110, a. 2, ad 2; cfr. también III^a, q. 23, a. 1.

[11]Santo Tomás de Aquino: *Summ. Theol.*, II^a–II^{ae}, q. 23, a. 2; I^a–II^{ae}, q. 110, a 4; q. 62, a. 1; q. 51, a. 4; q. 63, a. 4–5.

[12]Santo Tomás de Aquino: *De Veritate*, q. 27, a. 1, ad. 1. Cfr. M. J. Rodríguez: *Gracia sobrenatural III*, cit., pág. 154.

Santo la reparte a cada uno como quiere (1 Cor 12:11) y según la propia disposición y cooperación de cada uno".[13]

1.3.2 Gracia de Dios y gracia de Cristo

La gracia de Dios o del Creador es la que confirió a los ángeles y a Adán y Eva por puro amor, siendo ellos a causa de la impecancia tan sólo "negativamente indignos" (*non digni*) de recibir la gracia.

Desde esa perspectiva, la escuela tomista no considera los méritos de Cristo. En cambio, los escotistas, sobre la base de la absoluta predestinación de la Encarnación del Hijo de Dios, sostienen que la gracia de los ángeles y de Adán y Eva en el paraíso, es también gracia de Cristo, aunque no en cuanto Redentor (*gratia Christi tanquam redemptoris*), sino en cuanto cabeza de toda la creación (*gratia Christi tanquam capitis omnis creatura*). Las diferentes posturas son una consecuencia lógica de la famosa controversia sobre los fines de la Encarnación (*Cur Deus homo?*).[14]

La gracia de Cristo o del Redentor es la conferida por Dios a los hombres caídos en el pecado en atención a los méritos redentores de Cristo y por el doble motivo del amor y de la misericordia, siendo ellos por el pecado "positivamente indignos" (*indigni*) de recibir la gracia.

Tanto la gracia de Dios como la gracia de Cristo elevan al que la recibe al orden sobrenatural del ser y de la actividad (*gratia elevans*). Por su parte, la gracia de Cristo además sana las heridas causadas por el pecado (*gratia sanans* o *medicinalis*).

---

[13]D. S. 1529. Cfr. canon 10 y 11 (D. S. 1560–1561).

[14]Cfr. Juan A. Jorge: *Cristología*, vol. 1, Santiago de Chile, Shoreless Lake Press, 2016, págs. 269–295.

Gracia externa e interna

La gracia externa es todo don de Dios gratuito otorgado para la salvación del hombre, que es externo al hombre e influye sólo moralmente en él, no afectando inmediatamente a sus potencias superiores. Es el caso de la Revelación, la doctrina y ejemplo de Cristo, la liturgia, los sacramentos, el ejemplo de los santos, una enfermedad propia, etc.

La gracia interna es la que se posesiona intrínsecamente del alma y sus facultades espirituales (el entendimiento y la voluntad), y obra físicamente en ellas. Es el caso de la gracia santificante, las virtudes infusas, la gracia actual.

Las gracias externas se ordenan a la interna como a su fin, como se expresa en 1 Cor 3: 6–7, "Yo planté, Apolo regó, pero es Dios quien dio el crecimiento; de tal modo que ni el que planta es nada, ni el que riega, sino el que da el crecimiento, Dios ".

1.3.3 Gracia *gratis datae* y *gratum faciens*

La gracia interna puede ser a su vez gracia *gratis datae* y *gratum faciens.*

La primera (*gratia gratis datu*), se concede a algunas personas para la salvación de otras. Es la que se manifiesta en Mt 10:8, "Gratuitamente lo recibisteis, dadlo gratuitamente". Abarca tanto a los dones extraordinarios de la gracia, tales como los carismas de profecía, don de obrar milagros, don de lenguas, etc. (cfr. 1 Cor 12:8ss.), como a los poderes ordinarios de la potestad del orden y de jurisdicción. Estas gracias no dependen de las cualidades personales o morales de su poseedor, como se dice en Mt 7: 22–23, "Muchos me dirán aquel día: 'Señor, Señor, ¿no hemos profetizado en tu nombre, y hemos expulsado los demonios en tu nombre, y hemos hecho prodigios en tu nombre?'. Entonces yo declararé ante ellos: 'Jamás os he conocido: apartaos de mí, los que obráis la iniquidad'"; o en Jn 11: 49–52, "Pero esto [Caifás] no lo dijo por sí mismo, sino que, siendo sumo sacerdote aquel año, profetizó que Jesús iba a morir por la nación".

La segunda, o gracia de santificación (*gratia gratum faciens*), está destinada a todos los hombres y se regala para la santificación personal del que la recibe (*gratum*), lo que se realiza santificándole formalmente (gracia santificante), o bien disponiéndole para la santificación, conservándole en ella y acrecentándola (gracias actuales).

La gracia santificante (*gratum faciens*) es el fin de la gracia *gratis data* y es, por ello, intrínsecamente más elevada y valiosa que ella, como se muestra en 1 Cor 12:31, "Aspirad a los carismas mejores. Sin embargo, todavía os voy a mostrar un camino más excelente".

Santo Tomás lo explica así:

"Duplex est gratia. Una quidem per quam ipse homo Deo coniungitur, quae vocatur gratia gratum faciens. Alia vero per quam unus homo cooperatur alteri ad hoc quod ad Deum reducatur. Huiusmodi autem donum vocatur *gratia gratis data*, quia supra facultatem naturae, et supra meritum personae, homini conceditur, sed quia non datur ad hoc ut homo ipse per eam iustificetur, sed potius ut ad iustificationem alterius cooperetur, ideo non vocatur *gratum faciens*. Et de hac dicit apostolus, I ad Cor. XII, unicuique

"Hay que distinguir dos suertes de gracia: aquella por la cual el hombre se une a Dios, que es la que nos hace gratos; y aquella merced a la cual un hombre coopera con otro para que se convierta a Dios. Esta segunda es la que se dice *gratis data*, porque sobrepasa la capacidad natural y los méritos personales de quien la recibe. Y como no se da para la justificación del propio depositario, sino más bien para que éste coopere a la justificación de otro, por eso no recibe el nombre de *gracia que hace grato*. De ella dice el Apóstol en 1 Cor 12,7: A cada uno se le otorga la manifestación del Espíritu para que sea

datur manifestatio spiritus ad útil, es decir, para que ayude a los
utilitatem, scilicet aliorum".[15] demás".

1.3.4 Gracia *habitualis* y *actualis*

La gracia *gratum faciens*, o gracia de santificación comprende la
gracia habitual (*gratia habitualis*) y la actual (*gratia actualis*).

La gracia *habitualis* se confiere a modo de hábito o cualidad permanente y sobrenatural que santifica intrínsecamente al hombre y lo
hace justo y grato a Dios (*gracia santificante* o *gracia justificante*).

La gracia (*actualis*), llamada también *auxiliadora* o *de asistencia*,
es un influjo sobrenatural pero transitorio de Dios sobre las potencias del alma para realizar una acción saludable que tienda, bien a
la consecución de la gracia santificante, o bien a la conservación y
crecimiento de la misma.

En el proceso de la justificación (esto es, la amistad plena con Dios
que elimina el pecado) ambos tipos de gracia tienen su papel propio.
En efecto, la gracia no suele llegar al hombre de forma que desde el
primer instante el hombre se deje transformar por la acción divina.
Normalmente hay un proceso en el que la gracia se insinúa como una
serie de invitaciones que, iluminando la mente y moviendo la voluntad
humanas, mueven al hombre a dejar la vida de pecado y convertirse
a la vida divina. Esta es la *gracia actual*, el inicio de la amistad con
Dios, por la cual el hombre es ya introducido a la vida divina, pero de
forma parcial y no plena. La gracia de Dios es siempre una llamada
personal y las gracias actuales son momentos que va preparando la
conversión plena y definitiva que es la santificación total del hombre.

---

[15]Santo Tomás de Aquino: *Summ. Theol.*, I^a–II^{ae}, q. 111, a. 1, co. Cfr. III^a, q. 7, a.
7, ad 1; *In Eph.* 1, lect. 2; *Cont. Gentes*, III, 154; *In Rom.* 1 lect. 3; *Compend. Theol.*,
214.

Gratia actualis

La teología ha dividido la gracia actual en base a sus diferentes efectos y actuaciones:

1. Con relación a la función que realice, puede ser elevante (*gratia elevans*) si se concede para realizar un acto sobrenatural, o sanante (*gratia sanans*) si únicamente se concede para subsanar la ignorancia o la concupiscencia.

2. Con relación a la potencia del alma a la que afecte, se distingue entre "gracia de entendimiento" y "gracia de voluntad".

3. Con relación al efecto que produce en esas mismas potencias, se divide en gracia de iluminación (*gratia illuminationis*) en relación con el entendimiento, y gracia de moción (*gratia motionis*) con relación con la voluntad.

4. Con relación al libre ejercicio de la voluntad humana, se distingue entre gracia antecedente a la libre decisión de la voluntad (*gratia praeveniens, antecedens, excitans, vocans, operans*), simultánea (*gratia concomitans, cooperans*) o subsiguiente a la voluntad (*gratia subsequens, adiuvans*). Es una terminología construida sobre la base de las declaraciones del Concilio de Trento.[16] Por la gracia preveniente Dios ilumina el entendimiento y mueve la voluntad para realizar una acción buena, antes de que la persona quiera hacerla; por la gracia concomitante, Dios ayuda a una persona a desear hacer un acto bueno; por la subsiguiente,

---

[16]"El mismo Cristo Jesús, como cabeza sobre los miembros (Ef 4:15) y como vid sobre los sarmientos (Jn 15:5), constantemente comunica su virtud sobre los justificados mismos, virtud que antecede siempre a sus buenas obras, las acompaña y sigue, y sin la cual en modo alguno pudieran ser gratas a Dios ni meritorias (cfr. Can. 2)" (D. S. 1546 y 1552).

Dios ayuda a la persona mientras está realizando el acto bueno que antes había deseado.

5. Desde el punto de vista de la relación de la gracia en relación a los actos deliberados e indeliberados del ser humano, se distingue entre *gracia operante o excitante*, y gracia *cooperante o adjuvante*. La primera actúa en nosotros, sin que pongamos nada de nuestra parte (se concede o puede concederse para los actos indeliberados). La segunda se produce cuando el ser humano actúa conjunta y libremente con ella para hacer una buena acción (se concede para los actos deliberados).

6. Según su efecto, se divide en gracia suficiente (*gratia sufficiens*), que da la facultad de poner un acto saludable pero prescinde del hecho de que consienta la voluntad, y gracia eficaz (*gratia efficax*) que lleva realmente a ponerlo y se une al consentimiento de la voluntad. La gracia actual que prepara la justificación es meramente *suficiente* cuando ha quedado en el umbral de la vida del hombre y no ha conseguido de hecho la respuesta de éste. Es, en cambio, *eficaz* cuando logra y alcanza la respuesta del hombre.

Gratia habitualis

Otro es la naturaleza de la gracia *habitual o santificante*, por la que el hombre queda totalmente integrado en Dios, amándole sobre todas las cosas (justificación). Esta es la gracia en plenitud, la comunicación de Dios al hombre por la que éste queda constituido en hijo suyo y libre de pecado. Esta gracia santificante tiene una doble dimensión que ya mencionábamos un poco más arriba: por un lado, la inhabitación de Dios en el hombre (*gracia increada*); por otro, su efecto permanente y transformante en el ser humano, por el cual el hombre es una nueva creatura transformado en Cristo (*gracia creada*). La gracia increada (Dios mismo que se da) tiene absoluta prioridad sobre la gracia creada (la transformación que el hombre experimenta por el hecho de que Dios habita en él).

Cuadro resumen

Teniendo en cuenta las divisiones mencionadas, la gracia puede clasificarse del siguiente modo:[17]

1. Gracia increada (= Dios).

2. Gracia creada: (don de Dios al hombre).

   (a) Gracia creada *en sentido amplio* (= dones de la creación).

   (b) Gracia creada *en sentido estricto o teológica* (= gracia de Dios o gracia de Cristo):

       i. Gracia creada teológica *externa* (Iglesia, sacramentos, Biblia, etc.).

       ii. Gracia creada teológica *interna*:

           A. *Gratia gratis data* (= carismas).

           B. *Gratia gratum faciens* (dividida a su vez entre *gracia santificante o habitual* y *gracia actual*).[18]

1.4 Estados de la naturaleza humana

Antes de adentrarnos en el estudio de la gracia es necesario adelantar el significado de lo que la teología ha llamado el *status naturæ humanæ*, en sus diferentes modos, o sea, la variedad de posibilidades

---

[17]Cfr. J. Ibáñez y F. Mendoza: *Dios santificador...*, cit., pág. 14.

[18]Con sus diferentes funciones: elevante, sanante, preveniente, adiuvante, suficiente, eficaz.

de la constitución interna de la naturaleza humana en relación con su objetivo final puesto por Dios. Se puede distinguir entre los estados históricos o reales y los meramente posibles que nunca existieron.[19]

1. Estados reales o históricos de la naturaleza humana:

- *Estado de justicia original* (o de *naturaleza elevada*): es el primitivo estado de los primeros seres humanos antes de la caída por el pecado, en el que poseían en plenitud los dones naturales, y disfrutaban también tanto de los dones absolutamente sobrenaturales de la gracia santificante como de los preternaturales.

- *Estado de naturaleza caída*: es el que siguió inmediatamente después de la caída de Adán, en el que el hombre, como castigo por su pecado, no posee ni la gracia santificante ni los dones preternaturales (*amissio*). Los dones naturales no se perdieron pero quedaron disminuidos (*vulneratio*).

- *Estado de naturaleza redimida o reparada*: es el que sigue a la Redención operada por Cristo, en el que el hombre tiene un fin sobrenatural y la gracia santificante conseguida por Cristo que lo hace alcanzable, pero no tiene los dones preternaturales.

- *Estado de naturaleza glorificada*: el de los que han conseguido su fin sobrenatural en el Cielo donde el hombre tiene la gracia santificante de un modo íntegro, y además, después de la resurrección del cuerpo, disfrutará de los dones preternaturales de integridad e inmortalidad del cuerpo además

---

[19]Cfr. Juan A. Jorge: Juan A. Jorge: *Creación y elevación*, vol. II, New Jersey, Shoreless Lake Press, 2021, págs. 390–394; F. Pérez Muñiz: *Tratado...*, cit., págs. 602–604.

de las otras características del cuerpo resucitado (claridad, sutilidad, agilidad, etc.).

2. Estados meramente posibles:

- *Estado de naturaleza pura*: esta sería la condición del hombre que poseyera todo, y sólo aquello, que pertenece a la naturaleza humana, y en la que sólo obtendría su fin natural. Por tanto, Dios podría haber creado al hombre sin dones sobrenaturales o preternaturales, pero nunca con la condición de pecador.[20] Esta doctrina fue rechaza por Lutero, Bayo y Jansenio, pero es consecuencia del carácter sobrenatural de los dones del estado primitivo.[21] También es rechazado por de Lubac, Rahner y la teología modernista.

- *Estado de naturaleza íntegra*: condición en la que el hombre, además de su naturaleza, poseería también los dones preternaturales en orden a alcanzar su fin natural con facilidad y certeza. No habría elevación al orden estrictamente sobrenatural.

A. Gálvez, también se hace eco de las anteriores distinciones en sus consideraciones sobre el amor. La confusión de planos, haría que el misterio del amor y de la persona (que es esencial para el mismo) quedara oscurecido:

"Pero ya hemos dicho que el hombre es una naturaleza compuesta de alma y cuerpo –animal racional– que no

---

[20]Santo Tomás de Aquino: *In Sent.*, II, dist. 31, 2, ad 3.

[21]San Pío V rechazó la sentencia de Bayo, según la cual: "Dios no hubiera podido crear al hombre desde un principio, tal como ahora nace" (D. S. 1955).

necesita de los *otros*, ni de su *relación* con los otros, para ser constituido como persona. A su vez, la naturaleza humana ha sido elevada, por gratuita donación divina, a la condición de sobrenaturaleza, o al orden sobrenatural. Situación que en modo alguno le correspondía, y en la que es preciso distinguir claramente, por lo tanto, los dos diferentes planos: el natural y el sobrenatural. Por otra parte, si el hombre pierde, a causa del pecado, la vida sobrenatural que le ha sido otorgada por la Gracia, no por eso queda privado de su naturaleza; sino que la conserva aunque ya en el orden puramente natural.

De una manera o de otra, el hombre en el estado de *naturaleza reparada* en el que, gracias a la Redención, vive actualmente después de la Caída (con o sin la Gracia Santificante), ha perdido definitivamente las grandes ventajas que le otorgaban los (absolutamente gratuitos) dones preternaturales.

La Gracia no suprime la naturaleza: *Gratia supponit naturam*, como no podía ser de otra manera. Y ciertamente no la destruye, sino que la eleva y perfecciona: *Gratia non destruit, sed elevat et perfecit naturam.*[22] La Gracia hace posible en el hombre el proceso por el que alcanza la *madurez en Cristo*. Que no es precisamente un movimiento de progresivo *autodescubrimiento*, sino de *configuración* de la vida del hombre a la de Cristo.

La madurez cristiana —el progreso de la vida en Cristo— no es, por lo tanto, un proceso *psicológico*, sino

---

[22]"Las fuerzas naturales del hombre no se perdieron por el pecado original (*naturalia permanserunt integra*), aunque sí sufrieron un debilitamiento por la pérdida de los dones preternaturales", Ludwig Ott: *Manual de Teología Dogmática*, Herder, Barcelona, 1969, pag. 360.

ontológico. Lejos de tener algo que ver con el desarrollo progresivo de la autoconciencia, significa el perfeccionamiento de la vida del discípulo a medida que asimila la de Jesucristo a la suya propia. Como decía San Pablo a los fieles de Galacia: *Hijos míos, por quienes padezco otra vez dolores de parto, 'hasta que Cristo esté formado en vosotros'* (Ga 4:19)".[23]

---

[23] A. Gálvez: *Feria V...*, cit., págs. 17–18. Cfr. Juan A. Jorge: *Creación...*, cit., vol. II, págs. 392–393.

Capítulo 2

Historia del tratado de gracia

El contenido y desarrollo del tratado de gracia ha sufrido una evolución, que puede ser sintetizada en cuatro grandes etapas que se pueden determinar por el punto de vista que asumen, y que se suelen denominar como perspectiva psicológica, perspectiva metafísica, perspectiva personalista, perspectiva transcendental.[1]

2.1 Perspectiva psicológica

Se explica el tratado siguiendo el modo progresivo en que actúa la gracia en la experiencia del ser humano: el hombre iluminado, atraído y recreado por la gracia.

---

[1]Para este capítulo cfr. J. Ibáñez y F. Mendoza: *Dios santificador*, cit. págs. 15–17; J. L. Lorda: *Gracia Y Espiritu Santo*, publicado en "J. J. Alviar (ed.), Tiempo del Espíritu. Hacia una teología pneumatológica", Eunsa, Pamplona 2006, pág. 168; Id.: *La Gracia de Dios*, cit., págs. 381–421.

Los temas a tratar se estructuran según ese orden: concupiscencia, la caridad y la libertad perdidas por el pecado de Adán, y la recuperación realizada por virtud de los méritos de Cristo.

En la base de esta visión se encuentran tanto la interpretación insuficiente y sesgada de la teología de San Pablo, como de la de San Agustín. Este Santo Padre, influido por su propia experiencia vital y en controversia con el pelagianismo, profundizó en la realidad del pecado y la ayuda interna necesaria para poder salir del mismo: sanar la libertad y superar el egoísmo con el amor de caridad. Esto se convierte en el centro de su teología de la gracia, y los seguidores de su pensamiento tenderán a reducir la realidad de la gracia a su efecto interior, esto es, a ser la ayuda necesaria para la conversión.

Esta posición no es plenamente satisfactoria, porque no hace hincapié en los aspectos metafísicos de la gracia, y puede caer en los extremos de la teología protestante luterana o en la de Jansenio.

2.2   Perspectiva soteriológica

Tiene como centro de su reflexión el hecho de que los seres humanos han sido liberados del pecado y sus consecuencias por los méritos de Jesucristo, por lo que la gracia tiende a ser reducida a una economía del mérito: Cristo gana el mérito con su muerte y los sacramentos distribuyen ese mérito a los cristianos.

El fundamento de este modo de pensar se encuentra en la teología de San Anselmo y su explicación de la Encarnación (*Cur Deus homo?*) como consecuencia de "la necesidad" de una satisfacción infinita para que la Redención se realizara. La finalidad de la Encarnación queda reducida a la salvación de los pecados, y se olvidan otros aspectos esenciales de la misma (plenitud y fin de la creación, del mundo y del hombre).[2]

El resultado es que sus seguidores centrarán sus estudios en el aspecto sanante de la gracia (el perdón) en lugar de centrarse en su aspecto elevante (la inhabitación del Espíritu Santo, la divinización, la filiación divina).

Esta posición es asumida en cierto modo por Lutero, que aceptando los postulados de San Agustín y San Anselmo, los interpreta heréticamente. Acepta de San Agustín la realidad de la profunda herida del pecado, pero no cree en la eficacia de la restauración de la libertad; la permanencia de la concupiscencia en el ser humano, incluso después del bautismo, le hace negar la realidad de la gracia interior, de la verdadera santificación. La justificación es forense, una mera declaración de Dios sin cambio interior en el hombre. Acepta de San Anselmo su tesis de la "necesidad" de la Encarnación para salvarnos, pero la radicaliza, al considerar que Dios nos tiene por justos solamente al revestirnos con los méritos de Jesucristo gratuitamente y sin que influyan nuestras obras, que carecen de mérito alguno, o de otros medios (indulgencias, sufragios, intercesión de los santos). No acepta otro mérito o mediación que los de Cristo. Todo perdón —toda gracia viene de Él (su principio de la *sola gratia*). La gracia es sólo perdón y promesa para la renovación futura en el Cielo, pero no cambio real en el presente. Lutero rechazará abiertamente la teología escolástica, que considera pagana y fruto de la razón filosófica, que es la "prostituta de la fe".[3]

---

[2]Sobre el particular, cfr. Juan A. Jorge: *Cristología*, cit. vol. I, págs. 269–295.

[3]Lutero: "Somos justos por misericordia y compasión; no es un hábito mío ni una cualidad de mi corazón, sino algo que está fuera de mí, a saber, la misericordia divina" (WA 40, II, 353,3).

2.3 Perspectiva metafísica

Es la elegida por teólogos de la escuela tomista quienes profundizan en el misterio de la gracia desde una perspectiva metafísica, considerándola como una forma esencial, posible en sí misma, y describiendo los diferentes dones divinos con nociones abstractas siguiendo principalmente las categorías metafísicas de Aristóteles, tales como substancia, cualidad, hábito, etc.

Se basan en la exposición del Aquinate quien en su *Suma Teológica*, expone la doctrina de la gracia en tres secciones: a) la gracia de Dios, su necesidad, esencia y divisiones;[4] b) las causas de la gracia, tanto por parte de Dios como causa eficiente, como por parte del hombre que se dispone a recibirla;[5] y c)los efectos de la gracia: la justificación y el mérito.[6]

Este enfoque resulta preciso y lógico, por lo que prevalecerá en la escolástica postridentina y en buena parte de los teólogos actuales. Su ideal de ciencia que busca demostrar las proposiciones (tesis) que se enuncian, y el sustrato filosófico que tiene de ontología y antropología realista, hace que las exposiciones sean excelentes en los tratados que se relacionan con la ontología (vgr. Trinidad) o con la antropología y psicología racional (moral fundamental, acto libre, virtudes, etc.).

Con todo un uso exclusivista de esta perspectiva presentaría algunos problemas, al ser entendida la gracia por algunos tratadistas como un don excelente pero superpuesto al hombre de un modo artificial.

El origen histórico de esta perspectiva se puede datar en el s. XVI, cuando se empieza a usar la *Suma* del Aquinate como texto básico de enseñanza, reemplazando a las *Sentencias de Pedro Lombardo*. Poco a poco y por necesidades didácticas se fueron creando los diferentes

---

[4]Santo Tomás de Aquino: *Summ. Theol.*, I^a–II^{ae}, qq. 109–111.

[5]Santo Tomás de Aquino: *Summ. Theol.*, I^a–II^{ae}, q. 112.

[6]Santo Tomás de Aquino: *Summ. Theol.*, I^a–II^{ae}, qq. 113–114.

tratados teológicos, dividiendo los contenidos de la *Suma*, y organizando una enseñanza segura y bien ordenada. Se distribuyen los temas en cuestiones, artículos, escolios, etc. y se apoyan las diferentes tesis (proposiciones bien definidas fijadas con los criterios de el *De locis theologicis* de Melchor Cano)[7] con la Sagrada Escritura, la teología de los Santos Padres, y el Magisterio.[8]

Sin embargo, la fragmentación de los diferentes tratados produjo el efecto de perder el sentido de unidad que tenía todo el conjunto de las verdades de fe en la obra de Santo Tomás. Es lo que ocurrió con el tratado de gracia.

Además la teología católica postridentina tuvo que enfrentar los desafíos que provenían de la teología protestante de la gracia, que era, por otro lado, el eje fundamental sobre el que se sostenía el resto de las doctrinas heréticas de los Reformadores. De ahí que la justificación ocupara un lugar privilegiado en la manualística. Se integró la doctrina del Concilio de Trento, el Magisterio sobre las disputas sobre gracia y libertad (Bayo, Jansenio, *De auxiliis*), y para poder entender esto, la controversia pelagiana y la doctrina de San Agustín.

El resultado final de casi todos los tratados hasta el siglo XX es seguir el siguiente esquema: existencia y necesidad de la gracia, naturaleza de la gracia santificante, la gracia actual, la justificación y el mérito. En el siglo XIX, destacan las obras de J. Perrone y J. Her-

---

[7]Melchor Cano: *De locis theologicis*, Ed. de Juan Belda Plans, Madrid, BAC maior, 2000).

[8]Nacen así los primeros cursos, que son una exposición completa de la teología, en varios volúmenes. El *Cursus Theologicus* (1637–1667), de Juan de Santo Tomás, ya distingue un tratado *De gratia*; y también el *Cursus Theologicus*, de los Salmanticenses (1631–1712). En paralelo, hay muchas obras de controversia sobre los temas de la gracia (destaca la de Belarmino), que no pueden considerarse manuales, y los tres volúmenes de F. Suárez, *Operis de divina gratia* (1628), que ordena el material e intenta una síntesis (gracia habitual/gracia actual).

mann. Y en la primera mitad del siglo XX, los cursos de Ch. Pesch,[9] L. Lercher[10] y A. Tanquerey.[11] Más recientemente, merecen destacarse aparte los manuales sobre la gracia de L. Billot,[12] H. Lennerz,[13] Ch. Boyer,[14] H. Lange,[15] B. Beraza, [16] R. Garrigou–Lagrange[17] y P. Parente,[18] que tienen mayor desarrollo y son mucho más orgánicos. El último logro de esta tradición es el tratado de S. González Rivas y J. Aldama en la *Sacrae Theologiae Summa* (BAC, Madrid 1953, vol III). El manual de J. Ibáñez y F. Mendoza, *Dios santificador. La gracia.* Palabra, Madrid 1983, traduce al castellano este planteamiento, con algunas mejoras. La obra de J. A. Sayés, *La gracia de Cristo* (Madrid, BAC, 1993) recoge los temas tradicionales con alguna innovación.

---

[9] *Praelectiones dogmaticae: quas in collegio Ditton-Hall habebat. De gratia. De lege divina positiva*, Volumen 5, Friburgo, Herder, 1900.

[10] *Institutiones theologiae dogmaticae: Continens libros duos: De gratia Christi*, Volumen 3, Rauch, 1925; L. Lercher–F. Lakner: *De gratia Christi*, en "Instituionum Theologiae dogmatique", Ed. 3, 1945, t. 4-I.

[11] *Synopsis theologiae dogmaticae, tomus iii: de Deo sanctificante et remuneratore, seu de gratia, de sacramentis et de novissimis*, Paris, Desclee, 1938.

[12] *De Gratia Christi et libero hominis arbitrio. Commentarius in primam secundae (Qq. CIX, CX, CXI)*, Roma, Ex officina polygraphica Editrice, 1908.

[13] *De Gratia Redemptoris: ad Usum Auditorium*, Roma , Universitas Gregoriana, 1934.

[14] *Tractatus De Gratia Divina*, Roma, Universitas Gregoriana, 1946.

[15] *De gratia tractatus dogmaticus*, Friburgo, Herder, 1930.

[16] *De Gratia Christi*, Bilbao, Mensajero del Corazón de Jesús, 1929.

[17] *De gratia*, London, Herder, 1952.

[18] *Anthropologia Supernaturalis. De gratia et virtutibus. Collectio Theologica Romana V*, Turin, Domus Editorialis Marietti, 1943.

2.4 Perspectiva personalista y pneumatológica

Este enfoque se inspira en los datos bíblicos y de la teología patrística, sobre todo la de los Santos Padres orientales. Intenta valorar la teología de los misterios y de lo simbólico del misterio pascual, de la Iglesia, de los sacramentos y la liturgia. Se difundió por la teología mística.

Entiende la gracia en el marco de las relaciones personales del hombre con la Santísima Trinidad en Cristo Jesús. Este es el sentido de la denominación "perspectiva personalista". Se la puede denominar "perspectiva pneumatológica" porque este modo de estudiar la gracia parte del hecho de que el Espíritu Santo, que según la teología tradicional es la *gracia increada*, es la fuente de todos los dones de la gracia creada y el Don mismo que se recibe. Se propugna pues que el estudio de la gracia parta de la teología trinitaria, profundizando en la Historia de la Salvación y comprendiendo bien la teología de las misiones divinas, y en concreto la misión del Espíritu Santo. Por tanto el Espíritu Santo sería el marco teológico de la doctrina de la gracia.

Su fundamento bíblico se encuentra sobre todo en San Pablo, para el que el "Evangelio de la gracia" (Hech 20:24) es el anuncio de todo este misterio de salvación en Cristo, que se realiza por una auténtica renovación o transformación en Cristo, por el Espíritu Santo (cfr. Ef 1: 7–10; 2: 4–8). Al recibir el Espíritu Santo, se produce el paso entre el hombre viejo y el hombre nuevo, entre los dos linajes, de Adán y de Cristo (Col 3: 5–14; Ro 8).[19]

---

[19]Cfr. Juan Luis Lorda: *Gracia y Espíritu Santo*, cit., pág. 168.

Esta tendencia tiene sus orígenes en la recepción en Occidente de la obra de Nicolás Cabasilas, *la Vida de Cristo.*[20] Petavius en su curso de *Dogmata Theologica* (1644) también influyó en esta tendencia aportando muchos testimonios de fuentes patrísticas para explicar la misión del Espíritu Santo, la presencia de la Trinidad en el alma del justo y la divinización del cristiano.

Ya en el siglo XIX siguieron esta tendencia T. de Regnon y M. J. Scheeben, quien en su obra *Los misterios del Cristianismo*[21] y *Las maravillas de la gracia divina,*[22] insiste en la importancia del aspecto

---

[20]Parece que fue conocida y valorada en Trento y por Bossuet

[21]"En la efusión del amor sobrenatural, filial, divino, en la 'caritas' que se infunde en nuestros corazones, precisamente por copiarse en ella la efusión interior del amor entre el Padre y el Hijo prosigue también ésta de modo que podemos decir no sólo que el amor nos es dado y derramado en nosotros, sino también que nos es dado en este amor y es derramado en nosotros el mismo Espíritu Santo; o más bien, precisamente por comunicarse, por introducirse en nuestra alma el Espíritu Santo —la corriente del amor divino— entra también en nuestro corazón el derramamiento mismo, el 'habitus' y el 'actus' de la 'caritas'" (*Los misterios del cristianismo*, par. 28, Barcelona, Herder, 1960, pág. 167, cit. por Juan Luis Lorda: *Gracia y Espíritu Santo* cit., págs. 167–186).

[22]Buenos Aires, Descleé de Brouwer, 1945. El tema preferido de su obra teológica fue la doctrina del ser sobrenatural. Ya a los 26 años de edad le dedica su obra *Natur und Gnade*, Maguncia 1861 (*Naturaleza y Gracia*, Barcelona 1969). Continuó luego el tema, dándole un complemento patrístico–positivo en la edición que hizo de A. Casinio: *Quid est homo, sive de statu naturæ puræ* (1862), y vulgarizándolo con la elaboración y ampliación personal de la obra de I. E. Nieremberg: *Aprecio y estima de la divina gracia*, publicada bajo el título *Die Herrlichkeiten der göttlichen Gnade*, Friburgo Br. 1862 (*Las maravillas de la gracia divina*, Bilbao 1957). Cfr. A. Turrado: "A toda esta vida de gracia que, bajo sus diversas formas, nos lleva a la unión con Dios, la llama Scheeben *sobrenaturaleza* (*übernatur*)..., quien considera el orden de la gracia o sobrenaturaleza con respecto al de la naturaleza como algo 'que está fuera de ella, es decir, que no procede de ella, sino que se le añade; que está sobre ella para elevarla a una perfección ideal superior por una consagración superior' (pág. 342)..." (*Scheeben, Mathias Joseph*: en GER, cit., t. XXI, pág. 41).

de la presencia trinitaria en el alma del justo para la comprensión de la realidad profunda de la gracia.

Como consecuencia se considera el pecado como rebelión contra Dios, la justificación como reconciliación con Dios y la vida cristiana como la inhabitación de la Trinidad en el justo.

La influencia de este modo de proponer el tratado de gracia se detecta frecuente en los manuales del siglo XX.[23]

Se ha criticado esta perspectiva cuando se sigue con exclusión de otros puntos de vista, porque llega a resultar oscura y poco sistematizable.[24]

2.5 Perspectiva del giro antropológico

Durante el siglo XX se produjo un gran cambio en el modo como se concebía la gracia que se puede denominar "el giro antropológico". Se comenzó criticando la explicación clásica de la gracia como "extrinsecista", al separar supuestamente el orden de lo natural del de lo sobrenatural. La gracia se habría concebido hasta ahora como un "accidente" de la naturaleza humana creada, y eso no reflejaría su verdadera importancia y naturaleza. Y, en relación con ello, se suscita la

---

[23]Se aprecia en los artículos de los grandes diccionarios: J. van der Meersch, *Grâce*, en DTC, VI, 1554–1687; o P. Bonnetain en DBS (parte sistemática); Id.: *Grâce*, del DSp (ver también *Divinisation* e *Inhabitation*); H. Rondet: *La gracia de Cristo*, (Barcelona, Estela, 1966). Entre los manuales, M. Schmaus, *Teología dogmática, V, La gracia divina* (1955, Madrid, Rialp, 1959); M. Flick y Z. Alszeghy, *El evangelio de la gracia* (Salamanca, Sígueme, 1965); Ch. Baumgartner, *La gracia de Cristo* (1967, 2ª; Barcelona, Herder, 1968); J. Auer, *El evangelio de la gracia* (Barcelona, Herder, 1982); J. L. Lorda: *La gracia...*, cit. Algunos ensayos destacables, como R. Guardini, *Libertad, gracia y destino* (San Sebastián, Dinor, 1954); Ch. Journet, *Charlas acerca de la gracia* (Madrid, Obisa, 1979); y R. Gleason, *La gracia* (Barcelona, Herder, 1964), que profundiza en el tema de la inhabitación.

[24]Cfr. J. Ibáñez y F. Mendoza: *Dios santificador*, cit. , pág. 16.

polémica sobre si el fin *natural* del hombre es o no la contemplación divina. El efecto de tal posición llevaría a una revisión profunda del tratado de gracia, que en algunos casos, desaparecería como tal para pasar a ser una parte de la "antropología teológica".

Todo comenzó con la obra de Heri De Lubac sobre "El sobrenatural" quien sostenía que la radical separación del orden natural y el sobrenatural, llevaba a que la gracia pareciera superflua y sobreañadida a la naturaleza humana, y que se pudiera prescindir de ella. Siguió una gran polémica que estudiaremos más adelante, pues la doctrina objetó que si la gracia era necesaria para la naturaleza, entonces dejaría de ser realmente "gracia".

Karl Rahner aceptó ese pensamiento aunque con críticas, y lo radicalizó. Comenzó con su propuesta de considerar la relación entre gracia creada y la increada como una "participación cuasiformal". Pero siguió con su teología trascendental sobre la base de su idea del "existencial sobrenatural"[25] en cualquier ser humano (una ordenación intrínseca o predisposición natural a Dios que acaba identificándolo con la gracia (eso sí, y con su acostumbrada ambigüedad y oscuridad expositiva). Como todo ser humano tiene ese "existencial sobrenatural", todo ser humano tiene la gracia, con lo que se llega a su teoría de "los cristianos anónimos" y su concepción del dinamismo de la gracia como emancipación de la libertad humana.[26] Se subsumía la gracia en la estructura de la persona y se deja en segundo plano los hechos salvadores de Dios (la acción del Espíritu Santo en la historia de la salvación y la gracia como dones históricos) que pasan a ser ilustraciones de algo que pasa en el interior del hombre.[27]

---

[25] Que aparece en sus *Escritos de Teología I* de 1947.

[26] Así se explica en su obra *La gracia como libertad*, de 1965.

[27] La teoría de Rahner, cuya influencia cada vez era mayor en la teología neomodernista (cfr. O. H. Pesch y en manuales italianos y españoles como señala Marín Gelabert: *Salvación como humanización. Esbozo de una teología de la gracia*, Madrid,

Sus ideas, entroncadas con las protestantes de Bohhöffer y Ebeling, fueron desarrolladas de varios modos hasta llegar a la teología de la liberación (desde la teología de J. B. Metz, a G. Greshake y O. H. Pesch, se llega a la de L. Boff, J. Comblin, J. L Segundo y J. I. González Faus). Se había producido el giro antropológico del tratado de la gracia. La gracia salvadora sería simplemente la liberación de las injusticias humanas. La gracia sobrenatural como tal desaparecía de los intereses de esos teólogos, o se convertía en una sección de la antropología.

En muchas obras posteriores, se nota un cierto eclecticismo, donde se propone una antropología teológica que une en un solo tratado todos los temas teológicos relativos al ser humano, con lo que la riqueza y variedad de temas de la gracia tradicionales sufren una reducción notable.[28] Esto ha llevado a que la asignatura propia dedicada a la gracia haya desaparecido de muchos planes de estudio.

2.6 Perspectiva del presente manual

La gracia va a ser estudiada aquí siguiendo fundamentalmente la perspectiva tomista, que es la metafísica. Santo Tomás es el inspirador de los volúmenes teológicos de la presente serie como se afirma y prueba en la presentación del curso. Además es la teología de la gracia que es más tradicional, segura y sistemática.

Paulinas, 1985), sería criticada por importantes teólogos como von Balthasar o C. Fabro, como se verá en su momento.

[28]Se inicia la tendencia con el manual de Flick–Alszeghy (*Antropología Teológica*, Salamanca, Sígueme, 1970) y se manifiesta en otros muchos, como los de Colzani, Sanna, Iammarrone, Mondin, Scola, Panteghini. Entre los españoles, cfr. J. L. Ruiz de la Peña (El don de Dios. Antropologia teológica especial, Santander, Sal Terrae, 1991) o A. Meis (*Antropología teológica. Acercamiento a la paradoja del hombre*, Santiago de Chile, Universidad católica, 1998).

Las perspectivas psicológica y soteriológica presentan algunas lagunas de la realidad de la gracia que quedan sin explicar y parece insuficiente para el objetivo que en esta obra se persigue.

La perspectiva antropológica es rechazada porque supone un antropocentrismo teológico que es inaceptable, propio de la teología neo–modernista, y que ha conducido a no pocos errores y herejías. Su tratamiento de la relación entre el natural y el sobrenatural es incorrecto. Su fundamento filosófico suele seguir el personalismo. Su explicación de la doctrina del pecado original es cuestionable o errónea muchas veces. Y, en realidad, acaba destruyendo el tratado de gracia para convertirlo en una sección del de antropología teológica, olvidando muchos aspectos importantes específicos de la gracia.

Tomaremos algunas propuestas de la perspectiva pneumatológica, aunque ya hayan sido tratadas en el estudio de la Trinidad. Pero ciertamente hay sugerencias interesantes que provienen de la teología del Espíritu Santo, que pueden ser añadidas a la perspectiva tomista con fruto. De hecho, J. L. Lorda ha mostrado cómo el mismo Santo Tomás relaciona los estudios de la gracia con la realidad de la inhabitación del Espíritu Santo en el alma del justo.[29] En efecto, al explicar el Santo el esquema general que sigue en la I^a–II^{ae} de la Suma, sostiene que después de estudiar la acción humana y los principios que confluyen en ella (pasiones, etc.), trata de las influencias externas sobre el obrar humano, esto es, el demonio que tienta y Dios que mueve externamente con la Ley e internamente con la gracia. Hay una conexión, pues, entre la gracia y el Espíritu Santo como Ley interior:

"Et ideo principaliter lex nova est ipsa gratia spiritus

"Por consiguiente, la ley nueva principalmente es la misma gracia

---

[29] J. L. Lorda: *Gracia y Espíritu Santo*, cit.; Id.: *La gracia de Dios*, cit., págs. 131–139.

sancti, quae datur Christi fidelibus. Et hoc manifeste apparet per apostolum, qui, ad Rom. III, dicit, ubi est ergo gloriatio tua? Exclusa est. Per quam legem? Factorum? Non, sed per legem fidei, ipsam enim fidei gratiam legem appellat. Et expressius ad Rom. VIII dicitur, lex spiritus vitae in Christo Iesu liberavit me a lege peccati et mortis. Unde et Augustinus dicit, in libro de spiritu et littera, quod sicut lex factorum scripta fuit in tabulis lapideis, ita lex fidei scripta est in cordibus fidelium. Et alibi dicit in eodem libro, quae sunt leges Dei ab ipso Deo scriptae in cordibus, nisi ipsa praesentia spiritus sancti? Habet tamen lex nova quaedam sicut dispositiva ad gratiam spiritus sancti, et ad usum huius gratiae pertinentia, quae sunt quasi secundaria in lege nova, de quibus oportuit instrui fideles Christi et verbis et scriptis, tam circa credenda quam circa agenda.

del Espíritu Santo, que se da a los fieles de Cristo. Y esto lo declara bien el Apóstol en Rom 3,27: ¿Dónde está, pues, tu jactancia? Ha quedado excluida. ¿Por qué ley? ¿Por la ley de las obras? No, sino por la ley de la fe. Y llama ley a la gracia de la fe. Y más explícitamente dice en Rom 8,2: Porque la ley del espíritu de vida en Cristo Jesús me libró de la ley del pecado y de la muerte. De donde dice San Agustín, en *De spiritu et littera*, que, como la ley de las obras fue escrita en tablas de piedra, así la ley de la fe está escrita en los corazones de los fieles. Y añade en otro lugar de la misma obra: ¿Cuáles son las leyes de Dios escritas por Él mismo en los corazones, sino la misma presencia del Espíritu Santo? Tiene, sin embargo, la ley nueva ciertos preceptos como dispositivos para recibir la gracia del Espíritu Santo y ordenados al uso de la misma gracia, que son como secundarios en la ley nueva, de los cuales ha sido necesario que fueran instruidos los fieles de Cristo, tanto de palabra como por escrito, ya sobre lo que se ha de creer como sobre lo

Et ideo dicendum est quod principaliter nova lex est lex indita, secundario autem est lex scripta".[30]

que se ha de obrar. Y así conviene decir que la ley nueva es principalmente ley infusa; secundariamente es ley escrita".

Por otro lado, la gracia la considera como don del amor divino y vínculo que nos une con la divinidad. Así, por ejemplo, el título ("Si la gracia de Dios pone algo en el alma") del primer artículo de la q. 110 de la I^a–II^{ae} sobre la naturaleza de la gracia, la conecta con el amor de Dios:

"Sic igitur per hoc quod dicitur homo gratiam Dei habere, significatur quiddam supernaturale in homine a Deo proveniens. Quandoque tamen gratia Dei dicitur ipsa aeterna Dei dilectio, secundum quod dicitur etiam gratia praedestinationis, inquantum Deus gratuito, et non ex meritis, aliquos praedestinavit sive elegit; dicitur enim ad Ephes. I, praedestinavit nos in adoptionem filiorum, in laudem gloriae gratiae suae".[31]

"Así, pues, cuando se dice que el hombre tiene la gracia divina se entiende que en él hay una realidad sobrenatural que proviene de Dios. A veces, sin embargo, se da también el nombre de gracia al mismo amor eterno que hay en Dios, que por eso es llamado gracia de predestinación, por el cual Dios predestina o elige a algunos gratuitamente y no en virtud de sus méritos, según aquello de Ef 1,5: Nos predestinó a ser hijos adoptivos suyos para la glorificación de su gracia".

También en la Suma Contra Gentiles:

---

[30]Santo Tomás de Aquino: *Summ. Theol.*, I^a–II^{ae}, q. 106, a. 1, co. Cfr. también el a. 2; q. 107, a. 1, ad 2.3; q. 108, a. 1; *In II Cor.*, lect. 2; *In Hebr.*, 8 lect. 2.

[31]Santo Tomás de Aquino: *Summ. Theol.*, I^a–II^{ae}, q. 110, a. 1, co.

"Dilectio Dei est causativa boni quod in nobis est: sicut dilectio hominis provocatur et causatur ex aliquo bono quod in dilecto est. Sed homo provocatur ad specialiter aliquem diligendum propter aliquod speciale bonum in dilecto praeexistens. Ergo ubi ponitur specialis dilectio Dei ad hominem, oportet quod consequenter ponatur aliquod speciale bonum homini a Deo collatum. Cum igitur, secundum praedicta, gratia gratum faciens designet specialem dilectionem Dei ad hominem, oportet quod aliqua specialis bonitas et perfectio per hoc homini inesse designetur".[32]

"Además, el amor de Dios es causa del bien existente en nosotros, como el amor del hombre es provocado y causado por algún bien existente en el amado. Pero el hombre es provocado a amar especialmente a uno por algún bien especial preexistente en el amado. Según esto, donde se su pone un amor especial de Dios al hombre es necesario suponer también un bien especial dado al hombre por Dios. Por tanto, como la gracia santificante indica, según se ha dicho, un amor especial de Dios al hombre, es preciso, por esa misma razón, que esto demuestre la existencia en el hombre de una bondad y una perfección especiales".

Como señala Lorda,[33] la gracia resulta ser así don del amor divino y vínculo que une con él. Esto sugiere, inevitablemente, su relación con la Alianza y con el fundamento de la nueva Alianza, que es el Espíritu Santo. Sería necesario conectar esto con el nombre de *Don* que recibe el Espíritu Santo (I^a, q. 38, a. 1) y, mucho más, con la misión del Espíritu Santo, tema profunda y seriamente tratado por Santo Tomás

---

[32]Santo Tomás de Aquino: *Contra Gent.*, III, 150, 4. También, algún aspecto del modo como está Dios en las cosas (*Summ. Theol.*, I^a, q. 8, a. 3), o cómo es la misión (o donación) del Espíritu Santo (*Summ. Theol.*, I^a, q 43, a. 3, c. y ad 1) o elementos de la cuestión sobre la caridad (II^a–II^{ae}, q. 23).

[33]*Ibidem.*

y la clave para situar bien su doctrina sobre la gracia, también desde el punto de vista ontológico. En efecto, el Espíritu Santo es enviado (*missus*) para inhabitar en cada bautizado, prolongando el envío de Pentecontés. Pero el Espíritu Santo es incorporal. No se traslada físicamente de un lado a otro. Por eso, al hablar de una "misión" o envío del Espíritu Santo no hay que imaginarse un traslado, sino que comienza a estar de un modo nuevo en el hombre. Para Santo Tomás ese nuevo efecto es, precisamente, la gracia santificante. De esta manera, la gracia santificante es el efecto real correlativo a la presencia del Espíritu Santo. Esta correlación entre Espíritu Santo y gracia (en el sentido de hábito infuso) es el marco que permite entender después lo que es la gracia y su relación con las obras de la Trinidad, y, particularmente, con la inhabitación del Espíritu Santo.

Santo Tomás insiste en esta relación también en otro lugar:

"Principium autem gratiae habitualis, quae cum caritate datur, est spiritus sanctus, qui secundum hoc dicitur mitti quod per caritatem mentem inhabitat".[34]

"Principio de la gracia habitual que se da con la caridad, es el Espíritu Santo, del que se dice que es enviado porque inhabita en el alma por la caridad".

"Spiritus Sanctus datur secundum donum gratiae. Sed tamen ipsum donum gratiae est a Spiritu Sancto".[35]

"El Espíritu Santo se nos da según el don de la gracia, pero el mismo don de la gracia es (dado) por el Espíritu Santo".

La consideración del papel del Espíritu Santo en relación con la gracia interesa en el presente estudio, porque es uno de los temas más

---

[34]Santo Tomás de Aquino: *Summ. Theol.*, IIIª, q. 7, a. 13, co.

[35]Santo Tomás de Aquino: *Summ. Theol.*, Iª, q. 43, a. 3, ad 2.

desarrollados por A. Gálvez sobre todo con relación a su teología del Amor, como se verá más adelante.

Capítulo 3

Gracia y la *Historia Salutis*

Para profundizar en el misterio de la gracia, es necesario contemplarla dentro del plan de salvación de Dios para los hombres, dentro de lo que se denomina la *Historia Salutis*, es decir, la historia de las relaciones de Dios y el hombre, desde su creación con el don de la gracia santificante, su pérdida a consecuencia del pecado original, su recuperación sobreabundante por Jesucristo, y su plenitud y final cumplimiento en el eón futuro, en la patria celestial.

En efecto, Dios decretó que tanto el ángel como el hombre tuvieran un destino sobrenatural en el Cielo, gozando de su visión y amistad eternamente; no los creó como simples creaturas con un destino natural de felicidad en el universo creado, y, por eso, los elevó al orden sobrenatural regalándoles la gracia.

Sin embargo, tanto algunos ángeles (los demonios) como los hombres pecaron y perdieron el don de la gracia sobrenatural, condenándose a la muerte eterna. Dios no abandonó a los hombres perdidos, sino que envió a su Hijo al mundo para salvarlos, encarnándose y restituyendo la gracia por medio de la Redención; además el Señor instituyó los sacramentos y fundó la Iglesia encargándola de transmitir los frutos de la Redención a todos los seres humanos de todas los tiempos y naciones. Con todo Dios no quiso imponer por la fuerza la gracia salvadora a los hombres (Redención objetiva), sino que se la ofrece a todos pero cada ser humano ha de aceptarla voluntariamente (Redención subjetiva). El Espíritu Santo, como alma de la Iglesia, habita en el alma de los justos y les transmite los dones de la gracia y las demás virtudes sobrenaturales.

Muchas de estas materias son objeto de otros tratados donde se estudian con más extensión (Dios Uno y Trino, Creación y elevación, Cristología, Soteriología, Pneumatología, Escatología). Pero conviene recordar los aspectos más relevantes de los mismos desde la perspectiva de la gracia en esa apasionante *Historia Salutis*.

3.1   La elevación sobrenatural de los ángeles

Dios dio a los ángeles un fin sobrenatural —la visión inmediata de Dios—, y les dotó de la gracia santificante para que pudieran conseguir tal fin.[1]

El sentido de esta verdad es que los ángeles fueron elevados al orden sobrenatural y no permanecieron en el puro orden natural.[2]

---

[1] J. Ibáñez y F. Mendoza: *Dios Creador...*, cit., pág. 109 califican la tesis "Dios destinó a todos los ángeles a un fin último sobrenatural, que es la visión beatífica, y para este fin les dotó con la gracia santificante", como doctrina católica y su negación como error en doctrina católica.

[2] Cfr. Juan A. Jorge: *Creación y elevación*, vol. I, New Jersey, Shoreless Lake Press, 2021, págs. 596–604.

3.1.1 Biblia

- Jn 8:44, "Vosotros tenéis por padre al Diablo, y queréis hacer los deseos de vuestro padre. Él es homicida desde el principio y no se mantuvo en la verdad, porque la verdad no estaba en él. Cuando habla la mentira, habla de lo suyo propio, porque él es mentiroso y padre de la mentira". La *verdad* es santidad sobrenatural en San Juan, como se puede ver en Jn 1:14.

- Jds 6, "Y como a los ángeles que no guardaron su dignidad y abandonaron su propia morada, los tiene reservados en perpetua prisión, en el orco, para el juicio del gran día". Siguiendo la interpretación de que los términos *dignidad y morada propia* significan algún tipo de excelencia sobrenatural, porque los dones naturales de los ángeles caídos permanecieron y no se perdieron.

- Mt 18:10, "Mirad que no despreciéis a uno de esos pequeños, porque en verdad os digo que sus ángeles ven de continuo en el Cielo la faz de mi Padre, que está en los Cielos". Aquí se habla de la visión beatífica. Pero los ángeles no tendrían visión beatífica si antes no hubieran sido elevados a la gracia santificante.

3.1.2 Santos Padres

Se encuentran afirmaciones de la elevación de los ángeles al orden sobrenatural desde su creación en San Basilio;[3] en San Agustín, quien sostuvo que todos los ángeles sin excepción fueron creados en estado de gracia habitual, para que pudieran ser buenos, y fueron constantemente ayudados con gracias actuales para que pudieran permanecer en el bien;[4] o en el "De Fide Orthodoxa" de San Juan Damasceno,

---

[3]San Basilio: *In Ps. Hom.*, 32, 4 (P. G., 29, 333; cfr. 32, 136).

[4]San Agustín: *De Civitate Dei*, 12, 9, 2 (P. L., 41, 357).

donde se enseña que los ángeles fueron creados por el Logos y perfeccionados por el Espíritu Santo para su santificación, y dependiendo de su dignidad y rango en el orden angélico, así recibieron la participación en la iluminación y en la gracia.[5]

3.1.3 Magisterio

El Magisterio ordinario se hace eco de esta proposición en las sentencias que rechazan la doctrina de Bayo,[6] quien afirmaba que Dios destinó a la visión beatífica a los ángeles no como un don sobrenatural de la gracia, sino como recompensa a las obras naturales buenas. Se condenan las siguientes sentencias:

- "Ni los méritos del ángel ni los del primer hombre aún íntegro, se llaman rectamente gracia".[7]

- "Tanto para los ángeles buenos como para el hombre, si hubiera perseverado en aquel estado hasta el fin de su vida, la felicidad hubiera sido retribución, no gracia".[8]

- "La vida eterna fue prometida al hombre íntegro y al ángel en consideración de las buenas obras; y por ley de naturaleza, las buenas obras bastan por sí mismas para conseguirla".[9]

- "En la promesa hecha tanto al ángel como al primer hombre, se contiene la constitución de la justicia natural, en la cual, por las

---

[5]San Juan Damasceno: *De Fide Orthodoxa*, II, 3 (cfr. P. G., 94, 865–873).

[6]San Pio V, Bulla "Ex omnibus afflictionibus" de 1 octubre de 1567. Conviene recordar que Pedro Lombardo, Alejandro de Hales y algún otro autor medieval rechazaron que Dios hubiera admitido al orden de la gracia a los ángeles antes de pecar. sólo lo fueron aquéllos que fueron fieles a Dios tras su prueba inicial.

[7]D. S. 1901.

[8]D. S. 1903.

[9]D. S. 1904.

buenas obras, sin otra consideración, se promete a los justos la vida eterna".[10]

Por su parte el Catecismo Romano también sostendrá la elevación al estado de la gracia santificante:

"Juntamente con el cielo corporal, creó Dios innumerables ángeles, que son naturalezas espirituales, para que le sirviesen y asistiesen; a los cuales, desde el primer instante de su ser, adornó con su gracia santificante, y los dotó de elevada ciencia (2 Sam 14:20) y de gran poder (Sal 103:20). Pero muchísimos de ellos se rebelaron por soberbia contra Dios, su Padre y Creador, por lo que al punto fueron arrojados al Infierno, donde son castigados eternamente (2 Pe 2:4)".[11]

Por su parte el Catecismo de la Iglesia Católica también presupone la misma verdad al reconocer el destino eterno al que estaban llamados:

"Los ángeles y los hombres, criaturas inteligentes y libres, deben caminar hacia su destino último por elección libre y amor de preferencia. Por ello pueden desviarse. De hecho pecaron..."[12]

3.1.4 Razón teológica

Se puede fundamentar esta afirmación por analogía con lo ocurrido con los hombres. Todos los hombres estaban destinados a un

---

[10]D. S. 1905.

[11]*Catecismo Romano*, I, 2, 17.

[12]*Catecismo de la Iglesia Católica*, n. 311.

fin sobrenatural en Adán; parece lógico que las creaturas racionales superiores también lo estuvieran; y este fin sobrenatural es la visión beatífica. Pero la visión beatífica está más allá del poder de cualquier naturaleza creada: la voluntad natural no puede mover hacia un fin que está más allá del alcance de la inteligencia natural sin una ayuda sobrenatural (gracia sobrenatural). Por tanto, los ángeles fueron elevados al orden sobrenatural (recibieron la gracia santificante), de tal modo que pudieran merecer y alcanzar su fin sobrenatural (la visión beatífica de Dios).

Santo Tomás distinguirá entre la perfección última natural y la perfección última sobrenatural:

"Ultima autem perfectio rationalis seu intellectualis naturæ est duplex. Una quidem, quam potest assequi virtute suæ naturæ, et hæc quodammodo beatitudo vel felicitas dicitur. Unde et Aristoteles perfectissimam hominis contemplationem, qua optimum intelligibile, quod est Deus, contemplari potest in hac vita, dicit esse ultimam hominis felicitatem. Sed super hanc felicitatem est alia felicitas, quam in futuro expectamus, qua videbimus Deum sicuti est. Quod quidem est supra cuiuslibet intellectus creati naturam, ut supra ostensum est. Sic igi-

"Pero la naturaleza racional o intelectual tiene dos perfecciones últimas. 1) Una, la que puede alcanzar con sus solas fuerzas naturales, y que, de algún modo, puede llamarse bienaventuranza o felicidad. Por eso dice Aristóteles que el acto más perfecto de la contemplación humana por el que se puede contemplar en esta vida el inteligible supremo, Dios, constituye la suprema felicidad del hombre. Pero por encima de esta felicidad hay 2) otra que esperamos para más adelante, por la que veremos a Dios tal cual es (1 Jn 3:2). Esta, como quedó demostrado (q. 12, a. 4), supera la capacidad de cualquier entendimiento creado. Así, pues, hay

tur dicendum est quod, quantum ad primam beatitudinem, quam Angelus assequi virtute suæ naturæ potuit, fuit creatus beatus. Quia perfectionem huiusmodi Angelus non acquirit per aliquem motum discursivum, sicut homo, sed statim ei adest propter suæ naturæ dignitatem, ut supra dictum est. Sed ultimam beatitudinem, quæ facultatem naturæ excedit, Angeli non statim in principio suæ creationis habuerunt, quia hæc beatitudo non est aliquid naturæ, sed naturæ finis; et ideo non statim eam a principio debuerunt habere".[13]

que decir: Respecto a la primera bienaventuranza que el ángel pudo tener con sus fuerzas naturales, fue creado bienaventurado. Porque el ángel no adquiere esta perfección por proceso discursivo, como es el caso del hombre, sino que, por la dignidad de su naturaleza, la posee inmediatamente, como ya dijimos (q. 58, a. 3). Pero la última bienaventuranza, que excede sus fuerzas naturales, no la obtuvieron desde el primer momento de su creación, porque esta bienaventuranza no pertenece a alguna naturaleza, sino que es el fin de la naturaleza. Por eso, no debieron tenerla inmediatamente desde el principio".

Para conseguir la primera, no es necesaria la gracia; pero ésta es indispensable para la segunda:

"Cum de Dei cognitione ageretur, quod videre Deum per essentiam, in quo ultima beatitudo rationalis creaturæ consistit, est supra naturam cuiuslibet intellectus

"Cuando se trata del conocimiento de Dios, que es ver a Dios por esencia, y en esto consiste la última bienaventuranza de la criatura racional, hay que decir que supera la naturaleza de todo entendimiento

---

[13]Santo Tomás de Aquino: *Summ. Theol.*, Iª, q. 62, a. 1, co. Cfr. *In Sent.*, II, dist. 4, a. 1.

creati. Unde nulla creatura rationalis potest habere motum voluntatis ordinatum ad illam beatitudinem, nisi mota a supernaturali agente. Et hoc dicimus auxilium gratiæ. Et ideo dicendum est quod Angelus in illam beatitudinem voluntate converti non potuit, nisi per auxilium gratiæ".[14]

creado. Por eso, la criatura racional no puede tener ordenado su movimiento de la voluntad a esta bienaventuranza, a no ser en cuanto que es movida por un agente sobrenatural. Esto es, precisamente, lo que llamamos ayuda de la gracia. Por lo tanto, hay que decir: El ángel no puede volverse a aquella bienaventuranza por su voluntad a no ser ayudada por la gracia".

En cuanto al momento o tiempo de la elevación al estado de gracia, hay dos opiniones básicas:

1.– Pedro Lombardo y la escuela franciscana sostuvieron que fueron creados en estado de naturaleza pura (sin gracia santificante), y se les pidió que se prepararan a la recepción de esta última con la ayuda de gracias actuales. La gracia santificante se concedió sólo a los ángeles buenos.[15]

2.– Santo Tomás, siguiendo a San Agustín, sostuvo que los ángeles fueron creados en estado de gracia santificante. Lo mismo afirma el Catecismo Romano.

"Respondeo dicendum quod, quamvis super hoc sint diversæ opiniones, quibusdam dicenti-

"Hay que decir: Aun cuando en esta materia que estamos tratando hay diversidad de opiniones,

---

[14]Santo Tomás de Aquino: *Summ. Theol.*, I^a, q. 62, a. 2, co. Cfr. *In Sent.*, II, dist. 5, q. 2, a. 1.

[15]*Magistrum Sent.* lib. II, dis. III, cap. 4; dis. IV cap. unic. Cfr. Alejandro de Hales: *Summa Theologiæ*, I–II, n. 100; San Buenaventura: *In Sent.* Lib. II, dis. iv, a. 1, q. 2.; Hugo de San Victor: *De Sacram.* Lib. I, p. V, cap. 19.

bus quod creati sunt Angeli in naturalibus tantum, aliis vero quod sunt creati in gratia; hoc tamen probabilius videtur tenendum, et magis dictis sanctorum consonum est, quod fuerunt creati in gratia gratum faciente. Sic enim videmus quod omnia quæ processu temporis per opus divinæ providentiæ, creatura sub Deo operante, sunt producta, in prima rerum conditione producta sunt secundum quasdam seminales rationes, ut Augustinus dicit, *super Gen. ad Litt.*; sicut arbores et animalia et alia huiusmodi. Manifestum est autem quod gratia gratum faciens hoc modo comparatur ad beatitudinem, sicut ratio seminalis in natura ad effectum naturalem, unde I Ioan. III, gratia semen Dei nominatur. Sicut igitur, secundum opinionem Augustini, ponitur quod statim in prima creatione corporalis creaturæ inditæ sunt ei seminales rationes omnium naturalium effectuum, ita statim

pues según algunos los ángeles fueron creados en estado de naturaleza pura; según otros, en estado de gracia, lo que parece más probable y lo que está más en armonía con la doctrina de los Santos es que fueron creados en estado de gracia santificante. Vemos que todo lo que en el transcurso del tiempo fue producido por obra de la providencia divina con la intervención de la criatura, obrando bajo la acción de Dios, en la primera producción de las cosas fue hecho según ciertas razones seminales, como dice Agustín en Super Gen. ad litt. Esto fue lo que sucedió con los árboles, los animales, etc. Pero es evidente que la gracia santificante es, con respecto a la bienaventuranza, lo que la razón seminal con respecto a su efecto natural. Por eso, en 1 Jn 3:9, la gracia es llamada simiente de Dios. Así, pues, de acuerdo con la opinión de Agustín se admite que, así como en la primera producción de la criatura corporal inmediatamente se depositaron en ella las razones seminales de todos los efectos naturales, así también

| a principio sunt Angeli creati in gratia".[16] | los ángeles fueron creados en gracia desde el primer momento". |

3.1.5　Pérdida de la gracia por los demonios

Los ángeles sufrieron una prueba moral, en la que algunos rechazaron a Dios y se convirtieron en demonios, perdiendo la gracia sobrenatural en la que habían sido constituidos. Su situación es irremediable por haber quedado petrificados en el mal. Si pudieran convertirse y acudieran a la misericordia de Dios, Dios les perdonarían. Pero nunca lo harán. Las tesis origenistas sobre la apocatástasis final y la salvación de los ángeles malos, son heréticas. Para ellos no hay ya redención posible.[17]Los ángeles fieles a Dios que superaron la prueba moral, entraron en la bienaventuranza eterna del Cielo.

3.2　La elevación sobrenatural de los seres humanos

El ser humano no sólo tiene la capacidad de ser elevado al orden sobrenatural (*potentia obœdientialis*), sino que de hecho fue elevado a tal orden desde su creación con Adán y Eva. Lo sabemos por la Revelación.[18] Esto significa que Dios dio a la humanidad un fin sobrenatural (visión beatífica y *beatitudo* en el cielo), y elevó al primer ser humano al orden sobrenatural y con él al resto de toda la humanidad. Tal elevación se realizó constituyendo a Adán en "estado de santidad

---

[16]Santo Tomás de Aquino: *Summ. Theol.*, I^a, q. 62, a. 3, co. Cfr. *In Sent.* II, dist. 4, q. 1, a. 3, co. *Catecismo Romano*, I, 2, 17.

[17]Cfr. Juan A. Jorge: *Escatología*, New Jersey, Shoreless Lake Press, 2018, págs. 743–750.

[18]Juan A. Jorge: *Creación...*, vol II, cit., págs. 353–412.

y justicia originales" (Trento), lo que significa, con gracia santificante (santidad) y dones preternaturales (justicia original). Por eso, si se considera el hipotético "estado de naturaleza pura", el hombre no hubiera podido alcanzar jamás ese fin sobrenatural.[19]

El *Catecismo de la Iglesia Católica* recoge este hecho de la elevación al orden sobrenatural de nuestros primeros padres:

> "El primer hombre fue no solamente creado bueno, sino también constituido en la amistad con su creador y en armonía consigo mismo y con la creación en torno a él; amistad y armonía tales que no serán superadas más que por la gloria de la nueva creación en Cristo.
>
> La Iglesia, interpretando de manera auténtica el simbolismo del lenguaje bíblico a la luz del Nuevo Testamento y de la Tradición, enseña que nuestros primeros padres Adán y Eva fueron constituidos en un estado 'de santidad y de justicia original' (Cc. de Trento: D. S. 1511). Esta gracia de la santidad original era una 'participación de la vida divina' (LG 2).
>
> Por la irradiación de esta gracia, todas las dimensiones de la vida del hombre estaban fortalecidas. Mientras permaneciese en la intimidad divina, el hombre no debía

---

[19]Cfr. J. Coppens: *La Connaissance du Bien et du Mal et le Péché du Paradis. Contribution à l'Interprétation de Gen.,II-III*, Gembloux, Analecta Lovaniensia biblica et orientalia, 1948; M. J. Lagrange: *L'Innocence et le Péché*, en "Revue Biblique" 2 (1897) 341–377; J. B. Kors: *La Justice Primitive et le Péché Originel d'après St. Thomas*, Le Saulchoir, Kain, 1922; A. Michel: *Justice Originelle*, en DTC, vol. VIII, cols. 2020–2042; A. Gaudel: *Péché Originel*, en DTC, vol. VIII, cols. 275–606; R. Garrigou–Lagrange: *Utrum Gratia Sanctificans Fuerit in Adamo Innocente Dos Naturae an Donum Personale Tantum*, en "Angelicum" 2 (1925) 133–145; W. A. Van Roo: *Grace And Original Justice According To St.Thomas*, Roma, Universitatis Gregorianæ, 1955.

ni morir (cfr. Ge 2:17; 3:19) ni sufrir (cfr. Ge 3:16). La armonía interior de la persona humana, la armonía entre el hombre y la mujer, y, por último, la armonía entre la primera pareja y toda la creación constituía el estado llamado 'justicia original'.

El 'dominio' del mundo que Dios había concedido al hombre desde el comienzo, se realizaba ante todo dentro del hombre mismo como dominio de sí. El hombre estaba íntegro y ordenado en todo su ser por estar libre de la triple concupiscencia (cf. 1 Jn 2:16), que lo somete a los placeres de los sentidos, a la apetencia de los bienes terrenos y a la afirmación de sí contra los imperativos de la razón.

Signo de la familiaridad con Dios es el hecho de que Dios lo coloca en el jardín (cf. Ge 2:8). Vive allí 'para cultivar la tierra y guardarla' (Ge 2:15): el trabajo no le es penoso (cf. Ge 3: 17–19), sino que es la colaboración del hombre y de la mujer con Dios en el perfeccionamiento de la creación visible.

Toda esta armonía de la justicia original, prevista para el hombre por designio de Dios, se perderá por el pecado de nuestros primeros padres".[20]

La realidad de la elevación, pues, consiste en la donación de los dones sobrenaturales (gracia santificante) y de los preternaturales.

La definición de la gracia santificante se puede hacer desde dos perspectivas: la ontológica y la teológica. Según la primera, la gracia es un *don sobrenatural creado* realmente diferente de Dios (sentencia cierta), un *estado sobrenatural de ser infundido* por Dios y que se adhiere permanente al alma (sentencia cierta), que consiste *no en una sustancia sino un accidente real* inherente a la sustancia del alma

---

[20] *Catecismo de la Iglesia Católica*, n. 374–379.

(sentencia cierta) y es *realmente distinta de la caridad* (sentencia cierta). La definición teológica afirma que la gracia es una participación de la naturaleza divina. Los efectos que produce en el ser humano son los siguientes: santifica al alma (de fe), da belleza sobrenatural al alma (sentencia común), establece la amistad con Dios (de fe), constituye en hijos de Dios y herederos del Cielo (de fe) y produce la inhabitación del Espíritu Santo (sentencia cierta).

Los dones preternaturales son dones sobrenaturales "secundum quid" ya que, aunque superan las fuerzas de la naturaleza humana, no introducen al hombre en la intimidad divina. No son debidos a la naturaleza humana, pero son naturales para otras creaturas superiores (vgr. ángeles). Su función era dar plena integridad y vigor a la naturaleza, de modo que quedara aún mejor dispuesta para la recepción de los dones estrictamente sobrenaturales.[21]

3.2.1 Sagrada Escritura

Con sólo los textos del Antiguo Testamento no se podría probar absolutamente la existencia de la gracia en el estado de inocencia de Adán. En efecto, las declaraciones de su creación a "imagen y semejanza" de Dios de Ge 1:26 y de Ece 7:30, aunque han recibido una gran variedad de interpretaciones en la historia de la teología, sin embargo podrían ser entendidas en un sentido relativo a la simple naturaleza humana creada, esto es, sin la gracia, sin violentar por ello el texto sagrado.[22]

Los textos escriturísticos que justifican la fe en la elevación del primer hombre al estado de sobrenaturaleza tienen como fundamento sobre todo las afirmaciones de San Pablo, quien al tratar de la Re-

---

[21]Cfr. Juan A. Jorge: *Tratado de Creación y Elevación*, cit., vol II, págs. 412–447.

[22]M. Cuervo: *Introducciones a las Cuestiones 90–102 de la Iᵃ Parte*, en "Suma Teológica de Santo Tomás de Aquino", Madrid, BAC, 2001, pág. 599.

dención de Cristo, "el segundo Adán", afirma que restauró lo que "el primer Adán" había perdido, el estado de santidad y justicia (Ro 5: 12–21; 1 Cor 15:45). Pero si lo había perdido, era porque previamente lo había recibido. También se indica la misma idea cuando se afirma que la obra de Jesucristo nos mereció la *reconciliación* del hombre con Dios (Ro 5:11),[23] la *renovación* de la imagen de Dios en el hombre (Ef 4:23; Col 3:10) o la *restauración* de tal imagen (Ef 1:10).[24]

- Ro 5: 12. 17–21, "Por tanto, así como por medio de un solo hombre entró el pecado en el mundo, y a través del pecado la muerte, y de esta forma la muerte llegó a todos los hombres, porque todos pecaron... Pues si por la caída de uno solo la muerte reinó por medio de uno solo, mucho más los que reciben la abundancia de la gracia y del don de la justicia reinarán en la vida por medio de uno solo, Jesucristo. Por consiguiente, como por la caída de uno solo la condenación afectó a todos los hombres, así también por la justicia de uno solo la justificación, que da la vida, alcanza a todos los hombres. Pues como por la desobediencia de un solo hombre todos fueron constituidos pecadores, así también por la obediencia de uno solo todos serán constituidos justos. La Ley se introdujo para que se multiplicara la caída; pero una vez que se multiplicó el pecado, sobreabundó la gracia, para que, así como reinó el pecado por la muerte, así también reinase la gracia por medio de la justicia para vida eterna por nuestro Señor Jesucristo".

---

[23]Cfr. también 2 Cor 5: 18ss.; Col 1:20.

[24]La obra de Cristo consiste, según el Nuevo Testamento, en tres realidades: hacernos justos (Ro 5:19; 1 Cor 6:11); hacernos partícipes de la naturaleza divina (2 Pe 1:4); y constituirnos en hijos adoptivos de Dios y herederos del cielo (Ro 8: 15–17). Estos son los tres efectos de la gracia santificante.

- 2 Cor 5: 17–21, "Por tanto, si alguno está en Cristo, es una nueva criatura: lo viejo pasó, ya ha llegado lo nuevo. Y todo proviene de Dios, que nos reconcilió consigo por medio de Cristo y nos confirió el ministerio de la reconciliación. Porque en Cristo, Dios estaba reconciliando al mundo consigo, sin imputarle sus delitos, y puso en nosotros la palabra de reconciliación. Somos, pues, embajadores en nombre de Cristo, como si Dios os exhortase por medio de nosotros. En nombre de Cristo os rogamos: reconciliaos con Dios. A él, que no conoció pecado, lo hizo pecado por nosotros, para que llegásemos a ser en él justicia de Dios".

- Ef 1:10, "Y llevarlo a cabo en la plenitud de los tiempos: recapitular en Cristo todas las cosas, las de los cielos y las de la tierra".

- Ga 6:15, "Porque ni la circuncisión ni la falta de circuncisión importan, sino la nueva criatura".

3.2.2 Santos Padres

Algunos Santos Padres también vieron la sobrenaturaleza de Adán en Ge 1:26 (*similitudo* = identidad sobrenatural de la imagen y semejanza con Dios) y en Ge 2:7 (*spiraculum vitæ* = principio de vida sobrenatural).

Los Santos Padres, en general, se apoyaban en los textos de San Pablo, para afirmar que "lo que se perdió con el primer Adán, se recuperó con el Segundo".[25]

---

[25]Apotegma famoso de San León Magno: *Sermones*, 12 (P. L., 54, 168). A. Slomkowski estudia esta idea en los Santos Padres anteriores a San Agustín (*L'État Primitif de l'Homme dans la Tradition de L'Église avant Saint Augustin*, Paris, J. Gabalda, 1928).

La misma idea se extrae del concepto de "recapitulación" según San Ireneo.[26]

J. Sagüés[27] distingue cuatro grandes líneas de pensamiento que siguen los Padres para afirmar la existencia del estado de gracia en Adán y Eva:

- Nosotros recibimos la justicia que perdió el primer hombre en su caída. No recibimos los dones preternaturales, pero sí la gracia.[28]

- Por la gracia, nosotros recobramos la imagen de Dios impresa en Adán.[29]

- Nosotros recibimos la inhabitación del Espíritu Santo, que habiendo sido perdida por Adán, es ahora recobrada por Cristo.[30]

- Adán tenía santidad y gracia debido a su asociación personal con Dios.[31]

---

[26]San Ireneo: *Adv. Hær.*, 3, 18, 1; 3, 20, 1; 4, 20, 1 (P. G., 7, 932–939, 1034, 1145). Cfr. D'Ales: *La Doctrine de la Recapitulation en St. Irenée*, en "Revue de Sciences Religieuses" 6 (1916) 185–211; A. Verrielle: *Le Plan du Salut d'après Saint Irenée*, en "Revue de Sciences Religieuses" 14 (1934) 493–524.

[27]J. Sagüés: *Sacrae Theologiae Summa. Tomo II.- On God the Creator and Sanctifier. On sins*, USA, Keep the faith, 2014 (trad. of *De Deo Uno Et Trino. De Deo Creante Et Elevante. De Peccatis*, Madrid, BAC, 1958), págs. 366–367.

[28]Cfr. San Agustín: *De Gen. ad Litt.*, 6, 24, 35 (P. L., 34, 353). Cfr. A. Slomkowski: *Status Primitivus Hominis Iuxta S. Augustinum*, Lwow, 1933.

[29]Cfr. San Basilio: *Sermo Asceticus*, 1 (P. G., 31, 869); San Ireneo: *Adv. Hær.*, 5, 10, 1 (P. G., 7, 1148); San Ambrosio: *Hexaem.*, 6, 7, 42 (P. L., 14, 258); San León Magno: *Sermones*, 12 (P. L., 54, 168).

[30]San Cirilo de Alejandría: *De Sancta et Consubstantiali Trinitati Dialogi*, 4 (P. G., 76, 908). Cfr. Tatiano: *Adv. Graec. Oratio*, 15 (P. G., 6, 837).

[31]San Ireneo: *Adv. Hær.*, 3, 23, 5 (P. G., 7, 963); San Juan Damasceno: *De Fide Orth.*, 2, 30 (P. G., 94, 976).

3.2.3 Magisterio

El Magisterio subrayó esta elevación en varias ocasiones, por lo que se suele considerar como verdad de fe divina y católica implícitamente definida:[32]

- Trento, contra el pelagianismo y las doctrinas protestantes, enseña que el hombre perdió en el Paraíso la santidad y justicia en el que había sido constituido. Ahora bien, tal expresión (*santidad y justicia*) tanto en el lenguaje bíblico, como en los escritos sobre la justificación del mismo Concilio tridentino,[33] significan, al menos, la gracia santificante:

  > "Si alguno no confiesa que el primer hombre Adán, al transgredir el mandamiento de Dios en el paraíso, perdió inmediatamente la santidad y justicia en que había sido constituido, e incurrió por la ofensa de esta prevaricación en la ira y la indignación de Dios y, por tanto, en la muerte con que Dios antes le había amenazado, y con la muerte en el cautiverio bajo el poder de aquel que tiene el imperio de la muerte (Heb 2:14), es decir, del diablo, y que toda la persona de Adán por aquella ofensa de prevaricación fue mudada en peor, según el cuerpo y el alma (cf. D. S. 371): sea anatema".[34]

- San Pío V, condena varias proposiciones de Bayo que cuestionaban la sobrenaturalidad de los dones de gracia e integridad otorgados al hombre en su creación:

---

[32]Cfr. J. Sagüés: *Sacræ...*, cit., pág. 364.

[33]Cfr. D. S., 1528. 1530.

[34]D. S. 1511.

"21. La sublimación y exaltación de la humana naturaleza al consorcio de la naturaleza divina, fue debida a la integridad de la primera condición y, por ende, debe llamarse natural y no sobrenatural".[35]

"22. Con Pelagio sienten los que entienden el texto del Apóstol ad Rom. II: Las gentes que no tienen ley, naturalmente hacen lo que es de ley (Ro 2:14), de las gentes que no tienen la gracia de la fe".[36]

"23. Absurda es la sentencia de aquellos que dicen que el hombre, desde el principio, fue exaltado por cierto don sobrenatural y gratuito, sobre la condición de su propia naturaleza, a fin de que por la fe, esperanza y caridad diera culto a Dios sobrenaturalmente".[37]

"24. Hombres vanos y ociosos, siguiendo la necedad de los filósofos, excogitaron la sentencia, que hay que imputar al pelagianismo, de que el hombre fue de tal suerte constituido desde el principio que por dones sobreañadidos a su naturaleza fue sublimado por largueza del Creador y adoptado por hijo de Dios".[38]

"25. Todas las obras de los infieles son pecados, y las virtudes de los filósofos son vicios. 28. La integridad de la primera creación no fue exaltación indebida de la naturaleza humana, sino condición natural suya".[39]

---

[35] D. S. 1921.

[36] D. S. 1922.

[37] D. S. 1923.

[38] D. S. 1924.

[39] D. S. 1925.

Y en el mismo sentido, Pío VI condena algunos errores del Sínodo de Pistoya, que se basaban en las doctrinas del jansenista Quesnel:

"La gracia de Adán es secuela de la creación y era debida a la naturaleza sana e íntegra".[40]

"La doctrina del Sínodo sobre el estado de feliz inocencia, cual la representa en Adán antes del pecado y que comprendía no sólo la integridad, sino también la justicia interior junto con el impulso hacia Dios por el amor de caridad, y la primitiva santidad en algún modo restituida después de la caída; en cuanto complexivamente tomada da a entender que aquel estado fue secuela de la creación, debido por exigencia natural y por la condición de la humana naturaleza, no gratuito beneficio de Dios, es falsa, otra vez condenada en Bayo[41] y en Quesnel,[42] errónea y favorecedora de la herejía pelagiana".[43]

Pero también se seguía la misma doctrina en el segundo Concilio de Orange, dentro de la controversia pelagiana y semipelagiana:

"Que nadie se salva, sino por la misericordia de Dios. La naturaleza humana, aun cuando hubiera permanecido en aquella integridad en que fue creada, en modo alguno se hubiera ella conservado a sí misma, si su Creador no la ayudara; de ahí que, si sin la gracia de Dios, no hubiera

---

[40]D. S. 2435.

[41]D. S. 1901–1980.

[42]D. S. 2434–2437.

[43]D. S. 2616.

podido guardar la salud que recibió, ¿cómo podrá, sin la gracia de Dios, reparar la que perdió?"[44]

Y también en el Sínodo provincial de Colonia del a. 1860:

"Con el Concilio de Trento enseñamos que el primer hombre fue constituido en santidad y justicia... Esa gracia santificante... debe ser considerada como sobrenatural; por ella, el hombre es tan elevado sobre su condición natural que se convierte en hijo de Dios por adopción y es capaz de obtener esa felicidad que, puesto que consiste en el conocimiento intuitivo de Dios, transciende todas las facultades naturales del hombre".[45]

3.2.4 Sobrenaturalidad de la gracia santificante

Sabemos que Adán fue creado con el don de la gracia santificante; pero ahora hay que determinar la relación entre ese don de la gracia y su naturaleza, o, lo que es lo mismo, si la gracia le fue debida o no.

La gracia no era debida en absoluto a la naturaleza creada de Adán. Fue un don del amor divino. No había exigencia alguna de su donación, como el Magisterio de la Iglesia ha hecho ver en varias ocasiones.

Recordemos que la gracia de Adán era específicamente como la nuestra. Los rasgos de la sobrenaturalidad de la gracia santificante, como don de Dios, son:

- Sobrenaturalidad por participación y (*no por esencia* que es propia solo de Dios).

---

[44]D. S., 389.

[45]*De Doctrina Catholica*, t. 4, c. 15, en "Acta et Decreta Sacrorum Conciliorum Recentiorum...Collectio Lacensis", 5, 294.

- Sobrenaturalidad absoluta (*no relativa o preternatural que sería don natural para* otra creatura superior, como los ángeles).

Aunque, como sostienen Ibáñez y Mendoza,[46] ningún texto de la Escritura habla directamente de la sobrenaturalidad de la gracia en que Dios constituyó al primer hombre, sin embargo tal conclusión se puede extraer de la naturaleza de la obra redentora de Cristo expuesta en la Sagrada Escritura, ya que se presenta como restauración de lo perdido por Adán; siendo esta obra absolutamente sobrenatural (participación de la naturaleza divina y ser constituidos en hijos de Dios y herederos del cielo), también Adán y Eva tuvieron que estar constituidos en gracia sobrenatural de un modo absolutamente gratuito.

El Magisterio ha sostenido esta verdad, que se considera como teológicamente cierta,[47] siempre que algún teólogo sostuvo que la gracia santificante le era debida a Adán en su estado de inocencia. En efecto:

- Pio V (a. 1567) condenó las siguientes proposiciones de Bayo:

  "La sublimación y exaltación de la humana naturaleza al consorcio de la naturaleza divina, fue debida a la integridad de la primera condición y, por ende, debe llamarse natural y no sobrenatural..."[48]

  "La integridad de la primera creación no fue exaltación indebida de la naturaleza humana, sino condición natural suya".[49]

---

[46]J. Ibáñez y F. Mendoza: *Dios Creador...*, cit., pág. 268.

[47]J. Ibáñez y F. Mendoza: *Dios Creador...*, cit., pág. 266. En el mismo sentido, J. Sagüés: *Sacræ...*, cit., págs. 371–372.

[48]D. S. 1921.

[49]D. S. 1926.

- Clemente XI (a. 1713) contra la proposición de Quesnel: "La gracia de Adán es secuela de la creación y era debida a la naturaleza sana e íntegra".[50]

- Pio VI (a. 1794) condenó la siguiente proposición del Sínodo de Pistoya: "La doctrina del Sínodo sobre el estado de feliz inocencia, cual la representa en Adán antes del pecado y que comprendía no sólo la integridad, sino también la justicia interior junto con el impulso hacia Dios por el amor de caridad, y la primitiva santidad en algún modo restituida después de la caída; en cuanto complexivamente tomada da a entender que aquel estado fue secuela de la creación, debido por exigencia natural y por la condición de la humana naturaleza, no gratuito beneficio de Dios, es falsa, otra vez condenada en Bayo (D. S. 1901ss) y en Quesnel (D. S. 2434ss), errónea y favorecedora de la herejía pelagiana".[51]

Los Santos Padres sostuvieron esta misma posición como una conclusión a sus consideraciones sobre la doctrina de la gracia santificante. En efecto, el hombre fue hecho hijo de Dios, no como Creador de su naturaleza humana, sino por gracia a través de la recepción del Espíritu Santo, lo que no puede ocurrir simplemente por tener una naturaleza creada; luego la elevación al estado de gracia fue propiamente sobrenatural.[52] El ser humano tiene una naturaleza que es vanidad, cenizas, pasajera; sin embargo llegó a ser hijo de Dios, transcendiendo su propia naturaleza.[53] El hombre se convirtió en hijo de Dios por gracia a diferencia de Jesucristo, Hijo de Dios por naturaleza; como

---

[50]D. S. 2435. Cfr. Carreyre: *Unigenitus (Bull)*, en DTC, 15, 2095.

[51]D. S. 2616. Error 16 del Sínodo de Pistoya. Cfr. Carreyre: *Pistoie (Synode de)*, en DTC, 12, 2208.

[52]San Atanasio: *Adversus Arianus Orationes*, 2, 59 (P. G., 26, 273).

[53]San Gregorio de Nisa: *De Incomprehensibili*, 4, 2 (P. G., 48, 729).

creatura fue constituido en siervo, y sólo por mandato divino ascendió a las cosas sobrenaturales.[54] San Agustín fue el gran doctor de la gracia contra los errores pelagianos, y sostuvo la sobrenaturalidad de la misma con firmeza.[55]

De este modo hay que rechazar las tesis de los siguientes heresiarcas:

- Pelagianos: la gracia santificante era natural.

- Protestantes: la gracia santificante era esencial y debida a Adán.

- Bayo: era natural en *un modo exigitivo*, aunque no constitutivo o consecutivo.

- Jansenio: era natural en un modo *conveniente*.

- Quesnel y el Sínodo de Pistoya: quienes siguen la opinión de Bayo.

3.2.5 Pérdida de la gracia por el pecado original

Es de fe divina y católica[56] que la consecuencia del pecado de Adán fue *la pérdida de la gracia santificante*, tal y como dice Trento:

---

[54]San Cirilo de Alejandría: *In Ioannem Commentarius*, 1, 9 (P. G., 73, 153).

[55]San Agustín: *Contra Faustum*, 3, 3 (P. L., 42, 215 ss.); *In Io. tr.* 2, c. 1, n. 13 (P. L., 35, 1394); *Ep. 140 ad Honor.*, 37, 85 (P. L., 33, 567); *De Civ. Dei*, 12, 9, 2 (P. L., 41, 357); etc.

[56]Juan A. Jorge: *Creación...*, cit., vol II, págs. 362–363; J. Ibáñez y F. Mendoza (*Dios Creador...*, cit., pág. 296) califican la tesis "Adán por su pecado, perdió inmediatamente la justicia original e incurrió en la ira e indignación de Dios", como de fe divina y católica definida, y su censura como herejía. También L. Ott (*Manual...*, cit., pág. 181). Cfr. E. J. Fitzpatrick: *The Sin of Adam in the Writings of Saint Thomas Aquinas*, Dis., Mundelein Illinois, St. Mary of the Lake Seminary, 1950; F. Asensio: *De persona Adæ et de peccato originali originante secundum Genesim*, en "Gregorianum" 29 (1948) 522–526.

"Si alguno no confiesa que el primer hombre Adán, al transgredir el mandamiento de Dios en el paraíso, perdió inmediatamente la santidad y justicia en que había sido constituido, e incurrió por la ofensa de esta prevaricación en la ira y la indignación de Dios..., sea anatema".[57]

Lo cual manifiesta la narración bíblica de la caída, cuando los primeros padres quedaron excluidos de la amistad con Dios (Ge 3: 10.23), apareciendo el Señor como juez condenatorio del hecho ocurrido (Ge 3:16ss).

Algunos Escritores eclesiásticos pensaron que Adán y Eva fueron castigados con la condenación eterna, como fue el caso de Taciano. Sin embargo la gran mayoría de los Santos Padres sostuvieron que hicieron penitencia y por los méritos del Señor ("por la sangre del Señor") fueron salvados de la condenación eterna. En este sentido interpretaban el texto de Sab 10:1, donde se afirma que la sabiduría le salvó de su caída.[58]

3.3   Restitución de la gracia perdida

El ser humano no podía salvarse por sus propias fuerzas. En la Biblia se afirma con toda claridad que solo Dios puede restaurar la justicia destruida por el pecado y solo Él puede perdonar. En efecto:

- En el Antiguo Testamento, se describe el fracaso progresivo de todos los intentos humanos de auto–redención. El hombre vuelve una y otra vez a caer en el pecado. La historia de las Alianzas

---

[57]D. S. 1511.

[58]Cfr. por ejemplo San Ireneo (*Adv. hær.*, 23, 8), Tertuliano (*De poenit.*, 12), San Hipólito (*Philos.* 8, 16) y San Agustín (*De peccat. mer. et rem.* 34, 55), quienes sostuvieron que era doctrina general de los Padres.

así lo demuestra con toda claridad. De este modo se concluye que solo Dios nos puede salvar y perdonar (Sal 32: 1ss, "Dichoso el hombre a quien el Señor no le imputa delito y en cuyo espíritu no hay dolo..., Te declaré mi pecado, no te oculté mi delito. Dije: 'Confesaré mis culpas al Señor'. Y Tú perdonaste mi culpa y mi pecado").[59]

- En el Nuevo Testamento, Cristo perdona los pecados porque es Dios, y solo Dios puede perdonar los pecados (Mc 2:7, "¿Por qué habla éste así? Blasfema. ¿Quién puede perdonar los pecados sino sólo Dios?").

El ser humano es, por tanto, esclavo del pecado:

- Así aparece en la Revelación:

  - Is 64:6, "*Todos nosotros fuimos impuros*, y toda nuestra justicia es como vestido inmundo, y nos marchitamos como hojas todos nosotros, y nuestras iniquidades como viento nos arrastran".

  - Ro 5:12, "Así, pues, como por un hombre entró el pecado en el mundo, y por el pecado la muerte, y así la muerte pasó a todos los hombres, *por cuanto todos pecaron*".

  - 1 Cor 15:22, "Y como en Adán *mueren todos*, así también en Cristo serán todos vivificados".

  - Ef 2:3, "*Todos nosotros* fuimos también contados en otro tiempo y seguimos los deseos de nuestra carne, cumpliendo la voluntad de ella y sus depravados deseos, *siendo por naturaleza hijos de ira, como los demás*".

---

[59]Cfr. Sal 65: 4ss.

– Ro 6:20, "Cuando *erais esclavos del pecado*, estabais libres respecto de la justicia".

- Así lo declarará el Magisterio de la Iglesia en Trento: "...habiendo perdido todos los hombres la inocencia en la prevaricación de Adán (Ro 5:12; 1 Cor 15:22), hechos inmundos (Is 64:4) y (como dice el Apóstol) hijos de ira por naturaleza (Ef 2:3), según expuso en el decreto sobre el pecado original, hasta tal punto eran esclavos del pecado (Ro 6:20) y estaban bajo el poder del diablo y de la muerte, que no sólo las naciones por la fuerza de la naturaleza (can. 1), mas ni siquiera los judíos por la letra misma de la Ley de Moisés podían librarse o levantarse de ella, aun cuando en ellos de ningún modo estuviera extinguido el libre albedrío (can. 5), aunque sí atenuado en sus fuerzas e inclinado".[60]

Es una situación que abarca tanto a gentiles como a judíos (el gran tema de la Carta a los Romanos, caps. 1–7).

En efecto, el hombre es incapaz de auto–salvarse. El pecado había abierto un abismo infranqueable para el ser humano finito y limitado. Sólo alguien con poder infinito podía salvarlo, como se concluye de las siguientes tres realidades:

1. *La naturaleza del ser ofendido por nuestros pecados*: el Ser infinito, Dios. Nuestros pecados siendo actos humanos, en sí finitos, sin embargo tienen una malicia infinita por la naturaleza y dignidad infinitas del que recibe nuestra ofensa: Dios. El ser humano por sí solo no puede borrar esa infinita ofensa.

2. *La naturaleza misma del pecado*, que no es un acto instantáneo que no produzca consecuencias estables. El pecado es un acto

---

[60]D. S. 1521; cfr. D. S. 378.

que produce el estado de muerte espiritual permanente que sólo cambia con la intervención del poder divino. No es una realidad transeunte que pueda desaparecer con el mero paso del tiempo.

3. *La naturaleza sobrenatural de la salvación.* En efecto, la salvación implica tres aspectos:

- Remisión del pecado.

- Re–adquisición de la gracia perdida.

- Conversión sobrenatural del corazón humano.

Todo lo cual exige lo sobrenatural para producirse. Pero el hombre había perdido todo lo sobrenatural por su pecado. Para el ser humano, después de haber sido creado con ese fin sobrenatural, sólo caben dos situaciones: pecado o gracia, ya que no es posible una salvación puramente natural en un hipotético estado de naturaleza pura (nuestro fin es sobrenatural por voluntad de Dios).

El hombre pues, quedaba separado de Dios y condenado al infierno..., pero Dios tuvo compasión de él.

Jesucristo, por medio de su satisfacción vicaria y de su mérito redentor, realizó la reconciliación de todos los hombres con Dios. La naturaleza caída es desde entonces naturaleza redimida. Nada le falta a la obra de salvación, no hay que esperar otro Salvador. Es obra perfecta, suficiente, sobreabundante y de valor infinito, capaz de salvar a todos los hombres que hayan poblado la Tierra en toda la Historia. Es lo que se denomina la "Redención objetiva".

El fruto de la Redención se llama "la gracia de Cristo".

No obstante la salvación no se impone por la fuerza al ser humano, que fue creado libre por decisión divina. Por esto cada hombre tiene que recoger y apropiarse de la "Redención objetiva" mediante la "Redención subjetiva". El acto de aplicar el fruto de la Redención a cada individuo es lo que se llama "justificación" (δικαίωσις, "iustificatio") o santificación (ἁγιασμός, "sanctificatio").

La Redención subjetiva (la comunicación de la gracia a cada ser humano) es obra del amor divino trinitario, por lo que se atribuye al Espíritu Santo en cuanto que es el Amor Personal (aunque la comunicación de la gracia sea operada conjuntamente por las tres divinas Personas, como obra que es "ad extra" de Dios). El fin de la Redención subjetiva es lograr la perfección eterna en el Cielo, en el estado de conocimiento, amor y posesión perfectos de Dios. Para conseguir ese fin, Dios no sólo apoya al hombre por medio del principio intrínseco de la gracia, sino también por el extrínseco de la actividad de la Iglesia a través de su actividad docente y sacramental.

Pero la Redención subjetiva no es sólo obra de Dios, sino que requiere la libre cooperación del hombre. Hay así una cooperación de la virtud divina y de la libertad humana en la comunicación de la gracia. Tal cooperación es un gran misterio, y los intentos de explicarlo constituyen la raíz de todas las controversias y herejías sobre la gracia en la Historia de la Iglesia.

3.4   La gracia y el Espíritu Santo en la Iglesia

La obra redentora de Jesucristo es continuada hasta la Parusía por la Iglesia. El señor envió al Espíritu Santo a su Iglesia para que la guiará, cuidara y santificara. La Iglesia tiene como misión hacer que la gracia conseguida por Jesucristo llegue a todos los hombres. Para ello, tiene como instrumentos los sacramentos, "canales" por los que nos llega la gracia. El Espíritu Santo obra en la Iglesia como su alma.[61] Entre sus funciones está la de unir a los miembros de la Iglesia entre sí y con Jesucristo, Cabeza del Cuerpo Místico; asiste a la jerarquía en su ministerio de enseñar, gobernar y santificar; mover y acompañar con su gracia toda acción saludable de los miembros del Cuerpo Místico. En una palabra, como señala L. Ott: "toda la vida y todo el crecimiento del Cuerpo Místico parte de ese principio de vida divina que mora en la Iglesia".[62]

Todos estos temas se estudian con detalle en los tratados de pneumatología, eclesiología,y sacramentos. Allí nos remitimos para el desarrollo de estos extremos, reservando para más adelante en este tratado de la gracia la relación entre la gracia habitual y el Espíritu Santo.

3.5 La plenitud de gracia en el Cielo

Los datos de la Sagrada Escritura revelan que la salvación y la vida eterna lograda por Jesucristo en su obra redentora, son a la vez un "ya" que opera en la vida del cristiano, y un "todavía no" porque la plenitud se dará al final de los tiempos. Esta es la razón de la escatología de doble fase.

En este sentido, la vida eterna empieza "ya" en esta vida —en el eón presente— por obra de la gracia. Se llama "deificación": "Mirad qué amor tan grande nos ha mostrado el Padre: que nos llamemos hijos de Dios, ¡y lo somos! Por eso el mundo no nos conoce, porque no le conoció a Él. Queridísimos: ahora somos hijos de Dios, y aún no se ha manifestado lo que seremos. Sabemos que, cuando él se manifieste, seremos semejantes a él, porque le veremos tal como es" (1 Jn 3: 1–2).

---

[61]Es sentencia común en teología que el Espíritu Santo es el alma de la Iglesia. Cfr. León XIII: "Cristo es cabeza de la Iglesia y el Espíritu Santo es su alma" (*Divinum illud*). Pio XII dedicó su encíclica *Mystici corporis* a esta realidad (D. S. 3807).

[62]L. Ott: *Manual...*, cit., pág. 445.

Si ya somos hijos de Dios por gracia en este mundo, con mayor razón se cumplirá en nosotros esa realidad en el más allá del Cielo.

Así se concibe la vida eterna en el más allá como deificación. Siguiendo la teología clásica que pone como rasgo esencial del estado de salvación la visión intuitiva de Dios (de la que el resto de las características de la vida celestial no son sino consecuencias), y al mismo tiempo afirma que la visión de Dios es lo propio y característico de Jesucristo, el Hijo de Dios (Jn 1:18; 6:46; Mt 11:27; Lc 10:22), concluye que si los bienaventurados tienen "visión de Dios" es porque son "hijos de Dios", hijos en el Hijo, "hijos adoptivos de Dios" (Ro 8:17), con las características especiales y singularísimas que tiene dicha "adopción".[63]

---

[63]Cfr. Juan A. Jorge: *Escatología*, cit. pág. 534–535.

Capítulo 4

La doctrina de la gracia en la Biblia

La teología sistemática se basa en los datos proporcionados por la Revelación, tanto en su fuente escrita (Sagrada Escritura) como hablada (Tradición Apostólica). De esta última nos iremos ocupando con ocasión del estudio de los diferentes aspectos de la gracia. Pero es muy útil desde el principio tener una visión de conjunto de los datos bíblicos sobre la gracia.[1]

---

[1]Cfr. J. A. Sayés: *La gracia...*, cit., págs. 15–23; M. J. Rodríguez: *Gracia sobrenatural. Sagrada Escritura*, cit., págs. 143–146; Ch. Baumgartner: *La gracia...*, cit., págs. 31–63; H. Rondet: *La gracia...*, cit., págs. 33–62; Cfr. F. Asensio: *El hesed y emet divinos. Su influjo religioso social en la Historia de Israel*, Roma, Universitatis Gregorianae, 1949; P. Bonnaitain: *Grâce*, en Dict. Bibl. Suppl. II, Paris, 1938, págs. 701–1319; C. R. Smith: *The Bible doctrine on Grace*, London, Epworth, 1956; J. L. Lorda: *La gracia...*, cit., págs. 26–34; P. Rousselot: *La grâce d'après St. Jean et d'après St. Paul*, en "Recherches des science religieuse" (1928) 87–108; H. Townsend: *The Doctrine of the Grace in the Synoptic Gospels*, Kessinger Publishing, LLC, London, 1919.

77

En toda la Biblia subyace la idea de la gracia como el conjunto de dones gratuitos y libres de Dios a los hombres, que superan lo correspondiente a la pura naturaleza humana y son otorgados por una especial benevolencia y amor divinos.

En el Antiguo Testamento se revelan las intervenciones gratuitas y libres de Dios en beneficio de Israel, el Pueblo elegido, y con el que preparaba la salvación que habría de llegar a toda la humanidad. En el Nuevo Testamento se produce la plenitud de la revelación sobre la gracia a través de Jesucristo, quien está "lleno de gracia y de verdad" (Jn 1:14): Él es la plenitud de la Verdad, del Amor divino y de la Gracia. La gracia es la totalidad del Don de Dios que se entrega al hombre en su Hijo de un modo gratuito y misericordioso.[2]

4.1 El Antiguo Testamento

El presupuesto a toda la doctrina de la gracia en el Antiguo Testamento está en la condición del ser humano que fue creado a "imagen y semejanza" de Dios a diferencia del resto de las creaturas (Ge 1:26ss.), lo que le hace capaz de relaciones personales con Dios.

Toda la historia de Israel en el Antiguo Testamento es una narración de las sucesivas intervenciones de Dios en favor de su Pueblo al que ama como Padre: la elección de Abraham y de los Patriarcas, las sucesivas alianzas que sella con su Pueblo y en el que le promete dones sobreabundantes si es fiel a Él, el culto del Templo de Jerusalén, las promesas de los profetas, la futura llegada del Mesías salvador, etc. Todo ayuda a reconocer la voluntad misericordiosa de Dios de donarse y donar inimaginables dones libre, gratuita y amorosamente a su Pueblo, que se sabe amado por Dios (Is 49:15; 54:10; Jer 31:3.20; Os 7:13; 11: 1–9; Sal 36; 106:1; 117:2; 118: 1–5; etc.). Ciertamente el

---

[2]Cfr. M. J. Rodríguez: *Gracia sobrenatural...*, pág. 143.

Pueblo peca y falla a la relación de amor, pero Dios sigue buscándole y donándose a pesar de todo. Las sucesivas alianzas hacen consciente al Pueblo de que el hombre está necesitado de la ayuda divina, sin la cual está perdido. La oración es el medio para alcanzar el favor de Dios cuya misericordia actúa sin dilación (Ge 18: 22–33; 32: 10–13; 1 Sam 12: 20–24; Sal 119:34ss.; 51; Jer 15: 10–21; 17: 14–18; 20: 7–18; etc.).

Este Dios que dona y sus diferentes acciones revelan la idea de "dádiva divina", que es descrita como favor o benevolencia de Dios (*hen* y *hesed*), como amor benevolente. Los LXX tradujeron muchas veces esos términos hebreos por el griego χάρις (gracia). Es así como pasa al Nuevo Testamento en multitud de ocasiones, con el matiz enfatizado de la gratuidad del amor y del don.

M. J. Rodríguez resume bien los aspectos de la *hen* y *hesed* (χάρις), que subrayan los libros del Antiguo Testamento:

> "Trazando un breve panorama de los matices que subraya uno u otro libro veterotestamentario, podemos decir que la gratuidad es acentuación propia del Pentateuco y de los libros históricos. Los libros sapienciales subrayan más el matiz escatológico, mientras que los profetas y los salmos usan otro término para designar la misma realidad, resaltando la misericordia divina".[3]

4.2 Perspectiva general del Nuevo Testamento

Los temas veterotestamentarios relacionados con la gracia (bondad, misericordia, verdad, fidelidad, justicia, etc.), reaparecen en el

---

[3]Cfr. M. J. Rodríguez: *Gracia sobrenatural...*, pág. 143.

Nuevo, en torno a los conceptos predominates de ἀγάπη (en San Juan) y de χάρις (en San Pablo), con la idea fundamental de que la realidad del don de Dios es la misma vida divina y señalando la centralidad de la figura de Jesucristo en ese proceso: la gracia, muchas veces, es presentada como el favor gratuito y misericordioso de Dios de la propia vida divina donada en Cristo, sobre todo en su muerte y resurrección. Tres ideas principales resumen la teología neotestamentaria de la gracia:

1. No hay mayor bien que pueda recibir el ser humano de Dios que la propia realidad de Dios. El sentido más profundo de la *gracia es Dios mismo que se nos da en Cristo.*

2. Pero también insiste el Nuevo Testamento que la *gracia es una realidad objetiva sobrenatural individual e interior al hombre,* donada gratuitamente por Dios. Esto hace que el hombre sea elevado a una nueva vida sobrenatural, con el fin de hacer posible la amorosa voluntad de Dios de comunicársenos en una relación personal.

3. La gracia también tiene una *función de salvación,* de sanación, de redención del pecado ("gracia sanante"), que hace que el hombre pase de la esclavitud del pecado a la libertad de la vida divina (muchas veces en San Pablo; en San Juan cfr. Jn 5:24; 3:16; 5:21; 8:51; 11: 25–26; 1 Jn 3:14; etc.).

4.3 Los Evangelios sinópticos: gracia y Reino de Dios

Cristo, en los Sinópticos, presenta la salvación gratuita de Dios con la idea del Reino de Dios, que llega a la humanidad de forma inmerecida y gratuita (Mc 1:15). El Reino coincide en último término, con la persona de Cristo, por lo que dejarlo todo por Cristo equivale a dejarlo todo por el Reino (cfr. Mc 10:29; Mt 19:29).

Los Sinópticos insisten en los siguientes puntos:

- Para entrar en el Reino de Dios es necesaria una justicia interior (Mt 5:20).

- La gracia de entrar en el Reino de Dios es inmerecida por el hombre: es don de Dios otorgado bondadosamente (Lc 17: 7–10; Mt 20: 1–16; 22: 1–4; Lc 14: 16–24). Por eso, el Reino no viene por iniciativa, mérito o poder del hombre, sino por iniciativa absolutamente gratuita de Dios. Como consecuencia, Cristo rechaza la concepción de los fariseos sobre la justicia, que se basaba en las obras y los méritos propios, por lo que consideraban que Dios tenía que retribuir los méritos autónomos del hombre (su esfuerzo en el cumplimiento de la Ley se siente con derechos delante de Dios).

- La mayor gracia de Dios es Cristo mismo, que muestra el amor del Padre hacia todos los hombres (Mt 5:45) y su misericordia infinita y universal (Lc 6) que está dispuesta a perdonar a todos los pecadores que se arrepientan (Mt 18: 23–35; Lc 15: 12–32; 18:13ss.). Los evangelios describen la transformación y conversión de los discípulos y de los pecadores en su encuentro con Cristo (cfr. Mc 2:13ss.; Mt 9:1ss.; Lc 5:8ss.; Lc 7:37ss.; Lc 19:1ss.; etc.).

- El amor y la misericordia de Dios tiene dos dimensiones: por un lado, la divinización del hombre por la que se concede al hombre la relación con la paternidad divina, por lo que puede llamar a Dios "Padre" (*Abba*), Dios es nuestro Padre; y, por otro lado, la liberación del pecado, el sufrimiento y la muerte mediante la participación en la muerte y resurrección de Cristo, lo cual se manifiesta en los milagros y en el poder de Cristo de perdonar los pecados y expulsar a los demonios.

4.4 San Pablo: gracia y justificación

La Revelación sobre la gracia en las cartas de San Pablo es extensa y muy profunda, utilizando el término χάρις con mucha frecuencia y diferente sentido: como hermosura, encanto o amabilidad (Col 4:6); reconocimiento (1 Cor 10:30); beneficio (2 Cor 8:1ss.); carisma (Ro 12:6); apostolado (1 Cor 3:10); benevolencia por parte de Dios o de Cristo (Ro 3:24; 4:4; 5:15; Ga 2:21); gracia sobrenatural dada al hombre (Ro 1:5; 2 Cor 1:12; 12:9); etc.

El punto de vista central de la gracia en San Pablo es soteriológico, pues la considera en relación con el misterio pascual de Cristo (muerte y resurrección) que libera al hombre del pecado. La gracia divina designa la benevolencia y el amor gratuitos y eternos de Dios por el hombre, que no los merece, y se manifiestan en el perdón de Dios. Como consecuencia de la obra de Cristo, el cristiano es un hombre nuevo, sobreabundantemente redimido, recreado en Cristo, incorporado por el bautismo al Cuerpo místico de Cristo que es la Iglesia, y receptor de una vida nueva.

El desarrollo de la doctrina paulina de la gracia se puede estudiar desde tres perspectivas: como justificación regeneradora, como realidad ontológica de la vida en Cristo Jesús, y como acción del Espíritu Santo.

4.4.1 La justificación regeneradora

Cristo es la manifestación plena del amor de Dios, que transforma al hombre en un ser nuevo por medio de su participación en la muerte y resurrección del Señor. En Cristo recibimos todas las cosas (Ro 8:32), somos comprados, liberados y rescatados (1 Cor 6:20; 7:23).

Esa vida nueva interior del cristiano, más allá del orden moral, es experimentada como una realidad de santidad presente, que tiene que proyectarse hacia el futuro. Como dice en Ro 6: 3–5, "¿No sabéis que cuantos hemos sido bautizados en Cristo Jesús hemos sido bautizados para unirnos a su muerte? Pues fuimos sepultados juntamente con Él mediante el bautismo para unirnos a su muerte, para que, así como Cristo fue resucitado de entre los muertos por la gloria del Padre, así también nosotros caminemos en una vida nueva. Porque si hemos sido injertados en Él con una muerte como la suya, también lo seremos con una resurrección como la suya". El cristiano, rescatado de su hombre viejo anterior que recibió del primer Adán (que le hacía pecador, extraño y enemigo de Dios), renace a una vida nueva por su unión con Cristo, y está llamado a ser santo, inmaculado, irreprensible ante Dios y a despojarse del pecado (Col 1:22; Ef 2: 1–6; Ro 5:8). Santidad y justicia, santificación y justificación, son conceptos afines en San Pablo. La nueva vida, don de Dios, se ha de manifestar ostensiblemente en el cristiano, quien debe "abandonar la antigua conducta del hombre viejo, que se corrompe conforme a su concupiscencia seductora, para renovaros en el espíritu de vuestra mente y revestiros del hombre nuevo, que ha sido creado conforme a Dios en justicia y santidad verdaderas" (Ef 4: 22–24; cfr. 3: 9–13).

4.4.2 Sentido ontológico de la vida en Cristo Jesús

La nueva vida del cristiano se califica como *In Christo Iesu*, y significa el inicio de una relación íntima y personal con Cristo. Como dice Baumgartner, "vivir en Cristo, existir en Cristo, significa que la vida del cristiano es una vida que emana de su unión con Cristo, que es fuente de ella, su ejemplar y autor por su presencia activa en el cristiano".[4] Esa relación —ontológica, creada, que supone más que una transformación ética— caracteriza la vida del cristiano en virtud, precisamente, de que la gracia se perfila como participación en la muerte y en la resurrección de Cristo. La vida del Cristo Pascual (Ro 1: 3–4) que el hombre se apropia en la fe y en el bautismo, es vida de resucitado comunicada por el mismo Cristo (Ro 6: 1–11; 8:1; 1 Cor 1:30; Ga 3:28), de forma tal que lo que sucede (y sucedió) en Cristo, sucede en el cristiano.[5] Por eso la vida en Cristo supone la filiación divina, pues en Cristo y por Él, participamos de su filiación, podemos llamar a Dios "Padre" (*Abba*, Ro 8: 14–17; Ga 4: 4–7) y tenemos derecho a la herencia de los bienes salvíficos de Dios al ser hijos y coherederos en Cristo (Ga 3:29; 4:7; Ro 8:16ss.).[6]

Pero Cristo no es sólo la causa ejemplar de la nueva vida del cristiano, sino también su causa eficiente, como nuevo principio de vida. Es el sentido del concepto de que "Cristo habita en nosotros" (Ro 8: 9–11; 2 Cor 4: 5–14; 13: 2–5; Ef 3: 16–17; Ga 2: 19–21; 4: 19–20; Col 1:27; Fil 1:21).

Este ser sobrenatural nuevo del cristiano, lo reconcilia con Dios, lo transforma en Cristo y lo hace miembro de su cuerpo místico, la Iglesia (Ga 3: 26–28).

4.4.3 La acción del Espíritu Santo

La transformación del cristiano en Cristo es obra del Espíritu Santo que habita en el hombre nuevo justificado, como se dice en la Carta a Tito: "Pero cuando se manifestó la bondad de Dios, nuestro Salvador, y su amor a los hombres, nos salvó, no por las obras justas que hubié-

---

[4]Ch. Baumgartner: *La gracia...*, cit., pág. 46; J. A. Sayés: *La gracia...*, cit., pág. 19.

[5]M. Rodríguez: *Gracia sobrenatural...*, cit. pág. 144.

[6]J. A. Sayés: *La gracia...*, cit., pág. 19.

ramos hecho nosotros, sino por su misericordia, mediante el baño de la regeneración y de la renovación en el Espíritu Santo, que derramó copiosamente sobre nosotros por medio de Jesucristo nuestro Salvador, para que, justificados por su gracia, fuéramos herederos de la vida eterna que esperamos" (Tit 3: 4–7). Imagen que se va perfeccionando progresivamente (Ro 8: 14–18.29; Ga 4: 4–7; Ef 1: 4–5).

Como dice Baumgartner:

> "La persona de Cristo y el Espíritu constituyen un solo y mismo principio de vida espiritual; pero siendo tres personas distintas, no lo son de la misma manera. Primeramente, Cristo resucitado envía al Espíritu Santo, cuyo poder nos transforma (Tit 3:6). En segundo lugar, la función y obra del Espíritu es asemejarnos y unirnos a Cristo. Él es el Espíritu de filiación. Su acción espiritualmente tiende a reproducir en nosotros la vida de Cristo muerto y resucitado hasta que Cristo se forme en nosotros (Ga 4:19)".[7]

4.5 San Juan: la gracia y la Vida (Jesucristo)

En los escritos de San Juan se encuentra la gracia en conexión con la Vida que es Jesucristo, quien está lleno de gracia y de verdad (Jn 1:14).[8]

Jesús aparece como la Vida (1 Jn 1: 1–2; 5: 11–12; Jn 1:4; 11: 25–26; 14:6), el Hijo al que el Padre le concede tener la vida en sí

---

[7]Ch. Baumbartner: *La gracia...*, cit., pág. 46; J. A. Sayés: *La gracia...*, cit., pág. 19.

[8]También usa San Juan los conceptos de "comunión con Dios" y de "conocimiento de Dios" como variantes de la idea de la vida en Cristo (cfr. Ch. Baumgartner: *La gracia...*, cit., pág. 59).

mismo (Jn 5:26; 6: 38–40.46–57; 12: 47–50). Cristo trae al mundo la vida escatológica (Jn 3:15ss; 10:10). Creer en Él es tener ya la vida eterna (Jn 5:24; 6:40.47; 10:28; 17:2ss; 20:31; 1 Jn 5:12).[9] Su misión es otorgarnos la vida en abundancia (Jn 10:17).[10] Es la prueba más grande del amor y de la misericordia de Dios (Jn 3:16).

El cristiano vive por el Unigénito de Dios (1 Jn 4:9). Esta vida que Cristo comunica perdura en el cristiano mientras Cristo permanece en el creyente y éste en Él (Jn 6:56; 14: 10.20.23; 15: 9–10). Lo cual ocurre mediante la fe (Jn 3:15; 5: 24–25; 6: 47.53–54.56; 10:10), el bautismo (Jn 3: 5–8), la eucaristía (Jn 6: 51–58).[11] Esta vida es una realidad actual y también futura en la eternidad, pues en San Juan vida y vida eterna son sinónimos y equivale a la idea del Reino de Dios de los Sinópticos.[12]

Esa realidad explica la nueva manera de vivir de los hijos de Dios. Es un principio de actividad que se manifiesta en la fe, la huída del pecado, el amor fraterno, etc (Jn 3:5.8; 1 Jn 5:13; 5:18; 4:16). Esa vida nueva interior del cristiano es la vida de la gracia, fundamento de la pertenencia al Reino de Dios que "está dentro de vosotros".

También utiliza San Juan el término "salvar" ($\sigma\acute{\omega}\sigma\epsilon\iota\nu$) como expresión técnica del acontecimiento de la gracia que consiste en dar la vida al mundo. Por eso Cristo es "el salvador del mundo" (Jn 4:42).[13]

---

[9]Dice Sayés que el término $\zeta\omega\acute{\eta}$ aparece 76 veces en el *Corpus Ioanneum*. Es la vida propia de Dios de la que el hombre participa. Por el contrario, la vida natural se designa como $\psi\upsilon\chi\acute{\eta}$ (J. A. Sayés: *La gracia...*, cit., pág. 20).

[10]Es la idea comunicada en el capítulo 6 del Evangelio en el sermón eucarístico, en las parábolas del buen pastor y de la vid y los sarmientos de los capítulos 10 y 15, y en la oración sacerdotal de la Última Cena en el capítulo 17.

[11]En Jn 6, la Eucaristía aparece como la prolongación de la encarnación: el pan que se da como comida es el pan bajado del cielo. Cfr. J. A. Sayés: *El misterio eucarístico*, Madrid, BAC, 1986, págs. 95ss.

[12]Cfr. M. Rodríguez: *Gracia sobrenatural...*, cit., pág. 145.

[13]J. A. Sayés: *La gracia...*, cit. pág. 22.

Del mismo modo, el Espíritu Santo juega un papel esencial en la nueva vida, ya que es también el principio de la vida divina en el hombre (1 Jn 3:9; 3:24; 4:13), quien renace por el Espíritu (Jn 3: 3–8), que le hace capaz de cumplir los mandamientos y permanecer en Dios (1 Jn 3: 21–24).

Se produce una presencia de la Trinidad en el salvado, que es don gratuito del amor divino que culmina en la filiación divina ("que seamos llamados hijos de Dios y lo seamos" 1 Jn 3:1): una filiación en Cristo a través del Espíritu (1 Jn 3:24).

En conclusión:

> "El nacimiento *ex Deo* en S. Juan es una verdadera regeneración de la vida divina, totalmente distinta de la vida natural. De allí que "nacer de Dios" sea "ser de Dios", que el "nacido de Dios" se abstenga de cometer el pecado y deba obrar como Dios obra, amar como Él ama. Tiene sentido decir que Dios ama al hombre, para que el amor sea en él lo que es en Dios. Esta concepción dinámica de la vida divina en el hombre es fundamental para entender lo que S. Juan nos dice de la gracia".[14]

4.6 San Pedro. *Divinae consortes natura*

San Pedro muestra que la regeneración del cristiano se opera por los padecimientos, la muerte y la resurrección de Cristo (1 Pe 1:10.13.18–19), quien engendra al hombre a una nueva vida, como piedras vivas (1 Pe 2: 4–5), y lo hace coheredero de la gracia de la vida (1 Pe 3:7). La nueva vida comienza en el bautismo y es incorruptible (1 Pe 3: 21–22). El efecto es que hemos sido hechos partícipes

---

[14]M. Rodríguez: *Gracia sobrenatural...*, cit., pág.146.

de la naturaleza divina: "Su divino poder nos ha concedido cuanto se refiere a la vida y a la piedad, mediante el conocimiento del que nos ha llamado por su propia gloria y potestad: con ello nos ha regalado los preciosos y más grandes bienes prometidos, para que por éstos lleguéis a ser partícipes de la naturaleza divina, tras haber escapado de la corrupción que reina en el mundo a causa de la concupiscencia" (2 Pe 1: 3–4).

Capítulo 5

Historia del Magisterio y de las controversias más importantes sobre la gracia

El conocimiento básico de las principales controversias sobre la gracia que se produjeron en la Historia de la Iglesia, tanto de las doctrinas heréticas como de las declaraciones del auténtico Magisterio de la Iglesia que las condenaron, es importante para entender los diferentes contenidos a desarrollar sistemáticamente en este tratado, ya que la doctrina de la gracia se fue aquilatando y perfilando como consecuencia de las mismas. Con lo cual tendremos el marco histórico que ayuda a entender mejor el dogmático.

5.1 Pelagianismo

El pelagianismo fue la primera gran herejía contra la doctrina revelada de la gracia.

Pelagio (360–422) era un monje Bretón (inglés) muy austero y de ingenio penetrante que viajó a Roma hacia el año 400 y vivió ahí muchos años durante el siglo IV y V. Tuvo muchos amigos de gran calidad espiritual, como San Paulino de Nola. Entre sus discípulos más sobresalientes se cuentan Celestio, noble romano, y Juliano de Eclana que, según San Agustín, es el arquitecto del sistema pelagiano.[1]

Con Celestio se traslada en el año 409 (un año antes de la invasión de Alarico) a Cartago y luego a Jerusalén donde conoce a Rufino, un discípulo de Teodoro de Mopsuestia.

San Agustín combate su doctrina. La moral pelagiana tiene como temas favoritos la paciencia ante las tribulaciones, el abandono del mundo, la vanidad de la vida, la inanidad de las riquezas, la belleza de la virtud, etc.

Sin embargo, es curioso constatar en sus escritos la ausencia total de la teología de la Cruz. Para él la santidad es una meta que se consigue con los propios esfuerzos sin necesidad de la gracia.

---

[1] Cfr. Juan A. Jorge: *Apuntes de Patrología*, New Jersey, Shoreless Lake Press, 2022, págs. 471–473; H. Rondet: *La gracia...*, cit., págs. 93–108; J. A. Sayés: *La gracia...*, cit., págs. 30–41; Ch. Baumgartner: *La gracia....*, cit. pág. 101–106; H. Masson: *Manual de Herejías*, Madrid, Rialp, 1989, págs. 278–280; L. Arias: *Pelagio y Pelagianismo*, en GER, vol. XVIII, págs. 190 ss.; V. Cano Sordo: *Patrología*, en patrologia.net/pac/index.html y en http://www.geocities.com/patrologia, tema 21; G. del Plinval: *Pélage, ses écrits, sa vie et sa réforme*, Lausanne, Payot, 1943; V. Grossi: *La Controversia Pelagiana. Adversarios y discípulos de San Agustín*, en "Patrología III" dir. por A. De Bernardino, Madrid, 1981, págs. 554—582; D. Ramos–Lissón: *Patrología*, Pamplona, Eunsa, 2005, págs. 309–310; É. Amann: *Pélagianisme*, en DTC, vol. XII, cols. 675–715; E. Moliné: *Los Padres de la Iglesia. Una guía introductoria*, Madrid, Palabra, 1992, págs. 405–406.

La gracia de la que habla Pelagio no es una gracia interior, sino sólo la gracia exterior de la enseñanza y del ejemplo. Puede ser una iluminación —de carácter puramente intelectivo—, pero nunca un don sobrenatural que mueva la voluntad humana, que —según Pelagio— es autónoma. Para Pelagio el cristianismo se limita sólo a una enseñanza, a una doctrina; no es el acontecimiento de Cristo de su obra y de su presencia que fascina.

Se descubre en el pelagianismo la influencia de la escuela griega donde se seguían los principios fundamentales de la pedagogía antigua *(paideia)*, según los cuales basta la capacidad natural *(natura)*, el esfuerzo de la voluntad —aplicada de modo intenso *(studium)*, habitual *(usum)* y constante *(exercitium)*—, y las enseñanzas y ejemplos del maestro para alcanzar la virtud.

Tanto el donatismo como el pelagianismo nacen del desconocimiento de la fragilidad del hombre y de la fuerza del pecado. Ambas pretensiones llevan al orgullo, a la intolerancia y a la división. San Agustín, ante estos errores, hace una llamada a la humildad y a la caridad fraterna, al mismo tiempo que señala la necesidad de que todos los hombres avivemos en nuestro interior la disposición de misericordia con todos los pecadores.

Pelagio dice que es un deber de todo hombre vivir sin pecado (impecancia), como resultado de un esfuerzo constante. Pelagio afirma que no necesitamos más ayuda de Dios que la que nos dio al crearnos. Creado por Dios, el hombre es autónomo y puede vivir santamente con independencia de la ayuda de Dios.

Por eso, también dice que el pecado de Adán no es hereditario. No tenemos una mancha en el alma al nacer. Afirma que las penalidades de esta vida son consecuencias de nuestros pecados personales y no de un supuesto pecado original. Adán fue creado mortal y la muerte no es consecuencia del pecado, sino algo previsto por Dios para el hombre desde la creación.

Esta doctrina le lleva a negar el bautismo de los recién nacidos. Además afirma que Cristo es maestro del mundo y un ejemplo para nuestra vida, pero no es Redentor de los hombres ni Salvador.

Por lo tanto, la doctrina pelagiana se puede resumir en los siguientes principios:

- Negación del pecado original.

- Suficiencia de la voluntad para las obras sobrenaturales.

- Negación de la gracia; admite una gracia de iluminación que es exigida por las buenas obras, y no gratuita.

- El bautismo es sólo para imprimir el sello de la herencia de la vida eterna.

San Agustín fue el gran defensor de la verdadera doctrina de la gracia contra el pelagianismo. También sobresalieron San Jerónimo, Orosio y Mario Mercator.

La herejía fue condenada por la Iglesia en los Concilios particulares de Cartago de los años 411, 416 y 418; en el de Milevi del 416.[2] Inocencio I confirmó estas condenas. El papa Zósimo, en el Concilio en Cartago del 418, reafirma la doctrina sobre la gracia de San Agustín

---

[2]D. S. 222–230. El Magisterio autoritativo, que ya se había pronunciado anteriormente (con la carta de Inocencio I a un sínodo en Milevi y —no autoritativamente— en el concilio cartaginés del 411), culminó una de sus etapas respecto de la doctrina pelagiana con su condena en el a. 418.

y condena a Pelagio.[3] La teología de San Agustín es, prácticamente, la base de las enseñanzas del Concilio provincial de Cartago.[4]

El pelagianismo es definitivamente condenado un concilio ecuménico en el año 431 (Éfeso).[5]

Muchos pensadores coinciden en afirmar que, en la actualidad, el ambiente está saturado por una especie de pelagianismo que ignora las consecuencias del pecado y la necesidad de la gracia.

5.2 Semipelagianismo

El semipelagianismo, más que un sistema completo e independiente de pensamiento, es una reacción contra algunos puntos concretos de la doctrina de San Agustín sobre la gracia. En efecto las ideas del Santo, tuvieron detractores, sobre todo entre los monjes del sur de la Galia (Juan Casiano, Vicente de Lerins, Fausto obispo de Riez), quienes sostuvieron lo que posteriormente se conoció como el "semipe-

---

[3]De hecho, Pelagio y Celestio logran conquistar el favor del papa Zósimo, presentándose como fieles defensores de la ortodoxia. El sínodo de Cartago, celebrado en el año 418 descubre nuevamente sus errores, y entonces Zósimo, con su célebre "Epístola tractoria" obliga a todos los obispos a repudiar el pelagianismo. San Agustín, obispo de Hipona, después de leer la carta del Papa Zósimo, exclama: "Roma ha hablado: la cuestión está definida".

[4]Los seis primeros cánones están dedicados al pecado original y a la gracia, y los dos últimos, al hecho de que somos pecadores. Dogmáticamente, el Concilio de Cartago define la realidad del pecado de Adán y su trasmisión (1–2) y la necesidad de la gracia (3–5), enseñando, además, su carácter interior: la gracia que remite los pecados cometidos, que también es *adiutorium* para no pecar más, que da el amor al bien y el poder de hacerlo, es absolutamente necesaria para cumplir los mandamientos divinos. Los dos últimos cánones (7–8) rechazan la tesis pelagiana de la *impeccantia* (D. S. 222–230). Cfr. M. J. Rodríguez: *Gracia...*, cit., pág. 152.

[5]D. S. 267–268.

lagianismo",[6] el cual concedía un papel excesivo a la colaboración del hombre en el tema de la relación entre la gracia y la predestinación.[7] En efecto, con el fin de afirmar la realidad de la libertad humana en la obra de su salvación —pero sin rechazar la necesidad de la gracia—, afirmaban que algunos momentos y actos —no todos— del obrar humano serían independientes del auxilio divino. Pero esto significaba que en última instancia, eran los hombres los que se predestinaban a sí mismos, que la perseverancia final no es un don especial de Dios sino fruto del esfuerzo humano, y que la acción de Dios con su gracia aguardaría a la buena voluntad de los hombres que podrían solos realizar el *initium fidei*, es decir, el deseo de salvación, su búsqueda, la oración y todos los demás actos preparatorios de la fe e incluso la fe misma.

Por tanto, mientras que para San Agustín la razón última del misterio de la salvación de los que de hecho se salvan era el inescrutable y divino beneplácito, para los semipelagianos era la libertad humana a la que corresponde la iniciativa de aceptar o rechazar la voluntad de Dios, por lo que el hombre por su propia iniciativa era el responsable único de dar el primer paso (el *initium fidei*) hacia la salvación. La predestinación quedaba reducida a la pura presciencia de Dios, quien

---

[6]El nombre se creó no en la época de esta controversia, sino con ocasión de la disputa *de auxiliis* sobre la gracia eficaz. El nombre fue empleado por el Magisterio por vez primera en la condena de las proposiciones de Jansenio (D. S. 2004–2005). Cfr. Amann: *Semipelagiens*, cit. col. 1796.

[7]Cfr. E. Amann: *Semipélagiens*, en DTC, vol. XIV, cols. 1796–1850; J. A. Sayés: *La gracia...*, cit., págs. 126–133; G. Fritz: *Orange*, en DTC, vol. XI, cols. 1087–1103; H. Rondet: *La gracia...*, cit., págs. 121 ss.; Ch. Baumgartner: *La gracia...*, cit., págs. 106ss.; M. Jacquin: *La question de la prédestination au V et au VI siècle*, en "Revue d'histoire ecclésiastique" (1904) 265–283, 725–754; J. Chéné: *Les origens de la controverse semipélagienne*, en "L'année théologique" 13 (1953) 56–109; Id.: *Que signifiaient 'initium fidei' et affectus credulitatis'' pour les semipélagiens?*, en "Revue de sciences religieuses" 35 (1948) 566–588.

conoce desde toda la eternidad la respuesta que va a dar cada hombre a la gracia, y que quiere que se salven los que la aceptarán y se condenen los que la rechazarán. No llegaban, por tanto, a entender la verdadera doctrina ortodoxa: que el primer paso para la salvación no es sólo iniciativa humana, sino que es obra tanto de la gracia divina como de la libre cooperación del hombre, actuando ambos a nivel diferente.

Ciertamente esta herejía sostiene la verdad ortodoxa sobre la elevación sobrenatural del hombre, el pecado original y la necesidad de la gracia sobrenatural interna para disponerse a la justificación y conseguir la salvación. Sin embargo, su error estriba en que restringe la necesidad de la gracia y su carácter gratuito para acentuar la cooperación libre y personal del hombre al proceso de justificación. Por eso defendieron los siguientes puntos heréticos:

1. De las fuerzas de la naturaleza humana surge el deseo inicial de salvación, esto es, el *initium fidei*, el *pius credulitatis affectus* y la *pia studia*.

2. Para perseverar hasta el fin de la vida en el bien, el ser humano no necesita la ayuda sobrenatural.

3. El hombre puede merecer *de congruo* la gracia primera por su mero esfuerzo natural.

Lucharon contra las ideas semipelagianas tanto San Agustín, como Próspero de Aquitania, Fulgencio de Ruspe y Cesáreo de Arlés. Se condenan definitivamente en el II Concilio de Orange (a. 529) cuyas decisiones fueron confirmadas por el Papa Bonifacio II.[8] Se sostuvo que todo acto conducente a la salvación había de estar precedido por la gracia, aún en el momento inicial. Conviene resaltar que esta posición conciliar se identifica con el llamado "agustinismo moderado",

---

[8]D. S. 372–377; 398.

rechazando la tesis predestinacionista radical, según la cual después del pecado original la humanidad quedó como *massa dammnata* de la que Dios por pura misericordia salva a aquéllos que quiere y abandona a otros, sin hacerles injusticia, por lo que la libertad del hombre no cuenta para nada.

5.3   Protestantismo

El protestantismo supuso el tercer gran desafío a la doctrina católica sobre la gracia. Se expone aquí un simple bosquejo de sus ideas básicas, que pueda ayudar a entender las grandes controversias que generó. Durante el resto del tratado, profundizaremos en ellas.[9] De hecho sus doctrinas sobre la gracia y la justificación son la clave para entender todo el conjunto de las posturas teológicas del protestantismo.

Lutero, malentendiendo la doctrina de San Agustín sobre la gracia, sostuvo que la elevación sobrenatural era un constitutivo esencial de la naturaleza humana al ser creada. Por eso, al perderse la gracia por el pecado original, la naturaleza humana quedó corrompida irremisiblemente, quedando sin sus elementos esenciales originarios. Desde el primer pecado, reinó en el hombre la concupiscencia, a la que Lutero hace coincidir con la esencia del pecado original. Por eso,

---

[9]Baste como bibliografía básica, la siguiente: J. A. Sayés: *La gracia...*, cit., págs. 59–66, 152–155, 217–226, 359–362, 372–375, 389; D. Belluci: *Fede e giustificatione in Lutero*, Roma, Pontificia Università Gregoriana, 1963; Ch. Boyer: *Luther. Sa doctrine*, Roma, Gregorian Biblical BookShop, 1970; J. Rivière: *Justification. La doctrine de la justification à l'époque de la Reforme*, en DTC, vol. VIII, cols. 2131–3154; J. Paquier: *Luther*, en DTC, vol. IX, cols. 1146-1335; H. Rondet: *La gracia...*, cit., págs. 215–229; Ch. Baumgartner: *La gracia...*, cit., págs. 136–143; J. Ibáñez y F. Mendoza: *Dios santificador...*, cit., págs. 26–27, 158–161; J. L. Lorda: La gracia..., cit., págs. 143–158; M. J. Rodríguez: *Gracia sobrenatural. Desarrollo histórico–doctrinal*, en GER, vol. XI, pág. 150.

la naturaleza corrompida del hombre caído es incapaz por sus propias fuerzas de llegar al conocimiento de la verdad religiosa ("la filosofía, la razón, es la prostituta de la fe") ni a realizar obra alguna buena meritoria ("simul peccator et iustus"). La voluntad humana carece de libertad ("de servo arbitrio") y por ello no puede hacer otra cosa que pecar.

La gracia no puede sanar la naturaleza humana totalmente corrompida, ni puede renovarla o santificarla internamente. La justificación se produce sólo sobre la "fe fiducial", aceptando la obra de Jesucristo, que no hace sino cubrir externamente el pecado y la miseria interna e irremediable del hombre ("pecca fortiter, sed crede fortius"). Con miras a la justificación el hombre solo puede confiar en la misericordia divina. Ante la corrupción intrínseca de la naturaleza humana y la pérdida del libre albedrío derivados del pecado original, sólo existe la "no imputación" de los pecados del hombre. Ante la gracia, la voluntad actúa de modo totalmente pasivo: sólo aquélla es la actúa de un modo extrinsecista, confundida con la voluntad de Dios o con el favor de Dios hacia los pecadores. La gracia es una simple imputación de los méritos de Cristo.

Hay que mencionar que en el siglo pasado, dentro de los intentos del moderno ecumenismo, se acordaron varias declaraciones conjuntas católico-luteranas, católico–evangélicas o católico–anglicanas, proponiendo una solución a algunas diferencias sobre la verdad de la justificación.[10] Así nacen los documentos *Lutherans and Catholics in Dialogue. VII. Justification by faith*, Minneapolis, 1985; la *Lebrurleilungen-Kircbentrennend? Rechtfertigung Sakramente und Amt*, Friburgo 1986; o *Salvation and Church*, 1987.[11] No obstante son intentos que tienen

---

[10]Un estudio y crítica detallados en J. A. Sayés: *La gracia...*, cit., págs. 248–261; J. L. Lorda: *La gracia...*, cit., págs. 163–171.

[11]Acuerdo católico anglicano, en "Documentation Catholique", 15.03.1987, págs. 321–327.

graves insuficiencias, ya que las diferencias doctrinales permanecen, no se ofrece una enseñanza completa sobre el tema, y, con frecuencia, se utilizan términos ambiguos o simbólicos de múltiple significación con el fin de obtener aparentes coincidencias en la doctrina que no son reales.[12] Y lo mismo podría decirse, aún a pesar del optimismo con el que se aprobó, de la *Declaración Conjunta sobre la Doctrina de la Justificación*, documento creado y acordado por el Pontificio Consejo para la Promoción de la Unidad de los Cristianos de la Iglesia Católica y la Federación Luterana Mundial el 31 de octubre 1999. En efecto, el propio documento acepta que existen algunas diferencias entre la doctrina católica y la luterana, que fundamentalmente son dos: por un lado, los católicos afirman que el ser humano coopera al aceptar la justificación, mientras que los luteranos creen que no puede cooperar a tal aceptación; y, por otro lado, los luteranos siguen sosteniendo que el cristiano es, al mismo tiempo, justo y pecador.[13]

A. Gálvez estudió el caso del acuerdo anglicano–católico de 1971 sobre la presencia real de Jesucristo en la Eucaristía, cuyas consideraciones podrían ser aplicadas aquí también:

> "No cabe aquí el término medio, como decía Pemán hace muchos años hablando también de la presencia real, a propósito de las Comisiones anglicano–católicas y de sus inauditas conclusiones. Conclusiones que a mí también, como a Pemán, me dejaban perplejo. Porque, como él decía por aquellos días con su sorna andaluza en las páginas de *ABC*: o está Jesucristo en la eucaristía o no lo está. Resulta muy difícil aceptar una *vía media* que abra paso a la

---

[12]Ejemplo de estas críticas en el juicio de la Congregación para la doctrina de la fe: *Observaciones sobre el documento de la ARCIC-II 'la salvación y la iglesia'* sobre el acuerdo anglicano–católico, en "Osser. Rom." 4.06.1989.

[13]Cfr. J. L. Lorda: *La gracia...*, cit., pág. 169.

posibilidad de contentar, pensando que están en lo cierto, tanto a los que creen en la presencia real como a los que no creen en ella. El documento de la Comisión[14] es una colección de ambigüedades, como dice Sayés: "Se da pie a una inevitable ambigüedad que permite a cada cual leer en los documentos citados cosas radicalmente diferentes y, en semejante caso, no se trataría ya de un problema de terminología, sino de contenido".[15] Por mi parte sigo pensando que los juegos de palabras deben reservarse para las bromas, los puzzles, los acertijos y los crucigramas, y que no deben ser utilizados en las cuestiones serias. Por otra parte, no me consta que se haya inventado todavía la manera de llegar a una conclusión verdadera que sea intermedia entre dos proposiciones contradictorias. Nos encontramos aquí por un lado a los que dicen que está y por otro a los que dicen que no está; para llegar luego a una conclusión conciliadora, que recuerda extrañamente la cuadratura del círculo, y que lo mismo admite la posibilidad de pensar que está como la de creer que no está. La Comisión Mixta no pudo conseguir el ansiado milagro de la unión de los católicos con los anglicanos; pero en cambio le dió la razón a las dos partes, con lo que consiguió un milagro más grande todavía. Hoy todo el mundo ha olvidado a aquella bonda-

---

[14]7 de Septiembre de 1971.

[15]Jose A. Sayés, *La presencia real de Cristo en la Eucaristía,* B.A.C. Madrid, 1976, pg. 150. El procedimiento no parece complicado: Si no hay manera de ponerse de acuerdo en cuanto al contenido, se conviene en utilizar palabras a las que se les pueda dar el significado que cada cual desee. Lo cual en definitiva es jugar con la fe. En cuanto a los resultados de todos estos coqueteos, dentro del catolicismo, están bien patentes: Un marcado descenso, por parte de los fieles, en la fe en la presencia real y en la devoción a la eucaristía.

dosa Comisión Mixta, lo que no tiene nada de extraño si se mira el lado práctico de sus resultados, fuera ya de la poca contundencia y escasa lógica de sus conclusiones. El olvido es el manto caritativo que acaba cubriendo estas cosas, y por eso hay quien dice que el café con leche es algo que está bien, pero en los desayunos.

Mejor suerte tuvo la Comisión de Doctores de *El rey que rabió*, la vieja zarzuela de Chapí. Sin duda alguna porque en sus conclusiones abundaban la lógica y la contundencia, tal vez hasta con exceso. Como decía, más o menos, el coro de médicos de la zarzuela, a propósito de la posible enfermedad del monarca, transmitida a su vez por la posible enfermedad del perro:

> Doctores sapientísimos que han estudiado bien,
> y saben de lo otro y de esto también...
> Pues de esta consecuencia nadie nos sacará:
> Que puede estar hidrófobo y puede no lo estar.

Y aunque a alguien le parezca ingenuo concluir, después de tan largos y pacientes estudios, que el perro podía estar rabioso o podía no estarlo, hay que reconocer que hubiera sido más disparatado llegar al resultado de que lo estaba y no lo estaba al mismo tiempo. Por mi parte, al mismo tiempo que me quedo con la Comisión de doctores, a los que nadie se atreverá a negarles la razón, declaro solemnemente que no entiendo en absoluto la conclusión de la famosa Comisión Mixta".[16]

---

[16] A. Gálvez: *El amigo inoportuno*, New Jersey, Shoreless Lake Press, 1995, págs. 80–82.

5.4 Bayo, Jansenio, Quesnel

El cuarto gran desafío a la doctrina de la gracia se produjo tras la crisis protestante entre pensadores que eran originariamente católicos pero que defendieron ideas sobre la gracia que fueron declaradas heréticas.

Miguel Bayo (Michel du Bay, 1531–1589) trató de reconciliar la doctrina de los protestantes con la católica, buscando interpretar de un modo nuevo los textos bíblicos y los de San Agustín.[17] Pero su intento resultó ser, en realidad, un entendimiento erróneo de los mismos, que influyendo en Jasenio, dio lugar al jansenismo, a los errores de Quesnel y a los del sinodo de Pistoya.

Como Lutero, Bayo nego el carácter sobrenatural de los dones de Adán y Eva en el estado de justicia original, considerándolos como algo debido a la perfección de la naturaleza humana. También concibió la esencia del pecado original como la concupiscencia habitual. El hombre aunque no perdió la libertad, sin embargo afirmaba su determinación por necesidad intrínseca. Todas las acciones del hombre o bien proceden del apetito desordenado (*cupiditas*) o bien de la caridad infundida por Dios. Las primeras son moralmente malas, las segundas, moralmente buenas. Por eso existe la necesidad absoluta de la gracia infundida por Dios para el más mínimo acto bueno, ya que el hombre sin caridad y dominado por la concupiscencia peca necesariamente en todos sus actos. Pero esa gracia no es una realidad sobrenatural, sino sólo una energía que integra la naturaleza humana en su orden para

---

[17]L. Ott: *Manual...*, cit., pág. 347; X. M. Le Bachelet: *Michel Baius*, en DTC, vol. II, cols. 38–111; H. Lennerz: *Opuscula duo de doctrina baiana*, Roma, Pontificia Universitas Gregoriana, 1938; M. Roca: *Génesis histórica de la bula 'Ex omnibus afflictionibus'*, Roma, Pontificia Universitas Gregoriana, 1956; Íd.: *El problema de los orígenes y evolución del pensamiento teológico de Miguel Bayo*, en "Anthologica annua" V (1957) 417–492.

que pueda cumplir la ley divina de modo connatural. La gracia, pues en Bayo, es sanante, pero no elevante y equivale al cumplimiento de los preceptos, al tiempo que ayuda a cumplir los actos naturales buenos que Dios hace meritorios para la vida eterna. La gracia coincide con la actividad buena de la naturaleza humana bajo el auxilio del Espíritu Santo.

Bayo incide en una naturalización de lo sobrenatural en cuanto la rectitud moral de la acción exige los dones del Espíritu Santo. No salva la gratuidad de la gracia.[18]

Cornelio Jansenio (+1638), extrajo las consecuencias lógicas de las doctrinas de Bayo: la voluntad del hombre ha perdido su libertad por el pecado y es incapaz de obrar ningún bien. Todo su sistema descansa en una doble distinción fundamental: entre estado de naturaleza inocente y estado de naturaleza caída; entre la gracia que recibe Adán (antes del pecado original) y la gracia que confiere Jesucristo. Toda acción del ser humano, o procede del placer terrenal operado por la concupiscencia (la *delectatio terrena sive carnalis*), o bien el placer celestial operado por la gracia (*delectatio coelestis*). Como el hombre no tiene libertad después del pecado original, sigue siempre el impulso del placer más poderoso (*delectatio victrix*): si sigue el placer terrenal, caerá en el pecado; si prevalece el placer celestial, hará un obra mo-

---

[18]Pío V condenó la doctrina de Bayo por la bula *Ex omnibus afflictionibus* (1567); promulgada en 1570, consta de 79 proposiciones (D. S. 1901–1980). Las principales proposiciones (25, 27, 28, 29, 30, 34, 35, 36, 37, 38, 50, 61, 62, 65) dan una enseñanza positiva sobre el libre albedrío sin la gracia (el bien natural es posible con las solas fuerzas naturales: 35); otras proposiciones (2, 12, 13) añaden que no se puede obrar el bien sobrenatural sin la gracia y que la gracia santificante no consiste en la observancia de la ley sino que es un don interior al hombre que lo renueva y eleva a la participación de la naturaleza divina (42, 69). La bula fue confirmada por Gregorio XIII en 1579 (bula *Provisionis nostrae*) y recibió nueva confirmación con la condena del libro de Jansenio en 1641.

ralmente buena. Cuando vence el placer celestial se produce la *gratia efficax* o *irresistibilis*; y si el terrenal, la *gratia parva* o *sufficiens*.[19]

Finalmente, Pascasio Quesnel (+1719) divulgó las ideas de Bayo y de Jansenio insistiendo en el carácter irresistible de la gracia de Cristo.[20]

5.5 Racionalismo moderno

El iluminismo y racionalismo, y sus secuelas agnósticas y ateas, que se desarrollan durante el siglo XVIII hasta la actualidad, niegan todo lo sobrenatural. La antropología se construye con ideas muy cercanas al optimismo pelagiano, al afirmar que el hombre no necesita de Dios ni de su gracia, quien o no existe (ateísmo) o es un creador separado y olvidado de sus creaturas que tienen la razón como guía exclusiva de la "verdad" (deísmo iluminado y masónico). El hombre es su propio dios y todo lo puede con las fuerzas de su naturaleza. La gracia sobrenatural es rechazada por completo.

A. Gálvez ha señalado el rechazo de la gracia por parte de las ideologías y visiones utópicas de este mundo. En concreto, hablando sobre la utopía atea marxista, dice:

> "En el fondo de las utopías de índole marxista yacen dos cosas: la resistencia de la naturaleza humana a admitir su dependencia, con respecto a un Ser transcendente,

---

[19] Cinco proposiciones de Jansenio fueron condenadas en 1653 por Inocencio X (D. S. 2001–2005). Cfr. J. Carreyre: *Jansénisme*, en DTC vol. VIII, cols 318–529; L. Cognet: *Le jansénisme*, París, Presses universitaires de France, 1964; J. Paquier: *Le Jansénisme. Étude doctrinale*, Paris, 1909, reimpreso en Fb and C Limited, 2018; L. Ceyssens: *Sources relatives para aux débuts du Jansenisme et the l'Antijansénisme, 1640–1643*, Louvain, Publications universitaires, 1957.

[20] Clemente IX condenó 101 proposiciones de Quesnel (Bula *Unigenitus* de 173. D. S. 2401–2501).

y la negativa a reconocer su condición actual de naturaleza caída y restaurada por la gracia. Traducido esto en último término, tanto en la negación del pecado original como de la necesidad de una Redención venida de lo alto, se explican los desesperados esfuerzos por construir Paraísos terrenos que disipen la necesidad de pensar en los celestiales".[21]

5.6 Modernismo

Con la aparición del modernismo en el s. XIX y su deriva neomodernista en el XX y XXI, se produce otro pensamiento herético, ahora mucho más radical que las herejías anteriores. No sin razón San Pío X llamó al modernismo el "compendio de todas las herejías".[22]

La teología modernista de la gracia depende de su antropocentrismo, historicismo y relativismo teológicos, que conducen a la reinterpretación, cuando no negación abierta, del pecado original, de sus efectos y su transmisión a todo el género humano. La naturaleza caída del hombre ha sido restaurada por Cristo, pero se rechaza que la Redención se operara por la muerte y resurrección del Señor en su Misterio Pascual, sino que ocurrió con la Encarnación, donde la divinidad se unió con la humanidad (con todo hombre por el hecho de ser hombre) y la salvó. Todo ser humano está ya salvado (salvación universal para todos los hombres con independencia de las obras que realice o de la fe que tenga...o no tenga), son "cristianos anónimos" y por tanto nadie se condena. El infierno o no existe, o está vacío o es

---

[21] A. Gálvez: *Comentarios...*, cit., vol. II, pág. 198.

[22] El Papa S. Pío X la llamó en la Encíclica Pascendi: *Compendio de todas las herejías.* Cfr. A. Amado Fernández: *A los Cien años de la Encíclica Pascendi*, en Humanitas, 47 (2007).

una mera posibilidad real.[23] En el fondo, se trata de una nueva forma de pelagianismo.

Los principios sobre la doctrina de la gracia en el modernismo han sido sintetizados por Bourmard:

> "La gracia se recibe de Dios, pero se mantiene totalmente exterior al hombre, de manera que el hombre queda encerrado en sí mismo y libre de toda acción de Dios en él (Lutero). Lo natural y lo sobrenatural son sólo las dos caras de una misma cosa (Schleiermacher). El hombre es una parte y una partícula del universo espiritual y del orden sobrenatural, y en Dios encuentra su vida, su movimiento y su ser (Tyrrell). San Agustín es el hombre nefasto que lo echó todo a perder al inventar lo sobrenatural (Teilhard). Lo sobrenatural es absolutamente imposible y absolutamente necesario para el hombre (Blondel). Dios no habría podido crear la naturaleza pura sin ordenarla a lo sobrenatural (De Lubac)... Dios es realmente un principio interno constitutivo del hombre. Dios y la gracia de Cristo están todas las cosas como la esencia secreta de cada realidad (Rahner)".[24]

Estos ataques a la doctrina ortodoxa de la gracia revisten mayor gravedad por el hecho de que hay muchas otras verdades dogmáticas conectadas con ésta, tales como la Redención universal objetiva de Cristo, la responsabilidad personal en el pecado personal, la realidad del pecado original como un verdadero pecado mortal, la necesidad del bautismo para la salvación con necesidad de medio, la práctica del

---

[23]Cfr. Juan A. Jorge: *Escatología*, cit., págs. 766–782.

[24]D. Bourmaud: *Cien años de modernismo*, Buenos Aires, Ed. Fundación San Pío X, 2006, págs. 428–429.

bautismo de los infantes, la recta concepción de la naturaleza humana caída, el problema del mal en el mundo, la recta interpretación bíblica de los textos sobre el origen del mal, la naturaleza y los efectos del pecado de Adán y Eva, y muchas otras cuestiones más.[25]

Es un tema complejo que ira siendo abordado a lo largo de los capítulos sucesivos al estudiar los diferentes aspectos de la gracia divina.

---

[25]Cfr. P. Lucas Prados: *Profundizando en la fe – Capítulo 5 (III) – El pecado original*, en Adelante en la Fe, "El Pecado original atacado por el modernismo, https://adelantelafe.com/el-pecado-original-atacado-por-el-modernismo/"; J. A. Sayés: *Teología de la Creación*, Madrid, Palabra, pág. 379. La bibliografía sobre el modernismo es inmensa. Para una visión global del mismo, cfr. R. García de Haro: *Historia Teológica del Modernismo*, Pamplona, Eunsa, 1972; Id. *Modernismo Teológico*, en GER, cit., t. XVI, págs. 139–147 ; C. Izquierdo: *Cómo se ha entendido el "modernismo teológico". Discusión historiográfica*, en "Anales de Historia de la Iglesia", 16 (2007) 35–75; C. Fabro: *La Aventura de la Teología Progresista*, Pamplona, Eunsa, 1976 (interesante sitio en la web: `/www.corneliofabro.org`); S. Ramírez: *Teología Nueva y Teología*, Madrid, Ateneo, 1958; una interpretación que pretende reivindicar lo aparentemente aceptable del movimiento en nuestros días: S. Casas (Ed.): *El Modernismo a la Vuelta de un Siglo*, Pamplona, Eunsa, 2008.

Parte II

Capacidad de la naturaleza humana sin la gracia

La mayor parte de las consideraciones del tratado de gracia clásico se centran en la que se denomina "gracia teológica" o "gracia creada en sentido estricto", ya sea en la gracia interna *gratis data* o en la gracia interna *gratum faciens* (dividida ésta en la *gracia habitual* y la gracia *actual*). Recordemos la división propuesta antes sobre la gracia:

1. Gracia increada (= Dios).

2. Gracia creada: (don de Dios al hombre).

   (a) Gracia creada *en sentido amplio* (= dones de la creación).

   (b) Gracia creada *en sentido estricto o teológica* (= gracia de Dios o gracia de Cristo):

      i. Gracia creada teológica *externa* (Iglesia, sacramentos, Biblia, etc.).

      ii. Gracia creada teológica *interna*:

         A. *Gratia gratis data* (= carismas).

         B. *Gratia gratum faciens* (dividida a su vez entre *gracia santificante o habitual* y *gracia actual*).[26]

Por tanto se considera la gracia en su aspecto estrictamente sobrenatural, y no en el sentido amplio de la gracia natural (dones de la creación). Sin embargo, conviene empezar por estudiar lo que la naturaleza humana puede realizar sin la gracia estrictamente sobrenatural, para entender mejor el efecto que ésta tiene en la naturaleza del hombre.

Hay dos posiciones extremas en relación a la capacidad de la naturaleza humana sin la gracia:

---

[26] Con sus diferentes funciones: elevante, sanante, preveniente, adiuvante, suficiente, eficaz.

- El naturalismo. Defendido por los pelagianos y los modernos racionalistas, que niegan la necesidad de la gracia.

- El supranaturalismo exagerado. Sostenido por los protestantes, Bayo y Jansenio, que niegan absolutamente la capacidad natural de hacer el bien por el hombre después del pecado original.

La Iglesia defenderá frente al primero la absoluta necesidad de la gracia "elevante" (la requerida para la salvación y para la vida eterna, fines que exceden la proporción de la naturaleza puramente creada) y la necesidad moral de la gratia "sanante" (que remite verdaderamente los pecados); frente al segundo afirmará la capacidad de la naturaleza humana por sí misma para actuar en el campo religioso y moral.

En el fondo se trata del problema de la relación entre "el natural" y "el sobrenatural" que tanta importancia cobró en el siglo pasado, provocando fuertes controversias y posiciones que son teológicamente inaceptables. Será el objeto del primer capítulo de esta parte del tratado. Posteriormente se pasa a considerar la capacidad de la naturaleza humana sin la gracia, y los límites de tal capacidad natural.

Capítulo 6

El problema del sobrenatural

6.1 Relación entre naturaleza y sobrenaturaleza

Existe una relación entre lo natural y lo sobrenatural en el ser humano.[1] De hecho, el discernimiento exacto de tal relación es uno de los problemas más importantes de toda la teología pues de él depende el correcto entendimiento de la relación entre razón y revelación, fe y razón, filosofía y teología, creación y Encarnación, el auténtico alcance de la Redención de Jesucristo, liberación del hombre y reino de Dios, justicia y caridad, misión de la Iglesia, etc.

Es por tanto un problema fundamental para determinar lo que es específico del cristianismo, lo que aporta de original (a saber, la autocomunicación de Dios al hombre por Cristo, que está más allá de las posibilidades del hombre y que sólo puede ser recibida co-

---

[1]Cfr. Juan A. Jorge: *Creación y elevación*, cit., vol. II, págs. 358–390.

111

mo regalo, don gratuito de Dios —la gracia, con todas sus formas y virtualidades—, en el presente eón y la gloria en el futuro), y lo que asume de la creación en general.

En el tratado de gracia, y en el de antropología, la cuestión fundamental es determinar el estatuto ontológico de la sobrenaturaleza (la gracia y la gloria) con respecto a la naturaleza humana creada: si es algo indiferente al hombre o más bien algo que culmina las aspiraciones más profundas del ser humano; si es una realidad yuxtapuesta a la naturaleza humana, o es algo que le corresponde de tal modo a la naturaleza humana que le es, en realidad, debido.

La respuesta sobre el estatuto ontológico de la gracia ha de salvar los dos órdenes, el natural y el sobrenatural, con sus características propias, tanto en su distinción específica, como en su relación orgánica, respetando siempre el carácter gratuito del orden sobrenatural, que en absoluto es debido al ser humano. Y al mismo tiempo mostrar cómo, desde la decisión de Dios de elevar al hombre al orden sobrenatural y de redimirlo después de su caída, la gracia y la gloria culminan las aspiraciones más profundas del hombre. En efecto, en el estado de naturaleza redimida el natural y el sobrenatural van *de hecho* unidos, aunque no *de derecho*; y, por lo tanto, la elevación al orden sobrenatural sigue siendo un don gratuito de Dios, que Dios ofrece generosamente, pero que el hombre debe aceptar y hacer suyo libremente, por lo cual, también puede frustarlo negándose a recibirlo.

Para centrar el tema, conviene adelantar algunos puntos esenciales de la doctrina clásica y ortodoxa sobre la gracia estrictamente sobrenatural. La gracia habitual en nosotros tiene las siguientes características:

1. Es un don gratuito de Dios. No es debido a la naturaleza.

2. Es un don que permanece "físicamente", y no algo pasajero y transitorio, o mera cualidad moral.

3. Es una cualidad del alma, perteneciente al género de los accidentes (el accidente cualidad), y no a la substancia misma del alma. La sustancia del hombre es su naturaleza, a la que una vez que Dios decide crearla como "animal racional", Dios le debe lo que pertenece a esa naturaleza: cuerpo y alma racional (inteligencia y voluntad). Pero el ser hijos de Dios y estar llamados a la bienaventuranza eterna no es debido en modo alguno a la naturaleza humana. Como un ente tiene que ser substancia (naturaleza) o accidente, la gracia ha de encuadrarse en el género de accidente para no caer en el error de negar su gratuidad.

   - Es verdad que, desde la creación y la Redención posterior, el hombre ha sido elevado gratuitamente al orden sobrenatural, y que sólo se realiza plenamente consiguiendo su fin sobrenatural, que es la visión de Dios. Pero esto sigue siendo regalo de Dios, que no le es debido a nadie. Para comprender bien esta realidad, la teología clásica acudía al teologúmeno de la hipótesis de la "naturaleza pura": la creación de un ser humano, que se realizara plenamente como tal ser humano sin haber sido elevado al orden sobrenatural, alcanzando un conocimiento y un amor de Dios naturales. Este estado no llegó a existir nunca, porque el hombre fue elevado al orden sobrenatural desde el principio; pero lo fue, gratuitamente, sin exigencia de parte de la naturaleza humana creada.

   - Por eso, con el pecado original, no se pierden los dones de la naturaleza humana, aunque queden debilitados, porque eran "debidos a la naturaleza creada". Pero lo sobrenatural es puro regalo, don o "gracia" de Dios, en absoluto debido a la naturaleza. Por eso, cuando el hombre rechaza a Dios con el pecado original, estos dones sobrenaturales se pierden.

- Lo sobrenatural (vida divina en el hombre, amistad con Dios, herencia del cielo, visión facial de Dios de los bienaventurados, etc.) no es debido a la naturaleza. Lo sobrenatural, la salvación eterna, no es obligatorio y universal, recibido por el mero hecho de ser hombres. No hay "cristianos anónimos". La salvación (Redención objetiva) no es una realidad obligatoria para todos los hombres, lo quieran o no. Por eso, es necesario que el hombre la acepte en cada caso (Redención subjetiva). Si no se sostiene este principio, la salvación sería universal objetiva y subjetivamente, que es lo que afirma el Modernismo.

4. La gracia es una "forma" del alma, pero no substancial, sino accidental, como ya hemos visto. Aceptar la gracia como forma accidental del alma (del género de la "cualidad") es perfectamente ortodoxo y no plantea ningún problema. Pero si se entiende tal "forma" como algo que atañe a la naturaleza o substancia del hombre creado (bien sea como "forma substancial" propiamente tal, o como "cuasi—forma"), entonces sí hay problemas teológicos: la gracia ya deja de ser gracia, para ser naturaleza del hombre, con lo que ya no existe diferencia entre el orden sobrenatural y el natural, que es lo que sostiene el Modernismo.

5. Ahora bien, la forma de la gracia, no puede ser dada por la "forma divina" por la cual Dios mismo es Justo, pues esto significaría la inmanencia de Dios en las creaturas. Por eso, la causa formal de la gracia, no es la justicia por la que Él es Justo, Santo, sino la santidad o justicia de Dios por la que Él nos hace santos. Por eso se dice que la gracia es un efecto de la causa eficiente divina (causalidad eficiente), y no forma de la creatura (causalidad formal estrictamente hablando). Es pues una gracia creada y no

in—creada. Si se afirma lo contrario, entonces acabamos en la divinización del hombre. Por eso la gracia no se puede confundir con la inhabitación de la Trinidad o del Espíritu Santo en el alma del justo, y es necesario rechazar la opinión contraria de Abelardo.

6. No se confunde con la caridad, pues la gracia es un hábito más bien entitativo que operativo.

Para superar el dilema del llamado *inmanentismo de la gracia* (la gracia es debida al hombre creado) o el *extrinsecismo de la gracia* (la gracia es algo yuxtapuesto y extraño a la naturaleza humana), es necesario entender correctamente el concepto de "potencia obediencial" de la naturaleza humana, al que ya hacíamos referencia en páginas anteriores.

6.2 La capacidad de la naturaleza para recibir una sobrenaturaleza

La naturaleza de una creatura posee una receptividad para lo sobrenatural (Sentencia Común).

Una condición para hacer que sea posible el sobrenatural por participación es que exista una cierta capacidad o proporción (no igualdad, puesto que hay una infinita distancia entre naturaleza y sobrenaturaleza), entre la creatura y la perfección sobrenatural que se recibe. Lo que se fundamenta sobre dos razones principales:

- Porque, de otro modo, habría una contradicción esencial entre ambos órdenes, natural y sobrenatural, como sería el supuesto de un diamante que recibiera la perfección del entendimiento, o el de un ángel que recibiera la cualidad de la extensión o del color. Si se produjera una tal contradicción, estas cualidades serían "anti–naturales" y no "sobre–naturales".

- Porque lo sobrenatural por participación es un "accidente" superior: sin la capacidad de la naturaleza creada para recibirlo, habría un positivo rechazo de lo sobrenatural.

La *potentia obœdientialis* es el nombre técnico para este punto de contacto entre la naturaleza y la sobrenaturaleza. Se trata de una potencialidad pasiva propia de la creatura para ser elevada por el Creador a un estado sobrenatural de ser o de actividad, y que está fundada en la total dependencia de la creatura con respecto al Creador. No es sino la misma naturaleza creada (absolutamente subordinada a Dios en todo) en la medida en que puede recibir una perfección sobrenatural absoluta.[2]

El Aquinate se expresa sobre el particular en dos textos importantes. Pertenece el primero a tercera parte de la Suma Teológica, en su cuestión 11, artículo 1:

"Est autem considerandum quod in anima humana, sicut in qualibet creatura, consideratur duplex potentia passiva, una quidem per comparationem ad agens naturale; alia vero per comparationem ad agens primum, qui potest quamlibet creaturam reducere in actum aliquem altiorem, in quem non reducitur per agens

"Y ha de tenerse en cuenta que en el alma humana, como en cualquier criatura, se distingue una doble potencia pasiva: una, por relación al agente natural; otra, respecto del primer agente, que puede elevar a cualquier criatura a un acto superior, cosa que no es capaz de hacer el agente natural. Esta últi-

---

[2]J. Ibáñez–F. Mendoza: *Dios Santificador...*, cit., pág. 116.

naturale; et hæc consuevit vocari potentia obedientiæ in creatura."[3]

ma suele llamarse, en la criatura, potencia obediencial".

El segundo texto se encuentra en el artículo tercero de esa misma cuestión:

"Duplex capacitas attendi potest in humana natura. Una quidem secundum ordinem potentiæ naturalis. Quæ a Deo semper impletur, qui dat unicuique rei secundum suam capacitatem naturalem. Alia vero secundum ordinem divinæ potentiæ, cui omnis creatura obedit ad nutum. Et ad hoc pertinet ista capacitas. Non autem Deus omnem talem capacitatem naturæ replet, alioquin, Deus non posset facere in creatura nisi quod facit; quod falsum est, ut in primo habitum est. Nihil autem prohibet ad aliquid maius humanam naturam productam esse post peccatum, Deus enim permittit mala fieri ut inde aliquid melius eliciat. Unde dicitur Rom. V, ubi abundavit iniquitas, superabundavit et gra-

"En la naturaleza humana se da doble capacidad. Una, natural. A ésta siempre la satisface Dios al dar a cada cosa todo lo que corresponde a su capacidad natural. Otra de acuerdo con el poder divino, al que toda criatura está enteramente sometida. A esta capacidad se refiere la dificultad. Pero Dios no satisface toda esta capacidad de la naturaleza; de otro modo, Dios no podría hacer en la criatura más de lo que hace. Y esto es falso, como hemos probado antes (I^a, q. 23, a. 5; q. 105, a. 6). Pero nada se opone a que la naturaleza humana haya sido elevada a un fin más alto después del pecado: pues Dios permite los males para sacar así un bien mayor. Por eso se dice en Rom 5:20, Donde abundó el pecado, sobreabundó

---

[3]Santo Tomás de Aquino: *Summ. Theol.*, III^a, q. 11, a. 1, co. Cfr. *In Sent.*, Lib. III, dist. 14, q. 1, a. 3, q. al; *De Verit.*, q. 20 a. 6; *Compend. Theol.*, cap. 216.

tia. Unde et in benedictione ce-rei paschalis dicitur, o felix cul-pa, quæ talem ac tantum meruit habere redemptorem".[4]	la gracia. Y en la bendición del cirio pascual se proclama: ¡Oh fe-liz culpa, que mereció tener tan gran Redentor!".

Se discute la extensión y sentido que Santo Tomás de Aquino le dio a este concepto, si lo aplicaba a la recta relación entre el orden natural y el sobrenatural con referencia exclusiva a los seres racionales, o bien si lo utilizaba aplicándolo a toda naturaleza creada con respecto a la posibilidad de los milagros, o si lo aplicaba sólo a las modalidades del conocimiento humano...[5] En cualquier caso, la teología tomista lo consideró como una explicación muy acertada para establecer la relación entre el orden natural y el sobrenatural en el ser humano.

Santo Tomás afirma, por tanto, dos cosas:

1.– Por un lado, sostiene la absoluta gratuidad de la visión beatífica y de todo el orden sobrenatural, porque el hombre podría no haber sido elevado al fin último de la visión de Dios, quedando sólo con el fin natural del conocimiento de Dios a través de la analogía a partir de las creaturas, admitiendo claramente la distinción entre dos fines en las creaturas, uno que puede alcanzar con las solas fuerzas de su naturaleza y otro que está por encima de la naturaleza de cualquier entendimiento creado:

"Ultima autem perfectio ra-tionalis seu intellectualis na-	"Pero la naturaleza racional o intelectual tiene dos perfecciones

---

[4]Santo Tomás de Aquino: *Summ. Theol.*, IIIª, q. 1, a. 3, ad 3.

[5]Cfr. G. Tenpelman: *The Debate on Nature and Grace Between De Lubac and Rahner and the Role of the* "Potentia Obœdientialis" *Within it*, Faculteit der God-geleerdheid, Amsterdam, 2010. Cfr. John I. Jenkins: *Knowledge and faith in Thomas Aquinas*, Cambridge University Press, Cambridge, 1997, págs. 142–145.

turæ est duplex. Una quidem, quam potest assequi virtute suæ naturæ, et hæc quodammodo beatitudo vel felicitas dicitur. Unde et Aristoteles perfectissimam hominis contemplationem, qua optimum intelligibile, quod est Deus, contemplari potest in hac vita, dicit esse ultimam hominis felicitatem. Sed super hanc felicitatem est alia felicitas, quam in futuro expectamus, qua videbimus Deum sicuti est. Quod quidem est supra cuiuslibet intellectus creati naturam, ut supra ostensum est".[6]

últimas. 1) Una, la que puede alcanzar con sus solas fuerzas naturales, y que, de algún modo, puede llamarse bienaventuranza o felicidad. Por eso dice Aristóteles que el acto más perfecto de la contemplación humana por el que se puede contemplar en esta vida el inteligible supremo, Dios, constituye la suprema felicidad del hombre. Pero por encima de esta felicidad hay 2) otra que esperamos para más adelante, por la que veremos a Dios tal cual es (1 Jn 3:2). Esta, como quedó demostrado (q. 12, a. 4), supera la capacidad de cualquier entendimiento creado".

La gratuidad y transcendencia de lo sobrenatural quedan afirmadas.

2.- Por otro lado, Santo Tomás insiste en la capacidad de la naturaleza humana para recibir lo sobrenatural, la "potencia obediencial" mencionada. Se trata, pues, de una capacidad natural de recibir,[7] y no de una exigencia (*exigitive*), o de una parte (*constitutive*) o de un efecto (*consecutive*) de la naturaleza. Dios no daría sus dones sobrenaturales a seres que no estuvieran preparados para recibirlos (como

---

[6]Santo Tomás de Aquino: *Summ. Theol.*, Iª, q. 62, a. 1, co.; cfr. q. 23, a. 2; *In Sent.*, Lib. III, dist. 23, q. 1, a. 4.

[7]Algunos autores incluso, para excluir toda concepción de la misma como "potencia" que esté exigiendo "ser llenada", la califican más que como "capacidad", como *aptitud* para ser elevada.

el caso ya citado del diamante que recibieran la perfección del entendimiento).

El ser humano, por tanto, tiene una capacidad natural para recibir la visión beatífica, o el orden de lo sobrenatural:

"Naturaliter anima est gratiæ capax; eo enim ipso quod facta est ad imaginem Dei, capax est Dei per gratiam, ut Augustinus dicit".[8]	"Naturalmente el alma es capaz de la gracia; y por eso mismo que fue hecha a imagen de Dios, es capaz de Dios por la gracia, como dice Agustín".

Sin embargo, jamás el hombre puede conseguirlo sin ser otorgado libremente por Dios, debido a la eminencia del fin estrictamente sobrenatural:

"Quamvis enim homo naturaliter inclinetur in finem ultimum, non tamen potest naturaliter illum consequi, sed solum per gratiam, et hoc est propter eminentiam illius finis".[9]	"Aunque el hombre se incline naturalmente a su fin último, sin embargo no puede conseguirlo naturalmente, sino sólo por la gracia; y esto, debido a la eminencia de aquel fin".

Se discute si la potencia obediencial es puramente pasiva (sólo recibe) o si es también activa (es capaz de hacer algo que va más allá de sus propias fuerzas). Los tomistas siguen la primera postura; la mayoría de los teólogos, la segunda, basados en el hecho de que, por ejemplo, nuestro intelecto cuando recibe el don sobrenatural de la fe, es capaz de realizar el acto de fe sobrenatural, y cuando recibe el don del *lumen gloriae* es capaz de la visión beatífica. Sin embargo, los

---

[8] Santo Tomás de Aquino: *Summ. Theol.*, Iª–IIæ, q. 113, a. 10, co.
[9] Santo Tomás de Aquino: *Super De Trinitate*, pars 3, q. 6, a. 4, ad 5.

tomistas explican estos hechos diciendo que la potencia obediencial es totalmente pasiva; pero cuando el aspecto de la naturaleza humana elevado al orden sobrenatural es una potencia activa que opera por sí misma (ej. el intelecto humano), esa potencia puede operar —con la ayuda de las gracias actuales— en el nuevo orden de gracia que fue recibido; la elevación al orden de la gracia, es siempre gratuita y, por tanto, recibida y pasiva en último término, aunque dentro del regalo divino se incluyan fuerzas operativas activas.[10]

Lo sobrenatural es educido por el poder del Creador a través de la potencia obediencial.

$$* \qquad * \qquad *$$

Esta doctrina es evidentemente distinta de la enseñanza moderna de la "inmanencia vital" según la cual todo lo religioso se desarrolla a partir de las necesidades de la naturaleza humana de un modo puramente natural.

También es distinta del "existencial sobrenatural" de K. Rahner, quien utilizó el concepto de *potencia obediencial* para justificar su famoso "existencial". Sin embargo, su entendimiento de la mencionada potencia, no es en absoluto el tomista, sino el propio de su inmanentismo, no debiéndonos dejar confundir por su particular lenguaje y manera de explicar la teología. Su influencia en la teología contemporánea es innegable, como bien ha descrito A. Gálvez:

"Karl Rahner fue el personaje más influyente en las deliberaciones y desarrollo del Concilio Vaticano II. Sus intrigas doctrinales, antes del Cónclave y durante él, son imposibles de ocultar en cuanto que existe documentación histórica. Karl Rahner fue el profeta de la duda. Si hubiera

---

[10]J. Ibáñez–F. Mendoza: *Dios Santificador...*, cit., págs. 116–117.

que redactar un brevísimo resumen de su obra habría que decir que consistió sobre todo en cuestionar todos los principales dogmas del Catolicismo. Incluso hoy día, muchos años después de acabado el Concilio, Karl Rahner, además de ser el Gran Patriarca y Definidor de toda la Teología Católica, es también, precisamente por eso, el principal responsable de la difusión del neomodernismo en la Iglesia actual".[11]

Para entender lo que aquí se afirma es necesario recordar su polémica con H. de Lubac, en torno a la relación entre el sobrenatural, el llamado "estado de naturaleza pura" y la potencia obediencial.[12]

---

[11]A. Gálvez: *Esperando...*, cit., pág. 437. Id: *El Amigo Inoportuno*, cit. pág. 73; Id: *Siete Cartas...*, cit., págs. 169. 316–317. Una buena síntesis de la posición teológica de Rahner, en C. Fabro: *La Aventura...*, cit.; *La Svolta Antropologica di Karl Rahner*, Rusconi, Milán 1974 (*El Viraje Antropológico de Karl Rahner*, Buenos Aires, Ediciones CIAFIC, 1981); J. A. Sayés: *La Esencia del Cristianismo. Diálogo con Karl Rahner y H. U. von Balthasar*, Madrid, Ed. Cristiandad, 2005; J. F. X Kanassas: *Esse as the Target of Judgement in Rahner and Aquinas*, en "The Thomist", 51 (1987) págs. 222–245; P. de Rosa: *Rahner's Concept of 'Vorgriff': an Examination of its Philosophical Background and Development*, (tesis doctoral), Oxford University, 1988; y en D. Bourmaud: *Cien Años de Modernismo...*, cit., págs. 275–301. Su influencia en el Concilio Vaticano II, en R. Wiltgen: *El Rin Desemboca en el Tiber. Historia del Concilio Vaticano II*, trad. esp., Madrid, Criterio Libros, 1999, 344 págs.

[12]Cfr. las posiciones de De Lubac en *Surnaturel*, Paris, 1946 y "El Misterio de lo sobrenatural" Barcelona, Herder, 1968. Está históricamente comprobado el influjo de Bondel y de Teilhard du Chardin en la teología de De Lubac. J. Laporta: *La Destinée de la Nature Humaine selon Thomas d'Aquin*, Libraire Philosophique, Paris, 1965. La posición de Rahner, en S. Long: *Obediental Potency, Human Knowledge and the Natural Desire to Know*, en "International Philosophical Quarterly", 37 (1997) 45–64.; los artículos de Rahner al respecto son *Eine Antwort*, en Oriëntierung 14 (1950) 141–145; y *Über das Verhälmis von Natur und Gnade*, en "Schriften zur Theologie" I, Einsieldeln, Benzinger, 1958, págs. 323–345.

Por un lado, es un hecho que ambos teólogos rechazaron hacer teología sobre la base de la hipótesis de la "naturaleza pura"; lo cual lleva a H. de Lubac a no considerar la potencia obediencial en modo alguno. Sin embargo, Rahner sí encuentra un uso a dicha potencia, aunque, como se ha indicado, más parece un intento de justificar su "existencial sobrenatural" con algún texto del Aquinate, que una verdadera defensa de la misma.

H. de Lubac negaba el concepto de "estado de naturaleza pura" por no haberse dado históricamente, y afirmaba que el hombre siempre fue destinado al orden sobrenatural. Ahora bien, si el hombre fue destinado siempre al orden sobrenatural, lo sobrenatural parece algo debido a la naturaleza humana, y por tanto, no se explica bien su gratuidad. El no poder justificar la gratuidad de lo sobrenatural de un modo conveniente fue precisamente la principal crítica que se hizo a su explicación del sobrenatural.[13]

K. Rahner rechazaba también el concepto de "naturaleza pura" y por las mismas razones que H. de Lubac. Pero se distancia de éste al pretender salvar la gratuidad de la gracia a través de su famoso "existencial sobrenatural", que advendría al ser humano desde Dios al ser creado con un fin absoluto sobrenatural, y para el que la naturaleza estaría preparada por la potencia obediencial.

Rahner parece pues afirmar:

- El único fin absoluto sobrenatural en el hombre creado: la intimidad con Dios en conocimiento y amor en la tierra y el Cielo.

- El "existencial sobrenatural": todo hombre recibiría gratuitamente una apertura trascendental a Dios por el hecho de ser

---

[13]Pio XII, en la "Humani Generis" insistió en que Dios podría haber creado a los hombres sin elevarlos al fin sobrenatural, poniendo de relieve el carácter gratuito del orden sobrenatural. De Lubac escribió posteriormente "Le Mystère du Surnaturel" (1965), pero sustancialmente siguió con su posición original.

hombre. Sin embargo, por ser recibido de Dios sería gratuito, y no sería incondicional:

> "Así admitimos en el hombre un 'existencial sobrenatural' que consiste en la permanente orientación hacia la visión beatífica. Es verdad que la visión beatífica es para el hombre realmente 'sobrenatural', y que por consiguiente no puede ser objeto de un apetito innato. Sin embargo, en el hombre histórico, incorporado a la actual economía soteriológica, puede admitirse una cualidad que afecte a su sustancia (el existencial sobrenatural) por el cual 'tiende' verdaderamente hacia su fin sobrenatural".[14]

Esta tendencia es creada por el mismo orden sobrenatural existente. Como dice Sayés, "así se salva (según Rahner) la sobrenaturalidad de la visión beatífica: porque la misma tendencia y ordenación a ella es indebida y gratuita".[15]

Se trataría, eso sí, de una apertura atemática, inconsciente, abierta a ser tematizada, concretizada y llena de sentido, por la Revelación cristiana, la Encarnación y la misión de la Iglesia. Por eso, todo hombre estaría salvado "atemáticamente" por el hecho de ser hombre (cristianismo anónimo), aunque él no fuera consciente de ello.

- La "potencia obediencial" o capacidad para recibir lo sobrenatural, permitiría que el "existencial sobrenatural" pudiera advenir a la naturaleza humana al ser creada. Esta potencia sería incondicional, y todo hombre la tendría por el hecho de ser hombre.

---

[14] K. Rahner: *Sobre la Relación de Naturaleza y Gracia*, en "Escritos de Teología", I, 1961, pág. 334.

[15] J. A. Sayés: *La Gracia...*, cit., pág. 447.

Según Rahner todo ser humano está naturalmente abierto a Dios, lo cual se explica por el "existencial sobrenatural" que está en toda persona humana por el hecho de serlo. Es la apertura a Dios innata al ser humano. Pero esta afirmación incurre, lógicamente, en la misma crítica que se hacía al sobrenatural de H. de Lubac ya que se olvida la gratuidad del orden sobrenatural y el hombre está siempre abierto a Dios lo quiera o no. Para negar tal conclusión, Rahner defiende que en el hombre se da también otra realidad: la "potencia obediencial". Mientras que la "potencia obediencial" es debida a cualquier ser humano lo quiera o no, es "incondicional" y no puede rechazarla, en cambio el "existencial sobrenatural" sería lo propiamente gratuito. Pero no en el sentido de que sea "condicional" y susceptible de ser rechazado por el ser humano, sino sólo en el sentido de que fue gratuitamente regalado por Dios al decidir crear al ser humano elevado al orden sobrenatural. Pero, ¿una sobrenaturalidad que no puede ser rechazada libremente por el hombre, es verdaderamente gratuita?

Por otro lado, ¿cuál es la diferencia entre la naturaleza del "existencial sobrenatural" y la de la "potencia obediencial" para Rahner? Él no lo aclara, y a lo más que acierta es a emplear un juego de palabras y de conceptos con contenidos desvaídos y ambiguos, que intentan dar razón de la diferencia, pero que no lo consigue. Parece más bien lo que se afirmaba antes: un intento de zafarse de la acusación de su negación de la gratuidad de lo sobrenatural mediante malabarismos lingüísticos.[16] En efecto, la solución aportada por Rahner parece un juego de palabras, porque examinando profundamente su propuesta, hay que concluir que:

1. No parece posible distinguir el "existencial sobrenatural" de la "potencia obediencial", más allá del juego de palabras: de hecho, ambas son incondicionales —no libres— aunque se afirme

---

[16]Sobre el particular, cfr. G. Tenpelman: *The Debate on Nature and Grace...*, cit.

la supuesta condicionalidad del "existencial sobrenatural" sobre la base de la libre elección de Dios de crearnos elevados al orden sobrenatural; y ambas sirven para vincular lo específicamente sobrenatural a lo supuestamente específicamente natural. De ahí que en su exposición, no se puede apreciar en realidad diferencia alguna real entre ambos conceptos, con lo que la potencia obediencial acaba interpretándose como una verdadera exigencia de lo sobrenatural por parte del natural.[17]

2. No se distingue lo específico del orden sobrenatural y el "existencial sobrenatural", porque éste es creado por Dios por el hecho de la elevación de la naturaleza humana al orden sobrenatural.

3. En definitiva, no se distingue el orden sobrenatural del orden natural. Todo es orden sobrenatural y todo hombre está salvado por el hecho de ser hombre y tener el "existencial sobrenatural" desde su concepción.

Recordemos que la teoría del cristianismo anónimo se basa fundamentalmente en este "existencial sobrenatural", con todos los efectos de desfonde en la antropología, soteriología y eclesiología.

Como dice L. F. Mateo–Seco:

> "La solución propuesta por K. Rahner causa los mismos problemas que causaría la concepción de la potencia obediencial entendida como una 'capacidad positiva' que puede ser llevada a plenitud. El problema que se sigue del planteamiento rahneriano se aprecia con toda claridad en

---

[17]Así fue criticado por E. Schillebeeckx (cfr. *Revelación y Teología*, Salamanca, 1969, pág. 350), H. de Lubac (cfr. *Le Mystère...*, cit., pág. 136), De la Pineda (cfr. *El sobrenatural de los cristianos*, Salamanca 1985; *La Antropología Trascendental de K. Rahner*, Oviedo 1982) y J. A. Sayés (*La Gracia...*, cit. págs. 450–451), entre otros.

el terreno cristológico, es decir, en el de la elevación que recibe la naturaleza humana de Nuestro Señor por la unión hipostática".[18]

El rechazo de la distinción entre el natural y el sobrenatural tiene también un efecto contrario al que pretendía H. de Lubac. Se trata del protagonizado por la teología de la secularización, con sus epígonos de la teología de la revolución y de la teología de la liberación. En efecto, mientras que De Lubac parece que quiere probar con su posición que una sociedad o un ser humano sin Dios no sólo nunca se realizaría en plenitud, sino que acabaría por autodestruirse,[19] en cambio, las teologías de la secularización acaban afirmando que basta con mejorar el orden natural para establecer el sobrenatural.[20] En efecto, al identificarse ambos órdenes, estas teologías extraen la conclusión de que todo esfuerzo por mejorar el orden natural es por sí mismo una realización del orden sobrenatural, de la extensión del Reino de Dios. Son conocidos los desenfoques que tales teologías han producido en el entendimiento de la misión y de la pastoral de la Iglesia con la horizontalización y secularización de su misión, pérdida del horizonte y de la salvación sobrenaturales como objeto principal de su misión, y, en general, el antropocentrismo teológico.

---

[18]L. F. Mateo–Seco: *Obediencial (potencia)*, en "Conceptos Básicos para el Estudio de la Teología", Cristiandad, Madrid, 2010, págs. 361–362. La posición cristológica de Rahner es su conocida "Cristología Trascendental", que es inaceptable; cfr. F. Ocáriz, L. F. Mateo–Seco, J. A. Riestra: *El Misterio de Jesucristo*, Eunsa, Pamplona, 2004, págs. 301–305 y 338–340.

[19]Cfr. su famosa obra "El Drama del Humanismo Ateo" cit.

[20]Cfr. J. A. Sayés: *La Gracia...*, cit., págs. 480–494; J. M. Ibáñez Langlois: *Teología de la Liberación y Lucha de Clases*, Madrid, 1985, págs. 47–48. Cfr. el rechazo de la distinción del orden natural y el sobrenatural, en J. L. Segundo: *Teología de la Liberación. Respuesta al Cardenal Ratzinger*, Madrid, 1987; G. Gutiérrez: *La Teología de la Liberación*, Salamanca, 1973, págs. 69, 98–101, 107–109; H. Assmann: *Opresión– Liberación. Desafío de los Cristianos*, Montevideo, 1971, pág. 150–155.

Finalmente conviene recordar que se han hecho otros intentos, más modernamente, de profundización en la relación entre la trascendencia y la inmanencia del orden sobrenatural, pretendiendo superar las posiciones de De Lubac y de Rahner, aunque no me parecen totalmente logrados.[21]

6.3 Conexión orgánica entre naturaleza y sobrenaturaleza

Hay pues una conexión orgánica entre lo natural y lo sobrenatural que puede ser expresada en dos principios:

1. Lo sobrenatural presupone lo natural (sentencia común). Lo sobrenatural que no subsiste en sí mismo, sino en algo más, no es una sustancia, sino un accidente. Así el sobrenatural presupone una naturaleza creada, que es asumida por el mismo y en la cual opera. Así lo recuerda A. Gálvez:

   "Es lamentable la frecuencia con que se olvida que el elemento sobrenatural, no solamente eleva la naturaleza sin destruirla, sino que la *supone* necesariamente. ¿Y cómo podría elevarla si no? El hecho de que ciertas verdades sean fácilmente asequibles y sabidas

---

[21]Cfr. J. A. Sayés: *La Gracia de Cristo*, Madrid, BAC, 1993. Sayés se inspira para su posición en los estudios de J. Alfaro: *Trascendencia e Inmanencia de lo sobrenatural* en "Gregorianum" 38 (1957) 5–50; Id.: *El Problema Teológico de la transcendencia y de la inmanencia de la gracia*, en "Cristología y Antropología", Madrid, 1973, págs. 227–343; Id.: *Lo natural y lo sobrenatural. Estudio Histórico desde Santo Tomás a Cayetano*, Madrid, 1952. Un estudio de la teología de J. Alfaro en José María de Miguel: *Revelación y fe: la teología de Juan Alfaro*, Salamanca, Secretariado Trinitario, 1983.

por todos y hasta evidentes, no significa necesariamente que luego sean también llevadas a la práctica.
Precisamente es su dificultad de aplicación la causa
de que sean dadas de lado prácticamente...”[22]

2. Lo sobrenatural perfecciona a la naturaleza (sentencia común).
Lo sobrenatural no es algo sobreañadido externamente a la naturaleza sino que entra con la naturaleza en una conexión interior
orgánica. Cala el ser y los poderes de la naturaleza, y la perfecciona bien sea dentro del orden creado (como el caso de los
dones preternaturales), bien sea por la elevación al orden divino
del ser y de la actividad (dones absolutamente sobrenaturales).
Los Santos Padres comparaban lo sobrenatural a la planta que
está unida a un árbol o al fuego que hace incandescente al hierro.
Como dice A. Gálvez:

> “Porque el hombre, incluso una vez elevado gra-
> tuitamente al orden sobrenatural, no puede amar de
> otro modo que como hombre, ya que la gracia, como
> es sabido, eleva la naturaleza pero no la destruye”.[23]

6.4 Relación natural–sobrenatural en la doctrina del amor de A. Gálvez

A. Gálvez estudia la relación entre el natural y el sobrenatural en
el marco de su teología del Amor. Recurriendo a la doctrina clásica,
recuerda que existe una relación querida por Dios (*creante* y también
elevante) entre el orden de lo natural y el de lo sobrenatural. El orden
sobrenatural no destruye ni se impone artificialmente al natural, sino,

---

[22] A. Gálvez: *Sociedad de Jesucristo Sacerdote...*, cit., pág. 72.
[23] A. Gálvez: *Sociedad de Jesucristo Sacerdote...*, cit., pág. 66.

que sin ser en absoluto debido al ser humano, sin embargo, una vez concedido por Dios, el orden natural se encuentra "preparado" para recibirlo, y es al mismo tiempo elevado, perfeccionado y plenificado por aquél. No existe exigencia, pero tampoco contradicción. Esto es lo que hemos estudiado como la *potencia obediencial*.

> "Cada cosa, en efecto, ha de obrar según su naturaleza, aunque en este caso se vea elevada a *sobrenaturaleza*. Pero tal elevación, actuada por la gracia, ni destruye, ni disminuye, ni prescinde de la naturaleza; sino que la purifica, la potencia y la eleva. Y una naturaleza *potenciada* no deja de ser naturaleza".[24]

Por consiguiente, A. Gálvez se coloca a distancia de las dos interpretaciones extremas, erróneas y heréticas, de la relación del orden de lo natural y de lo sobrenatural. Por un lado, la confusión de los dos órdenes, propugnada por las nuevas teologías del neo–modernismo, según la cual, el orden sobrenatural es realmente el único que existe en la Historia de la Salvación, por lo que acaba siendo lo propio de la naturaleza humana y por tanto debido a ella. Y, por otro lado, también se distancia de las teologías de cuño protestante, según las cuales la diferencia entre la naturaleza y la gracia, el orden natural y el orden sobrenatural es tal, que son en realidad órdenes contrapuestos: el orden natural ha de ser abandonado y olvidado como algo que está esencialmente corrupto.

En este contexto, A. Gálvez en el desarrollo de su teología del amor, enfrenta tres desafíos en conexión con el binomio natural–sobrenatural: si el concepto de persona propuesto por este autor ("potencia activa de amar") queda afectado por el mismo; el efecto que

---

[24]A. Gálvez: *Siete...*, cit., págs. 401–402.

produce en la naturaleza de las diferentes clases de amor; y su influencia en el estudio de leyes fundamentales o notas esenciales del amor.

6.4.1 La persona y el natural y el sobrenatural

A. Gálvez subraya que el amor es una realidad que se da sólo entre personas.[25] El carácter personal del mismo es principio fundamental de su metafísica y teología del amor.

Para la relación de amor es esencial afirmar la necesidad de que los amantes sean personas distintas y conserven esta cualidad siempre. A. Gálvez lo expresa con claridad:

> "Las relaciones de amor son siempre esencialmente personales[26] y se desenvuelven, por lo tanto, según criterios de reciprocidad; aunque también de una cierta igualdad, que es la que permite estar juntos, o en el mismo plano, a los

---

[25]Se ha debatido mucho acerca de la posibilidad de amar a las cosas, o de que las creaturas no personales puedan amar a Dios. No entro en este tema por el momento. Baste con remitir a la obra de B.J. Diggs: *Love and Being. An Investigation into de Metaphysics of St. Thomas Aquinas*, New York, S. F. Vanni Publishers and Booksellers, 1947, págs. 12–16, en interpretación de Santo Tomás de Aquino: *Summa theol.*, Iª, q. 60, a. 1, co.; Id.: *De Veritate* 23, 1. Cf también E. Rivera: *Las formas fundamentales del amor (Planteamiento histórico–sistemático)*, en "Naturaleza y Gracia" XXXII/1 (1985) 7–28.

[26]Es cierto que Dios ama a las creaturas irracionales, como admite Santo Tomás aunque con ciertas restricciones y con razones no siempre demasiado convincentes (*Summa Theologiæ*, I, q. 20, a. 2. *Ad tertium*). Y por supuesto que, *proprie loquendo*, como dice el santo, Dios no ama a las creaturas irracionales con amor de amistad o del mismo modo que a las racionales. Si bien es cierto también que tales creaturas *responden* a su modo a tal amor: por medio del hombre (compuesto de alma y cuerpo), quien al fin y al cabo y por eso mismo es la coronación y el ápice —y por lo tanto también la voz— de la creación material.

amantes.[27] Los textos del Nuevo Testamento son bastante expresivos al respecto, hasta el punto de que resultarían bastante difíciles, tanto la postura de no ver en ellos la existencia de relaciones estrictamente personales, como la de aceptar que Dios no goza con el amor correspondido de sus creaturas. La reciprocidad y el plano de igualdad son estados o situaciones que corresponden exclusivamente a las personas: por naturaleza o por gracia, pero en una situación absolutamente real[28]".[29]

La importancia de la existencia de personas en la relación amorosa es tal que, incluso la entrega en reciprocidad total de los amantes y la consiguiente unión entre ellos, no llega nunca al extremo de producir una fusión o unión que hiciera desaparecer la realidad de las personas. Para que exista el amor es necesario que subsistan siempre las personas que se aman como individualidades diferentes.[30] Si en su unión, los amantes perdieran su cualidad de personas, dejaría de existir el

---

[27]Acerca de la situación de reciprocidad en el amor de Jesucristo a sus discípulos —y al Padre a través de Él—, cf, por ejemplo, Jn 14:20; 15: 4–5; 17: 21–23.26. En cuanto al hecho de estar juntos, cf también Jn 14: 3.18.28; 15: 4–5; 16:22; 17:24.

[28]La condición de hijo de Dios, por ejemplo, otorgada al hombre por gracia y a través de la gracia, no deja de ser por eso una condición real (1 Jn 3:1); y de no ser así habría que preguntarse acerca de lo que en realidad se le ha otorgado al hombre. Es digna de notar la tendencia a olvidar que la Encarnación del Verbo ha elevado al hombre a un plano que era, por lo demás, enteramente impensable en el Antiguo Testamento: *He aquí que hago nuevas todas las cosas* (Ap 21:5; cf 2 Cor 5:17).

[29]A. Gálvez: *Comentarios...*, cit., vol. II, págs. 277–278.

[30]Esta necesidad de la "personalidad" que pervive tras la unión por entrega total y recíproca se comprueba excelsamente en la Trinidad. La unión entre las personas no puede ser mayor: una sola naturaleza. Y sin embargo, y por ser Dios amor, esa naturaleza existe en tres Personas diferentes. La necesidad de la persona en el amor llega a tal punto que el mismo amor del Padre y del Hijo es una Persona: el Espíritu Santo.

amor. En este sentido las espiritualidades de tipo oriental o de signo panteísta están totalmente alejadas del concepto de amor cristiano.

La quintaesencia de la persona en el pensamiento de A. Gálvez podría definirse como "potencia activa de amar".[31]

El autor defiende que el concepto de persona creada no cambia cuando se la considera en el orden natural o en el sobrenatural. El ser humano es persona, antes y después de la elevación. Su "actus essendi" propio no se hace más excelso. En este sentido la "potencia activa de amar" es la misma. La diferencia importantísima con respecto a dicha "potencia activa de amar" cuando el hombre es elevado al orden sobrenatural, estriba en las posibilidades que son concedidas a la naturaleza humana en ese estado, a las que se han denominado *las maravillas de la gracia divina*. La persona actúa todas las facultades naturales y sobrenaturales concedidas por Dios, y Dios la hace capaz por la gracia de amar de un modo y manera sobrenaturales también; sobre todo, la hace capaz de ser *partner* en el amor divino–humano, el grado más perfecto de participación por el hombre del Amor Substancial divino. Es importante recordar que la gracia santificante es una elevación de la naturaleza y no de la persona, pues todo lo que adviene al acto de ser ya le adviene como potencia y no como acto.[32] Además hay que volver a recordar lo que implica que el orden sobrenatural se califique como *sobre–naturaleza*, porque recae sobre la naturaleza. Por eso L. Ott, refiriéndose a la naturaleza de la gracia habitual, aclara: "La gracia santificante no es sustancia, sino accidente

---

[31]Sobre el concepto de persona como "potencia activa de amar" en la teología de A. Gálvez, cfr. F. Ruíz: *Metafísica del alma después de la muerte*, Madison, Shoreless Lake Press, 2018, págs. 351–407; Juan A. Jorge: *Dios Uno y Trino*, cit., págs. 752–814; Id.: *Creación y Elevación*, cit., vol. II, cit., págs. 288–352 ; Id.: *Cristología*, vol II, cit, págs. 195–257; Id.: *Escatología*, cit., págs. 204–222.

[32]Es la principal argumentación que Santo Tomás usa en la Question 1 del *De Anima*. Si no fuera así, toda la gracia creada de Cristo no existiría.

real, inherente en la sustancia del alma (sent. cierta). El concilio de Trento usa la expresión *inhærere* (Dz 800, 809, 821), que designa la categoría de accidente. Como estado o condición del alma, la gracia santificante entra más en concreto dentro de la categoría de cualidad; y, como cualidad permanente, dentro de la especie de hábito. Como la gracia santificante perfecciona inmediatamente la sustancia del alma y sólo se refiere de manera mediata a la operación, es designada como *habitus entitativus* (a diferencia del *habitus operativus*). Por el modo con que se origina, el *habitus* de la gracia santificante es designado como *habitus infusus* (a diferencia del *habitus innatus* y del *habitus acquisitus*)".[33]

En cambio, a diferencia de lo que ocurre con el amor creado y elevado al orden sobrenatural donde la gracia y sus efectos recaen sobre la naturaleza y no sobre la persona creada, en el seno de la Trinidad la gracia increada se identifica con la misma esencia divina, y como las tres Personas divinas se identifican también con tal esencia, el amor se aplica tanto a la esencia divina como a las Personas, siendo una de Ellas, el Espíritu Santo, denominado, por apropiación, el Amor personal en Dios:

> "En el seno de la Trinidad, el Espíritu Santo es el *nexus duorum*, tal como decían los Padres. Si se le preguntara *acerca de Sí mismo*, su respuesta acabaría remitiendo al Hijo y, a través de Él, al Padre. Es el *nexo* de Amor que, procediendo de ambos, manifiesta la *unión* entre el Padre y el Hijo.[34] Dado que es una Persona, como el Padre y el Hijo (de los que se diferencia realmente *como Perso-na*, aunque al igual que ellos se identifica realmente con la única Esencia divina), es susceptible de ser invocado. Y

---

[33]L. Ott: *Manual...*, cit., pág. 391.

[34]Cf Santo Tomás de Aquino: *Summ. Theol.*, Iª, q. 37, a. 2, co.

también de ser amado, en el mismo Amor con el que se ama al Padre o al Hijo; puesto que la unicidad de la Divina Esencia hace imposible amar a alguna de las Personas Divinas sin amar a las otras, igualmente y a la vez.

Con respecto a las creaturas, ya puede suponerse que es obligado echar mano, una vez más, de la analogía. En ellas el amor es una realidad creada y una participación, pero no una persona. En el orden sobrenatural, el amor en las creaturas significa una *presencia* del Espíritu, que es quien produce ese amor como uno de sus frutos (Ga 5:2), tal como se dice en la Carta a los Romanos: *El amor de Dios se ha derramado en nuestros corazones por medio del Espíritu Santo que se nos ha dado.*[35] Tal presencia, sin embargo, no consiste en un acto de mera subjetividad, a la manera de un estado de *toma de conciencia* por parte de quien la recibe; sino que es una *realidad* a la que los teólogos denominaron siempre como *inhabitatio*, y que puede referirse a Dios, a Cristo, al Espíritu Santo, a la gracia, o a las Personas Divinas en conjunto (Jn 14:23; 17:26)".[36]

Por otro lado, la distinción entre el orden natural y el sobrenatural es también importante, porque marca la diferencia entre la condición de la Persona divina y la humana en la realidad del amor. El concepto de *relación* ha de ser tomado de modo diferente para la Persona Divina (es substancial) que para la humana (es un accidente). Cuando se confunden los planos, y se considera que la relación es substancial también para la persona humana, entonces la persona humana no

---

[35] Ro 5:5.

[36] A. Gálvez: *Siete Cartas a Siete Obispos*, vol. II, primer capítulo: "Carta a la Iglesia de Esmirna", New Jersey, Shoreless Lake Press, (en proceso de publicación), pág. 6.

es más que el conjunto de sus relaciones. Y en este caso, cuando la persona humana se relaciona con Dios (en particular en la relación de amor), tal relación aparece como algo esencial a la naturaleza humana, con lo que el orden sobrenatural se confunde con el natural:

"En el seno de la Trinidad, las tres relaciones mutuamente opuestas –la paternidad, la filiación y la espiración pasiva– son las que dan lugar a las Tres Personas Divinas (la espiración activa es común al Padre y al Hijo). Pero en Dios las relaciones no son accidentes (en Dios no puede haberlos), y de ahí que cada una de las Personas Divinas se identifica con la Esencia Divina, aunque se distinguen realmente entre sí. La distinción real de las Personas Divinas se funda en la oposición de relaciones.

En las creaturas, por el contrario, las relaciones son siempre un accidente, por lo que nunca puede decirse que pertenezcan a su naturaleza como elemento constitutivo. El hombre es un *animal racional*, compuesto de dos elementos distintos –alma y cuerpo– pero formando un compuesto único y completo. Las relaciones interpersonales, como es el Amor, proceden de las personas, las cuales son entidades completas e independientes, con su propia naturaleza cada una: el *yo*, como hemos dicho más arriba, no necesita relacionarse con el *tú* para quedar íntegramente constituido como tal *yo*. La persona posee en sí misma, según la doctrina de Santo Tomás, las notas de sustancialidad e incomunicabilidad; que son las que la constituyen como un ente completo. Es cierto que a la creatura racional le ha sido otorgada la capacidad de amar, y hasta le ha sido señalada como su actividad más propia y característica; de tal manera que la posesión de Dios, por libérrima voluntad divina, es el Último Fin al que está destinado el Hombre. Sin embargo, dado que la naturaleza racional humana es libre y responsable, su capacidad de amar goza de libertad para ofrecer, o no ofrecer, el Amor; y por supuesto para rechazarlo. Y de ahí la posibilidad de que el Hombre no llegue a alcanzar su Último Fin. Como consecuencia de todo lo cual, parece cosa evidente que las relaciones y los sentimientos proceden de la persona (constituida y completa), y no al contrario.

Si se tiende a considerar el estado relacional como inherente a la naturaleza, no es extraño que se pierda de vista su condición de accidente para pasar a otorgarle la cualidad de sustancial. Lo que conduce inevitablemente, cuando es Dios el otro elemento de la relación, a la confusión entre lo natural y lo sobrenatural. De donde se pasa a considerar el estado de justificación del hombre como existente *ab initio*, desde el instante de su creación, gracias a la alianza de amor que Dios ha establecido con él. Por lo tanto como algo inherente a su naturaleza y abarcando en consecuencia a todos los hombres (desde Adán y desde la Creación). Para la Teología Progresista, el papel redentor de Jesucristo tiene por objeto despertar en el Hombre la conciencia de la propia salvación. Y de ahí la teorías de la salvación universal y del cristianismo anónimo[37],[38]

---

[37] Para las opiniones del autor acerca de los personalismos, véase su libro *Siete Cartas Para Siete Obispos*, cit., vol I, págs. 158–189.

[38] A. Gálvez: *Feria V in Cena Domini*, ensayo publicado en su pág. web http://www.alfonsogalvez.com/public/textos/Feria.pdf, págs. 15–16.

6.4.2   El concepto análogo del amor ante el binomio natural–sobrenatural

A. Gálvez, en sus investigaciones en torno al amor, distingue tres clases de amores: *el amor substancial* que es y se da en Dios (o "sobrenatural por esencia"), *el amor divino–humano* entre Dios y el hombre (o "sobrenatural por participación en modo absoluto") y el *amor meramente humano* entre seres humanos (que sería el propio del "orden natural"). Las características del verdadero amor se dan plena y propiamente en el amor sobrenatural por esencia; también las encontramos en el amor sobrenatural por participación, aunque en un grado diferente y menor; finalmente, sólo se encuentran en potencia en el amor puramente natural:

> "El amor del que trata este libro es el amor perfecto, que es el otorgado al hombre por la bondadosa y libérrima voluntad divina. Pues, si bien el amor admite grados, solamente el amor perfecto es el que merece ser llamado con propiedad verdadero amor. El hombre pudo no haber sido elevado por Dios al orden sobrenatural, en cuyo caso hubiera amado a su Creador con un amor natural de simple criatura. Por otra parte, aunque todo amor tiende a la totalidad,[39] las diferentes formas bajo las que se manifiesta (el amor de simple amistad, el amor fraterno, el amor paterno–filial, y el amor conyugal) poseen matices diversos. Dios, que es el Amor infinito y perfecto, o simplemente el Amor (1 Jn 4:8), posee (es) en grado sumo todo lo que contienen de amor esas variadas formas en las que esta realidad aparece en el hombre. Pues Dios es el

---

[39]Cuando es verdadero, el amor es un destello de la vida divina puesta en el hombre. Y la vida divina es Amor infinito.

solo y único Amor, o el Amor infinito y perfecto sin más, mientras que las criaturas solamente son capaces de recibir diferentes participaciones de ese amor, en grado más o menos elevado. Con todo, como Dios quiso entablar con el hombre relaciones de amor perfecto (en la medida en que una criatura es capaz de él), le concedió la *totalidad* inherente al verdadero amor. Y, aunque tal totalidad solamente puede consistir en la que es capaz de abarcar una criatura, es sin embargo totalidad. En el sentido al menos de que, gracias a ella, la criatura *puede entregarse por entero*. La criatura no puede entregarse a sí misma como un ser que lo es *Todo*, pero puede en cambio entregar *todo* su ser. De este modo, el amor divino–humano, que es un amor de entrega total, posee todo lo que contienen de perfección las diversas especies o formas del amor humano, si bien de manera elevada y colmada. Lo que Dios busca en la entrega amorosa de su criatura no es la infinitud del ser, lo que no tendría sentido alguno, sino la totalidad de esa entrega, que es la única condición fundamental del amor perfecto. Él no pretende que le sea entregado tanto como Él da (lo cual solamente puede suceder en el seno de la Trinidad de las Divinas Personas), sino que le sea entregado *todo* (que es lo mismo que decir la persona en totalidad), lo mismo que Él lo da *todo*".[40]

Por eso, sus consideraciones sobre el amor meramente natural son muy atingentes:

"En el orden puramente natural, en ausencia de la gracia y sin la presencia del Espíritu Santo, el hombre es

---

[40]A. Gálvez: *Comentarios...*, cit., vol I, pág. 24.

todavía un ser capaz de amar y de ser amado. Al fin y al cabo se trata de una potencialidad inherente a su naturaleza, la cual ha sido creada a imagen y semejanza de Dios, que es Amor. El amor es un don que Dios habría otorgado al hombre desde que decidió crearlo, lo que incluía también el hipotético caso de no haberlo elevado al orden sobrenatural. Sin embargo, el amor limitado por las exigencias de la pura naturaleza difiere del que, por ser fruto del Espíritu, entra en la categoría de lo que podemos llamar amor perfecto. El amor puramente natural, con respecto al sobrenatural, aparece en una relación semejante a la de lo imperfecto con respecto a lo perfecto; o mejor aún, como a la de la finitud con respecto a la infinitud. Dado que, en realidad, la infinita distancia que media entre lo sobrenatural y lo meramente natural solamente puede ser salvada por la gracia.

De ahí que al amor puramente natural le resulte bastante difícil crecer y evolucionar según las condiciones del verdadero amor, cuales son la *totalidad* y la *perennidad*.[41] Sin contar, además, con la constante situación de precariedad en la que se mueve. Si se pretende insistir en que de hecho contiene tales cualidades, puesto que de todos modos es verdadero amor, aunque imperfecto, será preciso añadir que solamente las posee *in nuce*, o bajo la forma de potencialidad. Pretender haber aprehendido el concepto del perfecto amor, o de haberlo incorporado como realidad a la propia vida, si bien desde una perspectiva puramente natural, es creer poseer algo cuya naturaleza carece de

---

[41] Y en cierto modo, en orden a lo que podría considerarse una auténtica *perfección*, puede decirse que le resultará prácticamente imposible, como se dice a continuación.

alguna o algunas de las cualidades que le corresponden como esenciales; y de ahí su invalidez. No es extraño que las investigaciones realizadas a lo largo de la Historia acerca de la realidad del amor, aunque contemplado únicamente en una perspectiva de ámbito natural, no hayan conseguido otra cosa, salvo esporádicos y particulares aciertos —a veces, sin embargo, notables—, que dar lugar a una larga lista de desatinos. Los cuales, a fin de cuentas, siempre concluyen por equiparar el amor con cualquier cosa, aberraciones incluidas..."[42]

Una vez que el hombre está en el orden sobrenatural, las diferencias que existe entre el amor puramente humano, incluso el elevado por la gracia (sacramento del matrimonio), y el amor divino–humano[43] son tan grandes como la distancia que media entre lo natural y lo sobrenatural:

"La perfección natural, o aquélla que el hombre estaba destinado a alcanzar mediante el Amor, se reduce en último término a cuestiones de detalle; como el acompañamiento en el plato confeccionado por el chef. En este sentido, incluso los réprobos en el Infierno siguen siendo su propio yo (por más que quede todavía abierta, como cuestión bastante delicada y difícil, la referente a su personalidad). La perfección sobrenatural en cambio, la cual pertenece

---

[42]A. Gálvez: *Siete Cartas a Siete Obispos*, vol. II, primer capítulo: "Carta a la Iglesia de Esmirna",cit. págs. 6–9.

[43]Cfr. "El amor creado, que no es sino un reflejo o participación con respecto al Amor Infinito, se expresa en el ser humano en formas variadas y distintas, en las que sólo lo esencial es común: el amor paterno–filial, el conyugal, el fraterno, el de amistad... En cada una de las cuales la analogía se refleja de forma diferente, en grados de mayor o menor perfección" (A. Gálvez: *Siete...*, cit., pág. 228, n. 164).

a otro orden, eleva al hombre a una condición que no le era debida; aunque también aquí el yo sigue siendo el mismo; pues la gracia no cambia la naturaleza, sino que la perfecciona".[44]

Por otro lado, sólo desde el orden sobrenatural se puede llegar a un verdadero entendimiento del misterio del amor. Una consideración meramente natural del mismo, está abocada a la insuficiencia e incluso al error:

"Este libro intenta esbozar una teoría sobre el amor, aunque de una manera asistemática. Parte para ello de la idea de que el mejor método para conocerlo es el estudio de Dios, puesto que Dios es Amor (1 Jn 4:8). Los clásicos antiguos que trataron del tema, entre los que destaca Platón, a pesar de sus geniales intuiciones, no pudieron penetrar en lo más profundo de esta realidad, que es, sin duda alguna, la más apasionante de todas las realidades. La cuestión, aunque ha continuado siendo estudiada incesantemente durante los siglos posteriores, incluso con la ventaja de la Revelación completa y acabada, se encuentra muy lejos de estar agotada. La teología ha estudiado la virtud de la caridad, o la *agapé*, desde todos los puntos de vista, pero sin considerar nunca como objeto propio de su estudio el del amor como tal (haciendo abstracción de su carácter de virtud), y sin haber tenido, por lo tanto, ocasión de insistir en la vinculación de este fenómeno con la vida divina, y concretamente con el misterio trinitario...

El amor va a ser estudiado aquí como una realidad que, primariamente, responde a la *estructura* trinitaria

---

[44]A. Gálvez: *Siete...*, cit., pág. 250, n. 205.

de la divinidad: Dios es Amor, y hay en Él pluralidad de personas porque la pluralidad de personas pertenece a la esencia del amor. O dicho de otra manera: Si Dios es Amor, tiene que haber en Él pluralidad de personas, puesto que el amor no es nunca unipersonal, sino que su esencia consiste precisamente en ser el amor de un *yo* a otro *yo* que, a su vez y recíprocamente, se convierten en un *tú* y otro *tú*. Este tema va a ser abordado en el libro como fundamental en el estudio del amor, y es posible que pueda aportar nuevas luces para un mejor conocimiento de la teología del Espíritu Santo.

Avanzando por este camino, quizás se consiga contribuir a un conocimiento más acabado de la esencia del amor humano. El Amor es la misma vida divina, y el amor humano (sobrenatural) no es sino esa vida divina infundida y derramada en el corazón del hombre (Ro 5:5). El estudio del amor en su fuente, que es Dios, puede facilitar el camino hacia un mayor conocimiento del misterio del amor humano. Un conocimiento profundo del fenómeno, como se ve con claridad *a posteriori*, no es posible sin la Revelación. El único camino para conocer acabadamente el amor humano es el que parte del amor divino. E igualmente, el hombre no puede conocer el amor divino si no es partiendo del amor humano, desde el momento en que no tiene medio alguno para remontarse al conocimiento del Amor increado si prescinde por completo del amor creado. Esto último es precisamente lo que hace *El Cantar de los Cantares*, en cuanto que trata de explicar, o bien lo que es el amor divino, o bien lo que es el amor divino–humano, utilizando las excelencias del amor humano y hasta su mismo lenguaje".[45]

6.4.3 Los rasgos esenciales del amor y el natural y el sobrenatural

De ahí que las notas esenciales del Amor en el amor puramente humano participado se encuentran en él muy pálidas, desvanecidas y de un modo muy imperfecto. Véase este texto sobre la nota fundamental del amor de *la entrega total*:

"¿Qué significa la expresión amor total, aparentemente tan sencilla y fácil de explicar? Pues todo induce a pensar que la cualidad de la totalidad, como algo consustancial al fenómeno del Amor, es una verdad definitivamente adquirida.[46] Las dificultades surgen cuando se considera que el amor otorgado por Dios al hombre, tal como ocurre siempre con las cosas creadas, se realiza según diversos modos de analogía; que es lo mismo que decir en variados grados de perfección. El amor conyugal, el amor fraterno, o el amor de amistad, por ejemplo, parecen irreductibles a una significación unívoca.

Sin embargo, parece que, al menos en principio, debe ser normal y hasta necesario considerar la totalidad como ingrediente de todas las formas del amor. Aunque no de la misma manera ni en el mismo grado. Por lo que será necesario admitir una totalidad en sentido amplio, o impropio,

---

[45]A. Gálvez: *Comentarios...*, cit., vol. I, págs 16–17.

[46]En el conjunto de nuestros escritos así ha quedado establecido. Y parece que el problema no da lugar a mayores inquietudes..., mientras no se pretenda profundizar en él. Cuando se intenta hacerlo, se muestra enseguida en toda su complejidad y acritud.

y otra en sentido estricto o propio. Lo que nos conducirá a la conclusión de que es en el amor divino–humano donde aparece claramente la cualidad de totalidad; lo que no sucede así en el amor puramente humano (conyugal, paterno–filial, fraterno...), aun en el elevado por la gracia".[47]

Lo mismo ocurre con respecto a la nota fundamental de la *recíproca posesión*:

"En cambio, la *recíproca posesión*, si bien es un concepto claro en cuanto al amor divino–humano —*Mi amado es para mí, y yo soy para mi amado*[48]— queda más diluida en el puro amor humano (se entiende en el amor verdadero, aun en el elevado por la gracia). Incluso en el texto de Ge 2:24, queda más resaltada, con aspecto de primacía, la expresión que señala la singularidad de cada uno de *los dos* que la que dice que serán ambos *una sola carne*; además de quedar clara la intención del texto de no referirse al orden sobrenatural. Por otra parte, si bien el acto por el que se consuma la unión conyugal es lo que mejor expresa el amor entre los esposos, en modo alguno aparece en él claramente la voluntad de intercambiar y de entregar las propias vidas. El texto paulino según el cual neque *mulier sine viro, neque vir sine muliere in Domino*,[49] ha de ser entendido más bien en sentido de *propiedad* que en el de *posesión*: y es bien sabido que los conceptos de propiedad y el de posesión son enteramente distintos en el orden jurídico. Y aún resulta más difícil descubrir el sentido del

---

[47] A. Gálvez: *Siete...*, cit., págs. 228–229. Cfr. *Disputationes...*, cit., pág. 6.

[48] Ca 2:16; 6:3; 7:11; cf Ga 2:20.

[49] 1 Cor 11:11.

concepto de posesión en el texto de Ef 5:28, en el que se dice que, para el Apóstol, *qui suam uxorem diligit, seipsum diligit*, para continuar con la afirmación expresa (v. 29) que *nemo enim umquam carnem suam odio habuit*".[50]

Pero estas diferencias no se producen por una mayor o menor grado en el ser de la persona, sino por las posibilidades brindadas a la naturaleza humana.

"Pues el hombre fue creado para amar, y ése es el fin al que está destinado. Por lo tanto, y puesto que el Amor significa el sentido y la armazón de su propia existencia, forzoso es reconocer que ha nacido para encontrar su verdadera vida...renunciando a la que él considera como propia; puesto que el Amor exige salir de sí, mediante el olvido y la renuncia a sí mismo, para encontrar y entregarse al *otro*.

Aunque conviene añadir una advertencia importante. Porque la madurez existencial de la que aquí se habla, y que el hombre está destinado a alcanzar, se refiere al plano sobrenatural. Pues para realizarse como verdadero ser humano completo, el hombre no precisa del encuentro con el *otro*, pese a lo que quieran decir las doctrinas *personalistas*. La referencia apunta aquí a la vivencia del verdadero Amor; el cual solamente alcanza su auténtica perfección, en la medida en que puede ser compartida por la creatura, en el Amor divino–humano...

Lo cual se debe a que el hombre está hecho para la Felicidad. Aunque no meramente para una felicidad abundante, ni todo lo grande que sea posible imaginar; sino a

---

[50]A. Gálvez: *Disputationes...*, cit., pág. 6.

la que responde a una capacidad de recepción que es infinita (*Nos hiciste, Señor, para ti; y por eso nuestro corazón estará inquieto hasta que descanse en ti*). Y dado que el hombre es un ser creado, que es tanto como decir finito o limitado, jamás podrá encontrar tal infinitud en sí mismo..., por lo que necesariamente —quiera o no quiera— se verá impulsado a salir *fuera de sí* para encontrar lo que le falta; y de otra manera nunca podrá sentirse saciado. Solamente Dios, que es el Ser Infinito, es absolutamente autosuficiente y no necesita salir fuera de Sí para encontrar algo que le pudiera faltar; ni tal cosa tendría sentido alguno. Luego en definitiva la conclusión es clara: el hombre ha sido creado para salir *fuera de sí mismo* a fin de colmar su ansia infinita de Felicidad en otra cosa.

Pero como ya se ha advertido más arriba, lo dicho vale cuando se tiene en cuenta el fin *sobrenatural* o último del hombre. El cual, puesto que no le es debido, tampoco puede ser considerado imprescindible en cuanto a constituir la naturaleza humana como tal. Otra cosa es que el hombre, si acaso quiere alcanzar el último fin para el que ha sido gratuita y definitivamente destinado, haya de orientarse hacia el orden sobrenatural.

Pero las doctrinas *personalistas* prescinden por completo del orden sobrenatural en su concepción del ser humano. Y sin embargo consideran la salida de sí mismo hacia el *otro* como componente integral e indispensable del ser humano en el orden natural. Una salida de sí mismo que, por otra parte, carece de sentido; en cuanto que cada hombre está obligado a respetar siempre *la verdad* del otro. En definitiva, lo que sí parece deducirse claramente de todo este conjunto de teorías, es una enorme confusión acerca de los conceptos de la naturaleza humana y del amor".[51]

---

[51] A. Gálvez: *Siete...*, cit., págs. 247–249.

Capítulo 7

Capacidad de la naturaleza humana sin la gracia

Cuando Adán y Eva cometieron el pecado original, perdieron para ellos y su descendencia los dones sobrenaturales y preternaturales con que habían sido creados, pero no los dones propios de la naturaleza humana que no quedó corrompida sino sólo debilitada. Como recuerda Dias Duarte:

> "Como consecuencia de la privación de los dones gratuitos concedidos al hombre, quedan las clásicas heridas en su alma y en su cuerpo, que, sin embargo, no logran corromper su naturaleza: el hombre continúa siendo hombre, pero empobrecido. Los principios intrínsecos de la naturaleza humana y las propiedades esenciales que fluyen de ellos se mantienen después de la caída original. Jamás se puede obliterar este bien de la naturaleza, aunque uno pueda añadir indefinidamente nuevos pecados actuales a

otros anteriores. Eso sí: irán creciendo los obstáculos que se interponen a la luz de Dios, oscureciendo más y más la inteligencia y debilitando la voluntad con respecto al acto virtuoso. El hombre con su naturaleza herida tiene sus potencias más flacas para obrar el bien honesto, pero esta atenuación de sus fuerzas se da de un modo extrínseco, no intrínseco. Continúa destinado al fin sobrenatural, ya que no se suprime la *ordinatio ad finem*, pero carece de los medios suficientes para alcanzarlo por sí mismo... Las heridas de la naturaleza humana implican una ruptura, una separación y desunión entre las distintas potencias, tal como ocurre en un organismo vivo enfermo: hay una solución de continuidad entre los elementos deberían permanecer unidos y las fuerzas que deberían actuar en armonía. Quedan más vulnerables la inteligencia, la voluntad, los apetitos irascible y concupiscible, en definitiva, todas las potencias del alma sujetas de virtudes, cuya función originaria era permitir al hombre obrar rectamente y así alcanzar su propio y debido fin".[1]

En efecto, el hombre puede hacer ciertos actos buenos naturales de conocimiento y de voluntad, aunque no tenga la asistencia de gracias especiales de Dios; siempre, teniendo en cuenta la realidad de los efectos de la caída original que dejó herida y debilitada la naturaleza humana.

Tanto los pelagianos como los protestantes negaron la recta doctrina sobre los efectos del pecado original. Los pelagianos afirmaron que la naturaleza humana quedó íntegra y perfecta y capaz de reali-

---

[1]Cfr. A. A. Dias Duarte: *El pecado como esclavitud del hombre*, en "Cuadernos doctorales de la Facultad de Teología" vol. 68, Pamplona, Eunsa, 2019, págs. 198–199. Cfr. Juan A. Jorge: *Creación...*, cit, vol II, págs. 562–571, 612–624.

zar actos buenos y conocer rectamente sin ninguna ayuda especial de Dios. Los protestantes (así como también Bayo, Jansenio y Quesnel), consideraron que el ser humano, tras el pecado original y en estado de naturaleza caída o redimida, sólo sería capaz de realizar o acciones buenas siempre que fueran asistidos por la ayuda de la gracia divina; en otro caso, sus actos serían siempre moralmente malos por no actuar la gracia. Sin embargo tal clasificación de los actos humanos (actos sobrenaturales, y actos malos exclusivamente) es incorrecta por insuficiente, ya que el hombre también puede hacer actos buenos con sus facultades "físicas" naturales cuando se realizan en conformidad con la Ley natural, aunque no haya recibido gracias especiales de Dios.

La doctrina católica se situa por tanto en una vía intermedia entre el pelagianismo y el protestantismo.

Como demuestra Sayés,[2] en el fondo esta cuestión depende de la neta distinción entre el orden natural y el sobrenatural, tema del que ya hemos tratado. Los que sostienen que la gracia y los dones preternaturales del Paraíso son un elemento integrante de la naturaleza humana de modo que sin ellos queda destruida, no aceptan que el hombre pueda hacer ninguna obra buena por sí mismo después de la caída, porque la naturaleza humana quedó sin sustrato natural bueno capaz de acciones moralmente buenas.

Con todo, es cierto que debido a la herida causada por el pecado original que vulneró la naturaleza humana creada aunque no la destruyó, el hombre padece una "incapacidad moral" con relación a la realización del bien moral para los casos que se van a exponer en este capítulo. Para superarla es necesario el auxilio divino que se denomina "gracia sanante", que puede ser sobrenatural *por su naturaleza* o por *su modo*.[3]

---

[2]J. A. Sayés: *La gracia...*, cit., pág. 88.

[3]Cfr. J. Ibáñez y F. Mendoza: *Dios santificador*, cit., págs. 31–32.

La determinación precisa del poder de la naturaleza humana sin la ayuda de la gracia, es importante para entender en sus justos términos tanto el dogma del pecado original y sus consecuencias, como la verdadera naturaleza de la gracia así como el recto entendimiento de la relación entre el natural y el sobrenatural.

7.1 El hombre, aún en el estado de naturaleza caída, puede conocer con su entendimiento natural verdades religiosas y morales (de fe)

Aunque, como veremos, el hombre necesita la gracia para aceptar por la fe la verdad revelada, sin embargo sí puede —con solo su razón natural auxiliada por el concurso ordinario divino—, conocer las verdades religiosas de orden natural, que son básicamente, la existencia de Dios y la ley natural, como la Sagrada Escritura afirma con claridad:

- El hombre puede conocer a Dios y algunos de sus atributos a través de las creaturas: "Pues de la grandeza y hermosura de las criaturas, por razonamiento se llega a conocer al Hacedor de éstas" (Sab 13:5); "Pues lo cognoscible de Dios es manifiesto entre ellos, ya que Dios se lo manifestó; porque desde la creación del mundo los atributos invisibles de Dios, tanto su eterno poder como su divinidad, se dejan ver a la inteligencia a través de las criaturas" (Ro 1: 19–20).

- La ley moral está grabada en el corazón de todo hombre, incluso del pagano: "En verdad, cuando los gentiles, que no tienen Ley, cumplen naturalmente las prescripciones de la Ley, ellos mismos, sin tenerla, son para sí mismos Ley. Y con esto muestran que los preceptos de la Ley están escritos en sus corazones, siendo testigo su conciencia, que ora acusa, ora defiende" (Ro 2: 14–15).

Todo hombre conserva la capacidad física (natural) para alcanzar conocimiento religioso y moral incluso en estado de naturaleza caída y no redimida, lo cual se puede comprobar en la historia de la humanidad.[4] Los Santos Padres defendieron tal doctrina.[5] Santo Tomás hace lo mismo,[6] para lo cual en primer lugar manifiesta las dos formas de demostración, a saber, por la causa y por el efecto:

"Duplex est demonstratio. Una quae est per causam, et dicitur propter quid, et haec est per priora simpliciter. Alia est per effectum, et dicitur demonstratio quia, et haec est per ea quae sunt priora quoad nos, cum enim effectus aliquis nobis est manifestior quam sua causa, per effectum procedimus ad cognitionem causae. Ex quolibet autem effectu potest demonstrari propriam causam eius esse (si tamen eius effectus sint magis noti quoad nos), quia, cum effectus dependeant

"Toda demostración es doble. Una, por la causa, que es absolutamente previa a cualquier cosa. Se la llama: a causa de. Otra, por el efecto, que es lo primero con lo que nos encontramos; pues el efecto se nos presenta como más evidente que la causa, y por el efecto llegamos a conocer la causa. Se la llama: porque. Por cualquier efecto puede ser demostrada su causa (siempre que los efectos de la causa se nos presenten como más evidentes): porque, como quiera que los efectos dependen de la causa, dado el efecto, necesariamente an-

---

[4]Cfr. Juan A. Jorge: *Dios Uno...*, cit., págs. 55–96.

[5]Cfr. por ejemplo, San Agustín: *In Lib. Iob. trac.*, 106 (P. L. 35, 1909–1910).

[6]Santo Tomás de Aquino: *Summ. Theol.*, Iª, q. 2, a. 2; Iª–IIª, q. 94, a. 6; Iª, q. 1, a. 1.

a causa, posito effectu necesse est causam praeexistere. Unde Deum esse, secundum quod non est per se notum quoad nos, demonstrabile est per effectus nobis notos".[7]

tes se ha dado la causa. De donde se deduce que la existencia de Dios, aun cuando en si misma no se nos presenta como evidente, en cambio sí es demostrable por los efectos con que nos encontramos".

Como consecuencia, los *preambula fidei* pueden ser conocidos por la sola razón natural:

"Deum esse, et alia huiusmodi quae per rationem naturalem nota possunt esse de Deo, ut dicitur Rom. I non sunt articuli fidei, sed praeambula ad articulos, sic enim fides praesupponit cognitionem naturalem, sicut gratia naturam, et ut perfectio perfectibile. Nihil tamen prohibet illud quod secundum se demonstrabile est et scibile, ab aliquo accipi ut credibile, qui demonstrationem non capit".[8]

"La existencia de Dios y otras verdades que de Él pueden ser conocidas por la sola razón natural, tal como dice Rom 1,19, no son artículos de fe, sino preámbulos a tales artículos. Pues la fe presupone el conocimiento natural, como la gracia presupone la naturaleza y la perfección lo perfectible. Sin embargo, nada impide que lo que en sí mismo es demostrable y comprensible, sea tenido como creíble por quien no llega a comprender la demostración".

Es doctrina de fe declarada como dogma en el Concilio Vaticano I: "Si alguno dijere que Dios vivo y verdadero, creador y señor nuestro, no puede ser conocido con certeza por la luz natural de la razón humana

---

[7]Santo Tomás de Aquino: *Summ. Theol.*, Iª, q. 2, a. 2, co. Cfr. Iª–IIª, q. 74, a. 10, ad 3; *In Sent.* III, dist. 24, q. 1, a. 2, qª. 2; *In Boet. De Trin.* q. 1, lect. 2; *Cont. Gentes*, I, 12; *De Pot.*, q. 7, a. 3.

[8]Santo Tomás de Aquino: *Summ. Theol.*, Iª, q. 2, a. 2, ad 1.

por medio de las cosas que han sido hechas, sea anatema".[9] El Concilio no define si *de hecho* el ser humano llega a Dios por el uso de su razón natural o siguiendo otros caminos; sólo se declara que *de derecho* el hombre tiene una capacidad natural de conocer a Dios, capacidad física, real y prescindiendo de que la use o no.[10]

Es también parte del juramento antimodernista de San Pio X: "Y en primer lugar: profeso que Dios, principio y fin de todas las cosas, puede ser ciertamente conocido y, por tanto, también demostrado, como la causa por sus efectos, por la luz natural de la razón mediante las cosas que han sido hechas (Ro 1:20), es decir, por las obras visibles de la creación".[11] Pío IX declaró que se puede comprobar con certeza la espiritualidad del alma y la libertad del hombre.[12]

En consecuencia, la Revelación no es absolutamente necesaria en la presente condición de hombre caído para que conozca a Dios y otras verdades de orden natural, sino solamente moralmente necesaria para que las conozca sin mezcla de error y más facilmente. Por eso Santo Tomás declara que:

---

[9]D. S. 3026, 3004. Cfr L. Ott: *Manual...*, cit., pág. 360. La doctrina es recogida también por la *Dei Verbum*, n. 6 y por la *Gaudium et Spes*, n. 15.

[10]cfr. J. A. Sayés: *La gracia...*, cit., pág. 94. Por otro lado, la Iglesia ha declarado que las fuerzas naturales del hombre no se perdieron con el pecado original (*naturalia permanserunt integra*), aunque quedaron dañadas por él y debilitadas (solo se perdieron los dones sobrenaturales y preternaturales). Así, por ejemplo, en el Concilio de Trento, se condenaba la doctrina protestante de la pérdida del libre albedrío, que es parte de las fuerzas naturales del ser humano: "Can. 5. Si alguno dijere que el libre albedrío del hombre se perdió y extinguió después del pecado de Adán, o que es cosa de sólo título o más bien título sin cosa, invención, en fin, introducida por Satanás en la Iglesia, sea anatema" (D. S. 1555; cfr. 1511 y 1521). El conocimiento natural de Dios y de la ley natural es también fuerza natural del hombre que no se perdió con el pecado original.

[11]D. S. 3538.

[12]Cfr. J. Ibáñez y F. Mendoza: *Dios santificador*, cit., pág 147.

"Quae de Deo ratione humana investigari possunt, necessarium fuit hominem instrui revelatione divina. Quia veritas de Deo, per rationem investigata, a paucis, et per longum tempus, et cum admixtione multorum errorum, homini proveniret, a cuius tamen veritatis cognitione dependet tota hominis salus, quae in Deo est. Ut igitur salus hominibus et convenientius et certius proveniat, necessarium fuit quod de divinis per divinam revelationem instruantur. Necessarium igitur fuit, praeter philosophicas disciplinas, quae per rationem investigantur, sacram doctrinam per revelationem haberi".[13]

"Lo que de Dios puede comprender la sola razón humana, también precisa la revelación divina, ya que, con sola la razón humana, la verdad de Dios sería conocida por pocos, después de muchos análisis y con resultados plagados de errores. Y, sin embargo, del exacto conocimiento de la verdad de Dios depende la total salvación del hombre, pues en Dios está la salvación. Así, pues, para que la salvación llegara a los hombres de forma más fácil y segura, fue necesario que los hombres fueran instruidos, acerca de lo divino, por revelación divina. Por todo ello se deduce la necesidad de que, además de las materias filosóficas, resultado de la razón, hubiera una doctrina sagrada, resultado de la revelación".

Ciertamente, la potencia intelectiva quedó debilitada y oscurecida por el pecado original, pero una potencia debilitada y oscurecida no está del todo muerta; tiene fuerzas, pero no todas las de una potencia sana, fuerte y vigorosa. Luego no puede tanto como una potencia sana y robusta, pero sí puede aquello para lo que no se requieren todas las

---

[13]Santo Tomás de Aquino: *Summ. Theol.*, I^a, q. 1, a. 1, co. Cfr. II^a–II^a, q. 2, a. 3 y 4; *In Sent.*, III, Pról., a. 1; *De Trin.*, q. 1, a. 1; *De verit.*, q. 14, a. 10; *Cont. Gentes* I, 4, 5.

fuerzas de una potencia sana y vigorosa. Es lo que ocurre en el caso presente.[14]

7.2 Para realizar una acción moralmente buena, no es precisa *la gracia santificante* (de fe)

Al exponer las posibilidades que tiene la naturaleza humana sin la gracia de realizar obras naturalmente buenas, hay que distinguir el caso de las que puede realizar el pecador que haya recibido la justificación y la perdió por su pecado personal pero conserva la fe y la esperanza (situación que se examina en esta sección); de las que puede realizar el infiel que ni ha recibido la justificación ni tampoco tiene fe (caso que se estudiará en la siguiente sección).

El pecador, aunque no posea la gracia de la justificación (por haberla perdido por el pecado personal), puede realizar obras moralmente buenas (tiene la capacidad física de desarrollar una cierta vida ética, aunque no íntegra en el sentido de que pueda cumplir todos los imperativos de la ley moral).[15] Además, con la ayuda de la gracia actual, también puede hacer obras sobrenaturalmente buenas, aunque no meritorias, disponiéndose así para la justificación. En consecuencia, no todas las obras del que está en pecado mortal son pecado.[16]

Por esa razón, la Sagrada Escritura pide a los pecadores que hagan obras de penitencia para prepararse a la justificación, como se

---

[14]F. Pérez Muñiz: *Tratado de gracia...*, cit., pág. 609.

[15]Cfr. Santo Tomás de Aquino: *Summ. Theol.*, Iª–IIæ, a. 109, a. 4 y a. 8.

[16]Cfr. Santo Tomás de Aquino: *Summ. Theol.*, Iª–IIæ, q. 85, a. 1 ss.; L. Lercher–F. Lakner: *De gratia Christi*, cit., págs. 233–240; B. Beraza: *De gratia...*, cit., págs. 311–319; H. Lange: *De gratia...*, cit., págs. 88–106; S. González Rivas: o. c., págs. 27–30.

puede comprobar en la exhortación a los pecadores a que recen (Eco 21:1), a hacer penitencia (Ez 18:30), a dar limosna (To 4:7), etc.[17] Es imposible que esas obras a las que el Señor nos exhorta sean malas y pecaminosas, y tampoco sería comprensible la conducta de los Apóstoles y de la Iglesia con los pecadores y catecúmenos. Además la Sagrada Escritura alaba a algún pecador por la buena obra hecha, como es el caso de la oración de Manasés, el Rey perverso (2 Cr 33: 11–33), la oración del publicano (Lc 18: 13ss.), el deseo de Zaqueo de ver a Jesús (Lc 19: 1–10), las limosnas y oraciones de Cornelio (Hech 10:4).

Hay que saber interpretar bien textos que fueron malentendidos por los jansenistas, como el de Mt 7:18, que no niega que el pecador pueda realizar obras moralmente buenas o que el justo no tenga posibilidad de pecar. Lo mismo pasa con textos como Mt 6:24 o Lc 11:23, que no quieren decir que la acción del pecador sea pecaminosa, sino que en la vida moral hay dos direcciones, una gobernada por la aspiración al bien y la otra por el apetito desordenado.

Los Santos Padres hablaron de la posibilidad que tenían los paganos de realizar algunas obras buenas, como veremos más adelante.[18] Si ésas podían ser hechas por los paganos, más las podrían hacer los bautizados pecadores.

Santo Tomás distingue entre el cumplimiento de la ley en cuanto tal y el cumplimiento salvífico de la misma:

"Implere mandata legis contingit dupliciter. Uno modo, quantum ad substantiam ope-

"La ley pueden ser cumplidos de dos modos. Uno, en cuanto a la sustancia de las obras, es de-

---

[17]Cfr. Zac 1:3; Sal 51:19 o Mt 3:2.

[18]San Gregorio Nacianceno: *Orationes*, 18, 6 (P. G. 35, 992); San Juan Crisóstomo: *In Joann. Hom.*, 27, 2 (P. G. 59, 164), San Fulgencio: Epist., 17, 26, 51 (P. L. 65, 483) etc.

rum, prout scilicet homo operatur iusta et fortia, et alia virtutis opera...Alio modo possunt impleri mandata legis non solum quantum ad substantiam operis, sed etiam quantum ad modum agendi, ut scilicet ex caritate fiant. Et sic neque in statu naturae integrae, neque in statu naturae corruptae, potest homo implere absque gratia legis mandata".[19]

cir, realizando actos de justicia, de fortaleza y de las demás virtudes... El otro modo consiste en cumplir los preceptos de la ley no sólo en cuanto a la sustancia de las obras, sino además según un modo conveniente, es decir, por caridad. Y de esta forma no puede el hombre observar los preceptos legales ni en el estado de naturaleza íntegra ni en el de naturaleza corrupta".

Concilio de Trento condenó como herética la siguiente tesis de la teología protestante (basada en su concepción de la corrupción total de la naturaleza humana por el pecado original):

> "Si alguno dijere que las obras que se hacen antes de la justificación, por cualquier razón que se hagan, son verdaderos pecados o que merecen el odio de Dios; o que cuanto con mayor vehemencia se esfuerza el hombre en prepararse para la gracia, tanto más gravemente peca, sea anatema".[20]

Posteriormente se condenó las siguientes proposiciones de Bayo: "Todo lo que hace el pecador o siervo del pecado, es pecado";[21] "En todos sus actos sirve el pecador a la concupiscencia dominante".[22] Ba-

---

[19]Santo Tomás de Aquino: *Summ. Theol.*, Iª–IIª, q. 109, a. 4, co.

[20]D. S. 1557 (cfr. 1526–1527). La Iglesia es consciente de que la naturaleza humana quedó herida por el pecado original, pero no corrompida.

[21]D. S. 1935.

[22]D. S. 1035.

yo afirmaba que cuando se perdió la justicia original por el pecado de Adán, se extinguió la libre voluntad del ser humano, y en su lugar hay dos amores que necesariamente atraen la voluntad: el amor malo y el amor de caridad perfecta; como la caridad no permanece en los pecadores, todas sus obras son necesariamente pecados. Tal doctrina fue seguida posteriormente por Quesnel,[23] y por el Sínodo de Pistoya.[24]

Se considera que la tesis del presente apartado es de fe.[25] Sin embargo J. A. Sayés y Ch. Baumgartner sostienen que la Iglesia no declaró de fe que el hombre sea capaz de cumplir acciones buenas y guardar en parte la ley natural, porque no se planteó explícitamente tal cuestión, sino que sus declaraciones se referían sólo a la observancia *saludable* de la ley, es decir, de la que va acompañada por la caridad y dispone positivamente a la salvación. Sin embargo es teológicamente cierta como algo que se deduce claramente de la Revelación.[26]

7.3　Para realizar una acción moralmente buena, no es precisa *la gracia de la fe* (sentencia cierta)

La teología clásica distinguía el caso presentado en la sección anterior, esto el del pecador (fiel bautizado que comete pecado mortal, pierde la gracia santificante, pero conserva la fe) que puede hacer algunos actos buenos, del caso del infiel (que no tiene gracia santificante ni fe sobrenatural).

---

[23]D. S. 2449.

[24]D. S. 2663.

[25]S. González Rivas: *De gratia...*, cit., pág. 28; L. Ott: *Manual...*, cit., pág. 360.

[26]J. A. Sayés: *La gracia...*, cit., págs. 95–96; Ch. Baumgartner: *La gracia...*, cit., pág. 309.

¿Pueden los infieles realizar obras buenas? La respuesta es que algunas veces pueden actuar correctamente aunque no tengan gracia santificante ni fe. Incluso si la gracia actual está presente, también pueden actuar de un modo salvífico.[27]

Negaron tal posibilidad Bayo, Quesnel y Jansenio. Éste último, aunque consideró que los pecadores podían realizar obras buenas, sin embargo se las negaba a los infieles. Con el pecado original el hombre perdió la libertad de elegir por necesidad, que fue sustituida por la posibilidad de elegir necesariamente siguiendo una de dos posibles delectaciones: gracia y concupiscencia. La voluntad sigue el impulso de la delectación más fuerte. Ahora bien, los infieles siguen necesariamente la concupiscencia porque no se les otorga gracia alguna, por lo tanto todo lo que hacen es pecado.[28]

Conviene notar que existe una diferencia entre las tesis protestantes y las de Bayo, Quesnel y Jansenio, porque los primeros sostenían su doctrina sobre la base de un principio *intrínseco* malo (esto es, la naturaleza humana corrompida intrínsecamente), mientras que los segundos consideraban que las obras de los pecadores y de los infieles eran pecado porque procedían de un principio *extrínseco*, esto es del amor malo de concupiscencia al que no pueden resistir al no recibir la gracia necesaria.

La Iglesia condenó la doctrina jansenista[29], así como la de Bayo y Quesnel.[30] Por eso la afirmación de que no todos los actos de los infieles

---

[27]Cfr. Santo Tomás: *Summ. Theol.*, Iᵃ–IIᵃᵉ, q. 10, a. 4; q. 85, a. 1 ss.; L. L. Lercher–F. Lakner: *De gratia Christi*, cit., págs. 233–240; B. Beraza: *De gratia...*, cit., págs. 311–328; H. H. Lange: *De gratia...*, cit., págs. 88–116; S. González Rivas: *De gratia*, cit., págs. 27–34; F. Pérez Muñiz: *Tratado de gracia...*, cit., pág. 618–619.

[28]Cfr. J. Carreyre: *Jansénisme*, cit. cols. 318–529; S. González Rivas: *De gratia*, cit., pág. 31.

[29]Alejandro IV (D. S. 2307–2308.

[30]San Pio V a Bayo (D. S. 1925) y Clemente IX a Quesnel (2442 y 2444).

son pecado, es sentencia cierta como consecuencia de la condena de los jansenistas.

La Sagrada Escritura afirma tal realidad como hemos visto antes con relación a la posibilidad de que los pecadores puedan hacer obras buenas. Baste por todos, Ro 2:14, "En verdad, cuando los gentiles, que no tienen Ley, cumplen naturalmente las prescripciones de la Ley, ellos mismos, sin tenerla, son para sí mismos Ley". Los textos que parecen negar tal posibilidad debido a la falta de fe (cfr. Ro 14:23; Tit 1:11; Heb 11:6) no se refieren al caso aquí estudiado.[31]

Los Santos Padres reconocían que los paganos hacían algunas obras buenas, aunque no entraban a dilucidar explícitamente si esas obras eran hechas por las solas fuerzas naturales o con la ayuda de las gracias actuales. San Gregorio Nacianceno sostenía que hay muchos bautizados cuyas vidas los separan del cuerpo de los fieles, mientras que otros que no pertenecen oficialmente a tal cuerpo, sin embargo por sus obras buenas están dentro, faltándoles solo el título oficial.[32] San Juan Crisóstomo concedía que entre los paganos hay algunos que viven correctamente.[33] San Fulgencio aceptaba que había infieles y bautizados pecadores que realizaban algunas obras que pertenecían a la justicia de la sociedad humana.[34] En el mismo sentido, el Doctor de la Gracia, San Agustín afirmaba que los hombres más perversos difícilmente carecerían de algunas obras buenas.[35]

Santo Tomás, sostuvo que los infieles aunque no tienen la gracia ni la fe, sin embargo pueden realizar algún bien con las fuerzas de su naturaleza:

---

[31]Cfr. la recta interpretación en S. González Rivas: *De gratia*, cit., pág. 34 y J. C. Plumbe: *Omnia mundo mundis*, en "Theological Studies" 8 (1945) 509–523.

[32]San Gregorio Nacianceno: *Orationes*, 18, 6 (P. G. 35, 992).

[33]San Juan Crisóstomo: *In Joann. Hom.*, 27, 2 (P. G. 59, 164).

[34]San Fulgencio: Epist., 17, 26, 51 (P. L. 65, 483).

[35]San Agustín: *De spiritu et litt.*, 28, 48 (P. L. 44, 199ss.).

"Peccatum mortale tollit gratiam gratum facientem, non autem totaliter corrumpit bonum naturae. Unde, cum infidelitas sit quoddam mortale peccatum, infideles quidem gratia carent, remanet tamen in eis aliquod bonum naturae. Unde manifestum est quod infideles non possunt operari opera bona quae sunt ex gratia, scilicet opera meritoria, tamen opera bona ad quae sufficit bonum naturae aliqualiter operari possunt. Unde non oportet quod in omni suo opere peccent, sed quandocumque aliquod opus operantur ex infidelitate, tunc peccant".[36]

"Como ya hemos expuesto, el pecado mortal quita la gracia santificante, pero no destruye del todo el bien de la naturaleza. Por eso, siendo la infidelidad un pecado mortal, los infieles están privados, en realidad, de la gracia, pero permanece en ellos algún bien de la naturaleza. De donde es manifiesto que los infieles no pueden hacer obras buenas que son de la gracia, esto es obras meritorias, sin embargo pueden hacer obras buenas para las que es suficiente el bien de naturaleza. De ahí que no implica que pequen en todos sus actos; pecan, sin embargo, siempre que realicen cualquier obra movidos por su infidelidad".

Hay que distinguir en el infiel la doble formalidad: de hombre y de infiel. Todo cuanto el hombre hace en cuanto infiel u ordenado al fin de su infidelidad, es pecado. Pero no es necesario que el infiel obre siempre en cuanto tal y ordenado al fin de su infidelidad, como tampoco todo lo que hace el fiel ha de estar ordenado necesariamente al fin de la fe. El infiel puede obrar también como hombre racional, con una acción buena que no ordena al fin de infidelidad y que quedaría ordenada en principio al fin último de todo hombre que es Dios. De

---

[36]Santo Tomás de Aquino: *Summ. Theol.*, II^a–II^a, q. 10, a. 4, co. Cfr. q. 23, a. 7, ad 1; *In Sent.* II, dist. 41, q. 1, a. 2; IV, dist. 39, a. 2, ad 5; *In Tit.* c. 1, lect. 4; *De malo*, q. 2, a. 5, ad 7; *In Rom.*, c. 14, lect. 3.

no ser así cualquiera que fueran las acciones del infiel, serían pecado, lo que no se puede sostener como hemos visto.[37]

Y lo mismo sostendrán Pedro Lombardo y San Buenaventura.[38]

Hay una controversia sobre la posición de San Agustín en relación a nuestro tema. A veces el Santo aceptó que los infieles podían hacer algunas obras buenas, incluso en sus controversias contra los pelagianos.[39] Otras veces, como en sus disputas contra Juliano sostuvo que todas las obras de los infieles eran pecado.[40] Los teólogos se han dividido sobre la posición verdadera agustiniana.[41]

7.4 Para realizar una acción moralmente buena, no es preciso *la gracia actual* (sentencia cierta)

El hombre caído, sin la ayuda de la gracia divina (esto es sin la gracia habitual, ni la gracia de la fe, ni siquiera la gracia actual), puede realizar obras moralmente buenas con sus fuerzas naturales exclusivamente. Por eso no todas sus obras que se hacen sin la gracia actual son pecado.[42]

---

[37]F. Pérez Muñiz: *Tratado de gracia...*, cit., pág. 618–619.

[38]Pedro Lombardo: *Sent.* Lib. 2, d. 41 (P. L. 192, 749–750); San Buenaventura: *In II Sent.* q. 41, d. 2. Cfr. J. A. Sayés: *La gracia...*, cit., pág. 91.

[39]San Agustín: *De spiritu et littera*, 27, 48 (P. L., 44, 229); *In Ioan. Evan. Tract.*, 44, 13 (P. L. 35, 1718); *Serm.*, 349, 1, 1 (P. L. 38, 1529).

[40]San Agustín: *Contra Iulianum*, 4, c. 3, n. 23–33; c. 30; c. 32 (P. L. 44, 745).

[41]Cfr. S. González Rivas: *De gratia*, cit., pág. 32–33.

[42]Cfr. Santo Tomás de Aquino: Summ. Theol. Iª–IIª, q. 109, a. 2; L. Lercher–F. Lakner: *De gratia Christi*, cit., págs. 223–232; B. Beraza: *De gratia...*, cit., págs. 329–349; H. Lange: *De gratia...*, cit., págs. 117–133; S. González Rivas: *De gratia*, cit. págs. 35–40; J. A. Sayés: *La gracia...*, cit., págs. 90–92; F. Pérez Muñiz: *Tratado de gracia...*, cit., pág. 619.

Ni la Sagrada Escritura ni la Tradición Apostólica afirman que la gracia sea necesaria para todas las obras buenas. Los que afirman lo contrario intentan fundamentar su posición en los dichos de San Agustín, cuando afirma que sin la gracia de Dios no se puede hacer obra alguna que no esté libre de pecado; sin embargo hay que recordar que el Santo hace tales afirmaciones desde su peculiar punto de vista y no niega lo que se expone aquí. En efecto, como dice L. Ott:

> "Hay que tener en cuenta que San Agustín llama pecado en un sentido amplio a todo lo que no se ordena al último fin sobrenatural. En este mismo sentido hay que entender el can. 22 del concilio II de Orange: "Nemo habet de suo nisi mendacium et peccatum".[43]

Por eso entre los teólogos se han dado tres posiciones:[44]

1. Los teólogos agustinianos, sostienen que siendo la condición de los infieles y pecadores muy mala, al menos pecan venialmente en todo lo que hacen.

2. Ripalda y Vázquez defienden que la condición de los infieles es muy buena, por lo que todos sus actos buenos serían salvíficos, disponiéndoles al menos remotamente para la justificación.

3. Para la mayoría de los teólogos, la condición del hombre caído sería intermedia entre buena y mala, es decir, que sin gracia alguna pueden realizar buenas obras al menos algunas veces, pero sin gracia actual no pueden realizar actos que puedan disponerles para la justificación.

---

[43]L. Ott: *Manual...*, cit., pag. 362. Cfr. D. S. 392; San Agustín: *In Iohan, Tr.* 5, 1.
[44]Cfr. S. González Rivas: *De gratia*, cit., pág. 35–36.

La Iglesia no se ha pronunciado explícitamente sobre la posibilidad de hacer obras buenas siguiendo las solas fuerzas de la naturaleza humana sin la ayuda de la gracia. Pero las condenas examinadas a Bayo, Jansenio, Quesnel y el Sínodo de Pistoya, favorecerían la posición aquí explicada. En efecto, la Iglesia ha condenado la proposición de que el hombre caído, sin la gracia, es incapaz de realizar nada bueno;[45] por lo tanto puede realizar algunos actos buenos. Además la Iglesia ha condenado la idea de un doble amor (amor verdadero y concupiscencia) en la creatura (D. S. 1938, 2307, 244, 2624); por lo tanto hay una tercera clase de amor, el amor natural bueno.

Santo Tomás defendió que la naturaleza humana caída puede hacer algún bien particular por virtud de su naturaleza:

"Sed in statu naturae corruptae etiam deficit homo ab hoc quod secundum suam naturam potest, ut non possit totum huiusmodi bonum implere per sua naturalia. Quia tamen natura humana per peccatum non est totaliter corrupta, ut scilicet toto bono naturae privetur; potest quidem etiam in statu naturae corruptae, per virtutem suae naturae aliquod bonum particulare agere, sicut aedificare domos, plantare vineas, et alia huiusmodi; non tamen to-

"En el estado de corrupción, el hombre ya no está a la altura de lo que comporta su propia naturaleza, y por eso no puede con sus solas fuerzas naturales realizar todo el bien que le corresponde. Sin embargo, la naturaleza humana no fue corrompida totalmente por el pecado hasta el punto de quedar despojada de todo el bien natural; por eso, aun en este estado de degradación, puede el hombre con sus propias fuerzas naturales realizar algún bien particular, como edificar casas, plantar viñas y otras cosas así; pero no puede llevar a cabo to-

---

[45]D. S. 1927, 2402, 2439.

tum bonum sibi connaturale, ita quod in nullo deficiat. Sicut homo infirmus potest per seipsum aliquem motum habere; non tamen perfecte potest moveri motu hominis sani, nisi sanetur auxilio medicinae".[46]	do el bien que le es connatural sin incurrir en alguna deficiencia. Es como un enfermo, que puede ejecutar por sí mismo algunos movimientos, pero no logra la perfecta soltura del hombre sano mientras no sea curado con la ayuda de la medicina".

En efecto, el libre albedrío del hombre no ha quedado extinguido o muerto por el pecado, por lo cual conserva alguna virtud por la cual puede hacer algún bien moral y honesto, aunque sea muy pequeño. Por eso, el libre albedrío del hombre caído conserva alguna virtud para hacer actos moralmente buenos y honestos, por solas sus fuerzas y sin la ayuda de la gracia, aunque siempre se presuponga el auxilio general de Dios por su atributo de conservación en el ser y cooperación con el obrar del hombre.

---

[46]Santo Tomás de Aquino: *Summ. Theol.*, Iª–IIª, q. 109, a. 2, co. Cfr. q. 99, a. 2, ad 2; *In Sent.*, II, dist. 28, a. 1; dist. 39, expos. litt.; IV, dist. 17, q. 1, a. 2, qª. 2, ad 3; *De verit.*, q. 24, a. 1, ad 26; a. 14; *In 2 Cor.*, 3, lect. 1.

Capítulo 8

Límites de la capacidad natural (la gracia actual sanante)

Aunque el hombre caído no justificado puede realizar algunas obras buenas sin la ayuda de la gracia, sin embargo no puede hacerlo todo, ya que no puede evitar todos los pecados mortales durante un largo periodo de tiempo o resistir todas las tentaciones graves que le sobrevengan. Además no puede perseverar mucho tiempo en el estado de justicia, ni puede evitar por mucho tiempo los pecados veniales. Este tema está relacionado con la necesidad o no de la llamada "gracia actual sanante", don sobrenatural de Dios que repara la capacidad natural del hombre caído que quedó vulnerada y disminuida por efecto del pecado original.

8.1 La gracia actual sanante

El término "gratia actualis" se crea con la escolástica tardía, haciéndose habitual después del Concilio de Trento. Santo Tomás distingue claramente la realidad de la gracia actual de la habitual, aunque no utilice el vocablo "gracia actual", lo que se comprueba porque el Santo distingue el "don habitual" de la "ayuda divina para querer y actuar bien".[1] Se considera que Capreolo fue el primero que utilizó la expresión.[2] El Concilio no utiliza el término, aunque sí conceptos similares como "moción gratuita", "auxilio de Dios que mueve", etc.[3]

La gracia actual, llamada también *auxiliadora* o *de asistencia*, es un influjo sobrenatural pero transitorio de Dios sobre las potencias del alma para realizar una acción saludable que tienda, bien a la consecución de la gracia santificante, o bien a la conservación y crecimiento de la misma. Se distingue, como ya se dijo, de la gracia habitual, que es el estado de la gracia por la que el hombre queda totalmente integrado en Dios, amándole sobre todas las cosas (justificación) y que se confiere a modo de hábito o cualidad permanente y sobrenatural

---

[1]Santo Tomás: *Summ. Theol.*, Iª–II*ᵃᵉ*, q. 109, aa. 6 y 9. Cfr. S. González Rivas: *On grace...*, cit., pág. 172; P. de Vooght: *A propos de la grâce actuelle dans la théologie de S. Thomas*, en "Divus Thomas" (Piacenza), 31 (1928) 389–416; H. Lange: *De gratia...*, cit., págs. 488–489.

[2]I. Capreolo: *Defensiones theologicae Divi Thomae*, in 4, d. 14, q. 2, a. 3. La define como una moción para realizar un acto, mientras que la gracia habitual es una realidad permanente en el hombre.

[3]Cfr. E. Hugon: *Tractatus de gratia*, París, Sumptibus P. Lethielleux, 1920, q. 4; L. Lercher: *Instil, theol. dogmat.* Vol.4–I, cit., n.261–356; H. Guillermin: De la grâce suffisante, en "Revue thomiste", 9 (1901) 505–519 ; 10 (1902) 47–76; *Nature de la grâce suffisante* 10 (1902) 377–405; *Exposé thomiste, seconde manière* 10 (1902) 653–675; 11 (1903) 20–31.; R. Garrigou–Lagrange: *De gratia*, cit., pags. 122–242; S. González Rivas: *On grace...*, cit., págs. 172–185; L. Ott: *Manual...*, cit., págs. 349–351; J. Ibáñez y F. Mendoza: *Dios santificador...*, cit., págs. 107–118.

que santifica intrínsecamente al hombre y lo hace justo y grato a Dios (*gracia santificante* o *gracia justificante*).

Como se indica, la gracia actual sanante es una de las gracias actuales y hay que considerarla desde dos perspectivas: en primer lugar, exponiendo sus efectos sobre el hombre que no ha sido justificado (infiel), esto es en el puro estado de naturaleza caída; en segundo lugar, sobre el hombre que ha recibido la gracia de la justificación, esto es en el estado de naturaleza redimida.

8.2 Límites de la naturaleza caída y no justificada

8.2.1 En el estado de naturaleza caída, resulta moralmente imposible, sin revelación sobrenatural, conocer con firme certidumbre y sin mezcla de error todas las verdades religiosas y morales del orden natural (de fe)

El Concilio Vaticano I proclamó la doctrina sobre la imposibilidad moral de tal conocimiento:

> "A esta revelación divina hay que atribuir el que todas aquellas cosas divinas que de por sí no son inaccesibles a la razón sean conocidas por todos, en el estado presente del género humano, con facilidad, firme certidumbre y sin mezcla alguna de error".[4]

La razón por la que, sin revelación sobrenatural, fueran pocas las personas que llegaron a alcanzar un conocimiento perfecto de Dios y de la ley moral natural, es precisamente la "herida de ignorancia"

---

[4]D. S. 3004.

(*vulnus ignorantiae*) que el pecado original abriera en la naturaleza humana, y que consiste en la debilitación de la inteligencia.[5]

Por eso dice Santo Tomás:

"Ad ea etiam quae de Deo ratione humana investigari possunt, necessarium fuit hominem instrui revelatione divina. Quia veritas de Deo, per rationem investigata, a paucis, et per longum tempus, et cum admixtione multorum errorum, homini proveniret, a cuius tamen veritatis cognitione dependet tota hominis salus, quae in Deo est".[6]

"Lo que de Dios puede comprender la sola razón humana, también precisa la revelación divina, ya que, con sola la razón humana, la verdad de Dios sería conocida por pocos, después de muchos análisis y con resultados plagados de errores. Y, sin embargo, del exacto conocimiento de la verdad de Dios depende la total salvación del hombre, pues en Dios está la salvación".

8.2.2 En el estado de naturaleza caída, le resulta moralmente imposible al hombre cumplir durante largo tiempo toda la ley moral en cuanto a la sustancia, y resistir todas las tentaciones graves sin la ayuda de la gracia sanante (sentencia cierta)

El hombre caído, sin la gracia habitual ni actual, pero con el solo concurso natural de Dios en las acciones de las creaturas, no puede con sus fuerzas naturales morales durante un periodo largo de tiempo

---

[5]L. Ott: *Manual...*, cit., pág. 363.

[6]Santo Tomás de Aquino: *Summ. Theol.*, Iª, q. 1, a. 1, co. Cfr. IIª–IIª, q. 2, a. 3, y 4; *In Sent.*, III, Pról., a. 1; *De Trin.*, q. 1, a. 1; *De verit.*, q. 14, a. 10; *Cont. Gentes* I ,4,5.

(dependiendo de la condición concreta de cada ser humano), obedecer lo que es mandado o evitar lo que es prohibido por la ley moral natural.[7] Se trata de una imposibilidad moral y no física, que procede de la dificultad de observar la ley moral. No admite excepciones. La "ley natural" es la "participación de la ley eterna por la creatura racional",[8] que coincide básicamente con los preceptos del Decálogo. Se trata de la imposibilidad de cumplimiento "en cuanto a la sustancia" esto es por medio de actos naturalmente honestos.[9] Como el cumplimiento de la ley natural es una obligación grave, si un adulto la viola es culpable de un pecado mortal formal.

Así lo confirma la experiencia, pues incluso los hombres que han recibido la gracia sin embargo pecan contra la ley de Dios; más aún ocurre con los que sólo cuentan con las fuerzas de su naturaleza. Es la consecuencia de la debilidad de la voluntad humana y el influjo de la concupiscencia y de las tentaciones del mundo y del demonio.

En la Biblia se habla de la batalla peligrosa que debe luchar el hombre justo (justificado por la gracia) para evitar los pecados, y que sólo puede ser ganada con la ayuda de la gracia (actual) impetrada mediante la oración (1 Pe 5:8; Ef 6:11–18; 1 Cor 10:12; Mt 6:13; Ro 7: 1–25). Con mayor razón, por tanto, el hombre caído no podrá vencer siempre en la lucha con las solas fuerzas de su naturaleza.

---

[7]Cfr. L. Lercher–F. Lakner: *De gratia Christi*, cit., págs. 190–200; H. Lange: *De gratia...*, cit., págs. 134–162; O. González Rivas: o. c., págs. 41–49.

[8]Santo Tomás de Aquino: *Summ. Theol.* Iª–IIªᵉ, q. 91, a. 2; *In Sent.* IV, dist. 33, q. 1, a. 1.

[9]No se refiere, pues, "en cuanto al modo", esto es de modo meritorio (por medio de acciones saludables que pueden conducir a su salvación), para los que sí necesita la gracia actual sanante. La distinción entre observancia de la ley natural en cuanto a la sustancia (esto es por actos que son moralmente buenos, pero no salvíficos) y en cuanto al modo (ley natural observada por actos con valor salvífico), es una distinción escolástica que fue recogida por el Magisterio (Cfr. D. S. 1961, sobre los errores de Bayo).

Los Santos Padres no suelen distinguir entre la observancia de la ley de Dios de un modo natural o de un modo que sirva para la salvación. Pero sí predican la gran debilidad del hombre para vencer las tentaciones sin la ayuda de Dios, y rechazan la tesis de Pelagio sobre la perfección de la naturaleza humana incluso después del pecado original. En efecto, los pelagianos afirmaron que el hombre puede observar toda la ley con sólo las fuerzas de su naturaleza, pudiendo evitar los pecados, incluso los más pequeños.[10]

San Juan Crisóstomo, comenta el texto de 1 Cor 10:13 ("Dios es fiel que no permitirá que seáis tentados por encima de vuestras fuerzas"), y se pregunta cuáles sean esa clase de tentaciones, respondiendo que son todas, por así decir; porque el poder está en la ayuda de Dios, que atraemos a nuestra voluntad. Por tanto, para que sepamos con precisión que no podemos superar fácilmente sin su ayuda, no sólo las cosas que están más allá de nuestro poder sino incluso las cosas que son humanas, añadió: "con la tentación, os dará también el modo de poder soportarla con éxito".[11] San Ambrosio de Milán comentando la idea de 1 Pe 4:18, explica que "si consideras que el justo a duras penas se salva, comprenderás que seguramente sus pasos a veces vacilan, y que Dios... también permite que los justos sean tentados muchas veces, para que los sabios sean probados más por las tentaciones. Pero, ¿quién es tan fuerte como para nunca ser vencido por la tentación, a menos que el Señor que ayuda lo asista?"[12] San Jerónimo reserva la impecabilidad tan solo para Dios y para Jesucristo: "la perpetuidad en la impecabilidad está reservada para solo Dios y para Aquél que como Palabra hecha carne, no estaba sujeto al pecado ni a los defectos de

---

[10]cfr. San Agustín: *De haeresibus* 88 (P. L. 42, 21ss.); Id.: *Contra duas epist. Pelagianorum* 4,11,31. (P. L. 44, 549ss.).

[11]San Juan Crisóstomo: *In epist. ad Corinth. hom*, 24, 1 (P. G. 61, 198); cfr. también *Hom. in quosdam loc. N. Test.*, 315 (P. G. 51, 51).

[12]San Ambrosio: *Enarrationes in 12 Ps. davidicos*, 43, 71 (P. L. 14, 1123).

la carne. Pero, por el hecho de que yo pueda evitar el pecado durante un poco de tiempo, no significa que lo pueda hacer siempre. Yo puedo ayunar, rezar, andar, leer, cantar, sentarme, dormir..., pero, ¿puedo hacerlo continuamente?"[13] Por su parte, San León Magno insiste en que la gracia de Dios no se priva a nadie que experimente lo arduo o imposible de lo mandado cuando recurre al que lo mandó, al que dio el precepto, para encienda el deseo y otorgue su auxilio. Por eso dice el profeta en el Salmo 55:23, "Deja en el Señor tu cuidado y Él te sustentará, que no abandona para siempre al justo en la zozobra". ¿Es posible que alguien sea tan insolentemente orgulloso, y presuma estar tan ileso, tan inmaculado, que ya no necesita renovación alguna? Esta convicción es enteramente errónea, y quien se cree inmune a toda herida entre las tentaciones de esta vida, avanza en la vida con demasiada vanidad.[14]

Los Concilios de la Iglesia tratan de este tema implícitamente al enseñar que la gracia es necesaria para evitar los pecados graves.[15] El Concilio de Trento establece que se requiere una ayuda especial de Dios para que el justo pueda vencer las tentaciones de la carne, del mundo y del demonio, y de ese modo, ser capaz de perseverar en la justicia recibida.[16] Como se ve, el Magisterio de la Iglesia no ha tratado específicamente de la observancia de la ley natural sin la gracia, por lo que la verdad que estudiamos no puede ser considerada de fe, sino sólo como sentencia teológicamente cierta, en cuanto que se deduce de los razonamientos examinados.

---

[13]San Jerónimo: *Dial. adv. Pelag.*, 3, 12 (P. L. 23, 581).

[14]San León Magno: *Sermones*, 43, 1 (P. L. 54, 281).

[15]Cfr. Concilio XV de Cartago (a. 418), cánones 3–5 (D. S. 225–227). El *Indiculus* enseña que todo hombre, incluso el justo, necesita la asistencia diaria de Dios para evitar pecados graves (D. S. 241).

[16]D. S. 1541, 1571.

El libre albedrío por el pecado ha quedado gravemente enfermo, debilitado y atenuado para el bien, pero no muerto o extinguido.[17] Esta debilitación se extiende a todos los bienes naturales propios de la naturaleza. Al no estar muerto, el libre albedrío puede hacer algunas obras buenas moralmente, pero por estar gravemente enfermo, debilitado y atenuado, no puede querer ni cumplir todo el bien natural, para lo que se necesitaría todas las fuerzas de la naturaleza sanas e íntegras.[18]

Santo Tomás de Aquino explica la verdad según la cual el ser humano no puede evitar el pecado mortal durante mucho tiempo en base a la falta de sujeción plena a Dios de nuestra razón y de nuestra voluntad debido a las consecuencias del pecado original:

"Per finem autem oportet quod regulentur omnes actus humani, sicut per rationis iudicium regulari debent motus inferioris appetitus. Sicut ergo, inferiori appetitu non totaliter subiecto rationi, non potest esse quin contingant inordinati motus in appetitu sensitivo; ita etiam, ratione hominis non existente subiecta Deo, consequens est ut contingant multae inordinationes in ipsis actibus rationis. Cum enim homo non habet cor suum firma-

"Pues los actos humanos deben ser regulados por el fin, al igual que los movimientos del apetito inferior tienen que ser guiados por el juicio de la razón. Ahora bien, lo mismo que en el apetito inferior no sometido plenamente a la razón es inevitable que surjan de vez en cuando movimientos desarreglados, así también tienen que aparecer movimientos desordenados en la razón natural que se encuentra en estado de insubordinación a Dios. Porque cuando el hombre no tiene su corazón de tal ma-

---

[17]Orange II, cánones 8, 13 (D. S. 378, 383. Cfr. 396); Trento, canon 5, Ses. VI, (D. S. 1555).

[18]F. Pérez Muñiz: *Tratado de gracia*, cit., pág. 620.

tum in Deo, ut pro nullo bono consequendo vel malo vitando ab eo separari vellet; occurrunt multa propter quae consequenda vel vitanda homo recedit a Deo contemnendo praecepta ipsius, et ita peccat mortaliter".[19]

nera fijo en Dios que ni por conseguir provecho ni por evitar daño consienta en apartarse de Él, le salen al encuentro multitud de cosas que, por alcanzarlas o por rehuirlas, le inducen a apartarse de Dios por la infracción de sus mandatos, y así cae en el pecado mortal".

A la debilidad de nuestra voluntad y el influjo de la concupiscencia, se añade la realidad de las tentaciones externas del mundo y del demonio que pueden ser muchas, vehementes y de larga duración.

8.3 Límites de la naturaleza caída y justificada

Una vez conocidos los límites de la potencia natural para conocer y obrar el bien del hombre no justificado, pasamos a considerar los del hombre justificado.

La gracia actual sanante es también necesaria para los actos del hombre justificado. Sin ella, acabaría cayendo en el pecado mortal perdiendo el don de la justificación, o cayendo en el pecado venial.

Se entiende por hombre justificado la persona que tiene gracia habitual o santificante.

---

[19]Santo Tomás de Aquino: *Summ. Theol.*, Iª–IIæ, q. 109, a. 8, co. Cfr. q. 63, a. 2, ad 2; q. 74, a. 3, ad 2; *In Sent.* II, dist. 20, q. 2, a. 3, ad 5; dist. 24, q. 1, a. 4: dist. 28, a. 2; *De verit.*, q. 22, a. 5, ad 7; q. 24, a. 1, ad 10.12; a. 12.13; *In 1 Cor.*,12, lect. 1; *In Hebr.*, 10, lect.3; *Cont. Gentes* III, 160; *De malo*, q. 3, a. 1, ad 9.

8.3.1 El hombre justificado, en el actual estado de naturaleza caída, sin un auxilio especial de Dios, no puede perseverar *durante mucho tiempo* en la justificación adquirida (sin cometer *pecados mortales*)

Aunque el hombre justificado tiene una cierta estabilidad en el bien, necesita de la ayuda continua de Dios, con auxilios especiales derivados de los méritos de Cristo, para mantenerse en el estado de gracia durante mucho tiempo,[20] esto es, para cumplir los preceptos de la ley de Dios (fundamentalmente la ley divino positiva) sin caer en el pecado mortal que supone el incumplimiento voluntario de tal ley.[21] Es importante tener en cuenta que ahora tratamos del *hombre justificado* esto es del que ha recibido la justificación (la gracia habitual) y los otros dones sobrenaturales que la acompañan, y por tanto está en posesión de ellos, lo que es un caso diferente al estudiado acerca del las posibilidades del hombre en estado de naturaleza caída pero sin poseer la gracia santificante.

Al referirnos al *auxilio especial de Dios*, excluimos las meras fuerzas naturales y a la gracia habitual que ya tiene el justificado. Tampoco es un "privilegio" como el que es necesario para evitar todos los pecados veniales, como se verá, porque ese "auxilio divino" se concede a todos, aunque se denomine "especial". En efecto, el Concilio de Trento, en el Decreto sobre la justificación, sostenía que "Dios, a los que una vez justificó por su gracia no los abandona, si antes no es por

---

[20]La duración del tiempo de fidelidad depende de la situación concreta de cada ser humano.

[21]Cfr. L. Lercher–F. Lakner: *De gratia Christi*, cit., págs. 201–216; H. Lange: *De gratia...*, cit., págs. 170–175; S. González Rivas: o. c., págs. 50–58; J. Ibáñez y F. Mendoza: *Dios santificador...*, cit., págs. 51–57; F. Pérez Muñiz: *Tratado de gracia*, cit., págs. 665–669.

ellos abandonado".[22] Entonces, ¿en qué consiste ese "auxilio especial de Dios"? Los teólogos se dividen: unos afirman que es sólo la gracia actual necesaria para la perseverancia (Juan de Santo Tomás, Gonet, los salmanticeses, Billuart, del Prado, etc.);[23] otros sostienen que es la suma de gracias actuales que se necesitan y son suficientes para vencer cada una de las tentaciones por separado (Hurter, Mazzella, Pesch, Perrone, Tepe);[24] finalmente, otros (Michel, Lercher, Beraza, González Rivas, etc.)[25] consideran que se trata de una protección especial otorgada por Dios compuesta de las ayudas externas (entitativamente naturales) que alejan de las ocasiones de pecar y de las ayudas internas (intrínsecamente sobrenaturales) para que el hombre justificado pueda guardar de modo sobrenatural los preceptos divinos

Cuando nos referimos a que el hombre *no puede perseverar* no se trata de la impotencia física de perseverar, sino a la impotencia moral estricta, esto es, que no admite excepciones. La "perseverancia" es la permanencia en la gracia habitual recibida sin caer en el pecado mortal. No se trata ahora específicamente del caso de la perseverancia final perfecta que es la buena muerte terminando la vida en estado de

---

[22]D. S. 1536.

[23]Juan de St. Thomas: *Cursus theologicus*, 1.2, d. 21, a. 2; J. B. Gonet: *Clypeus theol. thomisticae*, d. 1 a. 8; Salmanticenses: *De gratia*, d. 3, dub. 11; Billuart: *De gratia*, dis. 3, a. 10; N. del Prado: *De gratia et libero arbitrio* 1, 120ss.; Hugon: *De gratia*, q. 2, a. 8.

[24]Hurter: *De gratia*, 41; Mazzella: *De gratia Christi*, págs 314-315; Pesch: *Praelectiones dogmaticae* 5, 189; Perrone: *De gratia Christi* 67ss. 203; Tepe: *De gratia*, 87.

[25]Posición que sostienen sobre la interpretación de los artículos 9 y 10 de la cuestión 109 de la Iª–IIᵃᵉde la Suma Teológica de Santo Tomás, y el uso del término "auxilium" por el Concilio de Trento que tiene un significado más amplio que el de *gratia*. Cfr. Suárez: *De gratia* 10, 2, 6ss.; B. Beraza: *De gratia...*, cit., pág. 230; L. Lercher: o. c. 4, 1, 202; A. Michel: *Perseverance* en DTC XII, cols. 1283–6.

gracia, sino de la denominada "perseverancia imperfecta o temporal" que dura un espacio de tiempo durante la vida del justificado.

En la Biblia se revela que incluso el hombre justificado ha de luchar contra las tentaciones del mundo, del demonio y de la carne (San 1: 2.14; 1 Pe 5:8), insistiendo en la necesidad de pedir la ayuda divina para vencerlas (Mt 6:13; Ef 6: 11.13).

Por eso, los Santos Padres y Escritores eclesiásticos insistieron en la necesidad del auxilio divino para perseverar en el estado de gracia habitual impetrado continuamente en la oración. Orígenes: "Es necesario que nuestra voluntad y la ayuda divina trabajen juntos con el propósito de que el hombre virtuoso y justo pueda perseverar".[26] San Cipriano: "Pedimos y suplicamos que nosotros, que hemos sido santificados por el bautismo, podamos perseverar en lo que hemos empezado".[27] San Juan Crisóstomo: "Aunque sea Pablo o Pedro, Santiago o Juan sin la ayuda del Cielo son fácilmente vencidos y caen".[28] San Ambrosio: "Teme al Señor y enorgullécete del Señor. 'Porque el Señor enviará ángeles alrededor de los que le temen, y los librará' (Sal 34:8). Ciertamente ves que en todas partes el poder del Señor coopera con los esfuerzos humanos, de modo que nadie puede construir sin el Señor, nadie puede guardar sin el Señor, nadie puede comenzar nada sin el Señor".[29] San Jerónimo, en controversia contra los pelagianos, decía que: "Esto es lo que os dije al principio: que está en nuestro poder pecar o no pecar, y extender la mano para bien o para mal, para que se conserve el libre albedrío; pero esto a la manera y el tiempo y la condición de la fragilidad humana. Porque la perpetuidad en la impecancia está reservada sólo a Dios, y a aquel Verbo que se hizo carne

---

[26]Orígenes: *In Psal. Commentarii*, 319 (P. G. 12, 1161).

[27]San Cipriano: *De orat. domin.*, 12 (P. L., 4, 527).

[28]San Juan Crisóstomo: *Homiliae in quosdam locos N. Testamenti*, 315 (P. G. 51, 51).

[29]San Ambrosio: *Expos. Evang. sec. Lucam*, 2, 84 (P. L. 15, 1583).

pero no sufrió el detrimento de la carne ni los pecados".[30] San Agustín, sostiene que la perseverancia es un don gratuito de Dios, lo que se demuestra por ser una de las peticiones de la oración.[31] También en el mismo sentido, San Próspero de Aquitania[32] y San Fulgencio de Ruspe.[33]

Los pelagianos rechazaron la necesidad de la gracia para perseverar sin cometer pecado mortal, ya que consideraban que el hombre con la fuerza natural de su libertad podía cumplir todos los preceptos de la ley natural; la gracia no era necesaria, sólo útil.

El Magisterio de la Iglesia insistirá en la necesidad del auxilio especial de la gracia para perseverar en el estado de justicia recibida. Así aparece en el Indiculus,[34] en el II Concilio de Orange[35] y en Trento:

> "Igualmente, acerca del don de la perseverancia (Can. 16), del que está escrito: El que perseverare hasta el fin, ése se salvará (Mt 10:22; 24–13) —lo que no de otro puede tenerse sino de Aquel que es poderoso para afianzar al que está firme (Ro 14:4), a fin de que lo esté perseverantemente, y para restablecer al que cae— nadie se prometa nada

---

[30] San Jerónimo: *Dialogus adv. Pelagianos*, 3, 12 (P. L. 23, 581). Cfr. 2, 16 (P. L. 23. 552).

[31] San Agustín: *De correptione et gratia.* c. 6.9, c. 7, 11 ss. (P. L. 44, 921 ss.).

[32] San Próspero de Aquitania: *Carmen de ingratis: De gratia Dei et libero arbitrio* (P. L. 51, 76ss.).

[33] San Fulgencio de Ruspe: *De fide ad Petrum; De veritate praedestinationis* (P. L. 65, 603ss.).

[34] Cap. 3 (D. S. 241).

[35] Canon 10: "La ayuda de Dios ha de ser implorada siempre aun por los renacidos y sanados, para que puedan llegar a buen fin o perseverar en la obra buena" (D. S. 380).

cierto con absoluta certeza, aunque todos deben colocar y poner en el auxilio de Dios la más firme esperanza".[36]

"Si alguno dijere que el justificado puede perseverar sin especial auxilio de Dios en la justicia recibida o que con este auxilio no puede, sea anatema".[37]

Santo Tomás, al considerar el caso que nos ocupa, sufrió una evolución. En sus escritos primeros sostuvo que para que el justo pudiera perseverar en el estado de gracia sólo necesitaba la gracia habitual;[38] en la *Suma Teológica* exige un nuevo auxilio divino distinto de la gracia habitual, que le mueva a actuar:

"Homo ad recte vivendum dupliciter auxilio Dei indiget. Uno quidem modo, quantum ad aliquod habituale donum, per

"El hombre para vivir rectamente necesita un doble auxilio de la gracia de Dios. El primero es el de un don habitual por el cual la

---

[36] Ses. VI, cap. 13 (D. S. 1541).

[37] Ses. VI, canon 22 (D. S. 1572). Los textos tridentinos tienen una cierta indeterminación, porque "perseverar" puede ser entendido por un lado, como capacidad de perseverar o como el hecho de la perseverancia; y por otro, como perseverancia perfecta (para salvarse al final de la vida terrena) o como perseverancia imperfecta (para evitar pecados mortales durante la vida). Con todo, por lo menos ha de aceptarse que el Concilio habla del "hecho" de la perseverancia aunque no hablara de "la capacidad"; que se refiere literalmente al caso de la perseverancia final; y que por extensión se podría aplicar a la perseverancia imperfecta porque las razones para ésta son las mismas que para aquélla. Por eso, la afirmación que se estudia es considerada por la teología con la nota de teológicamente cierta y su censura como error en teología, ya que los textos que se aducen tratan directamente de la perseverancia perfecta final, y sólo indirectamente de la imperfecta que ahora estamos tratando. Cfr. J. Ibáñez y F. Mendoza: *Dios Santificador...*, cit., pág. 53; L. Ott: *Manual ...*, cit., pág. 363. Con algunas distinciones, S. González Rivas: o. c., pág. 53.

[38] Cfr. *In Sent*, II, dist. 28, c. 1, a. 2. Una cierta evolución a la solución final de la *Suma Teológica*, en *Cuest. Disp. De Veritate*, q. 24, a. 12; y en *Cont. Gent.*, 13, c. 160.

quod natura humana corrupta sanetur; et etiam sanata elevetur ad operandum opera meritoria vitae aeternae, quae excedunt proportionem naturae. Alio modo indiget homo auxilio gratiae ut a Deo moveatur ad agendum. Quantum igitur ad primum auxilii modum, homo in gratia existens non indiget alio auxilio gratiae quasi aliquo alio habitu infuso. Indiget tamen auxilio gratiae secundum alium modum, ut scilicet a Deo moveatur ad recte agendum. Et hoc propter duo. Primo quidem, ratione generali, propter hoc quod, sicut supra dictum est, nulla res creata potest in quemcumque actum prodire nisi virtute motionis divinae. Secundo, ratione speciali, propter conditionem status humanae naturae. Quae quidem licet per gratiam sanetur quantum ad mentem, remanet tamen in ea corruptio et infectio quantum ad carnem, per quam servit legi peccati, ut dicitur ad Rom. VII.

naturaleza caída sea curada y, una vez curada, sea además elevada, de modo que pueda realizar obras meritorias para la vida eterna, superiores a las facultades de la naturaleza. El segundo es un auxilio de gracia por el cual Dios mueve a la acción. Ahora bien, el hombre que está en gracia no necesita otro auxilio de la gracia, en el sentido de un nuevo hábito infuso. Pero sí necesita un nuevo auxilio en el segundo sentido, es decir, necesita ser movido por Dios a obrar rectamente. Y lo necesita por dos razones. La primera, de orden general, es que, como ya dijimos (a.1), ninguna cosa creada puede producir acto alguno a no ser en virtud de la moción divina. La segunda es una razón específica, basada en la condición presente de la naturaleza humana. Porque, si bien esta naturaleza ha sido restaurada por la gracia en cuanto a la mente, aún queda en nosotros la corrupción y la infección de la carne, la cual sirve a la ley del pecado, según se dice en Rom 7,25. Queda además cierta oscu-

Remanet etiam quaedam ignorantiae obscuritas in intellectu, secundum quam, ut etiam dicitur Rom. VIII, quid oremus sicut oportet, nescimus. Propter varios enim rerum eventus, et quia etiam nosipsos non perfecte cognoscimus, non possumus ad plenum scire quid nobis expediat; secundum illud Sap. IX, cogitationes mortalium timidae, et incertae providentiae nostrae. Et ideo necesse est nobis ut a Deo dirigamur et protegamur, qui omnia novit et omnia potest. Et propter hoc etiam renatis in filios Dei per gratiam, convenit dicere, et ne nos inducas in tentationem, et, fiat voluntas tua sicut in caelo et in terra, et cetera quae in oratione dominica continentur ad hoc pertinentia".[39]

ridad de ignorancia en el entendimiento, debido a la cual no sabemos lo que nos conviene pedir, como dice también San Pablo en Rom 8,26. Pues por la complejidad de los acontecimientos y por la imperfección del conocimiento que tenemos de nosotros mismos, no podemos saber plenamente qué es lo que nos conviene, y así se dice en Sab 9,14: Los pensamientos de los hombres son indecisos y nuestras previsiones son inciertas. Por eso tenemos necesidad de que nos dirija y nos proteja Dios, que lo conoce y lo puede todo. De aquí que, incluso los renacidos por la gracia como hijos de Dios, tenemos que pedir: No nos dejes caer en la tentación y hágase tu voluntad así en la tierra como en el cielo, y todo lo demás que se contiene a este respecto en la oración dominical".

---

[39]Santo Tomás de Aquino: *Summ. Theol.*, I^a–II^{ae}, q. 109, a. 9, co.

8.3.2 El hombre justificado, en el actual estado de naturaleza caída, no puede permanecer en la justicia recibida *hasta el fin* (sin cometer *pecados mortales*) sin un auxilio especial de Dios

Esta proposición teológica es similar a la anterior (que trataba de la perseverancia *temporal*, es decir de la perseverancia en el bien por un lapso de tiempo, aunque sin llegar al fin de la vida), pues ahora se trata de la permanencia *perfecta o final* de la gracia habitual, esto es, la perseverancia en la gracia hasta el fin de la vida terrena uniendo así el estado de gracia con la misma muerte. La perseverancia final puede entenderse tanto en sentido activo (esto es la perseverancia de los adultos que gozan del uso de la razón y que con sus propios actos cooperan a obrar el bien y a perseverar en la virtud), como pasivo (la de los niños bautizados que mueren antes de llegar al uso de la razón).[40] La perseverancia final activa de los adultos puede ser breve o larga y diurna según dure poco o mucho tiempo. Lo esencial al considerar la perseverancia final consiste en que se dé la unión del estado de gracia con la muerte, lo que constituye su *elemento formal*; la cooperación activa con la misma o la duración son *elementos secundarios o materiales* de la perseverancia final. Aquí interesa, obviamente, la perseverancia en sentido activo.[41]

---

[40]La perseverancia pasiva se justifica sobre el argumento de la dependencia íntima que la perseverancia final tiene con la divina predestinación, de la que se tratará en su momento. La perseverancia final es efecto propio y exclusivo de la divina predestinación.

[41]Con todo, la perseverancia en sentido pasivo ha de sostenerse también para evitar los errores de los semipelagianos que negaban la necesidad de un auxilio especial de Dios para la perseverancia final; el error de Andrés Vega que sólo admitía la necesidad de la gracia para la perseverancia final activa y diurna; y el error de los jansenistas que negaban la necesidad de auxilio especial alguno para la perseverancia final en el estado de inocencia.

Hay que hacer notar que el don de la perseverancia final es distinto del don de la confirmación en el bien. Éste incluye a aquél, pero no viceversa, pues hay almas que recibieron el don de la perseverancia final sin el de la confirmación en el bien. La diferencia estriba en que el primero confiere la *impecancia* de hecho, esto es, que el hombre no peque mortalmente de hecho, aunque pueda pecar; en cambio el segundo concede la *impecabilidad*, esto es que el privilegiado no pueda pecar mortal o venialmente, pues es una virtud especial conferida a la gracia santificante, que es una participación de la impecabilidad de los bienaventurados junto con una gran profusión de auxilios internos y externos.[42]

Se trata de una gracia especial y gratuita que no puede ser merecida de modo *condigno*, aunque sí *de congruo* (cfr. 2 Pe 1:10).

La perseverancia final, no obstante, puede ser impetrada con la oración, y concedida por Dios como un gran don. Es cierto que la concesión de la misma no puede ser conocida con certeza por nuestra parte,[43] sin embargo puede ser obtenida por la oración, siempre que sea perseverante y unida a la recepción de la Eucaristía. En efecto, La recepción de la Eucaristía es ayuda inmensa para la obtención de la gracia de la perseverancia final por parte del hombre justificado, como dice el Concilio de Trento:

> "Y, finalmente, con paternal afecto amonesta el santo Concilio, exhorta, ruega y suplica, por las entrañas de misericordia de nuestro Dios (Luc 1:78) que todos y cada

---

[42]Según la teología clásica tomista, sería el caso de la Virgen María que no tuvo pecados mortales ni veniales, o el de los Apóstoles, que fueron preservados de los pecados mortales. Hay que distinguir obviamente esta impecabilidad recibida por gracia de la impecabilidad de Jesucristo fundada en la unión hipostática.

[43]Cfr. infra, Concilio de Trento, canon 16 de la sesión VI (D. S. 1566), aunque la gracia próxima o remotamente suficiente se confiere a todo justificado para que sea capaz de cumplir los preceptos divinos (cfr. Trento, D. S. 1568).

uno de los que llevan el nombre cristiano..., puedan recibir frecuentemente aquel pan sobresustancial (Mt 6:11) y ése sea para ellos vida de su alma y salud perpetua de su mente, con cuya fuerza confortados (3 Re 19:18), puedan llegar desde el camino de esta mísera peregrinación a la patria celestial, para comer sin velo alguno el mismo pan de los ángeles (Sal 77:25) que ahora comen bajo los velos sagrados".[44]

La Iglesia ha declarado esta verdad como de fe en los Concilios II de Orange y Trento, donde efectivamente la perseverancia final aparece, en primer lugar como *un gran don divino*, y en segundo lugar que su concesión nos es incierta,[45] aunque la podemos impetrar por la oración (Mt 7: 7–8):

"La ayuda de Dios ha de ser implorada siempre aun por los renacidos y sanados, para que puedan llegar a buen fin o perseverar en la obra buena".[46]

"Si alguno dijere con absoluta e infalible certeza que tendrá ciertamente aquel grande don de la perseverancia hasta el fin, a no ser que lo hubiera sabido por especial revelación, sea anatema".[47]

---

[44]Concilio de Trento, sesión XIII, cap. 7, (D. S. 1649).

[45]Cap. 3 del II Concilio de Orange (D. S. 241) y cap. 13 y canon 22 de la VI sesión del Concilio de Trento (D. S. 1541 y 1572). La doctrina clásica considera que esta tesis es de fe divina y católica definida interpretando que los textos de Trento definen al menos *el hecho* de que el justificado no persevera hasta el final sin un especial auxilio divino; cfr. J. Ibáñez y F. Mendoza: *Dios santificador...*, cit., pag. 57, quienes señalan, además que después del Concilio de Trento todos los teólogos de todas las escuelas afirman que se trata de una doctrina de fe (cfr. *ibidem* pág. 59).

[46]II Concilio de Orange, canon 10 (D. S. 380).

[47]Concilio de Trento, can 16 de la sesión VI (D. S. 1566).

Entre los textos bíblicos en los que aparece la perseverancia final como un don especial de Dios, baste señalar Flp 1:6 ("convencido de que quien comenzó en vosotros la obra buena la llevará a cabo hasta el día de Cristo Jesús") y 1 Pe 5:10 ("el Dios de toda gracia, que os ha llamado en Cristo a su eterna gloria, os hará idóneos y os consolidará, os dará fortaleza y estabilidad"), con relación a la ayuda especial de Dios; y Lc 21:36 ("Vigilad orando en todo tiempo, a fin de que podáis evitar todos estos males que van a suceder, y estar en pie delante del Hijo del Hombre") para la necesidad de impetrar de Dios esa gracia.

El don de la perseverancia aparece por vez primera entre los Santos Padres con San Agustín, quien la califica como *don divino.*[48]

Santo Tomás de Aquino dedica el artículo 10 de la cuestión 109 de la I^a–II^{ae}de la *Suma* al auxilio de la gracia para perseverar:

"Perseverantia tripliciter dicitur. Quandoque enim significat habitum mentis per quem homo firmiter stat, ne removeatur ab eo quod est secundum virtutem, per tristitias irruentes, ut sic se habeat perseverantia ad tristitias sicut continentia ad concupiscentias et delectationes ut philosophus dicit, in VII Ethic. Alio modo potest dici perseverantia habitus quidam secundum quem habet homo propositum perseverandi in

"La palabra perseverancia se toma en un triple sentido. A veces significa el hábito del alma por el cual el hombre permanece firmemente adherido a la virtud frente a las pruebas que le asaltan. En este sentido, la perseverancia es con respecto a estas pruebas lo que es la continencia respecto de las concupiscencias y deleites, según señala el Filósofo en VII Ethic. En segundo lugar puede llamarse perseverancia a un hábito por el cual el hombre tiene el propósito de

---

[48]San Agustín: *De correptione et gratia* (P. L. 44, 921–924.931–940); Id.: *De dono perseverantiae* (P. L. 45, 993–1034).

bono usque in finem. Et utroque istorum modorum, perseverantia simul cum gratia infunditur sicut et continentia et ceterae virtutes. Alio modo dicitur perseverantia continuatio quaedam boni usque ad finem vitae. Et ad talem perseverantiam habendam homo in gratia constitutus non quidem indiget aliqua alia habituali gratia, sed divino auxilio ipsum dirigente et protegente contra tentationum impulsus, sicut ex praecedenti quaestione apparet. Et ideo postquam aliquis est iustificatus per gratiam, necesse habet a Deo petere praedictum perseverantiae donum, ut scilicet custodiatur a malo usque ad finem vitae. Multis enim datur gratia, quibus non datur perseverare in gratia".[49]

perseverar en el bien hasta el fin. Tomada en estos dos sentidos, la perseverancia se infunde a la vez que la gracia, lo mismo que la continencia y las demás virtudes. En un tercer sentido se llama perseverancia a la continuidad en el bien hasta el fin de la vida. Y para conseguir tal perseverancia el hombre, en estado de gracia, no necesita ciertamente otra gracia habitual, sino solamente un auxilio divino que lo dirija y proteja contra los impulsos de las tentaciones, según se ha visto en el artículo precedente. Por eso, cuando uno ha recibido la gracia santificante, necesita todavía pedir este don de la perseverancia, que le permita guardarse del mal hasta el fin de la vida. Porque a muchos se da la gracia a quienes no se concede perseverar en ella".

Así pues, el Aquinate, tras distinguir dos sentidos del concepto de perseverancia como hábito que se infunden con la gracia habitual (hábito por el que se permanece adherido a la virtud frente a las prueban que sufra, y hábito por el cual el hombre tiene el propósito

---

[49]Santo Tomás de Aquino: *Summ. Theol.*, I^a–II^{ae}, q. 109, a. 10, co. Cfr. II^a–II^{ae}, q. 137, a. 4; *In Sent.*, II, dist. 29, expos.litt.; *De verit.*, q. 24, a. 13; *Cont. Gentes*, III, 155.

de perseverar en el bien hasta el fin), considera la perseverancia como hecho, esto es como continuidad efectiva en el bien hasta el fin de la vida, para lograr la cual es necesario un don especial de Dios (gracia actual).

8.3.3   El justo en estado de naturaleza caída no puede evitar durante toda su vida todos los *pecados veniales*.

Esta verdad se distingue de las anteriores, es decir, la donación de la gracia actual para guardar la ley en su conjunto por mucho tiempo o hasta el final de la vida, porque mientras estas gracias especiales se otorgan de hecho a todos, sin embargo la de evitar durante toda la vida todos los pecados veniales es un privilegio que se otorga rarísimamente por Dios.[50]

Para entender esta gracia actual tan especial, hay que tener en cuenta los siguientes aspectos:

- Es un *privilegio*. Es una excepción a la ley general de que la providencia divina no distribuye la gracia a los hombres de tal modo que no es posible para ellos evitar todos los pecados veniales en su conjunto durante toda la vida. La excepción o privilegio a esta ley general puede ser concedida de tres modos diferentes: dando la inmunidad de la concupiscencia, o por especial providencia divina otorgada de una vez para siempre, o por una serie ininterrumpida de gracias actuales durante toda la vida.

- Es privilegio *especial*, porque rarísimamente se concede.

---

[50]Cfr. L. Lercher–F. Lakner: *De gratia Christi*, cit., págs. 217–222; B. Beraza: *De gratia...*, cit., págs. 251–261; H. Lange: *De gratia...*, cit., págs. 163–169; González Rivas: o. c., págs. 59–63; J. Ibáñez–F. Mendoza: *Dios santificador...*, cit., págs 57–61; F. Pérez Muñiz: *Tratado de gracia*, cit., págs. 663–664.

- Se entiende por *justo* a toda persona justificada adulta en estado de naturaleza caída capaz de cometer pecado, incluso aunque sean los más santos. Se excluye por especial privilegio a la Virgen María.[51]

- La *imposibilidad* de evitar todos los pecados veniales durante toda la vida es una impotencia moral y no física. Y se trata de imposibilidad para evitar todos los pecados veniales en su totalidad, y no a cada uno de ellos considerados aisladamente.

- El sentido de *durante toda su vida*, se considera existiendo un lapsus de tiempo entre su justificación por el bautismo y su muerte; si el justificado muriera después del bautismo, permanecería sin pecado venial sin especial privilegio.

- *Pecado venial* es una acción u omisión contra la ley de Dios que es leve bien sea por parvedad de materia o por falta de advertencia o consentimiento. Puede ser deliberado (en materia leve pero con plena advertencia o consentimiento) o semideliberado (en cualquier materia pero sin plena advertencia o consentimiento). El privilegio especialísimo hace referencia a los pecados veniales semideliberados.[52]

Santo Tomás de Aquino razona esta verdad sobre la base de la corrupción del apetito inferior de la sensualidad causada por el peca-

---

[51]Cfr. J. A. Aldama: *El valor dogmático de la doctrina sobre la inmunidad del pecado venial en Nuestra Señora*, en Archivo Teológico Granadino 9 (1949) 53–67; González Rivas: o. c., pág. 59.

[52]Esta fue la posición de la mayoría de los teólogos después del Concilio de Trento, quienes interpretaron la dicción del canon 23 de la Sesión VI, en el sentido restrictivo aplicable sólo a los pecados veniales semideliberados, ya que estimaban que las personas muy santas podrían abstenerse de todo pecado venial deliberado sin un especial privilegio divino. Sólo algunos (vgr. Montesinos, Serra) sostuvieron que el privilegio especial de Trento se refería también a los pecados veniales plenamente deliberados.

do original, por lo que está habitualmente insubordinado frente a la razón. En efecto:

"In statu autem naturae corruptae, indiget homo gratia habituali sanante naturam, ad hoc quod omnino a peccato abstineat. Quae quidem sanatio primo fit in praesenti vita secundum mentem, appetitu carnali nondum totaliter reparato, unde apostolus, ad Rom. VII, in persona hominis reparati, dicit, ego ipse mente servio legi Dei, carne autem legi peccati. In quo quidem statu potest homo abstinere a peccato mortali quod in ratione consistit, ut supra habitum est. Non autem potest homo abstinere ab omni peccato veniali, propter corruptionem inferioris appetitus sensualitatis, cuius motus singulos quidem ratio reprimere potest (et ex hoc habent rationem peccati et voluntarii), non autem omnes, quia dum uni resistere nititur, fortassis alius insurgit; et etiam quia ratio non semper potest esse pervigil ad huiu-

"Mas en el estado de naturaleza corrupta, para evitar todo pecado, necesita el nombre la gracia habitual, que venga a restaurar la naturaleza. Sin embargo esta restauración, durante la vida presente, se realiza ante todo en la mente, sin que el apetito carnal sea rectificado por completo. De aquí que San Pablo, asumiendo la representación del hombre reparado, diga en Ro 7:25: Yo mismo, con el espíritu, sirvo a la ley de Dios, pero con la carne, a la ley del pecado. Por lo demás, en este estado, el nombre puede evitar el pecado mortal, que radica en la razón, como se expuso arriba (q. 74, a. 4); pero no puede eludir todo pecado venial, debido a la corrupción del apetito inferior de la sensualidad, cuyos movimientos pueden ser reprimidos por la razón uno a uno (de aquí su condición de pecado y acto voluntario), pero no todos ellos, porque mientras atiende a uno se le desmanda otro, y tampoco puede la razón mantenerse siempre vigilante para some-

smodi motus vitandos; ut su- | terlos todos, como ya hemos dicho
pra dictum est".[53] | (q. 74, a. 3, ad 2)".

En la Sagrada Escritura se afirma en varias ocasiones que nadie puede evitar siempre todos los pecados veniales, como se deduce de Mt 6:12 ("y perdónanos nuestras deudas, como también nosotros perdonamos a nuestros deudores"), o de San 3:2 ("porque todos caemos con frecuencia").[54] También se infiere de Sal 143:2; Job 37:7; 1 Re 8:46; Da 9:5.[55]

Los Santos Padres defendieron esta doctrina. Ya antes de la controversia pelagiana la sostuvieron San Cipriano y san Ambrosio.[56] San Gregorio Nacianceno afirmó que no hacer nada malo es supra–humano y sólo pertenece a Dios.[57] San Agustín, que siempre defendió la imposibilidad para el justo de no caer en el pecado venial durante toda su vida, sin embargo, en un primer momento lo afirmaba como una situación de hecho, y en un segundo momento incluso como de derecho (total imposibilidad de no caer), excluyendo a la Santísima Virgen María.[58] San León Magno declaraba que la actitud de aquellos

---

[53] Santo Tomás de Aquino: *Summ. Theol.*, I^a–II^{ae}, q. 109, a. 8, co. Cfr. q. 63, a .2, ad 2; q. 74, a. 3, ad 2; *In Sent.*, II, dist. 20, q. 2, a. 3, ad 5; dist. 24, q. 1, a. 4; dist. 28, a. 2; *De verit.*, q. 22, a. 5, ad 7; q. 24, a. 1, ad 10.12; a. 12.13; *In 1 Cor. 12* , lect. 1; *In Hebr. 10*, lect. 3; *Cont. Gentes* III, 160; *De malo*, q. 3, a. 1, ad 9.

[54] Textos aducidos por el Concilio XVI de Cartago y de Trento (D. S. 229; 1536–1539).

[55] Así interpretados por el Concilio de Cartago (D. S. 229).

[56] Así lo afirmaba San Agustín: *Contra duas epist. Pelag.* 4, 10, 27 ss (P. L. 44, 629. 632–636).

[57] San Gregorio Nacianceno: *Orationes*, 16, 15 (P. G. 35, 953).

[58] Este segundo momento coincide con la difusión de la herejía pelagiana. Cfr. San Agustín: *Enchiridion, sive de fide, spe et caritate*, 64. 71 (P. L. 40, 262. 265); *In epistulam Ioannis ad Parthos tractatus*, 4, 7 (P. L. 35, 2009).

que creían inmunes a las heridas causadas por las tentaciones de esta vida, era totalmente falsa y respondía a una excesiva vanidad.[59]

Negaron esta verdad los pelagianos quienes afirmaban que los justos en este mundo pueden por sus fuerzas naturales evitar durante toda su vida todos los pecados veniales y no tienen pecado alguno en absoluto, lo que explicaría que la Iglesia de Cristo en la Tierra no tuviera mancha ni arruga (Ef 5:27). Su error fue condenado en el Concilio XVI de Cartago, defendiendo que se enseña con verdad el hecho que todos los hombres tiene pecado y que se reza con propiedad para que se les perdonen los pecados.[60] Los begardos y las beginas recayeron en el error pelagiano diciendo que el hombre en la vida presente puede adquirir tal y tan grande grado de perfección que se vuelve absolutamente impecable, y fueron condenados por el Concilio de Vienne.[61] Joviniano y J. Huss creían que el hombre justificado ya no podía pecar ni siquiera venialmente, error que fue condenado en el Concilio de Constanza.[62] Lutero defendió que el justo peca en todos sus actos por lo menos venialmente, y fue condenado por la bula *Exsurge Domine*[63] y por el Concilio de Trento en los cánones del Decreto sobre la justificación.[64]

Trento definió como de fe[65] que aunque los justos caigan alguna vez en pecados veniales no por eso dejan de ser justos, y que el hombre justificado no puede evitar durante toda su vida todos los pecados,

---

[59]San Gregorio Magno: *Sermones*, 42, 1 (P. L. 54, 281).

[60]Cfr. D. S. 228–230. Cfr. San Agustín: *De Haeresibus*, 88 (P. L. 42:48).

[61]D. S. 891. Cfr. F. Vernet: *Beghards, Béguines hétérodoxes* en DTC II, cols. 528–535.

[62]Cfr. Ses. XV, error 16 de J. Huss (D. S. 1216).

[63]D. S. 1482.

[64]D. S. 1575.

[65]Así lo consideran J. Ibáñez y F. Mendoza: *Dios santificador...*, cit., págs. 62–63. Lo mismo con distinciones: González Rivas: o. c., pág. 60.

aun los veniales, sin un especial privilegio de Dios como el que fue otorgado a la Virgen María:

> "Can. 23. Si alguno dijere que el hombre una vez justificado no puede pecar en adelante ni perder la gracia y, por ende, el que cae y peca, no fue nunca verdaderamente justificado; o, al contrario, que puede en su vida entera evitar todos los pecados, aun los veniales; si no es ello por privilegio especial de Dios, como de la bienaventurada Virgen lo enseña la Iglesia, sea anatema".[66]

8.4 ¿Existen actos puramente naturales?

J. A. Sayés se pregunta bajo este título si en la presente economía de gracia (naturaleza caída y redimida) existen actos puramente naturales que no tengan valor salvífico, es decir, que no estén elevados al orden sobrenatural. Se ha estudiado que el hombre tiene una cierta capacidad —no íntegra— para cumplir preceptos de la ley natural y hacer actos moralmente buenos..., ¿estos actos son puramente naturales o son salvíficos en sí mismos y pertenecen al orden sobrenatural? ¿Hasta qué punto las obras de los paganos están bajo el influjo de la gracia?

Hay que tener en cuenta como presupuestos los datos siguientes:

- La naturaleza humana en estado puro no ha existido nunca de hecho. El hombre fue creado desde el principio con elevación sobrenatural. Con un solo fin sobrenatural.

- La gracia es un don gratuito y no debido por Dios al hombre.

---

[66]Can. 23. ses. VI (D. S. 1573). Cfr. cap. 11 del Decreto de la Justificación (D. S. 1536–1539).

- La naturaleza humana no fue corrompida, aunque sí debilitada, por el pecado original y es capaz de pensamientos correctos y de obras buenas por sus propias fuerzas naturales.

Ahora bien, esas obras buenas hechas con las fuerzas naturales, ¿son puramente naturales o están elevados al orden de la gracia en razón de los presupuestos expuestos?

8.4.1 Varias teorías clásicas

Hay tres posiciones principales que sostienen que las acciones buenas naturales están de hecho elevadas al orden de la gracia. A saber:

1. *La teoría de la "cogitatio congrua" de Vázquez* (s. XVIII).[67] El hombre para hacer una obra buena necesita un motivo proporcionado para ello capaz de moverle para la acción (la *cogitatio congrua*). Tal *cogitatio* es un don de Dios, aunque no sea por medio de una intervención extraordinaria, sino que por medio del gobierno divino dispone una serie de causas segundas para que en el momento oportuno el ser humano tenga la gracia actual propiamente tal que necesita para la conversión. La *cogitatio* es una gracia merecida también por Cristo para que podamos seguir el camino del bien. Dios elige, en virtud de los méritos de Cristo, el camino providencial por el que llega al hombre la gracia oportuna.

   Sin embargo, la *cogitatio congrua* no es una gracia en sentido sobrenatural estricto, aunque sea cierto que Dios intervenga con su orden providencial conduciendo las cosas al bien a través de causas segundas y siempre por los méritos de Cristo. Pero el que una causa segunda nos induzca a hacer una obra buena, sólo se

---

[67]Cfr. Vázquez: *In prima secundae S. Thomae*, dis. 189–190.

puede llamar "gracia" en sentido amplio, pues pertenece al curso natural del orden de la creación y no se debe a una intervención especial por parte de Dios. Por ello, la acción buena que se realiza de esa forma no es una acción estrictamente sobrenatural.[68]

2. *La teoría agustiniana de Noris y Berti.*[69] En el s. XVIII algunos agustinos sostuvieron que sin la gracia el hombre no podía hacer acto alguno bueno, aunque no cayendo en las tesis del jansenismo, porque aceptaban que muchas de las acciones de los paganos, no sólo no son pecado, sino que son buenas. Sin embargo hay que distinguir entre el orden especulativo (el acto hecho en el orden de la naturaleza dirigido hacia Dios es bueno), y el orden práctico o real o de lo que efectivamente ocurre de la presente situación del hombre caído, donde debido a la concupiscencia, ese acto que en teoría podría ser bueno, en la práctica es realizado por el amor propio del hombre. Para que ese acto adquiera la plena bondad que deriva de la ordenación a Dios y no quede desvirtuado por el amor propio del hombre, es necesaria la gracia.

Esta teoría explicaría que el hombre no puede permanecer largo tiempo sin caer en el pecado, o cumplir todos los preceptos de la ley natural, como hemos estudiado. Pero no explica el hecho de que el hombre tiene capacidad natural para cumplir algunos preceptos de la ley porque su naturaleza no está corrompida,

---

[68] J. A. Sayés pone como ejemplo el caso de un sacerdote que vaya vestido como tal y es ocasión de que un pagano haga un acto de amor a Dios. Ese acto de amor está realizado con su capacidad humana no destruida por el pecado original y por una motivación que, aunque guiada por la Providencia, no deja de ser natural. Se trata de una gracia en sentido amplio y no sobrenatural (cfr. *La gracia...*, cit., pág. 117). cfr. Lennerz: *De gratia redemptionis*, Roma, 1949, pág. 221.

[69] Cfr. I. L. Berti: *The theologicis disciplinis*, 18, 2–4, Roma, 1939, págs. 382–419; J. A. Sayés: *La gracia...*, cit., págs. 117–118.

aunque sufra los efectos de la concupiscencia desordenada. No se puede aceptar que el hombre siempre esté condicionado por la concupiscencia y que peque en todo lo que hace, apartándose de Dios.

3. *La teoría del "fin sobrenatural" de Ripalda.*[70] Parte esta teoría del hecho que el hombre fue creado con un solo fin último: el sobrenatural. No se admite la existencia, ni como hipótesis, del doble fin, natural (como simple creatura de Dios, la perfección natural del hombre) y sobrenatural (como hijo adoptivo de Dios, la visión beatífica de Dios). Por tanto todo acto humano es aceptación o rechazo de ese orden sobrenatural propio del único fin del hombre. No existen actos puramente naturales.

8.4.2 Teorías modernas

1. *La posición de Rahner, Flick–Alszeghy y Baumgartner.* Estos autores siguen la teoría de Ripalda, con pequeños matices diferenciadores. K. Rahner, desde la perspectiva de su *existencial sobrenatural*;[71] Flick y Alszeghy, quienes llegan a la misma conclusión apoyándose en el concepto de la *opción fundamental*, sosteniendo que el hombre no puede hacer una opción fundamental por Dios sin la ayuda de la gracia;[72] y Baumgartner, quien sigue la posición de Ripalda, pero sobre la base de la voluntad salvífica de Dios y la distribución universal de la gracia.[73]

---

[70]Ripalda: *De ente supernaturali*, T. II, lib. V, disp. 114, sect. 13, n. 123.

[71]K. Rahner: *Naturaleza y gracia*, en "Escritos de Teología, IV, Madrid, 1961, pág. 234, donde es consciente del parecido de su tesis con la de Ripalda y lo acepta.

[72]Flick–Alszeghy; *El evangelio de la gracia*, pág. 137. 149 ss.

[73]Baumgartner: *La gracia de Cristo*, cit. pág. 322–323.

2. *La teoría de Sayés.* Este teólogo partiendo del hecho de que el único fin del hombre es el sobrenatural, esto es, la visión beatífica del Cielo (no existe un cielo natural), sin embargo señala que el orden natural tiene una cierta autonomía basada en el orden de la creación y en el hecho de que el orden moral tiene su fundamento próximo en los valores de la persona humana creada de ese modo por Dios. Por eso, se afirma la posibilidad de que el hombre no justificado o caído en el pecado pueda, sin la ayuda de la gracia actual, hacer algunos actos buenos y pueda conocer algo de Dios.

Con todo, en el actual orden de la economía de salvación, esto es de naturaleza caída y redimida, el hombre no puede permanecer largo tiempo cumpliendo todos los preceptos de la ley natural, o sin perder la gracia de la justificación que hubiere conseguido. Para ello necesita la ayuda de la gracia actual, porque no tiene capacidad natural para conseguir tales objetivos. Por eso, en el presente orden de la salvación, todo acto bueno acaba teniendo un valor sobrenatural: de salvación con la ayuda de la gracia, o de condenación cuando voluntariamente se rechaza a Dios.

Por eso, Sayés propone distinguir entre la realidad de un acto bueno natural en sí mismo (que no se puede decir que sea fruto de la gracia), y el resultado final del mismo, que acabaría siendo también elevado por la gracia al orden salvífico (bueno para poder llegar a obtener la salvación eterna) por el hecho de que el hombre no tiene un fin último natural sino sólo sobrenatural.

Por eso cabría la posibilidad que el hombre fundara su acción en valores creados, en la dignidad creada de la persona humana y en Dios creador. Así por ejemplo, un pagano puede rechazar el aborto porque para él la persona humana es digna de un respeto absoluto y porque acepta que la dignidad de esta persona se fundamenta en Dios creador, como principio y fin de todos los valores humanos. Este acto sería un acto naturalmente bueno tanto por su fundamentación, como por su motivación y capacidad. Pero debido a que el hombre está de hecho destinado a un fin sobrenatural, ese acto natural queda elevado a ese orden sobrenatural: sería un acto hecho con la capacidad natural humana, pero elevado por la gracia al orden sobrenatural, ya que todo acto humano, de hecho, aparta o lleva a la salvación sobrenatural.[74]

8.4.3 Crítica a las teorías que niegan los actos puramente naturales

Es necesario aceptar la posibilidad de que existan actos naturalmente buenos hechos con las solas fuerzas de la capacidad natural del hombre creado, sin que necesariamente sean sobrenaturales y que tenga que intervenir la gracia actual. Es la consecuencia de la distinción del orden natural y del sobrenatural y de la realidad de que la naturaleza humana quedó herida o debilitada por el pecado original, pero no destruida. Y sin que obste el hecho de que no exista un fin puramente natural del hombre (un cielo natural distinto de la visión beatífica del Cielo, "la patria definitiva"). Como consecuencia, el hombre caído, justificado o no, puede hacer ciertos (no todos) actos buenos naturales sin la ayuda de la gracia actual.

Por eso, en teología se habla del estado de naturaleza pura, para indicar que el hombre podría haber sido creado sin un fin sobrenatural sino sólo natural, y que la gracia es un don totalmente gratuito dado por Dios libremente y por amor al ser humano creado.

---

[74]J. A. Sayés: *La gracia...*, cit., págs. 118–122.

De este modo se manifiesta claramente la importancia de la distinción entre el orden creado natural y el orden sobrenatural, fundamental para poder entender toda la dinámica de la relación entre Dios y sus creaturas, entre lo sobrenatural y lo natural. Sin esta clara distinción se acaba aceptando las tesis del existencial sobrenatural rahneriano en cualquiera de sus variantes, y aceptando la salvación universal obligatoria para todo ser humano por el hecho de serlo (la teoría de los cristianos anónimos) con el descalabro de toda la sana antropología (el hombre puede exigir la gracia, que ya no es un don gratuito, sino una condición necesaria de la naturaleza humana), la doctrina de la Redención (no hay redención subjetiva) y la escatología (la condenación eterna no existe, o el infierno es una mera posibilidad real).

En resumen:

- Puede haber acciones humanas que ni son malas ni buenas, sino indiferentes.

- Es cierto que los actos que conducirían a la justificación de los paganos o a la recuperación de la gracia perdida por los que ya recibieron la gracia santificante, están movidos por las gracias actuales de Dios. Pero no todos los actos buenos de los paganos o de los pecadores tienen que tener esa finalidad.

- Hay que interpretar bien el hecho de que sólo exista un fin último del hombre, el sobrenatural (y que no hay dos fines, el natural y el sobrenatural), para evitar el peligro de acabar sosteniendo la tesis del sobrenatural de De Lubac, o la de los cristianos anónimos de Rahner, que en el fondo concluyen con la afirmación de la universalidad efectiva de la gracia que sería debida a la naturaleza humana y no don gratuito.

Parte III

La gracia actual elevante

Entramos a considerar lo que la teología clásica denomina *gracia actual elevante.*

Se distingue de la gracia actual sanante, que ha sido el objeto de nuestras consideraciones en el capítulo anterior. Ambas son gracias actuales, diferentes de la habitual, pero se distinguen por la función que realizan: puede ser gracia actual sanante (*gratia sanans*, objeto del capítulo anterior), si únicamente se concede para subsanar la ignorancia o la concupiscencia de la naturaleza caída por el pecado original, o gracia actual elevante (*gratia elevans*, objeto del presente capítulo), si se concede para realizar un acto con valor salvífico sobrenatural.

La gracia sanante es, como se ha visto, hipotéticamente necesaria, porque moviéndose en un orden natural quita la impotencia moral de la naturaleza humana vulnerada, por lo que la gracia eficiente sanante, según algunos teólogos, no tendría que ser necesariamente sobrenatural en su entidad misma en todos los casos, aunque alguna vez pudiera serlo, bastando que lo fuera en cuanto al "modo".

En cambio la gracia actual elevante (interna, absoluta y físicamente) es necesaria para que los actos humanos sean saludables. En realidad, ésta es la gracia actual propiamente dicha, mientras que la sanante o medicinal es gracia por analogía con la gracia elevante. En efecto, comparte con la elevante las características de gratuidad y de fin, pero no en cuanto a su íntima naturaleza, ya que la gracia sanante moviéndose en el orden natural quita la *impotencia moral* de la naturaleza humana vulnerada, mientras que la gracia elevante, moviéndose en el orden de los actos humanos saludables, válidos para el fin sobrenatural, quita la *impotencia física* de la naturaleza humana para todo lo sobrenatural.

Capítulo 9

Naturaleza absolutamente sobrenatural de la gracia actual elevante

9.1 Noción

La gracia actual elevante es un influjo transitorio y sobrenatural, inmediato e intrínseco, de Dios sobre las potencias anímicas superiores del hombre, con el fin de moverle a realizar una acción saludable. Una acción saludable es un acto libre y honesto con los que el hombre o bien se prepara positivamente para la justificación, o bien, si ya es justo, merece aumento de la gracia y de la gloria.[1]

---

[1]Cfr. J. Ibáñez y F. Mendoza: *Dios santificador...*, cit., págs. 107–108. 113; L. Ott: *Manual...*, cit., pág. 349; S. González Rivas: o. c., págs. 172ss.; Salmanticenses: *Cursus theologicus* tr. 4, dist. 5–7; Berti: *De theologicis discipl.*, cit. 1. 16ss.; E. Hugon: *Tractatus de gratia*, cit., q. 4; I. Hermann: *Tract. De divina gratia* (1904) págs. 37–93, 388–755; L. Lercher: *Instit. theol. dogmat.* Vol. 4, 1, n.261–356; H. Guillermin: *De la grace suffisante* en "Revue Thomiste" 9–11 (1901–03); R. Garrigou–Lagrange: *De gratia*, cit., págs. 122–242.

Los actos humanos pueden ser naturales (o éticamente honestos), o sobrenaturales (o con mérito para la salvación eterna). ¿Es necesaria la gracia actual para ambas clases de actos? Como se explicará, para los actos sobrenaturales es necesaria la gracia; para los naturales, la gracia actual a veces es necesaria y a veces no, como ya se ha visto.

En sentido estrictamente teológico se trata de la *gracia actual interna e inmediata* que actúa sobre las facultades superiores del alma (inteligencia y voluntad). Sus notas esenciales distinguen a la gracia actual de otras acciones de Dios sobre el hombre:

1. Es diferente de la gracia habitual, por su carácter de *influjo transitorio*, que no es permanente.

2. Es diferente de las virtudes infusas, por su mismo *carácter pasajero*, y no como aquéllas que permiten realizar una serie indefinida de actos.

3. Es diferente del concurso de Dios en las acciones naturales de las creaturas, por su *carácter sobrenatural y su ordenación a realizar actos saludables* que están en relación intrínseca con el fin último del hombre.

4. Es distinta de las gracias actuales *externas y mediatas*, que son fruto de la providencia divina exterior (la asimilación de la doctrina revelada, de la predicación, de lecturas, de los buenos ejemplos, etc.).

5. Es también distinta de los actos vitales o mociones internas que actúan sobre las potencias sensitivas del hombre y no *sobre las superiores*. Algunos teólogos afirman que puede actuar no sólo sobre los actos deliberados, sino también sobre los indeliberados porque la estructura psicológica del hombre no queda reducida a la esfera de lo consciente, ya que en el hombre hay de hecho actos

que fluyen espontáneamente de sus facultades y que preparan los actos deliberados y también ellos están sujetos a la acción de la gracia.[2]

6. Finalmente difiere del fortalecimiento de la voluntad por causas naturales, provenientes sólo de la iluminación del entendimiento (que es influjo mediato y no *influjo inmediato*).

La gracia actual interna fue rechazada por los pelagianos quienes tras negarla por completo en un primer momento, posteriormente llegaron a admitirla como iluminación inmediata del entendimiento, pero nunca como influjo de Dios inmediato sobre la voluntad. Los semipelagianos negaron toda gracia interna anterior al inicio de la fe o primer acto libre.

La realidad de la gracia actual es una consecuencia de la clásica doctrina de la Iglesia que condenaba como herética la proposición semipelagiana en los Concilios de Orange II y de Cartago del año 418:

"Si alguno afirma que por la fuerza de la naturaleza se puede pensar, como conviene, o elegir algún bien que toca a la salud de la vida eterna, o consentir a la saludable es decir, evangélica predicación, sin la iluminación o inspiración del Espíritu Santo, que da a todos suavidad en el consentir y creer a la verdad, es engañado de espíritu herético, por no entender la voz de Dios que dice en el Evangelio: 'Sin mí nada podéis hacer' (Jn 15:5); y aquello del Apóstol: 'No que seamos capaces de pensar nada por nosotros como de

---

[2]Cfr. J. A. Sayés: *Gracia...*, cit., pág. 166; M. Flick - Z. Alszeghy: *Antropología teológica*, cit., pág. 504. Sin embargo, esta opinión no parece sostenible si se tiene en cuenta la función que ejerce la gracia actual para realizar actos con valor salvífico.

nosotros, sino que nuestra suficiencia viene de Dios' (2 Cor 3:5)".[3]

Tal doctrina que se repetirá en el Decreto sobre la justificación del Concilio de Trento:

"Declara además [el sacrosanto Concilio] que el principio de la justificación misma en los adultos ha de tomarse de la gracia de Dios previniente por medio de Cristo Jesús, esto es, de la vocación, por la que son llamados sin que exista mérito alguno en ellos, para que quienes se apartaron de Dios por los pecados, por la gracia de Él que los excita y ayuda a convertirse, se dispongan a su propia justificación, asintiendo y cooperando libremente (Can. 4 y 5) a la misma gracia, de suerte que, al tocar Dios el corazón del hombre por la iluminación del Espíritu Santo, ni puede decirse que el hombre mismo no hace nada en absoluto al recibir aquella inspiración, puesto que puede también rechazarla; ni tampoco, sin la gracia de Dios, puede moverse, por su libre voluntad, a ser justo delante de Él (Can. 3). De ahí que, cuando en las Sagradas Letras se dice: 'Convertíos a mí y yo me convertiré a vosotros' (Zach 1:3), somos advertidos de nuestra libertad; cuando respondemos: 'Conviértenos, Señor, a ti, y nos convertiremos' (Lam 5:21), confesamos que somos prevenidos de la gracia de Dios".[4]

En la Constitución *Dei Filius* del Vaticano I, se afirmará que:

---

[3]Canon 7 del II Concilio de Orange (D. S. 377); cfr. también el canon 5 y 6 (D. S. 375 y 376). La doctrina está ya presente en el concilio de Cartago del a. 418 (D. S. 226).

[4]Ses. VI, cap. 5 (D. S. 1525).

"Mas aun cuando el asentimiento de la fe no sea en modo alguno un movimiento ciego del alma; nadie, sin embargo, 'puede consentir a la predicación evangélica', como es menester para conseguir la salvación, 'sin la iluminación e inspiración del Espíritu Santo, que da a todos suavidad en consentir y creer a la verdad' (Conc. de Orange)".[5]

El Magisterio de la Iglesia habla pues de "pensar", "creer", "asentir", "querer" que son actos de la voluntad y del entendimiento que se hacen con el auxilio de Dios que ilumina y mueve a realizarlos.

Así pues, el hombre para poner actos que tengan relación intrínseca con su fin sobrenatural necesita de una virtud que es sobrenatural y que sobrepasa a sus meras fuerzas naturales. Esa virtud sobrenatural afecta a la inteligencia (iluminándola intrínseca e inmediatamente) y a la voluntad (fortaleciéndola también de un modo intrínseco e inmediato). Por eso las acciones saludables y meritorias no se pueden producir sin la influencia en las potencias de la gracia inmediata e intrínseca (física).

En la Sagrada Escritura aparece la necesidad de la gracia actual sobre el entendimiento y sobre la voluntad.

En primer lugar, *sobre el entendimiento* para la realización de actos saludables. En efecto, se afirma la *iluminación* del entendimiento, porque con frecuencia se utiliza la palabra "iluminar" y sus derivados en un sentido amplio que a veces se refiere a la gracia actual. Así, el Salmo 13:4, "¡Mira, escúchame, Señor, Dios mío! Da luz a mis ojos, que no duerma yo el sueño de la muerte"; 18:29, "Tú enciendes mi lámpara; Señor, Dios mío, ilumina mis tinieblas"; 119:34, "Dame inteligencia para guardar tu Ley, y observarla de todo corazón"; Ef 1: 17–18, "Que el Dios de nuestro Señor Jesucristo, el Padre de la gloria, os conceda el Espíritu de sabiduría y de revelación para conocerle; iluminando

---

[5]Ses. III, cap. 2 (D. S. 3010).

los ojos de vuestro corazón, para que sepáis cuál es la esperanza a las que os llama, cuáles las riquezas de gloria dejadas en su herencia a los santos"; 2 Cor 4:6, "Porque el mismo Dios que mandó: 'Del seno de las tinieblas brille la luz', hizo brillar la luz en nuestros corazones, para que irradien el conocimiento de la gloria de Dios que está en el rostro de Cristo"; etc. Pero se trata de una iluminación *inmediata* del entendimiento, por tres motivos:

1. Porque ningún adulto puede creer con valor salvífico solo por la predicación externa, por conocimiento y voluntad naturales, que se siguiera psicológicamente de la audición del Evangelio, sino que se requiere la atracción inmediata e interna de Dios. Así se ve en Jn 6: 44–45: "Nadie puede venir a mí si no le atrae el Padre que me ha enviado, y yo le resucitaré en el último día. Está escrito en los Profetas: 'Y serán todos enseñados por Dios'. Todo el que ha escuchado al que viene del Padre, y ha aprendido, viene a mí".

2. Porque se señala que por naturaleza somos incapaces de pensar lo que se relaciona de un modo intrínseco con nuestra salvación eterna: "No es que por nosotros seamos capaces de pensar algo como propio nuestro, sino que nuestra capacidad viene de Dios" (2 Cor 3:5).

3. Y, porque, cuando se habla de la eficacia de la predicación del Evangelio, se pone como causa eficiente última la acción de Dios quien es el único que vivifica y da las fuerzas para crecer en la fe que ha sido predicada por los Apóstoles. Así se ve en 1 Cor 3:6, "Yo planté, Apolo regó, pero es Dios quien dio el crecimiento"; o en Hech 16:14, "Una de ellas, llamada Lidia, vendedora de púrpura de la ciudad de Tiatira y temerosa de Dios, nos escuchaba. El Señor abrió su corazón para que comprendiese lo

que Pablo decía". Pero es el Señor mismo el que lo afirma, como se comprueba en Mt 11:25, "En aquella ocasión Jesús declaró: —Yo te alabo, Padre, Señor del cielo y de la tierra, porque has ocultado estas cosas a los sabios y prudentes y las has revelado a los pequeños"; o en 16:17, "Jesús le respondió: Bienaventurado eres, Simón, hijo de Juan, porque no te ha revelado eso ni la carne ni la sangre, sino mi Padre que está en los cielos"; etc.

Y, en segundo lugar, también la Sagrada Escritura manifiesta la realidad de la *conformación de la voluntad*, como inspiración inmediata e intrínseca, para la realización de actos saludables para la salvación, como se puede comprobar en Fil 2:13, "Porque Dios es quien obra en vosotros el querer y el actuar conforme a su beneplácito", o en Jn 6:44, "Nadie puede venir a mí si no le atrae el Padre que me ha enviado, y yo le resucitaré en el último día". Por otro lado, muchas veces aparece Dios inspirando afecciones por las cuales ayuda al hombre a actuar bien. Así, Sal 119: 103–104, "¡Qué dulces al paladar son tus palabras! Más que la miel en mi boca. De tus decretos recibo inteligencia, por eso he detestado toda senda falsa"; 119:32, "Corro por el camino de tus mandamientos porque has dilatado mi corazón"; Ap 3:20, "Mira, estoy a la puerta y llamo: si alguno escucha mi voz y abre la puerta, entraré en su casa y cenaré con él, y él conmigo"; Ef 5:14, "Despierta, tú que duermes, álzate de entre los muertos, y Cristo te iluminará"; 2 Tes 2:17, "Que nuestro Señor Jesucristo, y Dios nuestro Padre, que nos amó y gratuitamente nos concedió un consuelo eterno y una feliz esperanza, consuele vuestros corazones y los afiance en toda obra y palabra buena"; etc.

Los Santos Padres, en sus polémicas contra el pelagianismo y el semipelagianismo que negaban la gracia interna, afirman la necesidad de la gracia para los actos de salvación humanos, así como la gratuidad de la misma. Utilizan para ello ideas y expresiones similares a las de la Sagrada Escritura indicando que es necesaria una acción divina inmediata sobre el entendimiento y la voluntad. Por ejemplo, San Clemente de Alejandría: "Los pensamientos de los que están dotados de virtud se hacen por inspiración divina, cuando el alma se dispone de cierta manera y la voluntad divina se transmite a las almas humanas, por ciertos ministros de Dios que ayudan a tales ministerios".[6] San Efrén contrapone la acción de Dios con la del Maligno: "El buen Dios nos ayuda de dos modos: no quiere forzar nuestra libertad, ni permite que estemos relajados. Porque si usa la coerción, nos quita el poder de discreción; si permite que estemos relajados, priva al alma de su auxilio. Sabiendo el Señor que si obliga nos priva de la discreción, si no nos ayuda nos destruye y si enseña nos adquiere, no obliga pero tampoco niega su ayuda (como hace el Maligno), sino que nos enseña, educa y adquiere, como el Bien que es".[7] San Agustín, comentando del Salmo 103:8 (*miserator et misericors Dominus longanimis et multum misericors*) decía: "Llama de todos a la corrección, llama a todos al arrepentimiento, llama a los beneficios de la criatura, llama concediendo el tiempo para vivir, llama por el lector, llama por el negociador, llama por del pensamiento interior..., llama por el azote de la corrección, llama por la misericordia de la consolación".[8] San

---

[6]San Clemente de Alejandría: *Stromata*, 6, 17, 157,4 (P. G., 9, 389).

[7]San Efrén: *Hymni et sermones*, 10, 14.

[8]San Agustín: *Enarrationes in Ps.*, 102, 16 (P. L. 37, 1330. 1549). Cfr. también, *De peccatorum meritis et remissione*, 2, 19, 32 (P. L. 44, 167. 170. 263); *De spiritu et letra*, 34, 60 (P. L. 44, 240); *De civitate Dei*, 15, 6 (P. L. 41, 442); *In Ioannis tractatus*, 26, 4ss (P. L. 35, 1608ss); *In ep. Ioh. ad Parth.* 24, 25 (P. L. 44, 373). Hay que tener en cuenta que San Agustín es constante en su afirmación de la iluminación divina del entendimiento considerada como inmediata. En cuanto a la moción de la voluntad, en un primer momento la considera como un auxilio interno que mueve mediatamente la voluntad, y en sus escritos posteriores al a. 417 la considera como moción inmediata de la voluntad (cfr. J. Ibáñez y F. Mendoza: *Dios santificador...*, cit., págs. 112–113; S. González Rivas: o. c., pág. 178).

Próspero de Aquitania manifestaba que Dios conduce al alma humana para que siga lo que antes rehuía, ame lo que antes odiaba, desee lo que antes le era enojoso, para que ahora le sea evidente lo que antes le era escondido, para que sea leve lo que antes era oneroso, dulce lo que antes era amargo, y lúcido lo que antes era oscuro.[9] San Fulgencio de Ruspe señalaba que a Dios le es fácil sacar algo de lo que no es y de lo que es; porque lo hizo una vez, y lo hace casi todos los días.[10]

Con todo, los Santos Padres no distinguen entre gracia habitual y actual.

Posteriormente, Los protestantes no llegaron a tener un concepto claro de la gracia actual. Bayo, por su parte, no admitía la distinción entre gracia habitual y actual,[11] y fue en las controversias contra Bayo y Jansenio, cuando se desarrolla teológicamente la naturaleza de la gracia actual.[12]

La razón de la necesidad de la gracia interna se explica por la dependencia interna que existe entre los actos saludables y el fin último sobrenatural del hombre. Los actos o medios tienen que ser proporcionados al fin; como éste es entitativamente sobrenatural, los actos saludables del entendimiento y de la voluntad han de ser también entitativamente sobrenaturales.

Por otro lado, el hecho de que la gracia actual afecte inmediatamente al entendimiento y a la voluntad es congruente por un lado con la naturaleza humana, que con sus facultades superiores captan la verdad y quieren el bien; y por otro, con la naturaleza de la gracia que ayudaría a las facultades más afectadas por la herida del pecado original.

---

[9]San Próspero de Aquitania: *Liber contra Collatorem*, 7, 2 (P. L. 45, 1809).

[10]San Fulgencio: *Epistulæ*, 17, epilog., 67 (P. L. 65, 492).

[11]Cfr. D. S. 1963–1964.

[12]S. González Rivas: o. c., págs. 172–173.

9.2   La gracia actual interna, requerida para los actos saludables, es absolutamente sobrenatural

Sostener que la gracia actual interna requerida para los actos saludables es *absolutamente sobrenatural* quiere decir que estrictamente se trata de una realidad sobrenatural absoluta o entitativa, y por tanto algo divino que está por encima de la naturaleza. Ya explicamos la distinción entre el natural y el sobrenatural así como las diferentes acepciones de éste.[13] Aquí se trata de algo absoluta y entitativamente sobrenatural y no preternatural (sobrenatural relativo, esto es, el que supera las condiciones de una naturaleza creada, pero no de todas las naturalezas creadas); de algo que no pertenece a la naturaleza ni constitutiva, ni consecutiva ni exigitivamente; del sobrenatural por participación y no por esencia (substancia divina).

La actuación de esta gracia es posible, como la de toda otra clase de gracia, por la llamada *potencia obediencial* con la que el hombre fue creado, esto es la capacidad natural para la recepción de lo sobrenatural, pero no con exigencia del mismo ni constitutiva ni exigitivamente. Como ya estudiamos,[14] la potencia obediencial no es una cualidad divinamente infundida, sino la misma naturaleza creada que tiene la capacidad natural de recibir lo sobrenatural si Dios así lo concede. Dios no comunica indistintamente a cualquier creatura una perfección sobrenatural participada, sino sólo aquélla en que no repugne su aptitud.[15]

---

[13]Cfr. supra cap. 1.1; cap. 6.

[14]Cfr. supra cap. 6.2.

[15]Cfr. J. Ibáñez y F. Mendoza: *Dios santificador...*, cit., pág. 116.

Esta doctrina es considerada como "doctrina católica" y su censura como error en doctrina católica.[16] Esta verdad fue negada por los pelagianos y semi–pelagianos como consecuencia de los principios erróneos de su antropología. Tiene su fundamento magisterial en el Concilio de Trento:

> "Por la gracia de Él que los excita y ayuda a convertirse, se dispongan a su propia justificación, asintiendo y cooperando libremente [Can. 4 y 5] a la misma gracia, de suerte que, al tocar Dios el corazón del hombre por la iluminación del Espíritu Santo, ni puede decirse que el hombre mismo no hace nada en absoluto al recibir aquella inspiración, puesto que puede también rechazarla; ni tampoco, sin la gracia de Dios, puede moverse, por su libre voluntad, a ser justo delante de Él".[17]

Donde se manifiesta que existe un influjo sobrenatural de Dios sobre las potencias del alma que precede a toda decisión de la voluntad del hombre y que coincide temporalmente con el libre ejercicio de la voluntad humana.

Entre los teólogos se discute si los actos saludables eran sobrenaturales sólo en cuanto al modo o si eran absoluta y entitativamente sobrenaturales. Los escolásticos antes del Concilio de Trento sostenían en general la primera postura; los teólogos post–tridentinos se inclinaban por la segunda.[18] Santo Tomás de Aquino sostuvo que los actos sobrenaturales procedentes de un hábito infuso eran entitativamente sobrenaturales, mientras que los demás actos saludables lo eran sólo en cuanto al modo.

---

[16]Cfr. J. Ibáñez y F. Mendoza: *Dios santificador...*, cit., pág. 117.

[17]Decreto sobre la justificación, cap 5 (D. S. 1525). Cfr. cap. 6 (D. S. 1526).

[18]Con la excepción de Vázquez quien admitía algunos actos sobrenaturales que serían verdaderamente saludables. Cfr. In I^a–II^{ae}, d. 189 ss.

El argumento que sostiene la absoluta sobrenaturalidad de los actos saludables se fundamenta en que se ordenan a la vida eterna o visión intuitiva de Dios que es un fin que excede a la naturaleza humana creada.

Los textos de la Sagrada Escritura que se examinarán inmediatamente para probar la necesidad de la gracia para todo acto saludable, suponen que estos actos son más perfectos que los que la naturaleza puede realizar, lo que se puede entender como que son absoluta y entitativamente sobrenaturales.

9.3 La gracia actual interna elevante es necesaria para todo acto saludable

Siendo el fin del hombre un fin sobrenatural, necesita de medios sobrenaturales para alcanzarlo (la gracia). Por eso, el hombre con sus solas fuerzas naturales no puede realizar un acto saludable.[19]

Es necesario precisar el contenido de esta verdad:

- Es necesaria la "gracia interna", esto es el don gratuito de Dios, no debido a la naturaleza humana, infundido en el alma y en sus potencias.

- Específicamente se trata aquí de la "gracia actual elevante".

- Por "acto saludable" se entiende aquel por el que se elige algún bien que "toca a la salud de la vida eterna".[20] Esto puede suceder de dos modos:

---

[19]Cfr. J. Ibáñez–M. Mendoza: *Dios santificador...*, cit., págs. 61–76; S. González Rivas: o. c., pág. 12–18; L. Lercher–F. Lakner: *De gratia Christi*, cit., págs 244–255; B. Beraza: *De gratia...*, cit., págs. 176–193; H. Lange: *De gratia...*, cit., págs 33–55.

[20]Cfr. Concilio II de Orange, canon 7 (D. S. 377).

- En el justificado que ha recibido la gracia santificante, en cuyo caso el acto es *meritorio de condigno y saludable* para aumentar la gracia y la gloria.

- En el pecador que no tiene la gracia santificante disponiéndolo positivamente para la justificación, y entonces el acto es *meramente saludable y no meritorio.*

En la teología clásica se dio una evolución con respecto a la necesidad de la gracia para los actos meramente saludables pero no meritorios con los cuales el hombre se dispone positivamente a la justificación. Antes de Santo Tomás había diferentes opiniones, pero Santo Tomás sostuvo que la gracia era necesaria tanto para los actos meritorios como para los saludables que disponen para la justificación, opinión que se siguió por la gran mayoría de los teólogos.[21]

Santo Tomás dedica a este tema dos articulos de la cuestión 109 de la I^a–II^{ae} de la Suma Teológica. En el artículo 5, se pregunta: ¿puede el hombre merecer la vida eterna sin la gracia?

"Actus perducentes ad finem oportet esse fini proportionatos. Nullus autem actus excedit proportionem principii activi. Et ideo videmus in rebus naturalibus quod nulla res potest perficere effectum per suam operationem qui excedat

"Para que nuestros actos nos conduzcan a un fin tienen que ser proporcionados a este fin. Por otra parte, ningún acto sobrepasa la medida de su principio activo. Y así vemos en las cosas naturales que ninguna alcanza a producir con su propia operación un efec-

---

[21]La excepción fue la de Durando y los nominalistas. La discusión quedó finalmente zanjada con las declaraciones de Trento, que como examinaremos, exigen la gracia interna sobrenatural para disponerse, al menos próximamente para la justificación.

virtutem activam, sed solum potest producere per operationem suam effectum suae virtuti proportionatum. Vita autem aeterna est finis excedens proportionem naturae humanae, ut ex supradictis patet. Et ideo homo per sua naturalia non potest producere opera meritoria proportionata vitae aeternae, sed ad hoc exigitur altior virtus, quae est virtus gratiae. Et ideo sine gratia homo non potest mereri vitam aeternam. Potest tamen facere opera perducentia ad aliquod bonum homini connaturale, sicut laborare in agro, bibere, manducare, et habere amicum, et alia huiusmodi; ut Augustinus dicit, in tertia responsione contra Pelagianos".[22]

to superior a su capacidad activa, sino únicamente efectos proporcionados a esta capacidad. Ahora bien, la vida eterna es un fin que sobrepasa la naturaleza humana y que no guarda proporción con ella, como consta por lo ya dicho (q. 5, a. 5). Luego el hombre, con sus recursos naturales, no puede producir obras meritorias proporcionadas a la vida eterna. Para esto necesita una fuerza superior, que es la fuerza de la gracia. Sin la gracia, pues, no puede el hombre merecer la vida eterna; aunque sí puede realizar acciones que le conduzcan a algún bien connatural suyo, como trabajar en el campo, beber, comer, cultivar la amistad, y cosas semejantes, según dice San Agustín en la tercera respuesta contra los pelagianos".

Una vez establecido el sentido general, en el artículo 6 de la misma cuestión precisa el tema dilucidando si el hombre puede prepararse por sí mismo para la gracia sin el auxilio exterior de la gracia:

---

[22]Santo Tomás de Aquino: *Summ. Theol.* Iª–IIªᵉ, q. 109, a. 5; cfr. q. 114, a. 2; *In sent.*, 2, dist. 28, a. 1; dist. 29, a. 1; *De Verit.*, q. 24, a. 1, ad 2, a. 14; *Cont. Gent.*, 3: 147; *Quodl.* 1, q. 4, a. 2.

"Quod autem ad hoc indigeamus auxilio Dei moventis, manifestum est. Necesse est enim, cum omne agens agat propter finem, quod omnis causa convertat suos effectus ad suum finem. Et ideo, cum secundum ordinem agentium sive moventium sit ordo finium, necesse est quod ad ultimum finem convertatur homo per motionem primi moventis, ad finem autem proximum per motionem alicuius inferiorum moventium, sicut animus militis convertitur ad quaerendum victoriam ex motione ducis exercitus, ad sequendum autem vexillum alicuius aciei ex motione tribuni. Sic igitur, cum Deus sit primum movens simpliciter, ex eius motione est quod omnia in ipsum convertantur secundum communem intentionem boni, per quam unumquodque intendit assimilari Deo secundum suum modum. Unde et Dionysius, in libro de Div. Nom., dicit quod Deus convertit omnia ad seipsum. Sed homi-

"Y es indudable que necesitamos esta moción divina para prepararnos al don habitual. Porque, como todo agente obra por un fin, toda causa ha de orientar sus efectos con vistas a su fin. Por otra parte, el orden de los agentes o motores corresponde al orden de los fines. Por tanto, para que el hombre se dirija al fin último debe ser movido por el primer motor; para orientarse, en cambio, hacia un fin intermedio, el impulso lo recibe de un motor inferior. Es como en un ejército, donde el orientar el esfuerzo del soldado a la victoria final corresponde al general en jefe, mientras que el conducirlo tras la enseña de su escuadrón compete al mando subalterno. Así, pues, como Dios es el primer motor absoluto, todas las cosas se ordenan a Él bajo la tendencia común que tienen hacia el bien, por la que todas tratan de asemejarse a Dios, cada una a su manera. Y en este sentido dice Dionisio en De div. nom.24 que Dios convierte todas las cosas hacia sí. Con la particularidad de que a los hombres jus-

nes iustos convertit ad seipsum sicut ad specialem finem, quem intendunt, et cui cupiunt adhaerere sicut bono proprio; secundum illud Psalmi LXXII, mihi adhaerere Deo bonum est. Et ideo quod homo convertatur ad Deum, hoc non potest esse nisi Deo ipsum convertente. Hoc autem est praeparare se ad gratiam, quasi ad Deum converti, sicut ille qui habet oculum aversum a lumine solis, per hoc se praeparat ad recipiendum lumen solis, quod oculos suos convertit versus solem. Unde patet quod homo non potest se praeparare ad lumen gratiae suscipiendum, nisi per auxilium gratuitum Dei interius moventis".[23]

tos los Convierte hacia sí como a un fin especial, hacia el cual tienden y al que tratan de unirse como a su propio bien, según aquello de Sal 72,28: Mi bien consiste en adherirme a Dios. Por eso, que el hombre se convierta a Dios no puede ocurrir sino bajo el impulso del mismo Dios que lo convierte. Teniendo en cuenta que prepararse para la gracia consiste precisamente en convertirse a Dios, lo mismo que el que está de espaldas al sol se prepara para ver su luz volviendo sus ojos hacía él. Es, pues, manifiesto que el hombre no puede disponerse para recibir la luz de la gracia sino mediante el auxilio de un don gratuito de Dios que le mueva interiormente".

La Sagrada Escritura muestra que en la Historia de la Salvación, toda iniciativa parte de Dios, sin mérito alguno por parte del Pueblo elegido o de persona individual (Ex 19: 4–6; De 7: 7–8; Jer 14: 7–9; Ez 16:12; Is 48: 8–10). La conversión del pecador se debe también a la iniciativa divina (Mc 2:17; Lc 15: 3–10; Mt 20: 1–6). La expansión de la Iglesia es fruto del Espíritu Santo (Hech 13:48). El pagano es

---

[23]Santo Tomás de Aquino: *Summ. Theol.*, Iª–IIªᵉ, q. 109, a. 6, co. Cfr. Iª, q. 62, a. 2; *In Sent.* 2, dist. 5, q. 2, a. 1; dist. 28, a. 4; 4 dist. 17, q. 1, a. 2, q. 2, ad 2; *De verit.*, q. 24, a. 15; *In Hebr.*, 12, lect. 3; *Cont. Gent.*, 3, 149; *Quodl.*, 1, q. 4, a. 2; *In Io.*, 1, lect. 6.

preparado interiormente por Dios para que acepte la gracia externa de la predicación de los Apóstoles (Hech 16:14). Dios toma la iniciativa de toda acción humana dirigida a la salvación (Ef 2: 1–10; Ro 7: 10–13; Flp 1:6; 2:13). Incluso en nuestros pensamientos: "No es que por nosotros seamos capaces de pensar algo como propio nuestro, sino que nuestra capacidad viene de Dios" (2 Cor 3:5).

Hay un texto particularmente descriptivo de la tesis que aquí se está sosteniendo, usado por los Concilios XVI de Cartago, II de Orange y Trento.[24] Es la alegoría de la vid y los sarmientos de Jn 15: 1–10. En el término "nada" se encuentra la impotencia del hombre para realizar un acto verdaderamente sobrenatural (con mérito) o incluso meramente saludables (sin mérito) sin estar unido a Cristo. En el inciso "sin mí" se refiere tanto al influjo vital de la gracia habitual como el dinámico de la gracia actual. El paralelismo con la impotencia física y absoluta de los sarmientos sin el influjo vital de la vid para dar fruto, indica que la necesidad de la gracia para los actos sobrenaturales es absoluta y física. La fuerza de la comparación es tal que abarca la necesidad de la gracia de Cristo tanto para la correspondencia a la llamada de Cristo (sentido activo), como al influjo interno de Cristo (sentido pasivo). Por lo mismo, por su universalidad, abarca tanto al hombre justificado como al pecador que se orienta a la justificación.[25]

---

[24]Concilio de Cartago (D. S. 227), Indiculus (D. S. 245), Orange II (D. S. 377), Trento (D. S. 1545–1547). También por gran parte de la patrística: San León Magno: *Sermones*, 38, 3 (P. L. 54, 261); San Agustín: *De Natura et gratia*, 31, 35 (P. L. 44, 264); Id.: *In Ioan. Evang. Tract.* 81, 3 (P. L. 35, 1841); Id.: *De gestis Pelagii*, 14, 33 (P. L. 44, 340).

[25]Cfr. J. Leal: *La alegoría de la vid y la necesidad de la gracia*, en "Estudios Eclesiásticos" 26 (1952) 5–38; San Agustine: *In Io*, tr. 80—81; I. Maldonado: *In Io* c. 15, v. 1–5; M. J. Lagrange: *Évangile selon Saint Jean*, Paris, J. Gabalda, 1927, págs. 401–403; S. González Rivas: o. c., págs. 13–15; J. Ibáñez–F. Mendoza: *Dios Santificador...*, cit., pág. 71–72.

Con relación a la doctrina de los Santos Padres, se produjo una polémica en torno a la influencia que pudo tener la doctrina de San Agustín en la fijación de la verdad de fe que ahora tratamos, y que no habría sido sostenida por los Padres anteriores. Baste decir que, aunque es verdad que los más antiguos escritores centran sus consideraciones sobre la gracia en los temas más generales de la regeneración, la posesión del Espíritu Santo, la deificación del hombre, etc., sin embargo se refieren a la gracia interna necesaria para todo acto saludable utilizando otras expresiones.[26] Fue el mismo San Agustín quien, al escribir profusamente sobre esta gracia en su controversia contra los pelagianos, indicaba que no introducía novedad alguna en la doctrina católica, sino que explicaba lo que ya aparecía en la Sagrada Escritura y habían defendido antes San Cipriano, San Ambrosio y San Gregorio Nacianceno:

> "Esos grandes maestros (Cipriano, Ambrosio, Gregorio Nacianceno) al afirmar que no hay nada de lo que nos podamos gloriar como si fuera nuestro y no regalado por Dios, también dijeron que nuestro corazón y nuestros pensamientos no dependen de nuestro propio poder. Ellos atribuyeron todo a Dios y confesaron que recibimos de Él para que podamos constantemente convertirnos a Él, de tal manera que lo que es bueno, también aparezca como tal a nosotros y que podamos desear ese bien para honrar a Dios y poder recibir a Cristo. Es por Él por el que somos cambiados de infieles a creyentes y religiosos, por lo que podemos creer en la Trinidad misma, y también confesar

---

[26]Para los detalles de esta polémica, cfr. J. Ibáñez–F. Mendoza: *Dios santificador...*, cit., págs. 72–75; O. González Rivas: o. c., págs. 16–17; E. J. Carney: *The Doctrine of St. Augustine on Sanctity*, USA, Create Space Independent Publishing Platform, 2011 (reimpresión de la obra de 1945).

con nuestra lengua lo que creemos. Ellos con toda seguridad atribuyen esta gracia a Dios, reconociendo que son dones que proceden de Dios a nosotros y no de nosotros mismos".[27]

El Magisterio de la Iglesia reitera esta doctrina frente a los desafíos de los pelagianos y racionalistas. Los pelagianos (Pelagio, Celestio, Juliano...) , en contra de la doctrina maniquea de que el hombre era malo por naturaleza, sostuvieron la idea de que el hombre era tan perfecto en su naturaleza que podía con sus fuerzas naturales evitar todo pecado y conseguir la vida eterna. Lo cual explicaban distinguiendo tres conceptos: en primer lugar, la *posibilidad* de evitar y conseguir, que la ubicaban en la naturaleza creada, pero que al ser dada por Dios la llamaban "gracia";[28] en segundo lugar, la *voluntad* de evitar y conseguir, la cual es propia de la libertad humana, creada por Dios, pero actuada sólo por el hombre; y finalmente *el acto* de evitar, que era propio del hombre como consecuencia del normal ejercicio de la libertad natural.[29] Las tesis pelagianas fueron condenadas en el Segundo Concilio de Orange, y en el de Trento:

---

[27]San Agustín: *De dono perseverantiae*, 19, 50 (P. L. 45, 1025). Otras obras de San Agustín en las que defiende la absoluta necesidad de la gracia son: *De peccatorum meritis et remissione* (412); *De spiritu et littera* (412); *De natura et gratia* (415); *De perfectione iustitiae hominis* (415); *De gestis Pelagii* (417); *De gratia Christi et de peccato originali* (418); *Contra Iulianum, haereses pelagianae defensorem* (421); *De gratia et libero arbitrio* (426-7); *De correptione et gratia* (426-7); De praedestinaione sanctorum (428-9); De dono perseverantiae (428-9); *Contra secundam Iuliani responsionem, imperfectum opus* (429-30).

[28]Evidentemente, no en el sentido sobrenatural del que ahora tratamos, sino en el sentido amplio según el cual toda la creación es una "gracia" porque nada ni nadie obligaba a Dios a crear.

[29]Los pelagianos llegaron a admitir gracias externas e internas a veces, pero que actuaban sobre el entendimiento y nunca sobre la voluntad.

1. Concilio II de Orange:

"Canon 9. Sobre la ayuda de Dios. Don divino es el que pensemos rectamente y que contengamos nuestros pies de la falsedad y la injusticia; porque cuantas veces bien obramos, Dios, para que obremos, obra en nosotros y con nosotros".

"Canon 20. Que el hombre no puede nada bueno sin Dios. Muchos bienes hace Dios en el hombre, que no hace el hombre; ningún bien, empero, hace el hombre que no otorgue Dios que lo haga el hombre".[30]

2. Concilio de Trento, en el Decreto sobre la justificación:

"Canon 1. Si alguno dijere que el hombre puede justificarse delante de Dios por sus obras que se realizan por las fuerzas de la humana naturaleza o por la doctrina de la Ley, sin la gracia divina por Cristo Jesús, sea anatema".[31]

"Can. 2. Si alguno dijere que la gracia divina se da por medio de Cristo Jesús sólo a fin de que el hombre pueda más fácilmente vivir justamente y merecer la vida eterna, como si una y otra cosa las pudiera por medio del libre albedrío, sin la gracia, si bien con trabajo y dificultad, sea anatema".[32]

"Can. 3. Si alguno dijere que, sin la inspiración previniente del Espíritu Santo y sin su ayuda, puede el hombre creer, esperar y amar o arrepentirse, como conviene para que se le confiera la gracia de la justificación, sea anatema".[33]

---

[30]D. S. 379 y 390.

[31]D. S. 1551, cfr. 1521.

[32]D. S. 1552, cfr. 1524 ss.

[33]D. S. 1553, cfr. 1525.

Los racionalistas sostenían que el hombre podía en constante progreso poseer toda la verdad y todo el bien. Fueron condenados en el Concilio Vaticano I, en la constitución *Dei Filius*:

> "Si alguno dijere que el hombre no puede ser por la acción de Dios levantado a un conocimiento y perfección que supere la natural, sino que puede y debe finalmente llegar por sí mismo, en constante progreso, a la posesión de toda verdad y de todo bien, sea anatema".[34]

Se considera de fe divina y católica definida,[35] en los Concilios segundo de Orange y Trento. La gracia interna es necesaria *de hecho* para todo acto saludable. Se considera como una interpretación cierta de esa verdad definida, el que la necesidad de la gracias tenga dos cualidades:

- Es una necesidad *física*: el hombre sin la gracia, con sus solas fuerzas "físicas" (de φύσις, naturaleza), no puede poner esos actos saludables.

- Es una necesidad *absoluta*: no sólo hipotética o relativa, ya que el hombre sin la gracia, con sus solas fuerzas "físicas" en el presente orden de la salvación, no puede realizar en ninguna hipótesis (vgr. ignorancia, impotencia, etc.) esos actos saludables.

---

[34] D. S. 3028.

[35] Cfr. J. Ibáñez y F. Mendoza: *Dios santificador...*, cit., pág. 68–69; S. González Rivas: o. c., pág. 13.

9.4 La gracia actual interna elevante es necesaria incluso para los actos previos a la justificación ("initium fidei")

Esta sección se dedica a una consecuencia o aspecto de la gracia interna elevante que hemos estudiado —y a la que se aplican los mismos principios—. Se trata de determinar si algunos actos saludables previos a la misma justificación necesitan la donación de la gracia para existir. Históricamente se conoció a estos actos con el nombre técnico de "initium fidei", expresión que diseñó San Agustín para la teología de la gracia, tomándolo de la traducción de Ca 4:8 ($\dot{\alpha}\pi\grave{o}\ \dot{\alpha}\rho\chi\tilde{\eta}\varsigma$ $\pi\acute{\iota}\sigma\tau\epsilon\omega\varsigma$, según la versión de los LXX, seguida por la itala). Pero estos actos son de muy diversa índole, y no sólo se reducen a la fe, como explicitará el Magisterio de la Iglesia, y abarcarán, entre otros, a actos de fe informe, temor a la justicia divina, esperanza, detestación del pecado, buenos pensamientos, actos piadosos, todo movimiento de buena voluntad, la petición de gracia, el deseo de la purificación de los pecados, movimientos de buena voluntad, etc.

La solución de principio es lógica: si la gracia interna se requiere para todos los actos salvíficos y siendo el "inicio de la fe" un acto salvífico, la consecuencia es que éste también necesita la gracia actual.[36]

Sin embargo, hubo una disputa famosa sobre la posibilidad de la existencia de algunos actos previos a la justificación ("initium fidei") *que no necesitaran la gracia*. Es un tema que se entronca históricamente, sobre todo, con la polémica semipelagiana. El problema surgió

---

[36]S. González Rivas: o. c., págs. 19–25; J. Ibáñez–F. Mendoza: *Dios santificador...*, cit., págs. 76–81; Ch. Baumgartner: *La gracia...*, cit., págs. 284–288; J. L. Lorda: *La gracia...*, cit., págs. 260–265; L. Lercher–F. Lakner: *De gratia Christi*, cit., págs. 256–260; B. Beraza: *De gratia...*, cit., págs. 194–207; H. Lange: *De gratia...*, cit., págs. 56–69.

históricamente con pensadores semipelagianos de época posterior a San Agustín (en particular algunos monjes franceses del siglo V, como Casiano, Faustus, Vincentius, Hilarius Arelatensis, Gennadius),[37] quienes admitían la necesidad de la gracia interna elevante para los actos saludables, pero no para los de "inicio de la fe" ni para el "credulitatis affectus".[38] Con la existencia de estos actos naturales procedentes de la libertad inicial del hombre previos a cualquier gracia actual, trataban de explicar la razón por la que algunos seres humanos no aceptan la gracia de Dios y se condenan, lo cual tendría que ser consecuencia de su libre decisión y no responsabilidad de Dios. Para estos pensadores, si toda decisión de salvación supusiera la gracia sobrenatural siempre, el rechazo a la misma sería consecuencia de la libre decisión de Dios de salvar a unos y condenar a otros, por lo que la predestinación divina no sólo sería positiva (para los que de hecho se salvan), sino también negativa (para los que se condenan). Como dice Sayés:

> "En el origen de la reacción semipelagiana está la intención de afirmar en serio la voluntad salvífica universal de Dios y la responsabilidad del hombre en la obra de la salvación... Admiten sin duda los massilienses la necesidad

---

[37]Se denominaron semipelagianos después de las controversias del s. XVII; en su época se llamaban los sucesores de los pelagianos, o los Massilianos, o los galos. Cfr. J. A. Sayés: *La gracia...*, cit., págs. 126–133; E. Amann: *Semipélagiens*, cit., cols. 1796–1850; G. Fritz: *Orange*, en DTC, XI, 1087–1103; H. Rondet: *La gracia...*, cit., 121 ss.; Ch. Baumgartner: *La gracia...*, cit., págs. 106ss.

[38]El "credulitatis affectus" no es el deseo de creer sino la disposición afectiva con que el hombre ya creyente se dispone a la regeneración que recibirá de Dios. Distinguían en la fe entre el acto inicial por el que el hombre en un primer momento se convierte a Dios (*el inicio de la fe*), y los actos de fe subsiguientes (*el incremento de la fe*). Cfr. J. Chéné: *Que signifiaient "initium fidei" et "affectus credulitatis" pour les sempélagiens*, cit., págs. 566–588.

de la gracia, pero rechazan la predestinación agustiniana y el determinismo de la gracia que ellos atribuían a Agustín: la diferencia entre los elegidos y los réprobos depende exclusivamente de la voluntad humana, a la que corresponde la iniciativa de aceptar o rechazar la voluntad de Dios".[39]

En el fondo, el problema sólo se soluciona cuando se comprende que el primer paso de la salvación es obra, por un lado, de la gracia divina y, por otro, de la libre cooperación del hombre, actuando ambos a nivel diferente, como se explicará más adelante. Pero en este momento histórico, los semipelagianos no ven otra salida a la aporía que atribuir al hombre solo la iniciativa del primer paso, lo que supone en definitiva, la iniciativa de la salvación.

Ya se han examinado los abundantes textos de la Sagrada Escritura sobre la gracia interna elevante, que, por su rotundidad, abarcan también al tema del "initium fidei". Los semipelagianos aducían algunos textos que podrían sostener su posición,[40] sin seguir la regla hermenéutica según la que los textos más oscuros han de ser interpretados dentro de la analogía de fe bíblica y a la luz de los más claros, como se puede comprobar en la controversia que suscitaron. Esos textos no niegan la necesidad de la gracia actual previniente, sino que muestran la cooperación de la libertad con la gracia.

Antes de la controversia semipelagiana, los Santos Padres no se refieren explícitamente al problema del "initium fidei", pero utilizan expresiones generales que implican la necesidad absoluta de la gracia

---

[39] J. A. Sayés: La gracia..., cit., pág. 127. Cfr. 128–129. Las controversias sobre la predestinación serán estudiadas más adelante.

[40] Los más relevantes eran Zac 1:3 ("esto dice el Señor de los ejércitos, Volved a Mí —oráculo del Señor de los ejércitos—, y Yo me volveré a vosotros —dice el Señor de los ejércitos—"), Mt 7:7 ("Pedid y se os dará; buscad y encontraréis; llamad y se os abrirá") Ef 5:14 ("Despierta, tú que duermes, álzate de entre los muertos, y Cristo te iluminará"), Hech 16:31 ("Cree en el Señor Jesús y te salvarás tú y tu casa").

para salvarse.[41] Hay algunos textos difíciles de Padres y Escritores eclesiásticos que podrían interpretarse en el sentido que luego sostendrían los semipelagianos y a los que éstos acudieron durante las controversias. Sin embargo, la doctrina quedara fijada definitivamente como consecuencia de las mismas. En efecto, San Agustín desde el año 396[42] sostendrá decididamente la tesis de la absoluta necesidad de la gracia para cualquier acto saludable en consecuencia con la doctrina de San Pablo: "¿Qué tienes que no hayas recibido? Y si lo recibiste, ¿por qué te glorías, como si no lo hubieras recibido?" (1 Cor 4:7).[43] En los años anteriores, San Agustín o bien defendía afirmaciones globales y generales sobre la necesidad de la gracia,[44] o incluso afirmaciones cercanas a las de los semipelagianos.[45]

El Magisterio estableció como verdad de fe divina y católica definida que la gracia interna es necesaria incluso para el inicio de la fe.[46] Los principales momentos fueron:

1. El *Indiculus*:

   (a) Cap. 6: "Dios obra de tal modo sobre el libre albedrío en los corazones de los hombres que, el santo pensamiento, el buen consejo y todo movimiento de buena voluntad procede de Dios".[47]

---

[41]Cfr. por ejemplo, San Ireneo, Tertuliano o San Basilio.

[42]Al que siguen sus discípulos San Próspero de Aquitania y San Fulgencio de Ruspe.

[43]Así en sus obras: *Diversas cuestiones planteadas por Silpiciano* (P. L. 40, 115), *Sobre la predestinación de los santos* (P. L. 44, 965ss.) *Sobre el don de la perseverancia* (P. L. 45, 993 ss.).

[44]Cfr. *Los Soliloquios*, (P. L. 32, 869–872).

[45]Cfr. su *Exposición sobre algunas proposiciones de la epístola a los Romanos* (P. L. 40, 115).

[46]Cfr. J. Ibáñez y F. Mendoza: *Dios santificador...*, cit., pág. 77; Ch. Baumgartner: *La gracia...*, cit., pág. 285.

[47]D. S. 244.

(b) Cap. 8: "Los Padres piadosísimos, rechazada la soberbia de la pestífera novedad, nos enseñaron a referir a la gracia de Cristo, tanto los principios de la buena voluntad como los incrementos de los laudables esfuerzos..." [48]

(c) Cap. 9: "Confesamos a Dios por autor de todos los buenos efectos y obras y de todos los esfuerzos y virtudes por los que desde el inicio de la fe se tiende a Dios". [49]

2. Concilio II de Orange:

   (a) Canon 3: "Si alguno dice que la gracia de Dios puede conferirse por invocación humana, y no que la misma gracia hace que sea invocado por nosotros..." [50]

   (b) Canon 4: "Si alguno sostiene que Dios espera nuestra voluntad para limpiarnos del pecado, y no confiesa que aun el querer ser limpio se hace en nosotros por infusión y operación en nosotros del Espíritu Santo..." [51]

   (c) Canon 5: "Si alguno dice que está naturalmente en nosotros lo mismo el aumento que el *inicio de la fe* y hasta el *afecto de credulidad* por el que creemos en Aquel que justifica al impío y que llegamos a la regeneración del sagrado bautismo, no por don de la gracia —es decir, por inspiración del Espíritu Santo, que corrige nuestra voluntad de la infidelidad a la fe, de la impiedad a la piedad—, se muestra enemigo de los dogmas apostólicos". [52]

---

[48] D. S. 246.

[49] D. S. 248.

[50] El Concilio cita a Ro 10:20 y a Is 65:1 (D. S. 373).

[51] El Concilio cita a Prov 8:35 según la traducción de los LXX, y a Flp 2:13 (D. S. 374).

[52] El Concilio cita a Flp 1: 6.20 y Ef. 2:8 (D. S. 375).

(d) Canon 6: "Si alguno dice que se nos confiere divinamente misericordia cuando sin la gracia de Dios creemos, queremos, deseamos, nos esforzamos, trabajamos, oramos, vigilamos, estudiamos, pedimos, buscamos, llamamos, y no confiesa que por la infusión e inspiración del Espíritu Santo se da en nosotros que creamos y queramos o que podamos hacer, como se debe, todas estas cosas; y condiciona la ayuda de la gracia a la humildad y obediencia humanas y no consiente en que es don de la gracia misma que seamos obedientes y humildes, resiste al Apóstol".[53]

(e) Canon 7: "Si alguno afirma que por la fuerza de la naturaleza se puede pensar, como conviene, o elegir algún bien que toca a la salud de la vida eterna, o consentir a la saludable es decir, evangélica predicación, sin la iluminación o inspiración del Espíritu Santo, que da a todos suavidad en el consentir y creer a la verdad, es engañado de espíritu herético".[54]

3. Concilio de Trento:

(a) "Ahora bien, [los hombres] se disponen para la justicia misma (Can. 7 y 9) al tiempo que, excitados y ayudados de la divina gracia, concibiendo la fe por el oído (Rom. 10:17), se mueven libremente hacia Dios, creyendo que es verdad lo que ha sido divinamente revelado y prometido (Can. 12-14) y, en primer lugar, que Dios, por medio de su gracia, justifica al impío".[55]

---

[53]El Concilio cita a 1 Cor 4:7 y a 1 Cor 15:10 (D. S. 376).

[54]El Concilio cita a Jn 15:7 y a 2 Cor 3:5 (D. S. 377).

[55]D. S. 1526.

(b) "El mismo Cristo Jesús, como cabeza sobre los miembros (Ef 4:15) y como vid sobre los sarmientos (Jn 15:5), constantemente comunica su virtud sobre los justificados mismos, virtud que antecede siempre a sus buenas obras, las acompaña y sigue, y sin la cual en modo alguno pudieran ser gratas a Dios ni meritorias".[56]

(c) Etc.[57]

4. Concilio Vaticano I, contra los racionalistas en la *Dei Filius*.[58] También condenó las tesis de Hermes, quien al negar que la fe teórica no era saludable, no la consideraba como parte de los actos saludables para los que era necesaria la gracia[59]

Santo Tomás de Aquino[60] razona la necesidad de la gracia para el inicio de la fe tanto si se considera la naturaleza del don mismo, ya que la gracia excede la proporción de la naturaleza, como si se considera que en estado de pecado el hombre tiene este preciso impedimento

---

[56]D. S. 1546.

[57]Cfr. los cánones citados en la sección anterior de este estudio, cc. 1, 2 y 3 del mismo decreto sobre la justificación (D. S. 1551, 1552, 1553).

[58]D. S. 3028

[59]El Concilio condena estas ideas, en el canon 5 de la sección 3: —Libertad de la fe y necesidad de la gracia: contra Hermes; v. D. S. 2738 ss.— "Si alguno dijere que el asentimiento a la fe cristiana no es libre, sino que se produce necesariamente por los argumentos de la razón; o que la gracia de Dios sólo es necesaria para la fe viva que obra por la caridad (Ga 5:6), sea anatema" (D. S. 3035, cfr. 3010).

[60]Santo Tomás, en el *Coment. a las Sent.*, admite sólo un mérito *de congruo*, en cuanto que con las buenas obras naturales se da 'cierta disposición para recibir la gracia' (*In Sent.* 2, dist. 27, q. 1, a. 4, ad 4). Y algo más adelante añade que 'los actos naturales no pueden decirse méritos con respecto a la gracia, sino sólo disposiciones remotas' (ibid., ad 5). En la *Summ. Theol.* su posición es más radical: el hombre no merece de ninguna manera la gracia. Cfr. R. Hernández Martín: *Tratado de la gracia,...*, cit. pág. 967. Cfr. también Santo Tomás de Aquino: *De verit.*, q. 29, a. 6; *In Eph.*, 2, lect. 3; *Cont. Gentes*, 3, 149; *In Io.*, 10, lect. 4.

para merecer la gracia. De hecho suscribe la posición definitiva de San Agustín respecto:

"sicut Augustinus dicit in libro Retract., ipse aliquando in hoc fuit deceptus, quod credidit initium fidei esse ex nobis, sed consummationem nobis dari ex Deo, quod ipse ibidem retractat. Et ad hunc sensum videtur pertinere quod fides iustificationem mereatur. Sed si supponamus, sicut fidei veritas habet, quod initium fidei sit in nobis a Deo; iam etiam ipse actus fidei consequitur primam gratiam, et ita non potest esse meritorius primae gratiae. Per fidem igitur iustificatur homo, non quasi homo credendo mereatur iustificationem, sed quia, dum iustificatur, credit; eo quod motus fidei requiritur ad iustificationem impii, ut supra dictum est".[61]

"En su obra Retract.[62] confiesa San Agustín que en otro tiempo había pensado erróneamente que el inicio de la fe es obra nuestra y que solamente la consumación de la misma procede de Dios. Y de esto se retracta en el mismo lugar. Ahora bien, la afirmación de que 'la fe merece la justificación' parece estar en relación con aquel error. Pero, si suponemos, como exige la verdadera fe, que el principio de la fe nos viene de Dios, hay que admitir también que el mismo acto de la fe es fruto de la primera gracia y, por tanto, no puede merecer esta primera gracia. Por lo demás, es cierto que el hombre se justifica por la fe; pero no porque al creer merezca la justificación, sino porque cree al ser justificado, pues el acto de fe es uno de los requisitos para la justificación del pecador, según se expuso arriba (q. 113, a. 4)".

---

[61]Santo Tomás de Aquino: *Summ. Theol.*, I^a–II^{ae}, q. 114, a. 5, ad 1.

[62]*Retractationes*, l. 1 c. 23 (P. L. 32, 621).

Capítulo 10

Adquisición gratuita de la gracia actual

Se ha establecido el capítulo anterior que toda gracia actual, en concreto la elevante, es sobrenatural y gratuita. Es la gracia que cura la imposibilidad física (según las capacidades de su naturaleza creada) que tiene el hombre de realizar actos saludables. Sin la gracia actual el hombre no puede hacerlos. Ni siquiera puede realizar los actos del *initium fidei* con sus solas fuerzas naturales.

Por lo tanto, *el hombre no puede merecer la gracia físicamente.* Pero se podría preguntar si el hombre *podría hacer algunas obras buenas que merecieran moralmente* (no físicamente) la gracia elevante. Con otras palabras, se trata de evaluar el grado de gratuidad de la gracia actual elevante.

Para responder a la pregunta es necesario indagar en la naturaleza de la primera gracia actual con la que el hombre adulto caído se dispone para la justificación (ya que, recibida por el hombre esta primera gracia elevante saludable, en virtud de esa primera gracia saludable, el adulto puede merecer "de congruo" otras nuevas gracias).

¿Puede el hombre realizar algunas acciones buenas que le hagan digno moralmente (no físicamente) de merecer de Dios esa primera gracia, o también esa disposición a la justificación es obra exclusiva de la gracia divina y no se puede aducir mérito moral alguno a recibirla? Esta última es la respuesta correcta.

Según esta verdad de fe divina y católica definida, se afirma que ningún infiel o pecador, aunque sea naturalmente digno de alabanza en razón de su vida honesta, no lo es para merecer ni *de condigno* ni *de congruo* la primera gracia actual entitativamente sobrenatural.

Los términos de esta verdad son los siguientes:

- *Hombre caído*: es el que posee la naturaleza humana herida por el pecado original, sea infiel o bautizado pecador.

- Con sus *solas fuerzas naturales*: esto es actuando sin la gracia actual elevante o sólo con el auxilio de la gracia sanante que le ayudara a cumplir la ley natural.

- La *gracia que no puede merecer*: se trata de la gracia primera actual, entitativamente sobrenatural, por la que el hombre se dispone a la justificación.

- *Merecer*: el mérito es el efecto de una acción agradable a Dios por la que resulta justo retribuir a quien la ha hecho. Si la retribución la debe Dios en justicia al aceptar la obra a Él ofrecida, se llama *de condigno*; si la retribución la da Dios por su generosidad, en atención a la condición del que realiza la obra o a las características de la obra realizada, se llama *de congruo*.

Esta verdad fue negada por los herejes pelagianos y semipelagianos. En efecto, los pelagianos en un primer momento sostuvieron que la gracia de Dios se otorgaba según nuestros méritos; después del año

415, cuando Pelagio se retractó, sus seguidores hablaban de la existencia de un mérito "inferior al *de condigno*" para obtener alguna gracia.[1]

Por otro lado los semipelagianos sostuvieron que lo que se llamó el *initium fidei* era anterior a la gracia, pero debía ser considerado como una especie de mérito mínimo respecto a la gracia, o al menos como una petición de la misma.[2]

En este capítulo vamos a estudiar los motivos más importantes aducidos en las controversias entre los teólogos sobre la impetración de la gracia, y que, sin embargo, no son suficientes para que al hombre caído pueda lograr que esa primera gracia le sea debida *ni siquiera moralmente*: ni por merecimiento, ni por oración natural ni por disposición alguna del hombre. Veamos los tres supuestos.

10.1 El hombre caído, abandonado a sus propias fuerzas naturales, no puede con la oración natural impetrar la gracia

Esta es una verdad que se suele calificar de fe divina y católica definida.[3]

---

[1]Cfr. San Agustín: *Contra duas epist. Pelag.* 2, 8, 17 (P. L. 44, 583ss.); Id.: *Contra Iulianum* 4, 8, 41 (P. L. 44, 759).

[2]Valga como ejemplo, la posición de Casiano: "nuestra llamada (a la puerta, cfr. Lc 11:9; Mt 7:7) no es [mérito] *de condigno...* ya que es sólo una ocasión que nosotros mostramos de nuestra buena voluntad" (*De coenobiorum institutis* 12, 14, en P. L. 94, 447; *Collationes* 13, 13, en P. L. 49, 932s.). Recordemos, que el problema del "initium fidei" desde la perspectiva de la incapacidad de la naturaleza para conseguirlo fue estudiado antes (cap. 9.4).

[3]Cfr. J. Ibáñez y F. Mendoza: *Dios santificador...*, cit., pág. 89; S. Gónzalez Rivas: o. c., pág. 71. L. Ott: *Manual...*, pág. 364, le da la calificación de sentencia cierta.

Por "oración natural" se entiende la que se realiza con las solas fuerzas de la naturaleza, sin gracia elevante, aunque tal vez con gracia sanante.

"Impetrar" es la fuerza moral propia de la oración. Se puede entender o bien en sentido amplio, *impetratio latiori sensu*, cuando es un obsequio ofrecido a Dios (en cuyo caso es fuerza moral *de congruo*); o bien en sentido estricto, *impetratio stricte dicta*, cuando es una humilde confesión de nuestra propia indigencia, que no mueve a Dios a título de obsequio sino en razón de humilde petición y apela a la misericordia divina para que se incline favorablemente hacia la miseria del hombre, sin que el hombre pueda ostentar título alguno positivo en que pueda apoyarse para obtener el don divino.

Como el hombre no puede merecer ante Dios ni *de congruo* ni *de condigno* la gracia primera, la verdad que ahora tratamos de dilucidar se refiere a la oración de impetración en sentido estricto: ¿Pudiera Dios moverse a dar la primera gracia sobrenatural en virtud de la oración natural? En principio, la concesión por pura misericordia de la gracia primera en atención a la oración natural de impetración estricta, no iría contra la condición de gratuidad de la gracia (de derecho);[4] sin embargo, las fuentes de la Revelación y el Magisterio excluyen *de hecho* este modo de obtener la gracia.[5]

---

[4] Algunos teólogos piensan que esta hipótesis sólo se podría dar en el presente orden de gracia querido por Dios, puesto que en un orden diferente de su providencia, no sería contradictorio obtener la gracia mediante la oración natural. Cfr. Ripalda: *De ente supernaturali*, dist. 18, s. 3, nn. 12–16; S. González Rivas: o. c. pág. 70.

[5] Cfr. Santo Tomás de Aquino: *Summ. Theol.*, II^a–II^{ae}, q. 83, a. 15; L. Lercher–F. Lakner: *De gratia Christi*, cit., págs. 293-300; B. Beraza: *De gratia...*, cit., págs. 367–376; H. Lange: *De gratia...*, cit., págs. 195–209; J. Ibáñez y F. Mendoza: *Dios santificador...*, cit., págs. 88–91; S. González Rivas: o. c., pág. 70–72; L. Ott: *Manual...*, pág. 364–365; Ch. Baumgartner: *La gracia...*, cit., págs. 338–350.

En la Sagrada Escritura se encuentran textos claros en este sentido, que además fueron luego usados e interpretados por el propio Magisterio de la Iglesia: "Me dejé encontrar por quienes no preguntaban, me hallaron los que no me buscaban. Dije. '¡Aquí estoy, aquí estoy!', a una nación que no invocaba mi Nombre" (Is 65:1); "Isaías, por su parte, se atreve a decir: 'Fui encontrado por los que no me buscaban, me manifesté a los que no preguntaban por mí; pero a Israel le dice: 'Todo el día extendí mis manos hacia un pueblo incrédulo y rebelde'" (Ro 10: 20–21); "¿Qué tienes que no hayas recibido? Y si lo recibiste, ¿por qué te glorías, como si no lo hubieras recibido?" (1 Cor 4:7); "Pero por la gracia de Dios soy lo que soy, y la gracia que se me dio no resultó inútil; al contrario, he trabajado más que todos ellos; pero no yo, sino la gracia de Dios que está conmigo" (1 Cor 15:10); etc.[6]

Esta verdad queda definida en el II Concilio de Orange:

> "Si alguno dice que la gracia de Dios puede *conferirse por invocación humana, y no que la misma gracia hace que sea invocado por nosotros,* contradice al profeta Isaías o al Apóstol, que dice lo mismo: He sido encontrado por los que no me buscaban; manifiestamente aparecí a quienes por mí no preguntaban (Ro 10:20; cfr. Is 65:1)".[7]

> "Si alguno dice que se nos confiere divinamente misericordia cuando sin la gracia de Dios creemos, queremos, deseamos, nos esforzamos, trabajamos, *oramos*, vigilamos, estudiamos, pedimos, buscamos, llamamos, y no confiesa que por la infusión e inspiración del Espíritu Santo se da en nosotros que creamos y queramos o que podamos hacer,

---

[6]Cfr. Fil 2:13.

[7]Canon 3 (D. S. 373).

como se debe, todas estas cosas; y condiciona la ayuda de
la gracia a la humildad y obediencia humanas y no consiente en que es don de la gracia misma que seamos obedientes
y humildes, resiste al Apóstol que dice: ¿Qué tienes que no
lo hayas recibido? (1 Cor 4:7); y: Por la gracia de Dios soy
lo que soy (1 Cor 15:10)".[8]

En la controversia semipelagiana sobre el *initium fidei* se ha explicado la posición de los Santos Padres en general. Pero ahora, más en
concreto sobre la negación del posible mérito de la oración para impetrar la gracia, valga como ejemplo el siguiente texto de San Agustín:
"No debemos pensar que incluso el mérito de la oración es antecedente
a la gracia, en cuyo caso, éste no sería un regalo gratuito, y por tanto, no sería una gracia porque sería una recompensa debida. Nuestra
misma oración se ha de considerar entre los regalos de la gracia".[9] Y
también: "Cuando clamamos a Dios espiritualmente y con un corazón
verdadero, entendemos que es un regalo de Dios. Por tanto, aquéllos
que piensan que nuestro buscar, pedir, llamar es algo nuestro y no nos
es otorgado, están equivocados".[10]

La razón teológica de esta verdad está en que el inicio de la salvación no puede venir de nosotros, como ya se indicó. Si la oración
natural tuviera el poder de obtener la gracia, el principio de salvación
sería nuestro y no de Dios.

Santo Tomás insiste en que sin la gracia no es meritoria la oración:

"Efficaciam autem impetran-
di habet ex gratia Dei, quem
oramus, qui etiam nos ad oran-

"El valor impetratorio le viene de la gracia de Dios, a quien
oramos, y que, incluso, nos in-

---

[8]Canon 6 (D. S. 376).

[9]San Agustín: *Epistulæ*, 194, 4, 16 (P. L. 33, 879).

[10]San Agustín: *De dono perseverantiae*, 23, 64 (P. L. 45, 1032).

dum inducit. Unde Augustinus dicit, in libro de Verb. Dom., non nos hortaretur ut peteremus, nisi dare vellet. Et Chrysostomus dicit, nunquam oranti beneficia denegat qui ut orantes non deficiant sua pietate instigat... Ad primum ergo dicendum quod oratio quae est sine gratia gratum faciente meritoria non est, sicut nec aliquis alius actus virtuosus. Et tamen etiam oratio quae impetrat gratiam gratum facientem procedit ex aliqua gratia, quasi ex gratuito dono, quia ipsum orare est quoddam donum Dei, ut Augustinus dicit, in libro de perseverantia".[11]

vita a orar. De ahí lo que dice San Agustín en el libro De Verb. Dom.: No nos aconsejaría que pidiésemos si no quisiera dar. Y el Crisóstomo dice: Nunca niega sus beneficios al que ora quien le instiga piadosamente para que nunca deje de orar... A la primera hay que decir: Que sin la gracia santificante no es meritoria la oración, lo mismo que no lo es ningún otro acto virtuoso. Y es que aun la misma oración con que se impetra la gracia santificante procede de una cierta gracia como de don gratuito, pues incluso el mismo orar es don de Dios, como dice San Agustín en el libro De Perseverantia".[12]

---

[11]Santo Tomás de Aquino: *Summ. Theol.*, II^a–II^{ae}, q. 93, a. 15, co. y ad. 1.

[12]San Agustín: *De perseverantia*, c. 23 (P. L. 45, 1032); cfr. *Epist. 195 Ad Sixtum*, c. 4 (P. L. 33, 879).

10.2   El hombre caído, abandonado a sus propias fuerzas naturales, no puede disponerse positivamente a conseguir la gracia

Para comprender el sentido del enunciado de esta sección es necesario tener en cuenta los siguientes conceptos:[13]

- *Hombre caído* hace referencia al estado de naturaleza caída después del pecado original, y sin la ayuda de la gracia habitual o actual.

- *Fuerzas naturales* indica que actúa con las fuerzas físicas y morales propias de la naturaleza humana.

- *La disposición*, que en general significa la aptitud de un sujeto para recibir algo,[14] puede tener varios sentidos:

  - *Disposición física*, cuando se fundamenta en una realidad física (de la naturaleza).

  - *Disposición moral*, cuando se fundamenta en una realidad moral (por las obras realizadas libremente) por las que el hombre se vuelve apto para recibir alguna perfección. Es el sentido que utilizamos en esta sección, se trata de una

---

[13]Cfr. Santo Tomás de Aquino: *Summ. Theol.* I^a–II^{ae}, q. 109, a. 6; q. 112, a. 2s.; q. 113; L. Lercher–F. Lakner: *De gratia Christi*, cit., págs. 301–310; B. Beraza: *De gratia...*, cit., págs. 377–386; H. Lange: *De gratia...*, cit., págs. 210–246; J. Ibáñez y F. Mendoza: *Dios santificador...*, cit., págs. 91–98; S. González Rivas: o. c., pág. 73–80; L. Ott: *Manual...*, pág. 364–365; F. Pérez Muñiz: *Tratado de gracia*, cit., págs. 634–642.

[14]Como ocurre con la madera que tiene la disposición de poder arder, o la cera para ser moldeada de modos diferentes.

pura preparación para la gracia que es producto de los actos libres del hombre. Puede ser:

* *Disposición moral negativa o impropia*, cuando se trata de quitar un impedimento para recibir la perfección.[15] En este caso, el sujeto no se hace más idóneo para recibir una forma, sino que evita hacerse menos idóneo, de ahí el nombre de "impropia".

* *Disposición moral positiva o propia*, cuando se da una capacidad real por la cual un sujeto de suyo indiferente, se vuelve más o menos próximamente idóneo para recibir una forma determinada. Es una realidad positiva que sobreviene accidentalmente al sujeto y lo hace más apto para una forma que para otra.[16]Es necesario distinguir la disposición moral positiva del mérito *de congruo*, aunque a veces puedan coincidir.[17] La disposición moral positiva puede ser de tres clases:

  · "Disposición de exigencia": puesta la capacidad, necesariamente se exige la forma.[18]

---

[15]Es el caso de evitar mojar la madera, o en del ser humano, evitar el pecado.

[16]Puede ser: disposición moral positiva próxima, si ya no se requiere otra cosa para recibir una forma determinada; y disposición moral positiva remota, cuando se requiere algo más.

[17]En efecto, ya que el mérito dice relación de algo realizado en obsequio de otro, y como tal comporta una cierta exigencia de premio; la disposición moral positiva dice relación al sujeto que se dispone, sin que de suyo tenga que realizarse en obsequio de otro.

[18]Es el caso de la realidad material del embrión humano, que cuando está próximamente dispuesto, exige la infusión del alma.

- "Disposición de condignidad": la capacidad no exige la forma, pero la forma, por su naturaleza, sí exige aquella capacidad.[19]
- "Disposición de legalidad": cuando ni la capacidad exige la forma, ni la forma la capacidad, sino se requiere necesariamente de una ley positiva extrínseca tanto al sujeto como a la forma, para que el sujeto pueda recibir la forma.[20]

La aplicación de esos conceptos a la verdad que ahora estudiamos afirma que el hombre abandonado a sus propias fuerzas naturales no puede tener ninguna disposición moral positiva de ninguna de las tres clases para recibir la primera gracia: ni de exigencia, como si fuera debida al ser humano; ni de condignidad, como si la gracia por su propia naturaleza, exigiera del hombre ciertas disposiciones naturales para ser conferida por Dios; ni de legalidad, porque no existe una ley divino–positiva que exija del hombre algunas disposiciones previas para poder otorgarle infaliblemente la gracia. Pero sí podría haber una disposición moral negativa, tema que desarrollaremos al final de esta sección. Centremos ahora la exposición a la llamada disposición moral positiva.

Las distinciones sobre las disposiciones son uno de los frutos de la teología escolástica, al aplicar al tema del inicio de la gracia el esquema de materia y forma de la metafísica tomista: la materia es una "disposición" para la forma. En la época patrística no se plantea en esos términos aunque sí el fondo del problema. Se podría decir que

---

[19]Vgr. La madera seca no exige la combustión, pero la combustión sí exige la madera seca; el tener ciencia teológica o probidad de vida no exigen el sacerdocio; pero éste sí exige tales disposiciones.

[20]Vgr. la ley civil o canónica exige una edad determinada para muchas situaciones y negocios jurídicos.

los pelagianos, semipelagianos y San Agustín en su primera época aceptaban una cierta disposición positiva para la primera gracia por parte del hombre.[21] Desde las *Cuestiones a Simpliciano* del año 397 San Agustín rechaza la posibilidad de la disposición natural positiva para la gracia defendiendo su carácter absolutamente gratuito, citando a Proverbios 8:35 según la traducción de la Vetus Latina.[22]

Es Alejandro de Hales en el periodo escolástico el primero en utilizar el binomio materia–forma para estudiar el problema, y muchos teólogos de la época, desconocedores de la controversia semipelagiana y entendiendo la gracia exclusivamente como gracia habitual, sostuvieron tan sólo que la gracia habitual no se confería por mérito *de condigno*; pero algunos admitían una cierta disposición positiva próxima[23] o remota.[24] Una posición más certera se encuentra en Santo Tomás quien afirmó la disposición inmediata para la justificación procede de una moción gratuita e interna de Dios, opinión que siguieron después teólogos tomistas y bastantes escotistas.[25] Después del Concilio de Trento, Suárez excluyó aún la más remota disposición positiva para la gracia.[26]

---

[21] Cfr. San Agustín: *De div. quaest.*, 83, q. 68, n. 4: "En los pecadores precede algo, que aunque no les hace justos, les hace dignos de la justificación"; antes habla de los "occultissima merita" (P. L. 40, 74).

[22] *Praeparatur voluntas a Deo.* Cfr. San Agustín: *De dono persev.*, 21, 55 (P. L. 45, 1004s.).

[23] Fue el caso de Durando y los nominalistas.

[24] F. Suárez atestiguaba que muchos teólogos aceptaban la teoría de la disposición remota sin hacerse problema alguno (*De gratia* 8,7,9).

[25] También, Ricardo de Madiavilla (*In II*, dist. 28, a. 1, q. 2) y Egidio Romano (In II, dist. 28, q. 1, a. 3.).

[26] F. Suárez: *De gratia*, 8, 7.

Santo Tomás exige para prepararse a la recepción de la gracia santificante la ayuda de Dios que mueve internamente, es decir la gracia actual,[27] modificando la opinión de sus primeros escritos.[28]

Los textos escriturísticos que se toman como fundamento son: *"Praeparatur voluntas a Deo"* (Prov 8:35 según la Vetus Latina); "El que permanece en mí y yo en él, ése da mucho fruto, porque sin mí no podéis hacer nada" (Jn 15:5); "¿Qué tienes que no hayas recibido? Y si lo recibiste, ¿por qué te glorías, como si no lo hubieras recibido?" (1 Cor 4:7); "Pero por la gracia de Dios soy lo que soy, y la gracia que se me dio no resultó inútil; al contrario, he trabajado más que todos ellos; pero no yo, sino la gracia de Dios que está conmigo" (1 Cor 15:10); "No es que por nosotros seamos capaces de pensar algo como propio nuestro, sino que nuestra capacidad viene de Dios" (2 Cor 3:5); "porque Dios es quien obra en vosotros el querer y el actuar conforme a su beneplácito" (Fil 2:13).

Fueron utilizados por el Magisterio para afirmar el principio general que con relación a la salvación eterna nada puede el ser humano sin la gracia, y por lo tanto que el comienzo de la salvación también viene de Dios, excluyendo la posibilidad de una disposición positiva de exigencia por parte del hombre. El Magisterio no declara explícitamente nada sobre la disposición de condignidad o de legalidad. Pero puede inferirse de textos como Ro 10:20; Is 65:1 o 1 Pe 2:10.

Durante la polémica post–tridentina se señalaron como textos magisteriales a tener en cuenta los siguientes:

---

[27]Santo Tomás de Aquino: *Summ. Theol.*, I^a–II^{ae}, q. 109, a. 6; q. 112, a. 2; *Quodl.* 1, 7.

[28]En éstos, en línea con la opinión de teólogos antiguos, enseña que el hombre sin la gracia interna y con sola su libre voluntad, puede alcanzar una disposición positiva para la gracia santificante. Cfr. Santo Tomás de Aquino: *Sent.* II, dist. 28, q. 1, a. 4; IV, dist. 17, q. 1, a. 2.

1. *Indículus*: los capítulos 5 y 6 así como el 8 y 9 indican la doctrina desde varios puntos de vista. Por ejemplo: "Dios obra de tal modo sobre el libre albedrío en los corazones de los hombres que, el santo pensamiento, el buen consejo y todo movimiento de buena voluntad procede de Dios, pues por Él podemos algún bien, sin el cual no podemos nada (cf. Jn 15:5)".[29] Y también, "Confesamos a Dios por autor de todos los buenos efectos y obras y de todos los esfuerzos y virtudes por los que desde el inicio de la fe se tiende a Dios, y no dudamos que todos los merecimientos del hombre son prevenidos por la gracia de Aquel, por quien sucede que empecemos tanto a querer como a hacer algún bien (cfr. Fil 2:13)".[30]

2. II Concilio de Orange en su canon 4 enseña que Dios no espera a nuestra voluntad para dar la gracia, sino que por el contrario tal voluntad es preparada por Dios: "Si alguno porfía que Dios espera nuestra voluntad para limpiarnos del pecado, y no confiesa que aun el querer ser limpios se hace en nosotros por infusión y operación sobre nosotros del Espíritu Santo, resiste al mismo Espíritu Santo que por Salomón dice: Es preparada la voluntad por el Señor (Prov. 8:35: LXX), y al Apóstol que saludablemente predica: Dios es el que obra en nosotros el querer y el acabar, según su beneplácito (Fil 2:13)".[31] En su canon 6 excluye todos los actos que pudieran ser entendidos como disposiciones positivas, y afirma que todos ellos son fruto de la gracia: "Confesamos a Dios por autor de todos los buenos efectos y obras y de todos los esfuerzos y virtudes por los que desde el inicio de la fe se tiende a Dios, y no dudamos que todos los merecimientos del

---

[29]Cap. 6 (D. S. 244).
[30]Cap. 9 (D. S. 248).
[31]Canon 4 (D. S. 374).

hombre son prevenidos por la gracia de Aquel, por quien sucede que empecemos tanto a querer como a hacer algún bien (cfr. Fil 2:13)".[32]

3. Trento define que, al menos la disposición próxima a recibir la gracia, no procede de los poderes de la naturaleza, sino de la gracia preveniente: "Si alguno dijere que, sin la inspiración preveniente del Espíritu Santo y sin su ayuda, puede el hombre creer, esperar y amar o arrepentirse, como conviene para que se le confiera la gracia de la justificación, sea anatema".[33]

En base a los textos citados, se ha de concluir que la negación de la disposición moral positiva de exigencia para conseguir la gracia es una verdad de fe divina y católica definida; y la negación de la disposición moral positiva de condignidad o de legalidad para conseguir la gracia son verdades teológicamente ciertas.[34]

La razón teológica que explica que el hombre no puede prepararse por sí mismo para conseguir la gracia sin el auxilio gratuito de Dios se basa en el principio de que los medios tienen que ser adecuados a los fines.[35] Dios es el fin general de todo lo creado y el bien supremo, el

---

[32] Canon 6 (D. S. 376).

[33] Sesión 6, capítulos 5–6, canon 3 (D. S. 1525–1526, 1553).

[34] Así en J. Ibáñez y F. Mendoza: *Dios santificador...*, cit., pág. 93; también S. Gónzalez Rivas: o. c., pág. 75. L. Ott: *Manual...*, pág. 365, considera las tres como sentencia cierta.

[35] El Aquinate, se refiere a los medios para conseguir los fines, desde el punto de vista los agentes que obran en relación a los diferentes fines, o de las causas que han de orientar sus efectos con vistas a su fin (el orden de los agentes o motores corresponde al orden de los fines). Cfr. *Summ. Theol.*, I^a–II^{ae}, q. 109, a. 6, co.; q. 112, a. 2, co. Cfr. I^a, q. 62, a. 2; *In Sent.*, II, dist. 5, q. 2, a. 1; dist. 28, a. 4; IV, dist. 17, q. 1, a. 2, ad 2; *De verit.*, q. 24, a. 15; *In Hebr.*, 12 lect. 3; *Cont. Gent.*, 3, 149; *Quodl.*, 1, q. 4, a. 2; *In Io.*, 1, lect. 6.

primer motor absoluto de lo creado, por lo que todas las cosas se ordenan a Él bajo la tendencia común que tienen al bien, por la que todas tratan de semejarse a Dios, cada una a su manera, movidas por las condiciones y fuerzas de sus propias naturalezas creadas. Pero, en el caso de la creatura humana, Dios le ha dispuesto un fin sobrenatural, mucho más allá del fin general de todas las creaturas. El medio para conseguir este fin tiene que ser adecuado a la naturaleza del mismo, que es sobrenatural. Que el hombre se dirija a este fin sobrenatural solo puede ser a través del influjo directo de Dios que convierte al hombre. Convertirse a Dios es prepararse para la gracia. Siendo el influjo directo de Dios el que convierte al hombre, es manifiesto que el hombre no puede disponerse para recibir la luz de la gracia sino mediante el auxilio de un don gratuito de Dios que le mueva interiormente.

En conclusión, hay que *rechazar una disposición positiva*, tanto si se trata de exigencia, porque entonces el principio de la salvación sería propio del ser humano; como si es de condignidad porque haría que la gracia fuera dependiente del hombre; o de legalidad, por ser contraria a la experiencia de los datos teológicos que manejamos.[36]

Queda por determinar si *puede existir una disposición moral negativa*. La teología clásica, aceptando el principio de la voluntad universal de salvación de Dios y como consecuencia del hecho de su deseo de dar a todo infiel la primera gracia que es sobrenatural y una llamada próxima a la fe, se divide en cambio en la cuestión de la razón por la que algunos infieles no llegan a recibirla. Es aquí donde aparece la teoría de la posible disposición moral negativa para esa primera gracia. Se dan dos posiciones:

1. Los que niegan la existencia de tal disposición moral negativa. Es la opinión más madura de Santo Tomás y que siguen Cayetano, Báñez, Billuart, los Salmanticenses, Ripalda y en general los tomistas contemporáneos.[37] Razonan

---

[36]S. González Rivas: o. c., pág. 76.

[37]St. Thomas: *In*, 2, dist. 28, q. 1, a. 4; *Quaest. disp. de veritate*, q. 6, a. 2; *Quodlib.*, I, a. 7; *Summ. Theol.*, I^a–II^{ae}, q. 109, a. 6; q. 112, a. 2; Cayetano: In I^a–II^{ae}, q. 109, a. 6;

sobre la base de que cualquier infiel en pleno uso de su razón recibe infaliblemente de Dios la gracia elevante mediante la cual es llamado remotamente a
la fe. Si el infiel responde afirmativamente a esa primera gracia sobrenatural,
se le conceden otras gracias sobrenaturales por las que llegará a la fe, que
es necesaria para la justificación; si el infiel no coopera con esas gracias, no
alcanzará la fe y tampoco la justificación. No existe pues una posible disposición natural moral negativa, sino que todo el proceso está guiado por la gracia
sobrenatural.

2. Los que aceptan la disposición moral negativa para la gracia. Es la opinión de
Molina, Suárez, Lessio, Beraza, Langue y González Rivas.[38] Para este grupo
la razón por la que la gracia primera no es concedida de hecho a algunos es
porque Dios rehúsa dar tal gracia al infiel que no quita los impedimentos para
la gracia (es decir si no evita el pecado mediante la observancia de la ley
natural, bien sea por los medios de su sola naturaleza en las situaciones más
leves, o con la ayuda de la gracia sanante en las más difíciles). La aceptación
de la llamada a la fe queda en manos del infiel; pero si acepta la llamada, Dios
infaliblemente se la concederá. Por lo tanto Dios concede la gracia a todos
los que se disponen de ese modo negativo (quitando los impedimentos para
la gracia). Pero la libertad de Dios no queda forzada de este modo, porque
también puede decidir conferir tal gracia a los indispuestos y que le rechazan.
Por eso, la disposición natural negativa no es la razón determinante para
conferir la gracia, sino sólo una condición moral negativa, porque cuando se
produce, Dios confiere su gracia en conformidad con su voluntad universal de
salvación.

Esta segunda posición aduce a su favor el hecho explicar la voluntad
divina universal de salvación, la habilidad moral del ser humano de realizar
actos naturalmente buenos, y el hecho de que el hombre puede con sus pecados
hacerse indigno de la gracia (cfr. 1 Tim 1:13; Lc 23:34).

Báñez: In II^a–II^{ae}, q. 10, a. 1, dub. 2; Billuart: *De gratia*, dist. 3, a. 7; Salmanticenses:
De gratia, dist. 3, dub. 7; Ripalda: *De ente supernaturali* d. 18 and 20; N. Del Prado:
De gratia et libero arbitrio 1, 67 ss.; Hugon: *De gratia*, q. 2, a. 5; Garrigou–Lagrange:
De gratia, pág. 249.

[38]Molina: *Concordia*, q. 14, a. 13, d. 10; Suárez: *De gratia*, 4, 15; *De divina motione*,
3, 2, 6; *De praedestinatione*, 2, 7; Lessius: *De gratia efficaci* c. 10 and append.; B.
Beraza: *De gratia...*, cit., págs. 384 ss.; H. Lange: *De gratia...*, cit., págs. 231 ss.;
González Rivas: o. c., págs 78–79.

10.3 El axioma escolástico: *facienti quod est in se, Deus non denegat gratiam*

Para concluir el capítulo dedicado al carácter gratuito de la gracia, conviene conocer el alcance del axioma escolástico según el cual "al que hace lo que puede, Dios no le niega su gracia", para evitar una interpretación que pudiera contradecir la doctrina de fe que se ha expuesto hasta ahora.[39]

Es un principio que aparece por primera vez en la escolástica del siglo XII y se atribuye a Pedro Abelardo, aunque se pueden encontrar antecedentes de ese sentido entre los Santos Padres.[40] Santo Tomás, lo interpreta en el sentido de cooperación con la gracia ya recibida: a aquél que, con la ayuda de la gracia, hace lo que está en sus fuerzas, Dios no le rehúsa ulteriores ayudas de la gracia.[41] En efecto:

"Nihil homo potest facere nisi a Deo moveatur; secundum illud Ioan. XV, sine me nihil potestis facere. Et ideo cum dicitur homo facere quod in se est,

"El hombre no puede hacer nada si no es movido por Dios, tal como se dice en Jn 15:5, Sin mí nada podéis hacer. Por eso, cuando se dice que el hombre hace lo

---

[39]Cfr. L. Ott: *Manual...*, cit. págs. 366–367; J. Ibáñez y F. Mendoza: *Dios santificador...*, cit., págs. 144–145; O. González Rivas: o. c., págs 79–80; R. Ch. Dhont: *Le problème de la préparation à la grâce. Débuts de l'École Franciscaine*, Paris, Études de science religieuse, 5, 1946; B. Beraza: *De gratia...*, cit., págs. 387–395; L. Lercher– F. Lakner: *De gratia Christi*, cit., pág. 305; Bucceroni: *Commentarius de axiomate: "Facienti quodest in se..."*, Roma, 1890; J. Riviere: *Quelques antecedents patristiques de la formule: "Facienti quod in se est..."*, en "Revue des sciences religieuses" (1927) 93–97.

[40]Cfr. San Hilario de Poitiers: *Tractatus super Psalmos*, 118, 14, 20 (P. L. 9, 598); San Juan Crisóstomo: *In Epistulam ad Hebraeos homiliae*, 12, 3 (P. G. 63, 99).

[41]Cfr. H. Bouillard: *Conversion et grâce chez Saint Tomas d'Aguin*, Paris, Editions Aubier–Montaigne, 1944.

dicitur hoc esse in potestate hominis secundum quod est motus
a Deo".[42]

que en él está, se entiende que hace lo que puede supuesta la moción de Dios".

"Quod Glossa illa loquitur
de illo qui confugit ad Deum
per actum meritorium liberi arbitrii iam per gratiam informa-
ti, quem si non reciperet, esset contra iustitiam quam ipse
statuit. Vel si referatur ad motum liberi arbitrii ante gratiam,
loquitur secundum quod ipsum
confugium hominis ad Deum est
per motionem divinam, quam
iustum est non deficere".[43]

"La Glosa se refiere al hombre que acude a Dios por un acto
meritorio de su libre albedrío in-
formado ya por la gracia, cuyo rechazo sería ciertamente contrario
a la justicia que Dios mismo ha
establecido. O bien, si se refiere a
un movimiento del libre albedrío
anterior a la gracia, lo entiende en
cuanto obedece a la moción divina, la cual justo es que no se produzca en vano".

L. Ott muestra otras interpretaciones del axioma. Así muchos molinistas y la escuela jesuita en general lo interpretaron como referido
a la disposición natural negativa de la que hablamos, en el sentido
de evitar los pecados. Pero hay que tener en cuenta que la conexión

---

[42]Santo Tomás de Aquino: *Summ. Theol.*, Iª–IIæ, q. 109, a. 6, ad 2.

[43]Santo Tomás de Aquino: *Summ. Theol.*, Iª–IIæ, q. 112, a. 3, ad 1. F. Pérez Muñiz
(*Tratado de Gracia*, cit., pág. 642) señala que en sus primeras obras, el Aquinate
siguiendo su primitiva posición sobre la posibilidad de la preparación a la gracia
habitual por las solas fuerzas naturales, interpretaba el axioma en el sentido de no
denegar la gracia habitual al que hace lo que puede con sus fuerzas naturales; en
cambio, su posición madura y definitiva será negar todo nexo entre las obras naturales
y la gracia, considerando que Dios no niega la gracia habitual al que al que hace lo
que puede con el auxilio de la gracia actual, o también que Dios no niega ulteriores
gracias actuales al que hace lo que está en su mano con el auxilio de gracias actuales
precedentes.

entre la disposición negativa y la comunicación de la gracia no es causal, sino puramente de hecho, fundada en la voluntad universal de salvación de Dios: Dios no concede la gracia porque el hombre evite el pecado, sino porque sinceramente quiere la salvación de todos los hombres.

Sin embargo hay otras interpretaciones que no son aceptables:

1. La interpretación semipelagiana, según la cual los esfuerzos naturales del hombre, por su valor intrínseco, establecen un mérito *de congruo* para la concesión de la gracia.[44]

2. La interpretación nomimalista, que la refieren a los esfuerzos morales de índole natural, de los cuales se originaría un título de conveniencia para recibir la gracia, aunque la concesión de la misma no la hacen depender del valor intrínseco de esos esfuerzos, sino de su aceptación externa por parte de Dios. Así lo habría prometido el Señor en Mt 7:7, "pedid y se os dará, buscad y hallaréis, llamad y se os abrirá". Esta interpretación es errónea, porque la Revelación defiende que la salvación procede de Dios y no de los hombres, por lo que Mt 7:7 sólo se puede interpretar como una cooperación con la gracia y no como un esfuerzo moral natural sin la gracia. La interpretación nominalista fue seguida al principio por Lutero hasta que la consideró como pelagiana y rechazó el axioma.

La recta interpretación ha de hacerse siguiendo los principios estudiados: el hombre caído, abandonado a sus propias fuerzas naturales, no puede disponerse a conseguir la gracia. El axioma escolástico, por tanto, reafirmaría por lo menos la doctrina según la cual Dios infaliblemente da la gracia al hombre que no pone obstáculos por sus

---

[44]Esta explicación se asemeja a la de los antiguos escolásticos y a la más primitiva de Santo Tomás, como ya se explicó (cfr. *In Sent.*, II, dist. 28, q. 1, a. 4).

pecados (los que se disponen negativamente); pero esa disposición negativa no es requerida, ni siquiera como condición necesaria, porque Dios a veces otorga su gracia al hombre que pone obstáculos por sus pecados, y que por lo tanto no se dispone negativamente a recibirla. De este modo, la gracia se concede a todos los que se disponen negativamente..., pero no solamente a ellos, si así lo determina la voluntad misericordiosa de Dios.

Por ello, esta explicación del axioma, no puede ser confundida con la semipelagiana, porque claramente rechaza que haya una conexión natural entre las obras realizadas con las solas fuerzas de la naturaleza y la gracia, bien sea por medio del mérito, o por impetración, o por disposición positiva, o incluso por disposición negativa que se entendiera como que fuera razón verdadera para conferir la gracia.

Capítulo 11

Universalidad de la gracia actual

Una vez que se ha estudiado que la gracia actual *es necesaria* para el ser humano sin la cual el hombre no puede alcanzar el fin sobrenatural de la salvación, y que la gracia *es gratuita* porque el hombre no puede hacer nada con sus propias fuerzas naturales para conseguir la gracia primera, cabe plantear ahora la cuestión de su universalidad.

En efecto, ¿es la gracia actual, además de necesaria y gratuita, *universal*, esto es, otorgada a todos los hombres?

La respuesta se fundamenta en la voluntad divina universal de salvación para todos los hombres. Y esta voluntad es cierta y efectiva, como consta en las fuentes de la Revelación y en el Magisterio de la Iglesia:

- Cristo se encarnó para salvar a los hombres (Nicea).

- Cristo por medio del sacrificio de su muerte nos rescató y reconcilió con Dios (Trento).

- Cristo murió no sólo por los predestinados (Inocencio X) o sólo por los fieles (Alejandro VIII), sino por los pecados de todo el mundo.

- Cristo satisfizo a Dios plenamente por todos los pecados de los hombres.

Siendo así la voluntad salvífica de Dios universal, cierta y efectiva, se sigue lógicamente que Dios concede a todos los adultos gracias suficientes para conseguir la salvación, puesto que la gracia actual es el medio necesario para que el hombre obtenga la gracia santificante y permanezca en ella, que es el único modo de lograr la salvación.

Lo cual vamos a estudiar en las tres secciones siguientes.[1]

11.1 Dios concede a todos los justos la gracia suficiente para no poder pecar gravemente

Para comprender el sentido de esta verdad es necesario explicar sus términos:[2]

- *Justo*. Es el adulto con uso de razón que se encuentre en estado de gracia.

- *Todos*. Se entiende incluso a aquéllos que de hecho van a pecar mortalmente, o a los que no estén predestinados.

---

[1]Cfr. J. Ibáñez y F. Mendoza: *Dios santificador...*, cit., págs. 97–98.

[2]J. Ibáñez y F. Mendoza: *Dios santificador...*, cit., págs. 98–101; Santo Tomás de Aquino: *Summ. Theol.*, Iª–IIª, q. 109, a. 9; L. Lercher–F. Lakner: *De gratia Christi*, cit., págs. 371–379; B. Beraza: *De gratia...*, cit., págs. 397–405; H. Lange: *De gratia...*, cit., págs. 175–185; S. González Rivas: o. c., págs. 86–91; Ch. Baumgartner: *La gracia...*, cit., págs. 362–367; F. Pérez Muñiz: *Tratado de gracia*, cit., págs. 655–664.

- *Gracia suficiente.* Es la gracia por la que a una persona justa se la hace capaz de observar un precepto grave y permanecer en estado de justificación o de gracia santificante, si él corresponde. Esta gracia podría ser próxima (inmediata) o remotamente suficiente (es la gracia de la oración para obtener el auxilio inmediato).[3]

- *Para no poder.* Es un verdadero poder otorgado por Dios, no sólo absolutamente sino también relativamente, es decir, incluso cuando la inclinación de la concupiscencia desordenada esté presente.

- No poder *pecar gravemente*, lo que equivale a la observancia de un precepto grave reconocido como tal, bien sea un precepto sobrenatural, o aunque sea natural, venciendo la tentación de pecar sea cual sea su origen: el demonio, el mundo o la carne.

La Sagrada Escritura testimonia esta fe en varios lugares. El Magisterio utiliza entre otros, los siguientes pasajes:

1. 1 Cor 10:13, "No os ha sobrevenido ninguna tentación que supere lo humano, y fiel es Dios, que no permitirá que seáis tentados por encima de vuestras fuerzas; antes bien, con la tentación, os dará también el modo de poder soportarla con éxito".[4]

---

[3]Así el Concilio de Trento: Can. 18. "Si alguno dijere que los mandamientos de Dios son imposibles de guardar, aun para el hombre justificado y constituído bajo la gracia, sea anatema" (D. S. 1568, cfr. 1536).

[4]Los jansenistas aplicaban esta doctrina solo a los hombres predestinados, lo que va en contra de su sentido auténtico que se aplica tanto a los predestinados justificados (San Pablo está escribiendo a los fieles de Corinto y en el v. 12 se refiere a los que piensan que están en pie), como a los justificados que no están predestinados (San Pablo se dirige a la comunidad de Corinto, donde algunos se salvarían y otros no lo harían, puesto que sería presuntuoso pensar que todos estaban predestinados a la salvación). Cfr. el uso de este texto en sentido global tanto por Trento (D. S. 1809), como por Pío XI (D. S. 3718).

2. 1 Tim 2:4, "(Dios) quiere que todos los hombres se salven y lleguen al conocimiento de la verdad".

3. Mt 11:30, "Porque mi yugo es suave y mi carga es ligera".[5]

4. 1 Jn 5:3, "Sus mandamientos no son costosos".[6]

San Agustín declara que "así como el ojo corporal, aunque esté perfectamente sano, no es capaz de ver sin el concurso del brillo de la luz, así tampoco el hombre, aunque se halle plenamente justificado, puede vivir rectamente si no es ayudado divinamente por la eterna luz de la justicia".[7] Y basa tal principio en un doble fundamento: Dios no nos abandona, si nosotros no le abandonamos a Él; y Dios no manda lo que es imposible.[8]

Después de San Agustín sus discípulos siguen sus mismos principios. Próspero de Aquitania afirmaba que los pecadores no son abandonados por Dios con el fin de que ellos no abandonen a Dios; si ellos lo abandonan y son abandonados es porque ellos se tornaron del bien al mal por su propia voluntad.[9] Gennadio sostuvo que nadie perece debido a la voluntad de Dios, sino que Dios le permite usar su libre voluntad al hombre para que el poder de ser santo que una vez se le otorgó no se viera forzado a ser esclavo por necesidad.[10] San Cesareo de Arlés concluía que Dios nunca abandona al hombre al menos que sea abandonado antes por el hombre.[11] Y San Fulgencio mantuvo

---

[5]Citado por Trento (D. S. 1536).

[6]Citado por Trento (D. S. 1536).

[7]San Agustín: *De natura et gratia*, 26, 29 (P. L., 44, 261).

[8]San Agustín: *De natura et gratia*, 26, 29 (P. L., 44, 261); 43, 50 (P. L. 44, 271).

[9]San Próspero de Aquitania: *Resp. ad cap. obiectionum gallorum*, 3 (P. L. 51, 159); cfr. 11 (P. L. 51, 167).

[10]Gennadio: *Liber ecclesiast. dogmatum*, 25 (P. L. 58, 984).

[11]San Cesáreo de Arlés: *Sermones In append. serm. S. Aug.*, sermo 22, 2 (P. L. 39, 1786).

que ningún ser humano peca justificadamente, aunque Dios le permite pecar justificadamente, porque el hombre que abandona a Dios es justamente abandonado por Dios.[12]

Rechazan esta verdad los protestantes que sostuvieron que la observancia de los mandamientos es imposible, incluso para el justo, y en particular los mandamientos de amar a Dios con todo el corazón y el de no codiciar los bienes ajenos. También lo hace Jansenio, quien afirmó que la observancia de algunos preceptos es imposible, incluso para el justo, porque estando dominado por el amor terrenal (*delectatio victrix* terrena), le faltaría la gracia por la que la observancia de los mandamientos se hace posible. Es cierto que Jansenio distinguía entre gracia absolutamente y relativamente suficiente: la primera se produce cuando se considera sólo en su naturaleza prescindiendo de cualquier otra circunstancia, y sería suficiente para producir un acto salvífico; la segunda ocurre cuando se considera su naturaleza, pero también el amor terrenal contrario en un sujeto concreto. Jansenio rechaza la gracia relativamente suficiente aceptando la absolutamente suficiente.

La Iglesia defendió en varias ocasiones la concesión de la gracia a todos los justos para no pecar gravemente, considerándose una verdad de fe divina y católica definida.[13] Así, el Concilio XVI de Cartago declaró que la gracia fortalece a la persona no sólo al perdonarle los pecados cometidos, sino también para que no cometa nuevos: "Quienquiera dijere que la gracia de Dios por la que se justifica el hombre por medio de Nuestro Señor Jesucristo, solamente vale para la remisión de los pecados que ya se han cometido, pero no de ayuda para no cometer-

---

[12]San Fulgencio: *Ad monitum*, 1, 13 (P. L. 65, 162).

[13]Así en J. Ibáñez y F. Mendoza: *Dios santificador...*, cit., pág. 99, o en S. González Rivas: o. c., pág. 87.

los, sea anatema".[14] El Concilio II de Orange afirmó que con la ayuda de Dios podemos cumplir lo que le agrada: "También creemos según la fe católica que, después de recibida por el bautismo la gracia, todos los bautizados pueden y deben, con el auxilio y cooperación de Cristo, con tal que quieran fielmente trabajar, cumplir lo que pertenece a la salud del alma".[15] El Concilio de Trento definió que era herejía decir que es imposible cumplir los mandamientos incluso para el hombre justificado y establecido en la gracia: "Si alguno dijere que los mandamientos de Dios son imposibles de guardar, aun para el hombre justificado y constituido bajo la gracia, sea anatema".[16] Inocencio III consideró herética la opinión de Jansenio examinada: "Algunos mandamientos de Dios son imposibles para los hombres justos, según las fuerzas presentes que tienen por más que quieran y se esfuercen; les falta también la gracia con que se les hagan posibles. Declarada y condenada como temeraria, impía, blasfema, condenada con anatema y herética".[17] Y Pío XI aplica la doctrina definida en Trento y en la condena de las tesis de Jansenio al recto uso del matrimonio.[18]

Santo Tomás sostiene que el adulto que está en gracia, necesita la gracia divina para evitar el pecado. En primer lugar, porque ninguna creatura puede actuar sino en virtud de una moción divina. Pero además, en segundo lugar, porque aunque la gracia sane la naturaleza humana en cuanto a la mente (aunque con cierta oscuridad con respecto al entendimiento), sin embargo permanece la concupiscencia en cuanto a la carne. Por lo que el hombre justo necesita ser dirigido y protegido por Dios para no caer en tentación.

---

[14]Canon 3 (D. S. 225).

[15]D. S. 397.

[16]Canon 18 de la sesión VI (D. S. 1568, cfr. 1536).

[17]D. S. 2001.

[18] *Casti Connubi* (D. S. 3718).

"Homo in gratia existens non indiget alio auxilio gratiae quasi aliquo alio habitu infuso. Indiget tamen auxilio gratiae secundum alium modum, ut scilicet a Deo moveatur ad recte agendum. Et hoc propter duo. Primo quidem, ratione generali, propter hoc quod, sicut supra dictum est, nulla res creata potest in quemcumque actum prodire nisi virtute motionis divinae. Secundo, ratione speciali, propter conditionem status humanae naturae. Quae quidem licet per gratiam sanetur quantum ad mentem, remanet tamen in ea corruptio et infectio quantum ad carnem, per quam servit legi peccati, ut dicitur ad Rom. VII... Et ideo necesse est nobis ut a Deo dirigamur et protegamur, qui omnia novit et omnia potest..."[19]

"Ahora bien, el hombre que está en gracia no necesita otro auxilio de la gracia, en el sentido de un nuevo hábito infuso. Pero sí necesita un nuevo auxilio..., es decir, necesita ser movido por Dios a obrar rectamente. Y lo necesita por dos razones. La primera, de orden general, es que, como ya dijimos ninguna cosa creada puede producir acto alguno a no ser en virtud de la moción divina. La segunda es una razón específica, basada en la condición presente de la naturaleza humana. Porque, si bien esta naturaleza ha sido restaurada por la gracia en cuanto a la mente, aún queda en nosotros la corrupción y la infección de la carne, la cual sirve a la ley del pecado, según se dice en Rom 7,25... Por eso tenemos necesidad de que nos dirija y nos proteja Dios, que lo conoce y lo puede todo..."

Ahora bien, como ya se ha probado el justo no puede perseverar en la gracia habitual durante un tiempo largo sin la ayuda de la gracia actual. Si Dios no concediera a los todos los justos la gracia suficiente para no poder pecar gravemente, el pecado en que pudiera caer

---

[19]Santo Tomás de Aquino: *Summ. Theol.*, Iª–IIæ, q. 109, a. 9, co. Cfr. *In Sent.*, II, dist. 29, expos. litt.; *De verit*, q. 24, a. 13.14; q. 27, a. 5, ad 3; *In Psalm.* 31.

no sería imputable al hombre; afirmación que es insostenible por su falsedad. Luego el justo siempre puede perseverar, debido a que Dios concede a todos los justos la gracia suficiente para no poder pecar gravemente.

11.2 Dios concede a todos los pecadores cristianos, dependiendo de las circunstancias de lugar y tiempo, la gracia suficiente para que, si quieren, consigan la gracia santificante (salgan del pecado)

Los términos de esta verdad son los siguientes:[20]

1. Por *pecadores cristianos* se entienden los adultos que después del bautismo cayeron en pecado mortal, pero retienen su fe católica.

2. Se habla de *todos*, porque la donación de la gracia abarca de hecho tanto a los que saldrán del pecado y se salvarán, como también a los que por no corresponder a la gracia permanecen en pecado y se condenan. El pecador puede caer dentro de dos categorías: el común (el que cae en el pecado por debilidad más que por malicia), y el ciego o endurecido mientras camina en esta Tierra (el que se adhiere obstinadamente al pecado y su

---

[20]J. Ibáñez y F. Mendoza: *Dios santificador...*, cit., págs. 102–104; Santo Tomás de Aquino: *Summ. Theol.*, IIIª, q. 86, a. 1; L. Lercher–F. Lakner: *De gratia Christi*, cit., págs. 371–379; B. Beraza: *De gratia...*, cit., págs. 406–430; H. Lange: *De gratia...*, cit., págs. 665–696; S. González Rivas: o. c., págs. 92–97; L. Ott: *Manual...*, cit., págs. 368–370.

estado es opuesto al estado de gracia bien sea por ceguera de mente, o por endurecimiento de la voluntad).[21]

3. La *concesión de la gracia* puede ser entendida de dos modos: desde el punto de vista de Dios sólo (quien puede ofrecer la gracia para el hombre sin que éste la quiera aceptar); o desde el punto de vista tanto de Dios como del hombre (gracia que de hecho es concedida por Dios y aceptada por el hombre que no puede rehusarla). La concesión de la gracia se puede producir de ambos modos, pero mientras que todos los teólogos aceptan el primer supuesto (ofrecimiento), no todos admiten el segundo (concesión de hecho).

4. *Dependiendo de las circunstancias de lugar y tiempo.* No todos los pecadores son llamados a la conversión en cualquier momento, sino que normalmente lo son cuando concurren algunas gracias actuales externas, como la predicación de la Palabra de Dios, la lectura o el buen ejemplo, los problemas de salud, la muerte de algún amigo, la realización de alguna obra buena, el momento de la preparación para la muerte, etc.

5. La *gracia suficiente* es la gracia por la que a una persona justa se la hace capaz no sólo de observar un precepto grave y permanecer en estado de justificación o de gracia santificante, si él corresponde,[22] sino también para que se convierta y salga del pe-

---

[21]La ceguera y el endurecimiento se dan perfectamente en los condenados en el infierno, que no pueden ya convertirse; e imperfectamente en los pecadores vivos, porque su conversión siempre sería posible antes de morir. La ceguera y el endurecimiento tienen como causa eficiente al mismo pecador y como causa extrínseca e inductora al demonio; Dios solo puede ser considerado como causa negativa, permisiva u ocasional (cfr. Ro 9:18; Jn 12:40).

[22]Tesis anterior ya estudiada.

cado en que haya caído recobrando la gracia santificante, previa la correspondencia libre a tal gracia por parte del pecador.

6. El *salir del pecado* ha de entenderse tanto para la gracia que recibe el pecador para no cometer nuevos pecados graves como para convertirse y salir del estado de pecado, y de esta manera alcanzar la salvación. Como Dios ofrece la salvación a todos los hombres, les provee también con las gracias necesarias para evitar el pecado, presuponiendo siempre la libre cooperación humana. Sin la gracia, los hombres volverían a caer en el pecado, que no podrían evitar, por lo que no serían responsables pues nadie está obligado a lo que es imposible.

La Sagrada Escritura expresa en muchos lugares que Dios desea que el pecador salga de su pecado, dándole su gracia (al menos suficiente), sin hacer distinción de pecadores comunes o empedernidos.[23] Por ejemplo: "Por mi vida, dice el Señor, Yahveh, que yo no me gozo en la muerte del impío, sino en que se retraiga de su camino y viva. Volveos, volveos de vuestros malos caminos" (Ez 33:11); "No retrasa el Señor la promesa, como algunos creen; es que pacientemente os aguarda, no queriendo que nadie perezca, sino que todos vengan a penitencia" (2 Pe 3:9); "¿O es que desprecias las riquezas de su bondad, paciencia y longanimidad, desconociendo que la bondad de Dios te atrae a penitencia? " (Ro 2:4); parábolas sobre los pecadores arrepentidos (Lc 15: 1–32); etc.

Los Santos Padres enseñaron la misma doctrina siguiendo cuatro líneas de pensamiento:

---

[23]Al estudiar el sacramento de la penitencia se explica el verdadero sentido de algunos pasajes que podrían entenderse como referidos a pecados imperdonables: Mt 12:31, Heb 6: 4–6; 10: 25ss; 1 Jn 5:16.

1. Por un lado, dando el sentido correcto a los textos de la Sagrada Escritura. San Cirilo de Alejandría citaba a Is 44:2 ("tú tendrás ayuda" LXX) para animar a los pecadores a la conversión por muchos que hubieran sido sus pecados.[24] San Cesareo de Arlés citaba a Ez 33:11 en el mismo sentido.[25]

2. Recordando la voluntad salvífica universal de Dios. Así San Próspero de Aquitania: "El que dice que Dios no desea que todos los hombres se salven sino sólo un cierto número de predestinados, habla más duramente que lo que debe ser sostenido sobre la inescrutable profundidad de la gracia de Dios, que quiere que todos los hombres se salven y lleguen al conocimiento de la verdad (1 Tim 2:4)".[26]

3. Sosteniendo que si el pecador se condena es por su propia culpa, por no haber cooperado con la gracia de Dios. Por ejemplo, San Juan Crisóstomo se preguntaba: "Si él ilumina a todo hombre que viene a este mundo, ¿cómo es que tantos continúan en la oscuridad? ¿Cómo es que Él ilumina a todo hombre? Lo que ocurre es que Él ilumina en todo lo que a Él respecta. Pero si alguien voluntariamente cierra los ojos de su alma, no recibirá los rayos de la luz; su oscuridad procede de su propia iniquidad

---

[24]San Cirilo de Alejandría: *In Is. Comment.*, 4, 2 (P. G. 70, 920).

[25]San Cesareo de Arlés: *Sermones, In append. serm. S. Aug,* sermo 22, 2 (P. L. 39, 1786).

[26]San Próspero de Aquitania: *Resp. ad cap. obiectionum Gallorum,* super cap. 8, (P. L. 51, 172); en términos parecidos, cfr. Ambrosiaster: *Comm. in symbol. apostol.,* In 1 Tim 2:4 (P. L. 17, 466).

que rechaza voluntariamente tal regalo, y no de la naturaleza de la luz".[27] Del mismo tenor es San Jerónimo, [28] o San Agustín.[29]

4. Afirmando que la conversión está abierta a todo pecador hasta el momento de su muerte. Por ejemplo, San Cipriano defendía que "nunca es demasiado tarde para la penitencia del que permanece en este mundo. Acercarse al perdón de Dios está siempre abierto, y para los que buscan y entienden la verdad, tal acceso es fácil".[30]

Se ha discutido sobre si San Agustín rechazaba esta doctrina, en base a algunos de sus textos.[31] Pero hay que tener en cuenta que cuando escribe de esa manera se refiere a veces a la gracia habitual o a la gracia eficaz; también se ha de distinguir entre su concepción de la *gracia para la fe* (otorgada a todos) y la *gracia de la fe* (que no se concede a todos), así como entre *dar la gracia* o *recibir la gracia*.[32] Finalmente, San Agustín, en la etapa última de sus escritos, limitaba hasta cierto punto la voluntad universal de salvación de Dios.[33]

Los errores contrarios a esta verdad de fe provinieron de los protestantes y de Jansenio. En efecto, los protestantes sostuvieron que los justos que caen en el pecado después del bautismo no pueden recobrar la justicia perdida por la gracia de Dios, o si lo hacen es sólo por la

---

[27]San Juan Crisóstomo: *In Ioan. homil.*, 8, 1 (P. G. 59, 65); Id.: *In epist. Hebre.*, homil. 16, 4 (P. G. 63, 127).

[28]San Jerónimo: *Dialogus adv. Pelagianos*, 2, 16 (P. L. 23, 552).

[29]San Agustín: *In Ionn. Evang. Tract.*, 53, 6 (P. L. 35. 1776).

[30]San Cipriano: *Ad Demetrianum*, 25 (P. L. 4, 563).

[31]Por ejemplo: "Sabemos que esa gracia no se concede a todos los hombres...", en *Epist. Vital.*, 5, 16 (P. L. 33, 984); cfr. también, *De natura et gratia* 51, 59 (P. L. 44, 276); *Enarrat. In Ps.*, 57, n. 22 (P. L. 36, 692).

[32]Esto último coincide con la cooperación con la gracia.

[33]cfr. L. Lercher–F. Lakner: *De gratia Christi*, cit., pág. 379; S. González Rivas: o. c., págs. 96–97.

sola fe y no por el sacramento de la penitencia. Jansenio negó la gracia suficiente para la conversión a los pecadores ciegos o endurecidos. Algunos teólogos dieron una interpretación incorrecta por ser restrictiva (caso de algunos tomistas quienes sostuvieron que Dios "ofrece" la gracia suficiente para la conversión a todos los pecadores, pero no la "confiere" de hecho a algunos como castigo por sus pecados),[34] o muy laxa (caso de los que propusieron que Dios otorga a todo ser humano una gracia de iluminación final justo antes de morir para que puedan elegir la salvación "in extremis").[35]

La Iglesia defendió la verdad,[36] rechazando las tesis heréticas tanto de los que pensaban que la gracia no podría ser restaurada por medio de la penitencia verdadera, como de los que negaban toda posibilidad de conversión a los fieles que pecaban después del bautismo:

- Concilio IV de Letrán, en su capítulo 1: "Y si alguno, después de recibido el bautismo, hubiere caído en pecado, siempre puede repararse por una verdadera penitencia".[37]

- Concilio de Trento: "Si alguno dijere que aquél que ha caído después del bautismo, no puede por la gracia de Dios levantarse; o que sí puede, pero por sola la fe, recuperar la justicia perdida, sin el sacramento de la penitencia, tal como la Santa, Romana y universal Iglesia, enseñada por Cristo Señor y sus Apóstoles,

---

[34]Cfr. Báñez, Álvarez, Gonet, Juan de Santo Tomás, Ledesma, etc.

[35]Cfr. A. Getino: *Del gran número de los que se salvan y la mitigación de las penas eternas*, Madrid, 1934; Salmanticeses: *De gratia*, d. 3, dub. 8, n. 199. Este tema se estudia en Escatología; cfr. Juan A. Jorge: *Escatología*, cit., págs. 405–408.

[36]Se considera verdad de fe divina y católica definida. Cfr. J. Ibáñez y F. Mendoza: *Dios santificador...*, cit., pág. 102; S. González Rivas: o. c., pág. 94; L. Ott: *Manual...*, cit., págs. 368–370. González Rivas y Ott, precisan que el ofrecimiento de la gracia de la conversión también a los pecadores ciegos y empedernidos, es lo una tesis común o cierta en teología.

[37]Capítulo 1. Contra los albigenses y otros herejes (D. S. 802).

hasta el presente ha profesado, guardado y enseñado, sea anatema".[38]

Santo Tomás de Aquino se refiere a este tema al tratar del sacramento de la confesión, preguntando sobre si por la penitencia se pueden perdonar todos los pecados. Su respuesta afirmativa la basa en cuatro razones: si no fuera así, desaparecería el libre albedrío, se rebajaría la fuerza de la gracia, sería contradictorio con la divina misericordia y se rebajaría la fuerza de la Pasión de Cristo:

"Unde dicere quod aliquod peccatum sit in hac vita de quo aliquis poenitere non possit, est erroneum. Primo quidem, quia per hoc tolleretur libertas arbitrii. Secundo, quia derogaretur virtuti gratiae, per quam moveri potest cor cuiuscumque peccatoris ad poenitendum, secundum illud Proverb. XXI cor regis in manu Dei, et quocumque voluerit vertet illud. Quod autem..., non possit per veram poenitentiam aliquod peccatum remitti, est etiam erroneum. Primo quidem, quia repugnat divinae misericordiae, de qua dicitur, Ioel II, quod benignus et misericors est, et multae misericordiae, et

"Es erróneo que exista un pecado en esta vida del cual uno no pueda arrepentirse. En primer lugar, porque de esta manera desaparecería el libre albedrío. En segundo lugar, porque se rebajaría la fuerza de la gracia, capaz de mover a penitencia el corazón de cualquier pecador, según las palabras de Prov 21,2: El corazón del rey está en las manos del Señor, él le dirige hacia donde le place. Y es igualmente erróneo afirmar..., que un pecado no pueda ser borrado con una verdadera penitencia. En primer lugar, porque esto está en contradicción con la divina misericordia, de la que en Jl 2,13 se dice que es cle-

---

[38]Sesión VI, cánones sobre la justificación contra las tesis protestantes, canon 29 (D. S. 1579, cfr. 1542 ss.).

praestabilis super malitia. Vinceretur quodammodo enim Deus ab homine, si homo peccatum vellet deleri, quod Deus delere non vellet. Secundo, quia hoc derogaret virtuti passionis Christi, per quam poenitentia operatur, sicut et cetera sacramenta, cum scriptum sit, I Ioan. II, ipse est propitiatio pro peccatis nostris, non solum nostris, sed etiam totius mundi. Unde simpliciter dicendum est quod omne peccatum in hac vita per poenitentiam deleri potest".[39]

mente y misericordioso, tardo a la cólera y está por encima de toda malicia. Dios, en efecto, sería vencido, en cierto modo, por el hombre si el hombre quisiera borrar un pecado y Dios no. En segundo lugar, porque esto rebajaría la eficacia de la pasión de Cristo, por cuya virtud obra la penitencia, como también los demás sacramentos, como está escrito en 1 Jn 2,2: *Él es la propiciación de nuestros pecados, y no sólo de los nuestros, sino también de los del mundo entero*".

11.3 Dios concede a todos los no cristianos la gracia suficiente para salvarse

Dios también ofrece la gracia suficiente a los no cristianos para que puedan salvarse.

Se entiende por *no cristiano*, el hombre no creyente que no posee la verdadera fe en Dios y en Jesucristo. El concepto no se refiere a los que no son cristianos de un *modo positivo*, es decir, los que rechazaron la fe que les fue suficientemente propuesta y los que tuvieron la fe verdadera pero la abandonaron después totalmente (apóstatas) o parcialmente (herejes); estos por tanto recibieron alguna vez la gracia suficiente. La

---

[39]Santo Tomás de Aquino: *Summ. Theol.*, III^a, q. 86, a. 1, co. Cfr. II^a–II^{ae}, q. 14, a. 3; *Sent.*, IV, dist. 14, q. 2, a. 1, q^a. 1; *Contr. Gen.*, III, c. 156.

tesis se refiere a los infieles que lo son *de un modo negativo*, porque nunca se les propuso suficientemente la fe en edad adulta.

La *gracia suficiente* que se les otorga es la descrita anteriormente, prescindiendo ahora de si se trata de gracia suficiente natural o sobrenatural, próxima o remota, extremo que está sujeto a varias opiniones teológicas que dependen del modo como se explica la posible salvación de los que no creen. Por esto, aquí sólo se afirma que *de hecho* se ofrece esa gracia a los infieles que lo son de un modo negativo, para que acepten la fe y puedan salvarse, sin entrar en la discusión teológica sobre el modo de tal concesión.[40]

En la Sagrada Escritura la doctrina de la gracia suficiente otorgada a todos los infieles es un corolario de la voluntad divina universal de salvación "que quiere que todos los hombres se salven y lleguen al conocimiento de la verdad" (1 Tim 2:4); siendo un deseo firme de Dios, no llegaría a los infieles si no les otorgara la gracia suficiente para que puedan prepararse y llegar a la fe que es necesaria para la salvación. También es un efecto lógico del valor universal de la Redención de Cristo, que "se entregó a sí mismo en redención por todos" (1 Tim 2:6), que "murió por todos" (2 Cor 5:15). Como la fe es el comienzo de la salvación, la raíz y fundamento de toda justificación, es indispensable

---

[40] J. Ibáñez y F. Mendoza: *Dios santificador...*, cit., págs. 104–106; Santo Tomás de Aquino: *De veritate*, q. 14, a. 11, ad. 1; B. Beraza: *De gratia...*, cit., págs. 431–448; H. Lange: *De gratia...*, cit., págs. 665–696; S. González Rivas: o. c., págs. 98–102; L. Ott: *Manual...*, cit., págs. 370–371; L. Capéran: *Le problème du salut des infidèles*, Paris, Beauchesne, 1912; Jugie Martin: *L. Capéran, le Problème du salut des infidèles: I. Essai historique ; II. Essai théologique*, en "Revue des études byzantines" 101 (1913) 375–376; R. Martin: *De necessitate credendi et credendorum*, Lovaina 1906; E. Harent, *Infideles*, DTC, VII, 1726–1930; D'Ales: Dictionnaire Apologetique de la Foi Catholique, 4, 1156–82; T. Urdanoz: *La necesidad de la fe explicita para salvarse segun los teologos de la Escuela Salmantina*, en "La ciencia tomista" 59 (1940) 395–414, 529–533; 60 (1941) 109–134; 61 (1941) 83–107; P. Angeli: *La possibilita di salute nel primo atto morale per il fanciullo infedele*, Roma 1946.

para la justificación de los gentiles. Por eso Heb 11:6 dice, "sin fe, en efecto, es imposible agradarle, porque el que se acerca a Dios debe creer que existe y que premia a quienes le buscan". No basta una mera fe racional, sino que es necesaria la fe teológica, una fe en la revelación sobrenatural que es efecto de la gracia. En cuanto al objeto de la fe, hay que creer firmemente con necesidad de medio y con fe explícita, por lo menos la existencia de Dios y la remuneración final.[41] Es, pues, incompatible con lo revelado que una gran parte de la humanidad no logre la gracia necesaria y suficiente para la salvación mediante una llamada a la fe próxima o remota, por lo que ésta debería ser posible para todos.

Estas dos líneas de pensamiento son seguidas también por los Santos Padres y Escritores eclesiásticos. Por un lado se afirma la voluntad salvífica universal, como por ejemplo en Arnobio, quien sobre el fundamento de que Cristo vino como el Salvador del genero humano, de aquéllos que están atribulados, recuerda que Él quiere librar a todos con igual generosidad, grandes y pequeños, sirvientes, mujeres y niños... su fuente está abierta a todos y a nadie se rechaza el derecho a la vida;[42] o en San Juan Crisóstomo, quien comentando a Jn 1:9 (luz verdadera que ilumina a todos los hombres que vienen a este mundo), enfrenta la aporía de comprobar que muchos no aceptan el culto de Cristo; la causa de tal negación no está en la Luz que es Cristo, que sigue brillando en las tinieblas para todos los hombres, sino en aquéllos que por su maldad voluntariamente la rechazan.[43] Por otro lado, se proclama la redención universal, como en San Clemente Romano: "La sangre de Cristo..., por nuestra salvación fue derramada y

---

[41]Por lo que respecta a la verdad de la Trinidad y de la Encarnación bastaría con la fe implícita.

[42]Arnobio: *Adversus nationes*, 2, 64 (P. L. 5, 910).

[43]San Juan Crisóstomo: *In Ionn. hom.*, hom 8, 1 (P. G. 59, 65).

obtuvo la gracia de la penitencia para todo el mundo".[44] Por eso, los que se condenan, se condenan por su propia culpa, como enseña San Ambrosio cuando recuerda que la misericordia del Señor se dio para todos, como el sol, quien es figura de Cristo, el Sol de Justicia que salió para todos, padeció por todos y resucitó por todos, por lo que si alguno no cree en Cristo, él mismo es el que se sustrae a la luz y al favor de Cristo.[45] Por su parte el Ambrosiaster, recordando que Dios quiere que todos los hombres se salven, sin embargo insiste que sólo lo hace con los que vienen a Él, porque no fuerza a salvarse a los que no quieren; pero sí quieren que se salven si ellos también lo quieren.[46] En conclusión, con palabras de Orosio: "Esta ha sido siempre mi fiel e indudable opinión: que Dios presta su asistencia, no sólo a su propio Cuerpo, que es la Iglesia..., sino también a todos los pueblos de este mundo por su clemencia paciente y eterna".[47]

La donación de la gracia a los infieles fue rechazada por Jansenio quien negó que Cristo muriera por todos los hombres. Sus seguidores sostuvieron que sólo lo hizo por los fieles, y no se concedería la gracia suficiente para la salvación a los paganos, judíos y heréticos. Doctrina seguida también por Quesnel cuando afirmó que siendo la fe la gracia primera, no se otorga fuera de la Iglesia.

Algunos teólogos restringieron el alcance de la donación de la gracia a los infieles. Así, Santo Tomas, que en sus primeros escritos defendió la llamada universal a la fe,[48] en sus últimas obras parece restrin-

---

[44]San Clemente Romano: *Epist. ad Cor.*, 7, 4 (P. G. 1, 224).

[45]Cfr. San Ambrosio: *Expos. in Ps. CXVIII*, 8, 57 (P. L. 15, 1318).

[46]*In 1 Tim 2:4* (P. L. 17, 466).

[47]Pablo Orosio: *Lib. apologeticus*, 19 (P. L. 31, 1188).

[48]Santo Tomás de Aquino: *De verit.*, q. 14, a. 11, ad 1.

gir esa idea.[49] Algunos de los primeros teólogos tomistas[50] sostuvieron que Dios ofrece la gracia de la fe a todos, porque Él provee los medios generales de salvación que son *per se* suficientes; pero no concede los mismos medios de salvación a todos, porque *per accidens* en algunos casos particulares no se aplican por defecto de las causas segundas, y Dios no está obligado a suplir milagrosamente los defectos de éstas.[51] Sin embargo, los tomistas más modernos han abandonado esta línea de pensamiento, considerándose doctrina común que Dios otorga sus gracias suficientes próximas o remotas, dependiendo de cada lugar y tiempo, a todos los infieles que lo son de un *modo negativo*.[52]

El Magisterio se ha referido a esta verdad, que se considera como doctrina católica común y cierta,[53] en varias ocasiones:

1. Inocencio X condenó el siguiente error de Jansenio: "Es semipelagiano decir que Cristo murió o que derramó su sangre por todos los hombres absolutamente".[54]

2. Alejandro IV condenó varias tesis de los jansenistas: "4– Cristo se dio a sí mismo como oblación a Dios por nosotros, no por solos

---

[49]Santo Tomás de Aquino: *Summ. Theol.*, II^a–II^{ae}, q. 2, a. 5, ad l.

[50]Bañez; Álvarez (*De aux. gratiae*); Gonet (*De reprobatione*); Juan de Santo Tomás (*Cursus theologicus*).

[51]Sería el caso, por ejemplo, de los niños que mueren sin bautismo. Dios por razón de su voluntad salvífica no está obligado a intervenir milagrosamente para remover todos y cada uno de los obstáculos que se derivan, según el orden creado del mundo, de la cooperación de las causas segundas creadas con la causa primera increada (Dios) y que en muchos casos impiden la realización de la voluntad divina salvífica (cfr. L. Ott: Manual..., cit., pág. 371).

[52]Cfr. Hugon (*De gratia*, q. 5, a. 3); M. Sola (artículo en "La ciencia tomista", 33 (1926) 357).

[53]Cfr. J. Ibáñez y F. Mendoza: *Dios santificador*..., cit., pág. 105; S. González Rivas: o. c., pág. 99; L. Ott: *Manual*..., cit., pág. 370.

[54]D. S. 2005.

los elegidos, sino por todos y solos los fieles. 5– Los paganos, judíos, herejes y los demás de esta laya, no reciben de Cristo absolutamente ningún influjo; y por lo tanto, de ahí se infiere rectamente que la voluntad está en ellos desnuda e inerme, sin gracia alguna suficiente".[55]

3. Lo mismo hizo Clemente XI con algunas de las tesis de Quesnel: "26– Ninguna gracia se da sino por medio de la fe. 27– La fe es la primera gracia y fuente de todas las otras. 28– La primera gracia que Dios concede al pecador es la remisión de los pecados. 29– Fuera de la Iglesia no se concede gracia alguna".[56]

4. Pio IX declaró en su encíclica *Quanto conficiamur moerore* que Dios no permitirá que nadie que no sea culpable de una falta voluntaria sufra el castigo eterno.[57]

La razón teológica que sustenta la verdad aquí estudiada, es que todo adulto debe dirigirse hacia su fin último, esto es, la salvación eterna. Pero la fe sobrenatural salvífica es un medio absolutamente necesario para la salvación. Y tal fe sería imposible de lograr al menos que se le otorgue a cada hombre gracia suficiente, como una llamada a la fe. Por lo tanto, tal realidad se otorga a todos los hombres. Así se expresaba Santo Tomás en su primera época:

"Ad primum igitur dicendum, quod non sequitur inconveniens posito quod quilibet teneatur aliquid explicite credere etiam si in sil-

"A lo primero ha de decirse, por tanto, que no se sigue una incongruencia cuando se establece que cualquiera esté obligado a creer explícitamente una cosa, incluso si es-

---

[55]D. S. 2304–2305.

[56]D. S. 2426–2429.

[57]D. S. 2866.

vis vel inter bruta animalia nutriatur: hoc enim ad divinam providentiam pertinet ut cuilibet provideat de necessariis ad salutem, dummodo ex parte eius non impediatur. Si enim aliquis taliter nutritus, ductum rationis naturalis sequeretur in appetitu boni et fuga mali, certissime est tenendum, quod Deus ei vel per internam inspirationem revelaret ea quae sunt necessaria ad credendum, vel aliquem fidei predicatorem ad eum dirigeret, sicut misit Petrum ad Cornelium, Act. X".[58]

té alimentado en las selvas o entre animales brutos: ya que el hecho de proveer a alguien de las cosas necesarias para la salvación, con tal que no sea impedido por parte de ése, pertenece a la providencia divina. Pues si alguien de tal manera alimentado siguiera la conducción de la razón natural en el apetito del bien y la huida del mal, ha de mantenerse, de modo certísimo, que Dios o bien le revelaría por una inspiración interna las cosas que son necesarias para creer, o bien dispondría para él un predicador de la fe, así como envió a Pedro hasta Cornelio, Act. X, 20".

---

[58]Santo Tomás de Aquino: *De veritate*, q. 14, a. 11, ad 1.

Capítulo 12

Sobre la gracia actual eficaz. Relación entre la gracia y la libertad

El capítulo anterior, al exponer el tema de la distribución universal de la gracia, se estudió la realidad de la denominada "gracia suficiente" desde ese punto de vista. Recordemos que la gracia actual suficiente es la que otorga al hombre el poder obrar saludablemente, prescindiendo del hecho de que consienta su voluntad. Y allí se explicaba cómo Dios otorga la gracia suficiente a los justos para no pecar, a los pecadores para salir de su pecado y a los infieles para alcanzar la fe.

En este capítulo se va a profundizar en el tema de la gracia suficiente, pero ahora distinguiéndola y relacionándola con la llamada "gracia actual eficaz", que es la que otorga al hombre la capacidad de obrar saludablemente y produce su efecto de hecho al unirse al consentimiento de la voluntad humana. Se trata de conocer qué clase de poder confiere la gracia suficiente para actuar de una manera salvífica: si constituye por sí sola al hombre en situación de actuar con valor salvífico, o bien si es necesaria otra nueva gracia además de la gracia próximamente suficiente, realmente distinta de la primera, para que el acto salvífico se realice.

Para los tomistas la gracia verdadera y puramente suficiente otorga a la voluntad la plena posibilidad de actuar, pero no puede actuar realmente hasta que se le añada otra gracia más fuerte (que consiste en una gracia eficaz o una predeterminación física sobrenatural), porque es necesario para que la voluntad actúe que concurra intrínsecamente un poder que le quite su indiferencia a actuar.

En cambio, para los molinistas, la gracia puramente suficiente otorga la posibilidad y el mismo poder para actuar con valor salvífico, de tal manera que no hace falta añadirle nada para que elicite tal acto salvífico; si no actúa de hecho se debe sólo a la voluntad humana, y no a defecto alguno del principio de actuación (gracia suficiente), que otorga a la voluntad humana la suficiencia no sólo de ser capaz de actuar, sino de actuar realmente. Si no diera esta capacidad de actuar realmente, la llamada "gracia suficiente" no sería verdaderamente "suficiente".

Este tema supone profundizar en el clásica problema de la relación entre la gracia divina y la libertad humana. Históricamente se producen los siguientes hitos en la consideración de tal relación:

1. En la Sagrada Escritura se encuentran frecuentes relatos de muchas gracias que no producen el fruto esperado por Dios debido a la falta de la voluntad humana.

2. Los Santos Padres antes de San Agustín, tanto occidentales como orientales, señalan con fuerza la importancia del influjo de la voluntad humana.

3. San Agustín y sus discípulos, en sus controversias contra los pelagianos y semipelagianos, dieron más énfasis a la gracia divina eficaz.

4. Los escolásticos medievales defendieron ambas verdades (gracia y libertad), aunque no usaron la división teológica técnica entre gracia suficiente y gracia eficaz.

5. El primero que parece dividir la gracia en suficiente y eficaz fue Enrique Gorcum (+ 1431).

6. Los protestantes sostuvieron que la libertad se perdió por completo con el pecado original (cfr. *De servo arbitrio*), por lo que el hombre es movido o por la concupiscencia que es pecado o por la gracia.

7. Trento declaró que incluso en la situación de naturaleza caída el hombre puede consentir o rechazar la gracia divina.

8. Jansenio mitigó la doctrina protestante afirmando que aunque el hombre no está forzado sin embargo internamente es movido necesariamente en cada momento por el placer más fuerte: la caridad o la codicia.

9. Quesnel apeló al irresistible poder de la voluntad divina.

10. Desde Trento los teólogos desarrollaron varios sistemas para explicar la relación entre libertad del hombre y gracia divina, profundizando en la distinción entre gracia suficiente y eficaz, con el fin de explicar convenientemente el hecho de la infalibilidad de la gracia eficaz.

El estudio se va a desarrollar en tres secciones, todas centradas en la situación del hombre en estado de naturaleza caída (por el pecado original) y reparada (por la Redención de Cristo): Dios otorga gracias verdaderamente suficientes para hacer aquello para lo que se dan, aunque no sean eficaces; Dios otorga gracias eficaces, aunque cuenta con el consentimiento humano; el hombre, aun con la gracia eficaz sigue siendo libre.

12.1 En el estado de naturaleza caída, Dios da a los hombres ciertas gracias, que no son eficaces, pero son verdadera y puramente suficientes, no sólo absolutamente sino también relativamente, es decir suficientes para hacer aquello para que se dan

Se afirma que el hombre recibe gracias que son verdaderamente suficientes para actuar de un modo salvífico, pero que permanecen como meramente suficientes debido a la resistencia de la voluntad humana.[1]

Los términos de esta verdad son los siguientes:

- *Naturaleza caída y redimida* es la situación del hombre en este momento de la Historia de la Salvación, esto es caído en el pecado original y restaurado por nuestro Redentor Jesucristo,

---

[1] J. Ibáñez y F. Mendoza: *Dios santificador...*, cit., págs. 121–126; Santo Tomás de Aquino: *Summ. Theol.*, Iª, q. 64, a. 8, ad. 2; Iª–IIª, q. 106, a. 2, ad 2; B. Beraza: *De gratia...*, cit., págs. 449–461; H. Lange: *De gratia...*, cit., págs. 539–552; L. Lercher–F. Lakner: *De gratia Christi*, cit., págs. 323–332; S. González Rivas: o. c., págs. 187–192; R. Garrigou–Lagrange: *Grace*, cit., págs. 202–305; F. Pérez Muñiz: *Tratado de gracia*, cit., pàgs. 755–781.

aunque todavía sujeto a la influencia de su concupiscencia desordenada.

- *Dios da esa gracia al menos algunas veces*, según lo ya explicado sobre la distribución universal de la gracia suficiente.

- Se trata de *hombres adultos*, ya que son gracias otorgadas para realizar actos humanos válidos para la salvación. No se trata de la situación de los niños bautizados antes del uso de su razón.

- *Gracias "verdaderamente" suficientes*: es decir de hacer capaz al hombre de actos con valor salvífico. Pueden ser:

  - "Próximamente" suficientes, si capacitan al hombre inmediata y completamente.

  - "Remotamente" suficientes, si a través de uso de alguna gracia, como por ejemplo la oración, puede llegar a realizar nuevos actos salvíficos.

  También pueden ser consideradas como:

  - "Absolutamente" suficientes, cuando se habla de la gracia solamente según su propia naturaleza (conferir el poder de actuar con un valor salvífico), prescindiendo de las circunstancias concretas del hombre que la recibe.

  - "Relativamente" suficientes, cuando se habla de la gracia suficiente pero considerando las presentes circunstancias particulares del que recibe las gracias actuales, y en concreto, la influencia de su concupiscencia desordenada.

- *Gracias "puramente" suficientes* significa que se trata de gracias que de hecho no consiguen su efecto querido. Es concepto que se opone al de la gracia eficaz.

En la Sagrada Escritura se encuentra esta doctrina en los pasajes en los que los seres humanos son reprendidos porque, a pesar de haber recibido todos los auxilios divinos para poder realizar una obra buena (gracia suficiente), sin embargo los hombres no la realizaron (la gracia suficiente no llegó a ser gracia eficaz). Si no hubieran recibido la gracia suficiente, no sería razonable reprender a los hombres por no haber obrado como deberían, ya que no es justo reprochar su mala acción al que no podría haber actuado bien por falta de la gracia requerida. Valgan como ejemplos paradigmáticos los siguientes:

- Is 5: 1–7, la parábola de la viña preparada con toda solicitud por Dios para los hombres y sin embargo éstos no quisieron producir los frutos esperados debido a su iniquidad.[2]

- Mt 11: 21ss., las quejas sobre Corazaín, Betsaida y Cafarnaún, donde las ciudades serían juzgadas más severamente que Tiro, Sidón o Sodoma porque no quisieron creer (gracia puramente suficiente por ineficaz) a pesar de los milagros que habían contemplado (gracias realmente suficientes).

- Mt 23: 37 ss., el llanto sobre Jerusalén incrédula.

Los Santos Padres, tanto griegos como latinos, afirman constantemente que Dios provee a los hombres con lo que necesitan para su salvación, incluso para aquéllos que se condenan; con lo que están declarando el mismo contenido teológico de lo que posteriormente se desarrollaría con el concepto de gracia verdadera y puramente sufi-

---

[2]S. González Rivas señala cómo aquí nos encontramos con la descripción de una gracia realmente suficiente, porque Dios hizo todo lo que estaba de su parte para que la viña produjera sus frutos. Pero gracia ineficaz, ya que de hecho los israelitas no produjeron los frutos que Dios esperaba, por lo que se trata de una gracia puramente suficiente (o. c., pág. 189).

ciente. Si no produce efecto en algunas ocasiones, es por culpa del hombre.

Así, San Ireneo estudiando la causa de la caída de los ángeles y los pecadores, concluye que el hacer es propio de la bondad de Dios, pero ser hecho es propio de la naturaleza del hombre. "Si, pues, le entregáis lo que es vuestro, es decir, la fe en Él y la sumisión, recibiréis su poder, y seréis la obra perfecta de Dios. Pero si no le creéis y huís de sus manos, la causa de la imperfección estará en vosotros que no obedecisteis, pero no en aquel que os llamó. Pues Él envió a los que os llamaran a la boda; pero los que no le obedecieron se privaron de la comida real. El poder de Dios, por tanto, no falla; porque es poderoso para levantar de las piedras a los hijos de Abraham; pero el que no lo alcanza es él mismo la causa de su propia imperfección".[3] Por su parte, Arnobio recuerda que aunque Cristo vino a librar a todo el género humano del pecado, y deja abierta la fuente de la vida a todos y no impide a nadie el derecho a beber de ella, sin embargo el hombre es libre de rechazar ese beneficio, pues el que invita a beber deja a la discreción del hombre el hacerlo o no.[4] San Efrén explica que Dios ni quiere forzar nuestra libertad, ni quiere abandonarnos a nuestras propias fuerzas, porque si usa de la coerción nos quita el libre arbitrio, y sin su ayuda, el alma pierde su poder. Por eso, sabiendo el Señor que si obliga nos priva, si no ayuda nos destruye, si enseña nos adquiere, Dios ni obliga ni niega su ayuda (como sí hace el Maligno) sino que enseña, educa y adquiere como Bien que es.[5] San Gregorio de Nisa explica que si Dios obligara a recibir la predicación a los que se quieren resistir a ella, ¿dónde entonces estaría el libre albedrío en éstos? ¿Dónde estaría la virtud? ¿Dónde estaría la alabanza de los

---

[3]San Ireneo: *Adv. Haer.*, 4, 37, 1; 4, 39, 2 (P. G. 7, 1099: 7, 1110).

[4]Arnobio: *Adv. nationes*, 2, 64 (P. L. 5, 910).

[5]San Efrén: *Hymni et sermo.* 10, 14 (Lamy 1, 102).

que se portan bien?[6] Se suele citar, como sintomático, el pasaje de San Juan Crisóstomo en sus homilías sobre la Carta a los Romanos: "¿Por qué no todos nos salvamos? Porque no queréis. La gracia en efecto, aunque es gracia, salva a los que quieren, no a los que no quieren y la rechazan siempre y le ponen obstáculo".[7]

La doctrina de San Agustín sufrió un cambio a lo largo de su vida. En el momento de sus controversias contra los pelagianos y maniqueos, afirma la realidad de la gracia suficiente.[8] Pero a partir del 418 se produce una cierta fluctuación, admitiendo la existencia de tal gracia para Adán y Eva antes de la caída, pero sosteniendo que después del pecado original, en el estado de naturaleza caída, parece justo que la gracia se niegue a muchas personas.[9] Debido a estas afirmaciones, junto con la falta de claridad en sus enseñanzas sobre la existencia de la gracia puramente suficiente en el estado de naturaleza caída, se podría concluir fácilmente que el Santo negaba la realidad de tal gracia suficiente y consideraba que la gracia que se da en concreto a algunas personas es siempre la gracia eficaz. De hecho, esta es la causa de que algunos de sus seguidores cayeran en errores y herejías sobre la gracia y la libertad humana así como de las controversias que se dieron en siglos posteriores sobre la auténtica doctrina del Santo de Hipona.

La doctrina de la existencia de la gracia puramente suficiente fue negada por los protestantes y malinterpretada por Jansenio. Los primeros la negaron al sostener que todas las gracias son eficaces, por

---

[6]San Gregorio de Nisa: *Orat. cat.*, 31 (P. G. 45, 77).

[7]San Juan Crisóstomo: *In epist. ad Rom. homiliae*, 18, 5 (P. L. 60, 579). Cfr. *In Ion. homil.*, 8, 1; 10, 1 (P. G. 59, 65; 59, 73).

[8]Cfr. San Agustín: *De diversis quaest. LXXXIII*, 68, 5 (P. L. 40, 73); *De diversis quest. ad Simplicianum*, 1, 2, 10 (P. L. 40, 117); *De peccatorum meritis et remissione*, 2, 17, 26 (P. L. 44, 167); *De civitate Dei*, 12, 6–7; 9, 2 (P. L. 41, 353–355; 357).

[9]San Agustín: *De correptione et gratia*, 11, 32; 12, 34 (P. L. 44, 935; 936).

lo que si alguien no hace actos con valor salvífico se debe a que no recibió de Dios la gracia necesaria. El segundo, distinguió entre la ayuda de Dios "necesaria" y la "simple"; la primera se dio en el estado de naturaleza pura en el momento de la creación, y la segunda en el estado de naturaleza caída. En este estado, el hombre carece de libertad de necesidad, sino que está obligado a seguir el deleite mayor que prevaleciere, bien sea el terreno o el celestial; si es el celestial, se produce infaliblemente un acto salvífico sobrenatural; si prevalece el terreno, no se produce tal acto sobrenatural. Por ello, no hay lugar en su pensamiento para la gracia pura y verdaderamente suficiente, ni absoluta ni relativa.[10]

El Magisterio enseñó la doctrina sobre la gracia que ahora estudiamos, como de fe divina y católica,[11] de varios modos y en diferentes ocasiones:

1. El hombre disfruta de una verdadera gracia suficiente para actuar de modo salvífico, pero puede libremente rechazar obrar de ese modo. Declarado en los concilios de Orange,[12] Valence[13] y Lateranense IV.[14]

2. El justo puede observar siempre todos los mandamientos de Dios, porque Dios le da su gracia (verdadera gracia suficiente), pero el hombre puede también pecar (gracia que no es eficaz),

---

[10]Algunos de sus seguidores sostuvieron la existencia de una mínima gracia, que podría ser suficiente o muy suficiente, pero entendiéndola en sentido absoluto y no relativo.

[11]Cfr. J. Ibáñez y F. Mendoza: *Dios santificador...*, cit., pág. 122; S. González Rivas: o. c., pág. 189.

[12]D. S. 397.

[13]D. S. 627.

[14]D. S. 802.

lo que supone la afirmación de la gracia verdadera y puramente suficiente. Así en Trento, en la sesión VI sobre la justificación:

(a) "Si alguno dijere que los mandamientos de Dios son imposibles de guardar, aun para el hombre justificado y constituido bajo la gracia, sea anatema".[15]

(b) "Si alguno dijere que el hombre una vez justificado no puede pecar en adelante ni perder la gracia y, por ende, el que cae y peca, no fue nunca verdaderamente justificado; o, al contrario, que puede en su vida entera evitar todos los pecados, aun los veniales; si no es ello por privilegio especial de Dios, como de la bienaventurada Virgen lo enseña la Iglesia, sea anatema".[16]

3. La realidad de la gracia verdadera y puramente suficiente también es establecida implícitamente por Inocencio X, al condenar las siguientes proposiciones de Jansenio:

(a) "Algunos mandamientos de Dios son imposibles para los hombres justos, según las fuerzas presentes que tienen, por más que quieran y se esfuercen; les falta también la gracia con que se les hagan posibles".[17]

(b) "En el estado de naturaleza caída, no se resiste nunca a la gracia interior".[18]

Implica también la existencia de la gracia relativamente suficiente, que era negada por el hereje.

---

[15]Can. 18 (D. S. 1568. Cfr. 1536).

[16]Can. 23 (D. S. 1573. Cfr. 1537 y 1549).

[17]D. S. 2001.

[18]D. S. 2002.

4. La gracia puramente suficiente es un don de Dios, lo que declara Alejandro VIII contra la tesis jansenista que sostenía:"La gracia suficiente no tanto es útil cuanto perniciosa a nuestro estado; de suerte que por ello con razón podemos decir de la gracia suficiente líbranos, Señor".[19]

5. La condena de las proposiciones de Quesnel sobre la gracia que suponen la negación de la gracia puramente suficiente.[20]

6. La condena de Pio VI de proposiciones semejantes a las de Quesnel en el Sínodo de Pistoya, sobre todo la que dice "que no se da verdadera gracia interior de Cristo a la que se resista".[21]

7. Se reconoce que la gracia de la fe puede ser puramente suficiente en el Concilio Vaticano I: "La fe, aun cuando no obre por la caridad (cfr. Ga 5:6), es en sí misma un don de Dios, y su acto es obra que pertenece a la salvación; obra por la que el hombre presta a Dios mismo libre obediencia, consintiendo y cooperando a su gracia, a la que podría resistir".[22]

La razón teológica que apoya esta verdad es triple:

1. La voluntad universal de salvación para todos los hombres, supone el ofrecimiento a todos de la gracia suficiente para que puedan acogerla, aunque de hecho muchos no acepten la salvación y no se salven; por lo que es necesario admitir la existencia de gracias verdadera y puramente suficientes, que no se hacen eficaces por culpa del hombre.

---

[19]D. S. 2306.

[20]D. S. 2419–2429.

[21]Condenada como falsa, capciosa, inductiva al error y condenada como herética en la segunda proposición de Jansenio, que por ésta ha sido renovada (D. S. 2621).

[22]D. S. 3010.

2. La redención de Cristo es universal y se ofrece a todos los hombres, lo que supone la donación de la gracia suficiente que les hiciera aceptarla. Sin embargo hay hombres que la rechazan de hecho, por lo que es necesario admitir la existencia de gracias verdadera y puramente suficientes, que no se hacen eficaces por culpa del hombre.

3. Dios no manda lo imposible, y, sin embargo Dios manda que se observen todos sus mandamientos, para lo cual es necesaria la gracia, por lo que ofrece gracia suficiente a todos para guardar los mandamientos, aunque de hecho muchos no los guardan. Por lo que es necesario admitir que existe la gracia verdadera y puramente suficiente.

Santo Tomás hace referencia a esta gracia, aunque sin las distinciones que tendrán lugar con las controversias de la edad moderna. Por ejemplo:

"Gratia novi testamenti, etsi adiuvet hominem ad non peccandum, non tamen ita confirmat in bono ut homo peccare non possit, hoc enim pertinet ad statum gloriae. Et ideo si quis post acceptam gratiam novi testamenti peccaverit, maiori poena est dignus, tanquam maioribus beneficiis ingratus, et auxilio sibi dato non utens. Nec tamen propter hoc dicitur quod lex nova iram operatur, quia

"La gracia del Nuevo Testamento, aunque ayuda al hombre para evitar el pecado, pero no le confirma en el bien, de modo que el hombre no pueda pecar; esto es propio del estado de la gloria. De suerte que si alguno, después de recibida la gracia del Nuevo Testamento, pecase, es digno de mayor pena, como ingrato a mayores beneficios y despreciador de los auxilios que se le ofrecen. Ni por esto se ha de decir que la ley

quantum est de se, sufficiens auxilium dat ad non peccandum".[23]

nueva acarrea la ira, pues, cuanto es de suyo, nos ofrece un auxilio suficiente para evitar el pecado".

La doctrina católica sostiene que la gracia verdadera y puramente suficiente es un regalo divino tanto material como formalmente.[24]

Un "don material" es el que *por sí mismo* puede ser beneficioso para el que lo recibe: y la gracia puramente suficiente es un don gratuito que Dios concede por los méritos de Cristo para que el hombre pueda actuar verdaderamente de modo salvífico; si el beneficio material es ineficaz por la falta de cooperación humana, esto es algo extrínseco al beneficio de la gracia.

Un "don formal" es el otorgado *con la intención* de hacer algo bueno para el que lo recibe: y la gracia puramente suficiente es un beneficio formal pues Dios lo concede con la voluntad sincera de que el hombre pueda conseguir la salvación. Lo que no es contradictorio con el hecho de que Dios conozca desde siempre la ineficacia de la gracia en algunos hombres, ni con el hecho de que Dios rehuse dar la gracia eficaz en algunos casos, ni con la realidad de que el hombre pueda cometer un pecado grave al rechazar la gracia, puesto que esos tres supuestos son provocados en realidad por el hombre con el ejercicio de su voluntad libre.

---

[23]Santo Tomás de Aquino: *Summ. Theol.*, I^a–II^{ae}, q. 106, a. 2, ad. 2.

[24]En contra de los jansenistas que la rechazaban sobre la base de que, al no producir efecto (al no ser eficaz), sería inútil, incluso algo pernicioso Cfr. su condena *supra* en D. S. 2306.

12.2 En el estado de naturaleza caída y reparada, Dios da a los hombres gracias eficaces, cuyo efecto, aunque cuenta con el consentimiento humano, está infaliblemente unido a éste por la naturaleza misma de esa gracia, antecediendo a dicho comportamiento

Es una verdad implícitamente definida de fe divina y católica, o, al menos, teológicamente cierta, la existencia de algunas gracias que son eficaces "in acto primo" en el estado de naturaleza caída y restaurada.[25] Para entender esta proposición, hay que tener en cuenta los siguientes elementos:[26]

1. Se entiende *estado de naturaleza caída y reparada*, la situación del hombre en este momento de la Historia de la Salvación, esto es caído en el pecado original y restaurado por nuestro Redentor Jesucristo, aunque todavía sujeto a la influencia de su concupiscencia desordenada.[27]

2. El sentido de la *gracia eficaz* puede entenderse de una doble manera: o como "gracia eficaz *potencial*", esto es, gracia que es

---

[25]Cfr. J. Ibáñez y F. Mendoza: *Dios santificador...*, cit., pág. 127; S. González Rivas: o. c., pág. 194.

[26]J. Ibáñez y F. Mendoza: *Dios santificador...*, cit., págs. 126–130; Santo Tomás de Aquino: *Summ. Theol.*, I^a–II^{ae}, q. 111, a. 3; H. Lange: *De gratia...*, cit., págs. 553–571; L. Lercher–F. Lakner: *De gratia Christi*, cit., págs. 333–341; S. González Rivas: o. c., págs. 193–197.

[27]Hay que notar que lo mismo podría ocurrir en cualquier orden de la Providencia donde tales gracias podrían ser concedidas.

capaz de producir actos salvíficos aunque de hecho no los produzca (en cuanto tal no se distinguiría de la gracia verdadera y puramente suficiente, que acabamos de estudiar) y se considera gracia en tanto es capaz de producir actos salvíficos; o como "gracia eficaz *actual*", esto es, gracia que de hecho produce actos salvíficos, es decir, está en conexión con la realización de hecho de los actos saludables. Este es el sentido de la gracia eficaz en la proposición que en este momento se estudia.

3. *Gracias eficaces "in actu primo".* Si profundizamos un poco más, podemos determinar que la conexión de la gracia eficaz actual con el consentimiento humano que produce un acto saludable o salvífico, puede considerarse en dos momentos: *in actu secundo* o *in actu primo.*

   - La eficacia en un segundo momento (*in actu secundo*) se produce cuando la eficacia de la gracia está unida con el consentimiento de la voluntad humana aquí y ahora, por lo que tal eficacia sigue objetivamente al ejercicio de la voluntad humana, por lo que no puede ser conocida por el hombre antes de que tome esa decisión de actuar.

     En cambio, Dios sí conoce desde siempre (eternidad) por su ciencia de visión la decisión del hombre y la eficacia de esa gracia actual *in acto secundo.*

   - La eficacia en un primer momento (*in actu primo*) se produce antecediendo a la libre decisión del hombre y tiene conexión infalible con ese acto libre; es absolutamente anterior (futura) al acto humano salvífico.

     Esta gracia está en la mente divina como tal gracia antecedente al consentimiento previsto por la ciencia de visión.

4. *Están infaliblemente unidas* al consentimiento humano. Existen gracias que tienen esa conexión infalible con un acto determinado humano. Tal conexión infalible de las gracias eficaces *in actu primo* con el acto humano con valor salvífico, presenta tres formas:

   (a) "Infalibilidad objetiva": *que pertenece al objeto*, esto es a la gracia eficaz, y consiste en una conexión real; con la consecuencia lógica de que si se otorga tal gracia eficaz, la voluntad humana dará su consentimiento ineludiblemente y por tanto tal acto salvífico ocurrirá con seguridad sin posibilidad alguna contraria.

   (b) "Infalibilidad cognoscitiva": *que pertenece al entendimiento divino*, y consiste en que Dios conoce infaliblemente desde toda la eternidad la conexión objetiva de una gracia eficaz con el consentimiento de la voluntad humana.

   (c) "Infalibilidad afectiva": *que pertenece a la voluntad divina*, y consiste en el hecho de que mediante tal gracia Dios quiere obtener el consentimiento de la voluntad humana de un modo absoluto y sin posible fallo. Es un decreto de Dios que no puede fallar por el que da tal gracia eficaz como una señal de su divina benevolencia hacia la criatura que la recibe.

Como dicen Ibáñez y Mendoza:

"[La tesis]... sólo intenta probar que son posibles y de hecho existen gracias eficaces "in actu primo"; de donde se deduce la existencia de la "unión infalible" de la gracia eficaz con el consentimiento humano en el triple aspecto explicado: objetivo, cognoscitivo y afectivo".[28]

Más adelante se estudiarán las distintas explicaciones teológicas que intentan armonizar la verdad de la existencia de gracias eficaces "in actu primo" con la verdad de la libertad humana.

En la Sagrada Escritura hay una serie de pasajes que suponen la existencia de las gracias eficaces "in actu primo". En efecto, se afirma en ellos que los hombres realizan buenas obras, esto es, observan los preceptos de Dios, de modo que pueden alcanzar el cielo (se trata pues de actos salvíficos). Esto supone que recibirán un tipo de gracia divina de la que se puede afirmar que conseguirá infaliblemente su efecto (gracia conectada con los efectos de la misma), aún antes de que Dios la dé a los hombres (por tanto, gracia eficaz *in actu primo*). La gracia aparece como dependiendo de la voluntad previa de Dios, por tanto antes de que la voluntad humana actúe. Así se puede observar en los siguientes textos frecuentemente aducidos por la teología clásica:

1. Ez 11: 19–20, "Les daré un solo corazón, derramaré en su interior un espíritu nuevo. Arrancaré de su cuerpo el corazón de piedra y les daré un corazón de carne, para que sigan mis preceptos, guarden mis leyes y las cumplan; serán mi pueblo y Yo seré su Dios".

2. Jn 10: 27–28, "Mis ovejas escuchan mi voz, yo las conozco y me siguen. Yo les doy vida eterna; no perecerán jamás y nadie las arrebatará de mi mano".

3. Ro 9: 11–13, "Y cuando aún no habían nacido ni habían hecho nada bueno o malo, para que el designio de Dios permaneciese según la elección, y no en virtud de las obras sino del que llama,

---

[28]J. Ibáñez y F. Mendoza: *Dios santificador...*, cit., págs. 127.

se le dijo: 'El mayor servirá al menor'; conforme está escrito: 'Amé a Jacob y odié a Esaú'".

4. Ro 8: 28–30, "Sabemos que todas las cosas cooperan para el bien de los que aman a Dios, de los que son llamados según su designio. Porque a los que de antemano eligió también predestinó para que lleguen a ser conformes a la imagen de su Hijo, a fin de que él sea primogénito entre muchos hermanos. Y a los que predestinó también los llamó, y a los que llamó también los justificó, y a los que justificó también los glorificó".[29]

5. Ef 1: 5.11, "Nos predestinó a ser sus hijos adoptivos por Jesucristo conforme al beneplácito de su voluntad..., por quien también fuimos constituidos herederos, predestinados según el designio de quien realiza todo con arreglo al consejo de su voluntad".

6. Mt 22:14, "Porque muchos son los llamados, pero pocos los elegidos".

Los Santos Padres anteriores a San Agustín, sin teorizar sobre la gracia eficaz "in actu primo", sin embargo la enseñan de modo práctico. Un ejemplo nos lo ofrece San Cipriano: "Decimos que 'se haga tu voluntad así en el Cielo como en la Tierra' no en el sentido de que Dios haga lo que le plazca, sino en el de que nosotros hagamos lo que a Dios place. Pero como el demonio se interpone para que nuestra alma y nuestra acción [no] obedezcan a Dios en todas las cosas, le pedimos que la voluntad de Dios se realice en nosotros. Pero para que ésta sea realizada en nosotros, se necesita la voluntad de Dios de hacerlo; esto es una obra y protección suya, porque nadie con solas sus fuerzas es

---

[29]Cfr. también vv. 31–33.

suficientemente fuerte, sino que todo es obra de la misericordia y de la indulgencia divinas".[30] También Tertuliano sostiene parecidas ideas.[31]

San Agustín afirmará la existencia de la gracia que ahora nos ocupa, de un modo consistente y claro: Dios cambia las voluntades perversas para que crean;[32] la razón por la que nosotros deseamos algo de hecho es sólo la misericordia de Dios, que no puede quedar frustrada;[33] Él es el que conoce de antemano y predestina;[34] San Pablo se convirtió porque fue llamado con una vocación eficaz;[35] Dios produce lo que nosotros queremos, ofreciendo a nuestra voluntad poderes eficaces;[36] Dios concede gracia insuperable;[37] etc. El pensamiento de San Agustín fue seguido por sus discípulos.[38]

La doctrina fue negada por los semipelagianos que rechazaban una especial predilección de Dios por algunos hombres y sostuvieron que Dios ofrecía su gracia por igual a todos. Pero como la única diferencia entre la gracia eficaz y la gracia puramente suficiente depende del consentimiento real de la voluntad libre del hombre, esto supone rechazar la existencia de la gracia eficaz "in actu primo" y sólo aceptar la existencia de la gracia eficaz "in actu secundo". Por eso, la conexión

---

[30]San Cipriano: *De dominica oratione*, 14 (P. L. 4, 528).

[31]Tertuliano: *De anima*, 21 (P. L. 2, 285).

[32]San Agustín: *De gratia et libero arbitrio*, 19, 40 (P. L. 44, 898)).

[33]San Agustín: *De diversis quaestionibus, ad Simplicianum*, 1, 14, 4 (P. L. 40, 118).

[34]San Agustín: *Epist.* 102, 14 (P. L. 33, 375); *De praedestinatione sanctorum*, 9, 18 (P. L. 44, 974).

[35]San Agustín: *De gratia et libero arbitrio*, 5, 12 (P. L. 44, 889).

[36]San Agustín: *De gratia et libero arbitrio*, 16, 32 (P. L. 44, 900).

[37]San Agustín: *De correptione et gratia*, 12, 38 (P. L. 44, 939).

[38]Cfr. San Próspero de Aquitania: *Responsiones ad capitula obiectionum Vincentianarum*, 12 (P. L. 51, 184).

infalible con el acto salvífico no se da antes de que la voluntad haya prestado su consentimiento.[39]

El Magisterio ordinario defendió la existencia de las gracias eficaces "in actu primo" en varias ocasiones. En efecto:

1. El *Indiculus*, cap. 4, 5, 8, 9.[40]

2. Concilio de Orange, can. 3–6, 9, 20, 25, cánones que en el contexto de la condena que el Concilio hace de los semipelagianos (que negaban las gracias eficaces "in actu primo") han de ser entendidos en el sentido de declarar la existencia de esas gracias.[41]

3. Trento, ses. VI. cap. 7: "... al recibir en nosotros cada uno su propia justicia, según la medida en que el Espíritu Santo la reparte a cada uno como quiere (1 Cor 12:11) y según la propia disposición y cooperación de cada uno".[42]

4. Paulo V, en el contexto de las controversias "de auxiliis", declaraba que la existencia de las gracias eficaces "in actu primo" era aceptada como verdad católica y que sólo se discutía sobre el modo de explicarla.[43]

La razón teológica explica esta verdad como consecuencia de la existencia de la predestinación divina (y de la que se tratará más

---

[39]Sin caer en el error, algunos teólogos católicos, sobre todo los de la escuela redentorista siguiendo a su fundador San Alfonso María de Ligorio, afirman que las gracias eficaces "in actu primo" sólo se concederían para obras que supusieran especial dificultad, y no para obras de dificultad menor, como la oración (cfr. las tesis de Ysambert, Duval, Habert, Duplerssis d'Argentré, Toumely, etc.).

[40]D. S. 239, 246 ss.

[41]D. S. 373–376, 379, 390, 395.

[42]D. S. 1529.

[43]Cit. por S. González Rivas: o. c., pág. 194; Pesch: *Praelectiones dogmaticae* 5, pág. 583. See Schnemann: *Controversiarum de gratia historia et progressus* (Friburg, 1881) pág. 296.

adelante), esto es, del decreto de Dios eficaz para otorgar a algunos la gloria, como fue establecido en el Concilio de Valence:

> "Confiadamente confesamos la predestinación de los elegidos para la vida, y la predestinación de los impíos para la muerte; sin embargo, en la elección de los que han de salvarse, la misericordia de Dios precede al buen merecimiento; en la condenación, empero, de los que han de perecer, el merecimiento malo precede al justo juicio de Dios".[44]

Ya Belarmino utilizaba el siguiente razonamiento contra los que negaban la existencia de la gracia eficaz "in acto primo": si la gracia eficaz no dependiera de esa decisión o decreto divino, sino del consentimiento de la voluntad humana, no habría predestinación estricta, sino sólo presciencia divina. Por lo que hay que afirmar la existencia de la gracia eficaz "in actu primo".[45]

12.3 El hombre, aún con la gracia eficaz, sigue siendo libre, es decir puede dejar de hacer aquello a que la gracia le mueve.

Es una verdad de fe divina y católica definida[46] que la gracia eficaz, aún en estado de naturaleza caída, no fuerza a la voluntad humana, sino que ésta puede dejar de hacer aquello a lo que la gracia le mueve.

---

[44]D. S. 628.

[45]R. Belarmino: *De gratia et libero arbitrio*, 1, 12; S. González Rivas: o. c., pág. 197; J. Ibáñez y F. Mendoza: *Dios santificador...*, cit., pág. 130.

[46]Cfr. J. Ibáñez y F. Mendoza: *Dios santificador...*, cit., pág. 131; S. González Rivas: o. c., pág. 200.

Para entender esta proposición, hay que tener en cuenta los siguientes elementos:[47]

1. El hombre en *estado de naturaleza caída*, tanto si es antes o después de la justificación (de recibir la gracia santificante). Por tanto, hay que rechazar las tesis erróneas de aquéllos que aceptaban esa libertad antes del pecado original, pero no después de él por la fuerza de la concupiscencia. Tal idea es incorrecta porque el hombre permanece libre incluso sujeto a la concupiscencia.

2. La *gracia eficaz* a la que aquí se alude es estrictamente la gracia eficaz "in actu primo". No se refiere a la gracia habitual o santificante porque la "moción" de la gracia no se refiere a un principio formal del estado sobrenatural del hombre, sino a la ayuda divina sobrenatural requerida para realizar actos con valor salvífico.

3. El hombre *sigue siendo libre*, esto es con libertad de coacción externa o de necesidad interna. Esto supone dos clases de libertad:

   - *Libertad de coacción* de cualquier vínculo o cadena externo, de cualquier fuerza extrínseca a la voluntad que la pudiera forzar a actuar. Se llama también "libertad de espontaneidad" o "libertad voluntaria", porque procede la propia voluntad sin ninguna fuerza extrínseca que la impida.

   - *Libertad de necesidad* de cualquier vínculo o ligamiento interno. Esta libertad de necesidad se puede ejercer de varios modos:

---

[47]J. Ibáñez y F. Mendoza: *Dios santificador*..., cit., págs. 131–136; Santo Tomás de Aquino: *Summ. Theol.*, Iª–IIªᵉ, q. 106, a. 2, ad 2; L. Lercher–F. Lakner: *De gratia Christi*, cit., págs. 314–322; B. Beraza: *De gratia*..., cit., págs. 481–497; S. González Rivas: o. c., págs. 198–203.

- "Libertad de contradicción", es decir, de actuar o no actuar.

- "Libertad de contrariedad", es decir, de hacer esto o lo contrario.

- "Libertad de especificación", es decir, de hacer cosas de distinta especie.

La verdad dogmática se refiere a la libertad en general tal y como se ha descrito, sin entrar en cuestiones disputadas entre los teólogos católicos durante la controversia *de auxiliis* en torno al concepto y la naturaleza de la misma.[48] En esta disputa son famosas las posiciones de las escuelas molinista y tomista:

- Escuela molinista. Sostuvo la opinión que era más común y general antes de la mencionada controversia. Libertad es una facultad que, una vez puestos todos los prerrequisitos para actuar, puede actuar o no actuar. De este modo, consiste en una cierta indiferencia electiva positiva, subjetiva y activa, que tiene dominio sobre sus propios actos, y también *completa independencia de toda antecedente* determinación de Dios, aunque no de la acción divina creadora, conservadora y de concurso con las acciones de sus creaturas.[49]

---

[48]Cfr. A. Bonet: *La filosofía de la libertad en las controversias teológicas del siglo XVI y primera mitad del XVII*, Barcelona, Imprenta Subirana, 1932; L. Teixidor: *El concepto de la libertad*, en "Estudios Eclesiásticos" 12 (1933) 473–502; O. Lottin: *Liberté humaine et motion divine*, en "Recherches de Théologie ancienne et Médiévale" 7 (1935) 52–69, 156–173. Cit. por S. González Rivas: o. c., pág. 199.

[49]Cfr. Juan A. Jorge: *Creación y elevación*, vol. 1, New Jersey, 2021, págs. 331–363; D. Soto: *De natura et gratia* 1, 16; F. Suárez: *De requisitis ad formalem libertatem* 3, 4; P. Dumont: *Liberté humaine et concours divin d'après Suárez*, Paris, Beauchesne, 1936; J. Hellin: *Sobre el transito de la potencia activa al acto según Suárez*, en "Razón y Fe" 138 (1948) 353-407.

- Escuela tomista. Rechazan la idea de que un agente pueda proceder por sí mismo en base a tal indiferencia o indeterminación, sino que la voluntad tiene que ser determinada antecedentemente por un agente externo, es decir por Dios. Lo cual no impide que la voluntad sea realmente libre siempre que conserve la capacidad de elegir cosas opuestas y actúe a la luz de un juicio indiferente. En efecto:

  - La libertad es una facultad racional para elegir cosas opuestas. Por lo tanto, aunque los tomistas afirman que tal facultad está irresistiblemente dirigida a actuar, sin embargo se considera que la voluntad es libre por el hecho de estar regulada por la razón y poder absolutamente hacer cosas opuestas.

  - La libertad es una facultad que opera bajo la luz de un juicio indiferente. Por tanto, aunque los tomistas sostienen que es conducida invenciblemente a actuar, sin embargo la voluntad es libre siempre que actúe bajo la luz de un juicio objetivamente indiferente.[50]

La Sagrada Escritura habla continuamente de consejos, mandamientos, preceptos, exhortaciones a realizar acciones con valor salvífico, etc., prometiendo recompensas o castigos en caso de cumplirlos o de rechazarlos. Todo lo cual sería un sinsentido, si el hombre bajo la influencia de la gracia previniente no disfrutara de libertad de necesidad para realizar u omitir las buenas obras. Por tanto, el ser humano bajo la influencia de la gracia eficaz previniente disfruta de verdadera libertad de cualquier necesidad de obrar.

---

[50]N. del Prado: *De gratia et libero arbitrio 2, Friburgo, Typis Consociationis Sancti Pauli,* 1907, págs. 263–279.

Los textos son abundantes. En ellos se comprueba que libertad del hombre bajo la influencia de la gracia eficaz es una realidad, ya que el hombre puede realizar un acto contrario a la salvación en lugar de hacer un acto bueno, o en lugar de una buena acción puede realizar una mala. Y se trata de casos en los que la gracia eficaz está presente junto con la libertad, ya que son acciones humanas con valor salvífico o victoriosas sobre las tentaciones. Se suelen citar como ejemplos: Eco 31: 10–11, "¿Quién pasó esta prueba y fue hallado perfecto? Tendrá gloria eterna. ¿Quién, pudiendo transgredir, no transgredió, pudiendo hacer el mal, no lo hizo? Por eso, sus bienes se consolidarán en el Señor, y toda la asamblea de los santos proclamará sus limosnas". De 30:19, "Hoy pongo por testigos contra vosotros los cielos y la tierra. pongo ante vosotros la vida y la muerte, la bendición y la maldición; elige, pues, la vida, para que tú y tu descendencia viváis". Ap 3: 20–21, "Mira, estoy a la puerta y llamo: si alguno escucha mi voz y abre la puerta, entraré en su casa y cenaré con él, y él conmigo. Al que venza le concederé sentarse conmigo en mi trono, igual que yo he vencido y me he sentado con mi Padre en su trono". Mt 19:17, "Pero si quieres entrar en la Vida, guarda los mandamientos". Mt 25: 34 ss., "Venid, benditos de mi Padre, tomad posesión del Reino preparado para vosotros desde la creación del mundo: porque tuve hambre y me disteis de comer...". Etc.

Los Santos Padres orientales y occidentales anteriores a San Agustín claramente enseñaron que el hombre puede rechazar o asentir a la gracia haciéndolo con libertad. En el pensamiento de San Agustín existen énfasis diferentes sobre la relación entre la libertad y la gracia, según la época y circunstancias en las que escribe. En efecto, en sus primeras obras (años 388–404) hay una clara defensa de la libertad del hombre con ocasión de sus polémicas contra los maniqueos, donde destacan sus obras *De libero arbitrio*, *De duabus animabus* y *De actis cum Felice manichaeo.* Hay cambio de énfasis en sus controversias antipelagianas (años 412–430) cuando subraya el poder y la eficacia de la gracia, pero sin negar la libertad humana, a pesar de ser consciente de la dificultad de conciliar ambas realidades (gracia y libertad), lo que prueba que mantenía ambas verdades. Incluso, hacia el final de su vida (años 426–427), escribe sus *Retractationes* y *De gratia et libero arbitrio*, insistiendo en la necesidad para cualquier católico de aceptar ambas realidades, aunque ya no busque el modo de reconciliarlas.[51] Esto es importante, ya que Jansenio y algunos teólogos católicos sostuvieron equivocadamente que San Agustín no defendió la libertad humana bajo la influencia de la gracia eficaz.[52]

La influencia de la doctrina de la gracia y la libertad de San Agustín en los escritores posteriores fue grande. Sin embargo todos defendieron la libertad del hombre bajo la influencia de la gracia. San Juan Damasceno, por ejemplo, subrayaba que, "nosotros tenemos el poder tanto el permanecer en la virtud y seguir a Dios (que nos llama por los caminos de la virtud), o alejarnos de la senda de la virtud".[53] Los escritores latinos, siguen las fórmulas de San Agustín, aunque suavizándolas y, a veces, corrigiéndolas para evitar equívocos, lo que se puede comprobar en los dictados del Concilio de Orange,[54] o en San Próspero de Aquitania.[55]

Se oponen a este dogma:

---

[51]Cfr. H. Lange: *De gratia...*, cit., págs 347–349; E. Portalie: *Augustin, Saint*, en DTC, 1, cols. 2268–2472, en concreto, 2387 ss.; T. Salgueiro: *La doctrine de S. Augustin sur la grâce d 'après le traité à Simplicien*, Porto 1925; L. Booy: *Grâce et liberté chez S. Augustin*, Montreal, 1938 (ed. por Bibliotèque Saint Libère, 2020). Cit. por S. González Rivas: o. c., pág. 201.

[52]Tal conclusión es falsa, aunque es verdad que en sus controversias antipelagianas subrayaba con especial énfasis la victoria de la gracia eficaz.

[53]San Juan Damasceno: *De fide ortodoxa*, 2, 30 (P. G. 94, 969).

[54]Cfr. D. S. 373 ss.

[55]San Próspero de Aquitania: *De vocatione omnium gentium* (P. L. 51, 648 ss.).

1. Lutero, Calvino y los protestantes que les siguen, que si bien aceptan la libertad de coacción en el hombre caído, sin embargo niegan la libertad de necesidad, debido a que después del pecado original la voluntad humana estaría absolutamente obligada a buscar el bien si tiene la gracia, o a hacer el mal, si le falta la gracia.

2. Bayo de hecho negó la libertad de elección, aunque sus declaraciones son confusas a veces.[56]

3. Jansenio, siguiendo la doctrina de Bayo, la sistematiza y aclara. Con el pecado original el hombre perdió la libertad de elección y se vio siempre inducido a actuar siguiendo uno de los dos deleites indeliberados: el celestial (la gracia) o el mundano (la concupiscencia). Ambos se pueden dar en grados diferentes, y el hombre sigue necesariamente el que predomine en cada caso. Por eso, el hombre en el estado de naturaleza caída sólo conserva la libertad de coacción, pero no la libertad de necesidad.[57]

4. P. Quesnel sostuvo que la gracia es la misma voluntad omnipotente de Dios, que nos mueve irresistiblemente a realizar acciones buenas.[58]

El Magisterio de la Iglesia ha ido enfrentando todos los errores que se dieron sobre la relación entre gracia y libertad. En efecto:

1. El Concilio de Orange condena la predestinación (por el poder divino) negativa (para el mal y el infierno), porque todos los

---

[56]Condenado por San Pio V, en la Bula *Ex omnibus afflictionibus*, de 1º de octubre de 1667 (D. S. 1927, 1939, 1966 ss.).

[57]Fue condenado por Inocencio X en la Constitución *Cum occasione*, de 31 de mayo de 1653 (D. S. 2001–2004).

[58]También condenado por Clemente XI en la Constitución dogmática *Unigenitus*, de 8 de septiembre de 1713 (D. S. 2409–2425).

fieles pueden y deben con el auxilio y cooperación de Cristo trabajar lo que corresponde a la salud de su alma.[59]

2. El Concilio de Quiercy contra Gottschalk y los predestinacianos, defendió la libertad del hombre en relación con la gracia.[60]

3. El Concilio de Trento enseña que los seres humanos libremente asienten a la gracia y cooperan con ella pero de tal modo que podemos rechazarla, porque la libertad de elección no se ha perdido o extinguido a consecuencia del pecado original.[61]

4. Los Papas San Pio V, Inocencio X y Clemente XI condenan las tesis descritas antes de Bayo, Jansenio y Quesnel.

5. Vaticano I establece que el hombre asiente y coopera con la gracia a la que podría resistir.[62]

La razón teológica que sustenta la realidad de la libre voluntad humana sujeta a la gracia de Dios se basa en dos dogmas fundamentales. En primer lugar que la gracia no destruye la naturaleza sino que la perfecciona (pero la destruiría si la gracia destruyera la característica esencial de la naturaleza humana de poseer una voluntad libre). En segundo lugar que existe el mérito del hombre para incrementar la gracia y la gloria contando con la asistencia divina (pero si el hombre no tiene libertad verdadera, no podría existir ni el mérito ni el demé-

---

[59]D. S. 397.

[60]"La libertad del albedrío, la perdimos en el primer hombre, y la recuperamos por Cristo Señor nuestro, y tenemos libre albedrío para el bien, prevenido y ayudado de la gracia; y tenemos libre albedrío para el mal, abandonado de la gracia. Pero tenemos libre albedrío, porque fue liberado por la gracia, y por la gracia fue sanado de la corrupción" (D. S. 622).

[61]Sesión VI, capítulos 5–6 y cánones 4–5 (D. S. 1525 ss., 1554 ss.).

[62]Sesión III, cap. 3 (D. S. 3010).

rito). Además, sin libertad no se justifica la existencia de preceptos, consejos o leyes dadas por Dios al hombre como ser racional y libre.

Por otro lado, la sana teología demuestra que las opiniones de Jansenio se oponen no sólo a la doctrina de los Padres y del Magisterio, sino a la realidad filosófica sobre el objeto de la voluntad, que es cualquier cosa buena, no sólo el buen deleite, sino también lo que es excelente o útil; y que las tesis protestantes son contrarias a toda la doctrina ortodoxa sobre la justificación.[63]

Por su parte la teología católica tradicional siempre sostuvo la realidad de la libertad humana en su relación con la gracia divina. Así, San Anselmo ya propuso el dilema y la solución en sus *De libero arbitrio* y en *De concordia praescientiae et praedestinationis necnon gratia Dei cum libero arbitrio*. Posteriormente, Alejandro de Hales y San Buenaventura también defendieron el concepto correcto de la libertad humana y de la realidad de la gracia. En la Edad Moderna, todas las escuelas teológicas católicas, más allá de sus diferentes perspectivas, rechazaron unánimemente la idea de la gracia irresistible protestante, no solo en el momento de las controversias anti–protestantes, sino también las posteriores sobre el problema *de auxiliis*.

Santo Tomás defendió la libertad humana incluso cuando la voluntad es movida infaliblemente por Dios:

"Dionysius dicit, IV cap. de Div. Nom., ad providentiam divinam non pertinet naturam rerum corrumpere, sed servare. Unde omnia movet secundum eorum conditionem, ita quod ex

"Como afirma Dionisio en el capítulo cuarto de De divin. nom. 12: A la providencia divina no corresponde destruir la naturaleza de las cosas, sino conservarla. Por eso mueve todas las cosas según

---

[63]S. González Rivas recuerda cómo Domingo de Soto refutó brillantemente todas las tesis protestantes, en su *De natura et gratia*, 1, 16 y 18 (S. González Rivas: o. c., pág. 202).

causis necessariis per motionem divinam consequuntur effectus ex necessitate; ex causis autem contingentibus sequuntur effectus contingenter. Quia igitur voluntas est activum principium non determinatum ad unum, sed indifferenter se habens ad multa, sic Deus ipsam movet, quod non ex necessitate ad unum determinat, sed remanet motus eius contingens et non necessarius, nisi in his ad quae naturaliter movetur".[64]

su condición; así, de causas necesarias se siguen efectos con necesidad, mientras que de causas contingentes se siguen efectos contingentemente. Así, pues, porque la voluntad es un principio activo, no determinado a una sola cosa, sino que se relaciona indiferentemente con muchas, Dios la mueve sin determinarla con necesidad a una sola cosa, sino conservando su movimiento contingente y no necesario, salvo en aquello hacia lo que se mueve por naturaleza".

Libertad que existe tanto para los hombres como para los ángeles. Con respecto a los hombres:

"Gratia novi testamenti, etsi adiuvet hominem ad non peccandum, non tamen ita confirmat in bono ut homo peccare non possit, hoc enim pertinet ad statum gloriae. Et ideo si quis post acceptam gratiam novi testamenti peccaverit, maiori poena est dignus, tanquam maioribus beneficiis ingratus, et auxilio sibi dato non utens. Nec ta-

"La gracia del Nuevo Testamento, aunque ayuda al hombre para evitar el pecado, pero no le confirma en el bien, de modo que el hombre no pueda pecar; esto es propio del estado de la gloria. De suerte que si alguno, después de recibida la gracia del Nuevo Testamento, pecase, es digno de mayor pena, como ingrato a mayores beneficios y despreciador de

---

[64]Santo Tomás de Aquino: *Summ. Theol.*, I^a–II^{ae}, q. 10, a. 4. Cfr. I^a, q. 83, a. 1, ad 1; *De verit.*, q. 24, a. 1, ad 3; *De malo*, q. 6, a. 3

men propter hoc dicitur quod lex nova iram operatur, quia quantum est de se, sufficiens auxilium dat ad non peccandum".[65]

los auxilios que se le ofrecen. Ni por esto se ha de decir que la ley nueva acarrea la ira, pues, cuanto es de suyo, nos ofrece un auxilio suficiente para evitar el pecado".

Y en relación con los ángeles:

" Omnis forma inclinat suum subiectum secundum modum naturae eius. Modus autem naturalis intellectualis naturae est, ut libere feratur in ea quae vult. Et ideo inclinatio gratiae non imponit necessitatem, sed habens gratiam potest ea non uti, et peccare".[66]

"Toda forma inclina a su sujeto conforme al modo de su naturaleza. Pero el modo de la naturaleza intelectual es que tienda libremente a lo que quiere. Por lo tanto, la inclinación de la gracia no impone necesidad alguna, sino que, quien la posee, puede no usarla y pecar".

---

[65]Santo Tomás de Aquino: *Summ. Theol.*, Iᵃ–IIᵃᵉ, q. 106, a. 2, ad 2.

[66]Santo Tomás de Aquino: *Summ. Theol.*, Iᵃ, q. 62, a. 3, ad 2.

Capítulo 13

Relación entre la gracia y la libertad

Una vez que el Concilio de Trento definió el dogma de la existencia de la verdadera libertad humana bajo la acción de la gracia eficaz, la teología católica se vio enfrentada con una aporía que causó una gran polémica y batalla intelectual. A conocer y profundizar ésta va dedicado el presente capítulo.

Recordemos que, por un lado se ha de admitir que la gracia es eficaz ya antes de ser concedida al hombre, con lo que éste no podrá dejar de hacer aquello para lo que se le da, y, por tanto, no tendría libertad para omitirlo. Pero, por otro lado, la libertad del hombre, incluso después de la caída, es también una verdad de fe. La dificultad es evidente: parece que la afirmación de un extremo (la gracia) necesariamente conlleva la negación del otro (la libertad); y viceversa.

Era preciso encontrar una solución a la aparente contradicción, cuyo nudo gordiano era la indagación profunda en la naturaleza y peculiaridad de la "gracia eficaz *in actu primo*", que es, como se ha examinado ya, la gracia eficaz con una determinación absoluta futura, conocida, prevista y querida por Dios, ya antes de ser otorgada al hombre, y que infaliblemente tendrá su efecto. Tal gracia se ha de explicar de tal manera que no quede lesionada la libertad del hombre, cuya voluntad tiene que seguir siendo realmente libre aun bajo la moción de la gracia eficaz, por lo que puede decidir omitir el acto salvífico (acto, que, sin embargo, está conectado infaliblemente con la gracia eficaz "in actu primo").

Se dieron varias explicaciones teológicas. Con todo, cualquiera de ellas tendría que salvar los dos extremos (gracia y libertad) sin afirmar uno en perjuicio del otro.[1] Esto es lo que diferencia a las explicaciones no católicas (que no salvan ambos extremos) de las católicas (que sí lo hacen).

Las explicaciones inaceptables por heterodoxas fueron las de los semipelagianos, los protestantes y los jansenistas. Las ortodoxas son dos principales, la de los tomistas y las de los molinistas; y otras menos seguidas, el condeterminismo escotista, el sistema agustiniano, y el sorbónico–alfonsiano. Ya se han examinado en capítulos anteriores las doctrinas de los semipelagianos, que niegan la eficacia de la gracia "in actu primo", la de los protestantes, que niegan la libertad humana bajo la acción de la gracia, y la de los jansenistas, que no admiten la verdadera libertad en el hombre bajo el influjo de la gracia eficaz. Nos centraremos en este capítulo en el estudio de los sistemas ortodoxos católicos. Pero antes es conveniente una breve descripción histórica de esta polémica.

---

[1]San Agustín expresa bien la disyuntiva: "La discusión sobre la libre voluntad y la gracia de Dios es de tal dificultad, que cuando se mantiene la libre voluntad, aparentemente se niega la gracia de Dios; mientras que cuando la gracia de Dios se afirma, se supone que la libre voluntad desaparece" (*De gratia Christi et de peccato originali*, 47, 52 en P. L. 44, 383; cfr. *De peccatorum meritis et remissione*, 2, 18, 28 en P. L. 44, 168).

13.1 Breve historia del problema

Como se mencionaba, tras la definición del Concilio de Trento sobre la existencia de la libertad humana en presencia de la gracia eficaz, y la aporía mencionada, la teología católica buscó la solución armónica con un examen detallado de la diferencia entre la gracia puramente suficiente y la gracia eficaz.[2]

Es útil hacer una breve descripción histórica de esa polémica:

1. El jesuita L. Molina escribió *Concordia liberi arbitrii cum gratiae donis* en el año 1588, en Ebora (España), en el que con el recurso a la "ciencia media" (*scientia media*), pensaba que era capaz de asegurar al hombre el control psicológico en la determinación de su propia actividad. Por ese tiempo, tanto R. Belarmino como L. Lessio siguieron esa misma posición en Lovaina.[3]

2. Entre los años 1584 y 1594, el dominico D. Báñez publicó su *Scholastica commentaria in 1 and 2.22 Angelici Doctoris*, en el que proponía una solución diferente, con el concepto de "determinación física", por la cual la voluntad libre se sujetaba a la influencia divina.

3. Estas dos posiciones generaron la famosa *controversia de auxiliis*, esto es, sobre las ayudas de la gracia, entre jesuitas y dominicos que duró desde 1582 a 1607. Se sostuvieron disputas tanto

---

[2]Los contenidos básicos de cada una ya han sido estudiados en capítulos anteriores. Examinemos los datos ahora bajo la perspectiva de la controversia "de auxiliis".

[3]L. Molina: *Liberi arbitrii cum gratiae donis, divina praescientia, providentia praedestinatione et reprobatione concordia* (1588); Id.: *Commentaria in primam partem D. Thomae* (1592); L. Lessio: *De gratia efficaci, decretis divinis, libertate arbitrii et praescientia Dei condicionata, disputatio apologetica* (1610); R. Belarmino: *De gratia et libero arbitrio libri sex.*

en España (1582–1598) como en Roma (1598–1607), algunas en presencia del Papa, pero no se llegó a un acuerdo.

4. El Papa Pablo V en 1607 decretó que la solución a la controversia debería retrasarse indefinidamente, y prohibió en el *interim* que nadie juzgara o censurara en modo alguno a su contrincante: "En el asunto de los auxilios, el Sumo Pontífice ha concedido permiso tanto a los disputantes como a los consultores para volver a sus patrias y casas respectivas; y se añadió que Su Santidad promulgaría oportunamente la declaración y determinación que se esperaba. Mas por el mismo Smo. Padre queda con extrema seriedad prohibido que al tratar esta cuestión nadie califique a la parte opuesta a la suya o la note con censura alguna... Más bien desea que mutuamente se abstengan de palabras demasiados ásperas que denotan animosidad".[4]

5. La controversia se reavivó hacia el final del s. XIX, pero no desde un punto de vista especulativo como se hizo en los siglos anteriores, sino histórico, debatiendo sobre aspectos históricos de la clásica disputa *de auxiliis* (sobre el auténtico pensamiento de Santo Tomás sobre la predeterminación física, o sobre el origen de la predeterminación en la escuela escotista que habría pasado a la escuela tomista, etc.).

6. En ese contexto nuevo, aparecieron nuevas soluciones a la famosa controversia que intentaban ofrecer un camino intermedio entre ambas. Fue el caso de los nuevos escotistas, agustinianos y teólogos de la escuela Sorbona–Alfonsina.

---

[4]D. S. 1997, cfr. 2008.

13.2 Solución tomista de la predeterminación física. Báñez

Se conoce como el sistema de la *predeterminación física*. Fue ideado por Báñez[5] y seguido por la llamada escuela tomista.[6]

La gracia eficaz "in acto primo" es una predeterminación física, una realidad creada sobrenatural, no vital, que se recibe en la voluntad como causa física de los actos salvíficos. Tal moción sobrenatural determina físicamente la voluntad a realizar ese acto salvífico, antecedentemente a la libre determinación de la voluntad, de cuya determinación la gracia es su causa. Por tanto, la gracia eficaz "in acto primo":

1. Es una *moción*, porque mueve la voluntad para realizar un acto salvífico o saludable.

---

[5]D. Báñez: *Scholastica commentaria in primam partem Angelici Doctoris D. Thomae usque sexagesiman quartam quaestionem complectantia* (Salamanca, 1584); Id., *Tractatas de vera et legitima concordia liberi arbitrii creati cum auxiliis gratiae Dei efficaciter moventis humanam voluntatem*, Biblioteca de Teólogos Españoles, 14, 351–420.

[6]Cfr. D. Álvarez: *De auxiliis divinae gratiae et humani arbitrii viribus et libertate ac legitima eius cum efficacia eorundum auxiliorum concordia* (1610); A. Goudin: *Philosophia iuxta inconcussa tutissimaque d. Thomae dogmata* (1671); *Tractatus theologici* (1723); T. De Lemos: *Panoplia gratiae seu de rationalis creaturae in finem supernaturalem gratuita divina suavi potente ordinatione, ductu mediis, liberoque progressu, dissertationes theologicae* (1676); Salmanticenses: *De gratia*, d.7; C. R. Billuart: *Summa S. Thomae hodiernis academiarum moribus accommodata...*(1759); H. E. Plassmann: Die Schule des hl. Thomas (1858ss.); N. del Prado: *De gratia et libero arbitrio* (1907); R. R. Garrigou–Lagrange: *Dios. La naturaleza de Dios*, Madrid, Palabra, 1980, págs. 365–412 (1923); Id.: *Grace. Commentary on the Summa Theologica of St. Thomas*, Iª–IIª, q. 109–114, St. Louis–London, Herder, 1952; Id.: *Prêmotion physique*, DTC XIII, 31-77.

2. Es *previa*, porque antecede a la libre determinación de la voluntad humana.

3. Es *física*, porque mueve la voluntad no moralmente con consejos o persuasiones, sino físicamente.

4. Es *intrínseca*, porque estando la voluntad humana capacitada en virtud de la gracia suficiente, la hace pasar físicamente a realizar el acto saludable. Es gracia eficaz por su misma naturaleza, esto es "ab intrinseco". Es una cierta predeterminación física.La gracia eficaz da, no solamente la capacidad, sino también produce la acción misma.

5. Es *diferente intrínseca y esencialmente de la gracia suficiente*, que otorga sólo la capacidad pero no produce el acto sin una nueva gracia eficaz.

Tal predeterminación está tan infaliblemente conectada con el acto salvífico que determina que bajo su influencia es metafísicamente imposible que no se produzca tal acto. Tal gracia eficaz actúa del mismo modo para todo hombre y en toda circunstancia, porque su eficacia reside en tu naturaleza intrínseca.

Tal gracia eficaz presupones el decreto de la voluntad divina por el que Dios desde toda la eternidad dispuso predeterminar la voluntad humana a celebrar ese acto salvífico en el tiempo. La gracia eficaz es, así, sólo el instrumento de ejecución del decreto divino eterno. Por eso, la eficacia de la gracia (su infalible conexión con el acto salvífico) hay que señalarla *remotamente* en el decreto divino que predetermina extrínsecamente, y *próximamente* en la gracia que es física e intrínsecamente predeterminante.

El sistema explica muy bien la conexión infalible de la gracia eficaz con el acto salvífico, ya que hay una conexión objetiva que nace de la naturaleza misma de la gracia eficaz, una conexión cognoscitiva con el conocimiento divino cuyo fin es el decreto divino predeterminante, y una conexión afectiva con el mismo decreto predeterminante. De este modo Dios:

1. En primer lugar, quiere absolutamente dar tal gracia.

2. En segundo lugar, Él ve en el mismo decreto, un hecho absolutamente futuro.

3. En tercer lugar, Dios otorga la gracia que es una predeterminación sobrenatural física.

4. Finalmente, la voluntad humana produce un acto salvífico bajo la influencia de tal gracia.

Pero eso mismo explica cómo la voluntad permanece libre a pesar de actuar bajo la moción predeterminante de la gracia. Porque tal gracia determina no sólo a hacer tal acto salvífico, sino también a realizarlo libremente. Dios, que es también el autor de la voluntad humana libre, sabe moverla eficazmente sin lesionar su condición de libre. Porque la gracia predetermina a actuar en la medida que es un instrumento de Dios, que tiende de un modo absoluto y eficaz no sólo al *consentimiento* de la voluntad, sino a su *libre consentimiento*.

El sistema propuesto se basa en un doble fundamento:

1. El *fundamento metafísico* está en el modo de actuar de las causas segundas, que sólo pueden obrar bajo la moción de la causa primera que es Dios (causa primera y universal de cualquier acción y por tanto también de la determinación de la voluntad para realizar un acto saludable). Pero la causa primera respeta la naturaleza de las causas segundas (la voluntad humana libre). Dios se acomoda a la condición de la causa segunda: si la causa

segunda es una causa no libre, la predetermina a obrar sin libertad; si la causa segunda es libre, Dios la predetermina a obrar libremente

2. El *fundamento teológico*, se halla en la diferencia entitativa entre gracia eficaz y gracia meramente suficiente. La segunda, otorga al hombre la capacidad de obrar; la primera otorga al hombre el mismo obrar saludable. Si el hombre no rechaza la gracia suficiente, obtendrá también la gracia eficaz (predeterminación física) con el que puede realizar efectivamente el acto saludable. Si el hombre resiste la gracia suficiente, la única causa es el voluntad libre del hombre, cosa permitida por Dios, y por eso niega la gracia eficaz.

13.3 Explicación tomista de la predeterminación moral

Algunos teólogos dominicos mitigaron el sistema de la predeterminación física, afirmando la predeterminación moral.[7] Siguen sosteniendo que la gracia eficaz lo es *ab intrínseco*, pero consiste en una premonición de tipo moral y no física. La gracia eficaz antecede a toda previsión del consentimiento de la voluntad, pero el consentimiento de la voluntad se une de tal modo con el acto saludable que es absolutamente repugnante que el acto no se produzca. La imposibilidad de resistir es sólo moral. Por tanto:

---

[7]Es el caso de González de Albelda (*In I^a*, q. 19, a. 8, dist. 58, s. 2); F. Araújo (*In I^a-IIe*, q. 111, a. 5, dub. 6, n. 41); J. de Vita (*De proprio et per se principio unde provenit peccatum in actionibus voluntariis*, Panormi, 1665); Thomassinus (*Consensus Scholae de gratia*, c. 18ss. Vives, 6, 361s.); G. F. Albertini (en G. Schneemann, *Controversiarum de divinae gratiae liberique arbitrii concordia, initia et progressus* (1881) pág. 125); H. Guillermin (en "Revue Thomiste" (1895) vol. 9–11).

1. La gracia eficaz no es una predeteminación física.

2. La conexión entre la gracia eficaz y el acto salvífico se produce moralmente: para unos se debe a la abundancia de ayudas otorgadas que hace que, en una situación dada, la voluntad no puede resistir; para otros estriba en la fuerza que la gracia ejerce sobre la voluntad.

3. La eficacia de la gracia se explica desde la conexión antecedente y objetiva con el acto salvífico, que es conocido y querido por Dios.

4. Pero la libertad se explica por el hecho de que la gracia no movería físicamente a la voluntad, sino sólo moralmente.

13.4 Explicación molinista. Molina

Esta explicación se fundamenta sobre la idea de "la ciencia media". Se ha denominado "molinismo", por ser Molina el primero que propuso el sistema, o "congruismo" porque propone explicar la eficacia de la gracia por cierta conveniencia extrínseca a la gracia con el acto saludable. Se rechaza la idea de explicar la gracia eficaz mediante recurso alguno a una eficacia intrínseca, y se acepta que para explicar la eficiencia de la gracia hay que acudir al conocimiento divino de los actos futuribles del ser humano que precede a cualquier decreto divino absoluto (tal conocimiento es que el sistema denominó la "ciencia media" divina).[8]

---

[8]El molinismo y el congruismo coinciden pues en la determinación de la naturaleza de la causa eficaz, pero difieren en la cuestión de la predestinación (que sería antecedente para el congruismo, y consequente para el molinismo) y en la cuestión de las predefiniciones (formal para el congruismo, y virtual para el molinismo).

Los términos de este sistema son los siguientes:[9]

1. *La gracia no es intrínsecamente eficaz.* Tanto la gracia eficaz como la gracia suficiente, consideradas en sí mismas, son indiferentes y pueden unirse o no con el consentimiento de la voluntad del ser humano. Desde este punto de vista, todas las gracias son verdaderamente suficientes, y de ellas, las que pasan a serlo "in actu primo" no lo hacen por su virtud intrínseca, sino que su actividad procede de otras fuentes, extrínsecamente. De otro modo, la libertad del hombre no quedaría suficientemente protegida.

2. *Pero ha de ser preservada la realidad de la gracia eficaz "in actu primo",* esto es una gracia, que antecedentemente a la libre determinación que tomará absolutamente la voluntad humana, tiene conexión infalible con el acto saludable. En esto estriba la diferencia entre la gracia meramente suficiente y la gracia eficaz. Pero la conexión infalible de la gracia eficaz con el acto saludable depende de un elemento extrínseco a la misma gracia (la ciencia media).

3. *La ciencia media* es el conocimiento divino de los futuribles antecedente a todo posible decreto de la voluntad divina con relación al acto que habría de ser puesto. Molina distingue en Dios la "ciencia de simple inteligencia" (por la que Dios conoce

---

[9]J. Ibáñez y F. Mendoza: *Dios santificador...*, cit., págs. 139–141; L. Lercher–F. Lakner: *De gratia Christi,* cit., págs. 347. 352–356; B. Beraza: *De gratia...*, cit., págs. 597–642; H. Lange: *De gratia...*, cit., págs 626–658; S. González Rivas: o. c., págs. 214–221; F. Suárez: *Opusculum de concursu, motione et auxilio Dei*; Id.: *De gratia* 1, 3–5; H. Quilliet: *Congruisme* en DTC III, 1120–1138; E. Vansteenberghe: *Molinisme* en DTC XII, 2094–2187; S. González: *Un tratado inedito de Suárez sobre la ciencia media,* en "Miscellania Comillas" 9 (1948) 59–132; E. Elorduy: *Suárez en las controversias sobre la gracia,* en "Archivo Teológico Granadino" 11 (1948) 131–192.

lo posible), la "ciencia de visión" (por la que Dios conoce lo real) y la "ciencia media" (por la que Dios conoce los futuribles).

Dios conocería a través de la ciencia media lo que un hombre concreto haría si esa gracia suficiente concreta le fuera concedida en esas determinadas circunstancias. Dios conocería que este hombre concreto, si tuviera esa gracia, ciertamente cooperaría con ella; pero si recibiera otra clase de gracia, ciertamente no cooperaría. De este modo, si esta gracia fuera concedida a este hombre concreto, éste cooperaría y la gracia produciría su efecto: la gracia sería eficaz; pero si la misma gracia se concediera a otro hombre distinto, éste no cooperaría y la gracia no produciría su efecto por lo que sería puramente suficiente.

Se puede distinguir una triple conexión infalible de la gracia concedida a un hombre concreto con el acto salvífico, con independencia y antecedentemente a la libre determinación de la voluntad, que es absolutamente futura y prevista.

(a) Es una *conexión objetiva*: porque no consiste formalmente en el conocimiento mismo de Dios, sino que le precede esa ciencia media, del mismo modo que un objeto conocido precede al conocimiento de él.

(b) Es una *conexión cognoscitiva*: porque Dios conoce infaliblemente tal conexión por medio de su ciencia media, no como algo futuro, sino como un futurible. De ahí se produce una nueva conexión infalible entre la gracia y el acto salvífico, incluso antecedentemente a la libre determinación de la voluntad, que es absolutamente futura y prevista. Por eso esta *conexión es cognoscitiva*.

(c) Es una *conexión afectiva*: porque Dios decreta absolutamente dar esta gracia a este hombre en estas circunstancias mientras que predetermina y intenta ese acto salvífico. De este modo existe una nueva conexión infalible de esa gracia con el acto salvífico: esta *conexión es afectiva*.

4. De este modo, *la gracia que por su propia naturaleza no es eficaz, es del modo que acabamos de explicar, eficaz "in actu primo"* porque tal gracia tiene una conexión infalible (absolutamente futura y prevista) con el acto salvífico antecedentemente a la libre decisión de la voluntad. Conexión infalible que se produce en los tres modos mencionados (objetivo, cognoscitivo y afectivo).

5. *La libre voluntad del ser humano queda salvada* cuando se entiende la gracia eficaz "in actu primo" en el sentido señalado, porque la voluntad no recibe en sí misma nada que pudiera predeterminarla físicamente o moralmente a realizar un acto salvífico, sino que la voluntad misma, usando de su propia libertad bajo la influencia de la gracia (suficiente) se determina a realizar a lo que fue movida por la gracia.

6. *Esa gracia se califica de "congrua"* (concorde, apropiada, adaptada) porque en esas circunstancias, es concorde, se acomoda y se adapta a esa voluntad concreta que consiente libremente, y por tanto, también al acto salvífico. De este modo la diferencia entre gracia suficiente y eficaz se localiza completamente en una concordia externa a la gracia misma. En efecto:

   - La "gracia eficaz" no es sino la gracia verdaderamente suficiente, por la que Dios conoce que un hombre concreto cooperará con ella si se le otorgara, y que Dios decreta absolutamente dársela porque ese hombre quiere realizar tal acto salvífico.

- La "gracia meramente suficiente" no es sino la gracia suficiente, pero con la que Dios conoce que el hombre no va cooperar si se le concediera tal gracia (aunque Dios otorga porque Dios quisiera que el hombre cooperara).

7. Finalmente, se pueden distinguir los siguientes "etapas" desde el punto de vista del conocimiento divino:

   (a) La etapa del conocimiento divino de "simple inteligencia", donde todas las gracias son igualmente verdaderamente suficientes (ninguna es puramente suficiente ni eficaz). Todas tienen eficacia de poder, pero ninguna está en conexión con el acto salvífico.

   (b) La etapa del conocimiento divino de "la ciencia media", donde no todas las gracias son iguales, porque algunas estarán en conexión con el acto salvífico (gracias eficaces) mientras que otras no lo estarán (gracias meramente suficientes). Pero objetivamente las gracias eficaces o meramente suficientes no lo serán intrínsecamente, sino extrínsecamente. Aunque lo que vaya a ocurrir de hecho es conocido por Dios.

   (c) La etapa de "predefinición", donde Dios decreta absolutamente dar esas gracias que ha previsto que serán eficaces.

Hay que decir que aunque los defensores del molinismo sostienen que el sistema salva la libertad del hombre, la gracia suficiente (que queda como tal porque el hombre no la acepta), y la gracia eficaz (porque Dios elige un orden determinado de cosas sabiendo que el hombre responderá positivamente a la gracia), sin embargo parece que la congruencia del sistema es sólo aparente, ya que en el fondo, la acción de Dios queda condicionada a la previsión de lo que haría el hombre, por lo que no se salva la trascendencia de la acción divina, que queda subordinada a la previsión de los méritos del hombre. Es un sistema que hace depender la ciencia de Dios de la creatura.[10]

13.5 El codeterminismo escotista. Mastrio

Las ideas fundamentales de este sistema, defendido por Mastrio y modernos escotistas,[11] son las siguientes:

1. La eficacia de la gracia se produce por un *decreto divino co-determinante*, y no predeterminante, que tiene por objeto el acto salvífico.

2. El *decreto divino es intrínsecamente eficaz*, puesto que no depende de la determinación de la voluntad humana, ni siquiera prevista de un modo condicional. El decreto divino precede a tal determinación, no sólo con prioridad de causalidad, sino también de contenido, es decir, en la medida en que el decreto divino co-determinante contiene virtualmente la libre determinación de la voluntad.

3. Pero tal eficacia del *decreto co–determinante es no efectivo, sino afectivo*, porque el decreto divino está conectado infaliblemente con la determinación de la voluntad humana, no como con su causa, sino como un puro afecto.

4. Por eso la libertad está absolutamente salvada, porque la voluntad humana se determina libremente en el mismo sentido en el que el decreto divino fue querido desde toda la eternidad. La

---

[10]Cfr. Ch. Baumgartner: *La gracia...*, cit, pág. 391; J. A. Sayés: *La gracia...*, cit., págs. 177–178.

[11]B. Mastrius: *De divino intellectu*, d. 3, q. 3, a. 8.

determinación de la voluntad no es causada por Dios, sino por la propia voluntad debido a su subordinación natural y cuasi–simpatía debida al Creador, por lo que su propia inclinación y determinación quiere lo mismo que Dios quiere.

13.6 Sistema agustiniano

El sisteman denominado "agustiniano",[12] o del "deleite conquistador", se basa sobre los siguientes principios:

1. La gracia eficaz es el *deleite conquistador*. Por supuesto que la gracia actual es una inspiración del deleite celestial. Si el deleite celestial es menor que el deleite terrenal, la gracia es sólo suficiente (da el poder de obrar). Pero si ocurre al revés, la gracia es eficaz, porque ésta ha conquistado el deleite del deseo terrenal contrario (da el poder obrar y el obrar mismo salvífico). Por esto, la diferencia entre gracia suficiente y eficaz no es intrínseca, sino de grado

2. La eficacia de la gracia *le viene de su misma naturaleza*, según se concede en estas circunstancias. Por tanto intrínsecamente predetermina a la voluntad, pero no física, sino moralmente; y es relativa y no absoluta, porque el deleite divino que en un caso concreto es más fuerte que el terrenal, en otras circunstancias puede ser más débil.

3. *La libertad se salva* porque la gracia sólo actúa atrayendo a la voluntad no de un modo físico, sino moral; y porque la gracia

---

[12]Defendido por los agustinianos más modernos, Berti, Noris (*Historia pelagiana, Vindiciae augustinianae*), F. Bellelli (*Mens Augustini de statu creaturae rationalis ante peccatum...*; *Mens Augustini de modo reparationis humanae post lapsum*) y J. Janssens (*De gratia Dei et Christi*, págs. 657–662).

eficaz no es absoluta, sino relativa, es decir se da de un modo que se acomoda a la condición de cada individuo, pudiendo ocurrir que un mismo deleite divino para una persona mejor dispuesta sea eficaz, mientras que para otra peor dispuesta sea solamente suficiente.

4. *La diferencia entre este sistema y el jansenista* está en que defiende la libertad y la existencia de la gracia meramente suficiente.

13.7   Sistema de la Sorbona y Ligorio

Es un sistema, defendido por teólogos de la Sorbona, San Alfonso María Ligorio y los redentoristas, así como por otros autores,[13] que distingue entre las obras que son más difíciles, como por ejemplo, la observancia de los mandamientos y la perseverancia final, y las más fáciles, como la oración. Para las primeras, se requiere la gracia intrínseca eficaz, bien sea físicamente (al modo de explicación bañeciana) o bien moralmente (según el modo de explicación molinista), conectada con el acto salvífico, dependiendo su explicación del modo de pensar de cada autor de esta escuela. La gracia eficaz se obtiene infaliblemente por la oración, para la que no es necesaria una gracia eficaz, bastando la gracia suficiente, y es otorgada a los que hacen buen uso

---

[13]Ysambert, Duval, Habert, Duplerssis d'Argentre, Toumely, St. Alfonso María de Ligorio (*De magno oratonis medio pars altera*, c. 4). Cfr. J. L. Janssens: *S. Alphonsi doctrina de influxu Dei in deliberatam voluntatis creatae activitatem* (1920); J.R. Raus: *La doctrine de S. Alphonse sur la vocation et la grace*, Lyon–Paris, Emmanuel Vitte, 1926; J. Herrmann, *De divina gratia*, págs. 502–755; H. Lange: *De gratia...*, cit., pág. 611; I. Katschaler: *De gratia* (1949); Marin–Sola: *El sistema tomista sobre la moción divina*, en "Ciencia Tomista" 32 (1925) 5–54; 33 (1926) 5–74, 321–397; R. Mufiiz: *Suma Teologica*, ed. B.A.C., 1.1 appendix II; I. Herrmann: *De divina gratia*, págs. 502–513.

de la gracia suficiente que otorga no sólo la posibilidad de actuar, sino la actividad misma (en relación a las obras más fáciles), aunque no tiene conexión infalible con el consentimiento de la voluntad, por lo que a veces produce su efecto y otras, no. Cuando la gracia suficiente se une con el consentimiento de la voluntad, el hombre puede obtener gracias eficaces "ab intrinseco" para realizar las obras más difíciles.

Esta explicación sostiene que salva la libertad humana porque la gracia eficaz en último término está bajo el control del ser humano. Como Dios concede a todos los hombres gracias suficientes, el que consiente y ora se salva; el que no consiente y no ora se condena. En relación con las obras fáciles, Dios otorga las gracias suficientes de un modo ciego y de un modo más allá de su providencia, ya que cuando otorga esas gracias Dios no sabe si va a obtener el consentimiento o el rechazo de la voluntad humana libre, ya que no puede conocerlo en las gracias mismas (que por su naturaleza no están en conexión infalible con el acto), ni en el acto mismo de la voluntad (porque tal acto no puede ser visto por Dios como absolutamente futuro antes del decreto de otorgar dichas gracias).

13.8 Concurrencia de la gracia divina y de la libertad humana a distinto nivel

Flick y Alszeghy, así como J. A. Sayés con ciertas precisiones, han propuesto una explicación que intenta salvar la realidad de la gracia y de libertad humanas en los actos salvíficos, basándose en la diferente índole de la causalidad divina y la humana.[14]

Parten de la necesidad de entender bien algunos presupuestos teológicos:

---

[14]M. Flick – Z. Alszeghy: *Antropología teológica*, cit., págs. 516ss; Id.: *El evangelio de la gracia*, págs. 342 ss.; J. A. Sayés: *La gracia...*, cit., págs. 178–183.

1. La presciencia divina. Dios está absolutamente fuera del tiempo en el ahora de la eternidad. Dios no ve desde lejos lo que luego habrá de suceder, sino que todo está presente en Él, aun cuando las diversas cosas creadas conserven su orden de sucesión temporal. Lo que es futuro para nosotros, está presente a Dios en su eterno presente.

2. El concurso divino. Dios coopera con la acción humana, pero siempre en forma divina. El concurso divino, es la continuación de la acción creadora de Dios en los actos de las creaturas, y tiene como efecto inmediato *la entidad misma* de la acción creatural.

Sobre la base de esos principios, desarrollan su sistema:

1. En el caso de la cooperación de Dios con la acción libre del hombre, ésta depende de Dios *en su entidad*, sin que ello disminuya para nada la libertad. La libertad no crea la entidad del acto, sino que es determinativa de la dirección del mismo: en el caso de una acción buena hay mayor dependencia entitativa de Dios pues es Dios el que le confiere el ser; en el caso de una acción mala elegida por el hombre, hay una ausencia de participación en el ser divino.

2. La libertad es meramente autodeterminativa, no creadora del ser: ella determina el participar de la bondad divina en el caso de la acción buena, o no participar en el caso de la acción mala. Dios es causa creadora de la entidad del acto salvífico, mientras que la libertad es meramente autodeterminativa: se limita a decidir si participa o no de la bondad divina.

3. La gracia y la libertad concurren, pero a distinto nivel. Habría así en la acción libre, una causalidad divina y otra humana, pero a distinto nivel: todo depende de Dios a nivel entidad (ser)

y todo depende del hombre al nivel de la autodeterminación. El hombre se limita a consentir en recibir una mayor participación de la bondad divina o no, pero su voluntad no es creadora, no da un paso en el orden ontológico, no produce algo, sino que se limita al puro consentir.

4. Según esta posición, existiría la gracia suficiente, pero sería la libertad del hombre la que establecería en último término, si la gracia es eficaz o no. Pero la gracia eficaz sería un mayor don de Dios, no porque Dios predeterminara el acto salvífico o prevea que el hombre infaliblemente consentirá de hecho a la gracia que da, sino porque el acto salvífico supone una mayor participación en la bondad divina. La gracia eficaz, considerada como la atracción del amor sobrenatural de Dios que de forma transitoria obra sobre el hombre, en su entidad sobrenatural proviene toda de Dios tanto en su dimensión sanante como elevante. El hombre no pone nada de entidad a dicha gracia: no la produce, ni crea la atracción, ni el empuje de la misma, sino que sólo se deja empujar por ella o no, consiente o no.

Este sistema podría ser acusado de caer en un cierto quietismo al no considerar que el hombre pueda producir nada en el orden entitativo de la gracia, limitándose a dejarse llevar o no por la misma. O también en un bañecismo disimulado, si se sostiene que Dios concede la misma respuesta libre del hombre.[15] Pero si, por otro lado, la aceptación o rechazo de la gracia por parte del hombre depende sólo de éste, pareciera que estuviéramos ante un molinismo solapado.

---

[15] J. A. Sayés intenta explicar responder a esas acusaciones en págs. 181–182 de la obra mencionada.

13.9   Conclusión

Ante todo hay que recordar que no hay una posición oficial del Magisterio sobre la explicación teológica más recomendada de entre las católicas ortodoxas. Es más, al final de la controversia sobre la cuestión "De auxiliis" los Papas, tanto Pablo V, como Urbano VIII y Clemente XII, no permitieron que se calificaran teológicamente las diferentes opiniones que se debatían entre las escuelas católicas: se prohibió que ninguna escuela inculpara a la otra con ningún tipo de censura y se dejó libertad para elegir una u otra explicación.

Con todo, y simplificando las opiniones en las dos más importantes, la de la escuela tomista y la jesuítica, se puede concluir que el espíritu de ambas influirá en las distintas tesis particulares: una pone el acento sobre la gracia y en el soberano dominio de Dios; la otra, en la libertad esencial del hombre. Los que defienden los derechos de Dios invocan a San Pablo, San Agustín y Santo Tomás, y temen ser llamados semipelagianos; los que insisten en los múltiples aspectos de la actividad humana en el orden sobrenatural, piensan que se hace injusticia al Creador dejando suponer que trata a sus creaturas racionales como simples instrumentos de sus planes.[16]

Son dos puntos de vista, pero como concluye Sayés:

> "Lo grande del caso es que el verdadero catolicismo es la síntesis de las dos, y no por afán de irenismo o de complementariedad, sino por el simple hecho de que nadie..., defiende mejor la acción de Dios que el catolicismo y nadie defiende mejor la libertad del hombre que el catolicismo. Todo sistema que no sepa integrar la prioridad de la gracia de Dios en todo el proceso de la salvación terminará en un

---

[16]Cfr. H. Rondet: *La gracia...*, cit., pág. 240; J. A. Sayés: *La gracia...*, cit., págs. 182–183.

voluntarismo enervante; pero al mismo tiempo, todo sistema que no sepa integrar suficientemente la libertad y la cooperación del hombre lleva al quietismo y a una concepción pesimista del hombre caído. Todo depende de Dios y todo lo tenemos que pedir de Él; pero todo depende también, en otro sentido, de la creatura y de su cooperación libre.[17]

---

[17] J. A. Sayés: *La gracia...*, cit., pág. 183.

Capítulo 14

La distribución de la gracia

En la Biblia se revela de muchas maneras que Dios desea que todos los hombres se conviertan y lleguen al conocimiento de la verdad (1 Tim 2:4). Esta voluntad divina de salvación ha sido por eso proclamada por el Magisterio solemne: Cristo se encarnó para salvar a los hombres;[1] por medio del sacrificio de su muerte nos rescató y reconcilió con Dios;[2] muriendo no sólo por los predestinados;[3] ni sólo por los fieles;[4] sino por los pecados de todo el mundo, satisfaciendo a Dios plenamente por ellos.[5]

Pero como la gracia es necesaria para obtener la salvación, como ya se ha visto, se concluye que Dios ha de dar la gracia a todos los

---

[1] Nicea (D. S. 125).

[2] Trento (D. S. 1522–1523).

[3] Inocencio X (D. S. 2005).

[4] Alejandro VIII (D. S. 2305).

[5] Trento (D. S. 1520–1523).

hombres, porque su deseo de salvación universal se vería frustrado si no se les da a los hombres la herramienta necesaria para tal fin.

Esto no significa que Dios no sea absolutamente libre para actuar o no actuar; o que Dios esté sujeto a cualquier necesidad de tener que salvar a todos los hombres.[6] Sólo afirmamos que una vez que Dios deseó la salvación universal, es lógico que conceda a todos la posibilidad de salvación (para lo que es necesaria la gracia).[7]

Es el problema clásico de la distribución universal de la gracia, que supone considerar el modo cómo se da la gracia a los adultos, que para este efecto, pueden encontrarse en una de estas tres situaciones: en estado de justificación, en situación de creyentes caídos en el pecado mortal o en situación de infieles.

14.1 Dios concede a todos los hombres justificados la gracia suficiente próxima o remota para no pecar gravemente

Aunque el don de la perseverancia del justo es incierto,[8] sin embargo Dios les ofrece a todos ayudas suficientes para conseguir tal perseverancia en la observancia de sus mandamientos. Es decir, Dios por su fidelidad se compromete a dar a los justos gracia suficiente para

---

[6]Salvación universal obligatoria para todos los hombres: la teoría de los cristianos anónimos.

[7]Salvación que no se impone obligatoriamente, sino que ha de ser aceptada libremente por cada ser humano (la llamada "redención subjetiva" por la que se aceptan los frutos de la "Redención objetiva" conseguida por Jesucristo). Tal aceptación libre de la gracia, es consecuencia de que el amor a Dios no se puede imponer a la fuerza, porque si se hiciera así el amor se aniquilaría: el amor se ofrece y se acepta en libertad (*ubi autem Spiritus Domini, ibi libertas*, 2 Cor 3:17).

[8]Cfr. supra sección 8.3.2.

que ellos puedan conservar el título que han recibido para el reino de los Cielos.[9]

Los términos de la proposición son los siguientes:

- *Justos*: son los adultos que tienen uso de razón y se encuentran en estado de gracia.

- *Todos*: a cada uno de los justos, aunque de hecho algunos vayan a pecar mortalmente y otros no hayan sido predestinados.

- *Observancia de los mandamientos*: esto es para lo que es necesario para guardar un precepto grave y reconocerlo como tal.[10]

- *Gracia suficiente*: es la gracia por la que se hace capaz a un justo de observar un mandamiento. Esta gracia puede ser *próxima o remota*: la primera es la que inmediatamente, sin ninguna otra ayuda, hace al justo capaz de cumplir los mandamientos; la segunda es la gracia de la oración, que Dios continuamente otorga los justos, y por la que si es utilizada bien por éstos, obtienen la gracia próxima para cumplir los mandamientos.[11]

- *Para no pecar gravemente*: es decir, para vencer las tentaciones (del demonio, del mundo y de carne) contra los mandamientos de Dios en materia grave. La gracia concedida otorga un po-

---

[9]L. Ott: *Manual...*, cit., pág. 369. Cfr. Santo Tomás de Aquino: *Summ. Theol.*, Iª–IIᵃᵉ, q. 109, a. 9; L. Lercher–F. Lakner: *De gratia Christi*, cit., págs. 371–379; B. Beraza: *De gratia...*, cit., págs. 397–405; H. Lange: *De gratia...*, cit., págs. 175–185; J. Ibáñez y F. Mendoza: *Dios santificador...*, cit., págs. 98–101; S. González Rivas: o. c., págs. 86–91; F. Pérez Muñiz: *Tratado de gracia...*, cit., págs. 655–665.

[10]La gracia es necesaria, tanto si el precepto es sobrenatural como si solo fuera natural para poder vencer una tentación seria, conforme a lo ya estudiado.

[11]Cfr. Santo Tomás de Aquino: *Summ. Theol.*, Iª–IIᵃᵉ, q. 109, a. 9; Concilio de Trento: *decreto de la justificación* (D. S. 1536).

der verdadero, no sólo absoluto sino también relativo, es decir contando con que la concupiscencia está presente.

Esta realidad aparece en la Biblia de varias modos. De una manera general afirmando que Dios tiene con los justos una especial solicitud, como se ve en Sal 33: 18 ss.; 37: 25 ss.; 91; Mt 12:50; Jn 14:21; Ro 5: 8–10. Más específicamente, hay varios textos importantes, citados y explicados en el Concilio de Trento en el sentido que "Dios no manda cosas imposibles, sino que al mandar invita a que hagas lo que puedas y pidas lo que no puedas y ayuda para que puedas":[12] "Sus mandamientos no son pesados" (1 Jn 5:3); "Mi yugo es suave y mi carga ligera" (Mt 11:30).

Particular importancia tiene 1 Cor 10:13, "No os ha sobrevenido ninguna tentación que supere lo humano, y fiel es Dios, que no permitirá que seáis tentados por encima de vuestras fuerzas; antes bien, con la tentación, os dará también el modo de poder soportarla con éxito". Con ello se dice que los cristianos no sufrirán una tentación que no puedan resistir. No se trata directamente de tentaciones menores propias de la debilidad de la naturaleza humana, sino de las que son graves o difíciles, como indica el término εἴληφεν, sobrevenir, no algo común o corriente sino algo que parezca superar lo humano. La razón es que Dios les dará lo necesario (en términos teológicos, la gracia suficiente remota o próxima) para resistir (ἔκβασιν, prevalecer victoriosamente, como el soldado prevalece en la batalla) tal tentación.

Los Santos Padres sostendrán este mismo principio sobre la base de que Dios no nos abandona si nosotros no le abandonamos a Él,[13] y que

---

[12]Decreto de la justificación, cap. 11 (D. S. 1568).

[13]Cfr. San Agustín: *De natura et gratia* 26, 29 (P. L. 44, 261).

Dios no manda lo imposible.[14] La defensa de la concesión de la gracia a todos los justificados para no pecar gravemente se hará más común después de San Agustín, y es así, como San Próspero sostiene que "los pecadores no fueron abandonados por Dios de modo que ellos lo abandonaran a Él; sino que ellos lo abandonaron porque se cambiaron de buenos en malos por su propia voluntad".[15] Por su parte, Genadio dijo que "nadie perece por la voluntad de Dios, sino que se le permite utilizar su libre voluntad; de otra manera, el poder de rectitud que se le otorgó, sería el que le forzara a esclavizarse necesariamente".[16] Por su parte Cesareo de Arlés seguía a San Agustín cuando afirmaba que "Dios nunca abandona al hombre al menos que antes Dios fuera abandonado por el hombre".[17] Finalmente San Fulgencio defendía que "Ningún hombre peca justificadamente, aunque Dios justamente le permite pecar. Porque aquel hombre que abandona a Dios, justamente es abandonado por Dios".[18]

Rechazaron esta verdad, tanto los protestantes como Jansenio. Los primeros porque sostuvieron que el cumplimiento de los mandamientos era imposible, incluso para el justo, y en particular el precepto de amar a Dios con todo el corazón y el de no codiciar. Por su parte Jansenio defendió que algunos mandamientos son imposibles de cumplir, incluso para el justo, porque por el dominio del *amor terrenal* les falta la gracia que haría que tales mandamientos pudieran ser observados. Aunque distinguió entre gracia absolutamente y relativamente sufi-

---

[14]Cfr. San Agustín: *De natura et gratia* 43, 50 (P. L. 44, 271). Cfr. también San Agustín: *Contra duas epistulas Pelagianorum*, 1, 18, 36 (P. L. 44, 567); *De corruptione et gratia*, 11, 31 (P. L. 44, 935); 13:42 (P. L. 44, 942).

[15]San Próspero de Aquitania: *Responsores ad capitula obiectionum Gallorum*, resp. ad obi, 3 (P. L. 51, 71); ibidem, 11 (P. L. 51, 167).

[16]Genadio: *Liber ecclesiasticorum dogmatum*, 25 (P. L. 58, 995).

[17]Cesareo de Arlés: *In appentice sermonum S. Aut.* Sermo 22, 2 (P. L. 39, 1786).

[18]San Fulgencio de Ruspe: *Ad monitum*, 1, 13 (P. L. 65, 162).

ciente, siendo la primera por su naturaleza y prescindiendo de otras circunstancias, suficiente para producir un acto salvífico; mientras que la segunda, considerada no sólo en su naturaleza propia sino en relación al amor terrenal en un individuo concreto, conferiría suficiente poder para producir un acto salvífico. Con ello, negaba la gracia relativamente suficiente admitiendo sólo la gracia absolutamente suficiente, que no puede ser considerada como realmente suficiente.[19]

El Magisterio de la Iglesia se opondrá a todo intento de negar la verdad, que se considera de fe divina y católica definida.[20] Así ocurre en el XVI Concilio de Cartago cuando enseña que la gracia fortalece a la persona no sólo para perdonarle sus pecados cometidos, sino también para que no cometa más pecados.[21] El segundo Concilio de Orange sostuvo que después del bautismo podemos con la ayuda de Dios realizar lo que le agrada.[22] Por su parte el Concilio de Trento, contra los protestantes, declaraba que "Si alguno dijere que los mandamientos de Dios son imposibles de guardar, aun para el hombre justificado y constituido bajo la gracia, sea anatema".[23] Finalmente Inocencio X condenó el pensamiento de Jansenio sobre nuestro tema como herético.[24]

Santo Tomás de Aquino prueba que el adulto que está en gracia necesita de la ayuda divina para evitar el pecado por una doble razón, una de carácter general y otra de carácter especial. Aunque ya citado previamente, conviene recordar su razonamiento:

---

[19]Cfr. S. González Rivas: o. c., págs. 87.

[20]Cfr. J. Ibáñez y F. Mendoza: *Dios santificador...*, cit., pág. 99; S. González Rivas: o. c., pág. 87; L. Ott: *Manual...*, cit., pág. 368.

[21]Canon 3 (D. S. 225).

[22]Canon 25 (D. S. 397).

[23]Canon 18 sobre la justificación (D. S. 1568). Cfr. D. S. 1536.

[24]D. S. 2001.

"Homo ad recte vivendum dupliciter auxilio Dei indiget. Uno quidem modo, quantum ad aliquod habituale donum, per quod natura humana corrupta sanetur; et etiam sanata elevetur ad operandum opera meritoria vitae aeternae, quae excedunt proportionem naturae. Alio modo indiget homo auxilio gratiae ut a Deo moveatur ad agendum. Quantum igitur ad primum auxilii modum, homo in gratia existens non indiget alio auxilio gratiae quasi aliquo alio habitu infuso. Indiget tamen auxilio gratiae secundum alium modum, ut scilicet a Deo moveatur ad recte agendum. Et hoc propter duo. Primo quidem, ratione generali, propter hoc quod, sicut supra dictum est, nulla res creata potest in quemcumque actum prodire nisi virtute motionis divinae. Secundo, ratione speciali, propter conditionem status humanae naturae. Quae quidem licet per gratiam sanetur quantum ad mentem, remanet ta-

"El hombre para vivir rectamente necesita un doble auxilio de la gracia de Dios. El primero es el de un don habitual por el cual la naturaleza caída sea curada y, una vez curada, sea además elevada, de modo que pueda realizar obras meritorias para la vida eterna, superiores a las facultades de la naturaleza. El segundo es un auxilio de gracia por el cual Dios mueve a la acción. Ahora bien, el hombre que está en gracia no necesita otro auxilio de la gracia, en el sentido de un nuevo hábito infuso. Pero sí necesita un nuevo auxilio en el segundo sentido, es decir, necesita ser movido por Dios a obrar rectamente. Y lo necesita por dos razones. La primera, de orden general, es que, como ya dijimos (a.1), ninguna cosa creada puede producir acto alguno a no ser en virtud de la moción divina. La segunda es una razón específica, basada en la condición presente de la naturaleza humana. Porque, si bien esta naturaleza ha sido restaurada por la gracia en cuanto a la mente, aún queda en noso-

men in ea corruptio et infectio quantum ad carnem, per quam servit legi peccati, ut dicitur ad Rom. VII. Remanet etiam quaedam ignorantiae obscuritas in intellectu, secundum quam, ut etiam dicitur Rom. VIII, quid oremus sicut oportet, nescimus".[25]

tros la corrupción y la infección de la carne, la cual sirve a la ley del pecado, según se dice en Rom 7,25. Queda además cierta oscuridad de ignorancia en el entendimiento, debido a la cual no sabemos lo que nos conviene pedir, como dice también San Pablo en Rom 8:26".

14.2 Dios concede a todos los pecadores cristianos, dependiendo de las circunstancias de lugar y tiempo, la gracia al menos remotamente suficiente para que, si quieren, consigan la gracia santificante, es decir, salgan del pecado

Dios no niega la gracia, que es al menos remotamente suficiente para la conversión, a cualquier pecador creyente, ya sea un pecador común o incluso un pecador obcecado y endurecido; por eso, en el momento adecuado, Dios de hecho les confiere la gracia, al menos remotamente suficiente, para que si cooperan fielmente con esa gracia, puedan arrepentirse y encontrar la salvación. Es decir, Dios por su fidelidad se compromete a dar a los justos gracia suficiente para que

---

[25]Santo Tomás de Aquino: *Summ. Theol.*, Iᵃ–IIᵃᵉ, q. 109, a. 9, co. Cfr. *In Sent.*, 2, dist. 29 expos.litt.; *De verit.*, q. 24, a. 13.14; q. 27, a. 5, ad 3; *In Psalm.* 31.

ellos puedan conservar el título que han recibido para el reino de los Cielos.[26]

El sentido de los términos de esta verdad es el siguiente:

- *Pecadores cristianos*: es decir, adultos con suficiente uso de razón que cayeron en pecado mortal después del bautismo, pero conservan su fe católica. Puede tratarse de bautizados predestinados o réprobos, aunque nos referimos principalmente a los segundos, porque los primeros reciben en algún momento no sólo la gracia suficiente, sino también la eficaz.

- *Todos*: por tanto, a los comunes, esto es, los que caen en el pecado más por debilidad que por malicia, como a los obcecados y a los endurecidos, esto es, los que se apegan obstinadamente a sus pecados; son obcecados, porque están cegados en sus mentes, por debilidad en percibir lo que concierne a su salvación, o por una positiva perversión de juicio; son endurecidos en su voluntad por estar obstinados en la resistencia a la gracia y en el firme apego al pecado.[27]

- *Se concede*: se puede entender en dos sentidos, como siendo *ofrecida* por Dios con independencia de que el hombre la acepte o no,

---

[26]L. Ott: *Manual...*, cit., pág. 369. Cfr. Santo Tomás de Aquino: *Summ. Theol.*, III^a, q. 86, a. 1; L. Lercher–F. Lakner: *De gratia Christi*, cit., págs. 371–379; B. Beraza: *De gratia...*, cit., págs. 406–430; H. Lange: *De gratia...*, cit., págs. 665–698; J. Ibáñez y F. Mendoza: *Dios santificador...*, cit., págs. 102–104; S. González Rivas: o. c., págs. 92–97; L. Ott: *Manual...*, cit., págs. 369–370.

[27]Los obcecados y los endurecidos lo son de un modo perfecto cuando están condenados en el infierno, e imperfectamente cuando son todavía viadores porque su conversión es todavía posible. En relación a la causa de esos dos estados, hay que decir que la causa intrínseca y principal es el propio pecador; la causa extrínseca e inductora es el demonio; Dios es sólo causa negativa, permisiva y ocasional (Ro 9:18; Jn 12:40).

o como *conferida* por Dios y aceptada por el hombre al mismo tiempo (por lo que no sería concedida por Dios si no fuera a ser aceptada por el hombre). Todos los teólogos clásicos aceptan el primer sentido; pero no todos lo hacen con relación al segundo.

- *Dependiendo de las circunstancias de lugar y tiempo*, es decir, en el momento adecuado, por lo que no todos los pecadores son invitados a la conversión del mismo modo, y dependen por lo general de otras gracias externas (escucha de predicación o lectura de libro, problemas de salud o de la vida, la realización de algunas obras buenas, la cercanía de la muerte, etc.).

- *Salir del pecado*, es decir, convertirse o recobrar el estado de gracia.

En la Sagrada Escritura Dios manifiesta su deseo de que los pecadores se conviertan y vivan, sin distinguir entre los pecadores comunes o los endurecidos. Pero sin la gracia, no se puede llegar a la conversión, por lo que al menos han de recibir una gracia remotamente suficiente para la conversión. Así se puede comprobar en Ez 33:11; 2 Pe 3:9; Ro 2:4; Lc 15: 1–32.

Las expresiones sobre pecados que nunca serán perdonados de Mt 12:31, Heb 6:4 y 10:25 o 1 Jn 5:16, se refiere a aquellos pecadores que finalmente rechazan al amor de Dios, por lo que pecan "contra el Espíritu santo", y no quieren ser perdonados. Así lo explica Santo Tomás:

"Ita etiam peccatum in spiritum sanctum dicitur irremissibile secundum suam naturam, inquantum excludit ea per quae fit remissio peccatorum. Per hoc

"Se dice de el pecado contra el Espíritu Santo es irremisible por su naturaleza, en cuanto que excluye lo que causa la remisión del pecado. No queda, sin embargo,

tamen non praecluditur via remittendi et sanandi omnipotentiae et misericordiae Dei, per quam aliquando tales quasi miraculose spiritualiter sanantur".[28]	cerrado del todo el camino del perdón y de la salud a la omnipotencia y misericordia de Dios, la cual, como por milagro, sana a veces espiritualmente a esos impenitentes".

Los Santos Padres afirman que la salvación está siempre abierta a los pecadores de varias maneras. En primer lugar porque así se interpretan ciertos textos de la Biblia, como es el caso de San Cirilo cuando señala que las palabras de Dios a los pecadores en Is 44:2[29] les anima a esperar y confiar incluso aunque estén cargados por muchos pecados graves;[30] o las de San Cesareo de Arlés quien, comentando Ez 33:11 ("me complazco..., en que el malvado se convierta de su conducta y viva"), insistía en que aunque uno haya pecado una, dos y tres veces, sin embargo Dios espera su conversión.[31] En segundo lugar, porque lo explican como una consecuencia de la voluntad divina de salvación universal, como San Próspero de Aquitania, quien comentando 1 Tim, 2:4, rechazaba a los que decían que Dios no desea que todos los hombres se salven;[32] o el Ambrosiaster, al sostener que Dios desea que todos se salven con la condición que ellos también lo deseen así

---

[28]Santo Tomás de Aquino: *Summ. Theol.*, II^a–II^{ae}, q. 14, a. 3, co. Cfr. III^a, q. 86, a. 1, ad 2; *In Sent.*, II, dist. 43, a. 4; *De verit.*, q. 24, a. 11, ad 7; *In Mt.* c. 12; *De malo*, q. 3, a. 15; *Quodl.*, II, q. 8, a. 1; *In Rom.*, c. 2, lect. 1.

[29]Según la traducción de los LXX: "ἔτι βοηθηθήσῃ" (*adhuc habebis auxilium*, todavía tendrás ayuda).

[30]Cfr. San Cirilo de Alejandría: *In Is. Comm.*, 4, 2 (P. G. 70, 920).

[31]San Cesareo de Arlés: *In appendice sermonum S. Aug.*, Sermo 22, 2 (P. L. 39, 1786).

[32]Cfr. San Próspero de Aquitania: *Responsiones ad capitula obiectionum Gallorum*, sent. supra cap. 8 (P. L. 51, 172).

y vengan a Él;[33] y San Juan Crisóstomo cuando comentando Jn 1:9 ("el Verbo era la luz verdadera que ilumina a todo hombre") aclaraba que eso ocurría en cuanto dependía de Él, por lo que si alguien elige cerrar los ojos de su mente voluntariamente, no recibirá los rayos de tal luz.[34] En tercer lugar, porque muestran que los pecadores se condenan por su falta de cooperación con la gracia, como, de nuevo, aclara San Juan Crisóstomo al afirmar que a nadie le es lícito decir que no puede salvarse, porque si no lo hace, es porque en realidad no quiere, porque si quisiera ciertamente, podría;[35] o San Jerónimo que explicaba que Dios elige a alguien que percibe que será bueno durante un tiempo y puede convertirse en malo, manifestando de esa manera que le dio el poder de convertirse y arrepentirse;[36] San Agustín afirmaba que si alguien decía que no podía creer es porque en realidad no quería creer.[37] Y, finalmente, porque los Santos Padres predican que las puertas de la salvación están abiertas a todo pecador mientras estén vivos en la Tierra como muestran las siguientes palabras de San Cipriano: "Para el que permanece en este mundo ninguna penitencia es demasiado tardía. La puerta al perdón de Dios está siempre abierta, y para los que buscan y entienden la verdad, su acceso es fácil";[38] y las de San Jerónimo: "Tal es la bondad de Dios... que elige a un hombre al que percibe que durante un tiempo será bueno, y que sabe que se volverá malo, de tal modo que Él le dé el poder de convertirse y arrepentirse".[39]

---

[33] Ambrosiaster: *In Tm. 2, 4* (P. L. 17, 466).

[34] San Juan Crisóstomo: *In Ioann. Hom.*, hom. 8, 1 (P. G. 59, 65).

[35] Cfr. San Juan Crisóstomo: *In epistulam ad Hebraeos homiliae*, 16, 4 (P. G. 63, 127).

[36] San Jerónimo: *Dialogus adv. Pelagianos*, 3, 6 (P. L. 23, 575).

[37] San Agustín: *In Ionn. Evang. tract.*, 53, 6 (P. L. 35, 1776).

[38] San Cipriano: *Ad Demetrium*, 25 (P. L. 4, 563).

[39] San Jerónimo: *Dialogus adv. Pelagianos*, 3, 6 (P. L. 23, 575).

Esta doctrina fue rechazada por Jansenio, quien negó la gracia suficiente para la conversión a los pecadores endurecidos.

Antes se mencionaba la controversia entre los teólogos de la escuela tomista antigua y los más modernos.[40] Aquéllos aceptan que Dios "ofrece" gracia suficiente para la conversión a todos los pecadores, sin embargo no la "confiere" a algunos con el fin de que puedan aceptar tal gracia suficiente, como un castigo por sus pecados. En cambio los tomistas más modernos se inclinan por afirmar que Dios no solo "ofrece" sino que también "confiere" a todos las gracias suficientes.[41]

Tampoco puede aceptarse la teoría escatológica de la iluminación final antes de la muerte por la que Dios otorgaría una última oportunidad de salvación a todo hombre en el mismo momento de su muerte porque en realidad acaba negando el dogma de la muerte como final del estado de peregrinación y del mérito.

En efecto, dicha teoría trata de salvar el mencionado dogma afirmando que Dios concedería al hombre una última oportunidad de decidir sobre su salvación eterna justo en el momento de morir (no antes, ni después), estando aún en esta vida, como la acción final de la misma. Aunque pretende así salvar el dogma, sin embargo no lo consigue.

Esta propuesta se ha extendido entre algunos teólogos, a los que les parece que la decisión eterna de condenación o de salvación no puede depender sólo de los hechos limitados y finitos de nuestra vida terrenal. Consideran que hay una desproporción entre éstos y la suerte eterna. De ahí que quieran conceder una posibilidad que equilibre la "justicia" de una suerte que es definitiva y eterna.

Conviene recordar la historia del desarrollo de esta teoría.

Tiene como antecedente, la posición de Cayetano,[42] quien, ante la dificultad de entender cómo una decisión tomada en la vida terrestre (y por tanto, no hecha con la perfección y cualidades del conocimiento y de la voluntad angélicas que justifican

---

[40]Cfr. S. González Rivas: o. c., pág. 93.

[41]Vgr., A. Getino: *Del gran numero de los que se salvan y de la mitigacion de las penas eternas*, Madrid, FEDA, 1934, págs. 51, 248 ss.; Salmanticenses: *De gratia*, dist. 3, dub. 8, n. 199.

[42]Cayetano: *In I^a*, q. 64, a. 2, n. 18; *In I^a*, q. 63, a. 6, n. 4 y 7.

su condenación o salvación eternas) habría de adquirir la estabilidad propia de las decisiones angélicas por el mero hecho de la muerte, propone que se entienda la muerte como un instante en el que se superponen el último momento de la vida terrena (por tanto donde se pueden todavía tomar la decisión en favor o en contra de Dios), y el primer momento de la vida eterna (por lo que la decisión tendría un valor irremisible, de tipo angélico). Así pues, el alma separada de su cuerpo, en el mismo instante en que empieza tal separación, elige inmutablemente lo que quiere mediante un último acto instantáneo, meritorio o demeritorio; en ese momento el alma queda fija en su elección, y entiende la razón por la que Dios, que es infinitamente bueno, no ofrece ya más la gracia de la conversión al alma que está obstinada de un modo inmutable.

Esta tesis fue criticada por muchos teólogos posteriores,[43] sobre la base que permitiría a un pecador muerto en estado de pecado mortal reconciliarse con Dios después de la muerte; del mismo modo que un hombre justo, muerto en estado de gracia, podría condenarse por un pecado cometido después de la separación de su cuerpo. Todo lo cual parece oponerse a la doctrina bíblica y a la enseñanza común de que el mérito sólo se puede tener en el estado de viador, peregrinante, militante, en este mundo antes de morir.

En el siglo XIX, H. Klee[44] aplica esta teoría al problema de la posible salvación de los niños muertos sin bautismo; posición que es insostenible.

En el siglo XX, P. Glorieux revive la posición de Cayetano,[45] ya abiertamente para toda la escatología de la muerte cristiana, en el sentido que se estudia en este momento, que no es estrictamente el del problema que enfrenta Cayetano.

Avanzado el siglo XX, la tesis se expande por medio de la teología Neo–Modernista (L. Boros, Schoonenberg, J. L. Ruiz de la Peña, etc.).

Los defensores de esta teoría presentan argumentos que, según su opinión, apoyarían la posibilidad de tal decisión final..., pero cuya insuficiencia y falsedad son fáciles de mostrar:

1. Hechos psicológicos: se dice que algunos moribundos tienen especial lucidez en el momento de la muerte..., pero en otros, es justo todo lo contrario.

---

[43]Suárez, Ferrariensis —*Contra Gentes*, IV, c. 95— y Salmanticenses —*Cursus Theol., De Gratia, de Merito*, disp. 1, dub. 4, n. 36—.

[44]H. Klee: *Katolische Dogmatik*, Mainz 1841, págs. 158–163.

[45]P. Glorieux: *Endurcissement Final et Grâces Dernières*, en "Nouveau Revue Théologie" 59 (1932) 865–892.

2. Comparación con la muerte de Cristo, donde en el último momento revalida su decisión de entrega total al Padre..., pero su muerte es un caso singular y único (cfr. Jn 10: 17ss).

3. El cuidado de la Iglesia en la administración de la unción de los enfermos por sus especiales efectos, aunque la persona no esté consciente..., pero la Iglesia lo hace por si hay algún momento de lucidez antes de la muerte, y presupone los actos previos de contrición del enfermo durante su vida anterior de lucidez.

4. La insistencia de la Iglesia en administrar el sacramento de la confirmación a los niños en peligro de muerte, que no pueden realizar un acto consciente..., pero la razón para esto no es ofrecer auxilios al niño a la hora de morir, sino constituirlo como cristiano perfecto por la gracia y el carácter que imprime la confirmación.

Por otro lado, esta teoría presenta graves problemas teológicos:

1. Sólo habría un solo pecado verdaderamente mortal: el final (cfr. la posición en Schoonenberg), que además estaría substraído por su propia naturaleza a la potestad de perdonar pecados que tiene la Iglesia. Pecado, que, según afirma esta teoría, sería precisamente el único capaz de condenarlo.

2. Moralmente, se potenciaría la vida relajada y pecadora en esta tierra.

3. No se explican bien los términos del Nuevo Testamento cuando afirma que el juicio para la suerte eterna de las almas se basa en "lo que hicimos a través del cuerpo" y "en esta vida" (2 Cor 5:10). Los pecados mortales cometidos durante la vida, antes de la opción final, son verdaderos pecados a los que corresponde la condenación.

4. Va contra la verdad auténtica de la libertad humana que se va fortaleciendo poco a poco, o debilitándose progresivamente por los actos hechos a lo largo de toda la vida.

5. Vacía de valor la existencia humana en la tierra, pues no afectaría en verdad para la salvación o condenación eternas.

6. Si, como algunos entienden esta teoría, Dios intervendría con una iluminación extraordinaria y milagrosa en el momento de la muerte para hacer posible la opción final, entonces se potenciaría la intervención milagrosa de Dios sin razón y en contra de todos los datos revelados.[46]

---

[46]Juan A. Jorge: *Escatología*, cit., págs. 405–408.

El Magisterio ha mencionado la verdad[47] que ahora estudiamos tanto en el IV Concilio de Letrán ("Después de recibir el bautismo, todo el que haya caído en pecado puede siempre restablecerse a través de la verdadera penitencia"),[48] como en el de Trento ("Si alguien dice que el hombre que ha caído después del bautismo no puede levantarse de nuevo por la gracia de Dios..., sea anatema").[49]

Santo Tomás de Aquino prueba que por la penitencia se pueden perdonar todos los pecados del hombre antes de morir en base a que el afecto del hombre mientras viva en la Tierra no está confirmado en el mal, a diferencia de lo que ocurre con los condenados en el infierno, por lo que puede convertirse con la gracia de Dios.

"hoc quod aliquod peccatum per poenitentiam tolli non possit, posset contingere dupliciter, uno modo, quia aliquis de peccato poenitere non posset; alio modo, quia poenitentia non posset delere peccatum. Et primo quidem modo, non possunt deleri peccata Daemonum, et etiam hominum damnatorum, quia affectus eorum sunt in malo confirmati... Tale autem non

"Dos son los motivos por los que un pecado no puede ser borrado por la penitencia. Primero, porque uno no puede arrepentirse de él. Segundo, porque la penitencia no lo puede borrar. Al primer caso pertenecen los pecados de los demonios y de los hombres condenados, los cuales no pueden ser borrados porque tienen el afecto obstinado en el mal... Un pecado así no puede tenerle el hombre via-

---

[47]La calificación teológica de la misma es de fe divina y católica definida para J. Ibáñez y F. Mendoza (*Dios santificador...*, cit., pág. 102); en cambio para L. Ott (*Manual...*, cit., págs. 369) es sentencia común, y para S. González Rivas (o. c., págs. 92–97) hay que distinguir entre la situación de los pecadores comunes que es implícitamente definida y doctrina católica, de la de los pecadores obcecados, que sería doctrina común y cierta.

[48]D. S. 802.

[49]D. S. 1579. Cfr. D. S. 1701.

potest esse peccatum aliquod hominis viatoris, cuius liberum arbitrium flexibile est ad bonum et ad malum. Unde dicere quod aliquod peccatum sit in hac vita de quo aliquis poenitere non possit, est erroneum. Primo quidem, quia per hoc tolleretur libertas arbitrii. Secundo, quia derogaretur virtuti gratiae, per quam moveri potest cor cuiuscumque peccatoris ad poenitendum, secundum illud Proverb. XXI cor regis in manu Dei, et quocumque voluerit vertet illud. Quod autem secundo modo non possit per veram poenitentiam aliquod peccatum remitti, est etiam erroneum. Primo quidem, quia repugnat divinae misericordiae, de qua dicitur, Ioel II, quod benignus et misericors est, et multae misericordiae, et praestabilis super malitia. Vinceretur quodammodo enim Deus ab homine, si homo peccatum vellet deleri, quod Deus delere non vellet. Secundo, quia hoc derogaret virtuti passionis Christi,

dor, cuyo libre albedrío es flexible al bien y al mal. Por lo que es erróneo que exista un pecado en esta vida del cual uno no pueda arrepentirse. En primer lugar, porque de esta manera desaparecería el libre albedrío. En segundo lugar, porque se rebajaría la fuerza de la gracia, capaz de mover a penitencia el corazón de cualquier pecador, según las palabras de Prov 21,2: El corazón del rey está en las manos del Señor, él le dirige hacia donde le place. Y es igualmente erróneo afirmar, con el segundo motivo, que un pecado no pueda ser borrado con una verdadera penitencia. En primer lugar, porque esto está en contradicción con la divina misericordia, de la que en Jl 2,13 se dice que es clemente y misericordioso, tardo a la cólera y está por encima de toda malicia. Dios, en efecto, sería vencido, en cierto modo, por el hombre si el hombre quisiera borrar un pecado y Dios no. En segundo lugar, porque esto rebajaría la eficacia de la pasión de Cristo, por cuya virtud obra la penitencia, como también

per quam poenitentia operatur, sicut et cetera sacramenta, cum scriptum sit, I Ioan. II, ipse est propitiatio pro peccatis nostris, non solum nostris, sed etiam totius mundi. Unde simpliciter dicendum est quod omne peccatum in hac vita per poenitentiam deleri potest".[50]

los demás sacramentos, como está escrito en 1 Jn 2,2: Él es la propiciación de nuestros pecados, y no sólo de los nuestros, sino también de los del mundo entero. Por consiguiente, se ha de afirmar en sentido absoluto que en esta vida los pecados pueden ser borrados por la penitencia".

14.3 Dios concede a todos los no cristianos la gracia suficiente para convertirse a la fe

Dios verdaderamente concede gracia suficiente a los infieles adultos para que puedan llegar a creer.[51]

No se trata ahora de estudiar el camino concreto por el que Dios salva a los infieles, que es propio del tratado de Iglesia y del significado del principio "extra Ecclesia nulla salus".[52]

---

[50]Santo Tomás de Aquino: *Summ. Theol.*, III^a, q. 86, a. 1, co. Cfr. II^a–II^{ae}, q. 14, a. 3; *Sent.*, IV, dist. 14, q. 2, a. 1, q^a. 1; *Contr. Gent.*, III, c. 156.

[51]Cfr. Santo Tomás de Aquino: *Summ. Theol.*, II^a–II^{ae}, q. 2, a. 5, a. 1; De Verit., q. 14, a 11, ad 1; B. Beraza: *De gratia...*, cit., págs. 431–448; H. Lange: *De gratia...*, cit., págs. 665–696; J. Ibáñez y F. Mendoza: *Dios santificador...*, cit., págs. 104–106; S. González Rivas: o. c., págs. 98–102; L. Ott: *Manual...*, cit., págs. 369–370.

[52]Cfr. L. Caperan: *Le problème du salut des infideles*, Toulouse, Grand Séminaire, 1934; E. Harent: *Infideles*, en DTC, VII, 1726– 1930; A. D'Ales: *Dictionnaire Apologétique de la Foi Catholique*, Paris, Beauchesne, 1926, vol 4, 1156–82; T. Urdanoz: *La necesidad de la fe explicita para salvarse, según los teólogos de la Escuela Salmantina*, en "Ciencia Tomista" 59 (1940) 395-414, 529-533; 60 (1941) 109-134; 61 (1941) 83-107; P. Angeli: *La possibilita di salute nel primo atto morale per il fanciullo infedele*, Roma, 1946.

Por lo tanto, aquí sólo se estudia el hecho de que Dios da verdaderamente gracia suficiente para que los infieles adultos puedan llegar a tener la fe. Por tanto:

- *Un infiel*: es el que no tiene la fe verdadera en Dios y en Cristo. Se trata de adultos llamados "infieles negativos", es decir, aquéllos a los que nunca se les propusieron suficientemente la verdadera fe. No se trata aquí de los infieles llamados "positivos" (a los que se le propuso la fe suficientemente, pero la rechazaron, o bien a los que la rechazaron después de aceptarla, bien sean apóstatas —rechazo total de la fe—, o herejes —rechazo parcial de la fe—), puesto que ya se les concedió en algún momento gracias verdaderamente suficientes que quisieron rechazar libremente.

- *Gracia verdaderamente suficiente*, bien sea natural o sobrenatural, remota o próxima, según las diferentes posiciones teológicas.

La Sagrada Escritura presupone esta verdad por la revelación de la voluntad divina universal de salvación (1 Tim 2:4) y por la redención universal de Cristo quien se dio en rescate por todos (1 Tim 2:6; 2 Cor 5:5). Ambos dogmas implican que Dios da verdaderamente gracias suficientes a los infieles para que puedan prepararse y llegar a aceptar la fe, necesaria para la salvación merecida por el Señor para todos.

Ambas razones fueron también esgrimidas por los Santos Padres. Así se puede comprobar en la teología de Arnobio, cuando rechaza las dudas sobre una posible limitación del alcance de la salvación de Cristo, quien vino como salvador del género humano, de los que están en tribulación. Siendo esto así, ¿por qué no iba a librar a todos con igual generosidad? ¿No entregarse por igual el que llama a todos por igual? ¿O rechazar o despreciar de su principal indulgencia a alguien, quien hace que los grandes, los pequeños, los sirvientes, las mujeres y los niños tengan el mismo poder de venir a él? Por tanto, la fuente de la vida está abierta a todos, y a nadie se le impide ni se le priva del derecho a beber.[53] O en la de San Juan Crisóstomo, quien decía que si el Verbo ilumina a todo hombre que viene a este mundo, ¿cómo permanecen hombres sin iluminación?, ¿por qué no todos los hombres reconocen la luz de Cristo?, ¿de qué modo el Verbo ilumina pues a todo hombre? Lo hace en cuanto a lo que Él es; pero si alguien espontáneamente cierra sus ojos y no quiere percibir esos rayos de luz, esto no es culpa de la luz, sino de la maldad de aquéllos que voluntariamente se privan de ese regalo.[54] San Clemente Romano subraya la misma idea desde la perspectiva de la Redención universal de Cristo, cuando insta a que fijemos la mirada y reconozcamos que la sangre de Cristo fue un don precioso para su Padre y Dios, ya que vertida por nuestra salvación, obtuvo la gracia de la penitencia para todo el mundo.[55]

Como consecuencia, los Padres afirmaron que los que se condenan lo hacen por su propia culpa porque recibieron las gracias suficientes de parte Dios; por eso decía San Ambrosio que aquel Sol Místico de justicia salió para todos, vino a todos, sufrió por todos y por todos resucitó, para que por su pasión quitara el pecado del mundo; por lo que si alguien no cree en Cristo, él mismo es el culpable de privarse de ese beneficio general.[56] En el Ambrosiaster se aclara con relación a la voluntad universal salvífica de Dios (1 Tim 2:4) que solo llega a realizarse en los que quieren ser salvados o curados, y no en los que no lo desean y rechazan.[57]

Finalmente se puede subrayar el pensamiento patrístico de que Dios presta su asistencia no sólo a su Cuerpo místico, la Iglesia, sino

---

[53]Arnobio: *Adversus nationes*, 6, 24 (P. L. 5, 910).

[54]San Juan Crisóstomo: *In Ioannem homiliae*, hom 8, 1 (P. G. 59, 65).

[55]San Clemente Romano: *Epist. ad Corinthios I*, 7, 4 (P. G. 1, 224).

[56]San Ambrosio: *Exp. in Psalmum CXVIII*, serm. 3, c. 2 (P. L. 15, 1223).

[57]Ambrosiaster: *In 1 Tim 2:4*, (P. L. 17, 466).

también a todos los pueblos del mundo, movido por su clemencia paciente y eterna. Idea que aparece de un modo claro en Orosio.[58]

El Magisterio supone y asume la doctrina[59] de la donación a los infieles de gracias suficientes para su conversión, cuando se condenan algunas tesis de Jansenio quien negó que Cristo muriera por todos los hombres,[60] de los jansenistas quienes sostuvieron que Cristo se ofreció solamente por los fieles por lo que se negaba la gracia suficiente para la fe a los paganos o judíos o herejes,[61] y de Quesnel quien defendió que la fe era la primera gracia, y que no se otorga la gracia fuera de la Iglesia.[62] Pio IX además confirmó la doctrina al sostener que "Dios, que manifiestamente ve, escudriña y sabe la mente, ánimo, pensamientos y costumbres de todos, no consiente en modo alguno, según su suma bondad y clemencia, que nadie sea castigado con eternos suplicios, si no es reo de culpa voluntaria".[63]

En Santo Tomás hay una evolución desde su pensamiento más antiguo donde abiertamente sostuvo la llamada universal a la fe,[64] a una posición menos firme al respecto en sus obras de madurez.[65] En efecto, mientras que el primer Santo Tomás de Aquino afirmaba que:

---

[58]Orosio: *Liber apologeticus*, 19 (P. L. 31, 1188).

[59]La calificación teológica de la misma es de doctrina común y cierta. Cfr. J. Ibáñez y F. Mendoza; *Dios santificador...*, cit., pág. 105; L. Ott: *Manual...*, cit., págs. 369; S. González Rivas: o. c., pág. 99.

[60]D. S. 2005.

[61]D. S. 2304–2305.

[62]D. S. 2426–2429.

[63]D. S. 2866.

[64]Santo Tomás de Aquino: *De verit.*, q. 14, a. 11, ad 1.

[65]Santo Tomás de Aquino: *Summ. Theol.*, IIᵃ–IIᵃᵉ, q. 2, a. 5, ad 1. Cfr. J. de Guibert: "Quelle a été la pensée de S. Thomas sur le salut des infidèles", en "Bulletin de Littérature Ecclésiastique", (1913) 337–355; P. Lumbreras: *Cuando el salvaje llega al uso de razón*, en "AnAsFr" V 7 (1946-1947) 85–128; S. González Rivas: o. c., pág. 98.

"Non sequitur inconveniens posito quod quilibet teneatur aliquid explicite credere etiam si in silvis vel inter bruta animalia nutriatur: hoc enim ad divinam providentiam pertinet ut cuilibet provideat de necessariis ad salutem, dummodo ex parte eius non impediatur. Si enim aliquis taliter nutritus, ductum rationis naturalis sequeretur in appetitu boni et fuga mali, certissime est tenendum, quod Deus ei vel per internam inspirationem revelaret ea quae sunt necessaria ad credendum, vel aliquem fidei predicatorem ad eum dirigeret, sicut misit Petrum ad Cornelium, Act X".[66]

"No se sigue una incongruencia cuando se establece que cualquiera esté obligado a creer explícitamente una cosa, incluso si esté alimentado en las selvas o entre animales brutos: ya que el hecho de proveer a alguien de las cosas necesarias para la salvación, con tal que no sea impedido por parte de ése, pertenece a la providencia divina. Pues si alguien de tal manera alimentado siguiera la conducción de la razón natural en el apetito del bien y la huida del mal, ha de mantenerse, de modo certísimo, que Dios o bien le revelaría por una inspiración interna las cosas que son necesarias para creer, o bien dispondría para él un predicador de la fe, así como envió a Pedro hasta Cornelio, Hech 10:20".

En cambio, el Aquinate en su madurez era menos contundente:

"Si in potestate hominis esse dicatur aliquid excluso auxilio gratiae, sic ad multa tene-

"Si se habla de que el hombre puede algunas cosas sin el auxilio de la gracia, está obligado a mu-

---

[66]Santo Tomás de Aquino: *De Veritate*, q. 14, a. 11, ad 1. Cfr. S. Gelonch y S. Argüello: *Introducción, traducción y notas de Tomás de Aquino, De Veritate, cuestión 14. La fe*, en Cuadernos de Anuario Filosófico, Servicio de publicaciones de la Universidad de Navarra, 2001.

tur homo ad quae non potest sine gratia reparante, sicut ad diligendum Deum et proximum; et similiter ad credendum articulos fidei. Sed tamen hoc potest homo cum auxilio gratiae. Quod quidem auxilium quibuscumque divinitus datur, misericorditer datur; quibus autem non datur, ex iustitia non datur, in poenam praecedentis peccati, saltem originalis peccati; ut Augustinus dicit, in libro de Cor. et gratia".[67]

chas cosas que no puede realizar sin la ayuda de la gracia reparadora, por ejemplo, a amar a Dios y al prójimo, e igualmente a creer los artículos de la fe. Pero todo ello puede hacerlo con el auxilio de la gracia. Este auxilio de la gracia, a cuantos se les da divinamente, se les da por misericordia; pero a quienes se les niega, se les niega por justicia, en castigo de algún pecado anterior, por lo menos del pecado original, como afirma San Agustín en De corrept. et gratia".

Los teólogos de la escuela tomista más antigua, en general, distinguieron entre la gracia suficiente "ofrecida" a todos de la "conferida de hecho" que no se otorga a todos, ya que accidentalmente no pueden ser aplicadas a los que la rechazan.[68] La tendencia de los pensadores más modernos que siguen a Santo Tomás es generalmente la defensa de la universalidad de la gracia suficiente concedida a todos los hombres.[69]

---

[67]Santo Tomás de Aquino: *Summ. Theol.*, II^a–II^{ae}, q. 2, a. 5, ad. 1.

[68]Y Dios no está sujeto a suplir milagrosamente los defectos de las causas secundarias.

[69]Cfr. E. Hugon: *De gratia*, q. 5, a. 3; M. Sola: *El sistema tomista sobre la moción divina,* en "Ciencia Tomista" 33 (1926) 357.

14.4 Sobre la distribución desigual de las gracias

Es cierto que Dios ha decidido libremente obligarse a Sí mismo a seguir ciertas leyes en la distribución de la gracia, al mismo tiempo que promete que otorgaría a todos al menos la gracia remotamente suficiente para la salvación y que infaliblemente escucharía las oraciones con ciertas condiciones, etc. Es lo que hemos ido estudiando en el presente capítulo. Sin embargo lo dicho no invalida en absoluto la gratuidad de la gracia, porque a pesar de esas leyes de distribución queridas por Él, y que sigue con fidelidad, sin embargo evidentemente todavía tiene gran libertad para distribuir gracias (tanto carismáticas como santificantes, externas o internas) según su propio beneplácito tanto a niños como adultos, a creyentes e infieles, a gente ordinaria y almas elegidas, etc.

Lo que es atestiguado por la Biblia de varios modos. Como se ve en Mt 11:20, "Entonces se puso a reprochar a las ciudades donde se habían realizado la mayoría de sus milagros, porque no se habían convertido"; Mt 13:11, "Él les respondió: A vosotros se os ha concedido el conocer los misterios del Reino de los Cielos, pero a ellos no se les ha concedido"; Mt 20:1ss, parábola de los obreros contratados a la viña a diferentes horas del día; Lc 19:12, parábola de las diez minas; Mt 25: 14–30, parábola de los talentos distribuidos a cada uno según su capacidad; Ro 12:3, "Porque, en virtud de la gracia que me fue dada, os digo a cada uno de vosotros que no os estiméis en más de lo que conviene, sino que debéis teneros una sobria estima, según la medida de la fe que Dios ha otorgado a cada uno"; 1 Cor 12:11, "Pero todas estas cosas las realiza el mismo y único Espíritu, que las distribuye a cada uno según quiere"; Ef 4:7, "Cada uno de nosotros, sin embargo, ha sido dada la gracia en la medida en que Cristo quiere otorgar sus dones".

Del mismo modo se expresan los Santos Padres y el Concilio de Trento: "...al recibir en nosotros cada uno su propia justicia, según la medida en que el Espíritu Santo la reparte a cada uno como quiere (1 Cor 12:11) y según la propia disposición y cooperación de cada uno."[70]

De este modo, la causa primera y principal de la distribución desigual de la gracia es la voluntad divina, pero también es un factor a tener en cuenta la disposición y cooperación de cada persona.[71]

En conclusión hay que tener siempre en cuenta los siguientes principios, que señalan J. Ibáñez y F. Mendoza:

1. Dios no se sujeta a ninguna ley estricta para distribuir su gracia.

2. La gracia siempre es un don gratuito divino.

3. Dios promete dar ese don gratuito como gracia al menos remotamente suficiente para la salvación.

4. Dios promete escuchar infaliblemente la oración si se realiza bajo determinadas condiciones.[72]

Por eso, A. Gálvez ha señalado con precisión:

"Dios quiere la salvación de todos los hombres. Para lo cual derrama su gracia y la abundancia de sus dones sobre todos ellos, sin faltar a nadie. Aunque es cierto que los otorga a unos con más generosidad que a otros, tal como lo afirma claramente la Revelación.

---

[70]D. S. 1529.

[71]S. González Rivas: o. c., pág. 102.

[72]J. Ibáñez y F. Mendoza: *Dios santificador...*, cit., pág. 151.

Así lo dice, por ejemplo, el Apóstol San Pablo en su Carta a los Efesios, cuando afirma que *a cada uno de nosotros, sin embargo, le ha sido dada la gracia en la medida en que Cristo quiere otorgar sus dones.*[73]

Y sobre el mismo tema añade en la Primera Carta a los Corintios: *Todas estas cosas las obra el único y mismo Espíritu distribuyéndolas a cada uno según quiere.*[74]

Con lo que queda bien patente que, aunque es cierto que Dios concede a cada uno de los hombres los dones más que sobradamente suficientes para su salvación, también es verdad que los otorga a unos *con más generosidad que a otros.* Una razón suficiente pero que, sin embargo, deja en el ánimo el sentimiento, más o menos larvado, de que Dios parece obrar de este modo con una cierta *arbitrariedad*: ¿Por qué a unos más que a otros?

Pero sabemos que Dios obra en todo momento con Sabiduría, aunque no siempre seamos capaces de alcanzar la profundidad de sus juicios. Sin embargo existen en la misma Escritura ciertas claves que pueden proporcionar pistas sobre la cuestión. En la parábola de los talentos, por ejemplo, se dice que el hombre que partió de viaje y distribuyó sus bienes entre sus servidores entregó a cada uno *según su capacidad.*[75] A propósito de lo cual conviene recordar que la infinita Sabiduría y el infinito Poder de Dios se manifestaron en la Creación produciendo una casi infinita variedad de especies y subespecies de criaturas, de las que el hombre tampoco fue una excepción. Pues

---

[73] Ef 4:7.

[74] 1 Cor 12:11.

[75] Mt 25:15.

Dios creó diferentes a cada uno de los hombres, dentro de su unidad de naturaleza. Y los creó como almas inmortales y como personas, cada una con su carácter y con sus propias peculiaridades, sin nada que se pareciera a una producción de máquinas robots. Siendo pues diferente la capacidad de cada uno de los hombres, no tiene nada de extraño que Dios distribuya sus dones según criterios que, después de todo, se ajustan a la realidad de las cosas.

Tal razonamiento es efectivamente tranquilizador, aunque sólo hasta cierto punto dado que todavía permanece en el ánimo un sentimiento inconsciente de insatisfacción. Después de todo no deja de ser verdad que Dios crea a unos mejor dotados que a otros.

Pero, como ya hemos dicho, los Juicios de Dios son inescrutables, aunque sabemos con certeza que *siempre son buenos y fruto del Amor*, a pesar de que nuestro limitado entendimiento no siempre sea capaz de comprenderlos. De nuevo el Apóstol San Pablo alude al problema en su Carta a los Romanos:

¡Oh profundidad de la riqueza, de la sabiduría y de la ciencia de Dios! ¡Qué incomprensibles son sus juicios y qué inescrutables son sus caminos! [76]

Y efectivamente, porque los Atributos de Dios aparecen como diferentes a nuestra razón, cuando en realidad se *identifican* en la Simplicidad de la Esencia Divina. Por eso Dios no obra nunca de forma misericordiosa sin dar entrada al mismo tiempo a las exigencias de su Justicia, independientemente de que lo comprendamos en cada caso o de que no lo entendamos. De donde se sigue la inconve-

---

[76] Ro 11:33.

niencia de atribuir a Dios actitudes misericordiosas pero ajenas a su justicia[77].[78]

Y también:

"Porque, si bien Dios dispensa sus gracias generosamente sin faltar a nadie, cada hombre es para Él un ser peculiar. De ahí que, aunque todos los cristianos forman un mismo Cuerpo y participan de un mismo Espíritu (Ro 12:5), cada uno de ellos supone para Dios una historia distinta. Hasta el punto de que por cada uno de ellos ha pagado el precio de la sangre de su Hijo (1 Cor 6:20; 1 Pe 1: 18–19).

Así se explica que, aunque Dios reparte sus dones generosa y suficientemente sin omitir a nadie, no todos reciben por igual. Del mismo modo que tampoco todos responden por igual a la bondad divina. Al fin y al cabo Dios creó un universo polícromo de seres libres, capaces todos ellos de inmensas posibilidades y de reacciones variables.

San Pablo exhortaba a los cristianos de Roma a que se estimaran entre sí sobriamente, *según la medida de la fe que Dios ha otorgado a cada uno*.[79] Y recordaba a los de Corinto que, si bien *a cada uno se le concede la manifestación del Espíritu para provecho común*, los diferentes dones y carismas —seguía diciendo el Apóstol— son cosa *del mismo y único Espíritu, que los distribuye a cada uno según quiere*.[80] Aunque quizá el texto más expresivo en es-

---

[77]El problema, con algunas matizaciones, es tratado por Santo Tomás en *Summ. Theol.*, Iª, q. 21, a. 3, ad secundum. Y en IIIª, q. 46, a. 2, ad tertium; IIª-IIªᵉ, q. 67, a. 4.

[78]A. Gálvez: *Sermones...*, cit., págs. 249–251.

[79]Ro 12:3.

[80]1 Cor 12: 7.11.

te punto está contenido en su Carta a los de Éfeso: *A cada uno de nosotros, sin embargo, le ha sido dada la gracia en la medida en que Cristo quiere otorgar sus dones*[81]"[82]

---

[81]Ef 4:7.

[82]A. Gálvez: *Esperando...*, cit. págs. 415–416.

Capítulo 15

El misterio de la predestinación y de la reprobación

Ambas realidades de nuestra fe hacen referencia la término final de la creatura racional, esto es, a su salvación (predestinación propiamente dicha) o a su condenación (reprobación), consideradas con referencia al conocer y al querer de Dios La predestinacion y la reprobacion, en este sentido, están profundamente relacionadas en su estructura teológica, de tal manera que la solución que se proponga para la una repercute necesariamente en la otra, condicionándola.

15.1 Concepto y realidad de la predestinación

15.1.1 Concepto

La palabra "predestinación" etimológicamente procede de la latina "praedestinatio" (del verbo "praedestinare"), y significa destinación fundamental o radical de una cosa o persona. Desde un punto de vista teológico, es una parte objetiva de la divina Providencia, y en concreto, de aquélla que tiene por objeto la ordenación del hombre al fin sobrenatural, que será conseguido mediante auxilios también sobrenaturales.[1]

Predestinación puede ser entendida en tres sentidos. En *sentido amplísimo*, predestinación es todo designio eterno de la voluntad de Dios. En *sentido estricto*, se concreta en el designio de Dios sobre el último fin sobrenatural de las creaturas racionales, bien sea la eterna bienaventuranza o la exclusión de la misma. En *sentido estrictísimo* se

---

[1]Cfr. F. Saint-Martín: *La pensée de S. Augustin sur la prédestination gratuite et infaillible des élus á la gloire d'aprés ses derniers écrits (426-430)*, Paris, Maison De La Bonne Presse, 1930. P. Vignaux: *Justification et Prédestination au XIV siècle*, Paris, E. Leroux, 1934; L. Gómez-Hellín: *Praedestinatio apud Ioannem Cardinalem de Lugo*, Roma, Gregorian y Biblical Press, 1938; E. Llamas Martínez: *Predestinación y reprobación*, en GER. XIX, págs. 45–51; R. Garrigou–Lagrange: *La predestinación de los Santos y la gloria*, Buenos Aires, Desclée de Brouwer, 1946; AA.VV: *Prédestination*, en DTC XII,1809–3022; L. Jerphanion: *Servitude de la liberté? Liberté, Providence, Prédestination*, París, Fayard, 1958; H. Most: *Novum testamen ad solutionem de gratia et praedestinatione*, Roma, Paulinas, 1963; J. M. Farrelly: *Predestination, grace and free will*, Londres, Burn and Oates, 1964; A. Pacios: *Teoría de la predestinación*, en "Crisis" 14–15 (1957) 149-228; R. Velasco: *Providencia y predestinación*, en "Revista Española de Teología", 21 (1961) 125–152; 249–288; T. Simonin: *Prédestination, prescience et liberté*, en "Nouvelle Revue Théologique" 85 (1963) 711–730; C. Lambot: *Oeuvres théologiques et grammaticales de Godescalc d'Orbais*, Louvain, Spicilegium Sacrum Lovaniense, 1945.

refiere al designio eterno de Dios de admitir a determinadas creaturas racionales a la bienaventuranza del cielo.

La predestinación que ahora estudiamos, como contrapuesta a reprobación, es en su sentido estrictísimo.

San Agustín la definía como "presencia divina y preparación de los beneficios, mediante los cuales ciertamente se salvan quienes alcanzan la salvación".[2] Santo Tomás la define como, "una determinada razón en orden a la salvación eterna de algunas [creaturas], existente en la mente divina".[3]

Implica en Dios un acto de entendimiento y un acto de voluntad: el prever y el predestinar.

Según el efecto producido en el tiempo, se distingue entre *predestinación incompleta o inadecuada*, referida o bien a la gracia ("praedestinatio ad gratiam tantum") o bien a la gloria ("praedestinatio ad gloriam tantum"); y *predestinación completa o adecuada*, que se refiere a la vez a la gracia y a la gloria.[4]

15.1.2 Realidad

Es un dogma de fe que Dios, por un designio eterno de su voluntad, ha predestinado a determinados hombres a la eterna bienaventuranza.[5] Ahora bien, la salvación del hombre no es fruto de la casualidad o de la sola voluntad humana, como si Dios no interviniera en la Historia, sino que deriva de Dios mismo que decidió salvarnos. Y para ello nos regaló gratuitamente diversos dones (vocación a la fe, gracia, etc.).

---

[2]San Agustín: *De dono pers.*, 14, 35 (P. L. 45, 1014).

[3]"Quaedam ratio ordinis aliquorum in salutem aeternam in mente divina existens" (Santo Tomás de Aquino: *Summ. Theol.*, I^a, q. 23, a. 2).

[4]La predeterminación completa es definida por Santo Tomás como "praeparatio gratiae in praesenti et gloriae in futuro" (*Summ. Theol.*, I^a, q. 23, a. 2, ob. 4).

[5]Cfr. L. Ott: *Manual...*, cit., pág. 372.

Esta verdad hay que ponerla en relación con otros datos teológicos, como es la existencia del mal en el mundo, la libertad del hombre, la realidad del infierno y la condenación, etc. Lo cual es un desafío que no puede prescindir de ninguna de esas verdades, en contraposición a la doctrina pelagiana, que rechaza la intervención de Dios en la Historia, o a la protestante, que niega la libertad humana.

En la Sagrada Escritura se declara la verdad de la predestinación en muchos lugares.

En el Antiguo Testamento sólo se encuentran vestigios de la predestinación sobrenatural e individual, apareciendo más bien la idea de la predestinación colectiva del pueblo elegido. Así se puede rastrear la verdad de la predestinación en los conceptos de "elección" o de "Alianza", donde Dios toma la iniciativa de un modo totalmente libre y el beneficiario es normalmente el colectivo de Israel (cfr. Dt 7:6; Ex 19:6; etc.). También se encuentra en la idea de "estar escrito en el libro de la vida" (cfr. Ex 32: 32–33; Sal 69:29; Da 12:1; etc.).[6]

En el Nuevo Testamento las ideas de "elección" tiene las mismas características que en el Antiguo, aunque se aplica también a los individuos. Pero su sentido no es estrictamente el de la verdad teológica de la predestinación. Es más fructífera la idea de "vocación", ya que es una gracia celestial (Heb 3:1; Fil 3:14) por la que Dios llama a la santidad con la esperanza de conseguir la salvación para todos los cristianos (Ro 8:28), por la que los llamados son "elegidos" de un modo gratuito y por amor (Ro 11:28; 1 Cor 1: 26 ss.; 2 Tim 1:9). Tiene en San Pablo un sentido universal que puede coincidir con la voluntad universal de salvación y de la Redención universal (1 Tim 2: 1 ss.; 2

---

[6]Esta noción se hace más clara en el Nuevo Testamento (cfr. Ro 9:3; Ap 3:5; 13:18; 17:8; 20: 12–15). Santo Tomás defiende que a través de la idea de "estar inscrito en el libro de la vida" el Antiguo Testamento revelaba la doctrina de la predestinación (*Summ. Theol*, Iª, q. 24, a. 3; *De Veritate*, q. 7 aq; *I Sent*, dist. 40, q. 1, a. 2, ad 5; a 2, ad 5; *III Sent*, dist. 31, q. 1, a. 2).

Pe 3:9; Mt 18:11; Ids 1:29; 3:17; Ro 5:12ss.; 8:32; 2 Cor 5: 18 ss.; 1 Cor 15:22; 1 Jn 2:2; 4:14). También en los llamados "apocalipsis sinópticos" se habla de que los elegidos entran a poseer el Reino preparado por el Padre desde la eternidad (Mt 20: 23 ss; 25: 3 ss.).

Un texto en el que se encuentran con claridad todos los elementos de la predestinación es Ro 8: 29–30. En efecto, ahí aparecen tanto la acción de la voluntad y del entendimiento divinos en el decreto de la predestinación (entendimiento: "a los que antes conoció"; voluntad: "a esos los predestinó"), como las distintas etapas de su realización en el tiempo (los llamó, los justificó, los glorificó):

> "Porque a los que de antemano eligió también predestinó para que lleguen a ser conformes a la imagen de su Hijo, a fin de que él sea primogénito entre muchos hermanos. Y a los que predestinó también los llamó, y a los que llamó también los justificó, y a los que justificó también los glorificó".

Así pues, San Pablo, detalla los actos divinos que suponen la elección de algunos hombres a la gloria: presciencia, predestinación, vocación, justificación y glorificación. Como explica Llamas:

> "La presciencia divina, seguida de la predestinación, es un juicio práctico discretivo, que incluye un acto de imperio eficaz; Dios elige, y predestina como se deduce del uso del verbo *proguinosco*. El término de la predestinación es la conformidad con la imagen del Hijo, o la participación en esa misma imagen, que es el patrón del ser de los bienaventurados. Esta configuración puede tener lugar en esta vida, mediante la gracia, y definitivamente en la gloria: el contexto parece apoyar sobre todo esta segunda consideración (cfr. Fil 3:21). Objeto de la predestinación son cada

uno de los cristianos, y no meramente el Cristo Místico como colectividad. Todo esto se reafirma con la idea de vocación o elección, cuyo término (*ekletoi*) designa aquí un llamamiento eficaz (en contraposición al simple *kletoi*) a la fe, que arguye la perseverancia. San Pablo se mueve en el supuesto de que quienes se salvan han sido predestinados y llamados eficazmente, es decir, llamados 'según el propósito de su voluntad'. Efectos de la predestinación son la justificación y la glorificación: la justificación en esta vida, que es participación en el misterio de Cristo, se consuma en la configuración con su cuerpo glorioso en la bienaventuranza".[7]

Otro texto significativo es el de Ef 1: 4–8:

"En él [en Jesucristo] nos eligió antes de la creación del mundo para que fuéramos santos y sin mancha en su presencia, por el amor; nos predestinó a ser sus hijos adoptivos por Jesucristo conforme al beneplácito de su voluntad, para alabanza y gloria de su gracia, con la cual nos hizo gratos en el Amado, en quien, mediante su sangre, tenemos la redención, el perdón de los pecados, según las riquezas de su gracia, que derramó sobre nosotros sobreabundantemente con toda sabiduría y prudencia".

Aquí aparece la gratuidad del llamamiento divino a la gracia tanto en el orden intencional como en el de la ejecución, ya que es Dios el que elige en atención a Cristo antes de la constitución del mundo, siendo el objeto de la elección la santidad y la configuración con Cristo. Elección gratuita según el beneplácito de su voluntad para la manifestación

---

[7]E. Llamas Martínez: o. c., pág. 47.

gloriosa de la gracia de Dios, cuya ejecución ocurre en el tiempo y para lo cual se hizo la Redención.

La predestinación como una parte del plan eterno de la Providencia divina fue calificada por San Agustín como una verdad de fe tradicional: "La fe en esta predestinación que ahora es defendida con nuevo celo contra nuevos herejes, la tuvo ya la Iglesia en todos los tiempos".[8]

En efecto, desde los Padres Apostólicos y los Apologetas se defiende la idea de la voluntad salvífica universal de Dios dentro del plan divino de salvación y la cooperación del hombre bajo la acción de la gracia.[9] Se enfrentaban así las ideas heréticas del gnosticismo y el maniqueísmo. Orígenes expuso la doctrina que sentó las bases para su desarrollo posterior,[10] a la que contribuyeron los Santos Padres de la época de oro de la patrística.[11]

Sin embargo, fue el propio San Agustín el que más profundizó la doctrina en muchos lugares de su obra,[12] pero cuyo sentido fue objeto

---

[8]San Agustín: *De dono persev.* 23, 65 (Cfr. P. L. 45, 993–1035).

[9]Cfr. S. Ireneo de Lyon: *Adv. haereses,* 4, 29, 2 (P. G. 7, 1064); San Clemente de Alejandría: *Stromata* 1, 18, 32 y 6, 12, 37 (P. G. 8, 804 y 9,317).

[10]Origenes: *Commentaria ad Romanos,* lib. 1 y 7 (P. G. 14, 841 y 1145).

[11]S. Cirilo de Jerusalén: *Catech.* 7, 13 (P. G. 33, 620); S. Gregorio Nacianceno: *Oratio,* 37, 13 (P. G. 36, 297); S. Juan Crisóstomo: *In Ep. ad Romanos hom.* 16, 5 (P. G. 60, 554); San Cirilo de Alejandría: *In Ep. ad Rom.* 8, 30 (P. G. 74, 828 ss.); Hilario de Poitiers: *In psal.* 64, 5 (P. L. 3, 415); S. Ambrosio: *De fide* 5, 6, 83 (P. L. 16, 665).

[12]Cfr. San Agustín: *Expositio quorumdam propositionum ex Epist. ad Romanos* (P. L. 35, 2063 ss.); *De diversis quaestionibus ad Simplicianum,* 11 (P. L. 40, 101 ss.); *Contra duas Epist. Pelagianorum,* lib. 4 (P. L. 44, 594 ss.); *Contra Julianum* (P. L. 44, 641 ss.); *Enchiridion* (P. L. 40, 231 ss.); *De gratia et libero arbitrio* (P. L. 44, 881 ss.); *De correptione et gratia* (P. L. 44, 915); *De praedestinatione Sanctorum* (P. L. 44, 953 ss.); *De dono perseverantiae* (P. L. 45, 993 ss.); *Contra Iulianum opus imperfectum* (P. L. 45, 1049 ss.); *Epistolae* (P. L. 33, 194 y 874 ss.; 214, 967 ss.; 215, 971 ss.; 217, 978 ss.; 225, 1003 ss.; 226, 1007 ss.).

de grandes controversias en la historia de la teología. Sosteniendo la voluntad salvífica universal, trata de explicar la razón de que algunos hombres se condenen, para lo que se vale de la consideración de la humanidad como una *massa damnata* desde el pecado original y por tanto destinada a la condenación eterna. Sin embargo, Dios escogió libremente por amor, de entre esa *massa damnata* a algunos, predestinándolos a la salvación. La predestinación para la salvación que es infalible supone la presciencia y las gracias que conducen a la salvación; pero no excluye la libertad del hombre sino el abandono de Dios ante la previsión de sus pecados y la resistencia de su voluntad. Sin embargo su pensamiento no es fácil ni uniforme de entender. Surgieron así varias interpretaciones posteriores, algunas de ellas correctas, pero otras heréticas.

El Magisterio se centró sobre todo en establecer rectamente el problema de la reprobación, condenando las tesis erróneas. Es en este marco donde se desarrolla las tesis sobre la predestinación para la bienaventuranza.

En un primer momento histórico, el Magisterio enfrenta las tesis erróneas de la doble predestinación de algunos intérpretes rígidos de la doctrina agustiniana, y así se establecen tres grandes verdades magisteriales en torno a la predestinación:

1. *La existencia de la voluntad universal de salvación y de la universalidad de la Redención.* Es doctrina de fe. Así ocurre en los Concilios de Arlés[13] y el de Quiercy.[14] Tesis que fue reafirmada en las condenas de algunas doctrinas de Jansenio[15], y en repetidas ocasiones en el Magisterio del Vaticano II.[16]

---

[13]D. S. 330–336.

[14]D. S. 318.

[15]D. S. 2005.

[16]Cfr. por ejemplo, L. G. 13–16.

2. *La existencia de la predestinación.* Esta verdad se presupone en la doctrina de los Concilios de Orange II, al poner de relieve que la iniciativa en el orden de la salvación corresponde a Dios sin méritos precedentes del hombre,[17] y de Quiercy, cuando establece que "el Dios bueno y justo eligió de la misma masa de perdición, según su presciencia, a quienes destinó por la gracia a la vida, predestinándolos a la vida eterna..., la predestinación se refiere o al don de la gracia o a la retribución de la justicia".[18]

3. *La reprobación de los condenados es consecuencia de sus propios pecados.* El Concilio de Valence declaró: "Confesamos fielmente la predestinación de los elegidos a la vida y la predestinación de los impíos a la muerte. En la elección de los que se han de salvar, con todo, la misericordia divina precede al mérito bueno; por el contrario, en la reprobación de los condenados el mérito malo precede al justo juicio de Dios".[19]

El Magisterio afirmaba, por tanto, la predestinación "ad mortem" (la reprobación), sosteniendo a la vez la voluntad salvífica universal de Dios, la predestinación gratuita "ad gloriam" y la verdad de que nadie era condenado sino como consecuencia de sus pecados.

Un segundo momento importante magisterial es el decreto tridentino sobre la justificación, que daba por supuesta la doctrina de la predestinación afirmando la voluntad salvífica universal de Dios y rechazando la predestinación "ad malum" o reprobación positiva antecedente: "Si alguno dijere que el hombre renacido y justificado está obligado a creer de fe que está ciertamente en el número de los

---

[17]D. S. 397.

[18]D. S. 621 ss., en contra de las posiciones del monje Godescalco.

[19]D. S. 626–629. En contra de las posiciones erróneas sobre la doble predestinación de los agustinianos rígidos Floro de Lyon, Prudencio de Troyes y Remigio de Lyón, en el s. IX.

predestinados, sea anatema".[20] "Si alguno dijere que la gracia de la justificación no se da sino en los predestinados a la vida, y todos los demás que son llamados, son ciertamente llamados, pero no reciben la gracia, como predestinados que están al mal por el poder divino, sea anatema".[21] "Nadie, tampoco, mientras vive en esta mortalidad, debe hasta tal punto presumir del oculto misterio de la divina predestinación, que asiente como cierto hallarse indudablemente en el número de los predestinados (Can. 15), como si fuera verdad que el justificado o no puede pecar más (Can. 23), o, si pecare, debe prometerse arrepentimiento cierto. En efecto, a no ser por revelación especial, no puede saberse a quiénes haya Dios elegido para sí (Can. 16)".[22] Se enfrentaban las tesis protestantes sobre la predestinación, basadas en las ideas previas de Bradwardino y Wiclef.[23] Lutero[24] y Zwinglio, así como Calvino[25] y Beza, sostuvieron la doble predestinación sin contar para nada la libertad de los hombres, quienes unos lo fueron a la gloria y otros a la condenación por decisión divina absolutamente libre e incondicionada. Calvino directamente rechazará la voluntad divina universal de salvación. Por su parte Melachton abandonó las tesis luteranas, y sostuvo que en definitiva es el hombre el que decide su elección, porque Dios sólo elige a los que prevé que van a aceptar el Evangelio y reprueba a los que prevé que lo van a rechazar.

Los jansenistas se interesaron más en los temas de la gracia que en el de la predestinación, sin embargo su doctrina sobre la gracia implicaba el desconocimiento de la libertad humana; de lo cual extrajeron

---

[20]Cánones sobre la justificación, can. 15. (D. S. 1565).

[21]Cánones sobre la justificación, can. 17 (D. S. 1567).

[22]Decreto de la justificación, cap. 11 (D. S. 1540; cfr. 1533, 1556).

[23]T. Bradwardino: *De causa Dei adversus Pelagium*, lib. 3, cap. 3; J. Wiclef: *Trialogus*, lib. 1, cap. 14.

[24]Lutero: *De Servo arbitrio*, t. 18, 703.

[25]Calvino: *Institutiones*, 3, c. 21, n⁰ 5; c. 23, n° 8.

posiciones erróneas sobre la predestinación. Esto llevó al Magisterio a defender el principio de la voluntad divina universal de salvación, que es un fundamento insoslayable de la verdadera doctrina sobre la predestinación.

15.2 Razón de la predestinación

Como se ha podido comprobar, el principal desafío de la doctrina de la predestinación estriba en determinar si el decreto divino y eterno de la predestinación está concebido con o sin consideración a los merecimientos del hombre ("post o ante praevisa merita").

Para comprender el problema, es necesario distinguir dos supuestos:

1. *La predestinación a la gracia* es inmerecible. Si es incompleta (solo a la gracia, "praedestinatio ad gratiam tantum"), es independiente de todo merecimiento ("ante praevisa merita") porque la primera gracia es inmerecible. Del mismo modo, la predestinación completa o adecuada, a la gracia y a la gloria juntamente ("praedestinatio ad gratiam et gloriam") es también independiente de todo merecimiento, porque la primera gracia es inmerecible, como acabamos de decir, y las gracias siguientes y los merecimientos adquiridos con la misma y su recompensa dependen de la primera gracia.

   De la gracia primera y su relación con el mérito ya se ha tratado en los capítulos anteriores.

2. *La predestinación a sola la gloria*, plantea el problema de su relación con el mérito humano. Si la predestinación a la eterna bienaventuranza tiene lugar en previsión de los méritos sobrenaturales del hombre ("post praevisa merita") o sin atenderlos

("ante previsa merita"). Según la primera hipótesis, el decreto de la predestinación es condicionado (hipotético), y según la segunda es incondicionado (absoluto).

Este es el problema que ahora nos ocupa.

Esta cuestión surgió en la época post–tridentina. Las dos principales escuelas teológicas tomaron posiciones enfrentadas, aunque buscaron precedentes en la teología escolástica medieval. Así, mientras que San Buenaventura mantuvo que el acto de la predestinación incluía también la presciencia que Dios tiene de la cooperación del hombre, Santo Tomás insistió en la absoluta independencia del acto predestinante, con su teoría del imperio, como acto del entendimiento; por su parte, Duns Escoto y los ocamistas propusieron conjugar tanto la gratuidad e independencia por parte de Dios como el valor de los actos del hombre. Además era importante tener en cuenta las relaciones entre eternidad y tiempo, como vía para explicar lógicamente el problema.

La posición *en favor de la predestinación absoluta* ("ad gratiam et gloriam") rechaza su conexión con el mérito humano (no puede ser merecida, es "ante praevisa merita"), pues la gracia primera es inmerecida y de ella dependen el resto de las gracias. Esta explicación fue defendida por tomistas, agustinianos y algunos molinistas (Suárez y Belamino). Dios concibe *desde toda la eternidad* ("ordo intentionis") el designio de que ciertas personas alcancen la bienaventuranza, sin atender a los méritos que el hombre pueda adquirir con la gracia, sino solamente en atención a su propio beneplácito, por lo que decreta la concesión de gracias eficaces para que se realice el designio de su voluntad ("ordo intentionis"); pero en el tiempo ("ordo executionis") Dios distribuye primero gracias eficaces predestinadas y da después la recompensa (la eterna bienaventuranza) por los méritos que se consiguen con la cooperación de la libre voluntad del hombre a la gracia. De este modo el "ordo intentionis" y el "ordo executionis" se hallan en relación mutua (gloria–gracia; gracia–gloria). Esta posición se apoya sobre todo en los textos bíblicos de la Carta a los Romanos en los que resalta el factor divino con relación a la salvación (cfr. Ro 8:29; 9: 11–13. 20ss.),[26] y trata de basar sus conclusiones sobre los escritos de madurez de San Agustín subrayando la causalidad universal de Dios.

La opción por *la predestinación condicionada* ("ad gloriam tantum") defiende su relación con el mérito humano (por tanto es "post et propter praevia merita"). Fue seguida por los molinistas y San Francisco de Sales. Dios conoce por la ciencia media cómo se comportaría la libre voluntad del hombre en las distintas economías y ordenaciones de concesión de gracias; entonces, por la ciencia de visión sabe infaliblemente el uso que cada hombre ha de hacer de la gracia que se le concedió. A los que perseveren en cooperar con la gracia, Dios los escoge para la eterna bienaventuranza en razón de los méritos que ha previsto en ellos; a los que rehúsan cooperar, los destina a penas eternas del infierno por los desmerecimientos que prevé en ellos. El "ordo intentionis" y el "ordo executionis" coinciden (gracia–gloria). Esta posición busca su apoyo bíblico en la voluntad salvífica universal de Dios (cfr. 1 Tim 2:4) y a la sentencia del juez universal basada en las obras buenas realizadas (Mt 25: 34–36).[27] Esta escuela basa sus conclusiones en la tradición de los primeros escritos de San Agustín, y resalta la universalidad de la voluntad salvífica de Dios, la libertad de la creatura y la labor personal del hombre en su salvación.

---

[26]Pero hay que tener en cuenta que no se refieren a la predestinación a sola la gloria, sino a la predestinación a la gracia y a la gloria en conjunto, la cual es independiente de todo merecimiento.

[27]Sin embargo en estos textos no se prueba claramente que sean también razón de la preparación del reino, es decir, del decreto eterno de predestinación.

En conclusión, como dice Ott, las dificultades que surgen por ambas partes son prueba de que la predestinación es un misterio impenetrable aun para la mente iluminada por la fe (Ro 11:33ss.).[28]

15.3 Causas y efectos de la predestinación

Las causas son las siguientes:

1. Causa eficiente: Dios, con los decretos emanados de su entendimiento y voluntad.

2. Causa cuasi–material: la creatura intelectual y racional.

3. Causa material: los actos de la creatura predestinada por los que consigue el fin de la vida eterna.

4. Causa formal: la gracia sobrenatural que lleva a la creatura predestinada al fin y establece la conexión con la bienaventuranza.

5. Causa final principal y próxima: la gloria de Cristo Redentor que mereció la predestinación de los hombres (cfr. 1 Cor 3:22.23; Ef 1: 6–12).

6. Causa final principal y última: la gloria de Dios, mediante la glorificación de Cristo y el mundo.

7. Causa final secundaria: la salvación o glorificación de la creatura predestinada (cfr. Ro 8:20).

8. Causa meritoria: el mérito de Cristo Redentor, en cuanto es causa meritoria de la justificación del hombre, desde donde las obras buenas del justificado adquieren valor.[29]

---

[28]L. Ott: *Manual...*, cit., pág. 374.

[29]E. Llamas Martínez: o. c., pág. 46.

Los efectos de la predestinación puede ser divididos entre sobrenaturales y naturales. Los primeros son el llamamiento a la gracia eficaz, la justificación, la perseverancia final, la glorificación y la configuración final con Cristo resucitado, el buen uso de la gracia, los actos sobrenaturales y todas las obras buenas.[30] En realidad todo lo que acontece al predestinado que le lleve próxima o remotamente a la salvación, está comprendido bajo los efectos de la predestinación, incluso la preparación para la gracia.[31] Los efectos naturales son las condiciones del predestinado, sus dones naturales, etc.

15.4 Propiedades de la predestinación

15.4.1 Inmutabilidad

El decreto de la predestinación, que es un acto del entendimiento y de la voluntad divinas, es inmutable como lo es la misma esencia divina. Dios sabe y determina de antemano con certeza infalible el número e identidad de las personas que han de conseguir la vida eterna en el Cielo, los "inscritos en el libro de la Vida" (Fil 4:3; Ap 17:8; Lc 10:20):

"Numerus praedestinatorum est certus. Sed quidam dixerunt eum esse certum formaliter, sed non materialiter, ut puta si diceremus certum esse quod centum vel mille sal ventur, non au-

"Es seguro el número de los predestinados. Algunos sostuvieron que era seguro formalmente, pero no materialmente. Es como si dijéramos que es seguro que se salvarán cien o mil, pero no que

---

[30]Santo Tomás de Aquino: *Summ. Theol.*, Iᵃ, q. 23, a. 1, co. Cfr. *In Sent.*, I, dist. 40, q. 1, 3. 2; *De Verit.*, q. 6, a. 1; *Cont. Gentes*, III, 163; *In Rom.* c. 1, lect. 3.

[31]Santo Tomás de Aquino: *Summ. Theol.*, Iᵃ, q. 23, a. 5, co. Cfr. Iᵃ, q. 19, a. 5; *In Sent.*, I, dist. 41, a. 3; *De Verit.*, q. 6, a. 2; *In Eph.* c. 1, lect. 1.14; *Cont. Gentes*, III, 163; *In Rom.* c. 1, lect. 3; c. 8, lect. 6; c. 9, lect. 3; *In Io*, c. 5, lect. 3.

tem quod hi vel illi. Sed hoc tollit certitudinem praedestinationis, de qua iam diximus. Et ideo oportet dicere quod numerus praedestinatorum sit certus Deo non solum formaliter, sed etiam materialiter".[32]

sean éstos o aquéllos. Pero esto anula la certeza de la predestinación, de la que ya hemos hablado (a.6). En este sentido, hay que decir que el número de los predestinados es seguro tanto formal como materialmente".

En cuanto al teologúmeno sobre el número de los predestinados, Santo Tomás no comparte las opiniones de algunos Santos Padres,[33] y prefiere que su número sólo de Dios es conocido:

"De numero autem omnium praedestinatorum hominum, quis sit, dicunt quidam quod tot ex hominibus salvabuntur, quot Angeli ceciderunt. Quidam vero, quod tot salvabuntur, quot Angeli remanserunt. Quidam vero, quod tot ex hominibus salvabuntur, quot Angeli ceciderunt, et insuper tot, quot fuerunt Angeli creati. Sed melius dicitur quod soli Deo est cognitus numerus electorum in superna felicitate locandus".[34]

"Respecto a cuál es el número de todos los hombres predestinados, algunos dicen que se salvarán tantos cuantos ángeles cayeron. Otros, que tantos cuantos ángeles no cayeron. Otros, que tantos cuantos ángeles cayeron y cuantos fueron creados. Es mejor decir que sólo Dios conoce el número de los escogidos para ser colocados en la más sublime felicidad".

---

[32]Santo Tomás de Aquino: *Summ. Theol.*, Iᵃ, q. 23, a. 7, co. Cfr. *In Sent.*, I, dist. 40, a. 3; *De Verit.*, q. 6, a. 4.

[33]Cf. S. Agustín defiende que se salvan tantos cuantos ángeles cayeron (*Enchirid.* c. 29, P. L. 40,246; c. 62, P. L., 40,261; *De Civ, Dei* l.22, c.1, P. L. 41,751.). Otros que tantos cuantos ángeles no cayeron (Cfr. San Gregorio Magno: *In Evang.* l. 2, hom. 34, P. L. 76, 1252.).

[34]Santo Tomás de Aquino: *Summ. Theol.*, Iᵃ, q. 23, a. 7, co.

Algunos teólogos sostienen que el número de los réprobos es mayor que el de los predestinados en base a Mt 7: 13–14 y 22:14; otros, en cambio, sostienen que el Reino de Dios no es menor que el Reino de Satanás, sobre la base de la voluntad salvífica universal de Dios y la universalidad de la Redención de Jesucristo.

15.4.2 Incertidumbre

Calvino sostuvo que se podía conocer con absoluta e infallible certeza la realidad de la predestinación de una persona. Trento condena esa posición afirmando que sólo por revelación divina se podía saber con certeza quién había sido predestinado de hecho, como ya se ha señalado.[35]

La incertidumbre de la predestinación tiene su fundamento bíblico en Fil 2:12, "trabajad por vuestra salvación con temor y temblor"; 1 Cor 10:12, "así pues, el que piense estar en pie, que tenga cuidado de no caer"; etc.

Sin embargo sí que hay señales de predestinación ("signa predestinationis") que permite presumir con gran probabilidad la predestinación efectiva, tales como la práctica constante de las ocho bienaventuranzas, la recepción frecuente de la Sagrada Eucaristía, el amor al prójimo manifestado en obras, el amor a Cristo y a la Iglesia, la devoción a la Virgen María, etc.

---

[35]"Nadie, tampoco, mientras vive en esta mortalidad, debe hasta tal punto presumir del oculto misterio de la divina predestinación, que asiente como cierto hallarse indudablemente en el número de los predestinados, como si fuera verdad que el justificado o no puede pecar más, o, si pecare, debe prometerse arrepentimiento cierto. En efecto, a no ser por revelación especial, no puede saberse a quiénes haya Dios elegido para sí" (D. S. 1540; cfr. 1565–1567).

15.5 El misterio de la reprobación

Por reprobación se entiende el designio divino concebido desde toda la eternidad de excluir de la eterna bienaventuranza a determinadas creaturas racionales (ángeles u hombres).

Hay que tener en cuenta que Dios ciertamente coopera positivamente a los merecimientos sobrenaturales que son la razón de la bienaventuranza; pero con relación al pecado del ser racional que es la razón de la condenación, Dios sólo lo permite.[36]

Es necesario hacer algunas distinciones con respecto a las modalidades de la reprobación:

1. Según el objeto del decreto de reprobación, ésta puede ser:

   - *Positiva*, si se refiere a la condenación a las penas eternas del Infierno.

   - *Negativa*, si se refiere a la no elección para la bienaventuranza del Cielo ("non electio").

2. Según el motivo del decreto de reprobación, éste puede ser:

   - *Reprobación condicionada*, cuando depende de la previsión de los futuros desmerecimientos.

   - *Reprobación incondicionada o absoluta*, cuando no depende de la previsión de los futuros desmerecimientos.

La doctrina de la reprobación consiste en afirmar que Dios, con un decreto eterno de su voluntad predestinó a ciertas personas para la eterna condenación *por haber previsto sus pecados*. Más adelante matizaremos lo dicho para entenderla en sus justos términos.

---

[36]Cfr. la naturaleza del mal y el concurso divino, en Juan A. Jorge: *Creación y elevación*, cit. vol. 2, págs. 379–414.

Encuentra su fundamento bíblico en textos como Mt 25: 32–33.41 ("Apartaos de mí, malditos, al fuego eterno preparado para el diablo y sus ángeles")[37] o Ro 9: 21–22 ("Soportó con mucha paciencia las vasijas de ira preparadas para la perdición").[38]

Esta doctrina no ha sido formalmente definida en los Concilios, pero se considera doctrina universal de la Iglesia, que se puede encontrar ya en el Sínodo de Valence:

"Mas también sobre la predestinación de Dios plugo y fielmente place, según la autoridad apostólica que dice: ¿Es que no tiene poder el alfarero del barro para hacer de la misma masa un vaso para honor y otro para ignominia? (Ro 9:21), pasaje en que añade inmediatamente: Y si queriendo Dios manifestar su ira y dar a conocer su poder soportó con mucha paciencia los vasos de ira adaptados o preparados para la ruina, para manifestar las riquezas de su gracia sobre los vasos de misericordia que preparó para la gloria (Ro 9: 22s): confiadamente confesamos la predestinación de los elegidos para la vida, y la predestinación de los impíos para la muerte; sin embargo, en la elección de los que han de salvarse, la misericordia de Dios precede al buen merecimiento; en la condenación, empero, de los que han de perecer, el merecimiento malo precede al justo juicio de Dios. "Mas por la predestinación, Dios sólo estableció lo que Él mismo había de hacer o por gratuita misericordia o por justo juicio"[39] según la Escritura que

---

[37]Cfr. también Mt 23:15.

[38]En el Antiguo Testamento el verbo "reprobar" con sentido de "rechazar" se usa en Lev 26:44; Is 4:9 o Jer 7:29, pero no tiene el sentido de excluir de la bienaventuranza eterna.

[39]Floro de Lyon: *Sermo de praedestinatione* (P. L. 119, 99D).

dice: El que hizo cuanto había de ser (Is 45:11; LXX); en los malos, empero, supo de antemano su malicia, porque de ellos viene, pero no la predestinó, porque no viene de Él. La pena que sigue al mal merecimiento, como Dios que todo lo prevé, ésa sí la supo y predestinó, porque justo es Aquél en quien, como dice San Agustín,[40] tan fija está la sentencia sobre todas las cosas, como cierta su presciencia. Aquí viene bien ciertamente el dicho del sabio: Preparados están para los petulantes los juicios y los martillos que golpean a los cuerpos de los necios (Prov 19:29). Sobre esta inamovilidad de la presciencia de la predestinación de Dios, por la que en Él lo futuro ya es un hecho, también se entiende bien lo que se dice en el Eclesiastés: Conocí que todas las obras que hizo Dios perseveran para siempre. No podemos añadir ni quitar a lo que hizo Dios para ser temido (Ece 3:14). Pero que hayan sido algunos predestinados al mal por el poder divino, es decir, como si no pudieran ser otra cosa, no sólo no lo creemos, sino que si hay algunos que quieran creer tamaño mal, contra ellos, como el Sínodo de Orange, decimos anatema con toda detestación".[41]

La doctrina de la Iglesia entiende la reprobación sólo como *positiva condicionada*, que, por tanto, se basa en la previsión de los futuros deméritos del ser humano ("post et per praevisa demerita"), debido a verdad de la voluntad salvífica universal de Dios, que excluye que Dios pretenda sin razón alguna la condenación de determinadas personas. Y así aparece en 1 Tim 2:4, Ez 33:11 o 2 Pe 3:9. Por eso sostenía San Agustín que "Dios es bueno, Dios es justo. Él puede salvar a

---

[40]San Agustín: *De praedestinatione sanctorum*, 17, 34 (P. L. 44, 986).

[41]Valence, canon 3 (D. S. 629); Orange, conclusión (D. S. 397).

una persona sin sus merecimientos, porque es bueno; pero no puede condenar a nadie sin sus desmerecimientos, porque es justo".[42]

En cambio, la reprobación positiva absoluta o incondicionada a las penas del infierno sin previsión de los desmerecimientos futuros fue rechazada por ser herética y contraria a la voluntad universal de salvación de Dios. Así ocurrió en el Concilio de Arlés,[43] Orange II,[44] Quiercy y Valence,[45] y en Trento,[46]

No hay que confundir tal pensamiento herético con la doctrina de aceptación de la reprobación absoluta o incondicionada, *pero negativa y no positiva*, de la escuela tomista. En efecto, la mayoría de estos teólogos defienden la no–elección para la vida eterna ("non electio") que va unida al decreto divino de permitir que parte de las creaturas racionales caiga en el pecado y pierda la salvación por su propia culpa. A diferencia de los herejes que sostienen la reprobación absoluta positiva, los tomistas salvan las doctrinas sobre la voluntad salvífica universal de Dios, la universalidad de la Redención, la distribución de gracias suficientes a los réprobos y la libertad de la voluntad.

Finalmente hay que sostener que el decreto divino de reprobación, igual que el de predestinación, es inmutable e incierto para los hombres si no hay una revelación divina.

---

[42]San Agustín: *Contra Iul.*, III, 18, 35.

[43]D. S. 333 y 335. Se rechazan las ideas del presbítero Lucidio según el cual Dios predestinaba a algunos al mal y a la pena eterna, por lo que los que se condenan lo hacen por el querer de Dios.

[44]D. S. 397. Condena la doctrina herética que sostuvieron Fausto de Riez y algunos monjes.

[45]D. S. 620, 628–629. Contra las tesis de Godescalco, que defendía también la doble predestinación de igual naturaleza teológica, a la gloria y a la condenación.

[46]D. S. 1567. Contra las doctrinas de los protestantes que se apoyaban en las ideas de Bradwardino, Wiclef y Hus (s. XIV) y Calvino (s. XVI).

15.6 Conclusión

Siguiendo a Llamas Martínez,[47] para acercarnos a estos misterios en necesario tener en cuenta que la predestinación y la reprobación dicen relación diferente a Dios como causa, por razón del objeto y del término.

Para ello es necesario situar el teologúmeno en las siguientes perspectivas:

1. *Perspectiva cristológica (soteriología)* ya que Cristo es modelo, ejemplar y causa de la predestinación de los hombres. Hay que tener siempre en cuenta la voluntad divina universal de salvación para todos los hombres, la capitalidad de Cristo, la universalidad de la Redención, etc.

2. *Es necesario sacar el problema de los límites de la temporalidad,* ya que en Dios no hay un tiempo anterior a nuestro tiempo, sino la eternidad divina que no consisten en un tiempo más dilatado que el nuestro, sino de dimensión distinta. Dios vive en un eterno presente. Si esto se olvida, el problema no tiene solución y es ininteligible. Existe una "contemporaneidad" entre el ahora de la eternidad divina y nuestro tiempo: por eso, Dios está predestinando al hombre a la vez que el hombre realiza su predestinación. Desde la perspectiva divina no existe anterioridad con respecto a los sucesos temporales, sino estricta simultaneidad, y desde la perspectiva del hombre no existe la predestinación hasta que éste no vive su existencia temporal.

3. *Nadie se salva por sí mismo* ni puede realizar bien alguno sin la ayuda de Dios. En el orden del bien y de la salvación, la

---

[47]E. LLamas Martínez: o. c., pág. 50.

iniciativa de Dios es absoluta. El que se salva lo hace porque ha sido ayudado por Dios.

4. *Dios respeta la libertad del hombre*, incluso bajo el influjo de su gracia. El ser humano puede resistir a Dios y Dios no salva al que no quiere ser salvado.

   - Desde Dios, existe la predestinación de algunas creaturas a la gloria, pero esa elección es simultáneamente al tiempo. Hay también una reprobación en sentido análogo de algunas creaturas que tampoco dice anterioridad con relación a su realización en el tiempo. Ambas no anulan la libertad del hombre, porque por parte del hombre su predestinación o reprobación no son anteriores al uso de su libertad, sino que se realizan simultáneamente con ella.

   - La predestinación a la gracia y a la gloria en sentido adecuado y total, podrían considerarse como independientes del mérito del hombre, pues Dios, en su eterno presente, llama libremente al comienzo de la fe y libremente otorga la libertad primera y la última gracia. Pero la predeterminación en su realización temporal tiene en cuenta los méritos del hombre por lo que el que se salva lo hace por haber acogido la gracia de Dios con su libertad.

   - La reprobación positiva supone los demeritos previstos del hombre y se realiza en el tiempo, simultáneamente a esos deméritos. Dios no determina ni ordena a nadie al pecado.

5. *La predestinación es cierta e infalible.*

Parte IV

La gracia habitual

Este concepto tiene diferentes significados:

1. *Un sentido amplio* que abarcaría a todo don sobrenatural que recibe el hombre y se inhiere en su alma como una cualidad permanente. Por eso abarcaría la gracia santificante, las virtudes infusas, los dones del Espíritu Santo, la inhabitación de la Trinidad, etc.

2. *Un sentido estricto* es el conocido como gracia santificante, que es el que ahora nos va a ocupar. En la Edad Media se denominó "gratia gratum faciens", o simplemente "gracia". En Trento se llamó como "gracia de la justificación".[48]

Recordemos que la gracia *habitualis*[49] se considera un hábito o cualidad permanente y sobrenatural que santifica intrínsecamente al hombre y lo hace justo y grato a Dios.

Se distingue así de la gracia *actualis* que estudiamos antes, llamada también *auxiliadora* o *de asistencia*, que es un influjo sobrenatural pero transitorio de Dios sobre las potencias del alma para realizar una acción saludable que tienda, bien a la consecución de la gracia santificante, o bien a la conservación y crecimiento de la misma.

En el proceso de la justificación (esto es, la amistad plena con Dios que elimina el pecado) ambos tipos de gracia tienen su papel propio. En efecto, la gracia no suele llegar al hombre de manera tal que desde el primer instante el hombre se deje transformar por la acción divina. Normalmente hay un proceso en el que la gracia se insinúa como una serie de mociones divinas que, iluminando la mente y moviendo la voluntad humanas, invitan al hombre a dejar la vida de pecado y convertirse a la vida divina. Esta es la "gracia actual", el inicio de la

---

[48]Cfr. D. S. 1553, 1567, 1580.

[49]También denominada por lo que se acaba de recordar, *gracia santificante* o *gracia justificante*.

amistad con Dios, por la cual el hombre es ya introducido a la vida divina, pero de forma parcial y no plena, que prepara la conversión plena y definitiva que es la santificación total del hombre.[50]

Por su parte, el estado de la gracia *habitual o santificante*, por la que el hombre queda totalmente integrado en Dios, amándole sobre todas las cosas (justificación), es la gracia en plenitud, la comunicación de Dios al hombre por la que éste queda constituido en hijo suyo y libre de pecado. Esta gracia santificante tiene una doble dimensión: por un lado, la inhabitación de Dios en el hombre (*gracia increada*); por otro, su efecto permanente y transformante, por lo cual el hombre es una nueva creatura transformado en Cristo (*gracia creada*). La gracia increada (Dios mismo que se da) tiene absoluta prioridad sobre la gracia creada (la transformación que el hombre experimenta por el hecho de que Dios habita en él).

Para conocer el misterio de la gracia habitual conviene estudiar su existencia y naturaleza (en sí misma y en sus efectos), su origen o proceso de la justificación (preparación de los adultos para ser justificados), sus propiedades (incremento, pérdida e incertidumbre) y su fruto (el mérito).[51]

---

[50]Después de recibir la gracia santificante, las gracias actuales cooperan a su conservación y crecimiento.

[51]Cfr. Santo Tomás de Aquino: *Summ. Theol.*, I^a–II^{ae}, qq. 112–113; San Buenaventura: *In 2 Sent*, dist. 26, qq. 1–6; Scotus: *In 2 Sent.* dist. 26–27; Aegidius Romanus: *In libros Sententiarum*, 2, 26; Suárez: *De gratia* 1, 6–9; 1–11; R. Bellarmine: *De iustificatione impii libri quinque*; Salmanticenses: *Cursus theologicus*, tr. 15 dist. 1–4; P. Lombard: *Sent.*, 2, 26; Berti: *De theologicis disciplinis*, 1, 19, c. 1–5 and 9; H. Lange: *De gratia...*, cit., págs. 311–487; Lennerz: *De gratia Redemptoris* págs. 74–133; J. Riviere: *Justification*, DTC, VIII, cols. 2042–2227; J. V. de Meersch: *Grace sanctficante*, DTC, VI, 1604–1636; E. Tobac: *Grace*, en "A d'Alès, Dictionnaire Apologétique de la Foi Catholique" 2, Paris, Beauchesne, 1911–1924, págs. 224ss. En cada capítulo se puede encontrar, además, referencias específicas a su contenido.

Capítulo 16

Naturaleza de la gracia habitual

16.1 Existencia

Que los hombres se dividen en justos y pecadores es una verdad de fe[1] que se explica por la existencia en los primeros de la gracia habitual y su ausencia en los segundos.

Todo hombre nace con un pecado mortal, privado de la santidad originaria (gracia santificante, habitual, justicia original) querida por Dios para la humanidad en Adán y Eva, pero que perdieron por el pecado original que cometieron ("pecado original originante"). La naturaleza humana quedó privada de los dones sobrenaturales, y esta situación fue heredada por todos sus descendientes. Todo hombre, pues, llega a este mundo con el pecado original (denominado "originado"), en estado de deudor para con Dios, como injusto ante Él, sin la gracia santificante.

---

[1]Cfr. J. Ibáñez y F. Mendoza: *Dios santificador...*, cit., pág. 162.

Cristo, por medio de la Redención, nos regaló de nuevo la posibilidad de recuperar la gracia sobrenatural, de obtener la gracia santificante perdida, de presentarse y ser justo ante Dios (justificado) con aquel don que Él desea que tenga todo hombre. La obra de Cristo restaura realmente la naturaleza caída y la transforma en naturaleza redimida con una verdadera remisión de los pecados y no una mera no–imputación de los mismos. Es más, las gracias obtenidas por Jesucristo nos colocan en una situación mejor que la originaria de nuestros primeros padres, por lo que la Iglesia canta que aquella culpa de Adán y Eva fue en realidad un acontecimiento feliz, como aparece en el pregón pascual de la Misa de la Vigilia Pascual: *O felix culpa quae talem et tantum meruit habere redemptorem.*

Hay por tanto hombres que son realmente pecadores (sin gracia santificante o habitual) y hombres que son realmente justos (santos con la gracia santificante o habitual).

Esta distinción es clara en toda la Sagrada Escritura donde se contrapone el estado de pecador al del justo: "el pecador El impío (pecador) busca insidias contra el justo, hace rechinar sus dientes contra él" (Sal 37:12); "No he venido a llamar a los justos, sino a los pecadores a la penitencia" (Lc 5:32); "Pues como por la desobediencia de un solo hombre todos fueron constituidos pecadores, así también por la obediencia de uno solo todos serán constituidos justos" (Ro 5:19); *passim.*

La realidad de la justificación se sostiene sobre la base de que su naturaleza es algo real en el hombre, y no algo extrínseco, como afirma el protestantismo. ¿Pero qué clase de realidad tiene la gracia habitual o santificante? Es una forma inherente accidental, que no puede ser la gracia increada (por la que Dios es santo) ya que entonces tendría que ser una forma substancial. Se trata pues de un don creado por Dios distinto de la gracia divina substancial por la que Dios es santo.

Santo Tomás de Aquino prueba la realidad de la gracia creada inherente al hombre sobre la base de que todo ser lo es por cierta forma inherente, pero en este caso se trata de una forma accidental de su naturaleza.

La distinción clara entre justos y pecadores fue rechazada por el protestantismo con su tesis del "simul iustus et peccator". Todo hombre es y permanece pecador, pero algunos no son considerados como tales por la misericordia de Dios aunque lo sigan siendo.[2] En efecto, para los reformadores la naturaleza humana quedó totalmente corrompida por el pecado original lo que se manifiesta en la permanencia de la concupiscencia incluso después del bautismo.[3] Por eso, consideran que la justificación es meramente un acto judicial ("actus forensis") por el que Dios declara justo al pecador aun cuando éste permanezca en su interior injusto y pecador, por lo que no es una verdadera remisión de los pecados, sino una simple no–imputación o encubrimiento de los mismos. No existe una renovación o santificación internas en el cristiano, sino la imputación externa de la justicia de Cristo por la que Dios no quiere considerar nuestra real injusticia, pecado y corrupta naturaleza. La condición subjetiva de la justificación es la "fe fiducial", la confianza del hombre, unida a la certidumbre de su salvación, en que Dios misericordioso le perdona los pecados por amor a Cristo.[4]

El Concilio de Trento declaró la verdadera doctrina y condenó las tesis protestantes.[5] Existen hombres pecadores y justos. En efecto, la justificación es el "traslado del estado en que el hombre nació como hijo del primer Adán, al estado de gracia y de adopción de los hijos

---

[2]Por lo que, en realidad, son sólo "aparentemente" justos.

[3]El pecado original para el protestantismo consiste formalmente en la misma concupiscencia.

[4]Cfr. *Conf. Aug.* y *Apol. Conf.*, art. 4; *Art. Smalc.*, P. 111, art. 13; *Formula Concordiae*, P. 11, c. 3.

[5]Cfr. D. S. 1515, 1561.

de Dios (Ro 8:15) por medio del segundo Adán, Jesucristo, Salvador nuestro".[6] Tiene dos aspectos: el negativo según el cual la justificación es verdadera remisión de los pecados, y el positivo según el cual es una renovación y santificación del hombre interior: "la justificación misma que no es sólo remisión de los pecados (Can. 1), sino también santificación y renovación del hombre interior, por la voluntaria recepción de la gracia y los dones, de donde el hombre se convierte de injusto en justo y de enemigo en amigo, para ser heredero según la esperanza de la vida eterna (Tit 3:7)".[7]

16.2 Naturaleza de la gracia santificante o habitual

La naturaleza de la gracia santificante viene determinada por los siguientes rasgos:[8]

1. Es un don sobrenatural *infuso e intrínsecamente inherente al alma*, es decir, no se trata de un favor permanente *externo* por el que Dios considera al hombre agradable a sus ojos, sino una

---

[6]"Translatio ab eo statu, in quo homo nascitur filius primi Adae, in statum gratiae et adoptionis filiorum Dei per secundum Adam Iesum Christum salvatorem nostrum" (D. S. 1524).

[7]"Iustificatio ipsa consequitur, quae non est sola peccatorum remissio (can. 11), sed et sanctificatio et renovatio interioris hominis per voluntariam susceptionem gratiae et donorum, unde homo ex injusto fit justus et ex inimico amicus, ut sit 'heres secundum spem vitae aeternae' (Tit 3:7)" (D. S. 1528).

[8]Cfr. Santo Tomás de Aquino: Summ. Theol. I^a–II^{ae}, q. 110, a. 1–3; L. Lercher–F. Lakner: *De gratia Christi*, cit., págs. 73–78; B. Beraza: *De gratia...*, cit., págs. 720–744, 750–757; H. Lange: *De gratia...*, cit., págs 369–388; J. Ibáñez y F. Mendoza: *Dios santificador...*, cit., págs. 198–210; S. González Rivas: o. c., págs. 125–134; L. Ott: *Manual...*, cit., págs. 390–393.

realidad positiva sobrenatural sobreañadida al alma del hombre justificado.

2. Es *principio de vida sobrenatural*, es decir, fundamento de todos los efectos que conlleva la justificación.

3. Es un don creado, *distinto del Espíritu Santo*. La labor de la Tercera Persona trinitaria con respecto al alma es doble:

   - Eficientemente, derrama en nosotros la caridad.

   - Terminativamente, inhabita en el hombre justificado.

   Pero no santifica formalmente al hombre justificado ya que la única causa formal de la justificación es la justicia de Dios, no por la que Él es justo, sino con la que nos hace a nosotros justos, esto es, somos renovados en el espíritu de nuestra mente y no sólo somos reputados justos, sino que verdaderamente nos llamamos y lo somos.[9]

4. Es un don que *permanece físicamente*, y no algo pasajero o transitorio.

5. Es una *cualidad del alma*, por lo que no es una sustancia, sino *un accidente*.

6. Es *distinta de la caridad* como virtud. Es un hábito entitativo más bien que operativo.

Veamos esos rasgos.

---

[9] D. S. 1528.

16.2.1 Don inherente al alma y principio de vida sobrenatural

Es un don real que verdaderamente e intrínsecamente santifica al hombre, que queda renacido, recreado y restituido realmente a su estado de justicia. Es una verdad de fe divina y católica definida en el Concilio de Trento.[10] A este nuevo modo de ser corresponde un nuevo modo de operar; esta nueva vida sobrenatural es principio de operaciones sobrenaturales.

En la Biblia encontramos múltiples declaraciones en este sentido, con expresiones diferentes: nuevo nacimiento ("nacido de Dios", 1 Jn 5:1, "nacer del agua y del Espíritu", Jn 3:5); regeneración ("lavatorio de la regeneración y renovación del Espíritu Santo", Tit 3:5); nueva creación ("nueva creatura", Ga 6:15; 2 Cor 5:17), "creados en Cristo Jesús" (Ef 2:1); renovación interna (Ef 4:23.); santificación (1 Cor 6:11); traslado del estado de muerte al estado de vida (1 Jn 3:14); del estado de tinieblas al estado de luz (Col 1:13; Ef 5:8); asociación permanente del hombre con Dios (Jn 14:23; 15:5); participación de la divina naturaleza (2 Pe 1:4).

Los Santos Padres concebían el perdón de los pecados como verdadero perdón y desaparición de los mismos. La santificación que produce la justificación es designada como "divinización" ($\theta\epsilon\iota\omega\sigma\iota\varsigma$). San Agustín rechaza la idea de que el bautismo sólo "raspara" los pecados y no los quitase completamente.[11] Por otro lado sostiene que la justicia de Dios de la que habla San Pablo es aquélla con la que nos hace justos a nosotros, y no con la que Él es justo.[12] Por su parte,

---

[10]Cfr. J. Ibáñez y F. Mendoza: *Dios santificador...*, cit., pág. 200.

[11]San Agustín: *Contra duas ep. Pelag.*, 1, 13, 26 (P. L. 44, 976).

[12]Es contrario a la verdad y santidad divinas que Dios declare justo al pecador si éste sigue estando internamente en pecado. San Agustín: *De gratia Christi*, 13, 14 (P. L. 44, 367).

San Juan Crisóstomo al explicar los nombres que recibe el bautismo, insiste en que no se llama lavatorio de la remisión de los pecados, ni de purificación, sino "lavatorio de regeneración" porque no sólo perdona los pecados y delitos, sino que lo hace como si fuéramos engendrados de nuevo.[13]

Los protestantes, por el contrario, concebían la justificación como la mera no imputación de los pecados por la imputación de la justicia de Cristo. Es algo exterior y no interior al hombre. En el hombre no hay ningún cambio interior. Sigue siendo pecador.

El Concilio de Trento condenó la posición protestante:

> "La justificación misma que no es sólo remisión de los pecados (can. 11), sino también santificación y renovación del hombre interior, por la voluntaria recepción de la gracia y los dones, de donde el hombre se convierte de injusto en justo y de enemigo en amigo, para ser heredero según la esperanza de la vida eterna (Tit 3:7). Las causas de esta justificación son:...la única causa formal es la justicia de Dios, no aquélla con que Él es justo, sino aquélla con que nos hace a nosotros justos[14] (can. 10 y 11), es decir, aquélla por la que, dotados por Él, somos renovados en el espíritu de nuestra mente y no sólo somos reputados, sino que verdaderamente nos llamamos y somos justos".[15]

> "Si alguno dijere que los hombres se justifican o por sola imputación de la justicia de Cristo o por la sola remisión de los pecados, excluida la gracia y la caridad que se difunde en sus corazones por el Espíritu Santo y les

---

[13]San Juan Crisóstomo: *Cath. prima*, 4 (P. G. 49, 227).

[14]San Agustín: *De Trin.*, 14, 12, 15 (P. L. 42, 1048).

[15]D. S. 1528–1529.

queda inherente; o también que la gracia, por la que nos justificamos, es sólo el favor de Dios, sea anatema".[16]

Santo Tomás prueba la realidad de la gracia como algo inherente al alma y principio de su ser sobrenatural, en el hecho de que es efecto del amor de Dios por el hombre, que le regala un ser natural en relación con las realidades creadas, pero también otorga un ser sobrenatural como un bien especial que le eleva a la participación de la naturaleza divina. Tanto lo natural como lo sobrenatural son bienes reales, realidades, que están en el hombre, y no meras imputaciones externas:

"Patet igitur quod quamlibet Dei dilectionem sequitur aliquod bonum in creatura causatum quandoque, non tamen dilectioni aeternae coaeternum. Et secundum huiusmodi boni differentiam, differens consideratur dilectio Dei ad creaturam. Una quidem communis, secundum quam diligit omnia quae sunt, ut dicitur Sap. XI; secundum quam esse naturale rebus creatis largitur. Alia autem est dilectio specialis, secundum quam trahit creaturam rationalem supra conditionem naturae, ad participationem divini boni. Et secundum hanc di-

"Es, pues, manifiesto que cualquier acto del amor divino induce en la criatura un bien, que se produce en un momento del tiempo, aunque el amor divino es eterno. Y así, según las diferencias de este bien, podemos inferir la existencia de un doble amor de Dios a la criatura. Uno común, en cuanto ama todas las cosas que existen, según se dice en Sab 11:25, por el que otorga a las cosas creadas su ser natural. Otro especial, por el que eleva la criatura racional sobre su condición natural haciéndola partícipe del bien divino. Y éste es el amor con el que se puede decir que

---

[16]Canon 11 (D. S. 1561).

lectionem dicitur aliquem dili-
gere simpliciter, quia secundum
hanc dilectionem vult Deus simpliciter creaturae bonum aeternum, quod est ipse. Sic igitur per
hoc quod dicitur homo gratiam
Dei habere, significatur quiddam
supernaturale in homine a Deo
proveniens".[17]

Dios ama a alguien absolutamente, porque en este caso Dios quiere absolutamente para la criatura
el bien eterno, que es él mismo.
Así, pues, cuando se dice que el
hombre tiene la gracia divina se
entiende que en él hay una realidad sobrenatural que proviene de
Dios".

16.2.2 Distinta del Espíritu Santo

La gracia es un don creado distinto del Espíritu Santo. No es algo
increado, no es la Persona del Espíritu Santo. Es una verdad considerada como teológicamente cierta,[18] consecuencia de que la gracia
habitual es una realidad sujeta a crecimiento o perfeccionamiento, lo
que hace imposible que se identifique con la tercera Persona de la
Santísima Trinidad.

En principio, lo que nos renueva internamente cuando somos justificados podría ser el mismo Espíritu Santo, o algo producido por Él
y por tanto distinto de Él, o por ambas realidades a la vez. Sin embargo, hay que afirmar que la gracia santificante es algo creado y no el
Espíritu Santo. Es cierto que el Espíritu santifica *de un modo eficiente*
dándonos la caridad, y en un *modo terminativo*, por su inhabitación
en el alma del justo. Pero *no nos santifica formalmente* porque, como dice Trento, la única causa formal de nuestra justificación es la
justicia divina, no por la que Él es justo, sino por la que nos hace a

---

[17]Santo Tomás de Aquino: *Summ. Theol.*, Iᵃ–IIᵃᵉ, q. 110, a. 1, co. Cfr. *In Sent.*, 2,
dist. 26, a. 1; *De verit*, q. 27, a. 1; *Cont. Gentes* 3, 150.

[18]Cfr. J. Ibáñez y F. Mendoza: *Dios santificador...*, cit., pág. 202; S. González
Rivas: o. c., pág. 126.

nosotros justos.[19] Por lo que el problema no es sobre el origen de la gracia (si lo tiene por creación o por educción de la potencia objetiva del alma),[20] sino sobre si la gracia es la misma persona del Espíritu Santo o un don producido por Dios pero distinto de Él.

Cuando la Sagrada Escritura habla sobre la realidad de la gracia santificante en los justos, siempre se presenta como "sello", "prenda", "semilla", "arras", es decir como efecto de la acción de Dios en el alma. En cambio la acción de Dios sobre el justo se califica como acción de sellar ("Dios nos ha sellado", "en Cristo fuisteis sellados" "en el Espíritu Santo habéis sido sellados"), donación de la prenda ("Dios ha depositado las arras del Espíritu") o depósito de la semilla de vida eterna ("la simiente de Dios permanece en él"). Cfr. 2 Cor 1: 21–22; Ef 1: 13 ss.; 4:30; 1 Jn 3:9. Se ve clara la distinción entre el efecto (gracia habitual) y el que sella (Dios). La gracia habitual es, pues, distinta del Espíritu Santo.

En la misma línea de pensamiento se expresan los Santos Padres y Escritores eclesiásticos. Orígenes, por ejemplo, declara que, "aunque muchos santos participan del Espíritu Santo, no puede entenderse que el Espíritu Santo sea como un solo cuerpo que se divide en partes corporales que recibe cada uno de los santos, sino que es una virtud que perfecciona santificando, de la que se dice que participan todos los que merecieron la gracia santificante".[21] San Basilio, utiliza la comparación con el sol: "El Espíritu está presente según la capacidad de cada uno, como el sol; e infunde a cada uno gracia suficiente e íntegra,

---

[19]D. S. 1529.

[20]La opinión que señala el modo de creación fue común entre los teólogos desde el s. XIII al XVI (así San Buenaventura, H. Gandavensis, Paludano, Tomás de Argentina, Capreolo, Biel, Vitoria, A. de la Vega, etc.), y la que sustenta la educción, desde ese siglo hasta el s. XX (B. de Medina, Molina, G. de Valencia, Vázquez, Báñez, Ledesma, Lorca, Curiel, Suárez, Juan de Santo Tomás, Gonet, Goudin, Billuart, etc.).

[21]Orígenes: *Peri Arjón*, l. 1, c. 1, n. 3 (P. G. 11, 122).

pero participada por cada uno al que se le otorga en la medida que lo permite su naturaleza, no en cuanto a lo que Él puede".[22] El mismo transfondo teológico se encuentra en las enseñanzas de San Ambrosio, al mostrar cómo somos sellados por el Espíritu Santo, para que podamos tener su esplendor e imagen, y podamos tener la gracia.[23] San Cirilo de Alejandría explica que el Espíritu Santo derrama en nosotros una forma divina a través de la santificación y la justicia.[24] San Agustín utiliza la comparación entre la luz que ilumina y lo que es iluminado para distinguir la justicia justificadora que nos hace justos, y la justicia que es producida por la justificación.[25]

La distinción entre gracia habitual y el Espíritu Santo fue negada por Pedro Lombardo al considerar que tal gracia no es sino el Espíritu Santo que se une como causa formal en el alma del justo. En efecto, para el Maestro de las Sentencias la gracia santificante es la caridad.[26] La caridad es el mismo Espíritu Santo quien efectúa el acto de la caridad por Sí mismo e inmediatamente en el alma, mientras que los actos de esperanza y fe son actuados por el Espíritu, pero no inmedia-

---

[22]San Basilio: *De Spiritu Sancto*, 9, 22 (P. G. 32, 109).

[23]San Ambrosio: *De Spiritu Sancto*, 1, 6, 77 (P. L. 16, 723); *Hexameron*, 6, 7, 42 (P. L. 14, 258).

[24]San Cirilo de Alejandría: *Commentarius in Isaiam Prophetam*, Oratio II (P. G. 70, 936).

[25]San Agustín: *De Spiritu et Littera* (P. L. 44, 209); *Confesiones*, 12, 15, 20 (P. L. 32, 833)

[26]Pedro Lombardo: *Sent.* I. dist. 17, c. 6, n. 159. Como explica Santo Tomás: "Magister tamen vult quod caritas non sit aliquis habitus creatus in anima; sed quod sit tantum actus qui est ex libero arbitrio moto per spiritum sanctum, quem caritatem dicit".

tamente, sino mediatamente a través de los hábitos correspondientes de la fe y de la esperanza.[27]

Sin embargo, Santo Tomás, prueba la distinción de la gracia habitual con la gracia increada, partiendo de la consideración de que todo ser, lo es por cierta forma inherente. De ello se deduce que si el ser humano ha sido justificado es porque ha recibido un nuevo ser de santificación, lo que supone el tener una nueva forma inherente que dé razón del mismo. Ahora bien, tal forma no puede ser substancial, porque ya la tiene como ser humano, por lo tanto tiene que ser forma accidental:

"Caritas sit habitus creatus. Constat enim quod omne esse a forma aliqua inhaerente est, sicut esse album ab albedine, et esse substantiale a forma substantiali. Sicut igitur non potest intelligi quod paries sit albus sine albedine inhaerente; ita non potest intelligi quod anima sit bona in esse gratuito sine caritate et gratia informante ipsam. Similiter etiam, cum actus proportionetur potentiae operativae sicut effectus propriae causae, impossibile est intelligere quod ac-

"La caridad es un hábito creado. Porque es cierto que todo ser lo es por alguna forma inherente, como el ser blanco es por la blancura, y el ser sustancial por la forma sustancial. Por lo tanto, así como el ser blanco de una pared no puede ser entendido sin la blancura inherente a ella, del mismo modo el ser bueno del alma del ser que ha recibido libremente la gracia, no puede ser entendido sin la gracia y la caridad que la informan. De la misma manera, también, así como un acto es proporcionado al poder activo como un efecto es proporcionado a su propia causa, del mismo modo es imposible entender que un acto per-

---

[27]También siguieron la misma opinión otros teólogos como Hugo de San Victor o Martín Legionensis. Más cercanos a nosotros, siguieron una tesis parecida Stattler, Hermes y Kuhn.

tus perfectus in bonitate sit a potentia non perfecta per habitum; sicut etiam calefacere non potest esse ab igne nisi mediante calore".[28]	fecto en bondad pueda producirse de un poder que no esté perfeccionado por un hábito, del mismo modo que el calor no puede producirse de un fuego, al menos que éste caliente".

Desde ahí se concluye que la gracia santificante no es la misma gracia increada (Espíritu Santo), porque entonces tendría que ser en el hombre una sustancia (porque en Dios no hay accidentes), lo que sería contradictorio con la necesidad de que en el hombre haya un único ser sustancial (el alma es la forma sustancial del cuerpo y coprincipio del ser humano; el alma humana es única, relativa y numéricamente).[29]

Trento afirma, por un lado, que lo que nos hace justos no es la misma justicia de Dios, sino algo que recibimos en nosotros mismos, que es diferente en cada ser humano, y cuya medida depende de las disposiciones de cada uno.[30] Lo que parece suponer la distinción real entre gracia y Espíritu Santo.[31]

Por otro lado, el mismo Concilio, en varias ocasiones, enseña que la gracia habitual está sujeta a aumento y perfeccionamiento, lo cual es incompatible, como ya se señaló, con su identidad con el Espíritu

---

[28]Santo Tomás de Aquino: *In I Sent.*, d. 17, q. 1, a. 1.

[29]Cfr. Juan A. Jorge: *Creación y elevación*, cit., vol 2, págs. 127–188.

[30]Cfr. cap. 7 (D. S. 1529); canon 11: "Si alguno dijere que los hombres se justifican o por sola imputación de la justicia de Cristo o por la sola remisión de los pecados, excluida la gracia y la caridad que se difunde en sus corazones por el Espíritu Santo y les queda inherente..., a. s." (D. S. 1561).

[31]Esta doctrina estaría corroborada por el hecho de que en una nota propuesta en el Concilio Vaticano se sostenía que era una verdad definida en Trento, o al menos que se deducía manifestamente de sus documentos, considerando herejía la opinión contraria. Cfr. *Acta et Decreta sacrorum Conciliorum Recentiorum Collectio Lacensis*, 7, 517 ss.

Santo que es plenitud de infinitud. Como la gracia es distinta de Dios, es una realidad creada:

> "La única causa formal es la justicia de Dios, no aquélla con que Él es justo, sino aquélla con que nos hace a nosotros justos (Can. 10 y 11)..., verdaderamente nos llamamos y somos justos, al recibir en nosotros cada uno su propia justicia, según la medida en que el Espíritu Santo la reparte a cada uno como quiere (1 Cor 12:11) y según la propia disposición y cooperación de cada uno".[32]

> "Si alguno dijere que la justicia recibida no se conserva y también que no se aumenta delante de Dios por medio de las buenas obras, sino que las obras mismas son solamente fruto y señales de la justificación alcanzada, no causa también de aumentarla, sea anatema".[33]

> "Justificados, pues, de esta manera y hechos amigos y domésticos de Dios (Jn 15:15; Ef 2:19)..., crecen en la misma justicia, recibida por la gracia de Cristo, cooperando la fe, con las buenas obras (San 2:22), y se justifican más (Can. 24 y 32), conforme está escrito: El que es justo, justifíquese todavía (Ap 22:11), y otra vez: No te avergüences de justificarte hasta la muerte (Eco 18:22), y de nuevo: Veis que por las obras se justifica el hombre y no sólo por la fe (San 2:24). Y este acrecentamiento de la justicia pide la Santa Iglesia, cuando ora: Danos, Señor, aumento de fe, esperanza y caridad (Dom. 13 después de Pentecostés)".[34]

---

[32] D. S. 1529.

[33] Can. 24. (D. S. 1547).

[34] D. S. 1535.

16.2.3 Es cualidad del alma que permanece físicamente

La gracia habitual es una cualidad del alma *permanente* y *física*, y no una serie continua de gracias actuales. Lo cual es consecuencia de las verdades estudiadas antes sobre la renovación y santificación que la gracia habitual produce en el justificado, que es una realidad verdaderamente *física* y por tanto no una realidad simplemente moral, como pueden ser los derechos o las obligaciones, ni una mera no imputación en sentido protestante; y es realidad *permanente* al ser un verdadero estado y no un mero acto que continua existiendo en su realidad física, incluso cuando los actos del entendimiento y la voluntad no se ejercen.

Así lo sugieren los textos de la Sagrada Escritura cuando sostienen que la justificación es una verdadera regeneración, como examinamos más arriba (cfr. Tit 3:5), o cuando se llama a la gracia una "semilla", "arras" o "sello" (1 Jn 3:9; Ef 1: 13–14). Todo indica que es una realidad físicamente permanente

Ya se aprecia esta característica de la gracia habitual en algunos de los Santos Padres, que la consideran no sólo como distinta del Espíritu Santo, sino también como una realidad físicamente permanente en el alma del justo. Así, por ejemplo, ocurre con San Basilio: "Lo mismo que el arte se encuentra en aquél que lo ha alcanzado, así también ocurre con la gracia que da el Espíritu en quien la recibe, que está siempre presente, aunque no obre continuamente".[35] San Cirilo de Alejandría califica la gracia como "la cualidad de santificación y una imagen divina".[36] San Ambrosio utiliza la metáfora de un cuadro pintado por el Señor: "¡Oh, hombre! has sido adornado por el Señor tu Dios. Tienes un buen artista y pintor. No destruyas la buena pin-

---

[35]San Basilio: *De Spiritu Sancto*, 26, 61, 51 (P. G. 32, 179).

[36]San Cirilo: *Homiliae paschales*, hom 10, n. 2 (P. G. 77, 617); cfr. *In Isaiam commentarius*, 4, 2 (P. G. 70, 936.)

tura, que brilla no con falsedad, sino con verdad, expresada no con cera, sino con gracia".[37] Y en sentidos parecidos encontramos otras expresiones en San Agustín.[38]

Se considera que es una verdad teológicamente cierta,[39] que se deduce de los textos sobre la justificación tridentinos, que afirman que la gracia santificante se infunde, se conserva, se aumenta y se pierde, por lo que no puede consistir en algo transitorio y pasajero tal como actos o gracias actuales,[40] ni tampoco algo moral, sino que ha de ser físicamente permanente, del género del accidente cualidad.

En efecto, los textos magisteriales de *Decreto de Justificación* tridentino se sustentan sobre lo dicho, como reconoce el *Catecismo Romano*: "La gracia, según decretó el Concilio tridentino que creyéramos todos..., es una cualidad divina inherente al alma".[41]

"En la justificación misma, juntamente con la remisión de los pecados, recibe el hombre las siguientes cosas que a

---

[37]San Ambrosio: *Hexaemeron*, 6, 8, 46 (P. L. 14, 260). Cfr. 6, 7, 42 (P. L. 14, 258); *De Spiritu Sancto*, 1, 6, 77 (P. L. 16, 723).

[38]San Agustín: *De peccatorum meritis et remissione*, l. 1, c. 9, n. 10 (P. L. 44, 114); *De spiritu et littera*, 27, 47 (P. L. 44, 229).

[39]Y la opinión contraria sería "temeraria". Cfr. J. Ibáñez y F. Mendoza: *Dios santificador...*, cit., pág. 205; S. González Rivas: o. c., pág. 128; L. Ott: *Manual...*, cit., pág. 390–391.

[40]Posición sostenida, por ejemplo, por Pighius (+1542) al afirmar que la gracia santificante consistía en una serie continua de gracias actuales (*De libero arbitrio*, 1, 5). I. Morinus (+1659) por su parte defendió como probable que el estado de justificación consistiría en un complejo de gracias actuales, lo que consideraba una consecuencia de su negación a considerar que cualquier gracia infusa fuera algo físicamente permanente (*Commentarius historicus de disciplina sacramenti paenitentiae* 8,2,5).

[41]*Catechismus Romanus*, p. 2, cap. 2, q. 49.

la vez *se le infunden*, por Jesucristo, en quien es injertado: la fe, la esperanza y la caridad".[42]

"Hay que afirmar también contra los sutiles ingenios de ciertos hombres que por medio de dulces palabras y lisonjas seducen los corazones de los hombres (Ro. 16:18), que no sólo por la infidelidad (Can. 27), por la que también se pierde la fe, sino por cualquier otro pecado mortal, *se pierde* la gracia recibida de la justificación, aunque no se pierda la fe (Can. 28)".[43]

"Justificados, pues..., *crecen* en la misma justicia, recibida por la gracia de Cristo, cooperando la fe, con las buenas obras (San 2:22), y se justifican más (Can. 24 y 32), conforme está escrito: El que es justo, justifíquese todavía (Ap 22:11), y otra vez: No te avergüences de justificarte hasta la muerte (Eco 18:22), y de nuevo: Veis que por las obras se justifica el hombre y no sólo por la fe (San 2:24). Y este acrecentamiento de la justicia pide la Santa Iglesia, cuando ora: Danos, Señor, aumento de fe, esperanza y caridad".[44]

"Si alguno dijere que la justicia recibida no se *conserva* y también que no se *aumenta* delante de Dios por medio de las buenas obras, sino que las obras mismas son solamente fruto y señales de la justificación alcanzada, no causa también de aumentarla, sea anatema".[45]

---

[42]Cap. 7 (D. S. 1530).

[43]Cap. 15 (D. S. 1544).

[44]Cap. 10 (D. S. 1535).

[45]Can 24 (D. S. 1574).

El rechazo de la tesis de la justificación como una mera no–imputación, afirmando su realidad como una forma accidental en la sustancia del alma, supone la realidad de la gracia como un verdadero estado, algo permanente (no un puro acto) y físico (no un mero obrar moral).[46]

También en el Concilio Vaticano I se propuso que la doctrina contraria a la permanencia física de la gracia habitual se condenara como herética porque tal permanencia estaba claramente definida en el decreto de la justificación o al menos se deducía claramente de sus definiciones.[47]

El Santo de Aquino distingue el modo como Dios actúa en la acción de cualquier ser (el concurso divino) con el modo cómo actúa para la perfección de la acción, porque en relación con la necesidad, la contingencia, la perfección y realidades parecidas, la acción sigue las condiciones de la causa próxima (el hombre), y no las de la causa primera (Dios). Por lo que no puede entenderse que haya una acción perfecta de la voluntad por la que ésta está unida al Espíritu Santo, a menos que uno entienda que existe también un hábito perfectivo en

---

[46]Conviene recordar, que siendo la doctrina tridentina claramente "cierta", sin embargo hubo una polémica sobre si habría que considerarla también como "doctrina definida". Para algunos teólogos, no lo es porque sólo trató del tema de pasada (D. Soto: *De natura et gratia* 2, 17–19; *In 4*, dist. 1, q. 3, a. 1; Cano: *De locis theologicis* 7, 1; Salmanticenses: *De gratia*, d. 4, n. 19; Báñez: *In 2, 2*, q. 23, a. 2; Ioannes Vicente: *Relectio de gratia Christi*, concl. 6; N. Del Prado: *De gratia et libero arbitrio*, 1, 153s.). Para otros teólogos si se puede defender como definida, no sólo por el sentido de algunas de sus expresiones, sino también porque en la Actas del Concilio (Pallavicini: *Concilii Tridentini historia* l. 8, c. 13, n. 13; c. 14, n. 3) aparece que esa era la mente de los padres conciliares (Vega: *De iustificatione*, 7, 24; Suárez: *De gratia* 6,3,6; Belarmino: *De gratia et libero arbitrio*, 1, 3; Valencia: p. 2, d. 4, q. 3 punct. 4; Ripalda: *De ente supernaturali* 1. 6 disp. última, s. 2 n. 25–33).

[47]*Acta et Decreta sacrorum Conciliorum Recentiorum Collectio Lacensis*, 7, 517 y 661.

el mismo poder activo del hombre; ni puede un acto de la voluntad ser algo semejante al Espíritu Santo, al menos que la semejanza con el Espíritu Santo esté en el alma por medio de alguna forma, que sea el principio del acto por el que éste sea conformado con el Espíritu Santo.[48]

Por eso, el Aquinate explica que la gracia es una cualidad del alma, distinguiendo los dos modos que tiene el hombre de recibir la ayuda gratuita de Dios: en cuanto el alma es movida por Dios a conocer, querer u obrar algo en un momento concreto (lo que no es una cualidad, sino un movimiento del alma); y en cuanto infunde en su alma un don habitual que es la gracia para poder conseguir el bien sobrenatural eterno con suavidad y prontitud de un modo ordinario y perseverante. El Aquinate recurre a la comparación de la acción de Dios sobre los actos naturales del hombre: lo mismo que ocurre en el orden natural, donde Dios no sólo mueve, sino que pone en el hombre formas o virtudes que son los principios de los actos humanos, también en el orden sobrenatural infunde formas o cualidades sobrenaturales, la gracia, principio de los actos sobrenaturales:

"Alio modo adiuvatur homo ex gratuita Dei voluntate, secundum quod aliquod habituale donum a Deo animae infunditur. Et hoc ideo, quia non est conveniens quod Deus minus provideat his quos diligit ad supernaturale bonum habendum, quam creaturis quas diligit ad bonum naturale haben-

"La voluntad divina ayuda gratuitamente al hombre infundiendo en su alma un don habitual. Y tiene que ser así, porque no es congruente que el amor de Dios provea menos a quienes llama a la posesión del bien sobrenatural que a quienes promueve a la posesión del bien natural. Mas en el orden natural provee a

---

[48]Cfr. Santo Tomás de Aquino: *In I Sent.*, d. 17, q. 1, a. 1.

dum. Creaturis autem naturalibus sic providet ut non solum moveat eas ad actus naturales, sed etiam largiatur eis formas et virtutes quasdam, quae sunt principia actuum, ut secundum seipsas inclinentur ad huiusmodi motus. Et sic motus quibus a Deo moventur, fiunt creaturis connaturales et faciles; secundum illud Sap. VIII, et disponit omnia suaviter. Multo igitur magis illis quos movet ad consequendum bonum supernaturale aeternum, infundit aliquas formas seu qualitates supernaturales, secundum quas suaviter et prompte ab ipso moveantur ad bonum aeternum consequendum. Et sic donum gratiae qualitas quaedam est".[49]

las creaturas no sólo moviéndolas a sus actos naturales, sino también comunicándoles determinadas formas y virtudes, que sen principio de estos actos, y merced a las cuales se ven inclinadas por sí mismas a sus propios movimientos; y así estos movimientos recibidos de Dios se les hacen connaturales y fáciles, según aquello de Sab 8,5: Dispone todo con suavidad. Por consiguiente, con mucha más razón infunde en aquellos a quienes mueve a conseguir el bien sobrenatural eterno ciertas formas o cualidades sobrenaturales, mediante las cuales pueden ser movidos por Él con suavidad y prontitud a la consecución de aquel bien. Y así resulta que el don de la gracia es una cualidad".

Como concluyen Ibáñez y Mendoza:

> "El Angélico hace notar que la gracia es la vida del alma a modo de causa eficiente; pero en cuanto que la gracia es una cualidad, se afirma que actúa sobre el alma no a modo de causa eficiente, sino a modo de causa formal, lo mismo

---

[49]Santo Tomás de Aquino: *Summ. Theol.*, I^a–II^æ, q. 110, a. 2, co. Cfr. *In Sent.* II, dist. 26, a. 2; a. 4, ad 1; IV, dist. 49, q. 1, a. 2, q^a. 1, ad 5; *De verit.*, q. 27, a. 2, ad 7; *Cont. Gentes* III, 150.

que la blancura hace un objeto blanco y la justicia hace al justo. Y así la gracia es una form accidental de la misma alma".[50]

16.2.4 Distinta de la caridad

Finalmente hay que considerar si la gracia se distingue de la caridad o no.

Es una cuestión discutida entre los teólogos, porque es doctrina tradicional que la pérdida de la gracia supone siempre la pérdida de la caridad, lo que las hace inseparables.[51] Sin embargo cabe preguntar si además son la misma realidad (esto es, sólo se pueden distinguir lógicamente) o no lo son (esto es, se pueden distinguir realmente entre sí).

No ocurre lo mismo con el caso de la fe y la esperanza teologales que se pueden conservar en la mayoría de los casos aunque se haya perdido la gracia santificante, por lo que su distinción con ésta es clara. La esperanza sólo se pierde con los pecados de desesperación; la fe, con la incredulidad, pero como virtud teologal sigue existiendo como fe verdadera aunque no viva: ni la fe ni la esperanza desaparecen con la comisión de otros pecados mortales.

Así pues, ¿se podrían realmente distinguir la gracia y la caridad? Ni la Sagrada Escritura, ni la Tradición ni el Magisterio ayudan a dar una respuesta definitiva.

Con la Sagrada Escritura no se puede responder a la pregunta, ya que los textos que parecen afirmar una distinción real (2 Cor 13:13; Ro 5:5) no se refieren a la gracia habitual y pueden ser entendidos no en sentido de la caridad como virtud, sino como el amor por el que Dios nos ama. Por otro lado, los textos que parecen negar la distinción

---

[50]J. Ibáñez y F. Mendoza: *Dios santificador...*, cit., pág. 207.
[51]Cfr. D. S. 1530–1531.

real (Lc 7:47; 1 Pe 4:8) se pueden explicar por la inseparabilidad de la gracia y la caridad. Tampoco son de ayuda los textos patrísticos.[52] El Magisterio no se ha declarado sobre esta polémica que queda abierta a la discusión de los teólogos. Trento presupone en muchas de sus decretos la inseparabilidad de la gracia y la caridad, pero no resolvió sobre su distinción, usando expresiones que a veces favorecen la opinión de la distinción real,[53] mientras que otras veces apoyarían la identidad.[54]

Sin la ayuda de las fuentes de la Revelación ni del Magisterio, y siendo una cuestión disputada entre los teólogos, conviene hacer un resumen de la historia de la polémica para entender las diferentes respuestas posibles al misterio de la identidad o no de gracia habitual y caridad.

---

[52] Mientras que a veces se habla sobre la gracia deificante en términos que no pueden ser confundidos con la caridad, en otros casos, como el de San Agustín, los términos usados difícilmente pueden ser interpretados en favor de una distinción real entre gracia y caridad.

[53] Decreto sobre la justificación: "Can. 11. Si alguno dijere que los hombres se justifican o por sola imputación de la justicia de Cristo o por la sola remisión de los pecados, *excluida la gracia y la caridad* que se difunde en sus corazones por el Espíritu Santo y les queda inherente; o también que la gracia, por la que nos justificamos, es sólo el favor de Dios, sea anatema" (D. S. 1561. Cfr. 1528 ss. y 1545 ss.).

[54] Decreto sobre la justificación, cap. 7: "...la caridad de Dios se derrama por medio del Espíritu Santo en los corazones (Ro 5:5) de aquellos que son justificados y queda en ellos inherente (Can. 11). De ahí que, en la justificación misma, juntamente con la remisión de los pecados, recibe el hombre las siguientes cosas que a la vez se le infunden, por Jesucristo, en quien es injertado: la fe, la esperanza y la caridad" (D. S. 1530). Ibidem, cap. 10: "...y este acrecentamiento de la justicia pide la Santa Iglesia, cuando ora: Danos, Señor, aumento de fe, esperanza y caridad" (D. S. 1535).

Por un lado, algunos teólogos[55] sostuvieron que no hay distinción real entre gracia santificante y caridad ya que sólo indicarían una distinción de razón (basada en los efectos que produce en el alma) de una realidad que es única: se denomina "gracia santificante" en cuanto nos hace gratos a Dios, y "caridad", en cuanto que es principio del amor a Dios.

Otros teólogos distinguían la gracia de la caridad con distinción real, pero inadecuada: es una distinción esencial, pero formando un ser como la forma y su sujeto, o el color y la luz que lo manifiesta.[56]

Finalmente, Santo Tomás y la mayoría de los teólogos clásicos sostuvieron la distinción real, de modo parecido a como el alma se distingue realmente de sus potencias.[57] La virtud supone una naturaleza preexistente de modo que las virtudes naturales presuponen la naturaleza humana y las sobrenaturales la sobrenaturaleza, la gracia. Así como las virtudes naturales se distinguen realmente del alma humana, las virtudes sobrenaturales se distinguen realmente de la gracia:

"Virtus uniuscuiusque rei dicitur in ordine ad aliquam naturam praeexistentem, quando scilicet unumquodque sic est di-

"No se puede hablar de virtud sino en función de una naturaleza preexistente, de modo que hay virtud cuando todo está dispues-

---

[55]Es el caso de Pedro Lombardo (cfr. *Sent.* 1, dist. 27, c. 2), Escoto (*In 2 Sent.*, dist. 27), Enrique de Gante, Mastrius (*De iustificatione*, dist. 7, q. 6), Durando (*In 2 Sent.*, dist. 26, q. 1, n. 7), Catharino (*Commentaria in omnes divi Pauli Apostoli et alias septem canonicis epistolas* Paris, 1566, págs. 544-582), Lainez (*Disputationes tridentinae* 2, 156–178, o Roberto Belarmino (*De gratia et libero arbitrio*, 1,6).

[56]Es la posición de la escuela franciscana (Alejandro de Hales y San Buenaventura: *In Sent.* 2, d. 26, q. 1, a. 4).

[57]Santo Tomás de Aquino (*Summ. Theol.*, Iª–IIæ, q. 110, a. 3ss.), Egidio (*In 2 Sent*, dist. 26, q. 1, a. 2), Capreolo (*In 2 Sent*, dist. 26, q. 1), D. Soto (*De natura et gratia*, 2, 17), Suárez (*De gratia*, 6, 12), Valencia (*In Iª-IIæ*, dist. 8, q. 2, n. 2); Salmanticenses (*De gratia* dist. 4, n. 77), Ripalda (*De ente supernaturali* dist. 132, n. 53 y 67).

spositum, secundum quod congruit suae naturae. Manifestum est autem quod virtutes acquisitae per actus humanos, de quibus supra dictum est, sunt dispositiones quibus homo convenienter disponitur in ordine ad naturam qua homo est. Virtutes autem infusae disponunt hominem altiori modo, et ad altiorem finem, unde etiam oportet quod in ordine ad aliquam altiorem naturam. Hoc autem est in ordine ad naturam divinam participatam..., Sicut igitur lumen naturale rationis est aliquid praeter virtutes acquisitas, quae dicuntur in ordine ad ipsum lumen naturale; ita etiam ipsum lumen gratiae, quod est participatio divinae naturae, est aliquid praeter virtutes infusas, quae a lumine illo derivantur, et ad illud lumen ordinantur".[58]

to de acuerdo con lo que es propio de esa naturaleza. Ahora bien, las virtudes adquiridas mediante los actos humanos, de las que ya hemos hablado (q.55s), son disposiciones por las que el hombre queda convenientemente dispuesto de acuerdo con su propia naturaleza. En cambio, las virtudes infusas disponen al hombre de una manera más elevada y en orden a un fin más alto; luego lo disponen también en función de una naturaleza de orden superior... Por tanto, así como la luz natural de la razón es cosa distinta de las virtudes adquiridas, que se desarrollan en función de esa luz natural, así también la misma luz de la gracia, por la que participamos de la naturaleza divina, es cosa distinta de las virtudes infusas, que se derivan de esa luz y a ella se ordenan".

A la misma conclusión llega Santo Tomás, al probar que la gracia reside en la esencia del alma y no en sus potencias:

---

[58]Santo Tomás de Aquino: *Summ. Theol.*, I^a–II^{ae}, q. 110, a. 3, co. Cfr. *In Sent.*, 2, dist. 26, a. 4; *De verit.*, q. 27, a. 2. R. Hernández Marín: *Tratado de Gracia. Introducción a las cuestiones 109–114*, en "Santo Tomas de Aquino. Suma de Teología, Parte I–II", Madrid, BAC, 1989, págs. 928–929.

"Si enim gratia sit idem quod virtus, necesse est quod sit in potentia animae sicut in subiecto, nam potentia animae est proprium subiectum virtutis, ut supra dictum est. Si autem gratia differt a virtute, non potest dici quod potentia animae sit gratiae subiectum, quia omnis perfectio potentiae animae habet rationem virtutis, ut supra dictum est. Unde relinquitur quod gratia, sicut est prius virtute, ita habeat subiectum prius potentiis animae, ita scilicet quod sit in essentia animae. Sicut enim per potentiam intellectivam homo participat cognitionem divinam per virtutem fidei; et secundum potentiam voluntatis amorem divinum, per virtutem caritatis; ita etiam per naturam animae participat, secundum quandam similitudinem, naturam divinam, per quandam regenerationem sive recreationem".[59]

"Porque si la gracia se identifica con la virtud, necesariamente tendría su sujeto en las potencias, ya que el sujeto propio de las virtu- des son las potencias del alma, como se dijo arriba (q.56 a.1). Pero si se distingue de la virtud, no se puede decir que tenga por sujeto las potencias, porque toda perfección de las potencias del alma tiene razón de virtud, como también queda dicho (q.55 a.1). Síguese, pues, que, siendo la gracia anterior a la virtud, debe tener también un sujeto anterior a las potencias, y este sujeto debe ser la esencia del alma. Pues, así como en la potencia intelectiva participa el hombre del conocimiento divino por la virtud de la fe, y en la facultad volitiva participa del amor divino por la virtud de la caridad, así en la esencia del alma participa, según cierta semejanza, de la naturaleza divina mediante una suerte de generación o de creación nuevas".

Ibáñez y Mendoza concluyen que, "como de la esencia del alma dimanan sus potencias, que son principios operativos, así también de

---

[59]Santo Tomás de Aquino: *Summ. Theol.*, Iª–IIᵉ, q. 110, a. 4, co. Cfr. *In Sent.*, 2, dist. 26, a. 3; 4, dist. 4, q. 1, a. 3, qª. 3, ad 1; *De verit.*, q. 27, a. 6.

la misma gracia dimanan las virtudes hacia las potencias del alma, por las que estas potencias se mueven a actuar. De donde resulta que la gracia es un principio de obra meritoria mediantes las virtudes, como la esencia del alma es un principio operativo de la vida mediante las potencias".[60]

16.2.5 Gracia como accidente cualidad y hábito entitativo

La teología tradicional consideró que la naturaleza de la gracia habitual tenía que ser entendida dentro de la categoría filosófica de accidente y no de sustancia.[61] Santo Tomás lo prueba definiendo lo que es substancia, y concluyendo que tal categoría no puede aplicarse a la gracia. Para ello, el Aquinate une la revelación bíblica sobre la gracia como participación de la naturaleza divina (2 Pe 1:4; cfr. Ga 6:15), con la idea metafísica de la participación y del acto creador. La gracia es un ser creado sobrenatural que hace al ser humano partícipe en el ser y el obrar de la misma divinidad. Pero lo que se realiza sustancialmente en Dios, se realiza accidentalmente en el alma que participa de la naturaleza divina:[62]

"Omnis substantia vel est ipsa natura rei cuius est substantia, vel est pars naturae, secundum quem modum materia vel forma substantia dicitur.	"La sustancia o es la naturaleza misma de aquello de lo que es sustancia, o bien una de sus partes, en el sentido en que la materia o la forma se dicen sustancia.

---

[60]J. Ibáñez y F. Mendoza: *Dios santificador...*, cit., págs. 209–210.

[61]Cfr. S. González Rivas: o. c., págs. 130–131.

[62]Cfr. N. Blazquez Fernández: *Tratado de la Ley Antigua y Nueva. Introducción a las cuestiones 98 a 108*, en "Santo Tomás de Aquino. Suma de Teología parte I–II", Madrid, BAC, 1989, pág. 928; M. Sánchez Sorondo:*La gracia como participación de la naturaleza divina según Santo Tomás de Aquino*, Roma, Lib. ed. Vaticana, 2021.

Et quia gratia est supra naturam humanam, non potest esse quod sit substantia aut forma substantialis, sed est forma accidentalis ipsius animae. Id enim quod substantialiter est in Deo, accidentaliter fit in anima participante divinam bonitatem, ut de scientia patet. Secundum hoc ergo, quia anima imperfecte participat divinam bonitatem, ipsa participatio divinae bonitatis quae est gratia, imperfectiori modo habet esse in anima quam anima in seipsa subsistat. Est tamen nobilior quam natura animae, inquantum est expressio vel participatio divinae bonitatis, non autem quantum ad modum essendi".[63]

Por eso, como la gracia está por encima de la naturaleza humana, no puede ser ni sustancia ni forma sustancial de la misma, sino que es una forma accidental del alma. Pues lo que existe sustancialmente en Dios se realiza accidentalmente en el alma que participa de la bondad divina, como se ve claramente en el caso de la ciencia. Así, pues, dado que el alma participa de la bondad divina de manera imperfecta, la participación como tal, que es la gracia, tiene su existencia en el alma de un modo menos perfecto que el del alma subsistente por sí misma. En cuanto expresión o participación de la bondad divina es más noble que el alma; pero no en cuanto al modo de ser".

Por otro lado, el Aquinate y la teología clásica determinan también sus cualidades:

---

[63]Santo Tomás de Aquino: *Summ. Theol.*, Iᵃ–IIᵃᵉ, q. 110, a. 2, ad 2. Cfr. *In Sent.* II, dist. 26, a. 2; a. 4, ad 1; IV, dist. 49, q. 1, a. 2, qᵃ. 1, ad 5; *De verit.*, q. 27, a. 2, ad 7; *Cont. Gentes*, 3, 150.

1.– Es un *accidente absoluto* y no relativo o modal, ya que la naturaleza de la gracia es la de ser creada por Dios y tener la capacidad de aumentar.[64]

2.– Pertenece al *accidente cualidad*, que afecta al alma de tal modo que es diferente de lo que era antes de recibir la gracia.

3.– Es también un *hábito entitativo*. Esto significa en primer lugar, que *como hábito*, dispone al alma a vivir la vida sobrenatural, no de un modo transeunte (como sería el caso de que fuera un acto), ni fácilmente mudable (porque por su naturaleza duraría perpetuamente). En segundo lugar que *siendo hábito entitativo* hay que rechazar que lo sea operativo, ya que la gracia no está ordenada inmediatamente a la acción, sino más bien a un cierto modo espiritual de existir.[65] Para lo cual, el Santo distingue entre hábitos que disponen a la operación y los que disponen en relación a la naturaleza misma,[66] que es el caso de la gracia, que *inmediatamente* dispone al alma, no para poder realizar algunas operaciones sino para poder participar en la naturaleza divina; las virtudes proceden de ese hábito entitativo como hábitos que disponen próximamente para operaciones sobrenaturales por la que la nueva naturaleza alcanza su perfección.

"Philosophus dicit, in VII Physic., virtus est quaedam dispositio perfecti, dico autem perfectum, quod est dispositum secundum naturam. Ex quo patet quod virtus

"Según dice el Filósofo en VII Physic., la virtud es una disposición de lo perfecto, entendiendo por perfecto lo que está dispuesto en consonancia con la naturaleza. De donde se infiere que no se pue-

---

[64]No se puede entender como identidad con el ser del alma o de la voluntad de la que se diferenciaría con distinción de razón, ni tampoco como un modo intrínseco de la misma alma.

[65]Cfr. Santo Tomás de Aquino: *De Veritate*, q. 27, a. 2, ad 7.

[66]Santo Tomás de Aquino: *Summ. Theol.*, Iª–IIª, q. 50, a. 2, co.

uniuscuiusque rei dicitur in ordine ad aliquam naturam praeexistentem, quando scilicet unumquodque sic est dispositum, secundum quod congruit suae naturae. Manifestum est autem quod virtutes acquisitae per actus humanos, de quibus supra dictum est, sunt dispositiones quibus homo convenienter disponitur in ordine ad naturam qua homo est. Virtutes autem infusae disponunt hominem altiori modo, et ad altiorem finem, unde etiam oportet quod in ordine ad aliquam altiorem naturam. Hoc autem est in ordine ad naturam divinam participatam; secundum quod dicitur II Petr. I, maxima et pretiosa nobis promissa donavit, ut per haec efficiamini divinae consortes naturae. Et secundum acceptionem huius naturae, dicimur regenerari in filios Dei".[67]

de hablar de virtud sino en función de una naturaleza preexistente, de modo que hay virtud cuando todo está dispuesto de acuerdo con lo que es propio de esa naturaleza. Ahora bien, las virtudes adquiridas mediante los actos humanos, de las que ya hemos hablado (q. 55s), son disposiciones por las que el hombre queda convenientemente dispuesto de acuerdo con su propia naturaleza. En cambio, las virtudes infusas disponen al hombre de una manera más elevada y en orden a un fin más alto; luego lo disponen también en función de una naturaleza de orden superior. Lo hacen, en efecto, en función de la naturaleza divina participada, por lo cual se dice en 2 Pe 1:4: Nos puso en posesión de las más grandes y preciosas promesas, para hacernos por ellas partícipes de la naturaleza divina. Y merced a la recepción de esta naturaleza se dice que somos reengendrados como hijos de Dios".

Se da una analogía con lo que ocurre con la esencia del alma, que no es el principio próximo de los actos naturales, sino su último y radical principio:

---

[67]Santo Tomás de Aquino: *Summ. Theol.*, Iª–IIᵃᵉ, q. 110, a. 3, co.

"Est enim gratia principium meritorii operis mediantibus virtutibus, sicut essentia animae est principium operum vitae mediantibus potentiis".[68]

"Pues la gracia es principio de la obra meritoria mediante sus virtudes, lo mismo que la esencia del alma es principio de las operaciones vitales mediante las potencias".

4.– *Su sujeto* no es una potencia del alma, sino *la esencia del alma* a la que santifica de una manera próxima e inmediata. Como sostiene el Aquinate:

"Gratia, sicut est prius virtute, ita habeat subiectum prius potentiis animae, ita scilicet quod sit in essentia animae.Sicut enim per potentiam intellectivam homo participat cognitionem divinam per virtutem fidei; et secundum potentiam voluntatis amorem divinum, per virtutem caritatis; ita etiam per naturam animae participat, secundum quandam similitudinem, naturam divinam, per quandam regenerationem sive recreationem".[69]

"Siendo la gracia anterior a la virtud, debe tener también un sujeto anterior a las potencias, y este sujeto debe ser la esencia del alma. Así como en la potencia intelectiva participa el hombre del conocimiento divino por la virtud de la fe, y en la facultad volitiva participa del amor divino por la virtud de la caridad, así en la esencia del alma participa, según cierta semejanza, de la naturaleza divina mediante una suerte de generación o de creación nuevas".

---

[68]Santo Tomás de Aquino: *Summ. Theol.*, Iᵃ–IIᵃᵉ, q. 110, a. 4, ad 2.

[69]Santo Tomás de Aquino: *Summ. Theol.*, Iᵃ–IIᵃᵉ, q. 110, a. 4, co. Cfr. *In Sent.*, II, dist. 26, a. 3; IV, dist. 4, q. 1, a. 3, qᵃ. 3, ad 1; *De verit.* q. 27, a. 6. Cfr. T. Graf: *De subiecto psychico gratiae et virtutum secundum doctrinam scholasticorum usque ad saec. XIV*, Roma, Sansaini, 1934, 1934–1935.

Capítulo 17

Propiedades

17.1 El hombre justificado no sólo está obligado a creer, sino también a *guardar los mandamientos*, y al hacer las obras buenas ni peca ni merece las penas del infierno

Existe una relación entre la gracia habitual y las obras del ser humano justificado, quien debería actuar conforme a la ley de Dios haciendo obras buenas y evitando el pecado con la ayuda de las gracias actuales que ya estudiamos.

Por eso se han de evitar dos herejías a ese respecto, que podríamos llamar *optimista* y *pesimista*.

La primera, *optimista*, considera que el hombre puede actuar siempre bien y evitar todo pecado con sus propias fuerzas, por lo que la Redención de Cristo es sólo un ejemplo moral que nos enseña a vivir santamente, lo que podemos hacer por nosotros mismos sin más ayudas sobrenaturales (pelagianismo en sus varias formas).

La segunda, *pesimista*, afirma que las obras del hombre no afectan a su salvación, porque son siempre pecado (es, en esencia, la tesis protestante). En efecto, la naturaleza humana está corrompida por el pecado original y la Redención no la sana, sino que su efecto es sólo extrínseco, la no–imputación de nuestros pecados. Las obras no importan para la salvación, sólo la fe fiducial.

Cabría pensar en una posición que combinaría extrañamente las dos anteriores: el Modernismo. En efecto, por un lado afirma que la naturaleza humana ha sido sanada de raíz por el hecho de la Encarnación,[1] por lo que la naturaleza humana ya está esencialmente sanada y así es recibida por los nuevos seres humanos cuando son concebidos; lo que coincide con uno de los principios fundamentales del pelagianismo. Por otro lado, y como consecuencia de lo anterior, todo ser humano haga lo que haga con sus obras, ya está redimido y salvado, por lo que iría siempre al Cielo con independencia de sus obras;[2] las obras no importan para la salvación, lo que acaba coincidiendo con uno de los principios esenciales del protestantismo.

Es necesario sostener dos verdades que son de fe:[3]

1. El justo en el presente eón no está unido a Dios de manera tal que sus acciones sean buenas siempre, sin necesidad de conformarse a los mandamientos de Dios (bien sean de Ley Natural, de Ley Divina positiva o de Ley humana positiva justa).

2. El justo puede realizar buenas obras, lo cual no constituye pecado en modo alguno, y además tienen valor ante Dios.

---

[1]Al unirse la Segunda Persona de la Trinidad con la naturaleza humana, sin necesidad de la Redención por el sacrificio de la cruz.

[2]Cfr. su relación con la teoría de los cristianos anónimos, con la tesis de la salvación y Redención universal sin necesidad de la libre aceptación por el hombre o redención subjetiva, o con la negación del dogma del infierno eterno en diferentes versiones.

[3]J. Ibáñez y F. Mendoza: *Dios santificador...*, cit., pág. 210.

Veámoslas por separado.

17.1.1 Necesidad de conformarse con la ley de Dios

Esta verdad de fe fue defendida en el Concilio de Vienne contra las tesis de begardos y beginas, y en el de Trento, contra los protestantes.

En efecto, los begardos y beginas afirmaban que no era necesario estar sujetos a ninguna autoridad humana ni a los preceptos de la Iglesia porque ellos se conducían por el Espíritu Santo que es libertad. Frente a lo cual el Concilio de Vienne condenó la siguiente tesis:

> "Aquéllos que se hallan en el predicho grado de perfección y espíritu de libertad, no están sujetos a la obediencia humana ni obligados a preceptos algunos de la Iglesia, porque (según aseguran) donde está el Espíritu del Señor, allí está la libertad (2 Cor 3:17)".[4]

Por su lado, los protestantes sostuvieron la misma idea herética sobre la base de su doctrina de la justificación. En principio afirman la necesidad de la Ley, distinguiendo tres usos de la misma: el "teológico", que enseña al hombre a considerarse pecador y a buscar refugio en la misericordia divina que le puede imputar externamente la justicia de Cristo; el "político", que enseña a la sociedad a guardar el orden jurídico externo con el que ha de regularse y que debe ser impuesto también a los malvados; y el "didáctico" que enseña el modo de vivir correctamente incluso a los justos para que se configuren a ella haciendo obras buenas no por obligación de la Ley, sino espontáneamente, movidos por "el espíritu de libertad evangélica". Sin embargo las tesis protestantes sobre la corrupción de la naturaleza humana y de la no justificación intrínseca, tienen como consecuencia que las obras del

---

[4]D. S. 893.

hombre siempre serán imperfectas y pecaminosas, no teniendo valor alguno para mérito o salvación.

También negaron la necesidad de cumplir con la ley de Dios los llamados "anti–nomistas" del siglo XVI cuando sostenían que el cristiano sólo tenía que anunciar el Evangelio que ofrecería el perdón de Dios en Cristo, rechazando el uso de la Ley ni siquiera en sentido didáctico. La fe era lo único necesario y como la Ley de Moisés era inútil para la salvación, sería indiferente que el creyente pecara, pues no sería juzgado por su pecado.[5]

Por lo cual Trento, en el canon 19 y 20 del Decreto sobre la justificación, de la Sesión VI declaraba:

> "Si alguno dijere que nada está mandado en el Evangelio fuera de la fe, y que lo demás es indiferente, ni mandado, ni prohibido, sino libre; o que los diez mandamientos nada tienen que ver con los cristianos, sea anatema".[6]

> "Si alguno dijere que el hombre justificado y cuan perfecto se quiera, no está obligado a la guarda de los mandamientos de Dios y de la Iglesia, sino solamente a creer, como si verdaderamente el Evangelio fuera simple y absoluta promesa de la vida eterna, sin la condición de observar los mandamientos, sea anatema".[7]

La Biblia insiste sobre el particular tanto en el Antiguo como en el Nuevo Testamento. Por ejemplo, en el De 27: 9ss, se prescribe que "Escucharás la voz del Señor, tu Dios, y cumplirás sus mandatos y sus

---

[5]La doctrina fue defendida por su fundador Juan Agrícola desde 1537, favorecida por su autoridad como profesor de Wittenberg (por lo que a sus seguidores se les conoce también como "reformadores de Wittenberg"). Tuvo controversias con Lutero y Melanchton.

[6]D. S. 1569. Cfr. 1536 ss.

[7]D. S. 1570. Cfr. 1536 ss.

leyes que hoy te ordeno",[8] o en Mt 19:17, que "si quieres entrar en la Vida, guarda los mandamientos".[9]

Esta doctrina bíblica es proclamada unánimemente por los Santos Padres. Basten dos ejemplos. La Didajé, al explicar las dos vías que existen para el hombre, la de la vida mediante el cumplimiento de los preceptos y la de la muerte mediante la comisión de pecados transgrediendo la ley, exhorta al cristiano a que "vigile no sea que alguien te aparte de este camino de doctrina, porque entonces te enseña cosas ajenas a Dios".[10] Por su parte, San Agustín enfrentará a los que creían que los bautizados no estaban obligados a cumplir los preceptos morales, es decir a "aquellos que habían tomado para ocasión de la carne y para tapadera de su malicia lo que está escrito: que nosotros, que pertenecemos al Nuevo Testamento, somos hijos no de la esclava, sino de la libre, con cuya libertad Cristo nos ha liberado (Ga 4:31); y han creído que esto significaba vivir libremente, para que, como seguros de tanta redención, se creyesen que les era lícito todo cuanto se les antojase, sin considerar lo que se dijo: Vosotros, hermanos, habéis sido llamados para la libertad; sólo que no debéis dar la libertad para ocasión de la carne".[11] Insistirá el Obispo de Hipona en que el cristiano tiene obligación de cumplir la ley aunque haya sido liberado del entendimiento que tenía el Judaísmo de ella.[12]

---

[8]Cfr. en el Antiguo Testamento, entre otros, Pr 19:16; Eco 15: 1 ss; 19:18; Sab 6:18; Sal 19:8ss; Ez 36:26; *passim.*

[9]Cfr. en el Nuevo Testamento, entre otros muchos, Mt 5: 17 ss; 7:24ss; 5: 27–30; 6: 1–6; Ro 6: 16–17.19; 2 Tes 1:8; 3;14; Jn 14:15; 15:14; 1 Jn 2: 3–5; 3: 7–10; San 2: 14.26; 1: 23–25.

[10]Didajé, c. 6 ("preceptos y consejos").

[11]San Agustín: *De fide et operibus,* 24 (P. L. 40, 198–236).

[12]San Agustín: *De spiritu et littera* (P. L. 44: 201–446).

17.1.2 Realizar obras buenas no es pecado

Frente a las ideas contrarias del protestantismo, la Iglesia defendió que el justo puede realizar obras buenas de tal modo que no constituyen pecado, ni siquiera pecado venial, y además tienen valor ante Dios.

Trento defenderá la verdad de fe divina y católica de que la realización de las obras buenas no es pecado:

> "Nadie, empero, por más que esté justificado, debe considerarse libre de la observancia de los mandamientos... De donde consta que se oponen a la doctrina ortodoxa de la religión los que dicen que el justo peca por lo menos venialmente en toda obra buena (Can. 25) o, lo que es más intolerable, que merece las penas eternas; y también aquellos que asientan que los justos pecan en todas sus obras, si para excitar su cobardía y exhortarse a correr en el estadio, miran en primer lugar a que sea Dios glorificado y miran también a la recompensa eterna (Can. 26 y 31), como quiera que está escrito: Incliné mi corazón a cumplir tus justificaciones por causa de la retribución (Sal 118:112) y de Moisés dice el Apóstol que miraba a la remuneración (Heb 11:26)".[13]

> "Si alguno dijere que el justo peca en toda obra buena por lo menos venialmente, o, lo que es más intolerable, mortalmente, y que por tanto merece las penas eternas, y que sólo no es condenado, porque Dios no le imputa esas obras a condenación, sea anatema".[14]

---

[13]Cap. 11, ses. VI (D. S. 1539).

[14]Can 25, sesión VI (D. S. 1575; cfr. D. S. 1539, 1481 ss.).

"Si alguno dijere que el justificado peca al obrar bien con miras a la eterna recompensa, sea anatema".[15]

17.2 La justicia puede *aumentar* en el justo por medio de las buenas obras

Con esta verdad se afirma que "la justicia", esto es la entidad "física" sobrenatural del alma (gracia santificante, virtudes infusas y dones del Espíritu Santo que se reciben en el bautismo) puede aumentar por la realización de obras buenas, tanto por las mismas obras realizadas (*ex opere operato*) como por la actividad del hombre que las realiza (*ex opere operantis*).[16]

El incremento es variable y no es el mismo para todos los hombres, ni para el mismo hombre en periodos diferentes de su vida. Tal incremento puede ser entendido o como *extrínseco o extensivo*, en cuanto se refiere a las variadas obras realizables, o como *intrínseco o intensivo*, en cuanto que es un incremento en la entidad física sobrenatural del alma. Es a este último sentido al que se refiere esta sección.

En la Sagrada Escritura se revelan dos principios en relación al crecimiento de la gracia:

1. En primer lugar se afirma que la justicia (gracia) puede crecer, y exhorta a luchar para conseguirlo. Así en 2 Pe 3:18, San Pedro desafía a los cristianos a "creced en la gracia". También el Apocalipsis pide que el que sea santo se santifique todavía más

---

[15]Can. 31, ses. VI (D. S. 1581; cfr. D. S. 1539).

[16]Cfr. Santo Tomás de Aquino: Summ. Theol. Iª–IIæ, q. 112, a. 4; IIª–IIæ, q. 24, a. 4–7; L. Lercher–F. Lakner: *De gratia Christi*, cit., págs. 102 ss.; B. Beraza: *De gratia...*, cit., págs. 938–948, 750–757; H. Lange: *De gratia...*, cit., págs. 484ss; J. Ibáñez y F. Mendoza: *Dios santificador...*, cit., págs. 244–249; S. González Rivas: o. c., págs. 161–164; F. Pérez Muñiz: *Tratado de gracia*, cit., págs. 810–813.

(Ap 22:11). Y en sentido parecido San Pablo afirma lo mismo en 2 Cor 3:18, Fil 1:9 y 3:12 o en Ef 4: 12–15.

2. En segundo lugar, se dice que el crecimiento de la gracia no es igual para todos, pues existen diferentes grados de gloria debido a la diversidad de méritos (1 Cor 15:41).

Los Santos Padres en general defendieron esta doctrina, pero en particular los latinos insistieron en ella en su controversia contra Joviniano.[17] Era el presupuesto al consejo evangélico de esforzarse por la perfección que el Señor nos dio (Mt 5:48), y, en el fondo, el alma de toda la tradición ascética cristiana.

El Magisterio defendió la correcta doctrina del aumento de la gracia[18] frente a Joviniano quien afirmaba que todas las obras buenas eran del mismo valor por lo que todos los bienaventurados tenían el mismo grado de gloria y beatitud eterna.[19]

También reaccionó la Iglesia contra los begardos y beginas que afirmaban que el hombre en esta Tierra puede alcanzar tal grado de perfección que se vuelve impecable y no puede adelantar más en gracia. De otro modo, alguien podría llegar a ser más perfecto que Cristo. El Concilio de Vienne condenó las siguientes tesis:

"El hombre en la vida presente puede adquirir tal y tan grande grado de perfección, que se vuelve absolutamente impecable y no puede adelantar más en gracia; porque,

---

[17]Cfr. San Jerónimo: *Adv. Iovinianum*, 2, 32 (P. L. 23, 329); San Agustín: *Epist.*, 167, 3, 13 (P. L. 33, 738); *Epist.*, 187, 5, 17 (P. L. 33, 838).

[18]Se califica como de fe divina y católica definida. Cfr. J. Ibáñez y F. Mendoza: *Dios santificador...*, cit., pág. 216; S. González Rivas: o. c., pág. 162.

[19]Sus declaraciones fueron condenadas el año 389 por el clero romano. Cfr. Ph. Henne: *Saint Jérôme*, Paris, Cerf, 2009, pág. 179. Cfr. J. Forget: *Jovinien*, en DTC 8, 1577–1580.

según dicen, si uno pudiera siempre adelantar, podría hallarse alguien más perfecto que Cristo".[20]

"El hombre puede alcanzar en la presente vida la beatitud final según todo grado de perfección, tal como la obtendrá en la vida bienaventurada".[21]

Por su parte, los protestantes afirmaron que la gracia de la justificación era igual para todos los hombres debido a su teoría de la justificación extrínseca que se opera por la imputación de la justicia de Cristo sin que afecte en nada a la realidad de la naturaleza caída del hombre. Como, además, negaban la posibilidad de realizar buenas obras meritorias por la corrupción radical de la naturaleza humana y porque la aceptación del mérito humano significaría negar el mérito del único Mediador Jesucristo, negaban también radicalmente la posibilidad del aumento de la gracia por parte del hombre. Contra estas tesis, Trento declaró:

"Si alguno dijere que la justicia recibida no se conserva y también que no se aumenta delante de Dios por medio de las buenas obras, sino que las obras mismas son solamente fruto y señales de la justificación alcanzada, no causa también de aumentarla, sea anatema".[22]

"Si alguno dijere que las buenas obras del hombre justificado de tal manera son dones de Dios, que no son también buenos merecimientos del mismo justificado, o que éste, por las buenas obras que se hacen en Dios y el mérito de Jesucristo, de quien es miembro vivo, no merece

---

[20]D. S. 891.

[21]D. S. 894.

[22]Can. 24, ses. VI (D. S. 1574).

verdaderamente el aumento de la gracia, la vida eterna y la consecución de la misma vida eterna (a condición, sin embargo, de que muriere en gracia), y también el aumento de la gloria, sea anatema".[23]

Santo Tomás siguiendo a San Agustín,[24] prueba que es posible merecer el aumento de la gracia, y además *de condigno* (que es el tipo de mérito propio de la moción de la gracia). La gracia en el hombre le fue concedida para que aumentara hasta llegar a la vida eterna. Cualquier acto meritorio merece el aumento de la gracia y su consumación (la vida eterna); pero la gracia no aumenta de un modo automático ni inmediato, sino de conformidad con la disposición del hombre.

"Illud cadit sub merito condigni, ad quod motio gratiae se extendit. Motio autem alicuius moventis non solum se extendit ad ultimum terminum motus, sed etiam ad totum progressum in motu. Terminus autem motus gratiae est vita aeterna, progressus autem in hoc motu est secundum augmentum caritatis vel gratiae, secundum illud Prov. IV, iustorum semita quasi lux splen-

"Puede ser merecido todo aquello a lo que se extiende la moción de la gracia. Ahora bien, el impulso dado por un principio motor no afecta solamente al término final del movimiento, sino a todo el desarrollo progresivo del mismo. Mas el término del impulso dado por la gracia es la vida eterna; y su desarrollo progresivo consiste en el aumento de la caridad y de la gracia, según aquello de Prov 4,18: El camino de los justos es como la luz

---

[23]Can. 32, ses. VI (D. S. 1582).

[24]San Agustín en *Super Epist. Joann. 186 Ad Paulinum*, c. 3 (P. L. 33, 819) defiende que la caridad merece su aumento y, una vez aumentada, merece ser llevada a la perfección.

dens procedit, et crescit usque ad perfectum diem, qui est dies gloriae. Sic igitur augmentum gratiae cadit sub merito condigni".[25]

de la aurora, que va en aumento hasta hacerse pleno día. Este día en plenitud es la gloria. Así pues, el aumento de la gracia cae bajo el mérito *de condigno*".

En la teología tradicional se disputa sobre los detalles del aumento de la gracia (el modo del incremento, el término del mismo, su causa y su conexión con otros elementos de la justificación), defendiendo opiniones que no son dogmáticas, sino abiertas a la sana discusión teológica:

1. El modo de incremento. Algunos defienden que se realiza por una mayor penetración de la gracia en el hombre,[26] mientras que otros teólogos sostienen que lo es por la adición de un grado de la gracia a otro, y juntos forman una cualidad mayor.[27]

2. El término del incremento. Algunos defienden la posibilidad del incremento indefinido,[28] mientras que otros muestran algunas dificultades a tal posición, ya que se puede señalar un término al aumento indefinido por obra de un decreto positivo divino (porque la gracia sólo puede aumentar con la asistencia divina);[29] por otro lado, Dios no otorgará al justo mayores gracias que las dadas a la Santísima Virgen María.[30]

---

[25]Santo Tomás de Aquino: *Summ. Theol.*, I^a–II^æ, q. 114, a. 8, co. Cfr. *In Sent.* II, dist. 27, a. 5; *In Io. 10*, lect. 4.

[26]Santo Tomás de Aquino: *Summ. Theol.*, II^a–II^æ, q. 24, a. 5.

[27]San Alberto el Grande, San Buenaventura, los escotistas y Suárez (cfr. F. Suárez: *Disp. metaph.*, dist. 46, s. 2).

[28]Santo Tomás de Aquino: *Summ. Theol.*, II^a–II^æ, q. 24, a. 6; F. Suárez: *De gratia*, 9, 5, 4.

[29]Cfr. estos autores en B. Beraza: *De gratia...*, cit., pág. 943.

[30]F. Suárez: *De gratia* 9, 6, 8ss.

3. La causa del incremento. De nuevo se encuentran opiniones diferentes sobre si todos los actos meritorios (intensos y leves) o sólo los actos intensos incrementan la gracia. La mayoría de los tomistas defienden la idea de que los actos leves no incrementan la gracia o el derecho a la misma de un modo real e inmediato, sino sólo proporcionan un cierto derecho a recibir el incremento de la gracia en el tiempo apropiado (que podría ser en el Cielo, o en el momento previo a la muerte o cuando el alma llegue a disponerse mejor). Según Suárez y los Salmanticenses, todo acto meritorio (leve o intenso) recibe un incremento real de la gracia de un modo inmediato.

4. Conexión con otros elementos de la justificación (virtudes infusas). Algunos teólogos sostuvieron que la fe y la esperanza se incrementan sólo por su tipo de actos;[31] otros, defienden que sólo los hábitos ya formados se incrementan con la gracia;[32] finalmente hay otros que afirman que todas las virtudes infusas se incrementan siempre y sólo cuando se incrementa la gracia.[33]

17.3 El justo *pierde* la gracia santificante por cualquier pecado mortal, pero no por el venial

Es verdad es de fe divina y católica definida,[34] que la gracia se pierde por cualquier pecado mortal y no sólo por el pecado de infi-

---

[31]F. Vázquez.

[32]F Suárez: *De gratia*, 9, 4, 11.

[33]Ripalda. Cfr. H. Lange: *De gratia...*, cit., pág. 468; S. González Rivas: o. c., págs. 162–163.

[34]J. Ibáñez y F. Mendoza: *Dios santificador...*, cit., pág. 218; S. González Rivas: o. c., pág. 166.

delidad (de ahí la expresión "por cualquier pecado mortal"); además que el pecado venial no hace perder la gracia (de ahí la expresión de "no por el venial"). La pérdida puede ocurrir por cada pecado mortal, aunque sea uno solo.[35] Sin embargo el pecado venial no hace perder la gracia, porque por él el hombre no pierde su fin último, aunque su gracia y su nivel de gloria eterna disminuyen, y gradualmente pueden conducir al hombre a la comisión de pecados graves.[36]

Hay que tener en cuenta que cuando se habla de pérdida del "estado de justicia" se hace referencia a la gracia santificante junto con la virtud teologal de la caridad, las virtudes morales infusas, los dones del Espíritu Santo y la inhabitación de la Trinidad. Pero no se aplica a los hábitos de la fe y la esperanza que sólo se pierden por la comisión de pecados que sean directamente contrarios a esas dos virtudes (desesperación o pérdida de la fe).[37]

Nadie puede presumir que, una vez justificado, perseverará en la gracia santificante hasta la muerte; por otro lado el hecho de cometer pecados mortales después del bautismo no puede entenderse para negar que el hombre estuviera verdaderamente justificado.

La Sagrada Escritura y los Santos Padres dan testimonio en el mismo sentido:

---

[35] Cfr. Santo Tomás de Aquino: Summ. Theol. II^a–II^{ae}, q. 24, a. 11 ss.; L. Lercher– F. Lakner: *De gratia Christi*, cit., págs. 105ss.; B. Beraza: *De gratia...*, cit., págs. 949–957; H. Lange: *De gratia...*, cit., págs. 462—483; J. Ibáñez y F. Mendoza: *Dios santificador...*, cit., págs. 218–222; S. González Rivas: o. c., págs. 165–168.

[36] Cfr. Santo Tomás de Aquino: *Summ. Theol.*, II^a–II^{ae}, q. 24, a. 10; F. Suárez: *De gratia*, 11, 8, 6; J. Ibáñez y F. Mendoza: *Dios santificador...*, cit., págs. 222–223; S. González Rivas: o. c., págs. 163–164.

[37] La excepción se debe a la providencia amorosa de Dios hacia los pecadores, con la intención de hacerles más fácil la recuperación de la justificación (cfr. D. S. 1544, 1578, 2312, 2451, 2457).

1. Que ciertamente se puede perder la gracia. Es el caso de Ex 33: 3 ss. o Ro 11:12. San Pablo siente temor de que pueda ser reprobado y no salvarse (1 Cor 9:27). Judas Iscariote perdió la gracia y se convirtió en hijo de la perdición (Jn 17:12; Mt 26:24).

   Un ejemplo de la doctrina patrística sobre la posibilidad de perder la gracia, se encuentra en San Jerónimo.[38]

2. Que hay pecados que excluyen del Reino de Dios. Así aparecen en las diferentes listas de pecados aportadas por San Pablo (1 Cor 6:9; Ga 5: 19–21; Ef 5:5) y por San Juan (Ap 21:8).

   De conformidad con la doctrina bíblica, los Santos Padres también subrayan que cualquier pecado mortal hace perder la gracia. Así aparece con toda claridad en San Atanasio,[39] Afraates[40], etc. San Basilio es particularmente claro: "El pecado, impulsando el alma a deseos viciosos, deformó la imagen de la belleza (creada por Dios). Dios, que constituyó al hombre, es la vida verdadera. Del mismo modo, el que perdió la semejanza, perdió el vínculo con la vida: el que verdaderamente está fuera de Dios, no puede tener la vida verdadera. Volvamos a la gracia inicial que se nos concedió al principio, de la que nos separamos por el pecado, y de nuevo retornemos a embellecernos..."[41] Lo mismo ocurre con San Agustín: "Si un cristiano que ha sido regenerado y justificado, recae por propia voluntad en una vida de maldad, no puede decir que no había recibido la justificación,

---

[38]San Jerónimo: *Adversus Iovinianum*, 2. 1 (P. L. 23, 205 ss.).

[39]San Atanasio: *Adversus Arianos orationes*, 3, 24 (P. G. 26, 373).

[40]Afraates: *Demonstrationes*, 6, 14 (Patrología Siriaca, 1, 291).

[41]San Basilio: *Sermo asceticus*, 1 (P. G. 31, 869).

porque por su propia libre elección del mal ha perdido la gracia de Dios que había recibido".[42]

3. Que el pecado venial no hace perder la gracia (San 3:2; Mt 6:12; 1 Cor 3: 10ss.).[43]

   Los Padres defendieron esta doctrina contra las ideas de los pelagianos y de Joviniano.

El Magisterio proclamó esta verdad en Trento, contra la doctrina de los protestantes que defendían que la persona que había sido justificada no podía perder la gracia por encontrarse en la misma condición que los predestinados, entendiendo la predestinación erróneamente como ya vimos (Calvino); o que la justicia se podía perder sólo durante un tiempo, pero no para siempre (Martin Chemnitz); o que se podía perder para siempre sólo por el pecado de infidelidad o por cesación de la fe fiducial (Lutero). Errores semejantes fueron defendidos también por los begardos,[44] Molinos[45] y Quesnel.[46]

Por tanto, la doctrina del Concilio, reafirmará la doctrina de siempre:

1. El hombre justificado puede volver a pecar gravemente y perder la gracia santificante:

---

[42]San Agustín: *De correptione et gratia*, c. 6, n. 9 (P. L. 44, 921); cfr. *De Genesi ad litteram*, 8, 12 26 (P. L. 34, 383).

[43]Hay que interpretar bien algunas expresiones de la Sagrada Escritura, que no pueden tener significación opuesta a la de la multitud de textos citados. Es el caso de 1 Cor 13:8, porque aunque el amor y la gracia son inseparables definitivamente en el Cielo, se pueden perder por el pecado mortal en el presente eón. Lo mismo ocurre con Mc 16:16, donde la salvación se promete al que cree y se bautiza, si es que perseverara en ellas hasta la muerte, pero se podrían perder por los pecados mortales.

[44]D. S. 891.

[45]D. S. 2972, 2261.

[46]D. S. 2443.

"Si alguno dijere que el hombre una vez justificado no puede pecar en adelante ni perder la gracia y,
por ende, el que cae y peca, no fué nunca verdaderamente justificado; o, al contrario, que puede en su
vida entera evitar todos los pecados, aun los veniales; si no es ello por privilegio especial de Dios, como
de la bienaventurada Virgen lo enseña la Iglesia, sea
anatema".[47]

2. La gracia se pierde por cualquier pecado, y no sólo por la infidelidad.

"No sólo por la infidelidad (can. 27), por la que
también se pierde la fe, sino por cualquier otro pecado
mortal, se pierde la gracia recibida de la justificación,
aunque no se pierda la fe (can. 28)".[48]

"Si alguno dijere que no hay más pecado mortal
que el de la infidelidad, o que por ningún otro, por grave y enorme que sea, fuera del pecado de infidelidad,
se pierde la gracia una vez recibida, sea anatema".[49]

3. Pero la gracia no se pierde por el pecado venial.

"Pues, por más que en esta vida mortal, aun los
santos y justos, caigan alguna vez en pecados, por
lo menos, leves y cotidianos, que se llaman también
veniales (can. 23), no por eso dejan de ser justos".[50]

---

[47]Canon 25, ses. VI (D. S. 1573); cfr. cap. 12 (D. S. 1540); cap 14 (D. S. 1542); y es
el presupuesto de todo el decreto sobre la penitencia de la ses. XIV (D. S 1667–1693).

[48]Chap. 15, ses. VI (D. S. 1544).

[49]Can. 27, ses. VI (D. S. 1577).

[50]Chap. 11, ses. VI (D. S. 1537).

"Porque los veniales, por los que no somos excluidos de la gracia de Dios y en los que con más frecuencia nos deslizamos, aun cuando, recta y provechosamente y lejos de toda presunción, puedan decirse en la confesión (can. 7), como lo demuestra la practica de los hombres piadosos; pueden, sin embargo, callarse sin culpa y ser por otros medios expiados".[51]

Las razones que la teología aduce para probar la tesis expuesta pueden ser sintetizadas en tres:

a) Por un lado, si la gracia no se pudiera perder, carecerían de sentido la multitud de exhortaciones de la Biblia, de la Tradición y del Magisterio a trabajar firmemente por nuestra salvación.

b) Por otro lado, si la gracia no se pudiera perder no se podría afirmar que la perseverancia final es un gran don de Dios.

c) Finalmente, siendo la gracia una realidad inseparablemente unida a la caridad, si ésta se pierde también ocurre lo mismo con aquélla. Pero, ¿quién sería responsable de la pérdida de la caridad? La caridad no se puede perder por parte del Espíritu Santo que la otorga y que mueve al alma a amar a Dios, lo que hace de un modo infalible, y si otorga la caridad a un hombre sería contradictorio que Él la retirara para que cometiera pecado; ni por la caridad misma, que sólo puede hacer lo que pertenece a su naturaleza, como el calor no puede enfriar ni la injusticia hacer el bien. Pero sí se puede perder por parte del sujeto que la tiene (ya que el hombre es voluble y libre) y sólo durante su existencia en el presente eón (la caridad en la Patria es inamisible porque llena de manera total la potencialidad de la mente racional por lo que no puede elegir ninguna otra forma contraria), por lo que la gracia santificante puede perderse también. En efecto, como dice

---

[51]Chap. 5, ses. XIV (D. S. 1680).

Santo Tomás de Aquino en el artículo 11, cuestión 24 de la II^a–II^{ae}de la Suma de Teología:[52]

"Potest considerari caritas ex parte subiecti, quod est vertibile secundum arbitrii libertatem. Potest autem attendi comparatio caritatis ad hoc subiectum et secundum universalem rationem qua comparatur forma ad materiam; et secundum specialem rationem qua comparatur habitus ad potentiam... Sic igitur caritas patriae, quia replet totam potentialitatem rationalis mentis, inquantum scilicet omnis actualis motus eius fertur in Deum, inamissibiliter habetur. Caritas autem viae non sic replet potentialitatem sui subiecti, quia non semper actu fertur in Deum. Unde quando actu in Deum non fertur, potest aliquid occurrere per quod caritas amittatur... Caritas autem viae, in cuius statu non videtur ipsa Dei essentia, quae est

"Se puede, finalmente, considerar la caridad por parte del sujeto, que es voluble, según la libertad del libre albedrío. Esta relación de la caridad con el sujeto se puede, sin embargo, considerar de dos maneras: bajo la razón formal de la relación de la forma con la materia, y bajo la especial razón de las relaciones entre el hábito y la potencia... la caridad de la patria: es inamisible porque llena de manera total la potencialidad de la mente racional en cuanto que todos sus movimientos se dirigen continuamente a Dios. La caridad de la presente vida, en cambio, no llena de esta manera la potencialidad de su sujeto, porque no tiende siempre en acto a Dios. Por eso, cuando no tiende actualmente a Dios, la caridad es susceptible de ser perdida... Puede perderse, empero, la caridad de la vida presente, puesto que se encuentra en un

---

[52]Santo Tomás de Aquino: *Summ. Theol.*, II^a–II^{ae}, q. 24, a. 11, co. Cfr. *In Sent.*, III, dist. 36, q. 1, a. 1; *In 1 Cor. c.13*, lect. 3; *Cont. gentes*, IV, c. 70; *De carit.*, a. 12; *In Rom. c.8*, lect. 7.

essentia bonitatis, potest amitti".

estado en el que no se ve la esencia de Dios".

Por otro lado, el Santo prueba que la caridad se pierde por un acto de pecado mortal, porque cualquier pecado mortal es contrario a la naturaleza misma de la caridad. No obsta el hecho de que los hábitos en general no se pierdan inmediatamente por un sólo acto contrario, ya que la caridad es un hábito infuso que depende para su existencia y conservación de la acción continua de Dios; si ésta es interferida por un obstáculo (el pecado mortal), la caridad no puede seguir existiendo en el alma. En efecto:

"Actus peccati mortalis contrariatur caritati secundum propriam rationem, quae consistit in hoc quod Deus diligatur super omnia, et quod homo totaliter se illi subiiciat, omnia sua referendo in ipsum. Est igitur de ratione caritatis ut sic diligat Deum quod in omnibus velit se ei subiicere, et praeceptorum eius regulam in omnibus sequi, quidquid enim contrariatur praeceptis eius, manifeste contrariatur caritati. Unde de se habet quod caritatem excludere possit. Et si quidem caritas esset habitus acquisitus ex virtute subiecti dependens, non oporteret quod statim per unum ac-

"Cualquier acto de pecado mortal es contrario a la naturaleza propia de la caridad, que consiste en amar a Dios sobre todo, y que el hombre le esté sometido por completo, refiriendo todas las cosas a Él. Es, por lo mismo, esencial a la caridad amar a Dios de tal manera que se quiera estarle sujeto en todo y seguir en todo la regla de sus mandamientos, ya que contraría a la caridad lo que sea contrario a sus preceptos, y por eso puede excluirla. En el caso de que la caridad fuera hábito adquirido, fruto de la actividad del sujeto, su pérdida no resultaría necesariamente de un solo acto contrario, ya que un acto no va di-

tum contrarium tolleretur. Actus enim non directe contrariatur habitui, sed actui, conservatio autem habitus in subiecto non requirit continuitatem actus, unde ex superveniente contrario actu non statim habitus acquisitus excluditur. Sed caritas, cum sit habitus infusus, dependet ex actione Dei infundentis, qui sic se habet in infusione et conservatione caritatis sicut sol in illuminatione aeris, ut dictum est. Et ideo, sicut lumen statim cessaret esse in aere quod aliquod obstaculum poneretur illuminationi solis, ita etiam caritas statim deficit esse in anima quod aliquod obstaculum ponitur influentiae caritatis a Deo in animam. Manifestum est autem quod per quodlibet mortale peccatum, quod divinis praeceptis contrariatur, ponitur praedictae infusioni obstaculum, quia ex hoc ipso quod homo eligendo praefert peccatum divinae amicitiae, quae requirit ut Dei voluntatem sequamur, consequens est ut statim

rectamente contra el hábito, sino contra el acto, y la conservación del hábito en el sujeto no implica la continuidad del acto; por consiguiente, cuando sobreviene un acto contrario, no desaparece automáticamente el hábito adquirido. La caridad, en cambio, por ser hábito infuso, depende de la acción de Dios que la infunde, y en su infusión y conservación se comporta Dios como el sol en la iluminación del aire, como ya hemos expuesto. Y así como la luz cesaría al instante en el aire por la interposición de algún obstáculo a la iluminación del sol, igualmente cesa de estar la caridad en el alma al instante cuando se interpone algún obstáculo a la influencia divina de la caridad. Es evidente, por otra parte, que cualquier pecado mortal que va contra los mandamientos divinos constituye un obstáculo a esa infusión de Dios. Efectivamente, del solo hecho de que el hombre, al elegir, prefiera el pecado a la amistad divina, que exige el cumplimiento de su voluntad, se sigue que, inmediatamente, por

per unum actum peccati morta-   un solo pecado mortal, se pierda
lis habitus caritatis perdatur".[53]   el hábito de la caridad".

17.4   Sin especial revelación divina nadie puede saber con *certeza de fe* si se encuentra en estado de gracia

Un ser humano no puede conocer con certeza de fe su situación de estar en estado de gracia salvo por especial revelación divina.[54] "Certeza" es manera de saber o de afirmar una cosa, cuando no se tiene ninguna duda sobre ella.[55] Se excluye, por tanto, todo miedo prudente a errar.

La certeza puede ser de tres modos, según el motivo que excluya la duda: moral, física y metafísica. Aquí se refiere a la duda moral. Ahora bien, ésta puede ser de dos modos, según excluya o no la posibilidad de equivocarse:

- *Estricta*, que excluye todo miedo a errar, incluso el miedo imprudente, que puede ser de dos clases.

    - Certeza de fe, cuando la certeza se fundamenta en la autoridad de Dios que revela.

---

[53]Santo Tomás de Aquino: *Summ. Theol.*, II^a–II^æ, q. 24, a. 12, co. Cfr. *In Sent.*, III, dist. 31, q. 1, a. 1; *De carit.* a. 6 et 13.

[54]Cfr. Santo Tomás de Aquino: Summ. Theol. I^a–II^æ, q. 112, a. 5; L. Lercher–F. Lakner: *De gratia Christi*, cit., págs. 107ss.; B. Beraza: *De gratia...*, cit., págs. 958–971; J. Ibáñez y F. Mendoza: *Dios santificador...*, cit., págs. 223–225; S. González Rivas: o. c., págs. 169–171; F. Pérez Muñiz: *Tratado de gracia*, cit., págs. 813–817.

[55]M. Moliner: *Diccionario del uso del español*, voz "certeza".

– Certeza teológica, cuando la certeza se fundamenta en un razonamiento deducido de una premisa revelada y de otra conocida por evidencia natural.

- *Amplia* o lata, que excluye toda duda imprudente, pero no la posibilidad de errar. Se llama también "conjetural" o de "mera probabilidad".

La certeza moral a la que se refiere la tesis es la certeza moral estricta de fe.

La Sagrada Escritura muestra esa verdad de variados modos. Así en Ece 9:1, "pero sobre el amor o el odio no sabe el hombre, todo es posible"; o el Sal 19: 13–14, "las inadvertencias, ¿quién las puede discernir? De las faltas ocultas, absuélveme. Preserva a tu siervo de las arrogancias, que no me dominen. Así podré ser íntegro y libre de grave delito"; en Hech 24:16, "me esfuerzo por eso yo también en conservar siempre una conciencia limpia ante Dios y ante los hombres"; o en 1 Cor 9:27, "sino que castigo mi cuerpo y lo someto a servidumbre, no sea que, después de haber predicado a otros, quede yo descalificado"; etc.

Los Santos Padres insisten al respecto. Así San Jerónimo, comentando Ece 1:9, aclaraba su sentido: "Incluso en esto di mi corazón y quise saber a quién amaba Dios y a quién odiaba. Y descubrí que las obras de los justos están en verdad en la mano de Dios, y sin embargo, sean o no amados por Dios, ahora es imposible conocerlos y no vacilar entre dudas".[56] San Agustín, comentando el salmo 19, recordaba que solo Dios conoce todos los secretos del corazón del hombre: "Porque por mucha justicia que un hombre esté dotado, debe pensar que algo en él, que él mismo no ve, pueda ser hallado culpable, cuando el Rey justo se siente en el trono, de cuyo pensamiento no pueden escapar

---

[56]San Jerónimo: *In Ecclesiasten commentarius*, 9, 1 (P. L. 23, 1080).

las ofensas, ni las de los demás. Por lo cual se dice: '¿Quién puede discernir las ofensas?' (Sal 18:13)".[57] San Basilio aconsejaba que no nos consideráramos justificados comparándonos con otros, no fuera a ser que creyendo estar justificados en nuestra mente, seamos condenados ante los ojos de Dios.[58] San Gregorio el Grande mostraba que creer por una revelación que nuestros pecados hayan sido perdonados es cosa tan difícil como inútil: es difícil porque somos indignos de recibir tal revelación, e inútil, porque no debemos estar seguros de nuestros pecados, sino cuando ya en el último día de vuestra vida no podamos en absoluto lamentarnos por los mismos pecados.[59] Etc. Textos que indican la necesidad de esforzarse con temor en lograr la salvación, por medio de la penitencia y el ejercicio de las virtudes, por lo que lógicamente se deduce que nadie puede tener certeza de fe sobre su salvación.

El Magisterio de la Iglesia tuvo que enfrentar el desafío de la teología protestante, que sostenía que todos los hombres podían y debían tener certeza de su estado de justicia, y que por esa confianza y certeza de fe, o fe fiducial, quedaban justificados. Por eso, además de sostener la *posibilidad* de esa certeza, enseñaron que de hecho era requerida y *necesaria* para la justificación.

Tal postura contradecía el recto sentido de la verdad. Y la tesis sobre la necesidad de la certeza de estar en estado de justicia para ser justificados fue condenada en el Concilio de Trento:

1. Nadie puede conocer con certeza de fe que no está sujeta a error que ha obtenido la gracia de Dios: "Pero, aun cuando sea necesario creer que los pecados no se remiten ni fueron jamás remitidos sino gratuitamente por la misericordia divina a causa de Cristo;

---

[57]San Agustín: *De perfectione iustitiae hominis*, 15, 33 (P. L. 44, 309).

[58]San Basilio: *Homilia de humilitate*, 4 (P. G. 31, 534).

[59]San Gregorio del Grande: *Epistulæ*, 7, 25 (P. L. 77, 878).

no debe, sin embargo, decirse que se remiten o han sido remitidos los pecados a nadie que se jacte de la confianza y certeza de la remisión de sus pecados y que en ella sola descanse, como quiera que esa confianza vana y alejada de toda piedad, puede darse entre los herejes y cismáticos, es más, en nuestro tiempo se da y se predica con grande ahínco en contra de la Iglesia Católica (can. 12). Mas tampoco debe afirmarse aquello de que es necesario que quienes están verdaderamente justificados establezcan en sí mismos sin duda alguna, que están justificados, y que nadie es absuelto de sus pecados y justificado, sino el que cree con certeza que está absuelto y justificado, y que por esta sola fe se realiza la absolución y justificación (can. 14), como si el que esto no cree dudara de las promesas de Dios y de la eficacia de la muerte y resurrección e Cristo. Pues, como ningún hombre piadoso puede dudar de la misericordia de Dios, del merecimiento de Cristo y de la virtud y eficacia de los sacramentos; así cualquiera, al mirarse a sí mismo y a su propia flaqueza e indisposición, puede temblar y temer por su gracia (can. 13), como quiera que nadie puede saber con certeza de fe, en la que no puede caber error, que ha conseguido la gracia de Dios".[60]

2. La fe que justifica que aparece en la Sagrada Escritura no es la confianza proclamada por los protestantes: "Si alguno dijere que la fe justificante no es otra cosa que la confianza de la divina misericordia que perdona los pecados por causa de Cristo, o que esa confianza es lo único con que nos justificamos, sea anatema".[61]

---

[60]Ch. 9, ses. VI (D. S. 1533–1534).

[61]Can. 12, ses. VI (D. S. 1562); cfr. D. S. 1533 ss.

3. La confianza en el propio estado de gracia no es necesaria para la verdadera justificación: "Si alguno dijere que, para conseguir el perdón de los pecados es necesario a todo hombre que crea ciertamente y sin vacilación alguna de su propia flaqueza e indisposición, que los pecados le son perdonados, sea anatema".[62]

"Si alguno dijere que el hombre es absuelto de sus pecados y justificado por el hecho de creer con certeza que está absuelto y justificado, o que nadie está verdaderamente justificado sino el que cree que está justificado, y que por esta sola fe se realiza la absolución y justificación, sea anatema".[63]

Así pues, es de fe divina y católica definida, que la certeza en relación a la propia justificación no es necesaria para salvarse, en contra de la tesis protestante.[64]

Sin embargo se produjo una controversia entre los teólogos católicos *no sobre la necesidad*, sino sobre *la posibilidad de llegar a tener certeza* sobre la propia justificación. Había tres posiciones:[65]

- Los seguidores de Santo Tomás afirmaron que sin una revelación especial sólo se puede llegar a tener una certeza conjetural o de mera probabilidad.

- Teólogos de la escuela escotista y otros sostuvieron que incluso sin una revelación especial, se puede llegar a tener una certeza

---

[62]Can. 13, ses. VI (D. S. 1563); cfr. D. S. 1533 ss. y 1460 ss.

[63]Can. 14, ses. VI (D. S. 1564). cfr. D. S. 1533 ss. y 1460 ss.

[64]J. Ibáñez y F. Mendoza: *Dios santificador...*, cit., pág. 223; S. González Rivas: o. c., pág. 170.

[65]Cfr. Salmerón. Cfr. V. Beltran de Heredia: *Controversia 'de certitudine gratiae' entre Domingo de Soto y Ambrosio Catarino*, en "Ciencia Tomista" 61 (1941) 133–163; J. Olazaran: *La controversia Soto–Catarino—Vega sobre la certeza de la gracia*, en "Estudios Eclesiásticos" 16 (1942) 145–183; S. González Rivas: o. c., págs. 170–171.

de fe particular o adquirida, que podría estar sujeta a error de un modo absoluto.[66]

- Todavía otros teólogos sostuvieron que el tema era dudoso en relación a los dos sentidos anteriores.

Después de la controversia, en general la teología clásica parece unánime en los siguientes puntos:

1. La certeza de fe sobre la propia justificación con una certeza estrictamente moral que excluye la mera posibilidad de error sólo se puede conseguir por una revelación especial.

2. Los hombres de una santidad sobresaliente pueden tener certeza moral que excluye todo temor serio a errar, pero no toda posibilidad de miedo a errar (no caen en el miedo imprudente).

3. Los cristianos normales pueden tener una certeza moral en sentido amplio o una certeza conjeturable (excluye toda duda imprudente, pero no la posibilidad de errar).

Los argumentos teológicos sobre la verdad de que sin una revelación especial sobrenatural el hombre no puede tener una certeza en sentido estricto sobre su propia justificación, son fundamentalmente dos.

En primer lugar, porque nadie puede tener conocimiento de alguna conclusión si ignora su principio, y siendo el principio y objeto de la gracia el mismo Dios que por razón de su excelencia nos es desconocido, el hombre sin la revelación divina, no puede juzgar con certeza de fe sobre su estado de gracia. Es lo que afirma Santo Tomás:

---

[66]Cfr. Catarino, Del Monte, etc.

"Certitudo enim non potest haberi de aliquo, nisi possit diiudicari per proprium principium, sic enim certitudo habetur de conclusionibus demonstrativis per indemonstrabilia universalia principia; nullus autem posset scire se habere scientiam alicuius conclusionis, si principium ignoraret. Principium autem gratiae, et obiectum eius, est ipse Deus, qui propter sui excellentiam est nobis ignotus; secundum illud Iob XXXVI, ecce, Deus magnus, vincens scientiam nostram. Et ideo eius praesentia in nobis vel absentia per certitudinem cognosci non potest; secundum illud Iob IX, si venerit ad me, non videbo eum, si autem abierit, non intelligam. Et ideo homo non potest per certitudinem diiudicare utrum ipse habeat gratiam; secundum illud I ad Cor. IV, sed neque meipsum iudico, qui autem iudicat me, dominus est".[67]

"Para conocer algo con certeza hay que estar en condiciones de verificarlo a la luz de su principio propio. Pues es así como se obtiene un conocimiento cierto de las conclusiones demostrables partiendo de principios indemostrables, y nadie puede saber que posee la ciencia de una conclusión si ignora los principios de la misma. Ahora bien, el principio de la gracia, como también su objeto, es Dios mismo, que por su propia excelencia nos es desconocido, según aquello de Job 36,26: Dios es tan grande que rebasa nuestra ciencia. Y así, su presencia en nosotros, lo mismo que su ausencia, no puede ser conocida con certeza, como lo señala también Job 9,11: Si viene a mí no le veo; si se aleja de mí no lo advierto. De aquí que el hombre no puede juzgar con certeza si posee la gracia, de acuerdo con aquello de 1 Cor 4,3: Ni aun a mí mismo me juzgo; quien me juzga es el Señor".

En segundo lugar, porque no podemos tener certeza de fe de no haber cometido ningún pecado mortal después del Bautismo o de haber

---

[67]Santo Tomás de Aquino: *Summ. Theol.*, Iª–IIª, q. 112, a. 5, co. Cfr. *In Sent.*, I, dist. 17, a. 4; III, dist. 23, q. 1, a. 2, ad 1; IV, dist. 9, q. 1, a. 3, qª. 2; dist. 21, q. 2, a. 2, ad 2; *De verit.*, q. 10, a. 10; *In I Cor. 12*, lect. 1; *In I Cor. 13*, lect. 2.

hecho la penitencia necesaria para su remisión total, que son las dos
condiciones para saber sin duda alguna que estamos justificados. Sin
embargo la situación es completamente diferente para los niños propiamente bautizados que mueren sin uso de razón, donde sí podemos
estar seguros de su justificación.

Sin embargo sí que hay ciertos signos por los cuales se puede deducir correctamente el estado de gracia, de modo que se pueda tener
una certeza moral en sentido lato que excluye la duda imprudente,
pero no la posibilidad de error. De nuevo, Santo Tomás:

"Cognoscitur aliquid coniec-
turaliter per aliqua signa. Et
hoc modo aliquis cognoscere potest se habere gratiam, inquantum scilicet percipit se delec-
tari in Deo, et contemnere res
mundanas; et inquantum homo non est conscius sibi alicuius peccati mortalis. Secundum quem modum potest in-
telligi quod habetur Apoc. II,
vincenti dabo manna abscon-
ditum, quod nemo novit nisi
qui accipit, quia scilicet ille qui
accipit, per quandam experien-
tiam dulcedinis novit, quam non
experitur ille qui non accipit.
Ista tamen cognitio imperfecta est. Unde apostolus dicit, I
ad Cor. IV, nihil mihi conscius
sum, sed non in hoc iustifica-

"Una cosa puede ser conocida
de manera conjetural por medio
de indicios. Y de esta suerte sí
puede el hombre conocer que posee la gracia, porque advierte que
su gozo se encuentra en Dios y
menosprecia los placeres del mundo, y porque no tiene conciencia
de haber cometido pecado mortal. Y en este sentido se puede
interpretar aquello de Apoc 2,17:
Al que venciere le daré del maná
escondido que nadie conoce sino
el que lo recibe. Quien lo recibe,
en efecto, lo reconoce, porque experimenta una dulcedumbre de la
que nada sabe quien no lo recibe. Sin embargo, este conocimiento es imperfecto. Por eso dice el
Apóstol en 1 Cor 4,4: De nada me
arguye la conciencia, mas no por

tus sum. Quia ut dicitur in Psalmo XVIII, delicta quis intelligit? Ab occultis meis munda me, domine".[68]

esto me creo justificado. Porque, según se dice en Sal 18,13: ¿Quién conoce sus faltas? Límpiame, Señor, de las que se me ocultan".

Estos signos pueden ser variados: la observancia continuada de los mandamientos, un alma devota de Cristo y del Virgen María, el odio al pecado, el desprecio de las cosas mundanas, el amor por las cosas celestiales, la paz del alma, una conciencia buena, los favores divinos y las consolaciones espirituales, etc.

---

[68]Santo Tomás de Aquino: *Summ. Theol.*, Iª–IIª, q. 115, a. 5, co. En el mismo sentido se encuentran textos patrísticos, como en San Jerónimo (*In Io.*, 3, 9 , P. L. 25, 1144), o en San Agustín (*De correptione et gratia* 13, 40, P. L. 44, 941.)

Capítulo 18

Adquisición: proceso de la justificación

El origen de la justificación es diferente en los niños bautizados antes del uso de razón y en los adultos. Aquéllos se justifican por el mismo rito del bautismo que actúa "ex opere operato" por la recepción del sacramento. Éstos, sin embargo, han de hacer algo más. Sobre el contenido de los actos necesarios del adulto para conseguir la justificación, se han dado dos posiciones: la herética de la teología protestante, y la correcta del Magisterio de la Iglesia católica, sobre todo en el Concilio de Trento.

En efecto, los reformadores afirmaron la corrupción total de la naturaleza humana después del pecado original sin que la Redención de Cristo supusiera ningún efecto real en ella. La justificación es la mera imputación externa de los méritos reales y únicos de Cristo. Por eso, todas la obras del hombre son pecado, por lo que no puede hablarse de preparación alguna para la justificación por parte del ser humano. Sólo puede el hombre afirmar la "fe fiducial", esto es la confianza por la que el hombre está firmemente convencido de que sus pecados (que

451

permanecen siempre) no se le imputan en virtud de la misericordia de Dios por los méritos de Jesucristo. Los únicos actos preparatorios para tal justificación extrínseca son los de la voluntad afirmando la fe fiducial, que presupone un conocimiento previo y un asentimiento espiritual. Pero este acto de la voluntad no se puede llamar realmente disposición o causa meritoria para la justificación, ya que en realidad es un "vaso vacío" o una "mera mano" con la que recoger la justicia de Cristo. Por eso, una persona impía, sin ninguna regeneración real e interna de su alma, obtiene la justicia de Jesucristo por la "sola fides" sin ningún acto de las otras virtudes. Además tal fe no es la fe dogmática, sino sólo la fiducial que acabamos de describir.

Esos errores fueron condenados por el Concilio de Trento,[1] enseñando la doctrina de la necesidad de una cierta preparación para la justificación y su modo de hacerlo (fe dogmática y otros actos de las virtudes). El concepto tridentino de *gratia iustificationis* es idéntico al de gracia habitual.

18.1　El adulto, con la ayuda de la gracia actual, puede y debe disponerse para recibir la justificación

El sentido de los conceptos usados para la tesis es el siguiente:[2]

1. Dios da gracias actuales a todo hombre *adulto* para que pueda, como debe hacer, disponerse a recibir la justificación. Cuando

---

[1] Aunque se examinarán con más detalle, cfr. D. S. 1554–1557, 1559, 1561–1564.

[2] Cfr. Santo Tomás de Aquino: Summ. Theol. I^a–II^ae, q. 112, a. 2; q. 113, a. 3; L. Lercher–F. Lakner: *De gratia Christi*, cit., págs. 55–60; H. Lange: *De gratia...*, cit., págs. 322–341; J. Ibáñez y F. Mendoza: *Dios santificador...*, cit., págs. 163–167; S. González Rivas: o. c., págs. 104–106; L. Ott: *Manual...*, cit., pág. 387; F. Pérez Muñiz: *Tratado de gracia*, cit., págs. 802–807.

hablamos de un "adulto" nos referimos al ser humano con uso de razón.

2. La *gracia actual* (elevante, entitativamente sobrenatural) es necesaria para que los actos preparatorios para la justificación del hombre adulto tengan un valor salvífico, como ya se ha estudiado.

3. El concepto de *disposición* (o "cooperación" o "preparación" usados indistintamente por el Concilio de Trento)[3] significa negativamente que el pecador no puede permanecer pasivo en la recepción de la justificación, y positivamente que debe contribuir de alguna manera con sus obras a la misma. Se dice que el adulto "puede disponerse" porque el hombre con la ayuda de la gracia actual, tiene verdadera capacidad para disponerse a recibir la justificación.

4. Decimos que no sólo puede, sino que también *debe* disponerse, porque los pecadores están sujetos a la voluntad de Dios que así lo ha decretado, además de ser una consecuencia del todo lógica ante la realidad de nuestros pecados.

5. La *justificación* tiene un contenido muy profundo y diverso en la Sagrada Escritura, y se aplica a veces, por metonimia, a la Ley de Dios que enseña y ordena la justicia, y por tanto, como una declaración externa de justicia.[4] También, se refiere a la *adquisición* de la justicia[5] y al *incremento* de la misma.[6] Ahora interesa el aspecto de la adquisición de la justicia, de la gracia

---

[3]Capítulos 5–7 de la Sesión VI (D. S. 1525, 1527, 1554, 1559).

[4]Sal 119:5; Prov 17:15.

[5]Lc 18:14; Ro 8:30.

[6]Ap 22:11.

santificante, que puede ser considerada desde el punto de vista activo (el acto divino por el que se infunde la gracia habitual) o pasivo (el modo como se recibe la justificación o gracia habitual en el hombre).

Es necesario distinguir también la justificación que recibieron nuestros primeros padres en el Paraíso en estado de naturaleza creada y no caída (creados en estado de elevación a la gracia sobrenatural, "gracia habitual"), de la justificación que se concede al pecador, que es la situación actual, cuando se pasa del estado de naturaleza humana caída al de redimida (con la recuperación de la gracia habitual, que ahora se denomina por ello, "santificante"). El Concilio de Trento la define como:

> "... la justificación del impío, de suerte que sea el paso de aquel estado en que el hombre nace hijo del primer Adán, al estado de gracia y de adopción de hijos de Dios (Ro 8:15) por el segundo Adán, Jesucristo Salvador nuestro; paso, ciertamente, que después de la promulgación del Evangelio, no puede darse sin el lavatorio de la regeneración (Can. 5 sobre el baut.) o su deseo, conforme está escrito: Si uno no hubiera renacido del agua y del Espíritu Santo, no puede entrar en el reino de Dios (Jn 3:5)".[7]

En la Sagrada Escritura se manifiesta que las obras buenas de los pecadores tienen una cierta influencia para recibir la justificación; de lo que se deduce que, de algún modo, el pecador puede prepararse, disponerse y cooperar a su justificación. Así ocurre con las virtudes

---

[7]Cap. 4, sesión VI (D. S. 1524).

de la fe (Ro 3: 27–30; 5:1), la penitencia (Hech 2:38; Mt 3:2; 4:17; Ez 18:21), la caridad (Lc 7:47), la oración y el ayuno (Hech 10:4), etc.[8]

Por ello los Santos Padres sostuvieron unánimemente esa misma doctrina.[9] Testigos de la misma son las costumbres sobre los catecúmenos y penitentes de la Iglesia primitiva, que buscaban prepararlos con un cambio real de vida para recibir la gracia.

Los protestantes rechazaron esa verdad afirmando que debido al pecado original,[10] la naturaleza humana está tan corrupta que todas sus obras son pecado, tanto antes como después de la justificación que se operaría tan sólo por obra de la fe fiducial sin obras. El hombre no puede disponerse a la justificación por medio de sus buenas obras, porque no existen.

Por eso, el Concilio de Trento definirá la doctrina verdadera:[11]

1. El principio de la justificación en los adultos se realiza por la gracia preveniente, excitante y adyuvante de Dios y el libre asentimiento y cooperación del hombre con dicha gracia divina:

---

[8]Cfr. todas las exhortaciones del Antiguo y del Nuevo Testamento para que el pueblo y el pecador haga penitencia y se convierta. Más detalles en M.J. Lagrange: *La justification d'après S. Paul*, en "Revue Biblique" 11 (1914) 321–343, 479–503; Id: *Saint Paul. Epître aux Romains*, Paris, Gabalda, 1931, págs. 19ss. y 21–141; F. Prat: *La théologie de saint Paul*, t. 2, Paris, Beauchesne, 1.5, c. l; J.M. Bover: *Teología de san Pablo*, Madrid, BAC, 1949, págs. 731–803; S. González Rivas: o. c., pág. 105; J. Ibáñez y F. Mendoza: *Dios santificador...*, cit., págs. 163–164.

[9]Cfr. el texto clásico de San Agustín: "Quien te creó sin ti, no te justifica sin ti. Quiero decir que Dios te creó sin que tú lo supieras, pero no te justifica si no prestas el consentimiento de tu voluntad" (*Sermo* 169, 11, 13);J. Riviere: *Justification*, en DTC, VIII, col. 2102; S. González Rivas: o. c., pág. 106.

[10]Que identificaban con la concupiscencia desordenada que permanece en el hombre incluso después del bautismo.

[11]Es doctrina de fe divina y católica definida. Cfr. J. Ibáñez y F. Mendoza: *Dios santificador...*, cit., pág. 164; S. González Rivas: o. c., pág. 105; L. Ott: *Manual...*, cit. 387.

- Gracia actual: "El principio de la justificación misma en los adultos ha de tomarse de la gracia de Dios proveniente por medio de Cristo Jesús, esto es, de la vocación, por la que son llamados sin que exista mérito alguno en ellos, para que quienes se apartaron de Dios por los pecados, por la gracia de Él que los excita y ayuda a convertirse..."[12]

- Gracia santificante (justificadora) otorgada según la medida del Espíritu Santo y de la disposición y cooperación de cada uno: "...al recibir en nosotros cada uno su propia justicia, según la medida en que el Espíritu Santo la reparte a cada uno como quiere (1 Cor. 12:11) y según la propia disposición y cooperación de cada uno".[13]

2. Cooperación de la libre voluntad del hombre: "Si alguno dijere que el libre albedrío del hombre, movido y excitado por Dios, no coopera en nada asintiendo a Dios que le excita y llama para que se disponga y prepare para obtener la gracia de la justificación, y que no puede disentir, si quiere, sino que, como un ser inánime, nada absolutamente hace y se comporta de modo meramente pasivo, sea anatema".[14]

3. La cooperación no es la sola fe: "Si alguno dijere que el impío se justifica por la sola fe, de modo que entienda no requerirse nada más con que coopere a conseguir la gracia de la justificación y que por parte alguna es necesario que se prepare y disponga por el movimiento de su voluntad, sea anatema".[15]

---

[12]Cap. 5, ses. VI (D. S. 1525).

[13]Cap. 5, ses. VI (D. S. 1529).

[14]Can. 4, ses. VI (D. S. 1554).

[15]Ca. 9, ses. VI (D. S. 1559).

Santo Tomás prueba la necesidad de la preparación y disposición del hombre para la gracia. En efecto:

"Gratia dupliciter dicitur, quandoque quidem ipsum habituale donum Dei; quandoque autem ipsum auxilium Dei moventis animam ad bonum. Primo igitur modo accipiendo gratiam, praeexigitur ad gratiam aliqua gratiae praeparatio, quia nulla forma potest esse nisi in materia disposita. Sed si loquamur de gratia secundum quod significat auxilium Dei moventis ad bonum, sic nulla praeparatio requiritur ex parte hominis quasi praeveniens divinum auxilium, sed potius quaecumque praeparatio in homine esse potest, est ex auxilio Dei moventis animam ad bonum. Et secundum hoc, ipse bonus motus liberi arbitrii quo quis praeparatur ad donum gratiae suscipiendum, est actus liberi arbitrii moti a Deo, et quantum ad hoc, dicitur homo se praeparare, secundum illud Pr XVI, hominis est praeparare animum. Et est

"Se puede hablar de la gracia en un doble sentido: o como un don habitual de Dios, o como un auxilio divino que mueve el alma al bien. Así pues, como don habitual la gracia requiere una preparación previa, porque ninguna forma puede ser recibida sino en una materia dispuesta. Pero como moción al bien no requiere por parte del hombre ninguna preparación anterior al auxilio divino, sino que, a la inversa, cualquier preparación que se pueda dar en el hombre proviene del auxilio de Dios que mueve el alma al bien. De esta suerte, el mismo movimiento bueno del libre albedrío por el que nos preparamos para recibir la gracia como don habitual es, por una parte, un acto producido por el libre albedrío bajo la moción divina, lo que permite decir que el hombre se prepara para la gracia, según aquello de Pr 16,1: Del hombre es preparar su ánimo. Pero, por otra parte, es un movimiento del libre albedrío que tiene su causa princi-

principaliter a Deo movente liberum arbitrium, et secundum hoc, dicitur a Deo voluntas hominis praeparari, et a domino gressus hominis dirigi".[16]

pal en Dios, y esto permite decir: Es Dios quien prepara la voluntad del hombre (Pr 8:35); o bien: Es el Señor quien dirige sus pasos (Sal 36:23)".

Por otro lado el Aguinate prueba que para la justificación del impío es necesario el libre albedrío, porque Dios mueve todas las cosas respetando la naturaleza de las mismas, y el hombre, por su propia naturaleza, tiene voluntad libre:

"Iustificatio impii fit Deo movente hominem ad iustitiam, ipse enim est qui iustificat impium, ut dicitur Rom. IV. Deus autem movet omnia secundum modum uniuscuiusque, sicut in naturalibus videmus quod aliter moventur ab ipso gravia et aliter levia, propter diversam naturam utriusque. Unde et homines ad iustitiam movet secundum conditionem naturae humanae. Homo autem secundum propriam naturam habet quod sit liberi arbitrii. Et ideo in eo qui habet usum libe-

"La justificación del pecador es producida por Dios, que impulsa al hombre al estado de justicia, pues Él es quien justifica al impío, según se dice en Rom 4,5. Pero Dios mueve todas las cosas según la condición propia de cada una de ellas; por ejemplo, en las cosas naturales, mueve de distinta manera los cuerpos pesados y los ligeros, en razón de su distinta naturaleza. Luego también cuando mueve al hombre hacia la justicia lo hace de acuerdo con la condición propia de la naturaleza humana. Mas lo propio de la naturaleza humana es estar dotada de libre albedrío. Por consiguiente, cuando se trata de un individuo que se encuentra en uso de su

---

[16]Santo Tomás de Aquino: *Summ. Theol.*, I^a–II^{ae}, q. 112, a. 2, co. Cfr. *In Sent.*, IV, dist. 17, a. 2, q^a. 2; *In Hebr. 12*, lect. 3; *In Io. 4*, lect. 2.

ri arbitrii, non fit motio a Deo ad iustitiam absque motu liberi arbitrii; sed ita infundit donum gratiae iustificantis, quod etiam simul cum hoc movet liberum arbitrium ad donum gratiae acceptandum, in his qui sunt huius motionis capaces".[17]

voluntad, el impulso que Dios le comunica para conducirlo a la justicia no se produce sin el ejercicio del libre albedrío humano, sino que de tal manera infunde el don de la gracia justificante, que mueve a la vez el albedrío del hombre para que acepte la gracia, siempre que se trate de un sujeto susceptible de esta moción".

18.2 Para recibir la gracia de la justificación, el adulto necesita prepararse teniendo fe, no fiducial, sino dogmática

La preparación para la justificación se realiza primariamente con la fe dogmática y no con la fe fiducial.

El concepto de la fe para la justificación es muy diferente para la teología protestante que para la correcta teología católica. En efecto:

1. Los protestantes distinguían tres clases de fe: *fe en los milagros*, la que se tiene para obtener la realización de milagros de la que hablaba, por ejemplo, San Pablo: "fe que trasladase los montes" (1 Cor 13:2); *la fe histórica*, que nos permite conocer y aceptar las historias de los Evangelios;[18] y *la fe en las promesas*, por las que creemos en las promesas hechas por Dios sobre el perdón

---

[17]Santo Tomás de Aquino: *Summ. Theol.*, Iª–IIª, q. 113, a. 3, co. Cfr. *In Sent.*, II, dist. 27, a. 2, ad 7; IV, dist. 17, q. 1, a. 3, qª. 2; *De verit.*, q. 28, a. 3.4; *In Eph. 5*, lect. 5; *In Io. 4*, lect. 2.

[18]Para los protestantes, esta sería la fe que profesan los católicos.

de los pecados, distinguiendo dos tipos, la "general" que nos hace creer que la salvación ha sido prometida a todos los fieles, y la "especial" por la que los hombres individualmente tienen confianza en que sus pecados no se les imputan. Es esta fe "especial" en las promesas la que se identifica con la *fe fiducial*, que es un asentimiento de la mente que consiste formalmente en un acto de la voluntad con la que un hombre firmemente persuadido cree que no se le imputan los pecados por los méritos de Jesucristo en virtud de la misericordia de Dios que promete la salvación de los pecados.

2. La correcta *fe dogmática* de la doctrina definida por Trento es la virtud por la que creemos que lo que ha sido revelado es verdad, no porque su intrínseca verdad sea reconocida por la luz de la razón natural, sino por la autoridad de Dios mismo que la revela. Es un asentimiento de la inteligencia a todo el conjunto de verdades reveladas:

> "Es una virtud sobrenatural por la que, con inspiración y ayuda de la gracia de Dios, creemos ser verdadero lo que por Él ha sido revelado, no por la intrínseca verdad de las cosas, percibida por la luz natural de la razón, sino por la autoridad del mismo Dios que revela, el cual no puede ni engañarse ni engañarnos (Can. 2). Es, en efecto, la fe, en testimonio del Apóstol, sustancia de las cosas que se esperan, argumento de lo que no aparece (Heb 11:1)".[19]

---

[19]Cfr. Vaticano I, Const. *Dei Filius* (D. S. 3008; cfr. 3031–3032).

En la Biblia se afirma la necesidad de la fe para la justificación, pero una fe que es asentimiento intelectual a las verdades reveladas por Dios. No se trata, pues, de la "fe fiducial", sino de la "dogmática".

Así se puede comprobar en el concepto de fe de la Carta a los Hebreos: "La fe es fundamento de las cosas que se esperan, prueba de las que no se ven. Por ella los antepasados han recibido un testimonio. Por la fe, sabemos que el universo fue formado por la palabra de Dios, de modo que las cosas visibles llegaron a la existencia a partir de lo invisible... Sin fe, en efecto, es imposible agradarle (a Dios), porque el que se acerca a Dios debe creer que existe y que premia a quienes le buscan" (Heb 11: 1–6). Aquí se aprecia que se trata de la fe dogmática porque su objeto es la existencia de Dios y su carácter de remunerador; y que es esta fe la que nos hace gratos a Dios, por lo que se tiene antes de ser gratos, esto es antes de ser justificados. Es esa fe la que nos justifica haciéndonos amigos e hijos de Dios. El mismo sentido se encuentra en Mc 16: 15–16, Jn 20:31, Hech 8:37, etc.[20] Por otro lado, también San Pablo habla muchas veces de la fe que justifica, pero nunca en el sentido de fe fiducial sino en el de fe objetiva histórica: "No me avergüenzo del Evangelio, porque es una fuerza de Dios para la salvación de todo el que cree, del judío en primer lugar y también del griego. Pues en él se revela la justicia de Dios de la fe hacia la fe, como está escrito: 'El justo vivirá de la fe'" (Ro 1: 16–17). Y es que la Revelación nunca sostiene que la fe fiducial sea una disposición para la justificación, sino que más bien previene contra la vana auto–confidencia en la propia salvación: "con temor y temblor trabajad por vuestra salud" (Fil 2:12); "sino que castigo mi cuerpo y lo someto a

---

[20]No obstan a la verdad definida, textos como los de Mt 9:22; Lc 17:19 o Mt 9:2, donde la fe que se pide no es para su justificación o perdón de sus pecados, sino para recobrar la salud física.

servidumbre, no sea que, después de haber predicado a otros, quede yo descalificado" (1 Cor 9:27); cfr. 2 Pe 1:10.

La Tradición, tal y como aparece en los Santos Padres y en la práctica de la Iglesia primitiva, siguiendo la Revelación bíblica, también insiste en la necesidad de la fe dogmática para la justificación, lo que se evidencia claramente en el primitivo catecumenado, donde se requería de los catecúmenos una profesión de fe antes de recibir el bautismo siguiendo las fórmulas de los antiguos credos. Hay muchos textos de los Santos Padres que manifiestan tal práctica y enseñan las verdades de nuestra fe a los que van a ser nuevos cristianos.[21]

El Magisterio de Trento, rechazando las herejías del protestantismo, definió que la fe fiducial no justifica ni tampoco es requisito para la justificación:

1. "Si alguno dijere que el impío se justifica por la sola fe, de modo que entienda no requerirse nada más con que coopere a conseguir la gracia de la justificación y que por parte alguna es necesario que se prepare y disponga por el movimiento de su voluntad, sea anatema."[22]

2. "Si alguno dijere que la fe justificante no es otra cosa que la confianza de la divina misericordia que perdona los pecados por causa de Cristo, o que esa confianza es lo único con que nos justificamos, sea anatema".[23]

3. "Si alguno dijere que, para conseguir el perdón de los pecados es necesario a todo hombre que crea ciertamente y sin vacilación

---

[21]Cfr. San Cirilo de Jerusalén: *Catechesis*, 4–18 (P. G. 33, 488ss.); San Agustín: *Enchiridion*; San Fulgencio: *De Fide ad Petrum, prol.* 1, c. 1, n. 4 (P. L. 65, 671.673); San Ildefonso de Toledo: *De cognitione baptisimi*, versión, introducción y notas de J. Campos, Madrid, BAC, 1971; etc.

[22]Canon 9, sesión VI (D. S. 1559; cfr. 1532, 1538, 1465, 1460s.).

[23]Canon 12, sesión VI (D. S. 1562; cfr. 1533ss.).

alguna de su propia flaqueza e indisposición, que los pecados le son perdonados, sea anatema".[24]

4. "Si alguno dijere que el hombre es absuelto de sus pecados y justificado por el hecho de creer con certeza que está absuelto y justificado, o que nadie está verdaderamente justificado sino el que cree que está justificado, y que por esta sola fe se realiza la absolución y justificación, sea anatema".[25]

Y, por lo tanto, defiende que la fe dogmática ("creer que es verdad lo que ha sido divinamente revelado y prometido") es la que es necesaria para la justificación:

1. "Ahora bien, se disponen para la justicia misma (can 7, 9) al tiempo que, excitados y ayudados de la divina gracia, concibiendo la fe por el oído (Ro 10:17), se mueven libremente hacia Dios, creyendo que es verdad lo que ha sido divinamente revelado y prometido (can. 12–14) y, en primer lugar, que Dios, por medio de su gracia, justifica al impío, por medio de la redención, que está en Cristo Jesús (Ro 3:24)... De esta disposición está escrito: Al que se acerca a Dios, es menester que crea que existe y que es remunerador de los que le buscan (Heb 11:6), y: Confía, hijo, tus pecados te son perdonados (Mt 9:2; Mc 2:5), y: El temor de Dios expele al pecado (Eco 1: 27), y: Haced penitencia y bautícese cada uno de vosotros en el nombre de Jesucristo para la remisión de vuestros pecados, y recibiréis el don del Espíritu Santo (Hech 2:38), y también: Id, pues, y enseñad a todas las naciones, bautizándolos en el nombre del Padre y del Hijo y, del Espíritu Santo, enseñándoles a guardar todo lo que yo os he

---

[24]Canon 13, sesión VI (D. S. 1563; cfr. 1533 ss. y 1460 ss).

[25]Canon 14, sesión VI (D. S. 1564; cfr. 1533 ss. y 1460 ss).

mandado (Mt 28:19), y en fin: Enderezad vuestros corazones al Señor (1 Re 7:3)".[26]

2. Pero esa fe es don gratuito de Dios. Nada puede hacer el hombre para merecerla y justificase (con la fe fiducial): "Mas cuando el Apóstol dice que el hombre se justifica por la fe (can. 9) y gratuitamente (Ro 8: 22–24), esas palabras han de ser entendidas en aquel sentido que mantuvo y expresó el sentir unánime y perpetuo de la Iglesia Católica... se dice que somos justificados gratuitamente, porque nada de aquello que precede a la justificación, sea la fe, sean las obras, merece la gracia misma de la justificación".[27]

Santo Tomás de Aquino subraya que para la justificación del impío es necesario que sea movido por la fe, pero se trata de la fe dogmática (que crea que Dios existe, es remunerador y el que justifica a los hombres por medio del misterio de Cristo):

"Motus liberi arbitrii requiritur ad iustificationem impii, secundum quod mens hominis movetur a Deo. Deus autem movet animam hominis convertendo eam ad seipsum; ut dicitur in Psalmo LXXXIV, secundum aliam litteram, Deus, tu convertens vivificabis nos. Et ideo ad iustificationem impii requiritur motus mentis

"El ejercicio del libre albedrío es necesario para la justificación del pecador por el hecho de que en ella la mente humana es movida por Dios. Pero Dios mueve el alma del hombre atrayéndola a Sí; según reza otra versión de Sal 84,7: Convirtiéndonos a ti, ¡oh Dios!, nos darás la vida. Por consiguiente, para la justificación del pecador se requiere de parte de la mente huma-

---

[26]Cap, 6, ses. VI (D. S. 1526).
[27]Cap. 8, ses. VI (D. S. 1532).

quo convertitur in Deum. Prima autem conversio in Deum fit per fidem; secundum illud ad Heb. XI, accedentem ad Deum oportet credere quia est. Et ideo motus fidei requiritur ad iustificationem impii".[28]

na un movimiento de conversión a Dios. Mas la primera conversión a Dios es obra de la fe, según aquello de Heb 11,6: Quien se acerca a Dios debe creer que existe. Luego el acto de fe es indispensable para la justificación del pecador".

18.3 Para recibir la gracia de la justificación, el adulto necesita además de la fe, el arrepentimiento de sus pecados y otros actos virtuosos

La fe sola no es suficiente para la justificación, sino que hacen falta también las buenas obras y el arrepentimiento de los pecados. Esta verdad fue negada abiertamente por los protestantes con su tesis de la "sola fides", a la que tuvo que contestar el Concilio de Trento.[29]

Los actos de fe estudiados y de las otras virtudes (arrepentimiento y buenas obras) que preparan para la justificación del adulto tienen como características las siguientes:

---

[28]Santo Tomás de Aquino: *Summ. Theol.*, I^a–II^{ae}, q. 113, a. 4, co. Cfr. *In Sent.*, IV, dist. 17, q. 1, a. 3, q^a. 3; *De veritate*, q. 28, a. 4; *In Eph. 2*, lect. 3.

[29]Cfr. Santo Tomás de Aquino: *Summ. Theol.*, I^a–II^{ae}, q. 113, a. 5; L. Lercher–F. Lakner: *De gratia Christi*, cit., pág. 620; H. Lange: *De gratia...*, cit., págs. 322–341; B. Beraza: *De gratia...*, cit., págs. 658–669; J. Ibáñez y F. Mendoza: *Dios santificador...*, cit., págs. 172–175; S. González Rivas: o. c., págs. 110–114; L. Ott: *Manual...*, cit., págs. 388–389; F. Pérez Muñiz: *Tratado de gracia*, cit., págs. 844–845.

- Son una disposición real y positiva, y no una disposición negativa o de ausencia de disposiciones contrarias o que no tenga influencia real en la justificación.

- Son una verdadera disposición moral, pues su influjo es de orden moral que produce una cierta preparación en el alma para recibir la forma de la justificación.

- Son una disposición meritoria e impetratoria *de congruo*, es decir tiene el poder de impetrar de Dios la justificación, aunque no con mérito *de condigno*, ya que si éste fuera el caso, se negaría la gratuidad de la justificación.

- Son una disposición más o menos remota. Son "menos remotas" las acciones que son necesarias y más cercanas a la justificación (fe, esperanza, amor, arrepentimiento); son "más remotas" los otros actos salvíficos (como oraciones, limosnas, etc.).[30]

La Sagrada Escritura niega que la fe sola sea suficiente para la salvación y afirma a la vez la necesidad de otras acciones buenas con el mismo fin, como es el caso de las obras propias de la virtud de la penitencia o arrepentimiento de los pecados (Mt 4:17; 3:2; Hech 2:38; Ez 18:21; etc.), del temor de Dios (Eco 1:27), de la esperanza (Mt 9:2), etc. La Carta de Santiago es particularmente clara: "¿De qué sirve, hermanos míos, que uno diga tener fe, si no tiene obras? ¿Acaso la fe podrá salvarle?... Así también la fe, si no va acompañada de obras, está realmente muerta. Pero alguno podrá decir: 'Tú tienes fe, y yo tengo obras'. Muéstrame tu fe sin obras, y yo por mis obras te mostraré la fe" (Sa 2: 14–26); así como la Carta a los Gálatas: "Porque en Cristo Jesús no tienen valor ni la circuncisión ni la falta de circuncisión, sino la fe que actúa por la caridad" (Ga 5:6).

---

[30]Cfr. S. González Rivas: o. c., págs. 112–113.

Los textos en los que San Pablo habla de la justificación por la fe (cfr. Ro 5:1; Ef 2:8), no enseñan la fe fiducial de la teología protestante, sino la disposición de la mente que incluye todos los otros actos de virtud señalados.[31] Cuando algunos textos de San Pablo a favor de la justificación por la fe sin obras (vgr. Ro 3:28; 4:2; Ef 2:9) parecen contradecir a los de Santiago que sostiene que la fe sin obras está muerta (San 2:14), hay que recordar que, por un lado, San Pablo en esos textos habla en contra de las obras de la ley tal y como las entendían los judíos, y, por otro lado, que en otros pasajes sostiene directamente la misma teología de Santiago (1 Cor 13:1; Ga 5:6).

Es opinión común entre los Santos Padres que para preparar la justificación, además de la fe, se requiere una vida moral y obras de otras virtudes (penitencia, esperanza, temor de Dios, caridad, etc). Así, San Clemente de Roma afirmaba que el Patriarca Abraham fue bendecido porque realizó actos de justicia y verdad a través de su fe.[32] San Clemente de Alejandría, enseña que la fe es el primer movimiento para la salvación, seguida del miedo, la esperanza, el arrepentimiento, la templanza y la paciencia... que nos conducen al amor y al conocimiento verdadero; de modo que no el que simplemente cree se salvará, sino al que le acompañen las buenas obras.[33] Orígenes señalaba que aunque se llame fe, si no va acompañada de las buenas obras, es una fe muerta.[34] San Gregorio de Nisa declaraba que la fe sin las obras de

---

[31]Cfr. S. González Rivas: o. c., pág. 111; S. Harent: *Foi*, en DTC VI, cols. 70s.; G. Lagrange: *Epitre aux Romains*, Paris, 1931, págs. 99ss.; F. Prat: *La théologie de Saint Paul*, t. 2, cit., 1.5; P. Denis: *La Revelation de la grace dans S.Paul et dans S. Jean* Liege, La Pensée catholique, 1948.

[32]San Clemente de Roma: *Epist. ad Cor.*, I, 31, 2, "Cuius gratia Abraham pater noster benedictus fuit? Nonne, quia iustitiam et veritatem per fidem operatus est?" (P. G. 1, 272).

[33]San Clemente de Alejandría: *Stromata*, 2, 6, 31, 1 (P. G. 8, 965); 6, 14, 108, 4 (P. G. 9, 388).

[34]Orígenes: *In loannem commentarii*, 19, 23, 152 (P. G. 14, 569).

la justicia no es suficiente para la salvación.[35] San Juan Crisóstomo, por su parte, aclaraba que aunque un hombre crea correctamente, si no lleva una vida recta, su fe no le sirve para la salvación.[36] Etc. Podemos recordar al Doctor de la gracia, San Agustín: "Raramente ocurre, yo diría que nunca, que uno se nos acerque con el deseo de hacerse cristiano que no haya sido golpeado de algún modo por el temor de Dios";[37] "Sin caridad, por supuesto, puede todavía haber fe, pero no beneficia".[38]

Trento reacciona contra la herejía protestante, y define como dogma[39] en el canon 9 de la sesión VI, que "Si alguno dijere que el impío se justifica por la sola fe, de modo que entienda no requerirse nada más con que coopere a conseguir la gracia de la justificación y que por parte alguna es necesario que se prepare y disponga por el movimiento de su voluntad, sea anatema."[40] En el capítulo 6 del Decreto sobre la justificación, explica los fundamentos de la condena describiendo como actos preparatorios para la justificación el temor de Dios, la esperanza, la caridad, la penitencia, el deseo del bautismo y la determinación a empezar una nueva vida (propósito de enmienda). De lo cual se concluye que:

- La sola fe no basta para la justificación, y se requiere algún acto más de la voluntad.

---

[35]San Gregorio de Nisa: *In Ecclesiasten hom.*, 8 "Nec enim fides absque operibus iustitiae est sufficiens ad salvandum; nec rursus vitae iustitia per se ad salutem secura est, disiuncta fide" (P. G. 44, 748).

[36]San Juan Crisóstomo: *In Ioannem hom.*, 31, 1 (P. G. 59, 175).

[37]San Agustín: *De catechizandis rudibus*, 5, 9 (P. L. 40, 316).

[38]San Agustín: *De Trinitate*, 15, 18, 31, "Sine caritate quippe fides potest quidem esse, sed non et prodesse" (P. L. 42, 1082).

[39]Cfr. J. Ibáñez y F. Mendoza: *Dios santificador...*, cit., pág. 172; S. González Rivas: o. c., pág. 110; L. Ott: *Manual...*, cit., pág. 388.

[40]D. S. 1559; cfr. 1532, 1538, 1465, 1460 ss.

- Además de la fe hay otros actos dispositivos a la justificación en el adulto, de los cuales el Concilio señala los mencionados, pero no excluye que puedan existir otros.

- Pero el Concilio no enseña que todos los actos dispositivos sean necesarios para toda justificación, ni que lo sean en el orden señalado por el cap. 6 mencionado, ni que cada uno de ellos sea necesario.

- El arrepentimiento o penitencia es lo único necesario siempre para recibir el bautismo. En efecto, en la Sesión XIV sobre el sacramento de la penitencia, en su capítulo 4, se establece: "La contrición, que ocupa el primer lugar entre los mencionados actos del penitente, es un dolor del alma y detestación del pecado cometido, con propósito de no pecar en adelante. Ahora bien, este movimiento de contrición fue en todo tiempo necesario para impetrar el perdón de los pecados, y en el hombre caído después del bautismo sólo prepara para la remisión de los pecados si va junto con la confianza en la divina misericordia y con el deseo de cumplir todo lo demás que se requiere para recibir debidamente este sacramento".[41]

Santo Tomás de Aquino prueba que para la justificación es necesaria no sólo la fe sino también elegir pasar del estado de pecado al de gracia, lo que supone un doble movimiento del libre albedrío: uno que por el deseo tienda hacia la justicia de Dios, y otro por el que se deteste el pecado.

"Iustificatio impii est quidam motus quo humana mens movetur a Deo a statu pecca-

"La justificación del pecador es un movimiento en que el alma humana es movida por Dios del es-

---

[41]D. S. 1676.

ti in statum iustitiae. Oportet igitur quod humana mens se habeat ad utrumque extremorum secundum motum liberi arbitrii, sicut se habet corpus localiter motum ab aliquo movente ad duos terminos motus. Manifestum est autem in motu locali corporum quod corpus motum recedit a termino a quo, et accedit ad terminum ad quem. Unde oportet quod mens humana, dum iustificatur, per motum liberi arbitrii recedat a peccato, et accedat ad iustitiam. Recessus autem et accessus in motu liberi arbitrii accipitur secundum detestationem et desiderium, dicit enim Augustinus, super Ioan. exponens illud, mercenarius autem fugit, affectiones nostrae motus animorum sunt, laetitia animi diffusio, timor animi fuga est; progrederis animo cum appetis, fugis animo cum metuis. Oportet igitur quod in iustificatione impii sit motus liberi arbitrii duplex, unus quo per

tado de pecado al estado de justicia. Por ello, la mente humana, en el movimiento de su libre albedrío, debe comportarse respecto de estos dos estados opuestos como se comporta el móvil en el movimiento local respecto de los dos extremos entre los que se mueve. Ahora bien, en el movimiento local vemos que el móvil se aleja del punto de partida y se acerca al punto de llegada. Luego también el alma humana, en el proceso de su justificación, debe alejarse del pecado y aproximarse a la justicia mediante el movimiento de su libre albedrío. Pero alejamiento y aproximación, cuando se trata del libre albedrío, no son otra cosa que detestación y deseo. Así lo entiende San Agustín en su comentario a San Juan al exponer las palabras 'El mercenario, en cambio, huye': Nuestras afecciones son movimientos del ánimo: la alegría es una expansión del alma, y el temor, su huida; te acercas espiritualmente cuando deseas, te alejas cuando temes. Síguese, pues, que en la justificación del pecador debe haber un doble movimiento del libre

desiderium tendat in Dei iustitiam; et alius quo detestetur
peccatum".[42]

albedrío: uno que por el deseo tienda hacia la justicia de Dios, y otro
por el que se deteste el pecado".

---

[42]Santo Tomás de Aquino: *Summ. Theol.*, Iª–IIæ, q. 113, a. 5, co. Cfr. IIIª, q. 86, a. 2; *In Sent.* IV, dist. 17, q. 1, a. 3, qª. 4; *De verit.* q. 28, a. 5; *Cont. Gentes*, III, 158.

Capítulo 19

Efectos: el estado de justificación.

Una vez examinado el proceso de la justificación, es necesario detenernos en el contenido de lo operado por la justificación.

Es necesario entender la verdadera naturaleza de la justificación que se manifiesta en seis grandes realidades que ella realiza: los pecados son verdaderamente perdonados, las almas quedan regeneradas, los hace hijos de Dios y herederos del Cielo, son amigos de Dios, reciben una participación de la gracia divina y son templos del Espíritu Santo que habita en ellos.

La doctrina verdadera fue directamente contestada por el movimiento protestante que defendió su tesis de la justificación extrínseca o de no imputación de los pecados por la imputación de la gracia de Cristo. La naturaleza del hombre quedó corrupta totalmente por el pecado original, que consiste en la concupiscencia. Como ésta permanece después del bautismo, el pecado original no es nunca realmente perdonado ni sanada la naturaleza caída. Como consecuencia, el hombre debe ser considerado como *simul iustus* (por la imputación extrínseca de la gracia de Cristo) *et peccator* (por la corrupción de la naturaleza humana que hace que todos sus actos sean pecado). En efecto, los pecados humanos serían cubiertos (de modo que Dios no los vería), suavizados (de modo que no aparecerían como tales) o no imputados (pues aunque permanezcan el alma Dios los ignora).

19.1 La gracia de la justificación no sólo rae o no imputa los pecados, sino que verdaderamente los perdona

El primer efecto de la justificación del adulto (pecado original y personales) o del niño antes del uso de razón (sólo pecado original) es el perdon verdadero de sus pecados.[1] El hombre pasa del estado de pecado al estado de gracia o justicia, lo que no ocurrió ni con los ángeles ni con Adán y Eva que fueron creados sin pecado y en estado de gracia. Después de los primeros pecados, los ángeles caídos quedaron petrificados en su pecado y no tienen posibilidad de arrepentimiento ni justificación; Adán y sus descendientes, si pueden ser justificados por la Redención operada por Jesucristo.

Cuando se habla de "pecados" nos referimos al pecado habitual, esto es, la mancha dejada por los pecados mortales, tanto el original como los personales. Los pecados veniales no son ahora directamente considerados porque no quitan la gracia de Dios, y aunque sean perdo-

---

[1] Cfr. Santo Tomás de Aquino: *Summ. Theol.*, Iª–IIᵃᵉ, q. 113, a. 1 ss., a. 6; q. 109, a. 7; L. Lercher–F. Lakner: *De gratia Christi*, cit., pág. 65–71; H. Lange: *De gratia...*, cit., págs. 347–358; B. Beraza: *De gratia...*, cit., págs. 678–702; J. Ibáñez y F. Mendoza: *Dios santificador...*, cit., págs. 175–179; S. González Rivas: o. c., págs. 115–118; L. Ott: *Manual...*, cit., pág. 394; R. Garrigou–Lagrange: *Grace*, cit., págs. 325–363; F. Pérez Muñiz: *Tratado de gracia*, cit., págs. 833–842, 845–846, 642–646.

nados en el bautismo y en el sacramento de la penitencia propiamente recibido.

Se dice que son "verdaderamente perdonados" porque ya no existen de verdad, la mancha que antes tenían ya no existe en absoluto. Esto produce una real renovación interna en el hombre justificado tanto por el hecho de que sus pecados han sido redimidos como porque el alma es regenerada a una nueva vida y estado sobrenatural (estado de naturaleza redimida).

Hay muchos pasajes de la Escritura que afirman que los pecados se perdonan verdadera y realmente, como es el caso:

- *Borrar* los pecados como se eliminan las palabras de una antigua tablilla de escribir (Is 43:25; Hech 3:19).

- *Limpiar, lavar* (Sal 51: 4.9; 1 Cor 6:11).

- *Sepultar* en el mar (Mi 7:19).

- *Alejar totalmente* como de un punto cardinal al opuesto (Sal 103:12).

- *Sanar* como se cura una herida (Is 30:26; Mt 9:12; Lc 10: 30 ss.).

- *destruir por completo*, como ocurre en el bautismo (Ro 6: 2–11).

- *Quitar* los pecados (Jn 1:29; 2 Sam 12:13).

El Señor en el Evangelio aparece perdonando los pecados realmente y no como mera no imputación de los mismos: Mc 2: 1–12; Mt 9:13; Mc 2:7; Lc 5:21; etc.

Es cierto que hay algunos textos señalados por la teología protestante donde se dice que los pecados quedan cubiertos y que no se imputan (Sal 32:1, "dichoso el que es perdonado de la culpa, y le ha sido cubierto su pecado"; 2 Cor 5:19, "porque en Cristo, Dios estaba reconciliando al mundo consigo, sin imputarle sus delitos,"), pero deben ser entendidos con el conjunto de los ya mencionados, pues las declaraciones de la Biblia han de ser interpretadas siguiendo el criterio hermenéutico de la analogía de la fe bíblica, basado en el hecho de que el autor principal es el único y verdadero Dios que no puede contradecirse; además los textos menos claros han de interpretarse a la luz de los que son más abundantes y evidentes. Por tanto, siendo verdad que un pecado que es perdonado es uno que tampoco es imputado, no se puede concluir lo contrario: que el hecho de que los pecados no sean imputados signifique que no hayan sido perdonados, sino que no son imputados porque han sido verdaderamente perdonados.

Los Santos Padres reciben la doctrina bíblica y la sostienen de un modo unánime. Así se puede comprobar en declaraciones tan luminosas como las de San Justino: "Si hacen penitencia, todos los que lo deseen pueden conseguir la misericordia de Dios, y la Escritura les llama bienaventurados (Sal 32:2)... Lo que significa que si se arrepienten de sus pecados, reciben de Dios la remisión de los pecados, pero no como vosotros y otros parecidos a vosotros lo consideráis que decís que aunque sean pecadores, aunque Dios lo sabe, sin embargo el Señor no les imputa el pecado".[2] O San Ambrosio: "... (Mi 7:18) ¿Quién no se dio cuenta de vuestra indignación?... Lo que dice, pues: *quitar los pecados*, pertenece al perdón; porque los elimina por completo, para que no quede ninguno de quien él no se acuerde".[3] Por su parte, San Gregorio el Grande recuerda la tipología de los efectos del paso del Mar Rojo con los del bautismo cristiano: "Por tanto, quien dice que los pecados no fueron completamente perdonados en el bautismo, dice que los egipcios no murieron verdaderamente en el Mar Rojo. Pero si admite que los egipcios estaban realmente muertos, debe admitir que

---

[2]San Justino: *Dialogus cum Tryphone Iudaeo*, 141 (P. G. 6, 797).

[3]San Ambrosio: *Epistulæ (Horontiano)*, 23 (P. L. 16, 1240).

los pecados deben morir completamente en el bautismo". [4] Particularmente significativa es la comparación de San Agustín:

> "Decimos que el bautismo da el perdón de todos los pecados y quita los crímenes, no para afeitarlos, ni para guardar las raíces de todos los pecados en la carne maligna, como los cabellos rapados de la cabeza, donde los pecados ya quitados, pudieran volver a crecer de nuevo".[5]

Sobre estos precedentes, Trento enfrentó la herejía protestante. Los reformadores defendían que la teología de San Pablo no fue realmente entendida por la mayoría de los Santos Padres, sobre todo por Tertuliano y San Cipriano con sus tesis que se basaban sobre las ideas de justicia humana; además, los Padres orientales también habrían desenfocado la verdadera exégesis de San Pablo porque se apegaron a las ideas de una justicia basada en las buenas obras, y, en un misticismo que se manifestaba en la creencia en la deificación del ser humano. Todo eso, según los protestantes, habría influyó en las posiciones erróneas de la Escolástica medieval que eran, en realidad, pelagianas. Felizmente, según ellos, Lutero primero experimentó y luego redescubrió, el verdadero sentido de la teología de la gracia y la justificación del Apóstol de las Gentes.

Trento proclamó con valor de doctrina de fe divina y católica definida[6], el que la justificación del pecador no sólo produce la verdadera remisión de los pecados, sino también una verdadera renovación interna del alma. Tal doctrina está en la base de:

---

[4]San Gregorio Magno: *Epistulæ (Theoctistae patriciae)*, 11, 45 (P. L. 77, 1162).

[5]San Agustín: *Contra duas epistulas Pelagianorum*, 1, 13, 26 (P. L. 44, 562).

[6]Es doctrina de fe divina y católica definida. Cfr. J. Ibáñez y F. Mendoza: *Dios santificador...*, cit., pág. 176; S. González Rivas: o. c., pág. 117; L. Ott: *Manual...*, cit., pág. 394.

1. El Decreto sobre el pecado original, que establece el dogma que el bautismo verdaderamente borra el pecado original por la presencia de la gracia habitual. Por lo mismo, borra los pecados personales: "Si alguno dice que por la gracia de Nuestro Señor Jesucristo que se confiere en el bautismo, no se remite el reato del pecado original; o también si afirma que no se destruye todo aquello que tiene verdadera y propia razón de pecado, sino que sólo se rae o no se imputa: sea anatema".[7]

2. El Decreto sobre la justificación, cuando define que al recibir la gracia habitual se borran los pecados personales de los adultos y se renuevan realmente en sus almas, supuesto que el pecador realmente esté arrepentido.[8]

3. El mismo Decreto cuando condena la justificación extrínseca del pecador por la mera imputación de los méritos de Cristo:

   - "Si alguno dijere que los hombres se justifican o por sola imputación de la justicia de Cristo o por la sola remisión de los pecados, excluida la gracia y la caridad que se difunde en sus corazones por el Espíritu Santo y les queda inherente; o también que la gracia, por la que nos justificamos, es sólo el favor de Dios, sea anatema".[9]

   - "Si alguno dijere que la fe justificante no es otra cosa que la confianza de la divina misericordia que perdona los pecados por causa de Cristo, o que esa confianza es lo único con que nos. justificamos, sea anatema".[10]

---

[7] Ses. 5 can. 5 (D. S. 1515).

[8] D. S. 1542–1543, 1579 ss., Cfr. 1671–1672, 1676 ss.

[9] Ses. VI, can. 11 (D. S. 1561; cfr. 1528 ss. y 1545 ss).

[10] Ses. VI, can. 12 (D. S. 1562; cfr 1533ss.).

- "Si alguno dijere que, para conseguir el perdón de los pecados es necesario a todo hombre que crea ciertamente y sin vacilación alguna de su propia flaqueza e indisposición, que los pecados le son perdonados, sea anatema".[11]

- "Si alguno dijere que el hombre es absuelto de sus pecados y justificado por el hecho de creer con certeza que está absuelto y justificado, o que nadie está verdaderamente justificado sino el que cree que está justificado, y que por esta sola fe se realiza la absolución y justificación, sea anatema".[12]

Posteriormente la Iglesia condenó la doctrina de Bayo de la justificación por la obediencia a los mandamientos sin la remisión de los pecados y sin la infusión de la gracia que renueva internamente: "La justicia con que se justifica el impío por la fe, consiste formalmente en la obediencia a los mandamientos, que es la justicia de las obras; pero no en gracia (habitual) alguna, infundida al alma, por la que el hombre es adoptado por hijo de Dios y se renueva según el hombre interior y se hace partícipe de la divina naturaleza, de suerte que, así renovado por medio del Espíritu Santo, pueda en adelante vivir bien y obedecer a los mandamientos de Dios" (tesis 42 del Bayo). "En los hombres penitentes antes del sacramento de la absolución, y en los catecúmenos antes del bautismo, hay verdadera justificación; separada, sin embargo, de la remisión de los pecados (tesis 43 de Bayo)".[13] También se condenó la tesis de Rosmini que defendía el uso de la expresión *Dios cubre ciertos pecados y no los imputa*, con un falso argumento, a saber, que "Cuanto más se examina el orden de justificación en el hombre, más exacto aparece el modo de hablar espiritual, de que Dios

---

[11]Ses. VI, can. 13 (D. S. 1563; cfr. D. S. 1533 ss. y 1460 ss.).

[12]Ses. VI, can. 14 (D. S. 1564; cfr. 1533 ss. y 1460 ss.).

[13]D. S. 1942–4; 1931–3.

cubre o no imputa ciertos pecados. Según el salmista (Sal 32:1), hay diferencia entre las iniquidades que se perdonan y los pecados que se cubren: Aquéllas, a lo que parece, son culpas actuales y libres; éstos, son pecados no libres de quienes pertenecen al pueblo de Dios, a quienes, por tanto, ningún daño acarrean".[14]

Las razones teológicas que explican el dogma tridentino se basan sobre dos consideraciones principales. En primer lugar, por el entendimiento erróneo que supone de la naturaleza de la Redención de Cristo ya que si no perdonara realmente los pecados y elevara la naturaleza caída del hombre, la obra de Cristo tendría menos eficacia que el pecado de Adán, puesto que éste sí que nos constituyó verdaderamente (intrínsecamente) en pecadores, mientras que la Redención de Cristo sólo aparentemente (extrínsecamente) nos libraría de esa condición; en este sentido, se estaría contradiciendo la doctrina del Nuevo Testamento de Ro 5:15 ss. En segundo lugar, porque la justificación es un cambio de la injusticia a la justicia; pero ésta implica tal rectitud hacia Dios que excluye todo pecado mortal, por lo que la justificación del pecador tiene que suponer la verdadera remisión de los pecados. Por eso dice Santo Tomás:

"Dicitur iustitia prout importat rectitudinem quandam ordinis in ipsa interiori dispositione hominis, prout scilicet supremum hominis subditur Deo, et inferiores vires animae subduntur supremae, scilicet rationi. Et hanc etiam dispositionem vocat philosophus, in V Ethic.,	"Se puede entender la justicia como la recta ordenación de las disposiciones interiores del hombre, en el sentido de que la parte superior del hombre se somete a Dios y las facultades inferiores obedecen a la más alta de ellas, que es la razón. El mismo Filósofo en V Ethic. llama a esta dispo-

---

[14]Tesis 35 de Rosmini (D. S. 3235).

iustitiam metaphorice dictam. Haec autem iustitia in homine potest fieri dupliciter. Uno quidem modo, per modum simplicis generationis, quae est ex privatione ad formam. Et hoc modo iustificatio posset competere etiam ei qui non esset in peccato, dum huiusmodi iustitiam a Deo acciperet, sicut Adam dicitur accepisse originalem iustitiam. Alio modo potest fieri huiusmodi iustitia in homine secundum rationem motus qui est de contrario in contrarium. Et secundum hoc, iustificatio importat transmutationem quandam de statu iniustitiae ad statum iustitiae praedictae. Et hoc modo loquimur hic de iustificatione impii; secundum illud apostoli, ad Rom. IV, ei qui non operatur, credenti autem in eum qui iustificat impium, et cetera. Et quia motus magis denominatur a termino ad quem quam a termino a quo, ideo huiusmodi transmutatio, qua aliquis transmutatur a statu iniustitiae per remissionem peccati, sorti-

sición justicia 'en sentido metafórico'. Mas esta justicia puede ser adquirida por el hombre de dos maneras. La una, por simple generación, es decir, por un movimiento que va de la privación a la forma. Y de este modo la justificación puede darse incluso en quien no tiene pecado, si recibe tal justicia de Dios, y así es como recibió Adán la justicia original. La otra, por un movimiento entre términos contrarios. Y en este sentido la justificación entraña cierta transformación en la que se pasa del estado de injusticia al estado de la justicia indicada. Y tal es el sentido en que aquí hablamos de la justificación del pecador, de acuerdo con aquello del Apóstol en Ro 4:5, El hombre que no hace obras, sino que cree en aquel que justifica al impío, etc. Y puesto que el movimiento se denomina más bien por el término final que por el punto de partida, esta transformación por la que el hombre abandona el estado de injusticia mediante la remisión de los pecados, recibe su nombre del

tur nomen a termino ad quem, et vocatur iustificatio impii".[15]

término al que conduce y se la llama justificación del pecador".

19.2 La gracia de la justificación no sólo perdona verdaderamente los pecados, sino que es además santificación, renovación y regeneración de nuestras almas

El concepto verdadero de la justificación no sólo afirma el perdón verdadero e intrínseco de los pecados, sino también la renovación y santificación verdadera e intrínseca de las almas. Los protestantes también negaron este aspecto "positivo" de la justificación, al considerar que el alma no cambia realmente sino sólo se le imputa la justicia de Cristo extrínsecamente.

La Biblia revela este aspecto "positivo" de la justificación intrínseca y real utilizando varias expresiones que indican que Cristo nos restauró la vida sobrenatural que perdimos con el pecado original, y no solamente perdonó nuestros pecados:

- *Regeneración y renovación* (Tit 3:5).

- *El hombre nuevo* (Ef 4: 17–24).

- *Vivificación* con la vida de Cristo (Ef 2:5).

- *Hechura de Dios y una nueva creación* (Ef 2:10).

Los Santos Padres manifiestan la misma verdad con toda claridad al desarrollar la idea de la "deificación" operada en el hombre por la

---

[15]Santo Tomás de Aquino: *Summ. Theol.*, Iª–IIªᵉ, q. 113, a. 1, co. Cfr. ibidem, a. 6, ad 1; *In Sent.*, IV, dist. 17, q. 1, a. 1, qª. 1; *De verit.*, q. 28, a. 1.

gracia, punto de vista que ha sido utilizado modernamente por algunos teólogos para desarrollar el tratado de gracia como ya señalábamos. Es tal la contundencia y fuerza con la que los Padres la defienden, que incluso algunos reformadores importantes admitieron que en ese punto ellos se separan de la doctrina patrística.[16] Los Santos Padres repiten las fórmulas bíblicas de renovación por la gracia, a las que se añaden otras nuevas.[17] Así, por ejemplo, la Epístola de Bárnabas: "Puesto que Él nos ha renovado por el perdón de los pecados, nos ha hecho una nueva realidad y tenemos almas de niños, como si nos hubiera creado de nuevo".[18] San Cipriano hablará de un segundo nacimiento, obra de Dios quien al limpiar la descomposición y derramar luz desde lo Alto, el cielo respiró el aliento y me devolvió a un nuevo hombre en el segundo nacimiento.[19] San Ireneo explicaba cómo Jesucristo dio a sus discípulos la potestad de regerar a los hombres en Dios, renovándolos de su antiguo estado a la novedad de Cristo.[20] San Cirilo de Jerusalén mostraba cómo la infusión del Espíritu en el bautismo limpiaba el alma interiormente de todo defecto.[21] San Gregorio Nacianceno insistía en cómo el bautismo imprime la imagen de la divinidad corrigiendo la imagen mala anterior.[22] San Juan Crisós-

---

[16]Fue el caso de Calvino y de Chemnitius, como recuerda Belarmino en su *De Iustificatione*, 2. 8.

[17]J. Gros: *La divinisation du chretien d'apres les Peres grecs, Contribution historique a la doctrine de la grace*, Paris, Gabalda, 1938; P. Galtier: *Le Saint Esprit en nous d'apres les Peres grecs*, Rome, Univ. Gregorianae, 1946; H. Rondet: *La divinisation du chretien*, en "Nouvelle Revue Théologique" 71 (1949) 449–476, 581–588; S. González Rivas: o. c., págs. 115–118; J. L. Lorda: *La gracia...*, cit., págs. 99–121.

[18]*Epístola de Barnabas*, 6, 11 (P. G. 2, 741).

[19]San Cipriano: *Ad Donatum*, 4 (P. L. 3, 722).

[20]San Ireneo: *Adv. Haer.* 3, 17, 1 (P. G. 7, 929).

[21]San Cirilo de Jerusalén: *Catecheses*, 17, 14 (P. G. 33, 985).

[22]San Gregorio Nacianceno: *Orationes*, 40, 7 (P. G. 36, 365).

tomo insiste en la una nueva generación que se opera por la gracia.[23] San Cirilo de Alejandría explicaba la acción del Espíritu Santo en el alma del hombre que ha sido justificado no al modo de una pintura superficial, simo como un sello cuya imagen queda grabada en la cera, restituyendo así la imagen de Dios en el hombre.[24] San León Magno recordaba a los cristianos su dignidad al haber sido hechos consortes de la divina naturaleza.[25] San Agustín la refiere como justicia divina que hace justos a los hombres.[26] Etc.

Lógicamente el Magisterio proclamará[27] la regeneración, santificación y renovación interior del hombre por obra de la gracia santificante, como ocurre en:

- El Concilio XVI de Cartago:

> "Porque por esta regla de la fe, aun los niños pequeños que todavía no pudieron cometer ningún pecado por sí mismos, son verdaderamente bautizados para

---

[23]San Juan Crisóstomo: *Catech. ad illuminandos* 1, 3 (P. G. 49, 227).

[24]San Cirilo de Alejandría: *Thesaurus de sancta et consubstantiali Trinitate*, 34 (cfr. P. G. 75, 609); cfr. también *De sancta et consubstantiali Trinitate dialogi*, 7, (P. G. 75, 1089); *In Ioannem commentarius*, 1, 9 (P. G. 73, 153); Ibidem 2, 1 (P. G. 73, 244).

[25]San León Magno: "Agnosce, Christiane, dignitatem tuam: et divinae consors factus naturae (2 Pe 1:4), noli in veterem vilitatem degeneri conversatione redire. Memento cuius capitis et cuius corporis sis membrum. Reminiscere quia erutus de potestate tenebrarum translatus es in Dei lumen et regnum", *Sermones*, 21, 3 (P. L. 54, 192).

[26]San Agustín: "Iustitia Dei manifestata est (Rom 3:21); non dixit: iustitia hominis, vel iustitia propriae voluntatis; sed:iustitia Dei, non qua Deus iustus est, sed qua induit hominem, cum iustificat impium",*De Spiritu et littera*, 9, 15 (P. L. 44, 209).

[27]Es doctrina de fe divina y católica definida. Cfr. J. Ibáñez y F. Mendoza: *Dios santificador...*, cit., pág. 180; S. González Rivas: o. c., pág. 117; L. Ott: *Manual...*, cit., pág. 394.

la remisión de los pecados, a fin de que por la *regeneración* se limpie en ellos lo que por la generación contrajeron".[28]

- El Concilio de Trento, tanto en la sesión V sobre el pecado original:

"Porque en los renacidos nada odia Dios, porque nada hay de condenación en aquéllos que verdaderamente por el bautismo están sepultados con Cristo para la muerte (Ro 6:4), los que no andan según la carne (Ro 8:1), sino que, desnudándose del hombre viejo y vistiéndose del nuevo, que fue creado según Dios (Ef 4:22 ss; Col 3:9 ss.), han sido hechos inocentes, inmaculados, puros, sin culpa e hijos amados de Dios, herederos de Dios y coherederos de Cristo (Ro 8: 17)".[29]

Como en la sesión VI sobre la justificación:

"La justificación misma que no es sólo remisión de los pecados (Can. 11), sino también santificación y renovación del hombre interior, por la voluntaria recepción de la gracia y los dones, de donde el hombre se convierte de injusto en justo y de enemigo en amigo, para ser heredero según la esperanza de la vida eterna (Tit 3:7)".[30]

La razón teológica que explica que la justificación no puede consistir sólo en el aspecto negativo de la remisión de los pecados, ni en

---

[28] Can 2 (D. S. 223).

[29] Can 5 (D. S. 1515).

[30] Cap. 7 (D. S. 1528).

la mera imputación de la justicia de Cristo, sino que implica también un aspecto positivo de santificación interna y verdadera, estriba en que la justificación es una realidad sobrenatural que puede aumentar, pudiendo ser desigual tanto en el conjunto de los hombres justificados, como en el mismo hombre en momentos diferentes de su vida.[31] Ahora bien, la remisión de los pecados no puede ser desigual ni tampoco la imputación de la justicia de Cristo, por lo que la justificación no puede consistir sólo en su aspecto negativo, sino que tiene que ser algo interno y positivo a modo de santificación en el hombre justificado.

Se discute si existe una conexión causal entre la remisión de los pecados (aspecto negativo de la justificación) y la infusión interna de la gracia (aspecto positivo de la misma) por su propia naturaleza, o podría haber sido de otra manera en otro orden de salvación decretado por la Providencia divina distinto del presente. La respuesta es que los pecados no pueden ser perdonados sin la infusión de la gracia divina. Es imposible que la gracia pudiera ser infundida sin la remisión de los pecados, ya que la gracia por su misma naturaleza y, al menos por necesidad física, borra el pecado mortal. Así aparece en los textos mencionados del Concilio de Trento.[32] Por tanto, no parece sostenible la posición que excluye la compatibilidad de gracia y pecado no por la propia naturaleza de los mismos y repugnancia metafísica, sino por un decreto extrínseco de la voluntad divina que así lo decidió.

Santo Tomás ya estableció su razón más profunda, al probar que el perdón de los pecados se debe a un amor especial de Dios, que no puede ocurrir sino por la infusión de la gracia en el pecador. En efecto, el amor de Dios no presupone la bondad de la creatura, sino que la produce:

---

[31]Cfr. infra las propiedades de la justificación.

[32]Ses. V, can.5 (D. S. 1515–1516) y ses. VI cap.7 (D. S. 1530–1531).

"Offensa autem non remitti-tur alicui nisi per hoc quod ani-mus offensi pacatur offendenti. Et ideo secundum hoc peccatum nobis remitti dicitur, quod Deus nobis pacatur. Quae quidem pax consistit in dilectione qua Deus nos diligit. Dilectio autem Dei, quantum est ex parte actus di-vini, est aeterna et immutabi-lis, sed quantum ad effectum quem nobis imprimit, quando-que interrumpitur, prout scili-cet ab ipso quandoque deficimus et quandoque iterum recupera-mus. Effectus autem divinae di-lectionis in nobis qui per pecca-tum tollitur, est gratia, qua ho-mo fit dignus vita aeterna, a qua peccatum mortale excludit. Et ideo non posset intelligi remissio culpae, nisi adesset infusio gra-tiae".[33]

"Mas para que una ofensa se perdone es necesario que el ánimo del ofendido se apacigüe con res-pecto al culpable. Y así decimos que nuestros pecados son perdo-nados cuando Dios se apacigua hacia nosotros. Pues bien, esta paz consiste en el amor que Dios nos tiene. Y este amor, en cuanto acto divino, es eterno e inmuta-ble; pero en cuanto al efecto que produce en nosotros es suscepti-ble de interrupción, puesto que a veces lo perdemos y luego lo re-cobramos de nuevo. Ahora bien, el efecto que el amor divino pro-duce en nosotros, y que el pecado destruye, es la gracia, que nos ha-ce dignos de la vida eterna, cuyas puertas nos cierra el pecado mor-tal. En consecuencia, es imposible entender la remisión de la culpa sin la infusión de la gracia".

Como consecuencia de la gracia santificante, el alma recibe una hermosura sobrenatural, transunto de la hermosura increada de Dios, formada al unirnos a Cristo, a imagen del Hijo de Dios (Ro 8:29; Ga 4:19) quien es el esplendor de la gloria de Dios e imagen de su substan-cia (Heb 1:3). Santo Tomás de Aquino, comentando las palabras del

---

[33]Santo Tomás de Aquino: *Summ. Theol.*, Iª–IIªᵉ, q. 113, a. 2, co. Cfr. *In Sent.*, IV, dist. 17, q. 1, a. 3, qª. 1; *De verit.*, q. 28, a. 2; *In Eph. 5*, lect. 5.

Salmo 26, 8, "Domine dilexi decorem domus tuae et locum habitationis gloriae tuae" (25 de la Vulgata), sostenía la misma doctrina:

"Sed sciendum est, quod hic decor est ex habitatione Dei; sicut domus non est pulchra nisi inhabitetur... et haec omnia, idest bona opera, dona Dei, et ipsi sancti, sunt decor domus Dei, inquantum relucet in eis gratia divina quae pulchrificat sicut lux, sicut dicit Ambrosius, quod sine luce omnia sunt turpia: Ez 43: ingressa est gloria domini portam".[34]

"Pero se ha de saber que esta belleza proviene de la inhabitación de Dios, como una casa no es bella al menos que esté habitada... también todos esos —obras buenas, dones de Dios y los mismos santos— son la belleza de la casa de Dios, en la medida que Él brilla en ellos por la gracia divina que los hace bellos como la luz, como dice San Ambrosio: 'sin la luz todas las cosas son feas',[35] y la gloria del Señor ingresó en el templo (Ez 43:4)".

Por eso el Catecismo Romano afirma que con la gracia el alma recibe hermosura y resplandor: "La gracia, según el Concilio Tridentino,[36] manda a todos creer bajo pena de excomunión, no solamente consiste en la remisión de los pecados, sino en cierta cualidad divina que se adhiere al alma, y como un resplandor y luz que la limpia de todas las manchas y las hace hermosísimas y muy resplandecientes".[37]

Los Santos Padres ahondaron en el tema de la belleza del alma en muchos de sus comentarios bíblicos al Cantar de los Cantares, explicando las expresiones del Esposo que alaba la belleza singularísima de la esposa (Ca 1:5.8.15; 4:1.7; 5:2; passim). Posteriormente la teología

---

[34]Santo Tomás de Aquino: *In Ps*, 25, 5.

[35]San Ambrosio: *Hexaemeron*, l. 6, 1. 9 (P. L. 14, 142).

[36]Canon 11, ses. VI, D. S. 1561.

[37]*Catecismo Romano*, nº 339. Cfr. L. Ott: *Manual...*, cit., pág. 394.

mística seguirá esos pasos. De un modo muy especial y profundo lo ha hecho A. Gálvez en toda su obra sobre la teología del amor, y en particular en sus "Comentarios al Cantar de los Cantares", explicando los efectos de la gracia en el alma, la inmensidad del Amor de Dios por el hombre que no sólo perdona sus pecados sino que hace al alma bella y deseable, y el error de la teología protestante, que rechaza que el alma humana caída pueda ser hermoseada por la gracia hasta el punto de ser alabada por Dios por tal cualidad. Baste aquí la siguiente cita:

> "De hecho, para la teología luterana por ejemplo, la esposa —la naturaleza humana— está demasiado mancillada como para que Dios se enamore de ella de ese modo. Y, aunque es verdad que Dios está dispuesto a *cubrir* la mancha para ocultarla —a disimularla, si se quiere, o a no verla si se prefiere así—, la mancha está ahí de todos modos. Por la razón de que esa teología no está dispuesta a creer en un amor tan grande como para ser capaz de *desarraigar*, desde lo más profundo, toda culpabilidad hasta hacerla desaparecer: algo así como si se dijera que Dios perdona pero no olvida.
>
> Lo que no deja de estar en contra de todo el texto del libro del *Cantar*. Tan claro y evidente en este punto como que en el Poema aparecen por todas partes, de manera insistente y abrumadora, las alabanzas encomiásticas del Esposo a una esposa que para Él es limpia e inmaculada. Y en donde no se trata, por lo tanto, de la existencia de culpas *cubiertas* o disimuladas, sino de una pureza total y absoluta:
>
> Hermana mía, esposa mía,
> paloma mía, inmaculada mía (Ca 5:2)...

¡Qué hermosa eres, amada mía,
qué hermosa eres! (Ca 4:1)".[38]

19.3 La gracia de la justificación convierte al hombre en hijo adoptivo de Dios y heredero del Cielo

Tanto la Sagrada Escritura, como la Tradición y el Magisterio de la Iglesia[39] enseñan con claridad que la justificación es una transición del estado de enemigo de Dios e hijo del primer Adán al de hijo adoptivo de Dios y heredero del Cielo mediante la recepción de la gracia: "translatio... in statum gratiae et adoptionis filiorum Dei";[40] "haeres secundum spem vitae aeternae (Tit 3:7)".[41] Como recuerda Lorda:

"La filiación divina no es un tema más, sino el fin al que se dirige toda la salvación operada por Jesucristo. Nos lo recuerda san Pablo: 'Dios envió a su Hijo... para que recibiéramos la filiación adoptiva; la prueba de que sois hijos es que Dios ha enviado a vuestros corazones el Espíritu de su Hijo que clama ¡Abba, Padre!' (Ga 4: 4–5). Y también

---

[38] A. Gálvez: *Comentarios...*cit. vol. II, págs. 307–308. Cfr. *ibidem*, todo el capítulo "La esposa inmaculada" (págs. 303–346).

[39] Cfr. Concilio de Trento, D. S. 1524 y 1528.

[40] D. S. 1524.

[41] D. S. 1528. Cfr. Santo Tomás de Aquino: *Summ. Theol.*, III^a, q. 23, a. 1 ss.; L. Lercher–F. Lakner: *De gratia Christi*, cit., pág. 79–97; H. Lange: *De gratia...*, cit., págs. 420–434; B. Beraza: *De gratia...*, cit., págs. 804–828; J. Ibáñez y F. Mendoza: *Dios santificador...*, cit., págs. 181–186; S. González Rivas: o. c., págs. 154–160; L. Ott: *Manual...*, cit. págs. 395–396; Ch. Baumgartner: *La gracia...*, cit., págs. 218–233; J. A. Sayés: *La gracia...*, cit., págs. 275–285; J. L. Lorda: *La gracia...*, cit., págs. 83–98; J. Cardona: *Filiación divina*, en GER, X, 116–120.

el Evangelio de San Juan nos dice que quienes aceptan a Jesucristo 'llegan a ser hijos de Dios' (Jn 1:12)".[42]

¿Cuál es el significado de esta afirmación?

Los justificados son hijos de Dios por "filiación espiritual", es decir por *filiación divina por la recepción de la gracia*, que es diferente de la "filiación natural" de Dios, en perfecta similitud, esto es la *filiación divina en sentido estricto* que pertenece en exclusividad al Verbo (Sal 2:7; Jn 1:1; 3:16), y de la "filiación por creación" o *filiación divina en sentido amplio* que es una similitud imperfecta y que se da con las creaturas intelectuales, como el hombre en estado original, el pueblo de Israel o los ángeles, etc. (De 32: 5–6; Os 11:1).[43]

A la filiación espiritual por la gracia se denomina filiación *por adopción*, por analogía con adopción legal o del Derecho civil, con la que comparte algunos rasgos comunes al mismo tiempo que posee también otros muy propios y diferentes.

Se parecen, en que ambas, en primer lugar, suponen una comunidad de naturaleza entre el padre y el hijo; en segundo lugar, suponen una cercanía y amor del padre con relación al hijo adoptado; finalmente, en ambas se recibe el derecho a la herencia del padre.

Sin embargo la filiación divina por adopción tiene grandes diferencias con la legal o civil. En primer lugar en ésta la naturaleza común entre el padre y el hijo es previa a los trámites de adopción, mientras que en la divina la sobrenaturaleza no está presente en el hijo hasta que la otorga Dios. En segundo lugar, la adopción civil es puramente legal y externa, mientras que en la divina se produce una participación en la naturaleza divina por la infusión de la gracia. En tercer lugar, la adopción civil no supone ninguna realidad generativa por

---

[42] J. L. Lorda: *La gracia...*, cit., pág. 97.

[43] Cfr. Juan A. Jorge: *Dios Uno...*, cit., págs. 195–198; J. A. Sayés: La gracia..., cit., págs. 276–284.

parte del padre legal, mientras que en la divina se dice con propiedad que el hombre es engendrado a la nueva vida por el Padre–Dios, al que verdaderamente puede llamar "abba" (Mc 14:36; Ro 8:15; Ga 4:6) y ser "hermano y heredero" (Ro 8: 28–29; Ef 1:11; Ro 8:17) con Cristo (el Hijo de Dios por naturaleza). Finalmente para recibir la herencia civil es necesaria la muerte del padre adoptivo, lo que no ocurre con la adopción divina.

Así pues se puede distinguir entre *generación propiamente dicha*, adopción civil humana y adopción divina. En la primera un padre comunica a su hijo natural su propia naturaleza o sustancia, lo que supone que el hijo es como una extensión del padre en el orden físico natural del mundo, por lo que también recibe su derecho a sus bienes temporales y sociales. En cambio en la *adopción civil humana* el padre no comunica a su hijo adoptivo su misma naturaleza o substancia, aunque sí le comunica por efecto de la ley civil correspondiente sus derechos a los bienes temporales y sociales; por lo que se puede afirmar que el hijo adoptado es como una extensión del padre, pero no en el orden físico natural sino en el orden moral, jurídico y social. La *adopción divina* es algo que comparte rasgos de la generación natural y de la adopción civil y legal. En efecto, aquí existe una comunicación de la naturaleza del Padre Dios al hombre justificado, pero no a modo de generación propiamente tal (no es participación numérica y unívoca como es la Jesucristo) sino analógicamente (recibiendo una cierta participación real de la naturaleza divina por la comunicación de la gracia santificante), por lo que el justo es como una cuasi–extensión del Padre en el orden sobrenatural, de modo que la comunicación de los derechos al hombre del nombre, dignidad y herencia de Dios no es sólo de una realidad jurídica o moral, sino consecuencia de esa cuasi–extensión de la naturaleza del Padre.[44]

La naturaleza de la filiación por adopción divina tiene tres rasgos: es *verdadera filiación* y no una metáfora, por lo que el hombre verdaderamente se hace hijo de Dios por la justificación operada por la gracia; por eso, tal filiación es el *efecto formal* de la gracia santificante; y *se recibe adecuadamente* por tal gracia, sin añadir nada adicional a la entidad de la gracia.

La revelación de la adopción filial divina de los justificados es una verdad del Nuevo Testamento, suyos textos hablan de una verdadera filiación divina que es superior a la mera adopción humana, producida por la justificación del impío que se convierte en verdadero hijo adoptivo de Dios. No se trata de la filiación natural que pertenece al Hijo único de Dios engendrado desde toda la eternidad (Jn 1: 14–18; 3:16.18; 1 Jn 4:9); y, sin embargo, es una filiación mayor y superior a la mera adopción legal humana, porque nosotros no sólo somos llamados "hijos de Dios", sino que lo somos verdaderamente, por lo que al mismo tiempo que se nos llama hijos adoptivos, se nos dice que hemos sido generados y nacidos de Dios. Tal adopción es un regalo de Dios concedido por la Redención de Cristo. Textos sumamente claros son los siguientes:

1. Ro 8: 14–17. "Porque los que son guiados por el Espíritu de Dios, éstos son hijos de Dios. Porque no recibisteis un espíritu de esclavitud para estar de nuevo bajo el temor, sino que recibisteis

---

[44]Como bien señala González (o. c., pág 157) no se pueden identificar participación en la naturaleza divina en el hombre, con el concepto de adopción, porque se caería en la herejía adopcionista de Elipando de Toledo. En Cristo hay una concesión de la gracia habitual (impropiamente llamada "santificante" en el caso de Cristo) a su naturaleza humana, pero Cristo también en su naturaleza humana es hijo de Dios por naturaleza y no por adopción, debido a la unicidad de la persona divina del Verbo en Jesucristo.

un Espíritu de hijos de adopción, en el que clamamos: '¡Abbá, Padre!' Pues el Espíritu mismo da testimonio junto con nuestro espíritu de que somos hijos de Dios. Y si somos hijos, también herederos: herederos de Dios, coherederos de Cristo; con tal de que padezcamos con él, para ser con él también glorificados".

2. Ga 4: 4–7. "Pero al llegar la plenitud de los tiempos, envió Dios a su Hijo, nacido de mujer, nacido bajo la Ley, para redimir a los que estaban bajo la Ley, a fin de que recibiésemos la adopción de hijos. Y, puesto que sois hijos, Dios envió a nuestros corazones el Espíritu de su Hijo, que clama: '¡Abbá, Padre!' De manera que ya no eres siervo, sino hijo; y como eres hijo, también heredero por gracia de Dios".

3. Ef 1: 5–8. "Nos predestinó a ser sus hijos adoptivos por Jesucristo conforme al beneplácito de su voluntad, para alabanza y gloria de su gracia, con la cual nos hizo gratos en el Amado, en quien, mediante su sangre, tenemos la redención, el perdón de los pecados, según las riquezas de su gracia, que derramó sobre nosotros sobreabundantemente con toda sabiduría y prudencia".

4. 1 Jn 3: 1 ss. "Mirad qué amor tan grande nos ha mostrado el Padre: que nos llamemos hijos de Dios, ¡y lo somos! Por eso el mundo no nos conoce, porque no le conoció a Él. Queridísimos: ahora somos hijos de Dios, y aún no se ha manifestado lo que seremos. Sabemos que, cuando él se manifieste, seremos semejantes a él, porque le veremos tal como es".

5. Etc.

Los Santos Padres comentando los pasajes citados del Nuevo Testamento así como explicando las catequesis bautismales, insisten en la filiación adoptiva divina de los cristianos por la gracia, su relación con la filiación natural del Hijo de Dios ("hijos en el Hijo") así como su herencia a los Cielos. Como señala Lorda: "En Cristo somos hijos de Dios. En su predicación, los Padres comentan todos los pasajes importantes de la Sagrada Escritura y todo el misterio de la renovación en Cristo que se expresa en la Liturgia. Es imposible recoger y sistematizar la riqueza de su doctrina. Pero hay dos felices expresiones de San Ireneo que resumen la economía de la salvación: el 'admirable intercambio' y la 'recapitulación en Cristo'. El 'admirable intercambio' expresa, sobre todo, el sentido de la Encarnación. Y la 'recapitulación en Cristo' es una forma de expresar la transformación del hombre que se significa y se produce en el Misterio Pascual".[45]

Existe una verdadera unidad moral en la enseñanza de los Padres. Así, por ejemplo, Tertuliano comparaba la naturaleza del cristiano con la realidad de Cristo utilizando la metáfora del símbolo cristiano del pez.[46] San Clemente de Alejandría enseñaba que los bautizados son iluminados, y los iluminados son adoptados como hijos, y los adoptados son hechos perfectos y los perfectos llegan a ser inmortales.[47] Novaciano hablaba del bautismo como de un segundo nacimiento celestial que nos da las arras de la vida eterna.[48] San Atanasio insistía en que sólo podemos hacernos hijos de Dios en el Hijo y por obra del Espíritu Santo: "Dios se hizo hombre para que el hombre se volviera idóneo para recibir la divinidad".[49] San Cirilo de Jerusalén comparaba

---

[45] J. A. Lorda: *La gracia...*, cit., págs. 88–89.

[46] Tertuliano: *De Baptismo*, 1, "Nos pisciculi secundum nostrum Iesum Christum ἰχθὺν in aqua nascimur, nec aliter quam in aqua permanendo salvi sumus" (P. L. 1, 1197).

[47] San Clemente de Alejandría: *Paedagogus*, 1, 6, 26, 1 (P. G. 8, 280).

[48] Novaciano: *De Trinitate*, 29, "Hic est [Spiritus Sanctus] qui operatur ex aquis secundam nativitatem , semen quoddam divini generis, et consecrator caelestis nativitatis, pignus promissae hereditatis (Eph 1:14) et quasi chirographum quoddam aeternae salutis" (P. L. 3, 944).

[49] San Atanasio: *Adv. arianos orationes*, 2, 59 (P. G. 26, 273).

las palabras del Padre sobre Jesucristo en el bautismo ('hic est Filius meus') con lo que ocurre con el cristiano piadoso del que no se dice que 'sea' hijo, sino que 'ahora se ha hecho hijo mío', porque no tiene la naturaleza divina por naturaleza, sino por adopción.[50] San Basilio defendía que por el Espíritu Santo se restituye el Paraíso, se da la adopción de hijos para poder llamar con confianza a Dios como Padre, etc.[51] San Gregorio de Nisa, se maravillaba de la grandeza de la condición de hijos de Dios que es muy superior a toda gloria imaginable, a toda otra gracia recibida, y por la que el hombre excede a su propia naturaleza: de mortal se convierte de corruptible en incorruptible, de caduco en inmortal, en resumen, de hombre en dios.[52] San Juan Crisóstomo enseñaba que el genuino Hijo de Dios existente desde el principio se hizo hijo de David pasible, para hacer al cristiano hijo de Dios... Nació (el Hijo) según la carne, para que tú nacieras según el Espíritu.[53] San Ambrosio explicaba que el Hijo complace al Padre por Sí mismo, nosotros lo hacemos por Él... por la generación del Hijo, somos llamados a la adopción.[54] San Agustín explicaba que a la realidad de los nacidos espiritualmente, no de la sangre, ni de la voluntad de varón ni de la voluntad de la carne (Jn 1:13) se llama adopción[55] o San Cirilo de Alejandría insistía en que el hombre recupera la belleza de su antigua naturaleza por el Espíritu..., y ascendemos a la dignidad sobrenatural por Cristo, no porque seamos hijos como Él, sino por la

---

[50] San Cirilo de Jerusalén: *Catecheses*, 3, 14 (P. G. 33, 444).

[51] San Basilio: *De Spiritu Sancto*, 15, 36 (P. G. 32, 132).

[52] San Gregorio de Nisa: *De beatitudinibus*, Or. 7 (P. G. 44, 1280).

[53] San Juan Crisóstomo: *In Matthaeum homiliae*, 2, 2 (P. G. 57, 25).

[54] San Ambrosio: *De fide, ad Gratianum*, 5, 7, 90 (P. L. 16, 666).

[55] San Agustín: *Epistulæ. Honorato*, 3, 9 (P. L. 33, 541). Cfr. también *Enarrationes in Psalmos* 49, 2 (P. L. 36, 565); *De civitate Dei*, 21, 15 (P. L. 41, 729).

gracia por la que lo imitamos; Él es Hijo del Padre genuino, nosotros como adoptivos por su bondad recibiendo la gracia.[56]

En el mismo sentido se encuentran pasajes de las antiguas liturgias y en los restos arqueológicos cristianos, donde se pueden ver nombres alusivos al misterio en las inscripciones de las tumbas ("Renacido", "Regenerado", "Theogonius Vitalis", "Zoé", etc.) o en sus símbolos (como el de pez grande con los pececillos pequeños).[57]

El Concilio de Trento, como presupuesto teológico a sus Decretos sobre el Bautismo y la Justificación, repite la doctrina católica universal que ahora nos ocupa. Así al tratar de los efectos del bautismo se dice: "Porque en los renacidos nada odia Dios, porque nada hay de condenación en aquéllos que verdaderamente por el bautismo están sepultados con Cristo para la muerte (Ro 6:4), los que no andan según la carne (Ro 8:1), sino que, desnudándose del hombre viejo y vistiéndose del nuevo, que fue creado según Dios (Ef 4:22ss.; Col 3:9s.), han sido hechos inocentes, inmaculados, puros, sin culpa e hijos amados de Dios, herederos de Dios y coherederos de Cristo (Ro 8:17); de tal suerte que nada en absoluto hay que les pueda retardar la entrada en el cielo".[58] Y también, al describir la justificación, establece que es: "el paso de aquel estado en que el hombre nace hijo del primer Adán, al estado de gracia y de adopción de hijos de Dios (Ro 8:15) por el segundo Adán, Jesucristo Salvador nuestro..."[59] "La justificación misma que no es sólo remisión de los pecados (Can. 11), sino también santificación y renovación del hombre interior, por la voluntaria recepción de la gracia y los dones, de donde el hombre se convierte de

---

[56]San Cirilo de Alejandría: *In Ioannem Commentarius*, 1, 9 (P. G. 73, 153).

[57]El nombre de pez en griego es un acrónimo para designar a Cristo (ἰχθύς, que significa Ἰησοῦς Χριστὸς Θεοῦ Υἱὸς Σωτήρ, "Jesús, el Hijo de Dios, Salvador"); los peces pequeños somos los cristianos re–nacidos en el agua del bautismo.

[58]Ses. V, can. 5 (D. S. 1515).

[59]S VI, ch. 4 (D. S. 1524).

injusto en justo y de enemigo en amigo, para ser heredero según la esperanza de la vida eterna (Tit 3:7)".[60] La doctrina se considera de fe divina y católica definida,[61] y será recordada por el Catecismo de la Iglesia Católica: "Hay un doble aspecto en el misterio pascual: por su muerte nos libera del pecado, por su Resurrección nos abre el acceso a una nueva vida. Esta es, en primer lugar, la justificación que nos devuelve a la gracia de Dios (cf. Ro 4:25) 'a fin de que, al igual que Cristo fue resucitado de entre los muertos...así también nosotros vivamos una nueva vida' (Ro 6:4). Consiste en la victoria sobre la muerte y el pecado y en la nueva participación en la gracia (cf. Ef 2: 4–5; 1 Pe 1:3). Realiza la adopción filial porque los hombres se convierten en hermanos de Cristo, como Jesús mismo llama a sus discípulos después de su Resurrección: 'Id, avisad a mis hermanos' (Mt 28:10; Jn 20:17). Hermanos no por naturaleza, sino por don de la gracia, porque esta filiación adoptiva confiere una participación real en la vida del Hijo único, la que ha revelado plenamente en su Resurrección".[62]

La relación entre la gracia santificante y la adopción filial divina del justificado se puede probar porque:

1. Admitiendo que la adopción es la donación a una persona no nacida en la familia natural de la condición y derechos del hijo natural (que tiene como parte importante el derecho a la herencia familiar), se puede entender que la adopción filial sea un efecto de la gracia santificante del justificado. En efecto, si el justificado *tiene derecho a la herencia del Cielo*, es porque tiene todos los derechos de la filiación adoptiva. Pero el justificado

---

[60]S VI, ch. 7 (D. S. 1528).

[61]Cfr. J. Ibáñez y F. Mendoza: *Dios santificador...*, cit., pág. 182; S. González Rivas: o. c., pág. 155; L. Ott: *Manual...*, cit. pág. 395; Ch. Baumgartner: *La gracia...*, cit., pág. 221.

[62]*Catecismo de la Iglesia Católica*, n. 654.

tiene derecho al cielo, incluso sin que en algún caso intervengan sus propios méritos para obtenerlo, como ocurre con el infante muerto tras su bautismo: el niño no ha podido merecer tal herencia por sus propios méritos y sin embargo tiene derecho a ir al cielo. Lo cual sólo se puede explicar porque el infante fue constituido en hijo adoptivo de Dios con tal derecho a la herencia celestial por la recepción de la gracia santificante en el bautismo.

2. Por otro lado, la adopción filial adoptiva tiene como su motivo fundante la *comunicación a la creatura de la naturaleza divina por participación*, lo que ocurre con la donación de la gracia santificante. Así pues, la adopción se recibe por la recepción de la gracia santificante. Por eso, en Trento se afirma tanto que la justificación se produce por la recepción de la gracia como que la justificación es una transición al estado de adopción.[63]

Las dos razones anteriores llevan a la conclusión de que la adopción filial se tiene directa, formal y adecuadamente por el mero hecho de recibir la gracia santificante, sin necesidad de ningún decreto divino posterior. Con todo, ésta es una cuestión disputada entre los teólogos, pues algunos sostienen que la adopción divina se produce por la inhabitación del Espíritu Santo quien es el que comunica formalmente la naturaleza divina al justificado haciéndolo hijo de Dios;[64] otros teólogos, afirman que la adopción se debe a un decreto extrínseco de favor de Dios, quien acepta al justificado como hijo y le promete la herencia eterna;[65] finalmente, otros teólogos sostienen que la gracia confiere la

---

[63]Cfr. D. S. 1528 y 1524. Cfr. San Pio V, error 42 de Bayo n. de la Bula *Ex omnibus afflictionibus* (D. S. 1942); León XIII, Encíclica *Divinum illud munus* (AAS 29, 692).

[64]Lesio: *De perfectionibus divinis*, 12, 11, 75; Petavio: *De Trinitate*, 8, 4 ss.; cfr. también Scheeben.

[65]Escoto: *In IV*, dist. 16, q. 2.

dignidad y la capacidad moral para tener la herencia eterna, pero no el derecho estricto a la misma, pues eso depende de un decreto libre de Dios que lo otorga por un nuevo favor que es extrínseco a la donación de la gracia.[66]

Entre los que aceptan que la adopción es efecto formal de la gracia santificante, hay otra disputa sobre la naturaleza de tal conexión. En concreto, sobre si la adopción divina es el primer (con necesidad metafísica) o el segundo efecto (con necesidad física) formal de la gracia. La primera posición se defiende por los tomistas, quienes afirman que la adopción y el derecho a la herencia eterna se sigue de la gracia santificante con necesidad metafísica, es decir, sería absolutamente imposible tener la gracia y no la adopción, porque sería contradictorio que Dios diera y conservara la gracia en el justificado (cuya esencia es la comunicación de la naturaleza divina y el derecho a la herencia celestial) y al mismo tiempo no aceptara que tal hombre de hecho no tuviera los derechos propios de un hijo y heredero. La segunda posición se fundamenta en otra nueva distinción: la adopción *in actu primo* o en el ser (con el derecho básico físico a la filiación con la exigencia natural a la herencia eterna) y la adopción *in actu secundo* o en la acción (que añadiría a la exigencia natural, su aceptación de hecho por parte de Dios y la designación formal como hijo con el pleno derecho a la herencia). La adopción *in actu primo* sería el efecto primero formal de la gracia, y la adopción *in acto secundo* sería el efecto secundario formal de la gracia. Por lo tanto, la adopción como segundo efecto se seguiría de la recepción de la gracia, no con necesidad metafísica, sino física, por lo que no repugnaría al poder infinito de Dios que alguien poseyera la gracia y no recibiera la adopción como efecto secundario de aquélla, porque la gracia no contendría formalmente la aceptación divina señalada.

---

[66]Ripalda: *De ente supernaturali* 1. 6, d. ult. s. 10, n. 131–147.

Santo Tomás de Aquino estudia la adopción filial desde tres puntos de vista.

En primer lugar muestra cómo es propio de Dios adoptar hijos:

"Aliquis homo adoptat alium sibi in filium inquantum ex sua bonitate admittit eum ad participationem suae hereditatis. Deus autem est infinitae bonitatis, ex qua contingit quod ad participationem bonorum suas creaturas admittit et praecipue rationales creaturas, quae, inquantum sunt ad imaginem Dei factae, sunt capaces beatitudinis divinae. Quae quidem consistit in fruitione Dei, per quam etiam ipse Deus beatus est et per seipsum dives, inquantum scilicet seipso fruitur. Hoc autem dicitur hereditas alicuius ex quo ipse est dives. Et ideo, inquantum Deus ex sua bonitate admittit homines ad beatitudinis hereditatem, dicitur eos adoptare. Hoc autem plus habet adoptatio divina quam humana, quod Deus hominem quem adoptat idoneum facit, per gratiae munus, ad hereditatem caelestem percipiendam, homo au-

"Un hombre adopta a otro como hijo suyo en cuanto que, por su bondad, le admite a participar de su propia herencia. Ahora bien, la bondad de Dios es infinita, y en virtud de la misma acontece el que admita a las criaturas a participar de sus propios bienes; y especialmente a las criaturas racionales, que, por estar hechas a imagen de Dios, son capaces de la bienaventuranza divina. Tal bienaventuranza consiste en el gozo de Dios, por el cual el propio Dios es bienaventurado y rico por sí mismo, es a saber, en cuanto que goza de sí mismo. Y se llama herencia de alguien aquello que le hace rico. Por eso se dice que Dios, al admitir, por su bondad, a los hombres a la herencia de su bienaventuranza, los adopta. Pero la adopción divina supera a la humana en que Dios, cuando adopta al hombre, le hace idóneo, por el don de la gracia, para recibir la herencia celestial; mientras que el

tem non facit idoneum eum quem adoptat, sed potius eum iam idoneum eligit adoptando".[67]

hombre no convierte en idóneo a quien adopta, sino que más bien, al adoptar, elige a uno que ya es idóneo".

Así pues la adopción divina es de mayor entidad que la humana, porque cuando Dios adopta al hombre, le hace idóneo, por el don de la gracia, para recibir la herencia celestial; mientras que el hombre no convierte en idóneo a quien adopta, sino que más bien, al adoptar, elige a uno que ya es idóneo.

En segundo lugar muestra cómo la adopción filial es una obra "ad extra" de Dios, y por tanto, pertenece a toda la Trinidad, porque aunque en la vida intratrinitaria el engendrar es propio de la Persona del Padre, sin embargo producir cualquier efecto en las creaturas es común a toda la Trinidad:

"Haec est differentia inter filium Dei adoptivum et filium Dei naturalem, quod filius Dei naturalis est genitus non factus, filius autem adoptivus est factus, secundum illud Ioan. I, dedit eis potestatem filios Dei fieri. Dicitur tamen quandoque filius adoptivus esse genitus, propter spiritualem regenerationem, quae est gratuita, non naturalis, unde dicitur Iac. I, voluntarie genuit nos

"Entre el hijo adoptivo de Dios y el Hijo de Dios por naturaleza media esta diferencia: El Hijo natural de Dios es engendrado y no hecho, mientras que el hijo adoptivo es hecho, según palabras de Jn 1,12: Les dio poder para hacerse hijos de Dios. Sin embargo, alguna vez se dice que el hijo adoptivo es engendrado a causa de la regeneración espiritual, que es gratuita, no natural; por eso se lee en San 1,18: Nos engendró voluntariamente por

---

[67]Santo Tomás de Aquino: *Summ. Theol.*, III^a, q. 23, a. 1, co. Cfr. I^a, q. 33, a. 3; *In Sent.* III, dist. 10, q. 2, a. 1, q^a. 1; *Cont. Gentes*, IV, 17.

verbo veritatis. Quamvis autem generare in divinis sit proprium personae patris, tamen facere quemcumque effectum in creaturis est commune toti Trinitati, propter unitatem naturae, quia, ubi est una natura, oportet quod ibi sit una virtus et una operatio; unde dominus dicit, Ioan. V, quaecumque facit pater, haec et filius similiter facit. Et ideo homines adoptare in filios Dei convenit toti Trinitati".[68]

la palabra de la verdad. Y aunque, en Dios, el engendrar sea propio de la persona del Padre, producir cualquier efecto en las criaturas es, sin embargo, común a toda la Trinidad, a causa de la unidad de naturaleza, pues donde hay una sola naturaleza es necesario que haya un solo poder y una sola operación. Por eso dice el Señor en Jn 5,19: Lo que hace el Padre, lo hace igualmente el Hijo. Y, por lo tanto, adoptar a los hombres como hijos de Dios corresponde a toda la Trinidad".

Finalmente, el Aquinate muestra que la adopción filial se da sólo con las creaturas racionales mediante la gracia y la caridad:

"Filiatio adoptionis est quaedam similitudo filiationis naturalis. Filius autem Dei naturaliter procedit a patre ut verbum intellectuale, unum cum ipso patre existens. Huic ergo verbo tripliciter potest aliquid assimilari. Uno quidem modo, secundum rationem formae, non autem secundum intellectualitatem ipsius, sicut forma domus

"La filiación adoptiva es una semejanza de la filiación natural. Pero el Hijo de Dios procede naturalmente del Padre como Verbo intelectual, siendo una sola cosa con el mismo Padre. Así pues, la semejanza con el Verbo puede producirse de tres modos. Primero, en cuanto a la noción de forma, no en cuanto a la intelectualidad del mismo; como acontece

---

[68]Santo Tomás de Aquino: *Summ. Theol.*, III^a, q. 23, a. 2, co. Cfr. Supra q. 3, a. 4, ad 3; *In Sent.*, III, dist. 10, q. 2, a. 1, q. 2 y 3.

exterius constitutae assimilatur verbo mentali artificis secundum speciem formae, non autem secundum intelligibilitatem, quia forma domus in materia non est intelligibilis, sicut erat in mente artificis. Et hoc modo verbo aeterno assimilatur quaelibet creatura, cum sit facta per verbum. Secundo assimilatur creatura verbo, non solum quantum ad rationem formae, sed etiam quantum ad intellectualitatem ipsius, sicut scientia quae fit in mente discipuli, assimilatur verbo quod est in mente magistri. Et hoc modo creatura rationalis, etiam secundum suam naturam, assimilatur verbo Dei. Tertio modo, assimilatur creatura verbo aeterno secundum unitatem quam habet ad patrem, quod quidem fit per gratiam et caritatem, unde dominus orat, Ioan. XVII, sint unum in nobis, sicut et nos unum sumus. Et talis assimilatio perficit rationem adoptionis, quia sic assimilatis debetur hereditas aeterna. Unde manifestum est quod adopta-

con la forma exterior de una casa, que se asemeja al verbo mental del artífice en cuanto a la noción de forma, pero no en cuanto a la intelección, porque la forma de la casa plasmada en la materia no es inteligible, como lo era en la mente del arquitecto. Segundo, no sólo en cuanto a la noción de la forma, sino también en cuanto a la intelectualidad del Verbo; como la ciencia que surge de la mente del discípulo se asemeja a la idea que hay en la mente del maestro. Y, bajo este aspecto, la criatura racional, incluso vista según su naturaleza, se asemeja al Verbo de Dios. Tercero, en cuanto a la unidad que el Verbo mantiene con el Padre, lo que se realiza mediante la gracia y la caridad. Por eso ora el Señor en Jn 17,21-22: Sean uno en nosotros, como también nosotros somos uno. Y esta semejanza es la que consuma la idea de adopción, pues la herencia eterna se debe a los que se asemejan al Verbo bajo este aspecto. De donde resulta claro que el ser adoptado conviene en ex-

ri convenit soli creaturae ratio- | clusiva a la criatura racional; pe-
nali, non tamen omni, sed solum | ro no a toda, sino a la que posee
habenti caritatem. Quae est dif- | la caridad. Esta es derramada en
fusa in cordibus nostris per spi- | nuestros corazones por el Espíri-
ritum sanctum, ut dicitur Rom. | tu Santo, como se dice en Rom
V. Et ideo, Rom. VIII, spiritus | 5,5. Y por eso, en Rom 8,15, se
sanctus dicitur spiritus adoptio- | llama al Espíritu Santo Espíritu
nis filiorum".[69] | de adopción para los hijos".

19.4 La gracia de la justificación convierte al hombre en amigo de Dios

La gracia divina produce también el efecto de convertir al hombre en amigo de Dios.

A. Gálvez ha estudiado y profundizado extensamente en este aspecto de la relación entre Dios y el ser humano a lo largo de todas sus obras.[70] Aquí sólo vamos a indicar algunas ideas fundamentales, en particular las referentes a las leyes fundamentales del amor, que se encuentran de un modo paradigmático y privilegiado en la relación de amor divino–humana, hecha posible por el efecto de la gracia en el hombre, al convertirlo en amigo de Dios. A través de la investigación de la relación entre los tres grados del amor (el amor esencial —intradivino—; el analogado principal —el amor divino–humano—;

---

[69]Santo Tomás de Aquino: *Summ. Theol.*, IIIª, q. 23, a. 3, co. Cfr. *In Sent.*, III, dist. 10, q. 2, a. 2, qª. 1 y 2.

[70]Un estudio preliminar de la Teología del Amor de A. Gálvez en Juan Andrés Jorge: *Teología del amor de A. Gálvez*, Murcia, 2017, pro manuscripto; Juan A. Jorge: *Dios Uno y Trino*, New Jersey, Shoreless Lake Press, 2018, págs. 473–500; F. Ruiz Cerezo: *Metafísica del alma después de la muerte. Un estudio a través de Platón, Santo Tomás de Aquino y A. Gálvez*, Madison, Shoreless Lake Press, 2018.

y los analogados secundarios —los amores humanos en sus diferentes manifestaciones: esponsal, fraternal, filial, paternal, de amistad, etc.—), A. Gálvez estudia lo que él llama las notas esenciales del amor[71] del amor. Los textos son contundentes: "La nota esencial de *reciprocidad* inherente al amor..."[72] La nota de la *totalidad* que "responde a la esencia del amor."[73] La nota de la *inmediatividad*: el amor es intermediario e inmediato al mismo tiempo.[74] La nota de la *entrega de los amantes*: "lo realmente decisivo, en el verdadero amor, es que los amantes se entreguen el uno al otro en totalidad."[75] La nota de *la mutua posesión y pertenencia* de los amantes es esencial en el amor: "ser objeto de posesión o pertenencia es precisamente lo primero que desea quien está verdaderamente enamorado."[76] La nota de la *comunión–unión de vidas* y la *identidad* de los amantes: el amor produce la unidad, pero no destruye la realidad de las personas, puesto que de otro modo, se auto–destruiría como tal amor: "El Amor, que se identifica con el Ser infinito y con el Sumo Bien, es un *ser personal*, en el que se dan, además, pluralidad de personas, sin que eso sea obstáculo a la perfecta simplicidad y a la absoluta unicidad de su esencia..."[77] La nota de *la libertad* y su relación con la nota de posesión.[78] La nota de la *patentización*: el amor necesita patentizarse por su propia naturaleza.[79] La

---

[71] A. Gálvez las llama "leyes fundamentales del amor" (*Comentarios al Cantar de los Cantares*, New Jersey, Shoreless Lake Press, 1994, vol. I, pág. 104) o "reglas universales y constantes del amor" (*ibidem*, pág. 100).

[72] A. Gálvez *Comentarios...*, cit., vol. I, pág. 107, n. 3. (cfr. A. Gálvez: *Siete cartas a siete obispos*, New Jersey, Shoreless Lake Press, 2009, págs. 207.211; etc.).

[73] *Ibidem*, pág. 45.

[74] *Ibidem*, págs. 47–48.

[75] *Ibidem*, pág. 116.

[76] *Ibidem*, pág. 66.

[77] *Ibidem*, pág. 112.

[78] *Ibidem*, pág. 67.

[79] *Ibidem*, págs. 100–101.

nota de la *plena realización* de cada uno de los amantes: la felicidad se concreta en un estado de excitación y exaltación, producido por una cierta exuberancia de vida, que se traduce a su vez en el sentimiento de una plena actuación de todas las potencias vitales y de que se han alcanzado, por fin, los deseos más íntimos y profundos del corazón; no cabe duda de que se trata de sentimientos que responden adecuada y satisfactoriamente al ansia de vivir.[80]

Todas estas notas se dan en la relación de amor divino–humana. Con todo, desde el punto de vista de la gracia, y su efecto de la amistad con Dios, el punto más desafiante es entender cómo se puede dar la condición de igualdad entre los amigos, siendo uno el amante divino infinito y perfecto, y el otro un ser humano, limitado y creado. Para ello es necesario distinguir entre la igualdad *natural*, cuando los dos son de la misma naturaleza y posición, y la igualdad de *dignidad*, que se da cuando no existe tal igualdad de naturaleza pero la persona inferior es elevada por la superior a una mayor dignidad. Con Dios no puede existir una igualdad natural, pero sí la igualdad de dignidad, ya que Dios elevó al hombre al orden sobrenatural (gracia santificante) con la consecuencia de que entre Dios y el hombre existe una comunión que supera la que podría darse como mera creatura con su Creador. Y, al mismo tiempo, hay que recordar que Dios quiso anonadarse y hacerse hombre (Fil 2:6), no sólo para salvarnos y darnos su gracia, sino también para poder tener con nosotros unas verdaderas relaciones de amor al modo divino y al modo humano.[81]

---

[80] *Ibidem*, pág. 185.

[81] Idea fundamental en la teología del amor de A. Gálvez, donde se insiste constantemente en la importancia de la Humanidad de Cristo en las relaciones de amor con el hombre. Se puede encontrar en todas sus obras, pero un buen resumen está en A. Gálvez: *El misterio de la oración*, New Jersey, Shoreless Lake Press, 2014, págs. 21–80 y 124–192; A. Gálvez: *Sociedad de Jesucristo Sacerdote. Notas y espiritualidad*, New Jersey, Shoreless Lake Press, 2012, págs. 77–95.

En efecto, como dice A. Gálvez:

"Reconocido el hecho del Señorío Universal de Jesucristo —*Me habéis llamado "Maestro" y "Señor", y decís bien, porque lo soy*[82]—, queda todavía por explicar la fundamental realidad de la intimidad de amor ofrecida por Dios al hombre en Jesucristo. Todo parece apuntar hacia la inmensa distancia que media entre la condición de Rey como Señor Absoluto, de una parte, y la proximidad, reciprocidad, bilateralidad e igualdad de condiciones, que impone el *tú* a *tú* que de hecho existe entre Amante y Amado, de otra.

Para llegar a esta intimidad de amor se hizo Hombre el Verbo: *Ya no os llamo siervos, sino amigos...*[83] *Habiendo amado Jesús a los suyos, que estaban en el mundo, los amó hasta el fin.*[84] La revelación y plenitud de esta inefable realidad tienen su cumplimiento en Jesucristo; aunque existía ya desde las edades perdidas en los más remotos tiempos del Antiguo Testamento. La dicotomía Rey–Esposo, por ejemplo, que ofrece el *Cantar de los Cantares* es bien conocida:

Llévanos tras de ti, corramos.

Introdúcenos, rey, en tus cámaras,

y nos gozaremos y regocijaremos contigo...[85]

---

[82] Jn 13:13.

[83] Jn 15:15.

[84] Jn 13:1.

[85] Ca 1:4. Cf también 1:12; 3:11. En realidad todo el Poema sagrado es la narración poética de la lucha de amor (Ca 2:4) de dos figuras de Amante: la del Rey–Esposo frente a la Esposa.

Una dicotomía que corre también a lo largo de las páginas del Nuevo Testamento, en las que se juega a la vez con la antítesis Rey–Esposo, Señorío–Amistad e Intimidad de Amor.[86] Un hecho cuyo fundamento último se encuentra en la doble naturaleza de Jesucristo —divina y humana—, derivada a su vez del misterio de la Encarnación del Verbo. San Pablo lo explica con concisa exactitud: *Cristo Jesús, el cual, teniendo la forma de Dios, no consideró como presa codiciable el ser igual a Dios. Por el contrario, se anonadó a Sí mismo tomando la forma de siervo, haciéndose semejante a los hombres; y, en su condición de hombre, se humilló a Sí mismo haciéndose obediente hasta la muerte, y muerte de cruz.*[87] Dado que el Amor perfecto supone perfecta bilateralidad, igualdad y reciprocidad, Dios quiso ser amado de los hombres con un amor humano, pero *perfecto* como tal amor. Amor de entrega en totalidad por parte de Dios; respuesta de Amor en totalidad por parte del hombre. Por eso se hizo Hombre en Jesucristo, sin dejar de ser Dios. Y a partir de ese momento, el hombre puede amarlo, a su vez, como a su Señor y como al Esposo y Amigo de su alma.

El amor divino–humano que de aquí se sigue es uno y único. Pues la condición de bilateralidad y perfecta reciprocidad se resuelve en una situación de total unicidad:

Mi Amado es para mí y yo soy para Él.[88]

Un solo corazón y una sola alma. Teniendo en cuenta además, tanto la unicidad de la Persona (divina) de Jesu-

---

[86]Cf Mt 9:15; 17: 25–26; Lc 5:35; Jn 3:29; 1 Tim 6:15; etc.

[87]Flp 2: 6–8.

[88]Ca 2:16.

cristo, como también la de la Esposa. No debe olvidarse que el Buen Pastor llama *a cada una de sus ovejas por su nombre* (Jn 10:3). El amor divino–humano, como todo verdadero amor, se consuma siempre en la relación *del uno al otro.*

> Porque es única mi paloma, mi perfecta (Ca 6:9)".[89]

En nota a esta última consideración, A. Gálvez explica el error de prescindir de la Humanidad asumida por el Verbo para llegar a la plenitud del amor de Dios: "En el amor divino–humano el hombre ama a Dios como *el Otro.* Sin excluir la Trinidad de Personas, lo que considera el acto de amor de primera intención es la unicidad de la naturaleza divina, aunque *previamente conocida y contemplada a través de la Persona de Jesucristo.* Es lo que sucede también en la relación puramente humana, en la que la referencia es siempre *a la persona* (lo que en modo alguno significa la exclusión del cuerpo o del alma); y, puesto que se trata de una relación, ocurre siempre en reciprocidad. En el amor divino–humano, la creatura ama a Dios a través de la Persona de Jesucristo. Inundada en el Amor del Espíritu, y a través de la divinidad de la Persona del Señor, es como la creatura encuentra al Padre; por Cristo, en el Espíritu, hasta el Padre: *Nadie va al Padre sino por Mí* (Jn 14:6). De ahí la equivocación de ciertos místicos, los cuales pensaron que, una vez *divinizada* el alma (conseguida la unión mística en su grado más alto, conocida con el nombre de *desposorios místicos, matrimonio espiritual,* o cualquier otro), ya podía prescindir con seguridad de la Humanidad de Cristo. Un error grave, en cuanto que prescindir de la Humanidad asumida por el Verbo sería prescindir

---

[89]A. Gálvez *Meditaciones de Atardecer,* New Jersey, Shoreless Lake Press, 2005, págs. 152–154.

de la Persona del Verbo hecho Hombre (la unión hipostática ya no admite separación); lo que equivaldría a prescindir de la divinidad".[90]

La Revelación nos descubre que ésa es la relación entre Dios y el hombre justificado, que queda plasmada en las sorprendentes palabras de Jesús en las que manifiesta su comunicación y entrega total a los justificados de su vida, de su conocimiento, etc.: "Nadie tiene amor mayor que éste de dar uno la vida por sus amigos. Vosotros sois mis amigos si hacéis lo que os mando. Ya no os llamo siervos, porque el siervo no sabe lo que hace su señor; pero os digo amigos, porque todo lo que oí de mi Padre os lo he dado a conocer" (Jn 15: 13–15). Con el título de "amigo" el Señor se dirigía a sus discípulos (Lc 12:4). Los justos son amigos y domésticos de Dios (Ef 2:19). Los que aman a Cristo son amados por el Padre en reciprocidad (Jn 14:23). En el Antiguo Testamento ya se adelantaba esa realidad (cfr. Is 41:8; Sab 7:14; *passim*).

El Concilio de Trento también recoge el mismo principio. Asi al tratar de la naturaleza y causas de la justificación, se dice que "el hombre se convierte de injusto en justo y de enemigo en amigo".[91] Y lo mismo ocurre al tratar del acrecentamiento de la justificación recibida: "Justificados, pues, de esta manera y hechos amigos y domésticos de Dios (Jn 15:15; Ef 2:19), caminando de virtud en virtud (Sal 84:8), se renuevan (como dice el Apóstol) de día en día (2 Cor 4:16)".[92]

Tal amistad es consecuencia de la participación de la naturaleza divina y de la adopción por la gracia. Así lo consideraron también los Santos Padres. Baste el testimonio de San Cirilo de Alejandría: "¿Qué cosa más grande y más excelsa puede decirse que ser y llamarse amigo de Cristo? Observa, en efecto, hasta qué punto exceda esta dignidad

---

[90]A. Gálvez: *Meditaciones...*, cit., pág 154, nota 27,

[91]Ses. VI, cap. 7 (D. S. 1528).

[92]Ses. VI, cap. 10 (D. S. 1535).

los límites de la naturaleza humana. Porque todas las cosas, según el Salmista (Sal 119:91) sirven al Creador y ninguna realidad creada hay que no esté sometida al yugo de la esclavitud..., estando todo sometido a Dios, el Señor eleva a los santos que guardan sus mandamientos a una gloria sobrenatural".[93]

19.5 En la justificación se hace el hombre partícipe de la naturaleza divina

La donación de la gracia santificante por la justificación produce en el hombre una verdadera participación de la naturaleza divina.[94]

¿Qué ha de entenderse por "participación en la naturaleza divina"? Hay muchos modos en que la creatura puede "participar" de la divinidad. Así, por ejemplo, toda creatura participa de la esencia divina, del "ser" divino (*Ipsum Esse Subsistens*) porque todos tienen su ser recibido del ser de Dios, que es el único ser necesario. Todos los seres creados son contingentes y reciben su "esse" y lo conservan por acción de Dios, el Ser por Esencia.[95]. A ésta se la denomina "participación esencial".

La creatura racional (ángeles y hombres), además tiene una participación en la "naturaleza" divina, en las perfecciones divinas que la constituyen como tales seres racionales, a saber, en su inteligencia y

---

[93]San Cirilo de Alejandría: *Commentarium in Joannem*, Lib. X (P. G. 74, 383).

[94]Cfr. Santo Tomás de Aquino: *Summ. Theol.*, I^a–II^{ae}, q. 110, a. 3 ss.; L. Lercher– F. Lakner: *De gratia Christi*, cit., pág. 79–97; H. Lange: *De gratia...*, cit., págs. 403–419; B. Beraza: *De gratia...*, cit., págs. 769–803; J. Ibáñez y F. Mendoza: *Dios santificador...*, cit., págs. 188–193; S. González Rivas: o. c., págs. 145–148.

[95]Cfr. Juan A. Jorge: *Dios Uno y Trino*, cit., págs. 309–313; Id: *Tratado de creación*, cit., vol. 1, págs. 182–200

voluntad divinas.[96] Tal participación es natural y debida a su propia naturaleza.

La participación de la que se habla en el tratado de gracia es la estrictamente sobrenatural, que sobrepasa las exigencias de cualquier naturaleza creada o creable.[97] Es verdadera participación y no metafórica. Es efecto formal de la gracia santificante.

Siendo una participación de las creaturas en la naturaleza divina, no nos referimos ahora tampoco a la participación que las tres divinas Personas tienen en la única naturaleza divina, a la que se llama "participación numérica" para distinguirla de participación de las creaturas en la divinidad por la gracia santificante o "participación específica". La participación numérica se produce cuando la misma naturaleza única que no se multiplica, está en las personas que la participan: en el Padre, en el Hijo y en el Espíritu Santo. A la participación por gracia se denomina "no numérica" o "participación específica o cuasi–específica", se produce cuando la misma naturaleza se multiplica en los individuos que la participan. Es el caso de la naturaleza humana que se encuentra en las personas individuales.

Ahora bien, la "participación específica" de las creaturas en la divinidad no puede ser predicada unívocamente (cuando se produce por la misma razón exactamente, como ocurre con la naturaleza humana en relación a cada individuo humano), sino analógicamente (cuando la razón que se utiliza es en parte igual y en parte diferente, como ocurre en el caso de la gracia divina). No puede tener un significado unívoco porque el ser divino es un subsistente en Dios y participado en las creaturas.

---

[96]Prescindimos aquí de las variadas hipótesis sobre el sentido de "creados a imagen y semejanza", para afirmar la doctrina común (Cfr. Juan A. Jorge: *Tratado de Creación*, cit., vol. 2, págs. 9–22.

[97]Cfr. *supra*, cap. 1.1: Distinción entre natural y sobrenatural.

Pero además la participación en la naturaleza divina, específica y analógicamente, puede ser de dos tipos: "únicamente moral" o "física" (ontológica). La primera se produce por cierta similitud de los actos del entendimiento y voluntad humano con el intelecto y voluntad divinos; la segunda ocurre cuando hay una cierta similitud ontológica con el principio de la vida divina. A su vez, la similitud físico–ontológica puede ser "substancial", si la naturaleza divina se comunica, que queda unida al ser humano con una unión substancial, o "accidental", cuando se comunica una cierta entidad creada que contiene en sí misma una cierta similitud con la naturaleza divina y que se une al ser humano de un modo accidental.

Lo que afirma en esta sección es que la participación de la naturaleza divina en que consiste la gracia es una participación: a) verdadera y no metafórica, b) específica y no numérica, c) analógica y no unívoca, d) fisico–ontológica y no meramente moral, y e) accidental y no sustancial.

La verdad de que en la justificación el hombre verdaderamente se hace partícipe de la naturaleza divina que obtiene por la gracia, es de fe divina y católica definida por el Magisterio ordinario de la Iglesia.[98]

La Sagrada Escritura revela tal realidad en el justificado de dos maneras:

- Afirmando la participación en la naturaleza divina por el justificado, que no tiene un sentido panteísta (totalmente extraño a la Sagrada Escritura, y al contexto del pasaje), o meramente moral (porque la participación es lo que permite que el fiel el ejercicio de las virtudes sobrenaturales) o puramente escatológico (porque se opone a la concupiscencia, que ya no existe en el más allá): "con ello nos ha regalado los preciosos y más grandes

---

[98]Cfr. J. Ibáñez y F. Mendoza: *Dios santificador...*, cit., pág. 192; S. González Rivas: o. c., pág. 146.

bienes prometidos, para que por éstos lleguéis a ser partícipes de la naturaleza divina, tras haber escapado de la corrupción que reina en el mundo a causa de la concupiscencia" (2 Pe 1:4).

- Manifestando que la justificación supone una "regeneración" (nueva generación o nacimiento) realizada por Dios en el hombre. Pero la generación es una comunicación de la naturaleza del generador al generado. Los textos son abundantes: "Jesús contestó: En verdad, en verdad te digo que si uno no nace del agua y del Espíritu no puede entrar en el Reino de Dios" (Jn 3:5); "que no han nacido de la sangre, ni de la voluntad de la carne, ni del querer del hombre, sino de Dios" (Jn 1:13); "nos salvó, no por las obras justas que hubiéramos hecho nosotros, sino por su misericordia, mediante el baño de la regeneración y de la renovación en el Espíritu Santo" (Tit 3:5); "Por libre decisión nos engendró con la palabra de la verdad, para que fuésemos como primicias de sus criaturas" (San 1:18); "Por libre decisión nos engendró con la palabra de la verdad, para que fuésemos como primicias de sus criaturas" (1 Jn 3:9); etc.

Los Santos Padres profundizarán sobre la idea de la participación en la naturaleza divina del cristiano al tratar de la deificación del ser humano. San Clemente de Alejandría enfatiza que el hombre en el que cohabita el Verbo tiene la forma del Verbo y es asimilado a Dios.[99] San León Magno apelará al texto de 2 de Pedro para instar a los cristianos a recordar su gran dignidad y preservarse de recaer en los pecados antiguos, propios de un modo de vida corrupto.[100] San Basilio, al tratar de la acción del Espíritu Santo en el cristiano, concluye que

---

[99] San Clemente de Alejandría: *Paedagogus*, 3, 1, 1, 5 (P. G. 8, 556).

[100] San León Magno: "Agnosce, Christiane, dignitatem tuam: et divinae consors factus naturae (2 Pe 1:4), noli in veterem vilitatem degeneri conversatione redire" (*Sermón 1 en la Natividad del Señor* 21, 3 en P. L. 54, 192).

por eso persevera en Dios, por eso tiene una semejanza con Dios, y lo que nada más sublime se puede esperar, por eso es hecho como Dios.[101] San Cirilo de Alejandría subrayaba que recibimos a Cristo en nuestras propias almas por la fe y la comunicación del Espíritu, de modo que el Espíritu de nuestro Salvador Cristo es como su forma, imprimiendo en nosotros una figura divina al modo de Sí mismo;[102] además, insistía en que el ser sellados por el Espíritu Santo, no se realiza como algo externo y ajeno a nosotros, al modo de una pintura, sino que siendo Dios y procediendo de Dios, lo recibimos en nuestros corazones al modo como el sello en la cera, imprimiendo una naturaleza semejante a su belleza ejemplar y devolviendo al hombre la imagen de Dios.[103] San Ambrosio, en cambio, desarrolla la imagen de la pintura hecha por Dios en el alma, que le otorga tener en sí el esplendor de la gloria y la imagen de la sustancia paterna.[104] San Agustín, distinguía la filiación por naturaleza del Hijo de la de adopción por la gracia.[105]

Esta doctrina es negada por el pensamiento panteísta, por los falsos místicos y por los quietistas, que defienden una cierta identidad substancial con la naturaleza divina. También Bayo, los racionalistas y los semiracionistas se apartaron de la recta doctrina por el error

---

[101]San Basilio: *De Spiritu Sancto*, 9, 22 (P. G. 32, 109).

[102]San Cirilo de Alejandría: *Homiliae paschales*, hom 10, n. 2 (P. G. 77, 617).

[103]San Cirilo de Alejandría: *Thesaurus de sancta et consubstantiali Trinitatis*, 34 (P. G. 75, 609).

[104]San Ambrosio: "Illa anima a Deo pingitur, quae habet in se virtutum gratiam renitentem splendoremque pietatis. Illa anima bene picta est, in qua elucet divinae operationis effigies. Illa anima bene picta est, in qua est splendor gloriae et paternae imago substantiae. Secundum hanc imaginem, quae refulget, pictura pretiosa est", *Hexaemeron*, 6, 7,42 (P. L. 14, 258).

[105]San Agustín: "Manifestum est ergo, quia homines dixit deos, ex gratia sua deificatos, non de substantia sua natos...Si filii Dei facti sumus, et dii facti sumus; sed hoc gratiae est adoptantis, non naturae generantis" (*Enarrationes in Psalmos*, 49, 2 en P. L. 35, 565). Cfr. Id: *De Genesi ad litteram*, 6, 24, 35 (P. L. 34, 353).

opuesto: toda la participación del justificado en la divinidad se reduce a una cierta asimilación moral con Dios mediante el ejercicio de las virtudes. El Magisterio de la Iglesia reaccionó frente a estos errores:

1. Contra los que sostenían la participación numérica en la naturaleza divina, la Iglesia condenó a Echhart,[106] Molinos[107] y los pateístas modernos.[108]

2. Contra en entendimiento de la participación como puramente moral, San Pio V condenó a Bayo.[109]

---

[106]Const. *In agro dominico*, condenando errores de Echkart, n. 10: "Nosotros nos transformamos totalmente en Dios y nos convertimos en Él. De modo semejante a como en el sacramento el pan se convierte en cuerpo de Cristo; de tal manera me convierto yo en Él, que Él mismo me hace ser una sola cosa suya, no cosa semejante" (D. S. 960, cfr. 963).

[107]Const. *Coelestis Pastor*, contra los errores de Miguel Molinos, n. 5: "No obrando nada, el alma se aniquila y vuelve a su principio y a su origen, que es la esencia de Dios, en la que permanece transformada y divinizada, y Dios permanece entonces en sí mismo; porque entonces no son ya dos cosas unidas, sino una sola y de este modo vive y reina Dios en nosotros, y el alma se aniquila a sí misma en el ser operativo" (D. S. 2205).

[108]Errores de A. Rosmini–Serbati, n. 13 "La diferencia entre el ser absoluto y el ser relativo no es la que va de sustancia a sustancia, sino otra mucho mayor; porque uno es absolutamente ser, otro es absolutamente no ser. Pero este otro es relativamente ser. Ahora bien, cuando se pone ser relativo, no se multiplica absolutamente el ser; de ahí que lo absoluto y lo relativo no son absolutamente una sustancia única, sino un ser único, y en este sentido no hay diversidad alguna de ser; más bien se tiene unidad de ser" (D. S. 3213 ss. cfr, 3001).

[109]Error 42: "La justicia con que se justifica el impío por la fe, consiste formalmente en la obediencia a los mandamientos, que es la justicia de las obras; pero no en gracia (habitual) alguna, infundida al alma, por la que el hombre es adoptado por hijo de Dios y se renueva según el hombre interior y se hace partícipe de la divina naturaleza..." D. S. 1942.

3. Finalmente el Magisterio tanto de León XIII como de Pío XII insistirá en la participación en la divina naturaleza real pero por medio de la gracia creada.[110]

Desde el punto de vista de la teología tradicional hay prácticamente unanimidad en afirmar el hecho de la conexión entre la gracia y la participación en la naturaleza divina. La polémica surge al determinar la naturaleza de esa conexión.

Algunos teólogos,[111] afirman que la participación de la naturaleza divina se produce formalmente por la inhabitación del Espíritu Santo en el justificado, por lo que siendo verdad que a través de la gracia el hombre se convierte en justo y santo y que por esta razón participa de algún modo en la naturaleza divina, sin embargo tal participación se tiene de un modo completo y formal a través de la inhabitación del Espíritu Santo.

Otros teólogos.[112] sostienen la gracia en sí misma es formalmente la participación en la naturaleza divina; participación que se concede al justo por la comunicación de la gracia misma, sin ulteriores intermediarios. La gracia pone formalmente en el alma lo que está formalmente en Dios de modo propio. Y la naturaleza divina es el principio básico de las operaciones de Dios por las que Dios se contempla y ama de la manera única que a Él corresponde. La gracia creada en el hombre es una imagen formal y física de ese principio de operaciones divino (naturaleza divina) que dispone al alma a la visión

---

[110]Cfr. las encíclicas: *Divinum illud munus* (ASS 29, 652) y *Mystici Corporis* (AAS 35 (1943) 214).

[111]Lesio: *De summo bono* 2, 1, 3; Id.: *De perfectionibus divinis* 12, 11, 75; Petavio: *De Trinitate* 8, 4, 6; Tomasino: *De Incarnatione* 8, 9 ss.; Scheeben: *Dogmatik* 2, 832; Hurter: *De gratia* 190ss. Cfr. S. González: o. c. pág. 149.

[112]Garrigou–Lagrange: o. c., págs. 104 ss.; S. gonzález: o. c., págs. 149–152.

y amor de Dios. Por eso la gracia es en sí misma la participación en la naturaleza divina. Santo Tomás lo explicaba del siguiente modo:

"Cum homo secundum intellectualem naturam ad imaginem Dei esse dicatur, secundum hoc est maxime ad imaginem Dei, secundum quod intellectualis natura Deum maxime imitari potest. Imitatur autem intellectualis natura maxime Deum quantum ad hoc, quod Deus seipsum intelligit et amat. Unde imago Dei tripliciter potest considerari in homine. Uno quidem modo, secundum quod homo habet aptitudinem naturalem ad intelligendum et amandum Deum, et haec aptitudo consistit in ipsa natura mentis, quae est communis omnibus hominibus. Alio modo, secundum quod homo actu vel habitu Deum cognoscit et amat, sed tamen imperfecte, et haec est imago per conformitatem gratiae. Tertio modo, secundum quod homo Deum actu cognoscit et amat perfecte, et sic attenditur imago secundum similitudinem gloriae. Unde su-

"Como quiera que se dice que el hombre es a imagen de Dios por su naturaleza intelectual, lo es sobre todo en cuanto que la naturaleza intelectual puede imitarle del modo más perfecto posible. Y le imita de un modo perfecto en cuanto que Dios se conoce y se ama a sí mismo. De ahí que la imagen de Dios en el hombre puede ser considerada de tres modos. 1) Primero, en cuanto que el hombre posee una aptitud natural para conocer y amar a Dios, aptitud que consiste en la naturaleza de la mente; esta es la imagen común a todos los hombres. 2) Segundo, en cuanto que el hombre conoce y ama actual o habitualmente a Dios, pero de un modo imperfecto; ésta es la imagen procedente de la conformidad por la gracia. 3) Tercero, en cuanto que el hombre conoce actualmente a Dios de un modo perfecto; ésta es la imagen que resulta de la semejanza de la gloria. Por eso, comentando la ex-

per illud Psalmi IV, signatum est super nos lumen vultus tui, domine, Glossa distinguit triplicem imaginem, scilicet creationis, recreationis et similitudinis. Prima ergo imago invenitur in omnibus hominibus; secunda in iustis tantum; tertia vero solum in beatis".[113]

presión del Sal. 4,7: Sellada sobre nosotros está la luz de tu rostro, ¡oh Señor!, distingue la Glosa una triple imagen: de creación, de recreación y de semejanza. La primera se da en todos los hombres; la segunda, sólo en los justos; la tercera, exclusivamente en los bienaventurados".

19.6 El Espíritu Santo habita en el hombre justificado

En la justificación, se concede no sólo la gracia habitual, sino también al Espíritu Santo, que existe en el justificado con una nueva presencia distinta de la propia de Dios por inmensidad. Esta nueva presencia es substancial (de acuerdo con la substancia y no simplemente virtual) y especial (y no de acuerdo con la presencia general que Dios tiene en todas la creación por el atributo de la omnipresencia o inmensidad, esto es, por poder o presencia dinámica, por conocimiento o presencia cognoscitiva y por conservarlas en el ser, en su "esse" creado).[114]

La inhabitación del Espíritu Santo en el justo es en realidad una apropiación a la Tercera Persona de lo que es una obra "ad extra" común de toda la Trinidad: Padre, Hijo y Espíritu Santo. Por eso, la Sagrada Escritura, la Tradición, el Magisterio y la teología hablan a

---

[113]Santo Tomás de Aquino: *Summ. Theol.*, Iª, q. 93, a. 4, co. Cfr. *In Sent.* 1, dist. 3, p. 2ª. exp. text.; *De Pot.* q. 9, a. 9.

[114]Cfr. Juan A. Jorge: *Dios Uno y Trino*, cit., págs. 373–382.

veces de la "inhabitación de la Trinidad" o en otras de la "inhabitación del Espíritu Santo". Insistamos, cuando en el tratado de gracia se habla de la inhabitación del Espíritu Santo, se está refiriendo en realidad a una nueva presencia de toda la Trinidad, a la inhabitación de toda la Trinidad, y a que por la justificación somos hechos templos de toda la Trinidad.

Aunque algunos teólogos sostienen que la inhabitación del Espíritu Santo es diferente de la propia de toda la Trinidad y que no es una apropiación al Espíritu Santo de una obra común trinitaria,[115] no es la posición que aquí seguimos, salvo por los detalles que exponemos en el siguiente capítulo. Preferimos estudiar la inhabitación de Dios en el alma del justo, en relación con las tres Personas divinas, de la Trinidad toda, mejor que hacerlo desde la perspectiva de sólo el Espíritu Santo.

Pero la extensión e importancia de este efecto de la gracia divina en el justo exige que se trate en un capítulo aparte.

---

[115]P. Galtier: *Le Saint Esprit...* cit.; J. Solano: *Algunas tendencias modernas acerca de la doctrina de las apropiaciones y propiedades en la Santísima Trinidad*, en "Estudios Eclesiásticos", 21 (1947) 5–34; T. Urbanoz: *Influjo causal de las divinas Personas en la inhabitacion en las almas justas* en "Revista Española de Teología", 8 (1948) 141–202.

Capítulo 20

La inhabitación de la Trinidad como efecto del estado de justificación

20.1 Hecho

Es una verdad de fe[1] que la Trinidad está presente de un modo especial, o *habita*, en las almas de los justos como en su templo. La

---

[1] Cfr. para todo este apartado, Santo Tomás de Aquino: *Summ. Theol.*, Iª, q. 93, a. 3. 5. 6; L. Lercher–F. Lakner: *De gratia Christi*, cit., págs. 98–101; H. Lange: *De gratia...*, cit., págs. 442–455; B. Beraza: *De gratia...*, cit., págs. 878–909; J. Ibáñez y F. Mendoza: *Dios santificador...*, cit., págs. 193–198; S. González Rivas: o. c., págs. 135–143; Ch. Baumgartner: *La gracia...*, cit., págs. 218–239; H. Rondet: *La gracia...*, cit., págs. 387–418; J. L. Lorda: *La gracia...*, cit., págs. 123–131; J. A. Sayés: *La gracia...*, cit., págs. 265–318 ; A. Michel: *Trinité*, en DTC, XV, 1802–1855; Juan A. Jorge: *Dios Uno y Trino*, cit., págs. 887–914; L. F. Mateo–Seco: *Dios Uno y Trino*, Navarra, Eunsa, 2008, págs. 725–740; A. Turrado: *Trinidad Santísima*, en GER, cit., t. XXII, págs. 780–782; Javier Prades: *"Deus specialiter est in sanctis per gratiam"*. *El misterio de la inhabitación de la Trinidad en los escritos de Santo Tomás de Aquino*, Editrice Pontificia Università Gregoriana, Roma, 1993.

Sagrada Escritura atribuye esta inhabitación unas veces a Dios y otras veces a las divinas Personas por separado. Es un hecho clarísimo en la Revelación la inhabitación de la Trinidad en el alma del justo: del Padre y del Hijo (Jn 14:23, "Si alguno me ama..., mi Padre le amará y vendremos a él y haremos en él nuestra morada"); del Espíritu Santo, que es enviado a sus discípulos (Jn 15:26; 16:7; Ga 4:6; Ro 5:5; 1 Cor 3: 16–17), permanece en el justo (Ro 8: 9–11) y hace que los cristianos sean "templos del Espíritu Santo" (1 Cor 3: 16–17; 6:19; 2 Cor 6:16).

Los Santos Padres también lo enseñaron así. La epístola de Bárnabas, comentando a Dan 9:25 sobre la reedificación del Templo, afirma que ese efecto se produce en nosotros cuando, remitidos los pecados, por la esperanza en el nombre del Señor, somos de nuevo integramente creados, por lo que en nosotros, en nuestra casa, Dios habita verdaderamente.[2] San Ignacio de Antioquía utiliza la comparación de la construcción del templo para enseñar la inhabitación divina: "Vosotros sois piedras del templo del Padre, preparados para la construcción de Dios Padre, elevados hasta lo alto por la palanca de Jesucristo, que es la cruz, sirviendo como soga el Espíritu Santo; vuestra fe os tira hacia lo alto, y la caridad es el camino que os eleva hacia Dios. Entonces todos vosotros sois también compañeros de ruta, portadores de Dios y portadores del templo, portadores de Cristo, portadores de santidad, adornados en todo de los preceptos de Jesucristo".[3] En el mismo sentido se encuentran los textos del Pastor de Hermas en su explicación de la parábola quinta sobre la viña del Señor.[4] Taciano por su parte, señala las condiciones para recibir el Espíritu —que no es dado a todos—: "El espíritu de Dios no es dado a todos, sino que sólo mora con algunos que viven justamente y, estrechamente abrazado con el

---

[2]Epístola de Bárnabas, 16, 8 (P. G. 2, 773).

[3]San Ignacio de Antioquía: *Epistula ad Ephesios*, 9, 1 (P. G. 5, 652).

[4]*Pastor de Hermas*, sim. 5, 2, 1 (P. G. 2, 957. 961).

alma, por medio de predicciones, les revela a las demás almas lo que estaba escondido; y las almas que obedecen a la sabiduría, a sí mismas se atraen el espíritu que les es congénito; pero las que no le obedecen, sino que rechazan al que es el siervo del Dios que ha sufrido, claramente se muestran enemigas de Él, en vez de religiosas".[5] San Ireneo, sostiene por un lado, que Cristo dio a sus discípulos el poder de regenerar en Dios (Mt 18:29),[6] y, por otro, que Dios será glorificado en su criatura que por su bondad ha hecho semejante a Él, y conforme a la imagen de su Hijo, pues el hombre, y no sólo una parte del hombre, se hace semejante a Dios, por medio de las manos de Dios, esto es, por el Hijo y el Espíritu.[7] Aphraates señala que el bautismo produce una regeneración en el bautizado quien por el Espíritu Santo recibe la inmortalidad de la misma divinidad.[8] San Atanasio, por su parte, recuerda que nosotros llegamos a estar en el Hijo, y Él en nosotros, por la gracia del Espíritu que nos ha sido dado; y como el Espíritu es de Dios y ese mismo Espíritu está en nosotros, con razón pensamos que estamos en Dios, y de esta manera Dios está en nosotros;[9] y ahí encontramos otra prueba para afirmar la divinidad del Espíritu Santo, porque nos hace ser consortes de la naturaleza divina que Él tiene.[10] San Cirilo de Jerusalén afirma que el Espíritu Santo desciende sobre el cristiano que tiene una piedad sincera, y entonces podría escuchar las mismas palabras del Padre a Jesucristo desde el Cielo (*Este es mi Hijo*).[11] San Basilio muestra cómo la presencia del Espíritu Santo en el alma produce la similitud con Dios y lo que es lo más sublimemente

---

[5]Taciano: *Adversus Graecos oratio*, 13 (P. G. 6, 833).

[6]San Ireneo: *Adversus Haereses*, 3, 17, 1 (P. G. 7, 929).

[7]San Ireneo: *Adversus Haereses*, 5, 6, 1 (P. G. 7, 1138).

[8]Aphraates: *Demonstrationes*, 6, 14 (P. Siriaca 1, 291)).

[9]San Atanasio: *Adv. arianos orationes*, 3, 24 (P. G. 26, 373).

[10]San Atanasio: *Ep. 4 ad Serapionem*, 1, 24 (P. G. 26, 585).

[11]San Cirilo de Jerusalén: *Catecheses*, 3, 14 (P. G. 33, 457).

inesperado, la hace como Dios.[12] Dídimo, por su parte, insiste en que la inhabitación del Padre en aquéllos que son dignos de ello, y por razón de la unidad de la naturaleza divina, también reciben la inhabitación del Hijo y del Espíritu Santo.[13] San Juan Crisóstomo arguye que la presencia del Espíritu en el cristiano no puede ocurrir sin la de Cristo, porque donde permanece una Persona de la Trinidad, está toda la Trinidad.[14] San Cirilo de Alejandría, parte del hecho de que la Escritura afirma que somos nacidos de Dios, lo que ocurre por la donación del Espíritu, quien por la fe en Cristo, nos hace consortes de la naturaleza divina, pues el Espíritu es Dios y es de Dios (ex) según su naturaleza; por ello decimos que somos nacidos de Dios, y por lo tanto somos llamados *dioses* no sólo por la gracia que nos eleva a la gloria suprema, sino que ya tenemos a Dios habitando y conviviendo en nosotros como dice la Sagrada Escritura (Le 26:12; 2 Cor 6:16).[15] Novaciano enseña que por el bautismo el Espíritu nos genera como de un semen divino, nos consagra con un nacimiento celeste, nos da la promesa de la herencia eterna y como un sello de la salvación eterna, nos hace templos de Dios, etc.[16] San Hilario de Poitiers, centra sus consideraciones sobre el hecho de que somos "espirituales" si el Espíritu de Dios, que es también el Espíritu de Cristo, está en nosotros; y lo mismo que el Espíritu resucitó a Cristo de los muertos, también

---

[12]San Basilio: *De Spiritu Sancto*, 9, 22 (P. G. 32, 109).

[13]Dídimo de Alejandría: *De Trinitate*, 2, 6, 7 (P. G. 39, 529).

[14]San Juan Crisóstomo: *In epistulam ad Romanos homiliae*, 13, 8 (P. G. 60, 519).

[15]San Cirilo de Alejandría: *In Ioannem commentarius*, 1, 9 (P. G. 73, 157); 9, 14, 17 (P. G. 74, 260). Cfr. J. Sagüés: *El Espíritu Santo en la santificación del hombre según la doctrina de San Cirilo de Alejandría*, en "Estudios Eclesiásticos" 21 (1947) 35–83; H. du Manoir: *Dogme et Spiritualité chez S. Cyrille d'Alexandrie*, Paris. Vrin, 1944.

[16]Novaciano: *De Trinitate*, 29 (P. L. 3, 944).

vivifica nuestro cuerpo mortal porque habita en nosotros (Ro 8:11).[17] San Agustín confirma las ideas de sus predecesores,[18] así como ocurre con San Gregorio de Elvira[19] y San Isidoro de Sevilla.[20]

El Magisterio reciente ha abundado en el mismo tema.[21]

20.2 Aproximación

La inhabitación es un nuevo modo de presencia de Dios en el hombre mucho más íntimo que la presencia por inmensidad u onmipresencia: ya no se da en cuanto al ser (creación–conservación), sino que el hombre es puesto en relación diferenciada con cada una de las tres Personas divinas (Dios actúa aquí como origen y término de la divinización del hombre). Por la omnipresencia, Dios está presente por conocimiento, potencia y esencia en todas las cosas creadas, en cuanto que todas están presentes en su conocimiento, están sometidas a su poder y reciben su "esse" por participación de Dios. La presencia por inhabitación se refiere exclusivamente a la creatura racional y sólo en cuanto que ésta participa de la naturaleza divina, esto es, en cuanto está divinizada. Así lo corrobora el Aquinate:

---

[17]San Hilario de Poitiers: *De Trinitate*, 8, 21 (P. L. 10, 252).

[18]San Agustín: *De Trinitate* 15, 18; *In Ion.* 75ss. cfr. A. Turrado: *Nuestra Imagen y Semejanza Divina. En torno a la evolución de esta doctrina en San Agustín*, en "La Ciudad de Dios" 181 (1968), 776–801.

[19]S. González: *La inhabitation del Espíritu Santo según San Gregorio de Elvira*, en "Revista de Espiritualidad" 6 (1947) 177–186.

[20]S. González: *La inhabitation del Espíritu Santo según San Isidoro de Sevilla*, en "Revista de Espiritualidad", 1 (1941) 10–33.

[21]Cfr. Leon XIII, encicl. *Divinum Illud Munus*, Pío XII encicl. *Mystici Corporis*, n. 35; *Lumen Gentium*, n. 4, 7, 9, 40, 42, 48; Juan Pablo II, encicl. *Dominum et Vivificantem*, n. 58.

"Est enim unus communis modus quo Deus est in omnibus rebus per essentiam, potentiam et praesentiam, sicut causa in effectibus participantibus bonitatem ipsius. Super istum modum autem communem, est unus specialis, qui convenit creaturae rationali, in qua Deus dicitur esse sicut cognitum in cognoscente et amatum in amante. Et quia, cognoscendo et amando, creatura rationalis sua operatione attingit ad ipsum Deum, secundum istum specialem modum Deus non solum dicitur esse in creatura rationali, sed etiam habitare in ea sicut in templo suo. Sic igitur nullus alius effectus potest esse ratio quod divina persona sit novo modo in rationali creatura, nisi gratia gratum faciens. Unde secundum solam gratiam gratum facientem, mittitur et procedit temporaliter persona divina. Similiter illud solum habere dicimur, quo libere possumus uti vel frui. Habere autem potestatem fruendi divina per-

"Pues hay un modo común por el que Dios está en todas las cosas por esencia, potencia y presencia, como la causa está en los efectos que participan de su bondad. Por encima de este modo común, hay otro especial d que corresponde a la criatura racional, en la que se dice que Dios se encuentra como lo conocido en quien conoce y lo amado en quien ama, y porque, conociendo y amando, la criatura racional llega por su mismo obrar hasta el mismo Dios e. Según este modo especial, no solamente se dice que Dios se encuentra en la criatura racional, sino también que está en ella como en su templo. Así, pues, ningún otro efecto, a no ser la gracia santificante, puede ser el motivo por el que la persona divina esté de un modo nuevo en la criatura racional. Consecuentemente, sólo por la gracia santificante la persona divina es enviada y procede temporalmente. Por lo mismo, no se dice que tenemos sino sólo aquello de lo que podemos hacer uso y disfrutar libremente. Poder dis-

sona, est solum secundum gratiam gratum facientem. Sed tamen in ipso dono gratiae gratum facientis, spiritus sanctus habetur, et inhabitat hominem. Unde ipsemet spiritus sanctus datur et mittitur".[22]

frutar de la persona divina sólo es posible por la gracia santificante. Sin embargo, por el mismo don de la gracia santificante, se tiene el Espíritu Santo, que habita en el hombre. Por eso, el mismo Espíritu Santo es dado y es enviado".

Está relacionada la inhabitación con el concepto de "misión" divina, es decir, un nuevo modo de presencia de la Persona Divina que se supone ya estaba en el lugar a dónde es enviada. Con todo, como dice Mateo–Seco, no se deben de confundir la inhabitación y las misiones. Las misiones comportan origen con respecto al que envía. Sólo pueden ser enviados el Hijo o el Espíritu Santo. La inhabitación se refiere a las tres divinas Personas, también al Padre.[23] Así pues, la inhabitación es una "misión" con características muy específicas:

- Es *real*, y no una metáfora o hipérbole.

- Es *presencia sustancial* de Dios (Espíritu Santo), y no una presencia meramente dinámica. No son los dones y carismas del Espíritu Santo los que llenan al hombre, sino que es el mismo Espíritu el que llena al ser humano (los textos bíblicos son contundentes).

- Es una *relación con cada una de las tres divinas Personas* y no omnipresencia. Es una relación de presencia de las tres divinas Personas en el hombre en un diálogo de amor y de conocimiento por el que Dios habita en el hombre, o dicho con mayor precisión,

---

[22]Santo Tomás de Aquino: *Summ. Theol.*, Iª, q. 43, a. 3, co. Cfr. *In Sent.* I, dist. 14, q. 2, a. 2.

[23]Cfr. L. F. Mateo–Seco: *Dios Uno...*, cit., pág. 725.

el hombre es poseído por Dios hasta el punto de que Dios le hace habitar en Sí mismo.

20.3 Naturaleza

Se han dado varias posiciones en torno a la naturaleza o fundamento de la inhabitación. El problema teológico estriba en que Dios (la naturaleza divina) no puede entrar en composición con ningún ser creado, porque es infinitamente simple y trascendente. El panteísmo de cualquier clase ha de ser rechazado. Pío XII, en su *Mystici Corporis*, ya avisaba en relación con la inhabitación del Espíritu Santo:

> "Todos tengan por norma general... la siguiente: han de rechazar, tratándose de esta unión mística, toda forma que haga a los fieles traspasar de cualquier modo el orden de las cosas creadas e invadir erróneamente lo divino, sin que ni un solo atributo propio del sempiterno Dios, pueda atribuirsele como propio. Y además, sostengan firmemente y con toda certeza que en estas cosas todo es común a la Santísima Trinidad, puesto que todo se refiere a Dios como a suprema causa eficiente. También es necesario que adviertan que aquí se trata de un misterio oculto, el cual, mientras estemos en este destierro terrenal, de ningún modo se podrá penetrar con plena claridad ni expresarse con lengua humana. Se dice que las divinas Personas habitan en cuanto que, estando presentes de una manera inescrutable en las almas creadas dotadas de entendimiento, entran en relación con ellas por el conocimiento y el amor (Tomás de Aquino, *Summa Theologiæ*, Iª, q. 43, a. 3.), aunque completamente íntimo y singular, absolutamente sobrenatural. Para aproximarnos un tanto a comprender

esto hemos de usar el método que el Concilio Vaticano (I, ses. 3, Const. sobre la fe católica) recomienda mucho en estas materias: esto es, que si se procura obtener luz para conocer un tanto los arcanos de Dios, se consigue comparando los mismos entre sí y con el fin último al que están enderezados. Oportunamente, según eso, al hablar Nuestro sapientísimo Antecesor León XIII, de f. m., de esta nuestra unión con Cristo y del divino Paráclito que en nosotros habita, tiende sus ojos a aquella visión beatífica por la que esta misma trabazón mística obtendrá algún día en los cielos su cumplimiento y perfección, y dice: Esta admirable unión, que propiamente se llama inhabitación, y que sólo en la condición o estado (viadores, en la tierra)], mas no en la esencia, se diferencia de aquella con que Dios abraza a los del cielo, beatificándolos (Enc. *Divinum illud munus*). Con la cual visión será posible, de una manera absolutamente inefable, contemplar al Padre, al Hijo y al Espíritu Santo con los ojos de la mente, elevados por luz superior; asistir de cerca por toda la eternidad a las procesiones de las Personas divinas y ser feliz con un gozo muy semejante al que hace feliz a la santísima e indivisa Trinidad".[24]

Por eso la relación entre Dios y la creatura es siempre sobre la "razón" (fundamento de la relación) de las acciones de Dios, como ocurre también con la omnipresencia divina. Pero las acciones de Dios "ad extra" son comunes a las tres divinas Personas, por lo que no se ve cómo explicar una especial relación del ser humano con cada una de las tres divinas Personas.

---

[24]D. S. 3814–3815.

Nos encontramos ante un nuevo misterio, profundísimo. Mirado desde el punto de vista de Dios, la inhabitación pertenece al misterio de la comunicación que hace Dios de su propio ser personal a través de las misiones. Mirado desde el punto de vista del hombre, la inhabitación pertenece al misterio de la elevación de la creatura racional hasta el punto de ser introducida en la vida íntima de Dios.

Con todo hay datos claros:

- Es una *relación entre las tres divinas Personas* y el ser humano.

- Es una *relación de presencia* que culmina la Alianza que Dios establece con su Pueblo.

- Es una *relación que reviste la misteriosidad* que tiene todo lo personal.

- Es una *relación que implica la intimidad* más profunda posible entre Dios y la creatura.

Hay diferentes explicaciones que se han dado desde el punto de vista de la teología. Ninguna parece plenamente satisfactoria. Las principales son las que siguen.

20.3.1 Presencia divina por el conocimiento y el amor. Santo Tomás de Aquino

Para Santo Tomás de Aquino, Dios–Trinidad habita en el hombre por los actos de conocimiento y amor de Dios que realiza el propio hombre alcanzando su fin último. Dios–Trinidad está en el hombre como "lo conocido en el que conoce y lo amado en el que ama". Es un efecto de la gracia creada, ya que es la gracia la que infunde en el alma la virtud teologal de la caridad.

Por medio de actos eternos, el Padre está presente a Sí mismo como lo conocido en el que conoce y lo amado en el que ama:

"Hoc autem sic manifestari oportet. Manifestum est enim ex his quae in primo declarata sunt, quod Deus seipsum intelligit. Omne autem intellectum, inquantum intellectum, oportet esse in intelligente: significat enim ipsum intelligere apprehensionem eius quod intelligitur per intellectum; unde etiam intellectus noster, seipsum intelligens, est in seipso, non solum ut idem sibi per essentiam, sed etiam ut a se apprehensum intelligendo. Oportet igitur quod Deus in seipso sit ut intellectum in intelligente. Intellectum autem in intelligente est intentio intellecta et verbum. Est igitur in Deo intelligente seipsum verbum Dei quasi Deus intellectus: sicut verbum lapidis in intellectu est lapis intellectus. Hinc est quod dicitur, verbum erat apud Deum".[25]

"Y debe exponerse de este modo: Consta, por lo expuesto en el primer libro (c. 47), que Dios se entiende a sí mismo. Mas lo entendido, en cuanto tal, debe estar en quien lo entiende, porque entender es aprehender una cosa con el entendimiento. Por eso, incluso nuestro entendimiento, al entenderse, está en si mismo, no sólo como identificado con su esencia, sino también como aprehendido. Luego es preciso que Dios esté en sí mismo como está lo entendido en el inteligente. Pero lo entendido en el inteligente es la idea o verbo. Luego en Dios, al entenderse a si mismo, está el Verbo de Dios, como Dios entendido, tal como la idea de piedra, que está en el entendimiento, es la piedra entendida. Por esta razón se dice: —El Verbo estaba en Dios".

De ahí deduce la naturaleza de la presencia divina en el alma del justo.

Esta explicación tiene indudables ventajas ya que, por un lado, no se sustenta en la acción de Dios sobre el alma, por lo que mantiene el axioma de que las obras de Dios "ad extra" son comunes a las tres

---

[25]Santo Tomás de Aquino: *Contra Gent.*, lib. 4, cap. 11, n. 9.

divinas Personas; y, por otro lado, también subraya la importancia de las virtudes teologales, que se llaman tales porque alcanzan a Dios en Sí mismo. Como hace notar L. F. Mateo–Seco,[26] Santo Tomás utiliza estas mismas expresiones al referirse a las procesiones divinas por vía de conocimiento y amor.

El problema de esta teoría es que da la impresión de que la inhabitación no la opera Dios, sino que sólo es atribuible al alma humana.

Por ello se propusieron correcciones a esta teoría con perspectivas y explicaciones de detalle diferentes por parte de Suárez,[27] Juan de Santo Tomás,[28] Garrigou–Lagrange, Gardiel,[29] Lange,[30] Nicolás, etc.,[31] quienes subrayan la presencia de Dios en el alma, insistiendo

---

[26]L. F. Mateo–Seco: *Dios Uno...*, cit., pág. 732.

[27]Cfr. F. Suárez: *De Trinitate*, 12, 5, 10. Siguen a Suárez: Gonet: *Clypeus thomisticus*, tr. 6, disp. 13, a. 3, n. 30s.; Billuart: *De Trin.*, Disp. 6, a. 4; B. Froget: *De l'habitation du Saint Esprit dans les ames justes*, Paris, P. Lethielleux, Librairie-Editeur, 1900; B. Beraza: *De gratia...*, cit., págs. 896–906; L. Lercher–F. Lakner: *De gratia Christi*, cit., pág. 100; Dalmau en *Sacrae Theologiae Summa*, 2, 1, 569. Para la posición de San Buenaventura y Alejandro de Hales de una presencia que es realmente intencional, H. C. Koenig: *De inhabitatione Spiritus Sancti doctrina Sancti Bonaventurae*, Mundelein, Diss. (dactil.) Fac. Theol. Sanctae Mariae Ad Lacum, 1934; E. Primeau: *Doctrina Summae Theologicae Alexandri Halensis de Spiritus Sancti apud iustos inhabitatione*, Mundelein, Diss. (dactil.) Fac. Theol. Sanctae Mariae Ad Lacum, 1936.

[28]Juan de St. Tomás: *Cursus theologicus*, in 1, q. 43 disp. 17. M. Cuervo: *La inhabitación de la Trinidad en toda alma en gracia, según Juan de Santo Tomas* en "Ciencia Tomista" 69 (1945) 114–120.

[29]A. Gardiel: *Comment se realise l'habitation de Dieu dans les ames justes* en "Revue Thomiste" 28 (1923) 3–42, 129–141, 328–360; Id: *La structure de l'âme et l'experience mystique*, 2, Paris, V. Lecoffre, 1927.

[30]H. Lange: *De gratia...*, cit., págs 444–453.

[31]J. B. Terrien: *La grace et la glore*, P. Lethielleux, 1901, t. 3, c. 4–5; J. F. Sagüés: *El modo de inhabitación del Espíritu Santo según Santo Tomas de Aquino*, en "Miscellania Comillas" 2 (1944) 161–201; M. Cuervo: *Suma Teologica*, ed. B.A.C., tomo 2 (1948) 601–640.

en el presupuesto de la presencia por inmensidad, a la que se añade la acción de la gracia que eleva el alma al orden sobrenatural y la hace capaz de los actos propios de las virtudes teologales infusas. La inhabitación se diferenciaría de la omnipresencia en cuanto que por la gracia y por los dones, especialmente el de sabiduría, Dios está presente en el justo como un objeto experimentalmente cognoscible y amable.

20.3.2 Presencia divina por la producción de la gracia. Vázquez, los Salmanticenses y Galtier

Para Vázquez, los Salmanticenses y Galtier, Dios Trinidad estaría realmente presente en el alma por la acción divina de infundir la gracia en la misma. Así como un sello aplicado a una materia fluida y no sólida ha de estar continuamente presente, de un modo análogo las tres divinas Personas estarían continuamente "sellando" el alma.[32]

El problema que presenta esta teoría es que seguimos sin poder distinguir la acción de cada una de las tres divinas Personas, porque la acción de la gracia es obra "ad extra" de Dios, común por tanto, a las tres Personas.

---

[32]G. Vázquez: *In I*, q. 8. a. 3, dist. 30, cap. 3, n 11. ss.: P. Galtier: *L'habitation en nous des Trois Personnes*, Ed. Un. Gregoriana, Roma, 1950, págs. 217–240; Salmanticeses: *De Trinit.* D. 19, dub. 5; S. González: *De Gratia Christi*, en Sacræ Theologiæ Summa III, BAC, Madrid, 1953, págs. 607–613; Z. Teresius a St. Agnete: *Doctrina Salmanticensium de modo inhabitaiionis Ss. Trinitatis in anima iusti* en "Divus Thomas" (Pi) 45 (1942) 373–394); I.G. Menendez–Reigada: *Inhabitacion, dones y experiencia mistica* en "Revista Española de Teología" 5 (1946) 72–101; T. Urdanoz: *La inhabitacion del Espiritu Santo en el alma justa* en "Revista Española de Teología" 6 (1946) 513–533; L. D. Sullivan: *Justification and the Inhabitation of the Holy Ghost. The Doctrine of Father Gabriel Vazquez, S.J.*, Roma, Pontificia Università Gregoriana, 1940; I. Trütsch: *S. Trinitatis inhabitatio apud theologos recentiores*, Trent, Pontificia Universitas Gregoriana, 1949.

20.3.3 Presencia divina por la causalidad cuasi–formal. De la Taille, Rahner y Baumgartner

De la Taille, Rahner y Baumgartner proponen la teoría de la causalidad cuasi–formal. Las tres divinas Personas comunican la vida divina al alma, cada una de un modo distinto, conforme al modo de su ser personal. De ahí nacería una relación especial del alma a cada una de las tres divinas Personas.

El problema de esta teoría estriba en que si la causalidad "cuasi–formal" implica que Dios entra en composición con el ser creado, se caería en el panteísmo, lo que es absolutamente inaceptable debido a la infinita trascendencia y simplicidad divinas. Pero, si para obviar la dificultad anterior, se concibe que tal causalidad es sólo causalidad eficiente (acción de Dios "ad extra"), entonces no se ve cómo se puedan distinguir la relación propia con cada una de las tres divinas Personas.

20.3.4 Presencia divina de diálogo. San Agustín y Turrado

San Agustín, según la interpretación que hace A. Turrado,[33] concibe la omnipresencia de Dios en las criaturas como resultado de la operación divina continuada que produce y conserva su ser. Ahora bien, esa operación única de Dios tiene diversos efectos según el querer divino. El elemento específico de la inhabitación es la única y misma operación divina diferenciada únicamente por el nuevo efecto producido en la creatura racional, que es específicamente distinto al producido en virtud de la omnipresencia puramente creacional. Ese efecto nuevo es la justicia de Dios participada por nosotros, que en San Agustín equivale a la gracia santificante con las virtudes que la

---

[33]A. Turrado Turrado: *Trinidad Santísima...*, cit., pág. 782; Id.: *Eres templo de Dios. La inhabitación de la Santísima Trinidad en los Justos según San Agustín*, en "Revista Agustiniana de Espiritualidad" 8 (1967) 363–406, 9 (1968) 173–199.

acompañan. Esto implica en el adulto justificado un diálogo de entrega amorosa y obediente a Dios–Amor que lo justifica:

"No de tal manera debe el hombre convertirse a Dios que se separe de Él una vez que ha sido hecho justo, sino de tal manera que siempre esté siendo justificado. Si no se aparta de Él, será justificado por su presencia, e iluminado y beatificado por Dios que obra y defiende a aquél que obedientemente se le somete".[34]

20.3.5 Presencia divina como participación del ser humano en las relaciones intradivinas. San Juan de la Cruz y A. Gálvez

Para San Juan de la Cruz y A. Gálvez,[35] la inhabitación trinitaria se concibe como una participación del ser humano en las relaciones intradivinas. El hombre, injertado en Cristo (Jn 15: 1–8) es introducido en el seno del Dios trinitario, para vivir la vida íntima interpersonal de Dios.

San Juan de la Cruz llega a hablar de la participación del ser humano en la espiración del Espíritu Santo. Decir que Dios habita en el hombre es lo mismo que decir que Dios hace al hombre habitar en el mismo Dios. En efecto, comentando el Santo el verso primero de la canción 39 de su Cántico Espiritual, *El aspirar del aire*, explica:

"En esta canción dice el alma y declara aquello que dice le ha de dar el Esposo en aquella beatífica transformación, declarándolo con cinco términos. El primero dice que es

---

[34]San Agustín: *De Genesi ad Litteram*, 8, 12, 25.

[35]También afirma esta posición el anónimo cartujo, autor de, *La Sainte Trinité et la Vie Surnaturelle*, Paris 1947, trad. española, *La Trinidad y la Vida Interior*, Madrid, Rialp, 1992, pág. 93–95.

la aspiración del Espíritu Santo de Dios a ella, y de ella a Dios...[36]

Y no hay que tener por imposible que el alma pueda una cosa tan alta; que el alma aspire en Dios como Dios aspira en ella, por modo participado. Porque dado que Dios le haga merced de unirla en la Santísima Trinidad, en que el alma se hace deiforme y Dios por participación..."[37]

Y en otro lugar dice también:

"De manera que, según lo que está dicho, el entendimiento de esta alma es entendimiento de Dios, y la voluntad suya es voluntad de Dios; y su memoria, memoria de Dios; y su deleite, deleite de Dios; y la substancia de esta alma, aunque no es substancia de Dios, porque no puede substancialmente convertirse en Él, pero estando unida como aquí está con Él y absorta en Él, es Dios por participación de Dios".[38]

De un modo poético lo sugerían, además, algunas de sus liras:

> *Quedeme y olvideme,*
> *el rostro recliné sobre el Amado,*
> *cesó todo y dejeme*
> *dejando mi cuidado*
> *entre las azucenas olvidado.*[39]

---

[36]Téngase en cuenta que no existe aquí —por la especial naturaleza de la procesión del Espíritu Santo— una terminología apropiada, y de ahí las imprecisiones del lenguaje.

[37]*Cántico Espiritual*, Canción XXXIX.

[38]*Llama de amor viva*, Canción II, verso 6.

[39]San Juan de la Cruz: *La Noche Oscura.*

> *¡Oh noche que me guiaste!,*
> *¡oh noche amable más que el alborada!,*
> *¡oh noche que juntaste*
> *amado con amada,*
> *amada en el amado transformada!* [40]

La posición de A. Gálvez profundiza el concepto de la inhabitación como ser introducido en la vida intradivina trinitaria, al ponerlo en relación con las exigencias de la naturaleza del amor y del concepto de persona. En este sentido comenta A. Gálvez:[41]

"Como es de suponer, el seguimiento del Esposo, a fin de estar a solas con Él, no acaba en eso. La entrega mutua en totalidad culmina en la fusión o identificación de las vidas de los amantes, como puede verse sobre todo en los textos eucarísticos de San Juan. Si cada uno de ellos entrega al otro la propia vida es lógico que ambos vivan entonces una sola y la misma: *Quien come mi carne y bebe mi sangre permanece en mí y yo en él. Como el Padre que me envió vive y yo vivo por el Padre, así quien me come también él vivirá por mí...*[42] *Permaneced en mí y yo en vosotros. Como el sarmiento no puede dar fruto por sí mismo si no permanece en la vid, así tampoco vosotros si no permanecéis en mí.*[43]

Teniendo en cuenta además que esta identificación está muy lejos de ser puramente moral. El camino señalado por los textos citados induce por el contrario a pensar

---

[40]San Juan de la Cruz: *La Noche Oscura.*

[41]A. Gálvez: *Comentarios...*, vol. II, cit., págs. 30–36. Cfr. Id: *Esperando...*, cit., págs. 186 y 224.

[42]Jn 6: 56–57.

[43]Jn 15:4.

que, en el amor divino–humano, la unión de los amantes es semejante, o de naturaleza análoga, a la que el Padre tiene con el Hijo en el seno de la Trinidad, o a la que el sarmiento tiene con la vid.

La doctrina de San Juan de la Cruz en este punto es tan atrevida como acertada. A propósito de la identificación que el amor produce entre los amantes, con la consiguiente divinización del hombre —o del alma, según la terminología sanjuanista y clásica—, y teniendo en cuenta además la doctrina fundamental de que el amor es siempre cosa de dos —un *tú* y un *yo* que se aman y entregan en perfecta reciprocidad— el santo no vacila en atribuir al amante humano una cierta determinación activa en la espiración del Espíritu Santo...[44]

Como puede apreciarse, la doctrina sanjuanista es tan sublime como certera. Aunque también es cierto que desgraciadamente los problemas no acaban aquí, y más bien puede decirse que no han hecho mas que empezar. La teología mística, como sucede con cualquier rama de la ciencia teológica —y como sucede también en todos los campos de las ciencias—, contiene todavía demasiadas cuestiones pendientes de una mayor profundización. Por lo que respecta a este caso, tal como dice Baruzi,[45] y como acaba

---

[44]Como se sabe, no existe un término adecuado para designar la procesión del Espíritu Santo, por más que el de *spiratio* sea el más frecuentemente empleado. Ya puede suponerse que tampoco tiene traducción apropiada al castellano. Cfr. *Summa Theologica*, Iª, q. 36, 1 c. (A esta altura de su exposición, A. Gálvez cita el texto de San Juan de la Cruz que antes se ha transcrito en el presente tratado).

[45]Jean Baruzi, *Saint Jean de la Croix et le problème de l'expérience mystique*, Félix Alcan, Paris, 1931, págs. 667 y ss... (*San Juan de la Cruz y el problema de la experiencia mística*, Junta de Castilla y León, 1991).

de verse en los textos citados, San Juan de la Cruz pone especial cuidado en advertir que no se trata aquí de un cambio sustancial del alma en Dios. Y no podía menos de hacerlo así. Sin embargo todavía hace falta intentar profundizar en el misterio, a fin de indagar en la estructura de una unión en la que el alma, si bien no se convierte sustancialmente en Dios —no podría hacerlo en modo alguno—, llega a ser Dios *por participación.* Aunque teniendo muy en cuenta que sería absurdo pretender que el santo hubiera llegado a aclarar, ni siquiera de lejos, un misterio tan subido y sobrenatural.[46] Por eso cabe la formulación de una serie de preguntas que quedan ahí, como esperando una respuesta, y que son tan inquietantes y profundas como que colocan al cristiano en el umbral mismo de aquello en lo que consiste la vida eterna: ¿Qué puede significar exactamente llegar a ser Dios *por participación* aunque sin convertirse en Él sustancialmente...? ¿Qué sentido y qué alcance tiene la expresión revelada *participación en la naturaleza divina...?*

Debe tenerse siempre bien presente que la unión o fusión de vidas, que de modo tan admirable tiene lugar en el amor divino–humano, no supone de ninguna manera la pérdida de la personalidad por parte de cualquiera de los amantes. Lo que sucede es más bien lo contrario, pues el amor es la forma de reafirmar y fundamentar la personalidad, si cabe utilizar un lenguaje impropio pero encaminado. Además de que tal absorción de la personalidad del uno por parte del otro haría imposible el amor, el cual se

---

[46]A pesar de la extensión y profundidad de su doctrina, como puede apreciarse, por ejemplo, en el texto citado de la *Llama.*

realiza siempre en la oposición de dos personas, absolutamente distintas como tales y que por eso mismo pueden tratarse mutuamente de *tú* y *yo*.[47] Si en el amor no existieran personas distintas, y aun opuestas como tales, no cabría la posibilidad de que cada una de ellas *saliera* de sí misma para *entregarse* a la otra. La entrega amorosa sería impensable allí donde no hubiera *alguien* capaz de recibir tal entrega, desde el momento en que no puede haber donación y recepción sino entre personas diferentes. Aquí cabe también la posibilidad de algún fallo de enfoque en la doctrina clásica, cuya gravedad habría de ser medida —en el caso de que sean ciertas estas apreciaciones— según el grado en que se haga más difícil, por su culpa, la profundización en el misterio. Lo que quiere decirse aquí es que, en las relaciones de amor —en este caso referidas al hombre—, parece algo inapropiado hablar meramente del *alma*, puesto que en realidad es de las personas de quien se puede decir con más propiedad que aman y son amadas.

El pensamiento cristiano clásico, por lo que se refiere a la estructuración de su antropología, quizá haya insistido demasiado en la doctrina de la superioridad del alma con respecto al cuerpo. O tal vez se trata simplemente del uso no muy afortunado de una determinada terminología. San Juan de la Cruz, por ejemplo, parece pensar —a propósito del fenómeno de la transverberación operado en San Francisco de Asís— que ciertas gracias extraordinarias otorgadas al cuerpo son una especie de redundancia de lo que el alma ha recibido previamente: *Volvamos pues a la*

---

[47]El olvido de este punto fundamental es el que ha dado lugar al monstruoso error del panteísmo.

obra que hace aquel serafín, que verdaderamente es llagar
y herir interiormente en el espíritu; y así, si alguna vez
da Dios licencia para que salga algún efecto afuera en el
sentido corporal al modo que hirió dentro, sale la herida y
llaga afuera, como acaeció cuando el serafín hirió al santo
Francisco, que llagándole el alma de amor en las cinco lla-
gas, también salió en aquella manera el efecto de ellas al
cuerpo, imprimiéndolas también en el cuerpo, y llagándole
también, como las había impreso en su alma, llagándola
de amor. Porque Dios, ordinariamente, ninguna merced
hace al cuerpo que primero y principalmente no la haga en
el alma.[48] No sería razonable exigir del santo un tecnicis-
mo que él no pretendió y el uso de una terminología que
no se utilizaba en su época. Con todo, y vistas las cosas
desde ahora, quizá sería más exacto decir que las llagas de
la transverberación, más bien que haber sido concedidas
por redundancia al cuerpo de San Francisco —tampoco
meramente a su alma—, fueron otorgadas en realidad *a*
San Francisco.[49]

En cuanto a la fruición de Dios, por parte de las almas
de los bienaventurados en el cielo, el problema no ofrece
mayor dificultad, puesto que tales almas aman a un Dios

---

[48]*Llama de amor viva*, canción II, verso 2.

[49]Santo Tomás niega al alma humana la condición de persona, en contra de lo que
opinaban Hugo de San Víctor y el mismo Maestro de las Sentencias (cf, por ejemplo,
Summa Theologica, Iª, q. 29, a. 1, *ad quintum*; Iª, q. 75, a. 4, *ad secundum*). Cuando
esta separada del cuerpo se encuentra en situación de exigencia y espera con respecto
a él, y en estado por lo tanto de imperfección (cf, por ejemplo, *Summa Theologica*, Iª,
q. 51, a. 1, *respondeo*; Iª, q. 55, a. 2, *respondeo*; Iª–IIªᵉ, q. 4, a. 5, *ad quartum*; Iª, q. 77,
a 8, *respondeo*), si bien el santo la reconoce como subsistente y capaz de operaciones
intelectuales y volitivas (cf, por ejemplo, *Summa Theologica*, Iª, q. 75, a. 2, *respondeo*
y *ad primum*; Iª–IIªᵉ, q. 4, a. 5, *ad quartum*.

personal. Por parte de Dios con respecto a ellas, en cambio, hay que buscar algún otro punto de solución. Una clave indicadora de un principio de explicación quizá pueda encontrarse en el texto de Lc 20:37:[50] los bienaventurados Abraham, Isaac y Jacob no pueden ser considerados como muertos para Dios, puesto que *para Él todos viven*. Texto en el cual, aunque es indudable que el acento se pone en la afirmación del hecho de la resurrección, también es verdad que queda subrayada la especial consideración —o la forma como Él las ve— que estas almas tienen para Dios. De todos modos, una vez más y como siempre, es indudable que el amor de Dios a esas almas tiene una referencia personal que no puede ponerse en duda: son las almas *de los justos*, el mismísimo corazón de sus santos. Si las cosas que pertenecen a la persona amada son amadas también porque son de ella..., porque hablan de ella, porque le pertenecen y porque conducen a ella..., ¿qué puede decirse cuando se trata de su alma y de su corazón? Cuando Dios ama a esta o a aquella alma es evidente que lo hace así porque son las almas *de los suyos*, las de *aquellos* a quienes Él ama verdaderamente: *porque para Él todos viven*. Y esto es ley universal en el amor.[51]

Dentro de esta línea parece abrirse otra posibilidad capaz de ayudar a explicar el hecho de que el cristiano pueda

---

[50]Textos paralelos en Mt 22:32 y Mc 12: 26–27.

[51]Dado lo arduo y complicado del tema, nadie pone en duda que el espinoso problema de la escatología intermedia —cuya verdad doctrinal se da aquí por admitida— es uno de los más difíciles de la teología. Desde luego es obvio que la doctrina de la *persona*, a pesar de haberse llegado en ella a una admirable formulación por parte de Santo Tomás, no puede darse por definitiva. Habrá que volver sobre el tema, por lo tanto, más adelante con nuevos intentos de profundización.

llegar a participar de la naturaleza divina, según se desprende del importante texto de 2 Pe 1:4,[52] sin perder la propia y sin necesidad de acudir a las fantasmagorías panteístas que quieren convertirla en divina.

A su vez, la fusión de vidas entre los amantes proporciona también la clave para entender el verdadero significado del mandamiento nuevo: *Un mandamiento nuevo os doy: que os améis los unos a los otros; como yo os he amado, amaos también unos a otros.*[53] Cuya expresión *como yo os he amado* no debe ser interpretada en el sentido de semejantemente, o en el de porque yo lo he hecho así con vosotros, sino en el más exacto y preciso de *con el mismo amor.* Porque es el mismo Espíritu de Jesucristo quien vive en el cristiano, actuando, amando y orando en él, con él y por él (Ro 8:26). Y si es el mismo Amor del Maestro quien está asentado en el corazón del discípulo, puede decirse entonces con toda verdad que ambos aman exactamente con el mismo amor: *...Para que el Amor con que tú me has amado, oh Padre, esté en ellos y yo en ellos.*[54] Lo cual no tendría sentido alguno si ambos amantes no vivieran la misma vida".[55]

---

[52]Cfr. también, por ejemplo, Jn 1:12; 14:20; 15: 4–5; Hech 17:28; 1 Cor 1:9; Ro 6:5; 1 Jn 1:3; 4:9;

[53]Jn 13:34.

[54]Jn 17:26; cf 1 Cor 6:17.

[55]Desde esta perspectiva se entiende mejor un texto a primera vista extraño y difícil: *Porque yo vivo y vosotros viviréis* (Jn 14:19).

20.4 Reflexión sobre las tesis de A. Gálvez

Creo que la teoría de A. Gálvez, profundiza la linea de pensamiento y la solución tomista al problema de la inhabitación, dándole una hondura extraordinaria. En efecto, el modo de entender la inhabitación trinitaria en el ser humano sería por supuesto, como consecuencia de la gracia creada que hace presente a Dios en él (y ha de presidir toda indagación sobre la elevación del ser humano al orden sobrenatural), pero no ya sólo por las vías del entendimiento y del amor, sino por la relación *interpersonal* de amor divino–humana entre la *persona* humana y las divinas. Las consecuencias son importantísimas:

1. El problema de todas las teorías sobre la naturaleza de la inhabitación es que intentan explicar la presencia tripersonal de Dios en el justificado por expedientes que parecen olvidar, precisamente, la realidad de la persona y sus exigencias metafísicas y teológicas. La teoría de A. Gálvez, sin embargo, centra su indagación en esa misma realidad.

2. No se da una mezcla entre la naturaleza humana y la divina que deviniera en un panteísmo insostenible, porque la presencia de la divinidad en el hombre sería a través de la gracia creada y por la relación interpersonal que el amor verdadero exige para que exista como tal amor (tanto en el Amor sustancial trinitario intradivino, como en el amor participado en sus diferentes analogados, el principal —divino–humano—, como en el meramente humano). El amante humano posee la persona del Amante divino, y la persona divina posee al amante humano, conservando ambos su propia identidad como tales personas. Si se perdiera alguna de las personas que establecen la relación amorosa, el amor desaparecería. No hay fusión o mezcla de naturalezas, ni tampoco pérdida de la persona humana en la divina.

3. Y sin embargo, no puede haber unión y presencia más profunda e íntima que la que produce el amor entre el amante y el Amado. Recuérdense las notas esenciales del verdadero amor según la teoría de A. Gálvez (bilateralidad, unión de los amantes, igualdad de los mismos, mutua y total entrega y donación, etc.). La "inhabitación" sobre el fundamento de la relación interpersonal es mucho más profunda que la de "lo conocido en el cognoscente y lo amado en el amante" de Santo Tomás.

4. Se podrían extraer importantes consecuencias de una comparación *mutatis mutandis* con lo que ocurre en la unión hipostática, donde no cabe mayor unión entre la naturaleza humana y la divina, y sin embargo no hay "mezcla, ni confusión, ni separación, ni división" de naturalezas (Cfr. Conc. de Éfeso y Calcedonia). En la inhabitación no hay, por supuesto, una unión hipostática, pero sí puede servir como referencia para resaltar el valor *unitivo*, por así decir, de la persona.

5. También hay que tener en cuenta que la inhabitación en este mundo no es sino un adelanto de la unión con Dios en la bienaventuranza del Cielo. Aquí hay que tener en cuenta la teoría sobre la misma de A. Gálvez, en el sentido de privilegiar la unión por amor antes que la "visión saciativa de la verdad". De nuevo, el concepto básico de esa unión en el Cielo sería la relación interpersonal por amor, por el Hijo, en el Espíritu hasta el Padre. En absoluto hay pérdida de las personalidades ni una situación del tipo del nirvana de las religiones orientales, o de la "epojé" griega.

6. En el amor no interesa tanto la unión de las naturalezas como la unión de las personas, con la necesaria conservación de las distintas personalidades. Es teoría de A. Gálvez que prue-

ba exhaustivamente de modos diversos, pero sobre todo con la exégesis del Cantar de los Cantares, los dichos eucarísticos del Señor, las frases de San Pablo sobre su amor y unión con Cristo y el Apocalipsis.

7. Para que todo este proceso de amor divino–humano pueda llevarse a efecto, es necesario presuponer la elevación del ser humano al orden sobrenatural, la doctrina de la gracia santificante con la infusión de las virtudes teologales y los dones del Espíritu Santo, la participación en la naturaleza divina, la filiación divina del justificado en el Hijo (hijos en el Hijo, coherederos con Cristo, con–crucificados, con–sepultados, con–resucitados, con–exaltados, con–parusíacos), etc. La verdad de la inhabitación trinitaria es el culmen de este proceso.

8. La relación entre la persona humana y la divina es a través de la persona del Verbo. En efecto, el amante humano se enamora de la persona del Hijo, a través del conocimiento y seguimiento de la Humanidad de Cristo (nadie se enamora de una naturaleza por amable que esta sea, sino de la persona que posee esa naturaleza). Pero una vez enamorado el ser humano de la persona del Hijo, se encuentra dentro del amor intratrinitario, pues en la Persona del Hijo, el ser humano encuentra y ama también a la persona del Padre, conducido todo el proceso por el Espíritu Santo, el Don Mutuo de Amor del Padre y del Hijo (aquí es donde encaja la sugerencia sanjuanista de la "aspiración" del Espíritu Santo también por el ser humano injerto en Cristo).

9. La naturaleza de la oración cristiana según A. Gálvez,[56] tienen aquí su raíz última. En efecto:

---

[56] A. Gálvez: *La Oración*, cit., págs. 9–14.

"En la Trinidad, el Padre *se dice* a sí mismo lo que es en una sola Palabra, a la cual ama en un Amor que se identifica con la respuesta con que es correspondido y que es el Espíritu Santo. Pues bien, la oración es la prolongación *ad extra*, en el hombre, del diálogo trinitario. En ella se actualiza, de un modo singular, el hecho de que el hombre haya sido admitido, como participante, al diálogo de amor, eterno e inefable, que tiene lugar en el seno de la Trinidad. El misterio de la oración arranca del misterio de la bondad de Dios, que quiso que el hombre participara de su propia vida divina. Para comprender el misterio de la oración habría que saber por qué Dios quiso hacer al hombre hijo, amigo y contertulio suyo, dándole para ello a su propio Hijo Unigénito y el Espíritu de su Hijo. El misterio de la oración es el misterio del amor que Dios tiene al hombre.

La oración cristiana está situada en el punto equidistante de dos errores que aparentemente son contrarios: el ateísmo y el panteísmo. Ambos suprimen la posibilidad de la oración al suprimir la posibilidad del diálogo divino–humano. El ateísmo suprime a Dios, en beneficio del hombre; el panteísmo suprime al hombre, en beneficio de Dios. Pero es lo cierto que todo amor, incluso el divino, requiere pluralidad de personas que puedan comunicarse y entregarse. Por eso, la revelación completa del Dios que es Amor Perfecto es precisamente la revelación del Dios trinitario. Porque Dios es eso, ni más ni menos: Amor perfecto; o, si se quiere, sencillamente Amor (1 Jn 4:8).

Dios quiere dialogar con nosotros porque nos ama. La oración es la respuesta que le damos a su invitación al diálogo; o mejor todavía, es el diálogo realizándose ya: *Muchas veces y de muchas maneras habló Dios en otro tiempo a nuestros padres por ministerio de los profetas; últimamente, en estos días, nos habló por su Hijo.*[57] Debido a que nos ama, y a que, por lo tanto, quiere comunicarse con nosotros, nos ha hablado y nos ha dado su propio Verbo, haciéndonos sus interlocutores verdaderos porque verdadero quiere ser su amor con nosotros. Por eso nos ha introducido en su Hijo y nos ha dado el compartir su vida por participación, dándonos también el Espíritu para que ore por nosotros, ya que nosotros no sabríamos hacerlo: *El mismo Espíritu aboga por nosotros con gemidos inenarrables.*[58]

El Hijo es Palabra del Padre, y es amado por Él en un Amor que es también, a la vez, Amor y respuesta del Hijo. Ese Amor, que es el Espíritu, nos es dado a nosotros para que, por Él, poseamos al Hijo y en el Hijo vayamos hasta el Padre, participando así del misterioso diálogo trinitario. El Espíritu nos da la posibilidad de hacer oración, que es lo mismo que decir que nos da la posibilidad de ser contertulios de Dios.

Esto puede servirnos solamente como punto de partida, porque la oración es mucho más que un diálogo entre Dios y el hombre. Pues, así como en el seno de la Trinidad el diálogo entre el Padre y el Hijo se

---

[57]Heb 1: 1–2.

[58]Ro 8:26.

consuma, se acaba y se expresa en el Amor del Espíritu; así como ese diálogo se expresa en la entrega y donación mutuas del Padre y del Hijo en el Amor que es el Espíritu, del mismo modo, y puesto que la oración es una llamada al hombre para que participe en el diálogo trinitario, este diálogo divino–humano está llamado a consumarse en la entrega mutua en el Amor. Por eso el Espíritu en nosotros es, a la vez, la posibilidad misma de la oración y la señal de que ya estamos en Dios, en coentrega de decires y de posesión de amor: *El Espíritu mismo da testimonio a nuestro espíritu de que somos hijos de Dios...*[59] *No seréis vosotros los que habléis, sino el Espíritu de vuestro Padre el que hablará en vosotros.*[60] Después veremos que el texto de Ro 8:26 hay que entenderlo en sentido fuerte: no sólo en el sentido de que el Espíritu *intercede por nosotros*, lo que significaría *en favor nuestro*, sino en el de que ora *en* nosotros. El Espíritu nos ha sido dado para que, por Él, podamos escuchar y entender al Hijo, y para que, por el Espíritu y en el Hijo, podamos dar una respuesta perfecta al Padre, pues ya hemos dicho que la presencia del Espíritu en nosotros significa la posibilidad de nuestra conversación con Dios: la posibilidad de oír y ser oídos, la de entender y ser entendidos, la de amar y ser amados, la de ser dioses sin dejar de ser hombres: *Os digo la verdad; os conviene*

---

[59]Ro 8:16.
[60]Mt 10:20.

que yo me vaya. Porque, si no me fuere, el Paráclito no vendrá a vosotros.[61]

La oración no es diálogo solamente, aunque de todos modos es diálogo. Por eso supone necesariamente diversidad de personas que mutuamente se hablan y se escuchan, las cuales, en este caso, son Dios y el hombre. Para lo cual es preciso que ambos tengan algo que decirse y, además, voluntad de hacerlo. Ahora bien, por parte de Dios, está clara su voluntad de dirigirse al hombre: lo ha creado, lo ha hecho partícipe de su vida y de hecho le ha hablado y le habla: *Muchas veces y de muchas maneras habló Dios en otro tiempo a nuestros padres por ministerio de los profetas; últimamente, en estos días, nos habló por su Hijo...*[62] *Este es mi Hijo amado; ¡escuchadle!*[63] Y no es que Dios se dirija ahora a los hombres con palabras, sino que, habiéndoles enviado a su propio Verbo, en Él lo ha dicho todo y nada más le ha quedado por decir, en frase de San Juan de la Cruz. En el prólogo de su Evangelio nos dice San Juan que la Palabra fue enviada a los hombres. Y el mismo Señor nos habla, en la parábola del sembrador, de la palabra de Dios dirigida a los hombres y de las diferentes maneras como es acogida por ellos...

El Espíritu es el que hace que la palabra de Dios, dirigida al hombre, pueda ser respondida y convertirse en diálogo íntimo, que es la forma perfecta de comuni-

---

[61] Jn 16:7.

[62] Heb 1: 1–2.

[63] Mt 17:5.

cación entre las personas. De nuevo nos encontramos con la intimidad inefable de la vida trinitaria trasladada al ser del hombre: el diálogo del hombre con Dios es un trasunto del diálogo trinitario.[64] Es un diálogo íntimo, personal, que parte del yo y se dirige al tú.... El término del hablar y del amor divinos es siempre la intimidad de las personas. Algo de esto quería decir San Pablo cuando, expresándose en singular y hablando de Jesucristo, decía: *El cual me amó y se entregó por mí.*[65] Y lo mismo la esposa del Cantar, cuando decía: *Mi amado es para mí, y yo soy para mi amado.*[66] Al final de todo el Señor acaba siempre diciéndonos, como a la samaritana: *Soy yo, el que habla contigo;*[67] o como al ciego de nacimiento que le preguntaba quién era el Hijo del hombre: *Le estás viendo: es el que habla contigo.*[68] Además, el Señor llama a cada una de las ovejas por su nombre (Jn 10:3); y eso significa el término íntimo, individual y personal en que viene a consumarse el amor divino".[69]

Siguiendo las ideas de A. Gálvez, se podría proponer el siguiente esquema de la relación de Dios con la creación y la inhabitación de la Trinidad en el ser humano justificado:

---

[64]La comparación con el diálogo trinitario es analógica. Salvadas las diferencias aquí también se trata de un diálogo y de una intimidad reales, como es real la participación por el hombre de la vida divina.

[65]Ga 2:20.

[66]Ca 6:3.

[67]Jn 4:26.

[68]Jn 9:37.

[69]A. Gálvez: *La Oración*, cit., págs. 9–14.

A.- DIOS Y MUNDO CREADO

1. Atributo absoluto divino de la inmensidad y relativo divino de la omnipresencia.

2. Por virtud de la creación y conservación del mundo creado.

3. Relación "natural" por esencia — por potencia — por ciencia.

B.- SER HUMANO JUSTIFICADO

Participación de la naturaleza divina en las personas creadas y justificadas — inhabitación trinitaria.

1. Dios ha querido establecer relaciones de amor con el hombre ("Ya no os llamo siervos, sino amigos...").

2. La relación de amor supone la actualización en el ser humano de:

   (a) Todas las potencias del alma y del cuerpo.

   (b) Todas las virtualidades de la realidad metafísica de la persona.

   (c) Elevación gratuita de todo el ser humano al orden sobrenatural para hacerle capaz de la relación con la divinidad, tanto en la tierra (*gratia gratis data*) como en el cielo (*lumen gloriæ*).

3. La fase final del amor estriba en la mutua y total entrega, posesión y unión con la divinidad..., salvo la pérdida de la propia persona de los amantes que necesitan continuar siendo diferentes para que exista el amor. No hay panteísmo alguno.

4. Como el amor es relación *personal* no sólo de naturaleza, encontramos la clave de inhabitación de la Trinidad.

   (a) De la persona humana con las Personas divinas y viceversa.

   (b) Así los textos bíblicos, abundantísimos.

   (c) Dinámica de la conexión con las Personas divinas:

      - Con el Hijo, Cristo:
        - La filiación divina del justificado en el Hijo.
        - El cristiano miembro del Cuerpo Místico de Cristo.
        - Potenciación por la presencia real de Cristo en la Eucaristía. Cuerpo y Sangre (presencia real y sustancial) > Alma (presencia por concomitancia natural) > Persona del Verbo (presencia por concomitancia de unión hipostática) > Divinidad (Padre y Espíritu Santo, por concomitancia de unión intradivina, perichóresis).
      - Por el Espíritu Santo:
        - Gracia santificante.
        - Dones.
      - Al Padre

20.5 Conclusión.

Es importante, finalmente tener en cuenta las siguientes realidades:

1. Existe una relación verdadera entre las diferentes facetas de la deificación y santificación del hombre querida por el Amor infinito de Dios: gracia santificante, la misión invisible del Espíritu Santo, las virtudes teologales de la fe y la caridad, la filiación adoptiva del justo y la inhabitación trinitaria.

2. Se discute entre los teólogos el orden en que hay que considerar tales facetas de la deificación del justo. Pero todos son contestes en su necesaria vinculación e inseparabilidad de las mismas.

3. Hoy se tiende a sostener la gracia increada —Dios que se autodona al hombre e inhabita en él—, como fundamento de los efectos divinizantes en la criatura. Desde esta perspectiva, la "venida" de las tres divinas Personas "antecede" a lo que suele denominarse *la gracia creada*. Esta posición no parece sostenible, pues siendo verdad que la gracia creada procede de Dios, sin embargo Dios no puede inhabitar en el hombre si no está justificado. Hay que sostener que la inhabitación es efecto de la gracia santificante, que es a su vez efecto de la gracia increada.[70]

4. Hay que afirmar que la participación en la vida divina intratrinitaria, se fundamente sobre nuestra elevación a la filiación divina adoptiva en Cristo, que a su vez se realiza por obra de la gracia.[71] Lógicamente podemos decir que nuestra filiación divina es la razón de la inhabitación trinitaria: nuestra relación a la Persona del Padre y del Espíritu tiene lugar a través de nuestra filiación en Cristo.

5. Es verdad que tanto la gracia como la filiación divina, por razón de la trascendencia infinita de Dios, son una obra "ad extra" de Dios como un único Dios y un único principio de nuestra santificación. Pero este único principio es una *acción trinitaria* en la que cada persona es distinta de las otras, aunque operen como un único principio.

---

[70]Es la posición de Santo Tomás. L. F. Mateo–Seco (*Dios Uno...*, cit., pág. 736) parece inclinarse a favor de las nuevas corrientes.

[71]El hombre es constituido en nueva creatura en Cristo por la gracia. Santo Tomás de Aquino: *Summ. Theol.*, Iª–IIæ, q. 110, a. 2, ad 3.

Hoy se suele insistir en que se puede decir que este único principio es una acción trinitaria en la que cada Persona está presente como distinta de las otras. Se pretende de este modo, en la teología contemporánea, subrayar la importancia del carácter trinitario de Dios y de la deificación del hombre.

Sin embargo, en mi opinión, este intento no está exento del peligro de desvirtuar la trascendencia divina y caer en un cierto panteísmo o triteísmo. Por eso es mejor sostener la posición clásica que ve en la obra de la divinización una obra "ad extra" de Dios, y subrayar la importancia de la filiación en Cristo. Una vez injertados en Cristo, por obra única de Dios, el hombre entra en relación con el Dios trinitario: en el Hijo, por el Espíritu Santo, al Padre (inhabitación "strictu sensu"; cfr. la teoría de San Juan de la Cruz y de A. Gálvez).

6. La teología contemporánea tiende a considerar insuficiente la explicación tomista de la presencia del Dios trinitario sobre el fundamento de los actos de fe, esperanza y caridad, que por ser virtudes infundidas en el alma juntamente con la gracia santificante, haría que la inhabitación fuera efecto de la gracia. No se le daría importancia a la gracia increada como fundamento de los efectos divinizantes en la creatura.

Creo que, en efecto, la teoría tomista pudría ser profundizada, en el sentido visto de San Juan de la Cruz y de A. Gálvez. Con todo, no debemos entender la teoría tomista de un modo simplista. Se han hecho estudios profundos sobre el verdadero pensamiento de Santo Tomás en que se revela con claridad que la presencia de las Personas divinas no es sólo *intencional* "como lo conocido en el cognoscente o el amado en el amante", sino que es *fundante* u *ontológica*, es decir que existe una relación concreta con cada Persona Divina más allá de que sea conocida o amada.[72]

En este sentido son muy interesantes las conclusiones de J. Prades:

"Se pueden clasificar dos grandes grupos (de textos), según el fundamento de la presencia (relación de contacto) sea Dios considerado como principio de la relación con la criatura (es Dios quien actúa) o como su término (la criatura alcanza a Dios como objeto de sus operaciones). No debemos olvidar, por otro lado que junto a las formulas estrictamente causales hay otras que expresan la relación entre Dios y el hombre en términos de amistad y amor.

1. Dentro del primer grupo, constituido por interpretaciones luego llamadas "ontológicas", hemos podido distinguir al menos tres variantes:

1. Inhabitación entendida según el modelo de la presencia del Agente en su efecto (según una relación fundada estrictamente en la causalidad divina): se ponen en paralelo el mundo natural y el sobrenatural y se aplica a éste la presencia del Agente en su efecto.[73] Tomás suele decir en estos casos que hay una inhabitación común a la Trinidad por razón del efecto de la gracia (se habla sólo de *gratia* o de *gratia gratum faciens*, o se usan términos más genéricos, don, efecto).

---

[72]Cfr. F. Ocariz Braña: *Filiación Divina*, GER, cit., t. X, pág. 118; Id.: *Hijos de Dios en Cristo. Introducción a una teología de la participación sobrenatural*, Pamplona, Eunsa, 1972, págs. 88 y 92; J. Prades: *"Deus specialiter..."*, cit.

[73]*Scriptum*, d. 14, q. 1, a. 1; d. 15, q. 2, ad 4; d 17, q. 1, ad 4; *De Ver.*, q. 27, a. 1, ad 1; ad 3; ad 10; *C. G.*, IV, 21. *Summa*, q. 43, a. 4, a. 5, a 6. A veces el agente de la eficiencia es el Espíritu Santo (*De Car.*, a. 1) o la gracia (*C.G.*, III, 152).

2. Con mucha frecuencia, junto a la mera eficiencia Tomás añade la ejemplaridad. Dios no sólo produce *ad extra* un efecto distinto de sí mismo, sino que el efecto es una imagen del Ejemplar divino. Por virtud de esta ejemplaridad se puede atribuir apropiadamente la inhabitación a alguna de las Personas divinas. Se distingue entonces entre la gracias y los dones particulares, cada uno de los cuales refleja más adecuadamente a una u otra de las Personas.[74]

En ambos casos, teniendo presente que el Agente es Dios mismo, no sólo produce los efectos sino que los mantiene continuamente en el ser. Tomás considera pues como inhabitación no sólo la presencia de Dios (o del Espíritu) en el efecto en cuanto su productor, sino su acción continuada, por la que mantiene en el ser el efecto (acto primero) e impulsa a la operación voluntaria a la criatura racional (acto segundo).[75] Se trata de una perspectiva dinámica, que completa la terminología aristotélica, subrayando la continua contemporaneidad e íntima unión entre la acción divina y la humana.

3. Existe finalmente una variante de influjo neoplatónico. Tomás considera la actividad divina como una asimilación, una comunicación de las Personas, una impresión, un sellado.[76] Se produce la unión entre

---

[74]*Scriptum*, d. 15, q. 2, ad 4; d 17, q. 1 a 1; *De Ver.*, q. 27, a. 2, ad 3; *C. G.*, IV, 21; *Summa*, q. 43, a. 4; a. 5; a. 6.

[75]*Scriptum*, d. 17, q. 1 a. 1; *De Ver.*, q. 27, a 1; *C. G.*, IV 21–22; *De Car.*, a. 1.

[76]*Scriptum*, d. 14, q. 2, a. 2; d. 15, q. 4, a. 1; d. 17. *Exp. 1 Partis*; *C. G.*, III, 150–151; *Summa*, q. 43, a. 5.

Dios y la criatura, no sólo por la donación de un efecto extrínseco (con su imagen también extrínseca), sino por una asociación íntima de la criatura a Dios, mediante la donación y actualización de distintas perfecciones, que hacen de algún modo uno al hombre con Aquél que posee todas las perfecciones en grado sumo. Esta variante se entrelaza frecuentemente con la eficiencia–ejemplaridad, pero no se confunden. Tomás mantiene el lenguaje y los conceptos de *assimilatio* y *conformatio*, que no se pueden intercambiar sin más con la ejemplaridad vinculada a la eficiencia aristotélica. Al menos, él no los ha unificado.

A estas categorías causales se pueden reconducir tanto el lenguaje bíblico de tipo estático (*habitar, morar, estar en el templo, estar en un lugar*), como las citas escriturísticas sobre actividad divina en el interior del hombre (*santificar, iluminar, purificar, lavar, consolar, impulsar*).

2. Dentro del segundo grupo de orientación "intencionalista", hemos podido distinguir también algunas variantes, cuyo común denominador es que la relación de contacto entre Dios y el hombre tiene su fundamento en una acción —sobrenatural— de la criatura cuyo término es Dios en sí mismo. Esta perspectiva es, a nuestro juicio, dominante en la *mens Aquinatis* y es la que han seguido casi todos los grandes comentadores.

- En algunos momentos, dándose siempre por supuesta la concesión de la gracia o de los dones sobrenaturales, se exige que la criatura ponga operaciones de conocimiento y amor, sin mayores especificaciones.[77] Se trataría de actos de las virtudes de fe y caridad, por los cuales conocemos a Dios mismo (Uno y Trino) y lo amamos. Se incluirían también los actos de caridad por los que amamos al prójimo (que hacen crecer en nosotros la inhabitación del Espíritu Santo).[78]

- Sin embargo, es mucho más frecuente que Tomás especifique a Dios mismo como objeto de las operaciones de la criatura.[79] Sería entonces un fenómeno de conocimiento místico, de contemplación amorosa de las Personas divinas, que no se produce por la posesión de la gracia santificante o de las virtudes teologales, en sentido estricto (siempre exigidas como presupuesto), sino precisamente por la recepción de particulares dones del Espíritu Santo (don de sabiduría y don de caridad) que, superando las virtudes, mueven de un modo especialísimo a la criatura. Como explicación de este supuesto tenemos la doctrina de la presencia intencional de las Personas divinas que habitan en la mente del justo *sicut cognitum in cognoscente et amatum in amante.*

Dios es el fin último, que la criatura alcanza mediate sus operaciones. La perfección está en el acto, y a la plenitud del acto tiende la criatura mediante la sucesiva actualización de sus potencias: ejerce las virtudes de la fe y caridad, es movida por los dones

---

[77] *Scriptum*, d. 14, q. 2. a 1, ad 4; d 15, q. 5, qa.4.

[78] *Summa*, q. 43, a. 6, ad 2.

[79] *Scriptum*, d. 14, q. 2, a. 2; d. 15; q. 4, a. 1. *Quod X. Summa*, q. 8, a. 3; q. 43, a. 3.

del Espíritu Santo, goza de la visión inmediata de Dios en la vida de gloria. Aparece así la vida cristiana en gracia como un modo imperfecto de posesión y disfrute de las Personas divinas mismas que serán perfectamente conocidas en el cielo. Siendo Dios el objeto de las acciones del hombre, cada una de las Personas puede ser conocida, por medio de la gracia, como es en sí misma. Se establece una relación inmediata entre la criatura y Dios (que no sufre modificación alguna, porque la relación es real en la criatura y de razón en Dios).

- Una tercera variante considera la relación de la criatura y Dios sólo como relación de amor.[80] El momento intelectual (hay que conocer a Dios, aunque no basta cualquier conocimiento sino que debe ser *notitia cum amore*), cede la preferencia a la mutua relación amorosa entre dos amigos: Dios y el hombre. Aunque se puede suponer que Tomás sostiene aquí en realidad la misma relación entre conocimiento y amor, donde aquél precede a éste como el entendimiento a la voluntad, de hecho no cita el conocimiento y fundamenta la relación sólo en el amor. Podría ser quizá el punto de partida para una interpretación de la presencia especial según el conocimiento *per connaturalitatem* y no según el del conocimiento objetivo....

En el orden especulativo la perspectiva intencional también tiene indudables ventajas. Filosóficamente se corresponde bien con la teoría aristotélica de los grados de la contemplación. Subraya la particular dignidad de la

---

[80] *C. G.*, IV, 21–23. *Compendium*, 214.

criatura racional que alcanza su perfección mediante sus operaciones. Se evita el grave obstáculo metafísico de una unión sustancial con Dios como forma.[81] Teológicamente era un dato adquirido desde los tiempos de S. Anselmo el axioma: *In Deo omnia sunt unum ubi non obviat relationis oppositio*, con lo que se reforzaba la unidad *ad extra* de todas las operaciones divinas. La perspectiva finalista permite, en cambio, una relación propiamente personal con Dios, sin riesgo de introducir mutaciones en la divinidad; además facilita una conexión armónica entre la vida de la gracia y la visión definitiva de Dios en la gloria. Entendiendo la inhabitación como el grado culminante del conocimiento y amor humanos se podía trazar perfectamente un proceso que comenzase en el conocimiento natural de Dios (por la semejanza de las cosas naturales, subiendo desde los efectos a la Causa), tuviera un segundo grado, ya sobrenatural, en el conocimiento elevado por la gracia y la fe, y culminase en la contemplación concedida mediante los dones del Espíritu Santo a la espera de la visión definitiva de Dios en la gloria. La inhabitación sería, estrictamente, la última fase *in via*, con las dos anteriores como presupuestos necesarios pero no suficientes.

¿Qué ventajas tenía, entonces, mantener explicaciones de tipo ontológico, e incluso, denominarlas inhabitación?

También la historia proporciona datos a Tomás que apoyaban esta perspectiva. En la tradición de Gregorio-

---

[81]En el aristotelismo la causalidad eficiente, por definición, no produce la unión entre agente y efecto; y es impensable una unión en la que Dios sea forma ontológica del justo. Tomás advierte que ni siquiera en la visión beatífica se da esa unión. (*C. G.*, III, 51). Cfr. también *Scriptum*, d. 17, q. 1, a. 1 sol. El gran mérito del aristotelismo es precisamente el de salvaguardar eficazmente la trascendencia divina.

Glosa aparece la *inhabitatio gratiæ* y *per gratiam*, sin aludir a las operaciones. *Ad Dardanum* certifica la inhabitación en aquéllos que no conocen a Dios (niños o adultos). *De Trinitate* afirma una actividad santificadora del Espíritu Santo enviado a las almas. El Lombardo defiende frente a toda reducción racionalista, que el don de la gracia no es sólo un efecto sino la Persona divina misma; su postura sobre la acción inmediata del Espíritu Santo lleva a Tomás a explicar por qué es necesario el hábito creado, pero nunca a negar esa presencia y acción increada en el interior del hombre. Los pasajes del contexto sobre caridad y gracia creadas han demostrado cómo Tomás coordina ambos factores: actuación divina y necesidad del efecto creado, sin excluir ninguno. El *exitus–reditus* dionisiano confería a las procesiones trinitarias un cierto papel activo (al menos como *ratio*) tanto en la producción de las criaturas como en su retorno al fin. En el propio compendio de *Summa* Iª, q. 43, a. 3, como ya sabemos, Tomás rectifica tres veces cualquier pretensión de reducir la relación con las Personas al solo momento de la operación de la criatura: en el don ya se da la Persona.

En conclusión, de la lectura de los textos se sigue que Tomás ha utilizado todas las categorías causales de que dispone, sin excluir *a priori* ninguna. Aparecen las causalidades de origen estrictamente aristotélico (eficiencia–finalidad), la ejemplaridad, y la participación platónica. Aparecen igualmente pasajes donde el misterio no se expresa en términos de causalidad, sino mediante imágenes antropológicas y existenciales, de inspiración bíblica (estar en el templo, ser amigo, morar, amar, iluminar, consolar, guiar). Se advierte una creciente importancia de la causalidad final, pero con dos matizaciones. Aunque los conceptos neoplatónicos disminuyen en las obras posteriores, nunca desaparecen totalmente. Y por otro lado, nunca deja de servirse de la eficiencia y la ejemplaridad para expresar el tipo de presencia especial que llamamos inhabitación".[82]

Y es que aunque, como afirma Prades:

"Parece menos peligroso desde el punto de vista de la metafísica aristotélica definir la presencia trinitaria especial en término exclusivamente intencionales, para ponerse así igualmente al reparo de cualquier conflicto con la afirmación de la unidad *ad extra* de las operaciones divinas. Pero con ello no sólo se debilitan o se oscurecen dimensiones fundamentales del misterio cristiano, sino que, y esto es más importante para nuestros fines, se elige un camino que Tomás, tozudamente, no quiso nunca emprender. Hasta en los momentos de mayor "intencionalismo", como es *Summa*, I^a, q. 43, a. 3, esquiva una respuesta unilateral. Tienden a explicar la presencia especial mediante la intencionalidad, porque tiene innegables ventajas, pero se resiste a abandonar esa presencia "ontológica" que él sabe que pertenece a la fe. Por otro lado, su concepto de *esse* y de la causalidad trascendental (síntesis integradora de causalidad y participación) le deja más espacio para incorporar a la teología una acción unitiva o asimiladora de Dios como principio, de lo que con el correr de los siglos pudieron hacer otros muchos autores, alejados de la origi-

---

[82]J. Prades: *"Deus..."*, cit., págs. 377–382.

nal integración tomista de aristotelismo y platonismo, sólo recientemente recuperada.[83]

...A pesar de la variación de acentos, nunca ha negado (el Angélico) el título de "præsentia specialis" a un modo de estar Dios Trino (o el Espíritu Santo) en el justo que, no siendo intencional, tampoco se puede reducir a la mera producción de efectos extrínsecos. Presencia especial es una (intencional) y presencia especial es otra (ontológica). Tomás no las ha reducido a unidad porque no son idénticas, y tampoco ha negado a ambas la misma denominación, porque tienen entre ellas alguna semejanza".[84]

Un poco más adelante, Prades concluye:

"A nuestro juicio, Tomás mismo integra la perspectiva intencionalista con la ontologista. La totalidad de sus afirmaciones obliga a buscar una solución no sólo *ex parte creaturæ*, sino también *ex parte Dei*. La presencia especial no se entiende sólo por la capacitación sobrenatural del hombre, sino por la particular operación de asimilación de las tres Personas divinas hacia el fin último. Una metafísica apoyada sobre la prioridad del *actus essendi*, la causalidad trascendental divina, y la correspondencia de las causalidades podrá resolver más satisfactoriamente el problema. Junto a la explicación dominante, que destaca la diferencia ontológica entre Dios y el hombre, se pondrá de relieve la simultaneidad e íntima presencia del Agente divino (*Actus purus*) en la criatura, que trasciende y funda

---

[83]Cfr. por ejemplo, Cornelio Fabro: *Partecipazione e Causalitá Secondo S. Tommaso d'Aquino*, Torino, 1960, pág. 478; De Finance: o. c. 110.

[84]J. Prades: *"Deus..."*, cit., págs. 374–375.

tanto la eficiencia como la finalidad; una presencia análoga a la de Dios Trino como objeto de las operaciones en acto del justo".[85]

---

[85] J. Prades: *"Deus..."*, cit., pág. 400.

Capítulo 21

Fruto: Las consecuencias de la justificación, el mérito

El fruto de la gracia habitual es que las obras buenas realizadas bajo su influencia son meritorias. En principio entendemos el mérito como una cualidad inherente a una buena obra en virtud de la cual se llama "meritoria", que es la que se hace en obsequio de otro y a la que debe darse un mérito o recompensa.

Como dice A. Gálvez:

> "Es cierto que *todo es gracia* y que todo depende de la gracia. Pero la Sabiduría y el Amor de Dios han dispuesto que la remuneración por nuestro amor sea también una *corona merecida*. Así se explican los avatares de una vida de espera, de ansiedad en la búsqueda del Amado, de deseos de compartir su Vida y su Muerte y finalmente de poseerlo. Cuando se nos podía haber dado todo sin es-

fuerzo alguno, Dios ha querido que sea el nuestro un amor voluntariamente *correspondido por nuestra parte* y voluntariamente *deseado por nuestro corazón*. Dicho con otras palabras, Dios ha deseado que nuestro amor por Él *sea un verdadero amor*.

Dios ha aprovechado nuestra situación después del pecado para que nuestra relación con Él sea una auténtica relación amorosa, conquistada duramente a través de una lucha realizada en libertad como condición de autenticidad. Las alturas de la vida mística, que es lo mismo que decir las profundidades del amor divino–humano, no se alcanzan sin haber subido primero a la cima del Monte Calvario para compartir la Muerte de Jesucristo".[1]

Como dice Sayés, el concepto de mérito ha sido uno de los más debatidos, particularmente en la confrontación con la Reforma protestante. Es necesario ser muy preciso al determinar su significado y contenido. Porque, por un lado, podría parecer que el hombre puede presentar sus derechos ante Dios en estricta justicia, haciéndole deudor, lo cual supondría una concepción del hombre independiente, y un daño a la trascendencia divina; pero, por otro, pertenece a la conciencia de todos los pueblos y religiones el que después de la muerte haya un castigo para el mal y un premio para el bien, de modo que las obras otorgan un cierto título al castigo o premio. Se hace necesario, pues, evitar dos errores: de un lado rebajar la trascendencia divina, haciendo de Dios un mero deudor del hombre; de otro, hacer de Dios un ser arbitrario que no tiene en cuenta la dignidad de la obra humana.[2]

Es necesario, para captar todo el sentido y el fundamento del mérito, recordar la doctrina de la cooperación de Dios en las acciones

---

[1] A. Gálvez: *Mística y poesía*, New Jersey, Shoreless Lake Press, 2018, págs. 78–79.
[2] Cfr. J. A. Sayés: *La gracia...*, cit., pág. 371.

libres del ser humano, esto es, que la acción libre humana pertenece desde punto de vista distintos tanto a Dios como al hombre. A Dios, como causa primera; al hombre, como causa segunda, pero una causa capaz, libre e inteligente. Por lo que las acciones de la gracia son, en cierto modo, divinas y humanas.[3]

A. Gálvez se sirve de la verdadera naturaleza del mérito para profundizar sobre el carácter de contienda que tienen las relaciones de amor entre Dios y el hombre:

"La idea del amor como contienda —que en este caso es contienda amorosa— no ha sido suficientemente estudiada, a pesar de su indudable interés. El texto de San Pablo en Col 4:12 es sugerente, aunque algo oscuro en lo que se refiere a este tema: *Os saluda Epafras, que es de los vuestros, siervo de Cristo Jesús, que lucha siempre por vosotros en sus oraciones* (el verbo ἀγωνιάω significa en realidad luchar (*pugnare, contendere, certare*), por más que muchos exegetas tiendan a traducirlo con timidez: cf

---

[3]Cfr. Juan A. Jorge: *Creación...*, cit. vol. 1, págs. 347–363; J. L. Lorda: *La gracia...*, cit., pág. 323. Cfr. J. Ibáñez y F. Mendoza: *Dios santificador...*, cit., págs. 227–238; S. González Rivas: o. c., págs. 222–238; J. A. Sayés: *La gracia...*, cit. págs. 371–386; J. L. Lorda: *La gracia...*, cit., págs. 323–328; Ch. Baumgartner: *La gracia...*, cit. págs. 252–276; R. Garrigou–Lagrange: *Grace*, cit., págs. 363–399; P. Lombard: *Sent.* 2, 27; Santo Tomás de Aquino: *Summ. Theol.*, I^a–II^{ae}, q. 114; San. Buenaventura: *In 2 Sent*, dist. 27, a. 2, q. 1–3; D. Escoto: *In 2 Sent.*, dist. 27; Egidio Romano: *In libros Sententiarum*, 2, 27; Vega: *Opusculum de iustificatione, gratia et meritis: Tridentini decreti de iustificatione expositio et defensio...*, 1. 15; San Roberto Belarmino: *De iustificatione* 1. 5; F. Suárez: *De gratia*, 1. 12; Salmanticenses: *Cursus theologicus* tr. 16, dist. 1–6; J. L. Berti: *De theologicis disciplinis* 1, s. 9, c. 6–8; J. Rivière: *Merite en DTC* X, 574–785; P. Lumbreras: *De Gratia* (1947); E. Neuvet: *Les conditions de la plus grande valeur de nos actes méritoires*, en "Divus Thomas" 34 (1931) 353–375; Id.: *De mérite de convenance*, en "Divus Thomas" 35 (1932) 3–39; 36 (1933) 337–359; F. Pérez Muñiz: *Tratado de gracia*, cit., págs. 879–898.

Zerwick, *Analysis Philologica Novi Testamenti Graeci*). En cambio es más explícito Ge 32: 25–30, en el que se narra la lucha y victoria de Jacob contra un misterioso personaje: *Ya no te llamarás en adelante Jacob, sino Israel; porque has luchado con Dios y con hombres y has vencido.* La importancia de este último texto estriba en que pone de manifiesto que la *contienda* en la que discurre el amor divino–humano, por ser real y no metafórica, contempla posibilidades de victoria para la creatura, puesto que de otro modo no se podría hablar de contienda verdadera. Lo que viene corroborado en el Nuevo Testamento por los importantes textos de las parábolas de los talentos y de las minas (Mt 25: 14–30 y Lc 19: 12–27), donde los siervos le devuelven a su señor *el doble o más* de lo que habían recibido. En todo lo cual se adivina que las consecuencias prácticas de esta doctrina pueden ser importantes".[4]

"Por lo que respecta al posible triunfo de la creatura en esta contienda —que ya se ha dicho que es real, y no puramente metafórica—, basta recordar aquí que tal victoria revierte a su vez sobre Dios. Primero porque es su Amor, como don gracioso concedido a la creatura, el que la hace posible; después porque todo lo que es de la creatura pertenece también a Dios, según lo exigen las leyes del amor, cumplidas también aquí una vez más: todo lo mío es tuyo y todo lo tuyo es mío. Por eso la victoria de la creatura es una victoria de Dios: *Y al coronar sus méritos, coronas tu propia obra* (Prefacios de las misas de los santos)".[5]

---

[4]A. Gálvez: *Comentarios...*, cit. vol II, pág. 73, nota 86.

[5]A. Gálvez: *Comentarios...*, cit. vol II, págs. 73–74.

Para ayudar a salvar las aporías mencionadas, el contenido de este capítulo está divido en el concepto de mérito, su existencia, su objeto (recompensas propias del mérito), las condiciones para ganarlo según sea *de congruo* o *de condigno* (que el hombre realice libremente la obra buena en estado de gracia), y su pérdida y recuperación.

21.1 Concepto

De un modo muy general y abstracto se define el mérito como la propiedad de los actos humanos en virtud de la cual son dignos de recompensa o castigo. Cuando una obra buena se hace en servicio a otro, se merece una recompensa; si se hace una obra mala, se merece castigo.[6] Por eso, el mérito puede, en principio, referirse tanto a las buenas como a las malas acciones; sin embargo se suele reservar la palabra para las buenas acciones, y se emplea la voz "demérito" para las acciones malas dignas de castigo. Por otro lado, se suele referir el mérito al propio del hombre justificado, porque el pecador, a pesar de que realice algunas obras buenas, al no poseer la gracia divina, no puede presentar su mérito a la salvación.[7]

---

[6]Cfr. J. Ibáñez y F. Mendoza: *Dios santificador...*, cit., págs. 226–228; S. González Rivas: o. c., págs. 222–225; B. Beraza: *De gratia...*, cit., págs 973–983; L. Lercher–F. Lakner: *De gratia Christi*, cit., págs. 110ss.; J. Rivière: *Sur l'origine des formules ecclésiastiques de condigno et de congruo*, en "Bulletin de Littérature Ecclésiastique" 28 (1927) 75–83; H. Quilliet: *Congruo (de), Condigno (de)*, en DTC III, 1138–1152; J. C. Martínez Gómez: *Suárez y la sobrenaturalidad del merito*, en "Archivo Teológico Granadino" 2 (1939) 71–127; P. de Letter: *De ratione meriti...*, cit.

[7]Como ya se estudió los actos preparatorios para la justificación tampoco merecen la salvación en sentido estricto.

21.1.1 Sentido estricto

Para que se dé el mérito es necesario que la obra esté ordenada al servicio de otra persona, que puede ser superior o igual al que actúa. Si lo que se hace es por parte de un superior a un inferior, no se denomina "mérito" sino "don o regalo".

También hay que distinguir el mérito, de la "impetración" que mueve a la persona superior, no a título de servicio (lo que sería mérito), sino de humilde reconocimiento de una necesidad del que suplica y a su petición de la misericordiosa atención a la misma (vgr. las diferentes peticiones que se hacen a Dios en la oración). También es necesario distinguir el mérito de la "satisfacción", que es la acción que mueve por razón de compensar por una ofensa hecha contra otra persona. La impetración supone una necesidad, y la satisfacción una ofensa. El mérito prescinde de ambas.

21.1.2 Clases

El mérito puede dividirse en razón de tres criterios:

1. Según la persona a la que se sirve: mérito con los hombres y con Dios. En este estudio, nos referimos al mérito con Dios.

2. Según la naturaleza del mérito: natural y sobrenatural. Ambos se refieren a Dios, y se dividen en cuanto al poder utilizado para realizar la acción, según sea con las meras fuerzas naturales (que merece una recompensa natural) o con las sobrenaturales, esto es, con la ayuda de la gracia (que merece una recompensa sobrenatural). Aquí nos referimos al mérito sobrenatural.

3. Según la calidad del mérito: perfecto (*de condigno*) e imperfecto (*de congruo*).

El primero se produce cuando existe una cierta igualdad entre la obra realizada y la recompensa recibida. Se basa en un cierto sentido de justicia. Puede ser una "igualdad total en cuanto a la obra" en sí misma, sin tener en cuenta a las personas involucradas, y se debe en estricta justicia (*ex toto rigore iustitiae*), como es el caso del salario debido a un trabajador en base a su contrato de trabajo. O puede tratarse de una "igualdad proporcional" que tiene en consideración, además de la obra en sí, también a las personas involucradas, por lo que no se da una igualdad que podríamos denominar matemática; es el caso de la recompensa de la vida eterna por las obras buenas del hombre justificado (el hombre hace una obra finita, que es la única clase de obras que puede realizar porque es finito y limitado, pero recibe una recompensa infinita de parte de Dios que Dios no le debe a nadie pues Dios solo es deudor de Sí mismo, de su justicia, pero libremente ha querido ordenar la acción humana al premio); aquí existe la razón de la justicia, pero no "ex toto rigore iustitiae".[8] El merecimiento *de condigno* del hombre ante Dios nunca es "ex toto rigore iustitiae"

El mérito *de congruo* se produce cuando no existe proporción entre la obra buena realizada y la recompensa, por lo que no se merece en razón de la justicia, sino en razón de la liberalidad o bondad del que recompensa. Puede ser mérito *de congruo* "infalible" cuando hay una promesa divina de recompensar infaliblemente, por lo que se produce el efecto no sólo por la liberalidad del remunerador sino también por su perfecta fidelidad a la pro-

---

[8]En base a la doctrina magisterial que estudiaremos, diremos que el hombre puede merecer *de condigno* el aumento de la gracia, la vida eterna y el aumento de la gloria; pero no puede merecer *de condigno* ni la primera gracia actual ni la última gracia o gracia de la perseverancia como ya estudiamos.

mesa hecha (es el caso de la justificación merecida por un acto de perfecto amor a Dios o de contrición perfecta en base a la promesa de Cristo de Jn 14:23). En cambio es "falible" cuando no existe tal promesa divina (es el caso de actos salvíficos que disponen remotamente para la justificación).[9]

21.2 Existencia: el justo, con sus buenas obras, merece para sí verdaderamente ante Dios

La existencia del mérito fue radicalmente rechazada por el protestantismo, siguiendo las consecuencias lógicas de su doctrina sobre la justificación por la sola fe y por la aplicación exterior de los méritos de Cristo. Por eso, el Concilio de Trento defendió la verdad y la proclamó como doctrina de fe católica definida.[10]

Los elementos de la tesis teológica son:

1. Se entiende por "justo" el ser humano, adulto y capaz de actuar con libertad, *viator* (*no comprehensor*) miembro vivo de la Iglesia militante, que tiene por tanto la gracia santificante y los otros dones de la justificación.

2. Las "buenas obras" son las acciones humanas que son moralmente buenas y realizadas libremente con la ayuda de la gracia. Para el estudio del mérito sólo es necesario sostener la realización de, al menos, algunas de esas acciones.

3. Al afirmar que "verdaderamente" merece se sostiene que se trata de mérito *de condigno*.

---

[9]El hombre puede merecer *de congruo* gracias actuales eficaces y con congruo falible la última gracia de la perseverancia.

[10]Canon 32 del Decreto de Justificación (D. S. 1582; cfr. 1535 y 1546).

La Sagrada Escritura afirma la existencia del mérito al calificar la vida eterna como:

1. Recompensa: "Alegraos y regocijaos, porque vuestra recompensa será grande en el cielo" (Mt 5:12); "Dijo el amo de la viña a su administrador: 'Llama a los obreros y dales el jornal, empezando por los últimos hasta llegar a los primeros'"(Mt 20:8); "Cada uno recibirá su propia recompensa según su trabajo" (1 Cor 3:8).

2. Premio: "¿No sabéis que los que corren en el estadio, todos sin duda corren pero uno solo recibe el premio? Corred de tal modo que lo alcancéis" (1 Cor 9:24).

3. Corona: "Me está reservada la merecida corona que el Señor, el Justo Juez, me entregará aquel día" (2 Tim 4:8); "Y tampoco el atleta consigue el triunfo si no ha competido reglamentariamente" (2 Tim 2:5); "Sé fiel hasta la muerte y te daré la corona de la vida" (Ap 2:10); "Bienaventurado el hombre que soporta con paciencia la adversidad, porque, una vez probado, recibirá como corona la vida que Dios prometió a los que le aman" (San 1:12).

4. Retribución o remuneración: "Todo cuanto hagáis hacedlo de corazón, como hecho para el Señor y no para los hombres, sabiendo que recibiréis del Señor el premio de la herencia. Servid a Cristo, el Señor. " (Col 3: 23–24); "No perdáis, por tanto, vuestra confianza, que tiene una gran recompensa" (Heb 10:35).

Por otro lado se afirma la existencia de una cierta proporción entre la recompensa y las obras buenas, al afirmar que el justo:

1. Es digno de la vida eterna: "Esto es señal del justo juicio de Dios, en el que sois estimados dignos del Reino de Dios, por el que ahora padecéis" (2 Tes 1:5). "Los que son dignos de alcanzar el

otro mundo y la resurrección de los muertos, no se casan, ni ellas ni ellos, porque ya no pueden morir otra vez, pues son iguales a los ángeles e hijos de Dios, siendo hijos de la resurrección" (Lc 20: 35–36). "Algunas personas que no han manchado sus vestidos y que caminarán conmigo con vestidos blancos, porque son dignos" (Ap 3:4).

2. Tiene derecho a la vida eterna: "Me está reservada la merecida corona que el Señor, el Justo Juez, me entregará aquel día" (2 Tim 4:8). "Pues Dios no es injusto como para olvidarse de vuestras obras ni del amor que habéis manifestado a su nombre" (Heb 6:10).

3. Hay relación entre las buenas obras y la recompensa eterna: "Venid, benditos de mi Padre, tomad posesión del Reino preparado para vosotros desde la creación del mundo: porque tuve hambre y me disteis de comer; tuve sed y me disteis de beber; era peregrino y me acogisteis; estaba desnudo y me vestisteis, enfermo y me visitasteis, en la cárcel y vinisteis a verme..." (Mt 25: 34–36). "Éstos que están vestidos con túnicas blancas, ¿quiénes son y de dónde han venido? –Señor mío, tú lo sabes –le respondí yo. Y me dijo: –Éstos son los que vienen de la gran tribulación, los que han lavado sus túnicas y las han blanqueado con la sangre del Cordero" (Ap 7: 13–14).

4. Hay una cierta proporción entre la recompensa y las buenas obras: "Porque el Hijo del Hombre va a venir en la gloria de su Padre acompañado de sus ángeles, y entonces retribuirá a cada uno según su conducta" (Mt 16:27). "El que planta y el que riega son una misma cosa; pero cada uno recibirá su propia recompensa según su trabajo" (1 Cor 3:8). "Quien siembra escasamente, escasamente cosechará y quien siembra copiosamente, copiosa-

mente cosechará" (2 Cor 9:6). Esta proporción del merito con la recompensa es *de condigno*, pero no "ex toto rigore iustitiae", sino de "igualdad proporcional", según los términos explicados más arriba. Por eso se dice en Ro 8:18, "porque estoy convencido de que los padecimientos del tiempo presente no son comparables con la gloria futura que se va a manifestar en nosotros"; y en 2 Cor 4:17, "Porque la leve tribulación de un instante se convierte para nosotros, incomparablemente, en una gloria eterna y consistente".

Los Santos Padres proclaman la misma doctrina afirmando que el justo merece la vida eterna. Para ello utilizan las mismas o semejantes expresiones que la Escritura, que implican que el premio es concedido *de condigno*, basado en la libre voluntad de Dios de recompensar las buenas obras, aunque no se puede considerar que lo sea "ex toto rigore iustitiae" al sobrepasar objetivamente la recompensa infinita al mérito finito humano.

Los testimonios patrísticos son abundantes y unánimes. Tertuliano utiliza el término "mérito" para explicar la relación existente entre la buena obra y la recompensa, haciendo hincapié en que Dios premia o castiga según los méritos.[11] San Cipriano exhortaba a la transformación interior para conseguir la vida eterna, "porque ganarás a Dios por tu comportamiento y obras",[12] y al mismo tiempo afirma que Dios recompensa en nosotros lo que Él ha hecho.[13] San Cirilo de Jerusalén en sus catequesis, al tratar la resurrección de los cuerpos de justos e impíos, enseña que ciertamente los garantiza Dios según el mérito de

---

[11]Tertuliano: *Apol.* 18 (P. L. 1, 434–436).

[12]San Cipriano: *De opere et eleemosynis*, 13 (P. L. 4, 612).

[13]San Cipriano: *Epist. Nemesiano, F. etc. in metallo constitutis* 76, 4 (P. L. 4, 418).

cada uno.[14] San Basilio trata del tiempo de merecer por las buenas obras que es durante la vida presente; y es mostrando las obras como se pide la recompensa.[15]

Los Santos Padres latinos de la época de oro patrística, también insisten en el mérito. San Ambrosio, mostraba cómo las obras pueden ser meritorias o demeritorias en el día del juicio.[16] San Jerónimo, avisaba que es tarea nuestra prepararnos premios diversos correspondientes a la diversidad de nuestras virtudes.[17] San Agustín aclara que Dios se hace deudor de los méritos del hombre no por haber recibido nada, sino por su promesa: "Non ei dicitur: Redde quod accepisti; sed Redde quod promisisti"; [18] acepta que los méritos son diversos, en algunos menos y en otros más, aunque la vida eterna sea igual para todos;[19] se nos pide que vivamos rectamente para que mediante la merced recibida, merezcamos vivir en la eterna beatitud;[20] sin embargo el Santo deja a salvo el papel de la gracia también en la consecución del mérito,[21] y establece la relación entre las obras buenas y el mérito y las malas y el demérito, cuando, comentando Ro 6:23 muestra lo apropiado de contraponer el salario del pecado que es la muerte al mérito de la justicia, que es la vida eterna.[22] Más tarde, se

---

[14]San Cirilo de Jerusalén: *Catecheses*, 18, 1 (P. G. 33, 1017).

[15]San Basilio: *Hom. 7 in divites*, 8 (P. G. 31, 301).

[16]San Ambrosio: *Epist. Constantio*, 2, c. 16 (P. L. 16, 883).

[17]San Jerónimo: *Adv. Iovinianum*, 2, 32 (P. L. 23, 329).

[18]San Agustín: *Enarrationes in Psalmos*, 83, 16 (P. L. 37, 1068).

[19]San Agustín: *Sermones*, 87, 4, 6 (P. L. 38, 533).

[20]San Agustín: *De diversis quaestionibus, ad Simplicianum*, 1, 2, 21 (P. L. 40. 126).

[21]San Agustín: *In Ioannis evangelium tractatus*, 3, 9 (P. L. 35, 1400). Cfr. *Epistulæ* 194, 3, 6 (P. L. 33, 876). Cfr. *Sermones*, 43, 1, 1 (P. L. 38, 254).

[22]San Agustín: *Epistulæ* 194, 5, 20 (P. L. 33, 879).

encuentra la misma doctrina en San Próspero de Aquitania[23] y San Gregorio Magno.[24]

Se ha señalado a Tertuliano como el primer escritor eclesiástico primitivo que introduce el término "mérito". Siendo verdad, sin embargo no significa que invente la doctrina que expresa la palabra, ya que está claramente establecida en la Sagrada Escritura y en Santos Padres anteriores a él.[25] En efecto, ya antes de Tertuliano ($+222/3$), defendían la doctrina del mérito, San Ignacio de Antioquía ($+107$), quien aseguraba que el cristiano recibe un pago por su lucha y perseverancia a semejanza del soldado que recibe su estipendio con lo que se evita que deserte;[26] San Justino (a. 100–163), quien recordaba que los profestas anunciaban castigos, penas o recompensas según el mérito de las acciones de cada hombre;[27] o Teófilo de Antioquía quien en su "Ad Autolycum" (a. 181/182) enseñaba que cuando la mortalidad se revista de inmortalidad, entonces, conforme a nuestros méritos, veremos a Dios.[28]

La doctrina fue reafirmada por varios documentos magisteriales:

- *Indiculus*, cap. 9: "No dudamos que todos los merecimientos del hombre son prevenidos por la gracia de Aquel, por quien sucede que empecemos tanto a querer como a hacer algún bien (Fil 2:13). Ahora bien, por este auxilio y don de Dios, no se quita el libre albedrío, sino que se libera, a fin de que de tenebroso se

---

[23]San Próspero de Aquitania: *De vocatione omnium gentium*, 1, 24 (P. L. 51, 679).

[24]San Gregorio Magno: *Moralia*, 33, 21, 40 (P. L. 76, 699); *In Ezechielem homiliae*, 1, 9, 2 (P. L. 76, 781ss).

[25]Tertuliano: *De Paenitentia*, 2 (P. L. 1, 1230). De este modo se muestra el error de Harnack al respecto. Cfr. A. Harnack: *Manual de Historia de los dogmas*, 2, 179s.; Riviere: o. c., en DTC X, 620.

[26]San Ignacio de Antioquía: *Epist. ad Polycarpum*, 6, 2 (P. G. 5, 724).

[27]San Justino: *Apología I*, 43 (P. G. 6, 392).

[28]Teófilo de Antioquía: *Ad Autolycum*, 1, 7 (P. G. 6, 1036).

convierta en lúcido, de torcido en recto, de enfermo en sano, de imprudente en próvido. Porque es tanta la bondad de Dios para con todos los hombres, que quiere que sean méritos nuestros lo que son dones suyos, y por lo mismo que Él nos ha dado, nos añadirá recompensas eternas".[29]

- Concilio de Orange, can. 18: "Que por ningún merecimiento se previene a la gracia. Se debe recompensa a las buenas obras, si se hacen; pero la gracia, que no se debe, precede para que se hagan".[30]

- Concilio Lateranense IV: "Y no sólo los vírgenes y continentes, sino también los casados merecen llegar a la bienaventuranza eterna, agradando a Dios por medio de su recta fe y buenas obras".[31]

- Concilio de Florencia: "sólo a quienes en él [el Cuerpo de la Iglesia] permanecen les aprovechan para su salvación los sacramentos y producen premios eternos los ayunos, limosnas y demás oficios de piedad y ejercicios de la milicia cristiana".[32]

El mayor desafío a la sana doctrina, vino de Lutero quien negó toda clase de mérito porque, según su teología de la justificación, el hombre está corrupto por naturaleza desde el pecado original y todas sus obras son pecado. Por ello, la cooperación del hombre con la gracia es imposible y las obras del hombre no tienen nunca un valor salvífico. Además, para el Reformador, hablar de méritos delante de Dios corrompería la fe en que solamente Dios en su soberanía absoluta

---

[29]D. S. 248.

[30]D. S. 388.

[31]D. S. 802.

[32]D. S. 1351.

produce la salvación.[33] Le siguieron otros protestantes, aunque suavizando su doctrina. Así Melachton hablaba de obras santas, divinas y de cierto mérito, como testimonio de la fe; pero sigue el principio fundamental del protestantismo, porque el que hace buenas obras es el que ya es justo por la fe, por lo que las obras no tienen en realidad ningún valor salvífico.[34] Algunos autores posteriores aunque rechazaban el nombre de "mérito" sin embargo admitieron alguna clase de mérito.[35]

Frente a los errores protestantes, el Concilio de Trento defendió la correcta doctrina del mérito, considerada como de fe divina y católica definida,[36] en el capítulo 16 y el canon 32 del Decreto de la Justificación:

> "A los hombres de este modo justificados, ora conserven perpetuamente la gracia recibida, ora hayan recuperado la que perdieron, hay que ponerles delante las palabras del

---

[33]Cfr. M. Lutero donde en su comentario a la Carta a los Gálatas (*Weimar* 40/1, 220), dice con claridad "Si yo, en pecado mortal puedo realizar cualquier obra que no sólo es agradable a Dios según su sustancia, sino que también puedo merecer *de congruo* la gracia; y si cuando poseo la gracia puedo practicar obras conforme con la gracia, es decir, a la caridad, y adquirir el derecho a la vida eterna, ¿qué necesidad tengo ya de la gracia de Dios, de la remisión de los pecados, de la promesa, de la muerte y la victoria de Cristo? Cristo se hace para mí absolutamente inútil, pues tengo el libre albedrío y las fuerzas para realizar obras por las que merezco *de congruo* la gracia y después *de condigno* la vida eterna". También sus Sermones populares sobre San Mateo (Weimar 32, 538–540). Cfr. J. A. Sayés: *La gracia...*, cit., pág. 373; J. Rivière: *Mérite*, cit., 713.

[34]Calvino seguirá una posición parecida. Cfr. sus *Inst. Rel. Chrét.* I, 757; *Apologia* 5, 365–368.

[35]Cfr. S. González: o. c., pág. 226; I. A. Möhler: *Symbolik*, 1930, págs. 203–213.

[36]Cfr. J. Ibáñez y F. Mendoza: *Dios santificador...*, cit., pág. 229; S. González Rivas: o. c., pág. 227; Ch. Baumgartner: *La gracia...*, cit., pág. 261 (la especificación de ser mérito *de condigno* se considera sólo como teológicamente cierta).

Apóstol: Abundad en toda obra buena, sabiendo que vuestro trabajo, no es vano en el Señor (1 Cor 15:58); porque no es Dios injusto, para que se olvide de vuestra obra y del amor que mostrasteis en su nombre (Heb 6:10); y: No perdáis vuestra confianza, que tiene grande recompensa (Heb 10:35). Y por tanto, a los que obran bien hasta el fin (Mt 10:22) y que esperan en Dios, ha de proponérseles la vida eterna, no sólo como gracia misericordiosamente prometida por medio de Jesucristo a los hijos de Dios, sino también 'como retribución'[37] que por la promesa de Dios ha de darse fielmente a sus buenas obras y méritos (Can. 26 y 32)... Así, ni se establece que nuestra propia justicia nos es propia, como si procediera de nosotros, ni se ignora o repudia la justicia de Dios (Ro 10:3); ya que aquella justicia que se dice nuestra, porque de tenerla en nosotros nos justificamos (Can. 10 y 11), es también de Dios, porque nos es por Dios infundida por merecimiento de Cristo".[38]

"Si alguno dijere que las buenas obras del hombre justificado de tal manera son dones de Dios, que no son también buenos merecimientos del mismo justificado, o que éste, por las buenas obras que se hacen en Dios y el mérito de Jesucristo, de quien es miembro vivo, no merece verdaderamente el aumento de la gracia, la vida eterna y la consecución de la misma vida eterna (a condición, sin embargo, de que muriere en gracia), y también el aumento de la gloria, sea anatema".[39]

---

[37]Cf. S. Agustín: *De gr. et lib. ar.*, 8, 20 (P. L. 44, 893).

[38]Cap. 16, ses. VI (D. S. 1545–1548).

[39]Canon 32, ses. VI (D. S. 1582).

El Concilio afirma que la vida eterna se da al justo no sólo como gracia, sino también como retribución. Rechaza el argumento protestante en contra del mérito, según el cual, éste lesionaría los méritos de Cristo, afirmando que el mérito del hombre ocurre por la participación de los méritos de Cristo, al preceder, acompañar y seguir la gracia de Cristo a las buenas obras del justificado. Como dice Baumgartner:

> "En realidad el mérito de Cristo no entra en serie con el nuestro, sino que le da el poder de existir. Nuestros méritos son la participación en el tiempo del mérito único y señero de Cristo. Y no le hacen agravio, como nuestras misas no se lo hacen al sacrificio único de Cristo".[40]

Con todo, el cristiano no puede caer en la presunción de confiar o gloriarse en sí mismo y no en el Señor, puesto que el juicio último de nuestra vida pertenece a Dios y no a los seres humanos, por muy seguros que se sientan al no ser conscientes de ninguna falta.[41]

La expresión "verdaderamente merece" se ha de entender como mérito *de condigno*, por varias razones: en primer lugar, porque se refiere al que es propio y perfecto; en segundo lugar como consecuencia de la comparación con el mérito del capítulo 8 que no niega el mérito *de congruo*; en tercer lugar porque el capítulo 16 se refiere a la verdadera justicia; finalmente porque esa era la posición de los Padres del Concilio, aunque no usaran el término *de condigno* porque no había unanimidad sobre lo que se requería para que pudiera darse tal mérito.[42]

---

[40]Ch. Baumgartner: *La gracia...*, cit., pág. 253.

[41]D. S. 1548–1549.

[42]Canon 32 del Decreto de Justificación (D. S. 1582; cfr. cap. 16 eb D. S. 1545 y 1547). Cfr. S. Pallavicino: *Historia Concilii Tridentini*, Antwerpen, 1678, 8,4; J. A. Sayés: *La gracia...*, cit., pág. 375; Ch. Baumgartner: La gracia..., cit., págs. 257.259.

De este modo, el Concilio de Trento rechaza tanto el pesimismo y la desesperación de Lutero como la presunción de las buenas obras.[43]

Desde el campo católico, Bayo defendió una concepción del mérito errónea, que se explica por su falsa idea sobre la gracia. Para Bayo la gracia sólo tendría un efecto sanante (y no elevante) tras la caída en el pecado original. El destino a la vida eterna sería parte de los dones íntegros naturales otorgados al hombre cuando fue creado y no algo debido a la gracia sobrenatural. Esos dones íntegros se perdieron con el pecado original. La gracia, en su función sanante, restaura la naturaleza original, con lo cual, el hombre que vive piadosamente obtiene la vida eterna por ordenación natural. Así pues, el mérito para la vida eterna no es consecuencia de la gracia elevante, sino del hecho de hacer las obras buenas y obedecer a la ley.[44]

Posteriormente, también Jansenio y Molinos, incurrieron en errores, que fueron condenados por la Iglesia.[45]

El razonamiento de Santo Tomás de Aquino sobre la existencia del mérito se desarrolla en tres pasos.

En primer lugar prueba que el hombre puede merecer algo ante Dios. Para ello distingue entre el mérito perfecto en sentido estricto (o "ex toto rigore iustitiae" o de "pleno derecho") basado en una relación de justicia estricta que sólo se puede dar entre aquéllos que son estrictamente iguales, y el mérito relativo o no perfecto cuando sólo existe una justicia relativa y no perfecta (caso del hijo que puede merecer algo de su padre o el siervo de su señor).

---

[43]El *Catecismo de la Iglesia Católica*, reafirma la recta doctrina en sus números 2008–2012.

[44]Contra las tesis de Bayo, se promulgó la Bula *Ex omnibus afficionibus* de San Pio V, donde aparecen condenadas sus ideas sobre el mérito en sus números 1–18 (D. S. 1901–1918).

[45]Contra Jansenio, la Constitución *Cum occasione*, 3 (D. S. 2023). Contra Molinos, por Inocencio XI en las *Propositiones damnatae*, 40 etc. (D. S. 2240).

En efecto:

"Manifestum est autem quod inter Deum et hominem est maxima inaequalitas, in infinitum enim distant, et totum quod est hominis bonum, est a Deo. Unde non potest hominis ad Deum esse iustitia secundum absolutam aequalitatem, sed secundum proportionem quandam, inquantum scilicet uterque operatur secundum modum suum. Modus autem et mensura humanae virtutis homini est a Deo. Et ideo meritum hominis apud Deum esse non potest nisi secundum praesuppositionem divinae ordinationis, ita scilicet ut id homo consequatur a Deo per suam operationem quasi mercedem, ad quod Deus ei virtutem operandi deputavit. Sicut etiam res naturales hoc consequuntur per proprios motus et operationes, ad quod a Deo sunt ordinatae".[46]

"Es manifiesto que entre Dios y el hombre reina la máxima desigualdad, pues hay entre ellos una distancia infinita y, además, todo lo que hay de bueno en el hombre procede de Dios. Por eso, en la relación del hombre para con Dios no se puede hablar de una justicia basada en la igualdad perfecta, sino en cierta igualdad proporcional, o en cuanto uno y otro obran según su modo propio. Mas el modo y la medida de la capacidad operativa del hombre le viene de Dios; y, en consecuencia, el hombre no puede merecer nada ante Dios más que en el supuesto de un orden previamente establecido por Dios, en virtud del cual el hombre ha de recibir de Dios a modo de retribución por sus obras aquello que Dios quiso que alcanzara al concederle la facultad de obrar".

En un segundo paso, el Aquinate afirma que como la vida eterna excede del todo a las posibilidades de la naturaleza humana, el hombre

---

[46]Santo Tomás de Aquino: *Summ. Theol.*, Iª–IIᵃᵉ, q. 114, a. 1, co. Cfr. q. 21, a. 4; *In Sent.*, III, dist. 18, a. 2.

sólo puede merecerla con la ayuda de la gracia, tanto en estado de naturaleza integra como en el de naturaleza caída. Fundamenta su razonamiento sobre la doctrina paulina de 1 Cor 2:9 y Ro 6:23:

"Vita autem aeterna est quoddam bonum excedens proportionem naturae creatae, quia etiam excedit cognitionem et desiderium eius, secundum illud 1 ad Cor. II, nec oculus vidit, nec auris audivit, nec in cor hominis ascendit. Et inde est quod nulla natura creata est sufficiens principium actus meritorii vitae aeternae, nisi superaddatur aliquod supernaturale donum, quod gratia dicitur... Nullus in statu peccati existens potest vitam aeternam mereri, nisi prius Deo reconcilietur, dimisso peccato, quod fit per gratiam. Peccatori enim non debetur vita, sed mors; secundum illud Rom. VI, stipendia peccati mors".[47]

"Ahora bien, la vida eterna es un bien que supera toda proporción con la naturaleza creada, pues queda incluso fuera de su conocimiento y de su deseo, según aquello de 1 Cor 2,9: Ni el ojo vio ni el oído oyó ni subió al corazón del hombre. De donde resulta que ninguna naturaleza creada se basta para producir un acto que merezca la vida eterna, a menos que se le añada un don sobrenatural al que llamamos gracia... Ningún hombre en estado de pecado puede merecer la vida eterna mientras no se reconcilie con Dios y sea borrado su pecado, lo cual es obra de la gracia. Pues el pecador no es acreedor a la vida sino a la muerte, según aquello de Rom 6,23: El estipendio del pecado es la muerte".

Finalmente, presupuesta la ayuda de la gracia, el hombre puede merecer la vida eterna *de condigno* porque por la mediación de tal gracia las obras del justo se hacen proporcionadas a la excelencia de la vida eterna, porque el principio motor de esos actos es el Espíritu

---

[47]Santo Tomás de Aquino: *Summ. Theol.*, Iᵃ–IIᵃᵉ, q. 114, a. 2, co. Cfr. q. 109, a. 5.

Santo y porque la gracia con la que se realizan dichos actos es una participación de la naturaleza divina:[48]

"Opus meritorium hominis dupliciter considerari potest, uno modo, secundum quod procedit ex libero arbitrio; alio modo, secundum quod procedit ex gratia spiritus sancti. Si consideretur secundum substantiam operis, et secundum quod procedit ex libero arbitrio, sic non potest ibi esse condignitas, propter maximam inaequalitatem. Sed est ibi congruitas, propter quandam aequalitatem proportionis, videtur enim congruum ut homini operanti secundum suam virtutem, Deus recompenset secundum excellentiam suae virtutis. Si autem loquamur de opere meritorio secundum quod procedit ex gratia spiritus sancti, sic est meritorium vitae aeternae ex condigno. Sic enim valor meriti attenditur secundum virtutem spiritus sancti

"La obra meritoria del hombre puede ser considerada de dos maneras: en cuanto procede del libre albedrío, y en cuanto es efecto de la gracia del Espíritu Santo. Si se la considera en cuanto a la sustancia de la obra y en cuanto procede del libre albedrío, no puede ser condigna, porque entraña la máxima desigualdad. Encierra, sin embargo, un mérito *de congruo*, debido a cierta igualdad proporcional, pues parece congruo que al hombre que obra según toda la medida de su virtud operativa Dios le recompense en consonancia con su excelso poder. Pero si hablamos de la obra meritoria en cuanto procede de la gracia del Espíritu Santo, entonces sí que merece la vida eterna de modo *condigno*. Porque en este caso el valor del mérito se determina en función de la virtud del Espíritu Santo, que nos mueve hacia la vida eterna, tal como se

---

[48]Los protestantes niegan el mérito *de condigno* porque consideran la gracia sólo como una realidad jurídica (la no imputación del pecado) y no como realidad ontológica (que realmente perdone el pecado y sane la naturaleza).

moventis nos in vitam aeternam; secundum illud Ioan. IV,
fiet in eo fons aquae salien-
tis in vitam aeternam. Attenditur etiam pretium operis secundum dignitatem gratiae, per
quam homo, consors factus divinae naturae, adoptatur in filium Dei, cui debetur hereditas
ex ipso iure adoptionis, secundum illud Rom. VIII, si filii, et
heredes".[49]

dice en Jn 4,14: Brotará en él un
surtidor de agua que saltará hasta
la vida eterna. El valor de la obra
ha de ser apreciado también atendiendo a la dignidad de la gracia,
que, al hacernos partícipes de la
naturaleza divina, nos hace hijos
de Dios por adopción y, en consecuencia, herederos por el mismo
derecho de adopción, según aquello de Rom 8,17: Si hijos, también
herederos".

Así pues, para el Aquinate, si se considera el punto de vista de la
obra humana salvífica en cuanto que procede de la libertad humana,
tal obra no tendría un verdadero título de merecer *de condigno*; pero si
se considera la obra en cuanto procede de la gracia del Espíritu Santo,
entonces sí que cabe el título *de condigno* por existir una proporción
entre la obra y el premio.[50]

21.3   El objeto del mérito: aumento de gracia, la vida eterna y aumento de gloria

El objeto del mérito puede consistir en tres clases de dones:

---

[49]Santo Tomás de Aquino: *Summ. Theol.*, Iª–IIª, q. 114, a. 3, co. Cfr. *In Sent.*, II,
dist. 27, a. 3; III, dist. 18, a. 2; *In Rom.* 4, lect. 1; 6, lect. 4; 8, lect. 4.

[50]Contrariamente a la posición del Aquinate de la existencia de tal proporción,
Escoto sostuvo que el mérito se debe exclusivamente a la aceptación de la obra por
parte de Dios, por lo que absolutamente hablando Dios podría no premiar la obra
buena (Escoto: *Ord.* Lib. 1, dist. 27, p. I, q. 1–2, nn. 144–149.). Esta posición se
intensifica con el nominalismo que acabará influyendo en el pensamiento de Lutero.

1. Dones de la gracia actual, es decir, la primera gracia y las subsiguientes gracias actuales, especialmente la gracia eficaz.

2. Dones de la gracia habitual, esto es la primera justificación, su aumento y la perseverancia final.

3. Dones de la gloria, que consisten eh la primera gloria esencial, su aumento y la gloria accidental.

Siguiendo la doctrina tradicional,[51] para el estudio del objeto del mérito es necesario considerar, por un lado si se puede obtener para uno mismo o para otros, y, por otro lado si se trata de mérito *de condigno* o *de congruo*.

21.3.1 Mérito para sí mismo

Con respecto a lo que un hombre puede merecer para sí mismo, hay que tener en cuenta que depende de la clase de mérito de que se trate.

De condigno

De condigno, el hombre puede merecer para sí la vida eterna, el incremento de la gracia santificante y un incremento en la gloria eterna. Pero es necesario recordar que aquí nos estamos refiriendo al "mérito *de condigno* proporcional o relativo", y no al "perfecto o *ex toto rigore iustitiae*". En efecto, como ya se señalaba, el hombre por sí mismo, tanto en su estado de naturaleza íntegra como en el de naturaleza caída, no puede producir un acto que merezca la vida eterna, a menos

---

[51]Cfr. S. González: o. c., págs. 231–234; J. Ibáñez y F. Mendoza: *Dios santificador*, cit., págs. 226–232; Ch. Baumgartner: *La gracia...*, cit. pág. 259–260, 270–273; B. Beraza: *De gratia...*, cit., págs 1026–1052; L. Lercher–F. Lakner: *De gratia Christi*, cit., págs. 118ss.; H. Lange: *De gratia...*, cit., págs. 714–720.

que se le añada el don sobrenatural que llamamos gracia; pero, presupuesta la ayuda de la gracia, el hombre puede merecer la vida eterna *de condigno* (relativo o proporcional) porque por la mediación de tal gracia las obras del justo se hacen proporcionadas a la excelencia de la vida eterna.[52]

El Concilio de Trento recoge lo esencial de la doctrina cuando señala en el canon 32, del Decreto de la Justificación que:

> "Si alguno dijere que las buenas obras del hombre justificado de tal manera son dones de Dios, que no son también buenos merecimientos del mismo justificado, o que éste, por las buenas obras que se hacen en Dios y el mérito de Jesucristo, de quien es miembro vivo, no merece verdaderamente (= mérito *de condigno*) el aumento de la gracia, la vida eterna y la consecución de la misma vida eterna (a condición, sin embargo, de que muriere en gracia), y también el aumento de la gloria, sea anatema".[53]

Con relación al mérito para incrementar la gracia santificante, las demás virtudes infusas y a otros dones de la justificación, se aplica el mismo principio que para la vida eterna:

"Sicut supra dictum est, illud cadit sub merito condigni, ad quod motio gratiae se extendit. Motio autem alicuius moventis non solum se extendit ad ultimum terminum motus, sed etiam ad totum pro-

"Como ya vimos (a.3.6.7), puede ser merecido todo aquello a lo que se extiende la moción de la gracia. Ahora bien, el impulso dado por un principio motor no afecta solamente al término final del movimiento, sino a todo el desarrollo

---

[52]Santo Tomás de Aquino: *Summ. Theol.*, Iª–IIæ, q. 114, a. 2 y 3, co.

[53]D. S. 1582. Cfr. D. S. 1535 y 1545–1550.

gressum in motu. Terminus autem motus gratiae est vita aeterna, progressus autem in hoc motu est secundum augmentum caritatis vel gratiae, secundum illud Prov. IV, iustorum semita quasi lux splendens procedit, et crescit usque ad perfectum diem, qui est dies gloriae. Sic igitur augmentum gratiae cadit sub merito condigni".[54]

progresivo del mismo. Mas el término del impulso dado por la gracia es la vida eterna; y su desarrollo progresivo consiste en el aumento de la caridad y de la gracia, según aquello de Prov 4,18: El camino de los justos es como la luz de la aurora, que va en aumento hasta hacerse pleno día. Este día en plenitud es la gloria. Así pues, el aumento de la gracia cae bajo el mérito *de condigno*".

De congruo

Es opinión general entre los teólogos clásicos que *un pecador* puede merecer de modo congruo gracias actuales, incluso gracias eficaces, aunque siempre asistido con la ayuda de Dios. Y el *hombre justificado*, además de las gracias eficaces actuales puede merecer *de congruo* "falible" la perseverancia final.[55]

No existe mérito *de congruo* para obtener la gracia primera

La gracia actual primera, como ya estudiamos, no puede ser merecida por uno mismo, ya que se da gratuitamente y cualquier mérito necesariamente la presupone. En efecto:

---

[54]Santo Tomás de Aquino: *Summ. Theol.*, Iᵃ–IIᵃᵉ, q. 114, a. 8, co. Cfr. *In Sent.* 2, dist. 27, a. 5; *In Io.* 10, lect. 4.

[55]Hay controversia sobre si el hombre justificado puede merecer *de congruo* la restauración de la gracia perdida por su caída. Santo Tomás lo niega; San Buenaventura, Escoto, Belarmino lo aceptan, pero con mérito *de congruo* falible.

"Donum gratiae considerari potest dupliciter. Uno modo, secundum rationem gratuiti doni. Et sic manifestum est quod omne meritum repugnat gratiae, quia ut ad Rom. XI apostolus dicit, si ex operibus, iam non ex gratia. Alio modo potest considerari secundum naturam ipsius rei quae donatur. Et sic etiam non potest cadere sub merito non habentis gratiam, tum quia excedit proportionem naturae; tum etiam quia ante gratiam, in statu peccati, homo habet impedimentum promerendi gratiam, scilicet ipsum peccatum. Postquam autem iam aliquis habet gratiam, non potest gratia iam habita sub merito cadere, quia merces est terminus operis, gratia vero est principium cuiuslibet boni operis in nobis, ut supra dictum est. Si vero aliud donum gratuitum aliquis mereatur virtute gratiae praecedentis, iam non erit prima. Un-

"El don de la gracia puede ser considerado de dos maneras. Primero, en su condición de don gratuito; y en este sentido es evidente que el mérito es incompatible con la gracia, porque, como dice el Apóstol en Rom 11,6, si por las obras, ya no es por gracia. En segundo lugar, puede considerarse el don de la gracia atendiendo a la naturaleza misma de lo que se da. Y también bajo este aspecto es imposible que este don sea merecido por el que no tiene la gracia, ya porque excede toda proporción con nuestra naturaleza, ya porque, además, cuando aún no tiene la gracia por estar en pecado, el hombre lleva consigo un impedimento para merecer la gracia, que es el pecado mismo. Si se trata, en cambio, del hombre que ya está en gracia, no es posible que merezca la gracia que ya tiene, pues la recompensa es el término de la obra, mientras que la gracia es en nosotros el principio de toda obra buena, como ya dijimos (q.109). Si, finalmente, se trata de algún otro don gratuito merecido en virtud de una gracia precedente, este don ya no será la primera

de manifestum est quod nullus potest sibi mereri primam
gratiam".[56]

gracia. Es, pues, manifiesto que nadie puede merecer para sí mismo la
primera gracia".

21.3.2 Mérito para otros

Aquí sólo cabe el mérito *de congruo*, sin importar la santidad del
que merece, ya que el merecer *de condigno* por otros es privilegio de
Jesucristo, quien así lo hizo en la Redención. El Aquinate lo explica
comparando la obra de Cristo con el único mérito *de condigno* que
el justificado puede tener, que nunca puede aplicarse al merecimiento
de la gracia primera para sí. Si no merece la gracia primera para sí,
tampoco lo puede hacer para otros. En cambio Cristo sí mereció *de
condigno* por nosotros, por el designio divino de hacerle Cabeza de la
Iglesia.

"Opus nostrum habet ra-
tionem meriti ex duobus. Primo quidem, ex vi motionis divinae, et sic meretur aliquis ex
condigno. Alio modo habet rationem meriti, secundum quod
procedit ex libero arbitrio, inquantum voluntarie aliquid fa-
cimus. Et ex hac parte est meritum congrui, quia congruum
est ut, dum homo bene uti-
tur sua virtute, Deus secun-

"El carácter meritorio de nuestras obras procede de una doble
fuente. En primer lugar, se debe a
la moción divina; y de aquí brota
el mérito *de condigno*. En segundo
lugar, se debe a la moción del libre
albedrío o al hecho de que nuestra
acción es voluntaria; y de aquí resulta el mérito *de congruo*, ya que
es congruo que cuando el hombre
hace buen uso de su virtud propia,
Dios actúe de manera muy supe-

---

[56]Santo Tomás de Aquino: *Summ. Theol.*, I^a–II^{ae}, q. 114, a. 5, co. Cfr. *In Sent.*, 2,
dist. 27, a. 4; a. 5, ad 3; 3 dist. 18, a. 4, q^a. 1; dist. 19, a. 1, q^a. 1; *De verit.*, q. 29, a.
6; *In Eph.* 2, lect. 3; *Cont. Gentes*, III, 149; *In Io. 10*, lect. 4.

dum superexcellentem virtutem excellentius operetur. Ex quo patet quod merito condigni nullus potest mereri alteri primam gratiam nisi solus Christus. Quia unusquisque nostrum movetur a Deo per donum gratiae ut ipse ad vitam aeternam perveniat, et ideo meritum condigni ultra hanc motionem non se extendit. Sed anima Christi mota est a Deo per gratiam non solum ut ipse perveniret ad gloriam vitae aeternae, sed etiam ut alios in eam adduceret, inquantum est caput Ecclesiae et auctor salutis humanae; secundum illud ad Heb. II, qui multos filios in gloriam adduxerat, auctorem salutis et cetera".[57]

rior en consonancia con la suprema excelencia de su virtud. Por donde se hace patente que con mérito *de condigno* sólo Cristo puede merecer para otro la gracia primera. Porque cada uno de nosotros es movido por Dios mediante el don de la gracia para que él mismo alcance la vida eterna, y en consecuencia, el mérito *de condigno* no se extiende más allá de esta moción. En cambio, el alma de Cristo fue movida por Dios mediante la gracia, no sólo para que él mismo alcanzara la gloria de la vida eterna, sino también para que condujera a otros a la misma, como Cabeza que es de la Iglesia y Autor de la salud humana, según aquello de Heb 2,10: Convenía que aquel que se proponía llevar muchos hijos a la gloria perfeccionase al Autor de la salud".

Se discute si se podría aplicar a la Virgen María el mérito *de condigno* en favor nuestro. Es un tema relacionado con el de Maria Mediadora de la gracia que se estudia en Mariología.

En consecuencia, el hombre justificado sólo puede merecer *de congruo* para otros, lo que pueda merecer *de congruo* para sí; incluso

---

[57]Santo Tomás de Aquino: *Summ. Theol.*, Iª–IIªᵉ, q. 114, a. 6, co. Cfr. a. 7; *In Sent.* 2, dist. 27, a. 6; 3, dist. 19, a. 5, qª. 3, ad 5; 4, dist. 45, q. 2, a. 1, qª. 1; *De verit.*, q. 29, a. 7; *In 1 Tim.*, 4, lect. 2.

podría merecer para otro, la primera gracia actual, que él mismo no puede merecer para sí.

"Sed merito congrui potest aliquis alteri mereri primam gratiam. Quia enim homo in gratia constitutus implet Dei voluntatem, congruum est, secundum amicitiae proportionem, ut Deus impleat hominis voluntatem in salvatione alterius, licet quandoque possit habere impedimentum ex parte illius cuius aliquis sanctus iustificationem desiderat".[58]

"Mas con mérito *de congruo* sí que se puede merecer para otro la primera gracia. Pues, cuando el hombre constituido en gracia cumple la voluntad de Dios, resulta congruo, de acuerdo con una proporción basada en la amistad, que Dios cumpla la voluntad del hombre que desea la salvación de otro. Salvo que a veces puede haber impedimento por parte de aquel cuya justificación el justo desea".

21.4 Mérito *de condigno*. Condiciones

Para que pueda darse el mérito *de condigno* en el hombre es necesario, por parte de Dios, que exista una promesa de recompensa; por parte del hombre se exige que cumpla ciertas condiciones; finalmente, han de darse también ciertos requisitos por parte de la obra realizada.

21.4.1 Exigencia de la promesa divina

Es condición que pre–exista una promesa divina que justifique el mérito *de condigno*. En este sentido hay que distinguir el papel de la promesa en los asuntos entre dos seres humanos, y el que cumple en relación al mérito sobrenatural con Dios.

---

[58]Santo Tomás de Aquino: *Summ. Theol.*, I^a–II^{ae}, q. 114, a. 6, co. Cfr. F. Suárez: *De gratia*, 12, 35, 5.

En efecto, en los negocios humanos no existe el mérito salvo que se haya manifestado externamente antes la promesa de recompensa por un trabajo en concreto. En el mérito sobrenatural ocurre lo mismo: existe una promesa por Dios de recompensar la buena obra realizada por el justo. Pero existe un teologúmeno en torno a la relación entre la promesa divina y la exigencia de la vida eterna que tiene la buena obra realizada.

Hay dos posiciones. Los que afirman que la exigencia por condignidad a la vida eterna de la obra buena es antecedente a la promesa divina, por lo que sería en sí misma meritoria para la vida eterna, antes de tal promesa, aunque la promesa se diera también (—mérito *in actu primo*—), y los que sostienen que la promesa divina se requiere previamente para que una obra buena sea meritoria para la vida eterna (mérito *in actu secundo*). Escoto afirmó lo segundo, es decir, que la exigencia de la vida eterna se deriva unicamente de la promesa divina. Sin embargo otros teólogos de la escolástica sostuvieron la primera opción, porque las obras del justo por la gracia que las hace posibles tienen una cierta relación ya con la vida eterna, y, además, porque afirmar el mérito *in actu secundo* en realidad supone quitar todo fundamento al mérito *de condigno*, ya que nunca existiría por sí mismo y sería más bien una donación libre hecha a causa de la promesa.

Por otro lado hay que decir que no se exigiría una *promesa formal* de recompensa, aunque de hecho sí se dé, porque bastaría con la ordenación divina que estableciera que los actos salvíficos de los justos son conducentes a la vida eterna, ya que aquéllos sólo se pueden realizar con la gracia divina; por lo que esa ordenación divina sería inseparable con la concesión de la gracia. En este sentido tal ordenación divina tendría el carácter de *promesa virtual*.

21.4.2 Condiciones del sujeto

Para cualquier clase de mérito es necesario que el sujeto que merece sea un viador y que actúe libremente. Para que sea mérito *de condigno* es necesario además que se realice en estado de gracia.

Se entiende por "viador" la persona humana durante su estancia en la Tierra hasta el momento de la muerte. Es una verdad que se estudia en el tratado de escatología,[59] al explicar que la retribución opera inmediatamente después de la muerte (*mox post mortem*) y que el tiempo de merecer acaba con la muerte. Dogmas establecidos en el Concilio II de Lyon[60] y en la Constitución *Benedictus Deus* de Benedicto XII.[61]

La "libertad" del viador exigida para que haya mérito no es sólo la ausencia de fuerza exterior determinante, sino también de cualquier necesidad o determinación intrínseca a realizar algo. La tesis de Jansenio en contra fue rechazada por la Iglesia: "Para merecer y demerecer en el estado de la naturaleza caída, no se requiere en el hombre la libertad de necesidad, sino que basta la libertad de coacción. Declarada y condenada como herética".[62]

El "estado de gracia", se requiere claramente para la existencia del mérito *de condigno*, por lo que la gracia santificante afecta al mérito de tres modos:

1. Negativamente, en cuanto que remueve el pecado que es obstáculo para la vida eterna.

2. Positivamente, en cuanto concede la dignidad de hijos de Dios.

---

[59]Cfr. Juan A. Jorge: *Escatología*, cit., págs. 375–408.

[60]D. S. 854–859.

[61]D. S. 1000–1001.

[62]D. S. 2003.

3. Efectivamente, en cuanto que con la ayuda de las virtudes permite la realización de actos salvíficos.

Por no tener como objeto inmediato la recompensa de la vida eterna, sino otros dones sobrenaturales, el estado de gracia no es necesario para obtener el mérito *de congruo.*

Así se puede deducir de la alegoría de la vid de Jesucristo: "Permaneced en mí y yo en vosotros. Como el sarmiento no puede dar fruto por sí mismo si no permanece en la vid, así tampoco vosotros si no permanecéis en mí. Yo soy la vid, vosotros los sarmientos. El que permanece en mí y yo en él, ése da mucho fruto, porque sin mí no podéis hacer nada" (Jn 15: 4–5).

El Magisterio defendió en Trento la necesidad del estado de gracia en el justo para obtener el mérito: "El mismo Cristo Jesús, como cabeza sobre los miembros (Ef 4:15) y como vid sobre los sarmientos (Jn 15:5), constantemente comunica su virtud sobre los justificados mismos, virtud que antecede siempre a sus buenas obras, las acompaña y sigue, y sin la cual en modo alguno pudieran ser gratas a Dios ni meritorias".[63] Más tarde San Pio V con su bula *Ex omnibus afflictionibus* condenó varias proposiciones de Bayo en contra del sentido recto de la doctrina: "12. Es sentencia de Pelagio: Una obra buena, hecha fuera de la gracia de adopción, no es merecedora del reino celeste. 13. Las obras buenas, hechas por los hijos de adopción, no reciben su razón de mérito por el hecho de que se practican por el espíritu de adopción, que habita en el corazón de los hijos de Dios, sino solamente por e, hecho de que son conformes a la ley y que por ellas se presta obediencia a la ley... 15. La razón del mérito no consiste en que quien obra bien tiene la gracia y el Espíritu Santo que habita en él, sino solamente en que obedece a la ley divina."[64]

---

[63]D. S. 1546.

[64]D. S. 1912.1913.1915.

21.4.3 Condiciones de la obra realizada

Para el mérito *de congruo* o *de condigno* se pueda producir es necesario que la obra realizada sea buena (íntegra) y sobrenatural.

Integridad

La bondad o integridad de la obras supone que la bondad moral se dé tanto por el objeto como por la intención del agente. Una obra mala no merece recompensa, su naturaleza es la del de–mérito, como aparece claramente en la Biblia: Ro 2:6 "el cual retribuirá a cada uno según sus obras"; 2 Cor 11:15, "Por tanto, no es algo extraordinario que también sus ministros se transfiguren en ministros de justicia. Su final será según sus obras"; 1 Pe 1:17, "Y si llamáis Padre al que sin hacer acepción de personas juzga a cada uno según sus obras, comportaos con temor durante el tiempo de vuestra peregrinación"; Ap 20:12, "Vi a los muertos, grandes y pequeños, en pie ante el trono, y fueron abiertos los libros. También fue abierto otro libro, el de la vida. Y los muertos fueron juzgados por lo que estaba escrito en los libros, según sus obras"; Ap 20:13, "El mar entregó los muertos que había en él, la muerte y el hades entregaron los muertos que había en ellos, y fue juzgado cada uno según sus obras". Por eso, el Magisterio insitirá en la necesidad de que las obras meritorias sólo son las buenas: "Así, pues, a los hombres de este modo justificados, ora conserven perpetuamente la gracia recibida, ora hayan recuperado la que perdieron, hay que ponerles delante las palabras del Apóstol: Abundad en toda obra buena, sabiendo que vuestro trabajo, no es vano en el Señor (1 Cor 15:58); porque no es Dios injusto, para que se olvide de vuestra obra y del amor que mostrasteis en su nombre (Heb 6:10); y: No perdáis vuestra confianza, que tiene grande recompensa (Heb 10:35). Y por tanto, a los que obran bien hasta el fin (Mt. 10, 22) y que esperan en Dios, ha de proponérseles la vida eterna, no sólo como gracia misericordiosamente prometida por medio de Jesucristo a los hijos de Dios, sino también 'como retribución' que por la promesa de Dios ha de darse fielmente a sus buenas obras y méritos".[65]

Si se considera y acepta la existencia de obras indiferentes moralmente, no merecerían ni mérito ni castigo.

Sobrenaturalidad

La sobrenaturalidad se entiende en sentido entitativo, como un acto realizado en estado de gracia, puesto que el acto debe tener cierta proporción con el fin sobrenatural. Por eso el acto mismo debe ser sobrenatural. No es necesario que el acto sea difícil porque tanto la Revelación como el Magisterio enseñan que es meritorio todo acto bueno del justo. Tampoco es necesario que se dé una intención actual y especial concreta refiriéndolo a Dios conocido y amado por Sí mismo, para que el acto bueno sea meritorio. Es consecuencia de que la Biblia promete la vida eterna a variadas virtudes (Mt 5:3; 19:16; 25:34); el Magisterio tampoco parece exigir más al acto meritorio, salvo que sea una obra buena y sobrenatural: "el mismo Cristo Jesús, como cabeza sobre los miembros (Ef 4:15) y como vid sobre los sarmientos (Jn 15:5), constantemente comunica su virtud sobre los justificados mismos, virtud que antecede siempre a sus buenas obras, las acompaña y sigue, y sin la cual en modo alguno pudieran ser gratas a Dios ni meritorias; no debe creerse falte nada más a los mismos justificados para que se considere que con aquellas obras que han sido hechas en Dios han satisfecho plenamente".[66]

---

[65]D. S. 1545. Cfr. canon 26 (D. S. 1576) y 32 (D. S. 1582).

[66]D. S. 1545.

21.5 Los méritos del justo, perdidos por el pecado mortal, una vez que es recuperada la gracia santificante reaparecen

La gracia santificante puede perderse por el pecado mortal. Lo mismo ocurre con los méritos, que son fruto de la gracia, y por lo mismo se pierden cuando aquélla se pierde. Se pierde el mérito *de condigno* en su aspecto objetivo, esto es en su realidad como aumento de gracia, vida eterna y aumento de la gloria. La gracia y la gloria se relacionan intrínsecamente, de tal modo que nadie puede entrar en la gloria sin ser agradable a Dios por la gracia de la justificación.[67]

Los méritos pueden calificarse como *vivos*, si se hacen por un hombre en estado de justificación (gracia habitual), o como *no existentes*, si la obra es hecha por un pecador (sin la gracia habitual no se obtiene ningún mérito *de condigno* objetivo), o como *muertos*, si son obra de un hombre justo que los ganó, pero después pecó mortalmente, o como *revividos*, si el pecador vuelve al estado de gracia por la penitencia.

Los méritos "perdidos" por el pecado mortal, se llaman así porque se extingue su poder de conducir a la vida eterna pues por el pecado se pierde la gracia de la justificación lo que impide la consecución de la gloria.

Esos méritos perdidos reviven y recobran el poder de llevar a la gloria eterna, cuando se recobra la gracia santificante por la penitencia (contrición perfecta y sacramento de la confesión). De nuevo, en virtud de la conexión entre la vida de la gracia y la gloria.

Se han propuesto algunos textos de la Sagrada Escritura que apoyarían la tesis ahora sostenida, aunque no son apodícticos y sin contro-

---

[67]Cfr. S. González: o. c., págs. 235–239; J. Ibáñez y F. Mendoza: *Dios santificador*, cit, págs. 236–238; B. Beraza: *De gratia...*, cit., págs 1053 ss. ; L. Lercher–F. Lakner: *De gratia Christi*, cit., págs. 120ss.

versia teológica, por no ajustarse en realidad al problema en cuestión. Es el caso de Ez 18:22 o 33: 12–16, sobre la recuperación de bienes perdidos por el pecado; o el de Heb 6:10 referentes a méritos adquiridos en el pasado; o la parábola del hijo pródigo que recupera la herencia de su padre en Lc 15: 11–32. Por lo mismo la doctrina de algún Santo Padre sobre las ideas de tal parábola tampoco son concluyentes.[68]

Santo Tomás desarrolló la doctrina sobre la reviviscencia del mérito perdido, rechazando las opiniones de Hugo de San Victor[69] que afirmaba que las obras meritorias amortiguadas por el pecado posterior no revivían por la penitencia subsiguiente, puesto que el mérito ya había desaparecido por el pecado mortal:

"Impedire non potest quin vivificentur. Non enim habent vim perducendi in vitam aeternam, quod pertinet ad eorum vitam, solum secundum quod actu existunt, sed etiam postquam actu esse desinunt secundum quod remanent in acceptatione divina. Sic autem remanent, quantum est de se, etiam postquam per peccatum mortificantur, quia semper Deus illa opera, prout facta fuerunt, acceptabit, et sancti de eis gaudebunt, secundum illud Apoc. III, tene quod habes, ne alius accipiat coronam tuam.

"Estas obras tienen el poder de conducir a la vida eterna –en lo cual consiste su vida– no sólo mientras tienen una existencia actual, sino también después que dejan de existir, en cuanto que permanecen en la aceptación divina. Y ahí permanecen, de suyo, después de ser amortiguadas por el pecado, porque estas obras, una vez realizadas, serán siempre aceptadas por Dios, y los santos se alegrarán de ellas, según las palabras del Ap 3:11: Guarda lo que tienes para que otro no te quite tu corona. El

---

[68]Como puede verse en algunos escritos de San Jerónimo, San Juan Crisóstomo o San Epifanio. Cfr. S. González: o. c., pág. 236.

[69]Hugo de San Victor: De Sacram. 1. 2, p.14, c. 4 (P. L. 176, 558).

Sed quod isti qui ea fecit non sint efficacia ad ducendum ad vitam aeternam, provenit ex impedimento peccati supervenientis, per quod ipse redditur indignus vita aeterna. Hoc autem impedimentum tollitur per poenitentiam, inquantum per eam remittuntur peccata. Unde restat quod opera prius mortificata per poenitentiam recuperant efficaciam perducendi eum qui fecit ea in vitam aeternam, quod est ea reviviscere. Et ita patet quod opera mortificata per poenitentiam reviviscunt".[70]

que ellas no sean eficaces para conducir a la vida eterna, proviene del pecado posterior, por el que uno se hace indigno de la vida eterna. Pero este impedimento desaparece por la penitencia, ya que con ella se perdonan los pecados. Síguese, por tanto, que las obras anteriormente amortiguadas recuperan, por la penitencia, la eficacia de conducir a la vida eterna a quien las hizo, y esto es lo que significa revivir. Luego queda patente que las obras amortiguadas reviven por la penitencia".

La doctrina de la pérdida y recuperación de los méritos es consecuencia de la que señala los efectos del mérito. Éstos se producen siempre que las obras buenas del hombre cumplan con tres condiciones: que sean hechas por el hombre en estado de justificación (gracia habitual), que sean hechas sobrenaturalmente y que el hombre muera en estado de gracia. Estas tres condiciones se encuentran también en los méritos perdidos por el pecado mortal cuando éste es perdonado y el hombre revive al estado de gracia. Trento no exige para que el mérito produzca sus efectos que el hombre nunca pierda el estado de gracia, y sólo exige que se den las tres condiciones mencionadas. De ahí se deduce la doctrina de la reviviscencia de los méritos perdidos.

---

[70] Santo Tomás de Aquino: *Summ. Theol.*, III^a, q. 89, a. 5, co. Cfr. *Sent.*, IV, dist. 14, q. 2, a. 3, q. 3; dist. 22, q. 1, a. 1, ad 6; *In Thess.* c. 3, lect. 1; *In Heb.*, c. v6, lect. 1.3.

El Concilio de Trento declara las tres condiciones mencionadas tanto en el capítulo 16 sobre el fruto de la justificación, como en el canon 32 del mismo Decreto sobre la justificación:

> "No debe creerse falte nada más a los mismos justificados para que se considere que con aquellas obras que han sido hechas en Dios han satisfecho plenamente, según la condición de esta vida, a la divina ley y han merecido en verdad la vida eterna, la cual, a su debido tiempo han de alcanzar también, caso de que murieren en gracia (Ap 14:13)".[71]

> "Si alguno dijere que las buenas obras del hombre justificado de tal manera son dones de Dios, que no son también buenos merecimientos del mismo justificado, o que éste, por las buenas obras que se hacen en Dios y el mérito de Jesucristo, de quien es miembro vivo, no merece verdaderamente el aumento de la gracia, la vida eterna y la consecución de la misma vida eterna (a condición, sin embargo, de que muriere en gracia), y también el aumento de la gloria, sea anatema".[72]

Por eso, Pio XI en su Carta apostólica *Infinita Dei Misericrdia* con ocasión el tiempo del Magno Jubileo, enseñó la doctrina de la reviviscencia del mérito perdido: "Todos aquellos, en efecto, que con espíritu de penitencia, cumplan, durante el magno jubileo, los saludables mandatos de la Sede Apostólica, reparan y recuperan íntegramente aquella abundancia de méritos y dones que pecando perdieron y se eximen del aspérrimo dominio de Satanás, para adquirir nuevamente aquella libertad con que Cristo nos liberó (Ga 4:31)".[73]

---

[71]D. S. 1546.

[72]D. S. 1582.

[73]D. S. 3670.

Existe una cuestión disputada también sobre la medida o grado en que se reviven los méritos perdidos. ¿El pecador arrepentido y perdonado recupera todos los méritos ganados antes de pecar? Hay esencialmente tres posiciones. Unos sostienen que no recibe los pasados méritos perdidos sino sólo la recompensa esencial debida por su nueva conversión.[74] Otros defienden que recobran los méritos perdidos pero en proporción a la disposición del penitente en el momento de su conversión, variando según ese criterio la cantidad de méritos recobrados.[75] Finalmente, otros defienden que se reviven todos los méritos anteriores perdidos.[76]

---

[74]Bañez: In II^a–II^{ae}, q. 24, a. 6, dub. 6, concl. 3; Billot: *De sacramentis* 2 (Rome 1908) 111 ss.

[75]D. Soto: *In IV*, dist. 16, q. 2, a. 2 and 5; Gotti, *De paenitentia* q. 3, dub. 5; Álvarez: *De auxiliis*, dist 61, n. 6; *Ledesma*, p. 1, q. 30, n. 2; *Valencia: In III*, d. 7, q. 6, punct. 1 and 3.

[76]J. Ibáñez y F. Mendoza: *Dios santificador*, cit, págs. 250–251; O. González: o. c., págs. 237–238; P. Lombardo: *4 Sent*, dist. 14, 1; San Alberto Magno: *In 4*, dist. 14, a. 21s.; Escoto: *In 4*, dist. 22, a. 2, n. 9; F. Suárez: *Relectio de meritis*; Vázquez: *In 1.2*, dist. 221; Lugo: *De paenitentia* dist. 11, s. 2; Salmanticenses: tr. 16, d. 5 (sobre el mérito).

Bibliografía

Bibliografía

[1] AA.VV. «Prédestination». En: *DTC*. Vol. XII. Paris: Les éditions Letouzey et Ané, 1903-1925, págs. 1809-3022.

[2] AA.VV. *Dictionnaire de Théologie Catholique, 30 vols.* Paris: en DVD, ed. Les éditions Letouzey et Ané, 2006, 1899-1937.

[3] AA.VV. *Gran Enciclopedia Rialp, (GER), 24 vols.* Madrid: Rialp, 1979.

[4] AA.VV. *The Catholic Encyclopedia, 15 vols.* New York: Robert Appleton Company; online Edition Copyright © 1999 by Kevin Knight, 1907-1912.

[5] J. Alviar. «Boletín sobre la Gracia». En: *Scripta Theologica* 1995 (27), págs. 971-993.

[6] É. Amann. «Pélagianisme». En: *DTC*. Vol. XII. Paris: Les éditions Letouzey et Ané, 1903-1925, págs. 675-715.

[7] É. Amann. «Semipélagiens». En: *DTC*. Vol. XIV. Paris: Les éditions Letouzey et Ané, 1903-1925, págs. 1796-1850.

[8] P. Angeli. *La possibilita di salute nel primo atto morale per il fanciullo infedele.* Roma, 1946.

[9] L. Arias. «Pelagio y Pelagianismo». En: *GER*. Vol. XVIII. Madrid: Rialp, 1979, 190ss.

[10] F. Asensio. «De persona Adæ et de peccato originali originante secundum Genesim». En: *Gregorianum* 29 (1948), págs. 522-526.

[11] F. Asensio. *El hesed y emet divinos. Su influjo religioso social en la Historia de Israel.* Roma: Universidad Gregoriana, 1949.

[12] J. Auer. *El evangelio de la gracia.* Barcelona: Herder, 1982.

[13] J. Baruzi. *Saint Jean de la Croix et le problème de l'expérience mystique.* Paris: Félix Alcan, 1931.

[14] Ch. Baumgartner. *La gracia de Cristo.* Barcelona: Herder, 1968.

[15] D. Belluci. *Fede e giustificatione in Lutero.* Roma: Pontificia Università Gregoriana, 1963.

[16] L. Billot. *De Gratia Christi et libero hominis arbitrio. Commentarius in primam secundæ (Qq. CIX, CX, CXI).* Roma: Ex officina polygraphica Editrice, 1908.

[17] N. Blazquez Fernández. *Tratado de la Ley Antigua y Nueva. Introducción a las cuestiones 98 a 108, en "Santo Tomás de Aquino. Suma de Teología parte I–II".* Madrid: BAC, 1989.

[18] A. Bonet. *La filosofía de la libertad en las controversias teológicas del siglo XVI y primera mitad del XVII.* Barcelona: Imprenta Subirana, 1932.

[19] L. Booy. *Grâce et liberté chez S. Augustin.* Montreal: Bibliotèque Saint Libère, 2020, 1938.

[20] H. Bouillard. *Conversion et grâce chez Saint Tomas d'Aguin.* Paris: Editions Aubier–Montaigne, 1944.

[21] H. Bouillard. *Saint Thomas et grâce chez saint Thomas d'Aquin. Étude historique.* París: Editions Aubier–Montaigne, 1944.

[22] D. Bourmaud. *Cien años de modernismo*. Buenos Aires: Fundación San Pío X, 2006.

[23] Ch. Boyer. *Luther. Sa doctrine*. Roma: Gregorian Biblical BookShop, 1970.

[24] Ch. Boyer. *Tractatus De Gratia Divina*. Roma: Universitas Gregoriana, 1946.

[25] Bucceroni. *Commentarius de axiomate: "Facienti quodest in se..."* Roma, 1890.

[26] V. Cano Sordo. *Patrología*. patrologia.net/pac/index.html y http://www.geocities.com/patrologia.

[27] L. Caperan. *Le problème du salut des infideles*. Toulouse: Grand Séminaire, 1934.

[28] J. Cardona. «Filiación divina». En: *GER*. Vol. X. Madrid: Rialp, 1979, págs. 116-120.

[29] J. Carreyre. «Jansénisme». En: *DTC*. Vol. VIII. Paris: Les éditions Letouzey et Ané, 1903-1925, págs. 318-529.

[30] Un Cartujo. *La Trinidad y la vida interior*. Madrid: Rialp, 1992.

[31] S. Casas. *El Modernismo a la Vuelta de un Siglo*. Pamplona: Eunsa, 2008.

[32] L. Ceyssens. *Sources relatives para aux débuts du Jansenisme et the l'Antijansénisme, 1640–1643*. Louvain: Publications universitaires, 1957.

[33] J. Chéné. «Les origens de la controverse semipélagienne». En: *L'année théologique* 13 (1953), págs. 56-109.

[34] J. Chéné. «Que signifiaient 'initium fidei' et 'affectus credulitatis' pour les semipélagiens?» En: *Revue de sciences religieuses* 35 (1948), págs. 566-588.

[35] L. Cognet. *Le jansénisme*. París: Presses universitaires de France, 1964.

[36] G. Colzani. «Il trattato "de gratia": Presentazione storico–bibliografica». En: *Vivens homo* 4 (1993), págs. 375-389.

[37] G. Colzani. «Recenti manuali di Antropologia teologica in lingua italiana e tedesca». En: *Vivens homo* 3 (1992), págs. 391-407.

[38] J. Coppens. *La Connaissance du Bien et du Mal et le Péché du Paradis. Contribution à l'Interprétation de Gen.,II-III*. Gembloux: Analecta Lovaniensia biblica et orientalia, 1948.

[39] M. Cuervo. «La inhabitación de la Trinidad en toda alma en gracia, según Juan de Santo Tomas». En: *Ciencia Tomista* 69 (1945), págs. 114-120.

[40] A. D'Alès. *Dictionnaire Apologétique de la Foi Caholique, 4 vols*. Paris: Beauchesne, 1926.

[41] A. D'Alès. «La Doctrine de la Recapitulation en St. Irenée». En: *Revue de Sciences Religieuses* 6 (1916), págs. 185-211.

[42] P. De Letter. *De ratione meriti secundum sanctum Thomam*. Roma: Universidad Gregoriana, 1939.

[43] P. De Rosa. *Rahner's Concept of 'Vorgriff': an Examination of its Philosophical Background and Development*. Oxford: Oxford University, 1988.

[44] G. Del Plinval. *Pélage, ses écrits, sa vie et sa réforme*. Lausanne: Payot, 1943.

[45] R. Ch. Dhont. *Le problème de la préparation à la grâce. Débuts de l'École Franciscaine*. Paris: Études de science religieuse, 1946.

[46] A. A. Dias Duarte. «El pecado como esclavitud del hombre». En: *Cuadernos doctorales de la Facultad de Teología* 68 (2019), págs. 165-209.

[47] P. Dumont. *Liberté humaine et concours divin d'après Suárez.* Paris: Beauchesne, 1936.

[48] E. Elorduy. «Suarez en las controversias sobre la gracia». En: *Archivo Teológico Granadino* 11 (1948), págs. 131-192.

[49] C. Fabro. *La Aventura de la Teología Progresista.* Pamplona: Eunsa, 1976.

[50] J. M. Farrelly. *Predestination, grace and free will.* Londres: Burn y Oates, 1964.

[51] E. J. Fitzpatrick. *The Sin of Adam in the Writings of Saint Thomas Aquinas.* Mundelein Illinois: St. Mary of the Lake Seminary, 1950.

[52] G. Fritz. «Orange». En: *DTC.* Vol. XI. Paris: Les éditions Letouzey et Ané, 1903-1925, págs. 1087-1103.

[53] B. Froget. *De l'habitation du Saint Esprit dans les ames justes.* Paris: P. Lethielleux, Libraire-Editeur, 1900.

[54] A. Galli. «Il trattato teológico del la gracia in San Tommaso e nella storia». En: *Sacra Doctrina* 32 (1987), págs. 233-469.

[55] P. Galtier. *L'habitation en nous des Trois Personnes.* Roma: Ed. Un. Gregoriana, 1950.

[56] P. Galtier. *Le Saint Esprit en nous d'apres les Peres grecs.* Rome: Univ. Gregorianæ, 1946.

[57] A. Gálvez. *Apéndice a las Notas sobre la Espiritualidad de la Sociedad de Jesucristo Sacerdote.* Murcia: memorándum, 2009.

[58] A. Gálvez. *Comentarios al Cantar de los Cantares.* Vol. I. New Jersey: Shoreless Lake Press, 1994.

[59] A. Gálvez. *Comentarios al Cantar de los Cantares*. Vol. II. New Jersey: Shoreless Lake Press, 2000.

[60] A. Gálvez. *Disputationes Sobre el Amor Divino–Humano*. Murcia: Memorandum, 2009.

[61] A. Gálvez. *El Amigo Inoportuno*. New Jersey: Shoreless Lake Press, 1995.

[62] A. Gálvez. *El Invierno Eclesial*. New Jersey: Shoreless Lake Press, 2011.

[63] A. Gálvez. *El Misterio de la Oración*. New Jersey: Shoreless Lake Press, 2014.

[64] A. Gálvez. *Esperando a Don Quijote*. New Jersey: Shoreless Lake Press, 2007.

[65] A. Gálvez. *Florilegio*. New Jersey: Shoreless Lake Press, 2013.

[66] A. Gálvez. *Homilías*. New Jersey: Shoreless Lake Press, 2008.

[67] A. Gálvez. *Los Cantos Perdidos, 3a. edición*. New Jersey: Shoreless Lake Press, 2013.

[68] A. Gálvez. *Siete Cartas a Siete Obispos, Vol 1*. New Jersey: Shoreless Lake Press, 2009.

[69] A. Gálvez. *Sociedad de Jesucristo Sacerdote. Notas y Espiritualidad*. New Jersey (USA): Shoreless Lake Press, 2022.

[70] A. Gálvez. *The Importunate Friend*. New Jersey: Shoreless Lake Press, 1998.

[71] R. García de Haro. *Historia Teológica del Modernismo*. Pamplona: Eunsa, 1972.

[72] R. García de Haro. «Modernismo Teológico». En: *GER*. Vol. XVI. Madrid: Rialp, 1979, págs. 139-147.

[73] C. García–Fernández. «Orientaciones generales sobre la gracia y la salvación cristiana». En: *Burgense* 37 (1996), págs. 93-124.

[74] C. García–Fernández. «Orientaciones generales sobre la gracia y la salvación cristiana». En: *Burgense* 38 (1997), págs. 543-580.

[75] A. Gardiel. «Comment se realise l'habitation de Dieu dans les ames justes». En: *Revue Thomiste* 28 (1923), págs. 3-42, 129-141, 328-360.

[76] A. Gardiel. *La structure de l'âme et l'experience mystique.* Paris: V. Lecoffre, 1927.

[77] R. Garrigou–Lagrange. *Dios. La naturaleza de Dios.* Madrid: Palabra, 1980.

[78] R. Garrigou–Lagrange. *Grace. Commentary on the Summa Theologica of St. Thomas, I^a–IIe, q. 109–114.* London: Herder, 1952.

[79] R. Garrigou–Lagrange. *La predestinación de los Santos y la gloria.* Buenos Aires: Desclée de Brouwer, 1946.

[80] R. Garrigou–Lagrange. «Prêmotion physique». En: *DTC.* Vol. XIII. Paris: Les éditions Letouzey et Ané, 1903-1925, págs. 31-77.

[81] R. Garrigou–Lagrange. «Utrum Gratia Sanctificans Fuerit in Adamo Innocente Dos Naturæ an Donum Personale Tantum». En: *Angelicum* 2 (1925), págs. 133-145.

[82] A. Gaudel. «Péché Originel». En: *DTC.* Vol. VIII. Paris: Les éditions Letouzey et Ané, 1903-1925, págs. 275-606.

[83] A. Getino. *Del gran número de los que se salvan y de la mitigación de las penas eternas.* Madrid: FEDA, 1934.

[84] L.B. Gillon. «Théologie de la grâce». En: *Revue Thomiste* 46 (1946), págs. 603-612.

[85] R. Gleason. *La gracia.* Barcelona: Herder, 1964.

[86] L. Gómez–Hellín. *Prædestinatio apud Ioannem Cardinalem de Lugo.* Roma: Gregorian y Biblical Press, 1938.

[87] S. González. «De Gratia Christi». En: *Sacræ Theologiæ Summa.* Vol. III. Madrid: BAC, 1953.

[88] S. González. «La inhabitation del Espíritu Santo según San Gregorio de Elvira». En: *Revista de Espiritualidad* 6 (1947), págs. 177-186.

[89] S. González. «La inhabitation del Espíritu Santo según San Isidoro de Sevilla». En: *Revista de Espiritualidad* 1 (1941), págs. 10-33.

[90] S. González. «Un tratado inédito de Suarez sobre la ciencia media». En: *Miscellania Comillas* 9 (1948), págs. 59-132.

[91] S. González Rivas y J. Aldama. *Sacræ Theologiæ Summa. vol. III.* Madrid: BAC, 1953.

[92] J. Gros. *La divinisation du chretien d'apres les Peres grecs. Contribution historique a la doctrine de la grace.* Paris: Gabalda, 1938.

[93] V. Grossi. *Controversia Pelagiana. Adversarios y discípulos de San Agustín, en "Patrología III" dir. por A. De Bernardino, págs. 554—582.* Madrid, 1981.

[94] R. Guardini. *Libertad, gracia y destino.* San Sebastián: Dinor, 1954.

[95] E. Harent. «Infideles». En: *DTC.* Vol. VII. Paris: Les éditions Letouzey et Ané, 1903-1925, págs. 1726-1930.

[96] S. Harent. «Foi». En: *DTC*. Vol. VI. Paris: Les éditions Letouzey et Ané, 1903-1925, págs. 55-514.

[97] J. Hellin. «Sobre el tránsito de la potencia activa al acto según Suárez». En: *Razón y Fe* 138 (1948), págs. 353-407.

[98] M. Henry. «Les divers courents de la théologie de la grâce aujourd'hui». En: *Revue de l'Institut Catholique de Paris* 51 (1994), págs. 57-92.

[99] C. V. Herís. *La grâce en S. Thomas d'Aquin, en "Somme Théologique" t.12*. París–Tournai–Roma, 1961.

[100] J. Ibáñez y F. Mendoza. *Dios Santificador: La gracia*. Madrid: Palabra, 1983.

[101] C. Izquierdo. «Cómo se ha entendido el "modernismo teológico". Discusión historiográfica». En: *Anales de Historia de la Iglesia* 16 (2007), págs. 35-75.

[102] M. Jacquin. «La question de la prédestination au V et au VI siècle». En: *Revue d'histoire ecclésiastique* (1904), págs. 265-283, 725-754.

[103] J. I. Jenkins. *Knowledge and faith in Thomas Aquinas*. Cambridge: Cambridge University Press, 1997.

[104] L. Jerphanion. *Servitude de la liberté? Liberté, Providence, Prédestination*. París: Fayard, 1958.

[105] J. A. Jorge García–Reyes. *Apuntes de Patrología*. New Jersey: Shoreless Lake Press, 2022.

[106] J. A. Jorge García–Reyes. *Creación y Elevación. 2 vols*. New Jersey, 2021.

[107] J. A. Jorge García–Reyes. *Cristología. 3 vols*. Santiago de Chile: Shoreless Lake Press, 2016.

[108] J. A. Jorge García–Reyes. *Dios Uno y Trino*. New Jersey: Shoreless Lake Press, 2018.

[109] J. A. Jorge García–Reyes. *El Espíritu Santo Y La Polémica Sobre La Naturaleza Del Amor, Lección Inagural del Curso 1998, Seminario de San Bernardo*. Santiago de Chile: Memorandum, 1998.

[110] J. A. Jorge García–Reyes. *Escatología*. New Jersey: Shoreless Lake Press, 2018.

[111] J. A. Jorge García–Reyes. *Estudios sobre el Amor en A. Gálvez*. Santiago de Chile: Memorandum, 2009-2010.

[112] Ch. Journet. *Charlas acerca de la gracia*. Madrid: Obisa, 1979.

[113] J. F. X Kanassas. «Esse as the Target of Judgement in Rahner and Aquinas». En: *The Thomist* 51 (1987), págs. 222-245.

[114] H. C. Koenig. *De inhabitatione Spiritus Sancti doctrina Sancti Bonaventuræ*. Mundelein: Diss. (dactil.) Fac. Theol. Sanctæ Mariæ Ad Lacum, 1934.

[115] J. B. Kors. *La Justice Primitive et le Péché Originel d'après St. Thomas*. Kain: Le Saulchoir, 1922.

[116] G. Ladrille. «Grâce et motion divine chez s. Thomas d'Aquin». En: *Salesianum* 12 (1950), págs. 37-84.

[117] G. Lafont. *Estructuras y métodos en la Suma Teológica de Santo Tomás de Aquino*. Madrid, Rialp, 1961.

[118] M. J. Lagrange. «L'Innocence et le Péché». En: *Revue Biblique* 2 (1897), págs. 341-377.

[119] H. Lange. *De gratia tractatus dogmaticus*. Friburgo: Herder, 1930.

[120] J. Laporta. *La Destinée de la Nature Humaine selon Thomas d'Aquin*. Paris: Libraire Philosophique, 1965.

[121] X. M. Le Bachelet. «Michel Baius». En: *DTC*. Vol. II. Paris: Les éditions Letouzey et Ané, 1903-1925, págs. 38-111.

[122] J. M. Lecea. *Fe y justificación en Tomás de Aquino. Un estudio histérico-teológico sobre la Suma Teológica*. Madrid: Publicaciones ICCE, 1976.

[123] H. Lennerz. *De Gratia Redemptoris: ad Usum Auditorium*. Roma: Universitas Gregoriana, 1934.

[124] H. Lennerz. *Opuscula duo de doctrina baiana*. Roma: Pontificia Universitas Gregoriana, 1938.

[125] L. Lercher. *Institutiones theologiæ dogmaticæ: Continens libros duos: De gratia Christi, Volumen 3*. Rauch, 1925.

[126] E. Llamas Martínez. «Predestinación y reprobación». En: *GER*. Madrid: Rialp, 1979.

[127] S. Long. «Obediental Potency, Human Knowledge and the Natural Desire to Know». En: *International Philosophical Quarterly* 37 (1997), págs. 45-64.

[128] J. L. Lorda. *Gracia Y Espíritu Santo, Publicado en "J. J. Alviar (ed.), Tiempo del Espíritu. Hacia una teología pneumatológica", págs 167–186*. Pamplona: Eunsa, 2006.

[129] J. L. Lorda. *La gracia de Dios*. Madrid: Palabra, 2004.

[130] O. Lottin. «Liberté humaine et motion divine». En: *Recherches de Théologie ancienne et Médiévale* 7 (1935), págs. 52-69, 156-173.

[131] H. du Manoir. *Dogme et Spiritualité chez S. Cyrille d'Alexandrie*. Paris: Vrin, 1944.

[132] J. C. Martínez Gómez. «Suárez y la sobreuaturalidad del mérito». En: *Archivo teológico granadino* 2 (1939), págs. 71-127.

[133] H. Masson. *Manual de Herejías*. Madrid: Rialp, 1989.

[134] A. Matabosch. «Butlleti Bibliografic (I y II)». En: *Revista catalana de Teología* 16 (1991), págs. 405-419.

[135] L. F. Mateo–Seco. *Conceptos Básicos para el Estudio de la Teología*. Madrid: Cristiandad, 2010.

[136] L. F. Mateo–Seco. *Dios Uno y Trino*. Navarra: Eunsa, 2008.

[137] J. V. de Meersch. «Grace sanctficante». En: *DTC*. Vol. VI. Paris: Les éditions Letouzey et Ané, 1903-1925, págs. 1604-1636.

[138] I. G. Menéndez–Reigada. «Inhabitación, dones y experiencia mística». En: *Revista Española de Teología* 5 (1946), págs. 72-101.

[139] A. Michel. «Justice Originelle». En: *DTC*. Vol. VIII. Paris: Les éditions Letouzey et Ané, 1903-1925, págs. 2020-2042.

[140] A. Michel. «Trinité». En: *DTC*. Vol. XV. Paris: Les éditions Letouzey et Ané, 1903-1925, págs. 1802-1855.

[141] E. Moliné. *Los Padres de la Iglesia. Una guía introductoria*. Madrid: Palabra, 1992.

[142] H. Most. *Novum testamen ad solutionem de gratia et prædestinatione*. Roma: Paulinas, 1963.

[143] F. Muñiz. *Tratado de la gracia en "Suma Teológica de Santo Tomás de Aquino. Trad. y anotaciones por una comisión de PP. Dominicos", vol. VI, págs. 579–923*. Madrid: BAC, 1956.

[144] E. Neuvet. «De mérite de convenance». En: *Divus Thomas* 35 (1932), págs. 3-39.

[145] E. Neuvet. «De mérite de convenance». En: *Divus Thomas* 36 (1933), págs. 337-359.

[146] E. Neuvet. «Les conditions de la plus grande valeur de nos actes méritoires». En: *Divus Thomas* 34 (1931), págs. 353-375.

[147] F. Ocariz. «Filiación Divina». En: *GER*. Vol. X. Madrid: Rialp, 1979, 118 ss.

[148] F. Ocariz. *Hijos de Dios en Cristo. Introducción a una teología de la participación sobrenatural.* Pamplona: Eunsa, 1972.

[149] L. Ott. *Manual de Teología dogmática.* Barcelona: Herder, 1966.

[150] A. Pacios. «Teoría de la predestinación». En: *Crisis* 14–15 (1957), págs. 149-228.

[151] J. Paquier. *Le Jansénisme. Étude doctrinale.* Paris: Fb y C Limited, 1909-2018.

[152] J. Paquier. «Luther». En: *DTC*. Vol. IX. Paris: Les éditions Letouzey et Ané, 1903-1925, págs. 1146-1335.

[153] P. Parente. *Anthropologia Supernaturalis. De gratia et virtutibus. Collectio Theologica Romana V.* Turin: Domus Editorialis Marietti, 1943.

[154] Ch. Pesch. *Prælectiones dogmaticæ: quas in collegio Ditton-Hall habebat. De gratia. De lege divina positiva, Volumen 5.* Friburgo: Herder, 1900.

[155] J. Philips. *L'union personnelle avec Dieu vivant. Essai sur l'origine et le sens de la grâce crée.* Gembloux: Duculot, 1974.

[156] E. Portalie. «Augustin, Saint». En: *DTC*. Vol. I. Paris: Les éditions Letouzey et Ané, 1903-1925, págs. 2268-2472.

[157] J. Prades. *"Deus specialiter est in sanctis per gratiam". El misterio de la inhabitación de la Trinidad en los escritos de Santo Tomás de Aquino.* Roma: Editrice Pontificia Università Gregoriana, 1993.

[158] E. Primeau. *Doctrina Summæ Theologicæ Alexandri Halensis de Spiritus Sancti apud iustos inhabitatione.* Mundelein: Diss. (dactil.) Fac. Theol. Sanctæ Mariæ Ad Lacum,., 1936.

[159] H. Quilliet. «Congruisme». En: *DTC.* Vol. III. Paris: Les éditions Letouzey et Ané, 1903-1925, págs. 1120-1138.

[160] H. Quilliet. «Congruo (de), Condigno (de)». En: *DTC.* Vol. III. Paris: Les éditions Letouzey et Ané, 1903-1925, págs. 1138-1152.

[161] S. Ramírez. «El mérito y la vida mística». En: *La Vida Sobrenatural* 2 (1921), 94–103 y 271-280.

[162] S. Ramírez. *Teología Nueva y Teología.* Madrid: Ateneo, 1958.

[163] D. Ramos–Lissón. *Patrología.* Pamplona: Eunsa, 2005.

[164] J. Riviere. «Justification». En: *DTC.* Vol. VIII. Paris: Les éditions Letouzey et Ané, 1903-1925, págs. 2042-2227.

[165] J. Riviere. «Quelques antecedents patristiques de la formule: "Facienti quod in se est..."» En: *Revue des sciences religieuses* (1927), págs. 93-97.

[166] J. Rivière. «Justification. La doctrine de la justification à l'époque de la Reforme». En: *DTC.* Vol. VIII. Paris: Les éditions Letouzey et Ané, 1903-1925, págs. 2131-3154.

[167] J. Rivière. «Merite». En: *DTC.* Vol. X. Paris: Les éditions Letouzey et Ané, 1903-1925, págs. 574-785.

[168] J. Rivière. «Sur l'origine des formules ecclésiastiques de condigno et de congruo». En: *Bulletin de Littérature Ecclésiastique* 28 (1927), págs. 75-83.

[169] M. Roca. «El problema de los orígenes y evolución del pensamiento teológico de Miguel Bayo». En: *Anthologica annua* V (1957), págs. 417-492.

[170] M. Roca. *Génesis histórica de la bula 'Ex omnibus afflictionibus'*. Madrid, 1956.

[171] M. J. Rodríguez. «Gracia sobrenatural». En: *GER*. Vol. XI. Madrid: Rialp, 1979, págs. 143-161.

[172] H. Rondet. «La divinisation du chretien». En: *Nouvelle Revue Théologique* 71 (1949), págs. 449-476, 581-588.

[173] H. Rondet. *La gracia de Cristo*. Barcelona: Estela, 1966.

[174] P. Rousselot. «La grâce d'après St. Jean et d'après St. Paul». En: *Recherches des science religieuse* (1928), págs. 87-108.

[175] F. Ruíz. *Metafísica del alma después de la muerte*. Madison: Shoreless Lake Press, 2018.

[176] J. Sagüés. «El Espíritu Santo en la santificación del hombre según la doctrina de San Cirilo de Alejandría». En: *Estudios Eclesiásticos* 21 (1947), págs. 35-83.

[177] J. Sagüés. «El modo de inhabitación del Espíritu Santo según Santo Tomas de Aquino». En: *Miscellania Comillas* 2 (1944), págs. 161-201.

[178] J. Sagüés. *Sacræ Theologiæ Summa. Tomo II.B – On God the Creator and Sanctifier. On sins*. USA: Keep the faith, 2014.

[179] F. Saint–Martín. *La pensée de S. Augustin sur la pré- destination gratuite et infaillible des élus á la gloire d'aprés ses derniers écrits (426-430)*. Paris: Maison De La Bonne Presse, 1930.

[180] T. Salgueiro. *La doctrine de S. Augustin sur la grâce d'après le traité à Simplicien*. Porto, 1925.

[181] M. Sánchez Sorondo. *La gracia como participación de la naturaleza divina según Santo Tomás de Aquino*. Roma: Ed. Vaticana, 2021.

[182] J. A. Sayés. *El Problema de lo Sobrenatural. Notas para los alumnos. s/d.* Toledo: Seminario Mayor de Toledo.

[183] J. A. Sayés. *La Esencia del Cristianismo. Diálogo con Karl Rahner y H. U. von Balthasar.* Madrid: Ed. Cristiandad, 2005.

[184] J. A. Sayés. *La gracia de Cristo.* Madrid: BAC, 1993.

[185] J. A. Sayés. *Teología de la Creación.* Madrid: Palabra, 2002.

[186] M. J. Scheeben. *Los misterios del cristianismo.* Barcelona: Herder, 1960.

[187] M. Schmaus. *Teología dogmática, V, La gracia divina.* Madrid: Rialp, 1959.

[188] T. Simonin. «Prédestination, prescience et liberté». En: *Nouvelle Revue Théologique* 85 (1963), págs. 711-730.

[189] A. Slomkowski. *L'État Primitif de l'Homme dans la Tradition de L'Église avant Saint Augustin.* Paris: J. Gabalda, 1928.

[190] C. R. Smith. *The Bible doctrine on Grace.* London: Epworth, 1956.

[191] J. Solano. «Algunas tendencias modernas acerca de la doctrina de las apropiaciones y propiedades en la Santísima Trinidad». En: *Estudios Eclesiásticos* 21 (1947), págs. 5-34.

[192] L. D. Sullivan. *Justification and the Inhabitation of the Holy Ghost. The Doctrine of Father Gabriel Vazquez, S.J.* Roma: Pontificia Università Gregoriana, 1940.

[193] A. Tanquerey. *Synopsis theologiæ dogmaticæ, tomus iii: de Deo sanctificante et remuneratore, seu de gratia, de sacramentis et de novissimis.* Paris: Desclee, 1938.

[194] L. Teixidor. «El concepto de la libertad». En: *Estudios Eclesiásticos* 12 (1933), págs. 473-502.

[195] G. Tenpelman. *The Debate on Nature and Grace Between De Lubac and Rahner and the Role of the "Potentia Obœdientialis" Within it.* Amsterdam: Faculteit der Godgeleerdheid, 2010.

[196] Z. Teresius a St. Agnete. «Doctrina Salmanticensium de modo inhabitaiionis Ss. Trinitatis in anima iusti». En: *Divus Thomas(Pi)* 45 (1942), págs. 373-394.

[197] J. B. Terrien. *La grace et la glore.* Paris: P. Lethielleux, 1901.

[198] E. Tobac. *Grace.* Paris: A. d'Alès, Dictionnaire Apologétique de la Foi Catholique 2, 1924.

[199] H. Townsend. *The Doctrine of the Grace in the Synoptic Gospels.* London: Kessinger Publishing, LLC, 1919.

[200] I. Trütsch. *S. Trinitatis inhabitatio apud theologos recentiores.* Trent: Pontificia Universitas Gregoriana, 1949.

[201] A. Turrado. «Eres templo de Dios. La inhabitación de la Santísima Trinidad en los Justos según San Agustín». En: *Revista Agustiniana de Espiritualidad* 8 (1967), págs. 363-406.

[202] A. Turrado. «Eres templo de Dios. La inhabitación de la Santísima Trinidad en los Justos según San Agustín». En: *Revista Agustiniana de Espiritualidad* 9 (1968), págs. 173-199.

[203] A. Turrado. «Nuestra Imagen y Semejanza Divina. En torno a la evolución de esta doctrina en San Agustín». En: *La Ciudad de Dios* 181 (1968), págs. 776-801.

[204] A. Turrado. «Trinidad Santísima». En: *GER.* Vol. XXII. Madrid: Rialp, 1979, págs. 780-782.

[205] T. Urdánoz. «Influjo causal de las divinas Personas en la inhabitación en las almas justas». En: *Revista Española de Teología* 8 (1948), págs. 141-202.

[206] T. Urdánoz. «La inhabitación del Espíritu Santo en el alma justa». En: *Revista Española de Teología* 6 (1946), págs. 513-533.

[207] T. Urdánoz. «La necesidad de la fe explícita para salvarse según los teólogos de la Escuela Salmantina». En: *Ciencia Tomista* 59 (1940), págs. 395–414.529-533.

[208] T. Urdánoz. «La necesidad de la fe explícita para salvarse según los teólogos de la Escuela Salmantina». En: *Ciencia Tomista* 60 (1941), págs. 109-134.

[209] T. Urdánoz. «La necesidad de la fe explícita para salvarse según los teólogos de la Escuela Salmantina». En: *Ciencia Tomista* 61 (1941), págs. 83-107.

[210] J. Van der Meersch. «Grâce». En: *DTC*. Vol. VI. Paris: Les éditions Letouzey et Ané, 1925, págs. 1554-1687.

[211] W. A. Van Roo. *Grace And Original Justice According To St. Thomas*. Roma: Universitatis Gregorianæ, 1955.

[212] E. Vansteenberghe. «Molinisme». En: *DTC*. Vol. XII. Paris: Les éditions Letouzey et Ané, 1903-1925, págs. 2094-2187.

[213] R. Velasco. «Providencia y predestinación». En: *Revista Española de Teología* 21 (1961), págs. 125-152.

[214] R. Velasco. «Providencia y predestinación». En: *Revista Española de Teología* 21 (1961), págs. 249-288.

[215] A. Verrielle. «Le Plan du Salut d'après Saint Irenée». En: *Revue de Sciences Religieuses* 14 (1934), págs. 493-524.

[216] P. Vignaux. *Justification et Prédestination au XIV siècle*. Paris: E. Leroux, 1934.

[217] M. C. Wheeler. «Actual grace according to St. Thomas». En: *The Thomist* 16 (1953), págs. 334-360.

[218]   R. Wiltgen. *El Rin Desemboca en el Tiber. Historia del Concilio Vaticano II.* Madrid: Criterio Libros, 1999.

Índice General

Índice general